本書爲國家古籍整理出版"十一五"重點規劃項目

本書出版得到國家古籍整理出版專項經費資助

萬曆四十六年正月辛酉朔,

大學士方從哲謹揭:昨二十九日,伏蒙遣文書官恭捧

聖諭到臣私寓,

令臣即出視事。隨談臣具疏陳謝至初一日,復奉

聖旨:覽卿奏謝知卿大班禮畢,次於宮門恭祝

萬壽,隨即入閣視事,具見忠愛誠意,朕心慰悅。知道了。該部知道。欽此。臣覽誦

綸音,可勝感激。念臣一介草茅,出與不出何關

國家輕重,乃蒙

聖慈時之注念,旬日之內中使再臨,奬

謝之章一宿即下,始而佇望甚切,既而慰悅有加,

天語春溫,

聖懷篤摯,么麼微臣,果何修而得此非常之

殊眷也!伏惟

隆恩感極而注,所不竭誠盡力捐糜圖報者,是無復

有人矣!然臣因是而竊有請焉:昨吏科之

吉一下,無心者首垣生色,允景次選過號二

千人,莫不踴躍歡呼祝戴。

萬曆四十六年春 起居注

萬曆十九年八月癸巳

憂病相仍實難供職哀懇
聖慈早賜休致以全餘生事臣頃以被言乞休䟽復
五上兩月之間又十有餘䟽矣伏蒙
聖明特鑒
溫旨疊頒即遇大行廠猶蒙
矜全此之為
恩真海嶽不足為崇深
任使即橫誣眦睚猶蒙
天地不足為廣大臣雖剖心糜骨莫能仰酬何敢屢

天津圖書館藏明抄本萬曆起居注書影

宸嚴自圖身便我緣臣因事積憂困憂積病困憊己
劇䠱勉難支抱此苦情有不得不控陳于
君父者臣本以庸才陋識負重荷艱頻年以來上憂
天譴下憂民窮外憂邊內憂
朝政孜孜砣砣鞭策不前敝精勞神固已甚矣自
昨年一挂彈章遂憎多口翻翻之謗源源而來
經月杜門求去不得一旬到閣浮言又興室有
操戈穿將下石在公之時絕少待罪之時常多
惡有遭如此風波而不驚懼失色者覩如此景
象而不愁沮銷魂者臣之憂危如鎬攢心如苦
負背蓋已百倍于往時人非金石何能不病如
臣前疏所陳齒痛妨食耳膿漏聽痔漏妨行此
猶春夏間病耳乃今舊患未平新病又作左臂
左腿時常麻木不能屈伸時常痿頓不能舉動
見今延醫調治咸謂積憂所致病根已深若非
亟為攻除必將漸成癱瘓尤須節勞省事假以
歲月庶可望瘥今太醫院官朱儒見在臣疾可
問而知也夫
內閣非養病之地輔臣非竊祿之官若偃蹇而臥

輯校萬曆起居注

南炳文 吳彥玲 輯校

壹

天津古籍出版社

圖書在版編目（CIP）數據

輯校萬曆起居注／南炳文，吴彦玲輯校．—天津市：天津古籍出版社，2010．1
ISBN 978-7-80696-688-4

I．輯⋯ Ⅱ．①南⋯② 吴⋯ Ⅲ明神宗（1563～1620）—起居注 Ⅳ.K248.306.6 K827=48

中國版本圖書館CIP數據核字（2009）第148729號

輯校萬曆起居注

南炳文 吴彦玲／輯校
出版人／劉文君

*

天津古籍出版社出版
（天津市西康路35號 郵編300051）
http://www.tjabc.net
E-mail:tjgj@tjabc.net

三河市富華印刷包裝有限公司印刷
全國新華書店發行

開本889×1194毫米 1/16 印張240.5 字數3100千字
2010年1月第1版 2010年1月第1次印刷
ISBN 978-7-80696-688-4
定價：2280.00圓(全六册)

《輯校萬曆起居注》自序

（一）

　　筆者最早聽説《萬曆起居注》一書，是二十世紀六十年代初期在大學學習史學史課程之時。那時已從謝國楨先生的名著《晚明史籍考》、陶元珍先生刊載於《文史襍誌》第四卷第七、八期合刊（一九四四年出版）的《萬曆起居注》一文，以及其他有關史學史著作，得知中國自很早的時候起，就已經開始爲帝王記注起居，而現在仍舊存在的大部頭的帝王起居注，乃是以《萬曆起居注》爲最早，它爲研究近五十年之長的萬曆一朝的歷史，提供了數量很大的寶貴資料。但當時筆者得知的信息，是現存《萬曆起居注》一書祇有一部明人抄本，收藏於天津圖書館善本部，爲了保存好這部存世孤本，非有特殊批准手續，不能提出閲覽。加之當時筆者也没有研究與此書有關的課題，因而没有設法一睹該書的真面目，也没有這種想法。

　　二十世紀七十年代至八十年代，筆者與湯綱先生應上海人民出版社之邀撰寫明朝的斷代史（最初的書名擬爲"明代史"，但正式出版時，出版社方面因與該書視爲同屬一套叢書的該社所出其他斷代史，在書名中皆不用"代"字，如王仲犖先生的關於魏晉南北朝的斷代史稱"魏晉南北朝史",林劍鳴先生的關於秦漢兩朝的斷代史稱"秦漢史",楊寬先生的關於戰國時期的斷代史稱"戰國史",提出去掉"明代史"三個字中的"代"字,改名"明史"。於是最後該書面世的名字竟與"二十四史"中的張廷玉《明史》重了名),萬曆一朝的政治經濟是筆者承擔的任務之一。爲了完成這一任務,筆者曾前往天津圖書館借閱《萬曆起居注》。其時圖書館方面,按規定祇准用縮微閱讀器閱讀該書的縮微膠卷。這種閱讀方法很費眼力,但畢竟可以達到閱讀的目的,心中甚喜,不顧炎夏的酷熱,上身鑽進縮微閱讀器的罩殼裏,忍受着上百度電燈泡的炙烤,邊讀邊抄。然而好景不長,閱讀數天之後,縮微閱讀器發生故障,閱讀被迫中止。筆者和湯綱先生合寫的《明史》一書中,最終未能使用《萬曆起居注》的資料,這是至今感到非常遺憾的一件事。

一九八八年十月,北京大學出版社影印了北京大學圖書館收藏的《萬曆起居注》。這是《萬曆起居注》傳世史上的一件大事,從此此書有了學者易於找到的通行本。在高興之餘,筆者也感到吃驚:原來《萬曆起居注》並非祇有天津圖書館收藏的一個本子。不久,隨着中國與日本學術交流的日益活躍,筆者又讀到了日本學者今西春秋先生《關於明起居注》(一九三四年《史林》第十九卷第四號)、《關於明起居注補正》(一九三五年《史林》第二十卷第一號)、《明季三代起居注考》(載田村實造編《明代滿蒙史研究》,一九六三年十月京都大學文學部發行)等三文,以及山根幸夫先生《關於阿波國文庫所藏〈大明實錄〉》(載《鄭天挺紀念論文集》,一九九〇年三月中華書局出版)一文,這更使我了解到在日本也有《萬曆起居注》一書。於是,筆者對《萬曆起居注》產生了強烈的興趣:此書目前究竟有多少種版本?各版本有何異同?此書的內容如何?在提供研究資料方面究竟有何價值?一系列想要搞清的問題經常出現在腦海之中。

二十世紀九十年代,特別是其後半段,爲了解答上述問題,筆者將許多時間花在研究此書上，在有關部門和友人的幫助下，筆者查閱了中國國內的大量有關資料和原書。此後又在山根幸夫先生的幫助下查閱了日本國會圖書館收藏的原書。數年的調查研究，使筆者對《萬曆起居注》一書的了解在自己原有的基礎上有所增加。

（二）

《萬曆起居注》的價值主要是爲兩種場合提供資料：一是明神宗死後其繼任者組織人員爲之編寫實錄時，二是後人研究萬曆時期的歷史時。該書編纂的本意是爲第一種場合提供資料，但今天講來，其價值乃在爲第二種場合提供資料。

那麼《萬曆起居注》在什麼範圍內爲研究萬曆時期的歷史提供了資料呢？爲了解答這個問題，應該看一看萬曆三年二月二十七日，大學士張居正爲恢復起居注編纂制度所上奏疏中，所述關於國史館爲後日編寫實錄而平時分類編輯資料的規定，這一規定中包括有關於起居注記載資料範圍的規定，并且得到了明神宗的批准，在《萬曆起居注》的編纂過程中被認真貫徹執行。這一規定說："合令日講官日輪一員，專記注起居，兼錄聖諭、詔敕、冊文等項及內閣題稿。其朝廷政事見於諸司章奏者，另選年深文學素優史官六員，專管編纂，事分六曹，以吏戶禮兵刑工爲次，每人專纂一曹……每月史官編完草稿，裝爲七冊，一冊爲起居，六冊爲六曹事迹。"（見北京大學出版社出版《萬曆起居注》第一冊第二七一頁——二七二頁、第二七五頁）由這段規定可知，《萬曆起居注》祇是國史館爲日後編寫《明神宗實錄》而於平時分類編輯的七種資料中的一種，其編輯的範圍並非無所不包，而祇是包括明神宗的日常活動及有關言論、文書和其時內閣大學士的奏疏。在這裏應予注意的還有兩點：

第一，所謂明神宗的日常活動，並不是包括其全部活動，而主要是指其在外廷的活動，至於其在內廷的日常起居則並不包括在內，它們的記載屬於與《萬曆起居注》不相干的另一種文獻即"内起居注"的任務。明光宗的母親王氏，原來祇是慈寧宫的一個普通宫女，有一次明神宗到慈寧宫看望太后，偶遇王氏，一時高興，"私倖之"，使懷下明光宗。但明神宗並不喜歡這個宫女，事後對此事不肯重提。太后對此事卻很重視，她與明神宗談論此事，明神宗以"無之"相答，於是太后令人拿來"内起居注"與之相辯。面對"内起居注"關於其與王氏那次相遇的記載，明神宗祇好老老實實對太后認輸。這是文秉《先撥志始》卷上和《明史》卷一一四記下的一則史實，這一事實說明了"内起居注"記録明神宗宫内日常起居的情形。

第二，如所周知，明神宗在萬曆中期之後怠政嚴重，長年不出内官，不見朝臣。因此，此後其在外廷的活動極爲少見，這影響了《萬曆起居注》的記載内容，成爲主要是其時内閣大學士的奏疏。本來由於内閣大學士的奏疏多半較長，早在《萬曆起居注》的萬曆中期以前的部分，它就在字數上超過了明神宗的日常活動及有關言論、文書，到了萬曆中期以後的部分，其所占篇幅的比例就更大得驚人了。

《萬曆起居注》記載資料的範圍雖然並非無所不包，但其所涉及的朝政卻是領域廣泛的。無論是官吏任免、禮儀制度、財政經濟、工程建築，還是練軍開戰、法律訴訟、管理邊疆、交往外國，抑或社會風俗、宗教結社、科學技術、文學藝術，舉凡需要朝廷過問的事情，無不涉及。這是不難理解的。明神宗作爲其時國家機器的最高首腦，他便不能不去處理與朝政有關的任何問題，而内閣大學士作爲明神宗管理朝政的主要助手，在處理其主管的若干具體事務（如組織書籍的編纂）外，對與朝政有關的其他任何問題，也不能不關心，不能不就此回答明神宗的任何詢問，不能不就此主動觀察思考並向明神宗提出建議。這樣，《萬曆起居注》盡管祇記載明神宗日常活動（以外廷活動爲主）及有關言論、文書和其時内閣大學士的奏疏，而其涉及的朝政的領域不可能不是極爲廣泛的。值得注意的還有，《萬曆起居注》所記載的朝政不僅領域極爲廣泛，而且多半是其時朝政中最重要、最緊迫、急需研究處理的問題，反映着其時朝政的熱點。這也是不難理解的。明神宗和其內閣大學士，面臨的朝政無論何時都是千頭萬緒的，而其精力是有限的，其能思考、處理的，祇能是自己感興趣的事情，以及矛盾突出必須及時處理的事情，與之相適應，《萬曆起居注》也就自然形成了能够反映萬曆時期各階段朝政熱點的樣子。

　　毋庸諱言，記載明神宗日常活動及有關言論、文書和其時內閣大學士奏疏的文獻，不僅《萬曆起居注》一種，還有據《萬曆起居注》等編出的《明神宗實錄》，以及萬曆時期內閣大學士的個人文集（或奏疏集）等。明人編刻個人文集的風氣很盛，嘉靖之後更是熱情高漲，因此萬曆年間的內閣大學士，多有自己的文集，或由親友編成，或由本人親自編輯，還有的專門將入閣期間的奏疏單獨編輯成書。但這些文獻在記載明神宗日常活動及有關言論、文書或其時的內閣大學士奏疏上，皆不如《萬曆起居注》收錄齊全而准確。

　　《萬曆起居注》之所以收錄齊全，原因在於其編輯宗旨乃是爲後日編寫實錄積累資料，因而不能不求齊全。這正如大學士張居正在其建議恢復起居注編纂制度所上奏疏中所説："照得今次紀錄，祇以備異日之考求，俟後人之刪述，所貴詳核，不尚文詞。宜定著體式，凡有宣諭，直書天語，聖諭、詔敕等項，備錄本文。若諸司奏報，一應事體，除瑣屑無用、文義難通者，稍加刪削潤色外，其餘事有關係，不妨盡載原本，語涉文移，不必改易他字。至於事由顚末、日月先後，務使明白，無致混淆。"（見北京大學出版社出版《萬曆起居注》第一册第二七四頁）這種"凡有"、"直書"、"盡載原本"之宗旨，自然就會使《萬曆起居注》所應載範圍內的有關資料在其中收載得相當齊全。再加上該書的編纂是隨着事情的發生而逐日及時進行的，無時日過久資料散失之虞，這對保證其收錄齊全，也有很大作用，而反觀《明神宗實錄》諸書，其情況就大有不同了。如《明神宗實錄》，與歷朝所有的實錄一樣，其編寫目的並不是編成最後的史書定本，而祇是爲了給後日編寫最後的史書定本即紀傳體本朝史作史料準備，但它畢竟較其編寫的重要依據之一《萬曆起居注》離最後的史書定本更近了一步，它對《萬曆起居注》的有關記載不可避免地要有所取捨，這從其編寫體例來說是無可非議的，但在保留盡量多的有關資料供後人研究使用上，顯然就無法與《萬曆起居注》相比了。內閣大學士的文集（或奏疏集）在收錄其人的內閣奏疏時，一般會盡量收全。但是，由於這種文獻往往編輯於其人生存的晚年或死後，集中完成於一段時間之內，資料的收集就難免發生因散失而遺漏。此外，本人或親友爲內閣大學士編輯文集（或奏疏集）時，因利害名義相關，或有故意刪削改寫某些篇章或段落之事發生。因而這種文獻在有關方面也往往不如《萬曆起居注》收錄齊全而准確。至於沒有編刻文集（或奏疏集）的內閣大學士，《萬曆起居注》所記其入閣期間所上奏疏，就更屬世上所稀有、甚至所獨有的了。

筆者曾將北京大學出版社出版的《萬曆起居注》、臺灣中央研究院歷史語言研究所影印的《明神宗實錄》和臺灣文海出版社出版的《李文節集》所收大學士李廷機在萬曆三十五年閏六月至十二月、三十六年五月至三十八年四月所上內閣奏疏（李廷機擔任內閣大學士的時間爲萬曆三十五年閏六月至四十年九月，但因北京大學出版社出版之《萬曆起居注》祇存其中的以上兩段時間的記事，祇好以三書所記以上兩段時間李廷機的奏疏作比較）作了一番對比，得知：這兩段時期內李廷機所上奏疏總數爲一一五篇，《萬曆起居注》收錄一一四篇，僅失載一篇，所收諸篇皆爲全文錄入（發現漏字一百餘，當爲抄寫之誤）。《明神宗實錄》僅對三十八篇摘錄部分段落或述及該篇奏疏所述內容，根本未提及者七十七篇。《李文節集》收錄一〇七篇，失載八篇，所收各篇間有刪削，總數近兩千字。這些統計數字在說明《萬曆起居注》收錄有關資料最爲齊全准確上提供了一個有力的證據。在對比的過程中，筆者還發現了數處《李文節集》顧忌李廷機的名義而作出的刪節（如萬曆三十六年九月二十三日上奏的一篇奏疏，删去了李廷機與名聲不好的沈一貫一伙人的關係的一段話），對於分析《萬曆起居注》收録有關資料最爲齊全准確的原因，極有好處。

《明神宗實録》等在收録有關資料方面不如《萬曆起居注》准確的原因，主要是在輾轉抄寫、改編、綜合、潤色文字的過程中，難免發生失誤。這些失誤多半是無意的，但因數量頗多，對留給後世准確的歷史知識極爲不利。如《明神宗實録》卷四五八萬曆三十七年五月辛巳朔記事載："輔臣李廷機乞放。"這即是一條誤載。《萬曆起居注》所載萬曆三十七年五月十七日李廷機所上"乞放疏"中有"臣今年乞休十有三疏"一句話，由之可知，在萬曆三十七年五月十七日以前，李廷機在此年所上乞休奏疏總共應是十三篇；而據《萬曆起居注》所載其奏疏，它們分别上於此年的正月二十一日、二十七日，二月九日、十七日、二十三日，三月一日、七日、十九日、二十五日，四月八日、十七日、二十八日，五月八日。可見絶無此年五月一日李廷機上疏乞休之事發生。《明神宗實録》的這一失誤，當是由於編寫者疏忽，看錯了時間。《萬曆起居注》在編纂過程中，主要是照録原文，基本上不用改編、綜合、潤色文字，其所収録有關資料，失誤較少，實爲當然。

綜上所述，《萬曆起居注》所記資料雖然限於明神宗的日常活動（以外廷活動爲主）及有關言論、文書和其時內閣大學士的奏疏，但其所涉及的朝政卻是領域廣泛，而且多半是其時朝政中最重要、最急迫的問題，在記載同類資料的文獻中，它也是収録最齊全、最准確的一種。由此看來，研究萬曆時期歷史者，對它確應重視。

（三）

通過調查，筆者還得知，《萬曆起居注》的版本既非祇有天津圖書館的藏本，也並非上文提起的幾種之外再無其他，而是數量頗多，至少有十種。

其一爲前文所説的天津圖書館藏本。它是一九〇八年天津圖書館建館後，至遲到一九一三年該館改稱"天津直隸省圖書館"之前，該館通過采購而入藏的。該本係明人所抄，共五十册，分裝七函，可稱天津明抄本。其記事範圍起萬曆二年至四十三年，中間或有殘缺，實際共記四百零四個月之史事，其文字訛誤、遺漏的錯誤相對來説較少。這是現存記事較多、錯誤較少的兩種版本中的一種。

其二爲前文所説的日本國立國會圖書館藏本。據山根幸夫先生的文章，該書最早屬阿波國文庫，後可能因明治維新時期發生了財政危機而將之賣出，約在明治十六年被帝國圖書館購進，後因帝國圖書館合入國立國會圖書館而成爲現在的收藏狀況。該書入藏阿波國文庫之前，當是由長崎而從中國輸入日本的。此本可稱日本藏抄本。值得注意的是，該書不是單獨存在，而是與明太祖至明穆宗的各朝實録、泰昌起居注及部分天啟朝起居注湊成了一套書，總名稱爲"皇明實録"。其各册的封面也是題爲"皇明實録"，與其他部分的各册相同。其記事起於萬曆二年正月，止於萬曆四十八年八月，除去中間殘缺者，共有五百四十五個月，它也是現存記事較多、文字錯誤較少的兩種版本中的一種。

其三爲北大元年明抄本。藏於北京大學圖書館，除據它影印出版或據它抄出者外，其所記萬曆元年的内容，爲其他版本之《萬曆起居注》所不載。

其四爲北大五年及六年抄本。藏於北京大學圖書館。或謂抄於明代，但從該本不用抬頭頂格書寫的表敬方式來看，其説值得懷疑，很可能是清代。其所記爲萬曆五年及萬曆六年正月至三月的事迹，凡十六個月（萬曆五年有閏月）。這十六個月的事迹在天津明抄本及日本藏抄本中都有記載。

其五爲傅氏藏舊抄本。此本著録於藏書家傅增湘的《藏園羣書經眼録》中，乃傅氏於一九一三年從"四明書坊"購得。記事範圍同上述北大五年及六年抄本。此書原書筆者未見，從其記事範圍及傅氏藏書在二十世紀四十年代末後的散失情況分析，其殆即上述之北大五年及六年抄本。

其六爲北大抄天本。藏於北京大學圖書館。它爲一九二八年至一九三七年之間的某一年或某幾年，由天津藏書家竢兼山雇傭抄手四人，據天津明抄本抄出。先爲竢兼山本人收藏，約於一九四六年秋至一九五八年十二月之間轉歸北京大學圖書館。其記事範圍完全同天津明抄本，但有許多抄誤之處。

其七爲天津元年民國抄本。藏於天津圖書館。民國年間據北大元年明抄本抄出，記事也是萬曆元年的十二個月。最初在天津圖書館書庫中單獨存放，至二十世紀五十年代末、六十年代初被編爲第八函，與天津明抄本合成一書。同時合進來的還有《萬曆起居注校勘記》稿本二册，它被編成了第九函。這本校勘記沒有註明作者，也沒註明校勘何種版本的《萬曆起居注》，據筆者考證，其作者應爲竢兼山，其校勘對象爲天津明抄本，並兼校北大抄天本，凡校漏文、誤字等一七五四處。

其八爲臺灣舊抄本。藏於臺北"中研院"歷史語言研究所。筆者未見其原書，據黃彰健先生《明神宗實錄校勘記·明神宗實錄校勘記引據各本目錄》，該本收有自萬曆二年正月至十九年七月斷斷續續凡一百八十二個月的記事。其中包括萬曆四年九月和十年正月至三月等四個月的記事，如果此説屬實，則將是十分可貴的，因爲其他各本《萬曆起居注》皆缺這四個月的記事。可惜，經託人調查，此乃誤記。

其九爲定陵抄天本。收藏於北京定陵博物館。爲二十世紀五十年代發掘定陵時，文化部副部長鄭振鐸將天津明抄本借出，由參加發掘的考古工作者照抄一份而形成的。

其十爲北大影印本。此即前文所述一九八八年十月北京大學出版社影印的那一種。其底本是北大元年明抄本和北大抄天本。此本爲廣大史學工作者提供了很大的便利，可惜的是未選最好的本子作底本，此爲美中不足。

其十一爲全國圖書館文獻縮微復製中心影印本。其本題爲

《明抄本萬曆起居注》，乃二〇〇一年十一月據上述天津圖書館藏明人抄《萬曆起居注》、天津元年民國抄本《萬曆起居注》、姒兼山所撰《萬曆起居注校勘記》三書影印而成。

回顧以上所述，若如筆者所說，北大五年及六年抄本與傅氏藏舊抄本確是一書，那麽現存筆者所知的《萬曆起居注》的版本，恰爲十種。決定修《萬曆起居注》始於萬曆三年二月，但隆慶六年六月明神宗即位至始修《萬曆起居注》共二年多的事迹當時也決定追記下來，又明神宗死於萬曆四十八年七月，這樣，《萬曆起居注》記事所涉及的月份應爲五百九十五個。但日本藏抄本包括有萬曆四十八年八月即明神宗死去的下一個月的事迹，所以，《萬曆起居注》記事實際包括的月份應爲五百九十六個。這個數字，上述十種版本都没能達到。其中國内現存記事月數最多者爲北大影印本和全國圖書館文獻縮微復制中心影印本。

按照張居正上疏建議恢復編寫起居注時的意見，起居注寫出後，是不准翻看的，要放入櫃中，"用印封鎖"、"永不開視"。但後來實際上並未能認真執行，現存不少資料反映着其時内閣大學士隨意閱覽的實情。另外，在編寫《明神宗實錄》時又肯定是要提出參閱的。《萬曆起居注》雖然從未正式刻印，但卻能流傳於世，其原因當即在此。既然人們有機會看到它，就可以將之傳抄出來。明人的私家目録中已有《萬曆起居注》的記載，這是明代私人已擁有此書的証明。今存各種抄本，當即這些傳抄本的遺存或再傳抄。

以上即是筆者關於《萬曆起居注》研究的大體情形和粗淺收獲，其詳見於拙文《影印本〈萬曆起居注〉主要底本的初步研究》（載王春瑜主編《明史論叢》，一九九七年中國社會科學出版社出版）、《〈萬曆起居注〉的版本》（載《史學集刊》一九九八年四期）、《〈萬曆起居注校勘記〉考述》（載《南開學報》一九九九年四期）、《天津明抄本和日本藏抄本〈萬曆起居注〉》（載《西南師範大學學報》二〇〇〇年四期）、《〈萬曆起居注〉、

〈明神宗實錄〉和〈李文節集〉中的李廷機內閣奏疏》（載臺灣中國明史研究學會主編《明人文集與明代研究》，二〇〇一年中國明代研究學會出版）中，有興趣者歡迎參看和批評指導。

（四）

筆者的妻子吳彥玲，是筆者在南開大學歷史系讀書時的同學。她畢業後因在中學教書，雖一直教歷史課程，但沒有時間進行深入的專題研究。一九九四年退休後，做家務之外，有了較多的空閒時間，決定在深入的專題研究上下點功夫。她清楚地了解筆者對《萬曆起居注》的研究狀況，目標即選在參與於其中。有一次筆者對她談起：現存各種版本的《萬曆起居注》雖都是殘本，但內容互有交錯，除共同擁有的部分外，尚有若干部分僅在某一殘本中保存着，若將各本共有者和獨有者輯錄出來，並加以校勘，即可得到一個近乎完整的輯補校刊本，使《萬曆起居注》基本恢復原狀。彥玲聽後，當即興奮起來，提議："咱們倆個一齊搞吧，我作你的助手。"這使筆者也興奮起來，兩人竟如頑童似地食指緊勾，並大聲喊出："拉鈎扯吊，一百年不許倒。"於是輯補校勘《萬曆起居注》的夫妻店馬上開了張。雖然由於筆者還承擔着其他教學和研究任務，不能全力以赴地從事此項工作，但我們二人仍然抓得很緊，一有空暇，即投入其中。二〇〇六年二月，當我們已經完成大半任務時，彥玲突然中風故去，剩下筆者一人只身繼續其事。由於這是一生中與彥玲惟一的一次深入專題研究合作，筆者很在意，因而幹得更賣力，真正地進入了化悲痛爲力量的境界。到今天——二〇〇九年二月九日，筆者終於完成了這項十幾年來一直牽心掛肚的輯校任務。手撫擺滿書案的二十六袋（冊）書稿，感慨萬千，不禁熱淚盈眶。淚眼模糊中似乎看到了彥玲正推門笑臉走來。筆者極想告訴她："我們的又一個兒子誕生了。"但竟説不出一個字來。而後即是放聲大哭，哭聲迴蕩在房間裏，其中包含的是無限的思念、哀痛和無奈。

（五）

　　這部輯校而成的新版《萬曆起居注》，除輯録、校勘之外，還加了標點。爲了區別於其他版本，定名爲《輯校萬曆起居注》。它共收録記事五百七十四個月，距離理想的足本五百九十六個月，祇缺二十二個月，包括隆慶六年六月至十二月、萬曆四年正月至三月及九月、十年正月至三月、十一年正月至二月、二十五年十月、四十三年一至五月，缺者占足本總月數不到百分之四，已經可以説是近似足本了。本書所用的底本爲北大影印本，在本書校勘中稱之爲"通行本"，全書使用該本作底本的年月包括：萬曆元年正月至三年十二月、四年四月至八月、四年十月至九年十二月、十年四月至十二月、十一年閏二月至十二年十二月、十四年正月至十五年三月、十六年正月至十七年十二月、十八年九月至二十五年九月、二十五年十一月至二十七年閏四月、二十七年六月至三十二年十二月、三十四年正月至三十五年十二月、三十六年五月至三十八年四月、四十一年七月至十月、四十三年七月至十二月，凡四百十六個月。其餘年月，使用日本國立國會圖書館藏本作補充，在本書校勘中此本稱爲"日本本"。使用此本作補充的年月包括：萬曆十三年正月至十二月、十五年四月至十二月、十八年正月至八月、二十七年五月、三十三年正月至十二月、三十六年正月至四月、三十八年五月至四十一年六月、四十一年十一月至四十二年十二月、四十三年六月、四十四年正月至四十八年八月，凡一百五十八個月。此即本《輯校萬曆起居注》記事比當今國内尚存記事最詳的《萬曆起居注》版本多出的月數。本書選用通行本作底本的四百十六個月中，萬曆元年正月至十二月共十二個月記事在通行本中是影印自北大元年明抄本，即影印自該部分記事的最好版本，因而本書該部分記事等同於以最好版本充作了底本。至於本書選用通行本作底本的其餘四百零四個月記事，在通行本是影印自北大抄天本，這部分記事的底本選擇顯然應屬不太理想，不如選用天津圖書館藏明人抄本或其影印本即全國圖書館文獻縮微復制中心影印本爲更妥。不過，這一選擇是本書開始輯錄校勘時受客觀條件限制而形成的。當時全國圖書館文獻縮微復制中心影印本尚未問世，無法利用之作底本，天津圖書館藏明人抄本又係善本，不便複印以作底本，從而使筆者不得已而出此下策。另外，考慮到底本選擇不理想造成的缺陷，在後來的校勘中，可通過努力在一定程度上加以彌補，使本書質量實質上不受影響，這也是其時筆者敢於出此下策的一個原因。在校勘過程中，特別是全國圖書館文獻縮微復制中心影印本出版後，筆者盡可能將全國圖書館文獻縮微復制中心影印本（在本書校勘中稱"明抄本"）、通行本、日本本等作版本互校，還經常利用《明神宗實錄》和現存內閣大學士的有關文集或奏疏集（如張居正《張文忠公全集》、沈一貫《敬事草》、葉向高《綸扉奏草》、吳道南《吳文恪公文集》等），對相應部分進行對校。此外，《萬曆邸鈔》、張廷玉《明史》、《史記》、《漢書》、《三國志》、《資治通鑑》、十三經等，也是時時被使用於校勘的重要文獻。由於各本《萬曆起居注》都非刊本，錯簡、脫字、衍字以及魯魚亥豕、自造寫法等現象大量存在，在校勘、標點時常常遭遇無法通讀的攔路虎，這使筆者每每叫苦不迭。經過認真推敲，這些攔路虎絕大部分得到解決，本書校勘記約有萬餘條，它們即是戰勝大大小小攔路虎所取得的成果。當一隻隻攔路虎被逐一掃除時，筆者又每每感到莫大的喜悅。爲了盡量保持本書的原貌，在校勘中，古今字、異體字、俗體字不校不改，因新舊筆形相異而形成之異體字，逕改而不出校，特請讀者注意。

（六）

由於各本《萬曆起居注》的收藏不在一地，甚至不在一國，所以在這次長達十餘年的輯校過程中，除了輯校者經受不少磨難外，許多朋友也爲此而付出了許多心血。日本朋友山根幸夫、淺井紀、佐藤文俊、荷見守義諸教授，中國臺灣朋友張璉教授和黃玉菁女士，大陸朋友林延清、李小林、何孝榮、高艷林、龐乃明、王薇、姜勝利、王劍、張明富、李國慶諸教授以及劉蘭霞女士等，都從不同方面給予熱心的指導和無私的幫助。在此謹向他們表示衷心的感謝。本書輯錄、校勘進行中，多家出版社表示希望承擔出版事宜，而天津古籍出版社劉文君社長、李夢芝編審、編輯張瑋、侯林莉、劉少毅等，態度尤其積極，給予了多方面的支持和幫助，表現了對發展學術的遠見卓識和高度熱心與責任感。筆者非常愉快地將本書委託天津古籍出版社予以出版，並對以劉文君社長爲首的天津古籍出版社諸先生表示崇高的敬意和真誠的感謝。

　　由於時間倉猝和水平的限制，本書的輯錄、校勘和標點肯定多有疏陋，盼着方家、讀者給予幫助。

南炳文
公元二〇〇九年二月九日
農曆己丑年正月元宵節
於南開大學文科樓

目　録

萬曆元年　　正月／三　　　　　二月／一〇　　　　三月／一七
　　　　　　四月／一九　　　　五月／二二　　　　　六月／二四
　　　　　　七月／二六　　　　八月／二七　　　　　九月／二九
　　　　　　十月／三一　　　　十一月／三三　　　　十二月／三八
萬曆二年　　正月／四三　　　　二月／四六　　　　　三月／四七
　　　　　　四月／五〇　　　　五月／五二　　　　　六月／五五
　　　　　　七月／五七　　　　八月／六四　　　　　九月／六七
　　　　　　十月／六九　　　　十一月／七四　　　　十二月／七八
　　　　　　閏十二月／八一
萬曆三年　　正月／八五　　　　二月／八八　　　　　三月／九三
　　　　　　四月／九六　　　　五月／一〇一　　　　六月／一〇九
　　　　　　七月／一一一　　　八月／一一三　　　　九月／一一六
　　　　　　十月／一一八　　　十一月／一二一　　　十二月／一二六
萬曆四年　　四月／一三一　　　五月／一三二　　　　六月／一三三
　　　　　　七月／一三六　　　八月／一三九　　　　十月／一四一
　　　　　　十一月／一四七　　十二月／一四八
萬曆五年　　正月／一五三　　　二月／一五五　　　　三月／一五六
　　　　　　四月／一五八　　　五月／一五九　　　　六月／一六二
　　　　　　七月／一六三　　　八月／一六四　　　　閏八月／一七〇

目　録

	九月／一七一	十月／一七六	十一月／一八四
	十二月／一九〇		
萬曆六年	正月／一九三	二月／一九七	三月／二〇七
	四月／二二二	五月／二二八	六月／二三〇
	七月／二三八	八月／二四〇	九月／二四一
	十月／二四三	十一月／二四六	十二月／二四九
萬曆七年	正月／二五五	二月／二五七	三月／二六二
	四月／二六七	五月／二六九	六月／二七〇
	七月／二七一	八月／二七三	九月／二七四
	十月／二七五	十一月／二七六	十二月／二七八
萬曆八年	正月／二八五	二月／二八九	三月／二九二
	四月／三〇〇	閏四月／三〇三	五月／三〇五
	六月／三〇八	七月／三一〇	八月／三一一
	九月／三一三	十月／三一六	十一月／三一八
	十二月／三二二		
萬曆九年	正月／三二七	二月／三三一	三月／三三六
	四月／三三八	五月／三四一	六月／三四三
	七月／三四四	八月／三四六	九月／三四八
	十月／三五〇	十一月／三五二	十二月／三五六

目　録

萬曆十年	四月/三六三	五月/三六六	六月/三七〇
	七月/三七五	八月/三七八	九月/三八一
	十月/三九四	十一月/四〇〇	十二月/四〇三
萬曆十一年	閏二月/四〇九	三月/四一四	四月/四二〇
	五月/四二八	六月/四三〇	七月/四三三
	八月/四三五	九月/四四二	十月/四四九
	十一月/四五〇	十二月/四五二	
萬曆十二年	正月/四五七	二月/四六〇	三月/四六二
	四月/四六五	五月/四七三	六月/四七五
	七月/四八二	八月/四八六	九月/四八八
	十月/四九七	十一月/五〇一	十二月/五〇四
萬曆十三年	正月/五一一	二月/五一三	三月/五一五
	四月/五一七	五月/五二九	六月/五三四
	七月/五三九	八月/五四三	九月/五五二
	閏九月/五五四	十月/五六一	十一月/五七一
	十二月/五七五		
萬曆十四年	正月/五八一	二月/五八五	三月/五八八
	四月/五九七	五月/六〇一	六月/六〇四
	七月/六一〇	八月/六一四	九月/六一八

目　錄

	十月/六二五	十一月/六二九	十二月/六三二
萬曆十五年	正月/六三七	二月/六四三	三月/六五二
	四月/六五五	五月/六五七	六月/六五九
	七月/六六二	八月/六六三	九月/六六七
	十月/六七一	十一月/六七四	十二月/六七七
萬曆十六年	正月/六八一	二月/六八二	三月/六八七
	四月/六九二	五月/六九九	六月/七〇一
	閏六月/七〇四	七月/七〇七	八月/七〇八
	九月/七一一	十月/七一六	十一月/七一八
	十二月/七二四		
萬曆十七年	正月/七三三	二月/七三八	三月/七四八
	四月/七五一	五月/七五六	六月/七五八
	七月/七六〇	八月/七六六	九月/七七三
	十月/七七五	十一月/七七七	十二月/七八〇
萬曆十八年	正月/七八三	二月/七九一	三月/七九四
	四月/七九五	五月/七九九	六月/八〇七
	七月/八一二	八月/八二〇	九月/八二七
	十月/八四四	十一月/八六八	十二月/八七七
萬曆十九年	正月/八八五	二月/八九三	三月/八九七

目　録

	閏三月／九〇六	四月／九一四	五月／九一七
	六月／九二三	七月／九三四	八月／九四八
	九月／九五九	十月／九八〇	十一月／九八六
	十二月／九九一		
萬曆二十年	正月／一〇〇一	二月／一〇〇八	三月／一〇一三
	四月／一〇一六	五月／一〇二〇	六月／一〇二五
	七月／一〇二八	八月／一〇三五	九月／一〇三八
	十月／一〇四六	十一月／一〇五二	十二月／一〇五七
萬曆二十一年	正月／一〇六三	二月／一〇七四	三月／一〇九〇
	四月／一一〇一	五月／一一〇九	六月／一一二〇
	七月／一一二四	八月／一一二八	九月／一一四一
	十月／一一四六	十一月／一一五〇	閏十一月／一一六〇
	十二月／一一六八		
萬曆二十二年	正月／一一八三	二月／一一八九	三月／一二〇二
	四月／一二一五	五月／一二二六	六月／一二三八
	七月／一二四八	八月／一二五六	九月／一二六四
	十月／一二七四	十一月／一二八〇	十二月／一二八五
萬曆二十三年	正月／一二九三	二月／一二九六	三月／一三一七
	四月／一三二五	五月／一三三三	六月／一三四〇

目　録

	七月／一三四三	八月／一三四八	九月／一三五一
	十月／一三五三	十一月／一三五七	十二月／一三六〇
萬曆二十四年	正月／一三六九	二月／一三七三	三月／一三七八
	四月／一三九七	五月／一四〇四	六月／一四一六
	七月／一四二一	八月／一四二七	閏八月／一四三七
	九月／一四四六	十月／一四四九	十一月／一四五二
	十二月／一四五三		
萬曆二十五年	正月／一四五七	二月／一四六三	三月／一四七一
	四月／一四七五	五月／一四七九	六月／一四八六
	七月／一五〇一	八月／一五二〇	九月／一五二五
	十一月／一五三五	十二月／一五三七	
萬曆二十六年	正月／一五四一	二月／一五四八	三月／一五五二
	四月／一五六四	五月／一五六八	六月／一五七一
	七月／一五八二	八月／一五八八	九月／一五九四
	十月／一六〇一	十一月／一六〇六	十二月／一六一八
萬曆二十七年	正月／一六二九	二月／一六三五	三月／一六四三
	四月／一六五二	閏四月／一六五八	五月／一六七四
	六月／一六八四	七月／一六九一	八月／一六九七
	九月／一六九九	十月／一七〇六	十一月／一七一二

目　錄

	十二月／一七一七		
萬曆二十八年	正月／一七二三	二月／一七三二	三月／一七四二
	四月／一七四六	五月／一七五〇	六月／一七五五
	七月／一七六〇	八月／一七六六	九月／一七六八
	十月／一七七三	十一月／一七八〇	十二月／一七八六
萬曆二十九年	正月／一七九三	二月／一七九八	三月／一八〇五
	四月／一八一四	五月／一八二八	六月／一八三三
	七月／一八三八	八月／一八五〇	九月／一八五九
	十月／一八六三	十一月／一八八七	十二月／一八九三
萬曆三十年	正月／一九〇一	二月／一九〇三	閏二月／一九一一
	三月／一九一八	四月／一九三一	五月／一九三七
	六月／一九四一	七月／一九四五	八月／一九五五
	九月／一九五八	十月／一九六七	十一月／一九七四
	十二月／一九七八		
萬曆三十一年	正月／一九八五	二月／一九八八	三月／一九九一
	四月／二〇〇一	五月／二〇一二	六月／二〇一八
	七月／二〇二四	八月／二〇三四	九月／二〇三九
	十月／二〇四七	十一月／二〇五一	十二月／二〇六四
萬曆三十二年	正月／二〇七七	二月／二〇八七	三月／二〇九五

目　録

	四月/二一〇〇	五月/二一〇九	六月/二一一九
	七月/二一三四	八月/二一四九	九月/二一五七
	閏九月/二一六九	十月/二一七七	十一月/二一八八
	十二月/二一九四		
萬曆三十三年	正月/二二〇三	二月/二二〇八	三月/二二一一
	四月/二二一七	五月/二二二三	六月/二二三一
	七月/二二四四	八月/二二五八	九月/二二六四
	十月/二二七五	十一月/二二八一	十二月/二二八九
萬曆三十四年	正月/二三一一	二月/二三一九	三月/二三三九
	四月/二三四七	五月/二三五八	六月/二三六三
	七月/二三七二	八月/二三八〇	九月/二三八五
	十月/二三八八	十一月/二三九〇	十二月/二三九五
萬曆三十五年	正月/二四〇三	二月/二四〇七	三月/二四一四
	四月/二四一九	五月/二四二四	六月/二四二九
	閏六月/二四三三	七月/二四四〇	八月/二四四六
	九月/二四五二	十月/二四五九	十一月/二四六五
	十二月/二四七一		
萬曆三十六年	正月/二四八三	二月/二四八九	三月/二四九六
	四月/二五〇一	五月/二五〇八	六月/二五二一

目　錄

	七月／二五三一	八月／二五四二	九月／二五五〇
	十月／二五六一	十一月／二五七五	十二月／二五八九
萬曆三十七年	正月／二六〇三	二月／二六〇九	三月／二六一七
	四月／二六二四	五月／二六二九	六月／二六三五
	七月／二六四二	八月／二六五〇	九月／二六五九
	十月／二六六九	十一月／二六七六	十二月／二六八五
萬曆三十八年	正月／二六九九	二月／二七〇五	三月／二七一三
	閏三月／二七一九	四月／二七二五	五月／二七三六
	六月／二七三九	七月／二七四六	八月／二七五一
	九月／二七五六	十月／二七五八	十一月／二七六四
	十二月／二七六九		
萬曆三十九年	正月／二七七九	二月／二七八六	三月／二七九三
	四月／二七九九	五月／二八〇四	六月／二八一二
	七月／二八二二	八月／二八二七	九月／二八三三
	十月／二八三九	十一月／二八四三	十二月／二八四七
萬曆四十年	正月／二八五三	二月／二八五八	三月／二八六五
	四月／二八六八	五月／二八七二	六月／二八七五
	七月／二八七八	八月／二八八二	九月／二八八八
	十月／二九〇一	十一月／二九〇八	閏十一月／二九一六

目　錄

	十二月／二九二〇		
萬曆四十一年	正月／二九三一	二月／二九三六	三月／二九四一
	四月／二九四七	五月／二九五二	六月／二九五九
	七月／二九六九	八月／二九七五	九月／二九八六
	十月／二九九三	十一月／三〇〇二	十二月／三〇〇九
萬曆四十二年	正月／三〇二五	二月／三〇三四	三月／三〇四五
	四月／三〇五二	五月／三〇六三	六月／三〇七五
	七月／三〇八四	八月／三〇九八	九月／三一一二
	十月／三一二〇	十一月／三一二四	十二月／三一三三
萬曆四十三年	六月／三一四三	七月／三一五三	八月／三一五九
	閏八月／三一六七	九月／三一七五	十月／三一八四
	十一月／三一九三	十二月／三二〇〇	
萬曆四十四年	正月／三二一一	二月／三二二一	三月／三二三一
	四月／三二四一	五月／三二四九	六月／三二六〇
	七月／三二七二	八月／三二八七	九月／三二九五
	十月／三三〇六	十一月／三三一五	十二月／三三二六
萬曆四十五年	正月／三三三九	二月／三三五一	三月／三三六一
	四月／三三六六	五月／三三七五	六月／三三八三
	七月／三三九五	八月／三四〇六	九月／三四一六

目　錄

	十月/三四二六	十一月/三四三四	十二月/三四四二
萬曆四十六年	正月/三四五一	二月/三四五九	三月/三四六七
	四月/三四七三	閏四月/三四八三	五月/三四九五
	六月/三五〇五	七月/三五一五	八月/三五二三
	九月/三五三三	十月/三五四一	十一月/三五五一
	十二月/三五六一		
萬曆四十七年	正月/三五七三	二月/三五七八	三月/三五八七
	四月/三六〇八	五月/三六二五	六月/三六三七
	七月/三六五〇	八月/三六六一	九月/三六七〇
	十月/三六八五	十一月/三六九五	十二月/三七〇九
萬曆四十八年	正月/三七二七	二月/三七三九	三月/三七四八
	四月/三七五三	五月/三七六四	六月/三七七一
	七月/三七八一	八月/三七九〇	

萬曆
元年

萬曆元年正月壬午，朔，上御皇極殿，受天下朝賀，免宣表文。

三日甲申，上御皇極殿。太常寺奏，孟春時享太廟。

五日丙戌，上傳諭內閣："初七日開日講，諭卿等知之。"舊例，節假至正月二十一日始開。今上於假內即御講幄，可謂好學之篤矣。

六日丁亥，上親享太廟。

七日戊子，上御文華殿講讀。輔臣張居正等題："玉牒今已編完校對間。竊照原題纂修起自嘉靖十七年，止於嘉靖四十五年。時先帝初登大寶，皇上尚在東宮，仁聖皇太后、慈聖皇太后未上徽號，潞王未封，公主未生。今若止照原題事理，則尊稱未備，體例欠當。合將帝系悉從今稱，以隆尊崇之典，其各王府位號，仍照原題。庶尊卑有別，先後不背。謹先裝就帝系正副四本、秦府正副四本式樣進呈，恭候御覽畢，仍發下臣等通校類進。再照玉牒舊本，正副止六十餘冊，經今三十餘年，宗支繁衍加前數倍，正副一百四十本，計一萬三千葉有零，簡袠浩繁，傳寫錯誤，拂塵掃葉，讎校實難，今雖校對數次，中間尚有舛訛。伏望皇上俯寬程限，容臣等責令試中書舍人喬承華，通將前後等牒，再加詳校，然後裝潢全帙，請期上進。"上從之。

八日己丑，大學士張居正等奏言："昨伏蒙發下故德平伯李銘妻夫人雲氏奏疏，為其子李鶴乞恩襲爵。臣等照得，雲氏前奏，已經該科查據嘉靖年間世宗皇帝欽定皇親襲替事例，參駁到部，該部立案不行。今雲氏又有此奏，雖分為國戚，恩所當加，然比之先朝三例實為有礙，該部科所執未為無據。合將所奏仍下該部，容臣等示意所司，以皇上追念先后之意，稍加優處，庶爲得中。若必欲襲其本爵，恐於祖制有背，雖臣等亦不敢奉行也。"上然之。後兵部仍執前奏，奉特旨准授都督同知，不爲例。

九日庚寅，改禮部右侍郎陶大臨爲吏部右侍郎，兼官、日講俱照舊。

十日辛卯，大學士張居正等疏言："去年八月內，該臣等題《爲乞崇聖學以隆聖治事》，奉聖旨：'覽卿等奏，具見忠愛。八月內擇吉先御日講，經筵候明春舉行。禮部知道。欽此。'今年正月初五日，奉聖諭：'初七日開日講。諭卿等知之。欽此。'臣等恭照，經筵、日講，皆所以仰成聖德，講明治道，在我祖宗列聖，自有成規。去年臣等因山陵未畢，歲事將終，故請皇上先御日講，次開經筵，荷蒙聖明即賜允行。後值隆冬，講讀不輟。茲於年節假內，即已諭開日講，臣等仰見我皇上惕厲之誠，法天行健，緝熙之學與日俱新，宗①社萬萬年無疆之慶也。但經筵盛典，亦宜次第舉行，且在廷臣工久切快睹之望。伏乞敕下禮部，遵照前旨，於二月內擇日具儀，肇舉令典。其合用知經筵、同知經筵，及侍班、講讀、執事、侍儀等官，容臣等查照舊規，議擬上請，仰候聖裁施行。庶勸講之禮既不廢於公庭，造膝之言又日陳於左右，聖功已密而益密，聖德日新而又新矣。"章下禮部，具儀以上："一、欽天監擇於二月初二日巳時開講吉。一、直殿內官先一日於文華殿內設御座，又設御案於殿之東稍北，設講案於殿之東稍南。至期，司禮監官先陳所講四書經書，各一本置御案，各一本置講案，皆四書東，經書西。講官先期撰四書經書講章各一篇，預置於所講書內。是日早，上御皇極門早朝，後還宮進膳畢，常服出文華殿，陞御座。將軍侍衛殿外，如常儀。鴻臚寺官引知經筵、同知經筵、侍班、講讀、展書、執事、侍儀等官，於丹陛上行五拜三叩頭禮畢，以次上殿，依品級東西序立，侍儀給事中、御史各二員，於殿門內左右北向立。序班二員舉御案置御座前，二員舉講案置御

① 宗 據《張文忠公全集》奏疏三，"宗"前有"誠"字。

案南正中。鴻臚寺官贊進講，講官二員出詣講案前，稍南北向，並立。展書官二員亦出班，東西相向立。鴻臚寺官贊講官鞠躬、拜、叩頭、興、平身。東展書官詣御案前，跪，展四書，起，退立。講官一員進至講案前，展講四書畢，仍掩書退，就原所。東展書官詣御案前，跪，掩所展書畢，仍起，退立。又西展書官並講經官展、講、進、退並如之。既畢，鴻臚寺官贊講官鞠躬、拜、叩頭、興、平身。各退就東西班。展書官亦退就東西班。序班四員，舉御案及講案，俱置殿東原所。鴻臚寺官贊禮畢，各官以次出丹陛上，行叩頭禮。"上可其奏，因命太師兼太子太師成國公朱希忠、少師兼太子太師吏部尚書建極殿大學士張居正爲知經筵官，太子少保禮部尚書兼武英殿大學士呂調陽爲同知經筵官，吏部右侍郎兼翰林院侍讀學士陶大臨、禮部左侍郎兼翰林院侍讀學士王希烈、禮部右侍郎管國子監事汪鏜、太常寺卿兼翰林院侍讀學士掌院事丁士美、左春坊左諭德兼翰林院侍讀申時行、右春坊右諭德兼翰林院侍讀王錫爵、翰林院修撰陳經邦、何洛文、編修沈鯉、許國、沈淵、檢討陳思育爲講官，內大臨、士美、經邦、洛文、鯉、國仍日侍講讀，翰林院修撰羅萬化、編修王家屏、陳于陛、徐顯卿、張位、翰①世能、檢討林偕春、成憲爲展書官，尚寶司卿兼翰林院侍書周維藩、吳自成、禮部主客清吏司郎中章子誼、儀制清吏司員外郎兼司經局正字馬繼文、徐繼申、戶部浙江清吏司員外郎黎民表、大理寺右寺右寺副劉大武、右評事成楫爲寫講章并起止官，俱兩班輪流。仍命駙馬都尉許從誠爲侍衛官，彰武伯楊炳及六部、都察院、通政使司、大理寺各掌印官一員爲侍班官，給事中、監察御史各二員爲侍儀官，錦衣衛、鴻臚寺各堂上官一員、鳴贊、序班共八員爲執事官。餘悉如儀。

十一日壬辰，陞右春坊右諭德兼翰林院侍讀余有丁爲左春坊左庶子，掌南京翰林院事。

十二日癸巳，上御文華殿講讀。大學士張居正等疏言："日

---

① 翰 據《明神宗實錄》卷九，"翰"當作"韓"。

講《大學》及《尚書·舜典》俱已將完。臣等竊惟，《大學》一書，乃聖賢修己治人之要道，《尚書·堯典、舜典》又千聖相傳治天下之大經大法，比之他書最爲切要。前者講官進講，皆逐句細解，雖字句文義頗爲詳盡，然一篇旨趣尚欠發明，恐於聖心未有啟發。查得日講舊規，三日一次溫講。合無待《大學》、《舜典》講完之日，令講官陶大臨等通前溫講一徧？每章長者分爲數條，短者作一次通講。皇上每遇溫書，止讀三徧，恐書旨太長，致勞聖體。以後《中庸》、《論語》及《大禹謨》諸篇，俱如此例。但不必拘定三日，惟有關於治道君德者，句解之後再加通講，若無甚關係者，則不溫可也。如此似於聖學少有補益。"上從之。

十五日丙申，上御皇極殿視朝。

十六日丁酉，上視朝。

十八日己亥，上御文華殿講讀。

十九日庚子，上視朝。是日糾儀御史面奏，查點文武官失朝者新寧伯譚國佐等一百一十九員。詔各罰住祿俸三月。

是日早，乘輿出乾清宮門，有男子僞著內使巾服，由西階下，直趨而前，爲守者所執。索其衣中，得刀劍各一具，縛兩腋下。詰之，但道其姓名爲王大臣，係直隸常州府武進縣人，餘無所言。司禮監太監馮保奏狀，奉旨："王大臣拏送東廠究問，還差的當辦事校尉，著實緝訪來說。"

二十二日癸卯，大學士張居正等題："適見司禮監太監馮保等奏稱，十九日聖駕出宮視朝，有一男子身挾二刃，直上宮門礓䃰，當即拏獲。臣等不勝驚懼，不勝震駭。前因星象示異，臣等已曾面奏，乞皇上慎重起居，嚴備出入。今果有此，蓋上天保護聖躬，故先見象以示儆也。雖其人當即擒獲，逆謀未成，然未然之防，尤宜加慎。臣等竊詳，宮庭之內，侍衛嚴謹，若非平昔曾行之人，則道路生疏，豈能一徑便到？觀其挾刃直上，則其造蓄逆謀，殆非一日，中間又必有主使勾引之人。據其所供姓名、籍貫，恐亦非真。伏乞敕下緝事問刑衙門，仔細究問，多方緝訪，務得下落，永絶禍本。仍乞皇上凡出入警蹕，倍宜嚴備，常朝定以天明日將出之時，方可出宮，非有侍衛隨從多人，不宜輕易出入。蓋皇上一身，乃天地神人之主，萬宜慎重，此臣等所爲日夜在念，不敢少寧者也。再，照祖宗舊制，門禁甚嚴。查得《大明律》一款，凡內使監官併奉御內使，但遇出外，各門官須要收留本人在身關防牌面，於簿上印記姓名字號，明白附寫前去某處，幹辦是何事務，其門官與守衛官軍搜檢沿身別無夾帶，方許放出。回還一體搜檢，給牌入內，以憑逐月稽考出外次數。但搜出應干雜藥，就令自喫。若不服搜檢者，杖一百充軍。若非奉旨，私將兵器進入皇城門內者，杖一百，發邊遠充軍，入宮殿門內者，絞。門官及守衛失於搜檢者，與犯人同罪。欽此。仍望皇上敕下司禮監官，遵照律令，嚴行申飭，有犯令者必罪勿貸。其該日守門內外官員，俱乞敕下該衙門，重加懲治，庶使人知所警，杜患將來。"得旨："卿等説的是。這逆犯挾刃入內，蓄謀非小。着問刑緝事衙門仔細研訪，主逆勾引之人務究的實。該日守門內官，着司禮監拏來打問具奏，守衛官法司提了問。申嚴門禁，都依擬行。"

是日，敕諭兵部："京城內外巡警事宜，着兵部、都察院並緝事衙門，督率巡捕、巡視等官，嚴行申飭。四方無籍之人潛住京師的，即便驅逐盡絶，地方鄰佑有容隱不舉的，事發都拏來重治。"

二十三日甲辰，命右春坊右諭德兼翰林院侍讀王錫爵掌本坊事。

二十五日丙午，陞禮部左侍郎兼翰林院侍讀學士王希烈爲吏部左侍郎，仍兼翰林院侍讀學士，掌詹事府事。

二十六日丁未,上視朝。

是日,給賜知經筵官太師兼太子太師成國公朱希忠、少師兼太子太師吏部尚書建極殿大學士張居正、同知經筵官太子少保禮部尚書兼武英殿大學士呂調陽敕各一道。敕諭希忠曰:"朕惟古昔帝王臨御天下,未有不以務學爲急者。我祖宗列聖遞崇是道,經筵日講歲歲舉行,二百餘年治教休明,超軼隆古。朕以沖眇,恭膺寶命,嗣守鴻圖,夙夜兢兢,惟以不克負荷是懼。故當山陵甫建,哀疚方殷,即以去秋躬御日講,雖值隆冬,罔敢暇逸。惟是經筵之典,尚有待焉。茲將以二月初二日舉行,命爾希忠與少師兼太子太師吏部尚書建極殿大學士張居正知經筵事,太子少保禮部尚書兼武英殿大學士呂調陽同知經筵事,掌詹事府事吏部左侍郎兼翰林院侍讀學士王希烈、吏部右侍郎兼翰林院侍讀學士陶大臨、禮部右侍郎管國子監祭酒事汪鏜、太常寺卿兼翰林院侍讀學士掌院事丁士美、左春坊左諭德兼翰林院侍讀申時行、右春坊右諭德兼翰林院侍讀王錫爵、翰林院修撰陳經邦、何洛文、編修沈鯉、許國、沈淵、檢討陳思育,充經筵官,分直侍講。居正、調陽併大臨、士美、經邦、洛文、鯉、國日侍講讀。夫君道以講學親賢爲要,臣職以責難陳善爲恭。朕方亹亹諮詢,求多聞而建事,卿等尚孜孜納誨,明正學以沃心。凡經史所載理欲消長之端、政治得失之故、人才忠邪之辨、統業興替之由,務明白敷陳,委曲開導,毋曲說以徇好,毋避諱以爲嫌。俾學緝熙於光明,治允躋於清穆,上以凝承乎帝眷,下以潤澤乎生民,惟朕有無疆之休,卿等亦有無疆之聞。欽哉,故諭。"敕諭居正、調陽文如之。但諭居正則曰"爾與希忠知經筵事",諭調陽則曰"爾與希忠、居正同知經筵事",又各曰"爾與大臨、士美、經邦、洛文、鯉、國日侍講讀"。

二十八日己酉,上御文華殿講讀畢,輔臣張居正奏:"前者聞奸人犯駕,聖母與皇上受驚,臣等連日驚惶,寢食俱廢。皇上乃天地神人之主,出入起居皆有神明呵護,諒此奸人其何能爲?但聞其妄攀主者。夫臣子若萌此一念,天地鬼神斷所不容,罪豈容死？且我祖宗二百年以來，深仁厚澤固結人心，法度昭然，凜不可犯，意外之事料所必無。伏望皇上寬憂，並奏知聖母，不須疑慮。聞廠衛連日推求此事，本犯展轉支吾，未得情罪。臣以爲宜稍緩其獄。蓋人情急則閉匿愈深，久而怠弛，真情自露，彼時明正法典，乃足以快神人之憤。若推求太急，恐誣及善類，有傷天地和氣。惟皇上裁察。"上曰："先生每掛心。朕知道了。"

二十九日庚戌，仁聖皇太后聖旦，上御皇極門，百官致詞稱賀。

萬曆起居注

①午 "午"當作"子"。

萬曆元年二月壬午①，朔，上御皇極殿視朝畢，詣奉先殿、弘孝殿、神霄殿、皇考穆宗莊皇帝几筵，以明日開經筵告。輔臣張居正等奏言："祖宗朝京城內外巡警甚嚴，近年以來，人心怠玩，法紀廢弛，以致四方無籍之徒潛住者多，盜賊公行，奸宄叢集，至如正月十九日之事，深可寒心。今宜敕兵部、都察院併緝事衙門，查照舊規，嚴行申飭，庶奸人無所容藏，地方得以清肅。"上嘉納其言，即日宣諭兵部、都察院："京城內外巡警事，着兵部、都察院併緝事衙門督率巡捕、巡視等官，嚴行申飭，四方無籍之人潛住京師的，即便驅逐盡絕，地方鄰佑有容隱不舉的，事發都拏來重治。"

②未 "未"當作"丑"。

二日癸未②，上初御經筵。講官進講《大學》及《尚書·堯典》，上端拱傾聽，目不旁晌。講畢，傳賜酒飯，音吐清亮，儀度雍容。侍班諸臣相顧稱歎，以為上神明風悟，真天縱也。

是日，欽賞成國公朱希忠、大學士張居正、呂調陽、吏部尚書楊博、工部尚書朱衡、戶部尚書王國光、禮部尚書陸樹聲、兵部尚書譚綸、刑部尚書王之誥、都御史葛守禮、彰武伯楊炳各銀五十兩、綵幣四表裏，大理寺卿陳一松、通政使司通政使李際春、講官禮部左侍郎王希烈、右侍郎陶大臨、禮部右侍郎管祭酒事汪鏜、太常寺卿兼侍讀學士丁士美、左諭德兼侍讀申時行、右諭德兼侍讀王錫爵、翰林院修撰陳經邦、何洛文、編修沈鯉、許國、沈淵、檢討陳思育、駙馬都尉許從誠、都督朱希孝各銀三十兩、綵幣二表裏、新鈔三千貫，展書官翰林院修撰羅萬化、編修王家屏、陳于陛、徐顯卿、張位、韓世能、檢討林偕春、成憲各銀二十兩、綵段一表裏，侍儀官給事中、御史、錦衣衛堂上官、鴻臚寺卿、鳴贊等共十二員各銀十兩、綵段一表裏、新鈔一千貫，大漢將軍各絹一疋。仍特賜居正、調陽蟒衣一襲，日講官大臨、士美、經邦、洛文、鯉、國大紅織金羅衣一襲。

③申 "申"當作"寅"。

三日甲申③，知經筵官太師兼太子太師成國公朱希忠、少

萬曆元年

師兼太子太師吏部尚書建極殿大學士張居正、同知經筵官太子少保禮部尚書武英殿大學士呂調陽等，以經筵禮成，上表稱賀，曰："伏以人文宣朗，應萬年御曆之期，聖學緝熙，紹千古傳心之統，鴻儀具舉，駿烈增光，百辟竦瞻，羣情閬懌。竊惟自昔願治之主，咸以及時典學爲先。雖日有萬幾，至尊匪同於韋布；然無二道，遺蹟具在乎簡編。非考古何以正今，必多聞乃能建事。石渠講藝，集諸儒之異同；崇政說書，備三朝之訓鑒。率皆表章經術，用以興建治功。於赫熙朝，特崇講幄，廣厦細旃之上，言有箴規；冠帶搢紳之倫，環而觀聽。豈徒藻飾太平之具？是惟培養君德之基，迥軼前聞，永垂後法。恭惟皇帝陛下，聰明首出，睿智性成，固天縱之多能，尤日新而不已。在高宗亮陰之際，已勤遜敏之功；當成王訪落之年，懋致光明之益。觀覽靡疲於乙夜，討論無間於祁寒。祗邇典章，載陳經席，華編絢爛，出周家圖籍之藏；法從趨蹌，列漢殿威儀之盛。謙光下濟，渙渥旁敷。御醴上尊，肆侈大亨之饗；兼金襲綺，特頒內帑之珍。在淵衷①聽納之方弘，故寵賚駢蕃而不靳。禮隆晉接，人知稽古之榮；道協泰交，世仰右文之治。臣等叨陪邇列，幸際昌辰，承天語之丁寧，不違咫尺；戴聖恩之高厚，莫報涓埃。敢不奉身以周旋？必先盟心而登對。繹陳善責難之義，務師師以相規，揚崇儒重道之風，舉忻忻而有喜。伏願法乾之健，體咸之虛，尊所聞，行所躋，光大高明之域，不泄邇，不忘遠，存憂勤惕厲之衷，庸恢列聖之偉謨，以樹百王之懿範。"表上，報聞。

是日，大學士張居正等奏事文華殿，上曰："昨日經筵講《大學》的講官差了一字，朕欲面正之，恐懼慚。"居正對曰："講官密邇天威，小有差錯，伏望聖慈包容。"又奏："人有罪過，若出於無心之失，雖大亦可寬容。若出於有心犯法，雖小亦不宜姑息。前日皇上講《舜典》'宥過無大，刑故無小'，正此意也。"上曰："然。"

五日丙戌②，上御皇極殿，傳制遣大學士呂調陽祭先師

① 衷　天津元年民國抄本作"裏"，誤。通行本作"衷"，是。

② 戌　"戌"當作"辰"。

孔子。

七日戊子①，上親祭大社、大稷。

八日己丑②，上御文華殿講讀。

十一日壬辰③，上御文華殿講讀。以昭陵享殿上梁畢，賜輔臣張居正、吕調陽各銀五十兩、綵段四表裏、新鈔三千貫。

十二日癸巳④，上御經筵。

十三日甲午⑤，上視朝。

十四日乙未⑥，上諭禮部："禮儀房奶子今暫且停選，合用錢糧各量留四分之一，送赴本房，仍與聽候醫婦等用。"

十六日丁酉⑦，上視朝。輔臣張居正等奏言："伏蒙發下吏部一本，該延綏巡撫都御史缺，推侯東萊、張守中二員堪任。臣等竊照，延綏地方逼鄰虜巢，最爲緊要，且風氣苦寒，人不樂居，近來任巡撫者，祇將就捱過一二年，即營求别轉，以致事務廢墜，武備不修，虜一入犯，往往失機僨事。臣等看得，該部所舉二員内，張守中雖係舉人出身，年力精強，才猷敏練，先任密雲兵備，練兵修守甚有勤勞，今任陝西參政，凡一切邊方事務至苦至難人所推避而不肯爲者，彼獨以身任之，又能和協將官，與同甘苦，實邊方撫臣之選也。伏乞皇上俯念邊鎮要地，貴在得人，就將本官陞補前項員缺，庶以見朝廷鼓舞人才，不拘常格，而彼之感恩圖報，將捐軀殞首而不辭矣。"疏入，上從其言，陞守中爲都察院右僉都御史，巡撫延綏地方，贊理軍務。

陞禮部右侍郎管國子監祭酒事汪鏜，爲本部左侍郎兼翰林院侍讀學士，回部管事，仍充經筵講官。太常寺卿兼翰林院侍

①子 "子"當作"午"。
②丑 "丑"當作"未"。
③辰 "辰"當作"戌"。
④巳 "巳"當作"亥"。
⑤午 "午"當作"子"。
⑥未 "未"當作"丑"。
⑦酉 "酉"當作"卯"。

讀學士掌院事丁士美，爲禮部右侍郎，兼官併日講、教習俱如故。

十七日戊戌①，上御文華殿講讀。

十八日己亥②，上御文華殿講讀。

十九日庚子③，上視朝。

二十一日壬寅④，上御文華殿講讀。

二十二日癸卯⑤，上御文華殿講讀。
盜章龍伏誅。龍，直隸常州府靖江縣人。本姓朱，自幼賣爲鎮江衛百户章守正弟守仁家奴，因冒章姓。隆慶五年，守仁以其兄負運糧繫刑部獄，因攜龍補解官銀至京。守仁先歸，留龍與守正俱。龍發守正裝，得二十餘金，悉竊以去。去易美衣襦，游倡家。懼事覺，遂走三屯營，投軍戚總兵所，以弱小不中選，輒復引還。遇賣劍者於路，買得⑥劍二、刀一，將持鬻都市。比至京，所竊金費且盡。不給，則市劍；市劍不售，則市衣襦；衣襦且盡，乃謀入內府爲盜，因潛置內使韡帽、衣服及牌總，皆具。於是歲正月十九日早，遂變服如內使，仍縛所買刀劍於兩腋下，由長安左門入，至玄東門夾道北，戒嚴，不敢前，則還至乾清門西階。時天未辨色，值聖駕早朝，輿仗突出。龍倉皇驚走，爲守門者所執，索其衣中，得刀劍二具。詰其姓名，乃詭名爲王大臣，係常州府武進縣人云。司禮監太監馮保以聞，奉旨："王大臣拏去與東廠究問，還差的當辦事校尉，着實緝紡⑦來説。"輔臣張居正奏言："頃聞聖駕出朝，有男子挾刃直犯宮門，臣等聞之不勝驚駭。前因星象示異，臣等已曾面奏，乞皇上慎重起居，嚴備出入。今果有此，蓋上天保護聖躬，故先見象以示警也。雖其人當即擒獲，逆謀未成，然未然之防，尤宜加慎。臣等切詳，宮庭之內，侍衛嚴謹，若非

① 戌 "戌"當作"辰"。
② 亥 "亥"當作"巳"。
③ 子 "子"當作"午"。
④ 寅 "寅"當作"申"。
⑤ 卯 "卯"当作"酉"。
⑥ 得 天津元年民國抄本作"待"，誤。通行本作"得"，是。
⑦ 紡 "紡"字應爲"訪"字。

平昔曾行之人，則道路生疎，豈能一徑便到？觀其挾刃直上，則其造蓄逆謀，殆非一日，中間又必有主使勾引之人。據其所供姓名、籍貫，恐亦非真。伏乞敕下緝事問刑衙門，仔細究問，多方緝訪，務得下落，永絕禍本。仍乞皇上凡出入警蹕，倍宜嚴備，常朝定以天明日將出之時，方可出宮，非有侍衛隨從多人，不宜輕易出入。蓋皇上一身，乃天地神人之主，萬宜慎重，此臣等所爲日夜在念，不敢少寧者也。再，照祖宗舊制，門禁甚嚴。查得《大明律》一款，凡內使監官並奉御內使，但遇出外，各門官須要收留本人在身關防牌面，於簿上印記姓名字號，明白附寫前去某處，幹辦是何事務，其門官與守衛官軍搜檢沿身別無夾帶，方許出入。回還一體搜檢，給牌入內，以憑逐月稽考出入次數。但搜出應干雜藥，就令自喫，若不服搜檢者，杖一百充軍；若非奉旨，私將兵器進入皇城門內者，杖一百，發邊衛充軍；入宮殿門內者，絞。門官及守衛官失於搜檢者，與犯人同罪。欽此。仍望敕下司禮監官，遵照律令，嚴行申飭，有犯令者必罪勿貸。其日守門內外官員，俱乞敕下該衙門，重加懲治，庶①使人知所儆，杜患將來。臣等備負輔導，偶一聞此，神魂隕越，寢食不寧，伏乞聖明俯垂聽納。"奉聖旨："卿等說的是。這逆犯挾刃入內，蓄謀非小。着問刑緝事衙門仔細研訪，主逆勾引之人務究的實。該日守門內官，着司禮監拏來打問具奏，守衛官法司提了問。申嚴門禁，都依擬行。"已，司禮監太監馮保，會同掌錦衣衛事左都督朱希孝等鞫狀。龍自三屯營還，與舉人呂祖望遇於通州，祖望曾假龍一騎，與之偕至京師。至是被訊，乃詭稱爲戚總兵繼光家人，受繼光指，與客呂舉人偕來，陰置兵器禁中。及逮祖望與對，不驗，則誣稱中官柯四，令②其入內行劫。又不驗，則誣稱所識鄉人李寶，給事高閣老拱家。拱與今閑住太監陳洪素厚，時有書訊往來。於某月日，寶與高本同至京師，及不知名內使引領入內，謀爲大逆。又搜得其遺守正書，有"某日進東華門，不知性命如何"之語。詞既具，上遣詔使名捕甚急。輔臣居正等入見上，奏言："臣等前者聞奸人犯駕，聖母與皇上受驚，臣等連日驚惶，寢食

① 庶　天津元年民國抄本"庶"下有"知"字，誤。通行本無此字，是。

② 令　天津元年民國抄本作"全"，誤。通行本作"令"，是。

俱廢。皇上乃天地神人之主，出入起居皆有神明呵護，諒此奸人其何能爲？但聞其妄攀主者。夫臣子若萌此一念，天地鬼神斷所不容。且我祖宗二百年以來，深仁厚澤固結人心，法度昭然，凛不可犯，意外之事料所必無。伏望皇上寬憂，並奏知聖母，不須疑慮。聞廠衛連日推求此事，本犯展轉支吾，未得情罪。臣以爲宜稍緩其獄。蓋人情急則閉匿愈深，久而怠弛，真情自露，彼時明正法典，乃足以快神人之憤。若誣及善類，恐有傷天地和氣。惟皇上裁察。"上曰："先生每忠愛之心，朕之知①矣。"既而詔使至拱原籍搜捕，並無所稱李寶、高本者，止執其僕高來至京。責與龍面對，前後所言殊不相覆。陰使人偵之，則龍始寓正覺寺北舍，有柴②志學者爲陳洪書役，嘗與僧言洪與拱善，龍心記其言，遂冀誣引以自緩死，實無他客與通往來者。反覆參驗，具得情。居正等復上疏奏言："逆犯入內，震驚乘輿，臣等不勝悚仄。及廠衛奉旨鞫問，本犯又妄攀誣指，皆人臣不忍聞之言，臣等愈切驚懼。然心竊以爲，國家之於臣下，恩禮既極其優渥，法度又極其森嚴，自非禽獸夷狄，誰敢萌此悖逆之心、甘犯族滅之罪？非惟於心有不忍，而於③有所不敢也。今廠衛再四研審，具得真情，果出本犯自爲，未嘗有人主使，臣等憂懼之心始得少釋。仰惟昊穹錫佑，宗社垂庥，擁護聖躬，茂膺景福，即今內禁清肅，外警申嚴，意外之事萬萬無足慮者。伏望皇上上奏聖母，洞釋前疑，率循常度，益隆滋至之鴻禧，永撫昇平之盛治。臣等謬叨股肱心膂之任，惟願聖母皇上之心安，則臣等犬馬之心亦安矣。"疏入，上意稍解，不復窮竟其事。及保等具獄以上，上曰："這情事干係重大，深恐濫及無辜。爾等既再三會鞫明白，具見慎重刑獄之忠。着法司看了擬罪來說。"

法司當龍無門籍冒名而入者，罪亦如擅入御在所者，律絞。其該日守門內④官並守衛官軍各以應得罪罪之。高來、柯四、柴志學等俱宜釋遣。奉旨："這廝挾刃入內，致驚朕躬，難依常律，着加等處斬，便會官決了。守門內官已有旨發落。其餘依擬。"方龍之誣服也，人以爲大獄且起，所夷滅將不可勝計。至

① 之知 "之知"當作"知之"。
② 柴 天津元年民國抄本作"紫"，誤。通行本作"柴"。是。
③ 於 "於"似爲"亦"之誤。
④ 門內 天津元年民國抄本作"內門"，誤。通行本作"門內"，是。

是，罪止龍一身，餘無所問，中外之人背①始貼席，咸翕然頌上仁恕，而歸輔臣保護之力焉。

二十三日甲辰②，陞左春坊左諭德兼翰林院侍讀申時行爲左庶子，掌翰林院事，兼官如舊。

二十七日戊申③，上御皇極殿，傳制遣官往祭歷代帝王陵寢，及嶽鎮海瀆等神。

二十九日庚戌④，上視朝。

① 背 "背"當爲"皆"之誤。

② 辰 "辰"當作"戌"。

③ 申 "申"當作"寅"。

④ 戌 "戌"當作"辰"。

萬曆元年三月辛巳，朔。

二日壬午，上御經筵。

四日甲申，上御文華殿講讀。輔臣張居正進講《帝鑒圖說》漢文帝勞軍細柳事。既反覆開說，因奏曰："古人說：天下雖安，忘戰必危。如今天下承平日久，武備廢弛，將官受制於文吏，不啻奴隸。夫平日既不能養其鋒銳之氣，臨敵何以責其有折衝之勇？自今望皇上留意武備。將官忠勇可用者，須稍假權柄，使之得以展布，庶幾臨敵號令嚴整，士卒用命。今士大夫有識者皆曰：我祖宗用刀尖上挣來的天下，今日被筆尖兒上壞了。且文武並用，乃長久之術。俗語說：文官把筆安天下，武將提戈定太平。"上曰："然。"因嗟嘆者久之。退謂左右曰："適張先生說'文官把筆安天下，武將提戈定太平'，二句何意？"左右不能對。上曰："先生之意，蓋謂為治當固①用文，也要用武。"左右因頌上之聖明，且曰："張先生也是文官，他却不護短，欲為朝廷保護武將，修整武備。真可謂公忠報國者矣。"上又嘆賞者久之。

五日乙酉，上御文華殿講讀。

七日丁亥，上御文華殿講讀。

九日己丑，上視朝。

十日庚寅，上御文華殿講讀。

十二日壬辰，上御經筵。

十六日丙申，上視朝。

① 當固 "當固"應作"固當"。

十七日丁酉，上御文華殿講讀。

十八日戊戌，上御文華殿講讀。

十九日己亥，上視朝。

二十一日辛丑，上御文華殿講讀。

二十三日癸卯，衡王厚燆薨，輟朝三日。

二十四日甲辰，上御文華講讀。

二十五日乙巳，上御文華殿講讀。

二十六日丁未，上御皇極殿。太常寺奏孟夏時享太廟。

萬曆元年四月庚戌，朔，孟夏，上親享太廟。

二日辛亥，上御經筵。

三日壬子，上視朝。

四日癸丑，上御文華殿講讀。

五日甲寅，上御文華殿講讀。

九日戊午，上視朝。

十日己未，上御文華殿講讀。是時，輔臣張居正有子殤，上知之。講畢，面諭之曰："聞先生子故煩惱。先生宜以國事爲重，勿得過於傷懷。"居正叩頭對曰："臣舐犢私情，仰蒙聖恩垂念，不勝感激。臣受皇上重託，豈敢復顧其私？但聖恩高厚，難於報答耳。"又叩頭謝。

十二日辛酉，上御經筵。

十四①癸亥，上御文華殿講讀。

十六日乙丑，上視朝。

十九日戊辰，上視朝。

二十日己巳，上御文華講讀。

二十一日庚午，上御文華殿講讀。諭禮部："雨澤愆期，朕於宮中竭誠致禱。百官自二十二日爲始，青衣角帶辦事三日，着實修省，停刑、禁屠如例。"次日即雨。

① 四 "四"下應有"日"字。

二十五日甲戌，上御皇極門。廣東守臣獻捷，凡斬馘山寇一萬二千有奇。賜報捷人鈔幣。

二十六日乙亥，上視朝，百官以廣東大捷致詞稱賀。

二十七日丙子，上御文華殿講讀。大學士張居正等辭免恩命疏曰："臣等今日恭侍皇上講讀，伏蒙面諭，以兵部覆廣東捷疏謬及臣等運籌效勞，欲加陞蔭。臣等自愧無功，即面奏辭免。又蒙皇上再三獎諭，以先朝舊典，必欲另行擬票。臣等仰見天恩隆重，未敢面違，謹承旨叩頭而出。隨具揭瀝誠控辭，未蒙俞允。茲又蒙聖諭：'嶺東積寇蕩平，皆卿等贊謀廟堂，致無遺策，功當首論，擬敕來行。'臣等祇奉綸音，愈切惶懼。竊惟論功行賞者，朝廷之大典，視草演綸者，儒臣之常職。比者嶺寇蕩平，寔由我皇上天威遠播，及督臣將士脅心奮力所致。臣等官居禁近，職在代言，既無親冒矢石之勞，又非典司戎旅之任。雖曾參帷幄之末議，借前箸以效畫，皆仰遵廟謨，幸而微中，豈敢貪冒天功，覬功戀賞？且人臣有難報之恩，無必酬之勞。臣等備負輔弼，仰戴高厚，即捐糜此身，不足以報答萬一。況今陰陽失調，旱沴為虐，閭閻寂寞，盜賊公行，皆臣等奉職無狀所致，方惶恐俟罪之不暇，又何敢徼偶逢之幸，以掩不職之憂，冒非分之恩，以重忝竊之咎哉？明主馭下，施一概之平，不宜獨私親近，橫予濫及，以失遠方將士之心，乖朝廷激勸之義也。臣等反覆思惟，心悚背汗，所有加恩敕諭，萬不敢擬。伏望皇上俯鑒微誠，特寢前命，俾臣等復安微分，免於罪戾，則聖明體諒之恩，雖九遷之榮，十世之賞，不足以喻其隆赫矣。"上答曰："卿等功在社稷，乃勞謙不有，足立臣極，朕心甚嘉。特賜卿居正銀一百兩、紵絲六表裏，調陽六十兩、四表裏，仍各蟒衣一襲，稍示酬報之典。宜承恩眷，慎勿又辭。"

二十八日丁丑，上御文華殿講讀。

二十九日戊寅，上御皇極殿，傳制遣官冊封榮府等府衡昌等王。

三十日己卯，上御文華殿講讀。

萬曆元年五月庚辰，朔。

二日辛巳，上御經筵。大學士張居正等題："昨該臣等面奏，目今天夜漸熱，經筵合行暫免，惟日講不輟，已奉俞允。臣等又惟，祖宗故事，每年經筵惟春秋二季開講，寒暑則免。若次次請旨開講，次次傳旨免講，以爲煩瀆。合無敕下禮部，著爲定例，每年春講定以二月十二日起，至五月初二日止，秋講定以八月十二日起，至十月初二日止。各該衙門照例遵行，免致臨期一一題請傳奉，似爲簡當。"上從之。是日，諭禮部："如今天氣炎熱，經筵暫免，日講照常行。以後經筵春講定以二月十二日起，至五月初二日免；秋講八月十二日①，至十月初二日免。永爲定例，不必一一題請。"

九日戊子，上御皇極殿。太常寺奏夏至祀地於方澤。

十四日癸巳，上御文華殿講讀。

十五日甲午，大學士張居正恭進宣宗章皇帝御書詩歌册軸，上嘉悦，命賜元輔銀五十兩、綵段四表裏，次輔三十兩、四表裏。居正等疏辭，言："臣等備員輔導，一念犬馬愚忱，惟願我皇上觀揚祖烈，繼述先猷，故即翰墨一事，以寓其納約自牖之忠。若因而叨冒厚賞，是臣等藉進獻以爲希覬之資，將來即偶有所得，亦將引嫌避咎，而不敢獻之於上矣。臣等反復思惟，萬不敢領，用敢冒昧懇辭。所有聖諭一通，係皇上御筆，謹尊藏內閣，傳示後來，以昭我皇上尊祖好學之美。其銀兩、表裏，容臣等送還內庫，庶恩賞不至於濫及，下情亦得以少安。"上曰："皇祖御筆，爲世重寶，卿等購求進獻，具見忠愛。朕之優隆，非他物比，宜承勿辭。"調陽復疏言："臣竊惟宣廟睿翰，精絕古今，世共寶之，即隻字片紙，傳之民間，無不珍藏，誠不易得。臣平生想慕一睹，而疏賤寡聞，無從求覓。仰惟皇上留情翰墨，每舉筆作字，天機活潑，如有神授。臣居正嘗私與

① 日 "日"後應有"起"字。

臣議，謂皇上宸翰墨，他日當與宣祖齊稱，遂購求冊軸以進。是臣一念犬馬之忱，以宣祖御墨期望皇上者，雖與居正同，而購求冊軸，實未之與。茲蒙恩賚，在居正猶不敢當，既與臣聯名控辭，矧臣未嘗同與購進，何敢濫叨同賞？伏惟聖慈允臣所辭。"上曰："卿雖未購，忠念與元輔同，宜共承勿辭。"

十一日庚寅，上御文華殿講讀。

十七日丙申，上御文華殿講讀。

十八日丁酉，上御文華殿講讀。

十九日戊戌，上視朝。命禮部左侍郎兼翰林院侍讀學士汪鏜充副總裁，專管《世宗皇帝實錄》。

二十①己亥，上御文華殿講讀。

二十二日辛丑，上御文華殿講讀。

二十八日丁未，上御文華殿講讀。

① 二十 "十" 下應有 "日" 字。

萬曆元年六月己酉，朔，上御皇極殿視朝。

二日庚戌，上御文華殿講讀。

三日辛亥，上視朝。

四日壬子，上御文華殿講讀。

八日丙辰，上御文華殿講讀。

十三日辛酉，上視朝。

十六日甲子，大學士張居正以恭建樓堂尊藏宸翰，奏請欽定額名。上曰："覽卿奏，具見忠敬。樓名與做'捧日'，堂名'純忠'。工部制扁差官懸安。朕知卿素秉廉節，特賜御前銀一千兩，少給工費。卿宜承命勿辭。"是日，上特降手敕諭元輔居正："朕以卿純忠爲社稷，有捧日之功，故以爲堂樓名。卿其欽承之。故諭。"仍賜御筆大字二幅，一曰"社稷之臣"，一曰"股肱之佐"，對句一聯，曰："志秉純忠，正氣垂之百世；功昭捧日，休光播於萬年"。於是居正表謝，言："臣初以尊藏宸翰，乞賜額名，以崇聖澤，伏蒙皇上欽定，又特降手敕，諭臣以命名之義，仍賜銀以給工費，遣中使送至臣私第。臣不勝榮幸，不勝悚惕。伏以璇題昭揭，既沾制墨之新，寶橐煥頒，復荷賜金之渥，光騰里第，榮動朝紳。竊念臣猥以譾材，濫居首輔。龍飛虎變，幸逢千載之期；鳳翥鸞回，屢拜十行之札；願惟蓬蓽，懼藏謨訓以非宜；爰就枌榆，特建樓堂而祇奉。及是經營之始，僭求牓額之懸。何意聖明即垂矜允？謂臣躬扶景運，頻殫捧日之勤；察臣志抱樸愚，知慕純忠之節，紆神畫筆錫嘉名。瓊翰輝煌，倬彼①雲章之麗；玉音諄復，蔚焉袞字之褒。猶曲軫乎小廉，乃特頒乎大賚。廉金千鎰②，出内庭麟裏之奇；廣廈萬間，遂寒士骈幪之願。昔馬周之遇唐主，但仍③給宅之恩；

① 彼　天津元年民國抄本作"拔"，誤。通行本作"彼"是。

② 千鎰　天津元年民國抄本作"鎰千"，誤。通行本作"千鎰"，是。

③ 仍　《張文忠公全集》奏疏三作"承"。

若方平之在宋朝，僅賜文儒之字。如臣所際，振古未聞。伏遇我皇上，英資天縱，睿學日新，煥乎堯文，闢①乾坤經緯之秘；康哉舜績，追明良喜起之風。遂令一介之末縱，獲玷九重之麻命。羨增輪奐，江山藉以光華；綵溢圖書，珠璧森其布列。臣敢不式嚴琰寫，瞻天奉咫尺之威，載謹家藏，奕世作仍雲之寶？尚當覷名思義，純心奉公，就日雲霄，勉罄丹忱於葵藿；輸忠社稷，矢堅素履於水②淵。臣無任踴躍仰戴之至。"上曰："卿勳德並茂，朕親撰堂樓額名以賜，用示褒嘉，未足以盡酬眷之意。覽卿奏謝，知已。"

二十二日庚午，上御文華殿講讀。

二十三日辛未，以代王廷埼薨，輟朝三日。

二十六日甲戌，賜文武大臣及講官、正字官鮮③笋。

二十七日乙亥，上御皇極殿，太常寺官奏孟秋時享太廟。

二十八日丙子，以國子司業范應期、翰林院修撰陳經邦爲左春坊左中允，修撰何洛文爲右春坊右中允，俱兼翰林院編修，編修沈鯉爲左春坊左贊善，編修許國、檢討陳思育爲右春坊右贊善，兼翰林院檢討。

萬曆元年

二五

①闢 《張文忠公全集》奏疏三作"聞"。

②水 "水"當作"冰"。

③官鮮 天津元年民國抄本作"鮮官"，誤。通行本作"官鮮"，是。

萬曆元年七月己卯，朔，孟秋，上親享太廟。

四日壬午，上御文華殿講讀。

五日癸未，以應天府鄉試，命左春坊左中允兼翰林院編修范應期、右春坊右中允兼翰林院編修何洛文爲考官。

十二日庚寅，上御文華殿講讀。

十三日辛卯，上視朝。

十六日甲午，上視朝。

二十日戊戌，上御文華殿講讀。駕還，命司禮監太監張宏，導輔臣及講官徧詣後殿東偏之九五齋恭默室，因閱庭中花卉諸植。賜茶而退。

二十一日己亥，上御文華①講讀。

二十三日辛丑，上視朝。

二十四②壬寅，上御文華殿講讀。

二十五日癸卯，上御文華殿講讀。

二十七日乙巳，上御文華殿講讀。

二十八日丙午，上御文華殿講讀。

二十九日丁未，上視朝。

① 文華 "華"下當有"殿"字。

② 二十四 "四"下應有"日"字。

萬曆元年八月戊申，朔。

二日己酉，上御文華殿講讀。

三日庚戌，上視朝。

四日辛亥，上御文華殿講讀。

五日壬子，上御文華殿講讀。

六日癸丑以順天鄉試，命右春坊右諭德兼翰林院侍讀王錫爵、左春坊左中允兼翰林院編修陳經邦充考試官。

七日甲寅，諭內閣："朕建元生辰，輔臣、講讀官久效勤勞，特賜元輔居正銀六十兩、紗羅斗牛羅蟒衣各一襲，調陽銀四十兩、紗羅仙鶴衣各一襲，講官陶大臨、丁士美各銀二十兩、二品胸背羅衣一襲，陳經邦等四員各銀十五兩、五品羅衣一襲，正字官二員本品羅衣一襲。於是，輔臣居正等疏謝，言："臣等職叨輔導，學愧空疎，雖勤奔走執事之忱，何有啟沃格心之益？乃蒙聖慈俯念，宸綍渙頒。當建元益壽之辰，昭受方來之泰，祉逮附翼攀鱗之賤，特施非望之隆恩，朱紱斯皇，精镠有爛。徒以在梁而興刺，曾何作礪之足稱？祇服鴻慈，益深鼇戴。惟俯竭微露纖塵之悃，庶以答高天厚地之施。所有御筆聖諭，謹尊藏閣中，傳之永世，以昭我皇上優禮近臣之美。臣等不勝戴感之至。"上報聞。

九日丙辰，上御皇極殿，傳制遣大學士調陽祭先師孔子。

十一日戊午，上親祭太祖、太稷。

十二日己未，上御經筵，賜輔臣張居正等及講官陶大臨等萬壽金字，各有差。

十三日庚申，上視朝。

十七日甲子，萬壽聖節，上以穆宗莊皇帝未及大祥，詔免賀。是日御皇極門，文武百官行五拜三叩頭禮。

二十一日戊辰，上御文華殿講讀。

二十二①乙②巳，以憲宗純皇帝忌辰，免經筵。

二十三日庚午，上視朝。

二十四日辛未，上御文華殿講讀。

二十五日壬申，上御文華殿講讀。

二十六日癸酉，上視朝。

三十日丁丑，上御文華殿講讀。

①二十二 "二十二"後應有"日"字。

②乙 "乙"當作"己"

萬曆元年九月戊寅，朔，禮官進大報等祀日册，上御皇極殿受之。

二日己卯，上御經筵。

三日庚辰，上視朝。是日，江西道御史任春元、山東道御①桂天祥，各按部還，同復命。春元致詞聲低，侍班御史趙耀、王恩民、序班王宗樂、王竹道失糾。上既回宫，遣文書房官至內閣查問。尋有札諭："今日御史復命，奏事不明，糾儀御史並鴻臚寺如何不行糾奏？都着回將話來。"於是，鴻臚寺官回話引罪，得旨："既認罪，且饒這遭。"又題參序班王宗樂等，得旨："王宗樂、王行道姑各罰俸二個月。"御史趙耀等回話，得旨："王恩民、趙耀職司糾儀，用敢庇護容隱，本當通行拏問。即②認罪，各罰俸二個月。"御史任春元等回話，得旨："任春元免拏問，着罰俸一個月。桂天祥原未失儀，免究。"

四日辛巳，上御文華殿講讀。

八日乙酉，上御文華殿講讀。

十一日戊子，上御文華殿講讀。

十二日己丑，上御經筵。

十四日辛卯，上御文華殿講讀。先是，吏部尚書缺，有旨推公正者二三人。銓曹以都察院掌院都御史葛守禮、工部尚書朱衡、南京工部尚書張瀚名上。是日，輔臣張居正等侍上於文華殿，奏事。上以部疏示之，曰："此三人孰可？"居正因歷言三人官履之詳。上曰："葛固端人，但年近衰。"於朱則有貶詞。又問："用瀚何如？"居正頓首曰："上得之矣。瀚品格甚高，文學、政事兼長，實堪此任。且出其不意，拔之於疏遠之中，彼

① 御 "御"下應有"史"字。

② 即 "即"當作"既"。

之圖報，必當萬倍於恒情矣。"上曰："然。"遂點用瀚。

十六日癸巳，上視朝。

十八日乙未，上御文華殿講讀。

二十①丁酉，上御文華②講讀。

二十二日己亥，上御經筵。

二十三日庚子，上視朝。

二十五日壬寅，上御文華殿講讀。

二十七日甲辰，上御文華殿講讀。

二十八日乙巳，上御皇極殿，太常寺官奏請孟冬時享太廟。

三十日丁未，上御文華殿講讀。

① 二十 "十"下應有"日"字。

② 文華 "華"下應有"殿"字。

萬曆元年

萬曆元年十月戊申，朔，上御皇極殿，欽天監進萬曆二年大統制①，給賜百官，頒行天下。

是日，上親②太廟。

二日己酉，以孝絜肅皇后忌辰，免經筵。

三日庚戌，上視朝。

四日辛亥，上御文華殿講讀。

七日甲寅，上御文華殿講讀。

八日乙卯，上御文華殿講讀。是日，輔臣居正進講《帝鑑圖③》宋仁宗不喜珠飾事。上曰："國之所寶，在於賢臣。珠玉之類，饑不可食，寶之何用？"居正因反覆言："古者明君貴五穀而賤金玉。蓋以五穀養人，故聖王貴之。金玉雖貴，饑不可食，寒不可衣，而銖兩之間為價不貲，徒費民財，不適於用。故書言：'不作無益害有益，不貴異物賤用物。'良以此耳。"上曰："然。彼宮中婦女祇好妝飾。朕於歲時賞賜，每每節省，宮人皆言：'用得爺爺多少？'朕云：'今庫中所積幾何？'"居正因頓首曰："皇上之言及此，社稷生靈之福也。"是日，左右中官言："上在宮中，唯以看書寫字為事，更無他慕。每見史書上王莽及呂太后、武則天、蕭太后，即以手指而罵之。"上因語及講官所講秦始皇銷兵事，言："始皇甚愚。木棍豈不能傷人乎？何以銷兵為也？"居正因言："為治之道，唯在布德修政，以固結民心，乃安寧長久之道。不在事事防範。且天下之患，每有出於所防之外者。秦後來只因幾個戍卒倡亂，斬木為兵，揭竿為旗，於是豪傑併起，遂以亡秦。所以說天時不如地利，地利不如人和。唯聖明留意。"上曰："然。"左右之人因言："天下安寧，年歲豐稔，邊患寧息。外面做官的，都知清廉愛民，固本牢固。皆先生輔佐之功。"居正曰："此祖宗德澤，朝廷洪福，

①制 "制"當作"曆"。
②親 《明神宗實錄》卷一八作"享"。

③圖 "圖"下當有"說"字。

臣有①功之有焉？"然以木棍亦能傷人，銷兵之②爲無益，則其識見過於始③皇遠矣，信所謂生知之聖也。

九日丙辰，上視朝。命英國④張溶補充兩朝實錄監修官。

十一日戊午，上御文華殿講讀。

十二日己未，上御文華殿講讀。

十七日甲子，上御文華殿講讀。

十八日乙丑，上御文華殿講讀。

十九日丙寅，上視朝。

二十日丁卯，上御文華殿講讀。

二十一日戊辰，上御文華殿講讀。輔臣張居正等言："竊照國家財用出入有經，必知其出納之數，而後可量入以爲出。前者昭陵營建，費用錢糧數十餘萬，工完之後，該部並未見具數奏知，亦未聞請旨稽查，殊非事體。今庶民之家，銖兩之費亦必開一帳目，以備查考，況國用乎？請諭工部，令其具數進呈御覽，亦愛惜財用之一端也。"是日有旨諭工部："前日昭陵營建，費用幾何？工部查數來看。"

二十五⑤壬申，上御文華殿講讀。

二十六日癸酉，上視朝。

二十八日乙亥，上御文華殿講讀。

---

① 有 "有"當作"何"。
② 兵之 天津元年民國抄本作"之兵"，誤。通行本作"兵之"，是。
③ 始 天津元年民國抄本作"女"，誤。通行本作"始"，是。
④ 國 "國"下應有"公"字。
⑤ 五 "五"下當有"日"字。

萬曆元年十一月丁丑，朔。

二日戊寅，上御文華殿講讀。

四日庚辰，大學士張居正等上言："臣等竊聞堯之命舜曰：'詢事考言，乃言底可績。'皋陶之論治曰：'率作興事①，欽哉，屢省乃成。'蓋天下之事，不難於立法，而難於法之必行；不難於聽言，而難於言之必效。若詢事而不考其終，興事而不加屢省，上無綜覈之明，人懷苟且之念，雖使堯舜爲君，禹皋爲佐，恐亦難以底績而有成也。臣等竊見近年以來，章奏繁多，各衙門題覆殆無虛日，然敷奏雖勤，而實效蓋尠。言官議建一法，朝廷曰可，置郵而傳之四方，則言官之責已矣，不必其法之果便否也。部臣議釐一弊，朝廷曰可，置郵而傳之四方，則部臣之責已矣，不必其弊之果釐否也。其②罪當提問矣，或礙於請託之私，概從延緩。其③事當議處矣，或牽於可否之說，難於報聞。徵發期會，動經歲月，催督稽驗，取具空文。雖屢奉明旨，不曰着寔舉行，必曰該科記着。顧上之督之者雖諄諄，而下之聽之者恒藐藐。鄙諺曰：'姑口頑，而婦耳頑。'今之從政者，殆類於此。欲望底績而有成，豈不難哉？臣居正當先帝時，曾上便宜六事，内重昭令一款，亦嘗亹亹言之。隨該吏部題覆，欲各衙門皆立勘合文簿，事下各撫按官，皆明立程限，責令完報。然亦未聞有如期令而以實應者，甚者寢格如初。兹遇皇上，躬不世出之資，勵精圖治，百執事亦皆兢兢，務修其職業，無敢以玩愒弛廢者。蓋庶幾乎率作興事矣。独所謂考言屢省者，尚未加之意焉。竊恐致理之道，有未盡也。查得《大明會典》內一款：凡六科每日收到各衙門題奏本狀，奉聖旨者，各具奏目，送司禮監交收。又置文簿，陸續編號，開具本狀，俱送監④交收。又一款：凡各衙門題奏過本狀，俱附寫文簿，後五日，各衙門具發落日期，赴科註銷，過期稽緩者參奏。又一款：凡外在⑤司府衙門，將每年完銷過兩京六科移行⑥勘合，填寫簿⑦，送各科收⑧貯，以備查考。欽此。及查見行事例，在

①事 "事"下當有"慎乃憲"三字。

②其 《張文忠公全集》奏疏三作"某"。

③其 《張文忠公全集》奏疏三作"某"。

④監 天津元年民國抄本"監"下衍"俱送"二字，通行本未衍此二字。

⑤外在 "外在"當作"在外"。

⑥移行 《張文忠公全集》奏疏三作"行移"。

⑦簿 《張文忠公全集》奏疏三"簿"上有"底"字。

⑧收 天津元年民國抄本"收"上有"守"字，誤。通行本無此字，是。

六科，則上下半年仍具奏目繳本，在部院，則上下半月仍具手本赴科註銷。以是知稽查章奏，自是祖宗成憲，第歲久因循，事①爲故事耳。請自今伊始，申明舊章，凡六部、都察院遇各章奏，或題奉明旨，或覆奉欽依，轉行各該衙門，俱先酌量道里遠近、事情緩急，立定程期，置立文簿存照，每月終註銷。除通行章奏不必查考者，照常開具手本外，其有轉行覆勘，提問議處，催督查覈等項，另造文册二本，各註緊關略節，及原立程限，一②本送科註銷，一本送內閣查考。該科照册內前件，逐一附簿候查。下月陸續完銷，通行註簿。每於上下半年繳本，類查簿內事件，有無違限未銷。如有停閣稽遲，即開列具題，候旨下各衙門詰問，責令對狀。次年春夏季終繳本，仍通查上年未完，如有規避重情，指實參奏。秋冬二季，亦照此行。又明年仍復挨查，必俟完銷乃已。若各該撫按官奉行事理，有稽遲延閣者，該部舉之。各部院註銷文册有容隱欺蔽者，科臣舉之。六科繳本具奏有容隱欺蔽者，臣等舉之。如此月有考，歲有稽，不惟使聲必中實，事可責成，而參驗綜覈之法嚴，即建言立法者，亦將慮其終之罔效，而不敢不慎其始矣。致理之要，無踰於此。伏惟聖明，裁斷施行。臣等不勝大願。"得旨："卿等說的是。事不考成，何由厎績？這所奏都依議行。其節年未完事件，係緊要的，着該部另立期限，責令完銷。若不係錢糧緊要及年遠難完的，明白奏請開除，毋費文移煩擾。"

五日辛巳，是日，輔臣居正侍上於文華殿，從容語及昨夜宮人名張秋菊者，逸火延燒，慈寧宮後一所盡毀，幾及正宮，以救獲免。因言："此人係先帝潛邸舊人，素放肆。昨聖母止欲笞之五下，朕曰此人罪大，不可宥。杖之三十，發安樂堂煎藥矣。"居正對曰："聖母仁慈，不忍傷物。皇上君主天下，若舍有罪而不懲，何以統馭萬民？"上曰："然。法固有可寬者，亦有不當寬者。"臣③對曰："誠如聖諭。昔諸葛亮言：'宮中府中，俱爲一體，陟罰臧否，不宜異同。'正此之謂。"

① 事　據《張文忠公全集》奏疏三，"事"當作"視"。

② 一　天津元年民國抄本無"一"字，誤。通行本有此字，是。

③ 臣　"臣"似當作"居正"。

萬曆元年

九日乙酉，上視朝。

十一日丁亥，上御文華殿講讀。

上以大學士呂調陽輔政勤勞，特加太子太保，餘官如故。調陽疏辭，言："臣聞命自天①，不勝惶悚。仰惟皇上臨御以來，慎重爵賞，愛惜名器，即一卑微之職、冗散之官，未嘗輕意授人，四海臣民仰望清明之治，訢訢如也。茲蒙俯念臣愚供事日久，特破常格，各②加以前秩。切念青宮太保，階級崇峻，秩居一品之從，班列六曹之先，苟非其人，未宜輕畀。前此文淵諸臣雖亦曾有加授此秩，然或以德望素隆，又或以勳勞茂著，要皆輿論推服、自處無歉者，所以與之不爲誤恩，而受之不爲倖得。臣於二者，一無所當。顧自幼以來，夙抱狗馬病，近益衰瘁。發揚振勵之氣，既已消阻於壯年；艱危重大之肩，益難勉強於暮齒。雖仰荷聖慈，矜其愚陋，不遽棄斥，叨隨首輔，與陪末議，寸勞未效，厚祿爲慙，循省於心，措躬無地，誠不容不披瀝悃衷，而懇辭於君父之前也。伏望皇上體察臣私，俯容辭免，俾仍以舊銜供事，勉效涓涯。庶臣報塞之私可以少盡，而冒忝之罪不至益深矣。"上答曰："卿忠誠謹恪，協贊勤勞，茲特加秩，以示優眷。已有成命，不允所辭。"

十五日辛卯，上御皇極殿。太常寺官奏冬至大祀天於圜丘。是夜月食。

十六日壬辰，以冬至大祀，上御皇極殿，傳制誓戒百官。

以輔臣居正六年考績，賜銀五十兩、段幣四襲、鈔五千貫、茶飯五卓、羊三隻、酒三十瓶。又特奉聖諭："先生啟沃朕心，平治天下，功以③在社稷。茲當六年考滿，特於例外加賜銀一百兩、蟒衣斗牛各一襲，少示優眷。不必辭。"

十八日甲午，吏部以大學士張居正歷一品俸六年考績上聞，得旨："元輔居正，社稷重臣，忠勳茂著。茲六年考績，朕心嘉

① 自天　天津元年民國抄本作"天自"，誤。通行本作"自天"，是。

② 各　"各"當爲衍字。

③ 以　"以"字當爲衍字。

悦。着支正一品俸，進中極殿大學士，蔭一子中書舍人，給與應得誥命。"於是居正疏辭，言："臣聞命自天，措躬無地。伏念臣猥以凡庸，躐司鼎軸。自先朝受任以來，誤承優眷。及皇上嗣服之始，更受特知。而臣上不能以皇王之道，啟沃聖心，下不能紓訏謨遠之猷，平章國政。敝風因循而未振，實效疎闊而罔臻。是臣莫副倚毗之專，而適叢瘝曠之咎也。兹當課績，方俟黜幽，豈意聖慈更加隆賜？昨者宸章賜獎，已蒙諭例之恩，今者綸音傅溫，更荷非常之寵。跼蹐自省，夢寐若驚。夫無基而厚堉，則圮傾立至；器小而受鉅，則覆滿隨因。豈惟輿議之所共議？實亦天道之所必忌。故往歲大賚加恩，臣屢疏辭免，幸蒙俞允，乃少即安。今敢不避宸嚴，再陳愚悃。伏望皇上察臣素抱樸忠，絕無矯飾，特收成命，俾圖後功。庶國典①不爲濫施，而羣工亦克用勸矣。臣無任懇切祈望之至。"上答曰："考績加恩，朝廷彝典，於卿勳德未足爲酬。宜承眷命，不必再辭。"

十九日乙未，冬至。命英國公張溶代祀天於圜丘，免行慶成禮。

是日，慈聖皇太后聖旦，上御皇極門，百官致詞稱賀。

二十日丙申，以冬至令節，上御皇極殿，百官公服行慶賀禮。

二十二日戊戌，上御文華殿講讀。

二十三日己亥，上視朝。

二十四日庚子，上御文華殿講讀。

二十六日壬寅，上視朝。

命左春坊左中允兼翰林院編修范應期，充纂修實錄官。

①典 《張文忠公全集》奏疏三作"恩"，是。通行本作"典"，誤。

二十七①癸卯，上御文華殿講讀。

二十八日甲辰，上御文華殿講讀。

三十日丙午，上御文華殿講讀。

① 二十七 "七"下應有"日"字。

萬曆元年十二月丁未，朔。

二日戊申，上御文華殿講讀。

三日己酉，上視朝。

五日辛亥，上御文華殿講讀。

七日癸丑，上御文華殿講讀。

九日乙卯，上視朝。

十日丙辰，上御文華殿講讀。

十三日己未，上視朝。

十六日壬戌，上視朝。

十七日癸亥，上御文華殿講讀。

十八日甲子，上御文華殿講讀。

十九日乙丑，上視朝。

輔臣張居正、呂調陽題："臣等一歲之間，日侍皇上講讀，伏見聖修益懋，聖志彌堅，盛暑隆寒緝熙罔間，臣等備員輔導，不勝慶幸。但惟義理必時習而後能悅①，學問必溫故而後知新，況今皇上睿明日開，若將平日講過經書，再加尋繹，則其融會悟入，又必有出乎舊聞之外者。臣等謹將今歲所進講章，重復校閱，或有訓解未瑩者，增改數語，支蔓不切者，即行刪除，編成《大學》一本，《虞書》一本，《通鑑》四本，裝潢進呈。伏望皇上萬幾有暇，時加溫習，庶舊聞不至遺忘，新知日益開

① 能悅　天津元年民國抄本作"悅能"，誤。通行本作"能悅"，是。

豁，其於聖功①，實爲有補。以後仍容臣等接續編輯，進呈御覽，仍乞敕下司禮監鏤板印行，用垂永久。雖章句淺近之言，不足以仰窺聖學精微之奥，然行遠陞高，或亦一助云爾。"上答曰："卿等啟沃忠愛之誠，惓惓懇至，朕深喜悦。講章留覽。以後接續編進，刊板留傳。該衙門知道。"

二十七日癸酉，上御皇極殿。太常寺官奏歲暮祫祭太廟。

三十日丙子，上視祭太廟。

① 功 《張文忠公全集》奏疏三作"躬"。

萬曆

二年

萬曆二年正月丁丑，朔，上御皇極殿，免宣表文。百官致詞，行八拜禮。

四日庚辰，輔臣張居正等題："皇上每日日講經書，以前起止不過四五句。蓋以爲學工夫，當以漸而進，故不敢驟加。今聖學日進，睿質日開，前項經書，似宜稍加增益。但舊規生書俱朗誦十徧，今書程既已稍多，若復取足十徧之數，於聖躬又似太勞。合無以後每日經書起止，比舊量增數句，其誦讀生書止於五徧，温書照舊三徧？蓋帝王之學，與韋布不同，惟在融會其意義，體貼於身心，固不在區區章句間也。"上然之。

六日壬午，上親享太廟。

九日乙酉，上視朝。

十日丙戌，上御文華殿講讀。

十二日戊子，大學士張居正、呂調陽題："昨吏部、都察院欽奉聖諭，開具各在外廉能官員，請照舊例宴賞。該臣等於文華殿面奏，伏蒙皇上親發玉音：'將各官引來，朕面加獎諭。欽此。'隨奉聖旨：'這廉能官，着吏部、都察院堂上官、並吏科都給事中、掌河南道御史，引來會極門，朕面加獎賞。欽此。'臣等竊惟致理之道，莫急於安民，生①民之要，惟在於覈吏治。前代令主，欲興道致治，未有不加意於此者。如臣等前所進《帝鑑圖說》中，褒獎守令、召試縣令諸事，載之史册，以爲美談。我太祖高皇帝每遇各地方官來京奏事，常召見賜食，訪問民間疾苦，雖縣丞、典史有廉能愛民者，亦特差行人齎敕獎勵，或封内醞、金幣以賚之。追宣、順、弘治之間，亦間舉宴賞之典。故二百餘年，重熙累洽，興致太平，實由於此。恭遇皇上天縱聖明，勵精圖治，兹當考察之初，大明黜陟之典，又特蒙天語諭臣等，欲引見廉能官員，破格獎賞，此即虞舜咨牧養民之心，我聖祖綜覈②吏治之軌也。宗社生靈，曷勝慶幸？但此係特典，久未舉行，且遠方外吏，從來未睹朝廷之禮，若不先

① 生 《張文忠公全集》奏疏三作"民生，安"。

② 覈 明抄本作"覆"，通行本作"覈"。

示以儀節，使之演習，恐一旦震怖天威，倉皇失措，又非所以昭德意、光盛舉也。伏乞欽定行禮日期，敕下禮部，略倣祖宗時御會極門午朝之儀，定擬簡便儀注，上請聖裁，明示各衙門遵行。庶臨期不致差誤，且曠典肇舉，懿範昭垂，貽之萬世，永有烈光矣。臣等無任欣躍慶幸之至。"得旨："着於十八日行，禮部便具儀來看。"

十六日壬辰，四川巡撫都御史曾省吾、總兵官劉顯，奏克平都蠻，斬首萬二千餘級，降者數千人，地方底定。上御皇極門，鴻臚寺宣奏捷音。

十八日甲午，上御會極門，引見朝覲廉能官浙江左布政使謝鵬舉等二十員，面獎之曰："你每都是好官，回去還要用心供職，替朕愛養百姓。在外的都傳與他每知道。"仍各賞銀兩、表裏、鈔錠，賜之酒饌。內雲南大理府知府史詡臨期不到，有旨逮問。

十九日乙未，上御皇極門，君臣以四川大捷，致詞稱賀。

二十一日丁酉，上御文華殿講讀。

二十三日己亥，上御皇極門，三法司、科道官大班糾劾朝覲官員。上曰："你每說的是。且都饒他這遭，着回任用心供職。在外的行文與他每知道。"

是日，朝覲官免冠承旨，參差不齊，刑部尚書王之誥等，劾奏衆官失儀，及鴻臚寺官失於傳示。得旨："大班糾劾，係祖宗明典。這廝每敢肆傲慢，全無敬畏之心。本都當拏問，念係外官，素不諳朝廷禮節，且都不究。鴻臚寺職掌禮儀，如何不先行傳示？序班又將各官徑引上朝見，班次攙雜御史班中，成甚禮體？該寺堂上官姑着罰俸半年，引人序班都降邊方雜職用。給事中宣奏不明，該科查名。"廣東道御史何汝成等，亦劾奏衆官失儀、鴻臚寺官當罰治，得旨："已有旨了。你每職司糾儀，見有違錯，如何不面行糾奏？都着罰俸二月。"禮科都給事中朱南雍等，劾奏鴻臚寺左少卿陳學曾奉職無狀，應天府府丞楊標免冠遲緩，俱當罷，得旨："下吏部知之。"

二十四日庚子，上御文華殿講讀。

二十八日甲辰，上御皇極殿，太常寺奏仲春祭太社稷及先師孔子。

二十九日乙己①，上御皇極門，以仁聖皇太后令旦，百官致詞行慶賀禮畢，駕由會極門詣慈慶宮稱壽。免命婦朝賀。

① 己 "己"當作"巳"。

萬曆二年二月丙午，朔，上御皇極殿，傳制遣官祭先師孔子。

三日戊申，上親祀太社稷。

四日己酉，命太子太保英國公張溶充知經筵官，左春坊左中允兼翰林院編修范應期、翰林院檢討高啟愚充經筵講官。

五日庚戌，上御文華殿講讀。

十二日丁己①，上御經筵。

十六日辛酉，上視朝。

十八日癸亥，上御皇極殿，太常寺奏春分祭大明於朝日壇。

二十日乙丑，上御文華殿講讀。

二十一日丙寅，上御文華殿講讀。

二十二日丁卯，上御經筵。

二十三日戊辰，上視朝，御史糾查文武官失朝者撫寧侯朱岡等，凡二百七十四人，詔各奪祿俸一月。

二十四日己己②，上御文華殿講讀。

二十六日辛未，上視朝。

二十七日壬申，上御文華殿講讀。

二十八日癸酉，上御文華殿講讀。

三十日乙亥，上御文華殿講讀。

①己　"己"當作"巳"。

②己己　"己己"當作"己巳"。

萬曆二年三月丙子，朔。

二日丁丑，上御經筵。

四日己卯，上御文華殿講讀。

五日庚辰，上御文華殿講讀。

六日辛己①，上視朝。

七日壬午，世廟德妃張氏薨，上爲輟講。

九日甲申，以德妃喪，輟朝二日。

十一日丙戌，上御文華殿講讀。

十二日丁亥，上御經筵。
日講官陶大臨以疾請告，上遣中使問疾，賜之羊酒。

十三日戊子，上視朝。

十五日庚寅，上御皇極殿，策禮部貢士孫鑛等二百九十九人於廷。制曰："朕惟自昔哲後膺乾，良弼納誨，未有不以典學勤政爲務者，乃嗣服之始，尤兢兢②焉。若《伊訓》、《説命》、《訪落》、《無逸》諸篇，詳哉其言之矣。三代以還，強學勵精之主，代有作者，然考德論治，猶未可匹埒於姬姒，矧曰唐虞？又有可疑者，夜分講經，歲周《太平御覽》，隻日不廢講讀，學非不篤矣，而興造洪業，顧出於馬上得之、不事詩書者，何歟？衡石程書，衛士傳餐，汗透御服，日旰忘倦，政非不勤矣，而致理之效，顧獨稱躬修玄默、清静無爲者，何歟？朕以冲年履阼，未燭於理，惟仰遵我皇考遺命，講學親賢，日勤觀覽，細

① 己　"己"當作"巳"。

② 兢兢　明抄本作"斤斤"，通行本改"兢兢"。

①論 明抄本作"論"，是。通行本作"綸"，誤。

②己 "己"當作"巳"。

大之務，悉咨輔臣，以求厥中，夙夜孜孜，罔敢暇逸，亦欲庶幾乎詩書所稱，無墜我二祖八宗之丕緒。然論①者謂帝王之學，與韋布不同，蓋不在章句間也。不知捨章句之外，又何學歟？又或謂主好要，則百事詳。所謂要者，果安在歟？往代陳謨，有裨正始，如賢良三策，神爵言變俗，彔光言審尚，及治性、六戒、勸學、四儀，初元節儉，建初蕩滌煩苛，先天、元祐十事，治平三劄，熙寧稽古、正學、定志論，總之不越此二端矣，可得而悉數之歟？亦有可行於今者歟？爾多士習先聖之術，明當世之務。其為朕折衷眾論，究其指歸。典學何急？立政何先？或古今異宜，創守殊軌，悉茂明之，以副朕慎始篤初之意。毋泛毋隱。"

十八日癸巳②，上御皇極殿，傳臚賜貢士孫繼皋等進士及第、出身有差。

二十日乙未，上御文華殿講讀。

二十一日丙申，上御文華殿講讀。

二十四日己亥，上御文華殿講讀。

二十五日庚子，上御文華殿講讀。初，上於幾務之暇，遊心翰墨，常親書"學二帝三王治天下大經大法"十二字，懸之文華殿中。又面諭輔臣張居正曰："朕欲賜先生等及九卿掌印並日講官各大書一幅，以寓期勉之意。先生可於二十五日來看朕寫。"是日講讀畢，居正等詣文華殿後，見諸內臣捧泥金綵箋數十幅。上縱筆如飛，大書"宅揆保衡"、"同心夾輔"各一幅，"正己率屬"九幅，"責難陳善"五幅，"敬畏"二幅。字皆踰尺，頃刻畢就。

賜故講官陶大臨賻鈔三千貫、銀三十兩、米二十石、麻布二筒。

二十六日辛丑，上視朝。

命司禮監太監曹憲，頒給御書於會極門。以"宅揆保衡"賜輔臣張居正，"同心夾輔"賜輔臣呂調陽，"正己率屬"九幅賜六部、都察院、通政司、大理寺堂上掌印官王崇古等九員，"責難陳善"五幅賜日講官丁士美等五員，"敬畏"二幅賜正字官徐繼申等二員。居正、調陽疏謝曰："仰惟皇上睿哲天成，英明神授。不惟聖修之學，已造於精深，雖於翰墨之微，亦臻夫佳妙。筆意飛動，若驚鴻矯鳳之翩翻；體格莊嚴，儼周鼎商彝之陳列。且二十餘紙，八十餘字，咄嗟之間，搖筆立就，初若不經意，而鋒穎所落，奇秀天成。臣等恭侍仰觀，心悚神駭，祗深欽忭，莫罄揄揚。今日頒給九卿諸臣，亦莫不相顧驚嘆，歡呼頌仰，誠曠世之奇逢，間代之鴻寶也。謹當與諸臣慶戴殊恩，對揚休命，共竭駑鈍，仰佐熙明。"上報聞。

二十七日壬寅，上御皇極殿，太常寺奏孟夏時享太廟。

二十八日癸卯，上御文華殿講讀。以左春坊左庶子兼翰林院侍讀掌院事申時行充日講官。

二十九日甲辰，上視朝。

① 己 "己"當作"巳"。
② 日 明抄本無"日"字，誤。通行本有"日"字，是。

萬曆二年四月乙己①，朔，上親享太廟。

二②日丙午，上御經筵。

四日戊申，上御文華殿講讀。御書"責難陳善"大字一幅，補賜講官申時行。

五日己酉，上御文華殿講讀。

六日庚戌，上視朝。

九日癸丑，上始習屬對，命輔臣日擬對句以進，上對畢即以示輔臣，其有未安者，悉許更定，自是率爲常。是日輔臣擬對云："天地泰。"上立對之云："日月明。"輔臣居正等因言："宣宗章皇帝嘗侍成祖文皇帝巡幸北京，以端午節射柳御苑，宣宗皇帝連發三矢皆中，成祖大喜。騎射罷，又出對云：'萬方玉帛風雲會。'宣宗應聲對云：'一統山河日月明。'成祖又大喜，賜名馬一匹及紵絲、紗布，命儒臣賦詩以紀其事。是時宣宗皇帝年甫十五歲，而聖資穎異如此，真所謂天縱聰明，首出庶物者矣。昨者恭睹皇上初作對聯，適與宣宗皇帝所對相爲符合，殆我宣宗皇帝聖靈再降凡世，挺生皇上，以昌我國家熙明之祚也。臣等不勝慶忭，謹錄其事上呈御覽。伏望皇上益懋聖功，勤揚祖烈，以慰我列聖在天之靈。臣等無任欣戴仰望之至。"上欣納焉。

十日甲寅，上御文華殿講讀。

十一日乙卯，上御文華殿講讀。

十二日丙辰，上御經筵。

十四日戊午，上御文華殿講讀。

十六日庚申，上視朝。

十七日辛酉，上御文華殿講讀。

十九日癸亥，上視朝。

二十一日乙丑，上御文華殿講讀。

二十二日丙寅，上御經筵。

二十四日戊辰，上御文華殿講讀。

二十五日己己①，上御文華殿講讀。

二十六日庚午，上御皇極殿。遣使冊封瑞金王在鈉等。是日作堂下樂。

二十八日壬申，上御文華殿講讀。

① 己己 "己己"當作"己巳"。

萬曆二年五月甲戌，朔，賜輔臣張居正金艾葉簪四枝、綾符四道、艾葉四個，呂調陽金艾葉簪二枝、綾符二道、艾葉二個，日講官丁士美等六員各金艾葉簪一枝、綾符二道，正字官馬繼文等二員各金艾葉簪一枝、綾符一道。

二日乙亥，上御經筵。

三日丙子，上視朝。

五日戊寅，輔臣張居正等題："入夏以來，雨澤愆期，二麥無收，臣等深切憂惕。昨禮部題奉欽依，行順天府祈禱，未見有應。必賴聖誠特發，庶可以感格天心。"上從之，即諭禮部："雨澤愆期，朕於宮中齋戒虔禱。百官修省及應遣告事例，便查擬來行。"越三日雨，遠近沾足。

六日己卯，以世廟德妃張氏發引，免朝。

七日庚辰，上御文華殿講讀。

八日辛己①，上御文華殿講讀。時輔臣張居正偶患腹痛，上知之，手調辣麵一器以賜，並輔臣呂調陽各賜金箱②牙筯一雙，同食。

九日壬午，上視朝。

十日癸未，上御文華殿講讀。

十一日甲申，上御文華殿講讀。

十三日丙戌，上視朝。

① 己 "己"當作"巳"。
② 箱 "箱"當作"鑲"。

十四日丁亥，上御文華殿講讀。

十六日己丑，賜輔臣張居正金銀鉸川扇十五把，呂調陽金銀鉸川扇十把，日講官丁士美、申時行各金銀鉸川扇六把，陳經邦等四員各金銀鉸川扇五把，正字官馬繼文等二員各金銀鉸川扇四把。

十八日辛卯，上御文華殿講讀。

十九日壬辰，以祭告太廟徹回脯醢果酒三卓，賜輔臣張居正等。

先是，上在宮中傳聖母意，問近侍曰："元輔張先生父母存乎？"左右對曰："先生父母俱存，年俱七十，甚康健。"聖母聞之甚喜。是日，上手諭居正曰："聞先生父母俱存，年各古稀，康健榮享，朕心嘉悅。特賜大紅蟒衣一襲、銀錢二十兩，又玉花墜七件、綵衣紗六疋，乃奉聖母恩賜，咸欽承，着家僮往齎之。外銀錢二十兩，是先生的。"於是居正疏謝曰："伏以綸綍疏榮，疊荷尚方之特賜，庭闈錫類，載分長樂之餘歡，恩出非常，感同罔極。竊念臣猥從寒薄，躐致台司，自惟一介之侗愚，寔本二親之訓育，晨昏久曠，寧忘不寐之懷？雲日長瞻，適獲俱存之幸，稀齡並屆，封誥重膺，謂已藉君父之厚榮，足以慰人子之至願，豈意宸衷之軫念，載承聖母之推恩？敷天語以丁寧，睹奎章而燦爛，金錢錯落，重頒百鎰之珍，綺縠方空，兼備六珈之飾，忽從天上，遙落人間，慈光借賁於桑榆，湛露下沾於草莽。考之前史，惟唐元振、宋王溥登輔相在雙親偕老之年；稽諸本朝，惟原吉母、李賢父蒙存問於二子得君之日。然未有寵榮烜赫，賚予駢蕃，如臣遭際之極盛至隆者也。此蓋伏遇皇上神聖宅中，寬仁逮下，斂九五康寧之福，錫厥庶民；推兩宮尊養之心，刑於四海，遂令微陋薦被恩施，以及怙恃之私，並沐生成之造。士而知己，許身尚不為難；臣之受恩，捐軀豈足云報？謹當欽承聖貺，戒僮僕以星馳，歸奉親歡，傳子孫為

①己 "己"當作"巳"。

世寶，仰天顏之咫尺，守庭訓以周旋，身體髮膚苟利國家而何惜？股肱元首庶希喜起以交孚。"疏入，上報聞。

二十日癸己①，上御皇極殿，太常寺奏夏祭地於方澤。

二十一日甲午，以太廟徹回脯醢果酒一卓，賜輔臣張居正等。

二十三日丙申，禮部請於大祥之後，日視朝如常儀。輔臣張居正等因上言："照得每日朝參決事，實係祖宗舊規。臣等前以皇上方在諒闇，聖齡冲幼，若一日之間朝講並行，不無過勞聖體，故暫爲三六九視朝之例，俟大祥之後再請聖裁。今該部所請，蓋亦遵奉前諭。但臣等不敢擅定。"得旨："且照近例行。"

二十五日戊戌，上御皇極殿，太常寺奏安穆宗莊皇帝神主於太廟。

二十六日己亥，以穆宗莊皇帝大祥，免朝。

二十七日庚子，以太廟徹回脯醢果酒三卓，賜輔臣張居正等。

二十八日辛丑，上奉穆宗莊皇帝神主祔太廟。

二十九日壬寅，以穆宗莊皇帝祔廟禮成，賜輔臣張居正銀三十兩、紵絲二表裏，吕調陽銀二十兩、紵絲二表裏。

萬曆二年六月甲辰，朔。

二日乙己①，上御文華殿講讀。

三日丙午，上視朝。

五日戊申，上御文華殿講讀。

六日己酉，上視朝。

七日庚戌，以皇考穆宗莊皇帝陛祔禫除，上於宮中設宴，奉兩宮聖母。恭請仁聖皇太后奏書云："伏以嚴父配天，既協閟宮之饗，孝子愛日，宜承長樂之歡，九廟妥靈，萬方稱慶。恭惟聖母仁聖皇太后陛下，巽儀有淑，坤德無疆，環佩六宮，早嗣音於嬀汭，衣冠千古，深結慕於橋山。茲祥禫之屆期，且陛禋之竣事，雖霜露之懷未已，而雲天之樂方新。謹以初七日之吉，願承玉輅之間，式洽瑤池之會。伏望光膺燕喜，親御鸞輿，受萬年之觴，尚茂綏乎景福，享九州之養，期共保乎丕基。臣不勝懇祈仰望之至。"恭請慈聖皇太后奏書云："伏以清廟駿奔，陛配既成乎殷禮，慈闈燕喜，承歡宜舉乎漢儀，義有順情，孝先養志。恭惟聖母慈聖皇太后陛下，母儀純備，陰教穆宣，紫殿揚芬，蚤葉多男之慶，璇宮進號，茂膺諸福之隆，恩勤夙殫於沖人，思慕未忘乎先帝。屬禫期之已及，且厘事之告成，先王有禮而弗敢踰，少輟終天之感，人子之心不若是，恝有懷愛日之誠，卜以初七日之吉，伏候清間，恭承色養，式燕以衎，同欣既醉之太平，既壽且康，尚迓方陛之景貺。臣不勝懇祈仰望之至。"

十日癸丑，上御文華殿講讀。

十二日乙卯，日講官右贊善沈鯉，給假回籍養病。上命馳

① 己 "己"當作"巳"。

驛去，仍賜路費銀二十兩、紵絲二表裏。

十三日丙辰，上視朝。

十七日庚申，上御文華殿講讀。

十八日辛酉，上御文華殿講讀。

十九日壬戌，上視朝。

二十一日甲子，上御文華殿講讀。以左春坊左中允兼翰林院編修范應期充經筵日講官。

二十四日丁卯，上御文華殿講讀。

萬曆二年七月癸酉，朔，上親享太廟。

二日甲戌，大學士張居正等題："伏蒙發下工部查看昭陵祾恩殿左廡等處沉陷參究經管內外人員一本。臣等恭照，昭陵乃皇考妥靈之地，其中工程無大無小，爲臣子者俱宜盡心竭力，務圖堅久，乃可以仰副皇上孝思之誠。今照本陵營建甫踰一年，乍經陰雨，僅止二日而坍塌沉陷，遂至於此，則將來損壞又當何如？雖據該部差官所稱，緊要處所俱無損傷，然陵寢重地，何莫而非緊要之所？寧可以異視之乎？且營建一事，最爲糜費，近年以來，各項管工官員視錢糧如糞土，以營造爲奇貨，任其冒破侵欺，但圖苟且完事。朝廷之上，又通不綜覈稽查，以致工作不精，財用耗費，實由於此。臣等查得，嘉靖十年四月間，該湖廣守備太監題稱，顯陵殿閣滲漏，乞行修葺。節奉世宗皇帝聖旨：'陵寢重地，殿閣告成未久，如何輒便滲漏？顯是內外經手官員匠作人等，不行用心。好生欺慢，有負委託。在內的着司禮監奏請發落，在外的法司分別情罪，明白奏來定奪。'隨該法司、司禮監分別具奏，旨提問、革職、降級、罰俸有差。蓋我皇祖之慎重陵寢如此。今左廡等處，比之殿閣雖若有間，而塌陷之咎，則又不止於滲漏而已。所據內外經管人員疏慢之罪，委不可逭。伏望皇上大奮乾斷，將各官俱照嘉靖年間例，重加懲治，惟復特賜寬恩，薄加譴責，以警將來。"上乃批下工部疏，曰："陵寢重地，工程無大小，都着用心督造。如何說沉陷處所非係緊要的？這內外經管人員，欺慢誤事，造作不精，本部①當重治，姑從輕。周宣、郭全着革恩一等。易可久、石漢降俸一級。王宣等法司提了問。熊汝達既已致仕，並原在部及管工程科道等官，且都不查究。着其餘依擬。"

八日庚辰，上御文華殿講讀。

九日辛己②，以慶王甸枋薨，輟朝三日。

① 部 "部"似爲"都"之誤。

② 己 "己"當作"巳"。

十日壬午，上御文華殿講讀。

十一日癸未，上御文華殿講讀。

十三日乙酉，《穆宗莊皇帝實錄》、《寶訓》成，上御皇極殿，監修等官英國公張溶等恭捧進呈。上表曰："伏以玄德配天，謨烈增光於十葉；鴻名揭日，簡編垂信於萬年。聖爲法而可傳，道在人而未墜，播之典籍，煥乎文章，於昭啟佑之功，丕顯勤揚之孝。欽惟穆宗契天隆道淵懿寬仁顯文光武純德弘孝莊皇帝，乾剛獨運，離照重明，淵微妙不測之神，寬裕得有容之體。高宗思道，故恭默而弗言；文帝化民，惟清静而自正。臨朝穆穆，講學孳孳，規模動法乎祖宗，諭教丕端於儲貳。躬承郊廟，嚴事親饗帝之儀；首正宫闈，謹治國齊家之則。補苴廢闕，蕩滌煩苛。羅巖穴之耆英，軫閭閻之疾苦。法行自近，內無憑社之奸；罪疑惟輕，下有覆盆之照。乃若留心於邊務，故尤拊髀於將材，閱武治兵，修六王之上略；降胡誅粵，軼千古之奇勳。朝廷既極其清明，夷夏咸歸於靖謐。堯衢就日，方興鼓腹之歌；軒鼎乘雲，忽起攀髯之痛。儀刑未遠，捐益可知。恭惟皇帝陛下，天縱睿資，性鍾純孝。成王嗣服，當制禮作樂之期；明帝守文，多考古憲經之事。念皇考之神靈如在，遺思尚結於寰區，而國家之彝典具存，惇史並藏於石室。特廑明詔，俾輯舊章，乃於隆慶六年十月，命臣溶爲監修官，臣居正、臣調陽爲總裁官，臣希烈、臣士美、臣鏜、臣時行、臣錫爵爲副總裁官，臣應期、臣經邦、臣洛文、臣國、臣萬化、臣志皋、臣家屏、臣一儁、臣于陛、臣顯卿、臣維楨、臣位、臣世能、臣一桂、臣慎行、臣賡、臣懋孝、臣長春、臣偕春、臣憲、臣啟愚、臣一貫、臣孔教、臣謙爲纂修官。臣溶暨臣居正等，發內府之緘縢，參累朝之義例，明徵簡牘，無煩諏度於風謠；取信見聞，不必網羅於放失。爰分曹而析類，仍計日以程功。庶務之因革弛張，無微弗載；一人之命令政教，有舉必書。事既覈而非浮，言故詳而不厭。俛仰六年之近，庶幾如見於羹牆；

是非百世之公，敢謂遂同於袞鉞。茲以二年七月，恭成《穆宗莊皇帝實錄》七十卷、《寶訓》八卷，合目錄、凡例八十冊，謹繕寫進呈。臣溶等職濫編摩，才疏論著。窺天測海，高深莫罄於形容；載筆操觚，意義粗陳於梗概。聊以備汗青之錄，儻可逃尸素之譏，伏願遂志緝熙，留神繼述。道德風烈，丕揚祖考之閎休；訓誥典謨，遠紹帝王之盛治。臣溶等無任瞻天仰聖激切屏營之至。"是日，百官致詞稱賀。

十四日丙戌，上敕吏部："皇考《實錄》修完，朕心嘉悅。監修公張溶加少保兼①太子太保。總裁輔臣張居正着兼支尚書俸，蔭一子做中書舍人。呂調陽加少保，兼官照舊，給與應得誥命。如敕奉行。"

於是大學士張居正疏辭，曰："仰惟皇考穆宗莊皇帝，駿德鴻功，增光列祖，睿謨懿行，垂範百王。臣祗奉明綸，總司紀錄，徒慚淺陋，莫罄揄揚，不加譴詞，已為榮幸，豈敢復萌希覬之想，以重瘝素之尤？夫祿以奠食，必有兼人之能，而後有以食兼官之祿；蔭以酬勞，必有超世之功，而後可以蒙延世之賞。臣謬以淺薄，得效編摩，載筆操觚，乃詞臣之常職耳，有何勤勞，可當懋賞？且頃者屢奉溫旨，宴賚駢蕃，恩禮優渥，藉曰酬勞，不啻厚矣。況本無勞，何可踰冒？故昨者欽奉聖諭，令臣等擬敕加恩監修、總裁官，臣再三退避，不敢自擬。仰蒙天語諄諄，復差文書②傳諭同官大學士呂調陽另擬，必欲令臣同霑恩命，而其所擬乃又踰分超等，反出諸臣之上，將使臣益跼蹐惶汗而不能自寧也。伏望皇上鑒臣悃誠，素無矯飾，收回成渙，特賜允俞，俾臣得少效犬馬之微勤，不至速顛隮之重咎，則皇上遂臣之志，保臣之終，九遷百朋不足以喻其榮重矣。"次日得旨："皇考功德，紀述詳實，卿總裁首臣，勤勞為多，加恩已有成命，宜即勉承，不必固辭。吏部知道。"

大學士呂調陽疏辭，曰："伏念臣遠方寒微，叨任清朝，幸際聖作之期，謬躋輔弼之列，薦蒙擢拔，驟進穿階，仰荷高厚之恩，未有微渺之報，旦夕循省，即捐糜此身，不足以酬洪

① 兼　明抄本"兼"上有"仍"字，是。通行本無此字，誤。

② 書　明抄本"書"下有"官"字，是。通行本脫此字。

造①萬一也。兹者皇考穆宗莊皇帝《實録》纂成，謨烈光昭，聖心嘉悦，大賚覃敷，進臣官階，給臣誥命，殊恩異數，一時駢錫。臣自揣何能，豈敢承受？切念皇考《實録》，其鴻綱大要，悉皆聖心之所裁定，而編劘輯次，則纂修官與副總裁諸臣與有力焉，至於示之章程，以督率於先，加之筆削，以删潤於後，使諸臣功敍克祇而報完甚速，則大學士張居正之功又實爲多。如臣謭陋，雖附名於總裁，實因人而成事，間嘗相與討論，少效參閱，不過千百之一二耳。日糜大官，方以飡錢之誚爲懼，敢復尚覬非分之恩？除誥命綸言，光被先世，臣方欲乞恩祈請，不敢概辭外，切惟少保列秩三孤，貳公弘化，寅亮天地，以弼一人者，自昔才德卓犖之士，猶不敢當，豈臣庸劣所宜冒忝？況勞微賞厚，不免有妨激勸之公，而福過災生，抑恐自速顛隮之咎。臣展轉悚仄震懼而不敢當，不得不控辭於君父之前也。伏望聖慈，鑒臣悃素，收回成命，仍以舊銜供職，勉圖後效，庶爵賞之典不濫，而綜覈之令益嚴矣。"得旨："皇考功德，紀述詳實，卿總裁輔臣，勤勞茂著，已有成命，宜即勉承，不必固辭。吏部知道。"

十六日戊子，大學士張居正再疏辭，曰："竊以有勞必録者，明主厚下之仁；敬事後食者，人臣奉公之節。夫臣之於君，事無大小，孰非所當盡心畢力以爲之者？爲之而有功，分義當然，勞於何有？爲之而無功，譴責是虞，矧敢他覬？故人臣進不敢以其能要利於上，退不敢以其事尸功於己，此事使之大分，古今之通義也。臣以草茅孤介，荷先帝顧託之重，蒙皇上眷遇之隆，夙夜皇皇，慮無以報。藉使臣有奇勳異能，銘之太常，勒之鐘鼎，其於臣子分義，固未能有加秋毫之末也。況纂修之役，不過從事於楮墨觚翰之間，又非有執殳荷戈之勞、重鉅艱危之任也，而遂以此施勞於己，徼寵於上，其毋乃非人臣自處之義乎？且履盛處盈，古人所戒。臣叨忝已極，涯分已踰，若冒竊不止，必致殃咎。故在諸臣可受，而臣獨不可受也。伏望皇上察臣之愚，曲賜俞允，因以明君臣分義於天下，使爲人臣

---

① 造 明抄本"造"下有"之"字，是。通行本脱此字。

者皆知盡心所事，而不敢萌希覬之心，則臣節純而主道立矣。"次日得旨："卿每事有功不居，屢辭恩命，茲又惓惓以君臣分義爲言，具見忠貞大節。特准辭蔭，以成卿美，兼俸可勉承之，稍存舊典。吏部知道。"

十七日己丑，大學士張居正等題："茲者纂修《穆宗莊皇帝實錄》告成，所有編纂、謄錄等項人員，查得累朝舊例，俱蒙陞敘，臣等不敢以一己引分之私悰，而廢朝廷逮下之公典。但今之事體，微與先朝不同，臣等不敢不爲皇上明言之。查得隆慶六年九月間，該臣等題請纂修先帝《實錄》，以見修皇祖世宗皇帝《實錄》未完，恐兩館並開，致有耽誤，請乞分定專任，嚴立限程，以《世宗實錄》專屬副總裁侍郎王希烈、汪鏜，以《穆宗實錄》專屬副總裁庶子申時行、諭德王錫爵，其餘副總裁等官，或有部事相妨，或以日侍講讀，止令間暇討論，不必責以程限，書成之日，分別敘錄，但以效勞多寡爲差，不復計其年月久近，其《穆宗皇帝實錄》纂完，先次進呈，却令兩館各官併力俱纂《世宗皇帝實錄》等因。奉聖旨：'這纂修事理，都依擬行。卿等還宜督率各官，上緊用心編纂，用成兩朝大典，稱朕光昭前烈之意。該衙門知道。欽此。'今照《穆宗實錄》纂完進呈，合照原題事理，分別論敘。其中副總裁，如左春坊左庶子兼翰林院侍讀申時行、右春坊右諭德兼翰林院侍讀王錫爵，職屬專管，效勞獨多，宜從首錄。掌詹事府事吏部左侍郎兼翰林院侍讀學士王希烈、吏部右侍郎兼翰林院侍讀學士丁士美、禮部左侍郎兼翰林院侍讀學士汪鏜，雖各有分管，亦相與討論，似宜並敘。纂修官，如修撰羅萬化、編修趙志皋、王家屏、田一儁、陳于陛、徐顯卿、李維楨、張位、韓世能、張一桂、于慎行、朱賡、沈懋孝、李長春，檢討林偕春、成憲、高啟愚、沈一貫、習孔教、范謙，日親鉛槧，編輯並勤，宜從優錄。左春坊左中允兼翰林院編修范應期、陳經邦、右春坊右中允兼翰林院編修何洛文、右春坊右贊善兼翰林院檢討許國，皆以直侍講讀，未得專意編摩，亦宜併敘。催纂、謄錄官生人等，其中

① 帖 明抄本作"牒",是。通行本誤作"帖"。

書寫工拙,執事敏鈍,亦各不同,臣等謹將各官職名,分別等第,議擬開坐上請,伏乞聖明裁奪,敕下吏部遵照施行。再照《世宗皇帝實錄》,見今編纂已有次第,亦可刻日告完。合令申時行等照舊充副總裁等官,與同王希烈等,照原題事理併力纂修,依限報完。謄錄官生等項,俱令照舊在館辦事。其當該官吏高良倫等,照恩例當授官職,但館中文帖①浩繁,各役供事日久,今史局未撤,若盡將舊吏選出,別令新者代之,承管之間,必致誤事。合無併敕吏部,將各役俱照本等資格除授官職,令其帶銜仍在史館供役,候《世宗皇帝實錄》修完之日,併敍年勞,准與陞授。庶使人知激勸,事易考成。"得旨:"是。副總裁申時行陞詹事府少詹事,兼翰林院侍讀學士,照舊掌管院事。王錫爵陞翰林院侍讀學士,仍與四品服色。王希烈等各陞俸一級。纂修官羅萬化陞侍讀,趙志皋等修撰,林偕春等俱編修。范應期等各陞俸一級。催纂等項官生,該吏都依擬陞授。吏部知道。"

十九日辛卯,上視朝。

二十二日甲午,上御文華殿講讀。

二十三日乙未,上視朝。

二十五日丁酉,以纂修《穆宗莊皇帝實錄》成,賜監修官英國公張溶、總裁大學士張居正、呂調陽各銀八十兩、紵絲四表裏、羅衣一襲、鞍馬一匹,副總裁吏部左侍郎掌詹事府事王希烈等五員各銀八十兩、紵絲四表裏、羅衣一襲,纂修官中允范應期等二十四員各銀三十兩、紵絲三表裏、羅衣一襲,催纂官少卿吳自成等二員各銀二十兩、紵絲二表裏、羅衣一襲,謄錄官郎中章子誼等及收掌官員外郎黎民表等各銀十五兩、紵絲二表裏、羅衣一襲,史館謄錄試中書舍人等官章仲京等各銀十兩、紵絲一表裏,監生譯字官生生員各銀五兩、紵絲一表裏,史館書辦官吏並校尉每名鈔二十錠、絹一疋，貼寫吏並人匠每名鈔二十錠、布一疋。

二十六日戊戌，以穆宗莊皇帝禫祭免朝。

二十八日庚子，上御文華殿講讀。

萬曆二年八月壬寅，朔。

三日甲辰，先是工部勘報昭陵損陷，其督工諸臣已奉旨處分。至是，科臣復以爲言，下都察院參奏。上以疏示內閣，欲從重處。於是輔臣張居正等言："陵寢重地，各官既受皇上重托，乃不行用心營造，致有損壞，罪委難宥。若較之嘉靖年間顯陵滲漏事例，則各官雖寘之重典，亦不爲過。但查營建之時，已迫深冬，此時先帝襄事有期，各官意在速成，催督太急，冬寒水凍，築作欠堅，故致有今日之事，揆之情理，尚在可原。臣等謹從寬擬請，伏乞聖慈矜宥。"上從之。乃批下參疏，曰："這陵工損壞重大，前後經管人員、本都當拏問，姑從寬。周宣、郭全降三級，革去管事。熊汝達已致仕了，着冠帶閑住，恩蔭革了。易可久、石漢都降三級調外任。王宣等法司從重問擬具奏。朱衡着以尚書致仕，餘官革了。楊俊卿併武大器等四員，都降一級，照舊管事。匡鐸等三員，以原職調外任。蔣大芳等四員，都降一級。郭元相罰俸半年。馬祿等法司提了問。屠元沐等併陶金、王淑陵，且饒他。"

五日丙午，上御皇極殿，傳制遣禮部尚書萬士和致祭先師孔子。

七日戊申，上親祭大社、大稷。

八日己酉，上御文華殿講讀。

九日庚戌，上視朝。

十二日癸丑，上御經筵。
以萬壽聖節，賜輔臣張居正萬壽金字二對、金八寶十二個、銀八寶三十兩，呂調陽萬壽金字三枝，金八寶八個、銀八寶二十兩，及講官丁士美等六員、正字官二員各金字、八寶有差。又賜輔臣張居正膳九品、壽麵全、長春酒五瓶，呂調陽膳七品、壽麵全、長春酒三瓶。

輔臣張居正等題："伏蒙發下內官監一本，內稱涿州橋碑建寫已畢，工程俱已完備，但自七月以來，雨水所衝①浮橋下水雁翅損壞，合行趁時修整，合用工料銀兩無從措處等因。臣等看得，前項橋工初建之時，仰蒙聖母捐施銀五萬兩，後又多用銀約二萬兩，臣等已令工部處補訖。今該臣等面審工所委官，回稱：頃者水所衝壞，雖止是磚岸雁翅，於橋無損，然橋之下梢空口出水處，皆被衝射成坑，各深數丈，若不將坑凹處用石填砌，則將來漸衝漸大，必致傷橋，如有損壞，前功盡棄，殊爲可惜。今若欲著實修整，爲堅久之計，除磚石取之工部，尚有餘剩堪用，其雇募人工，約用銀一萬五千兩，方得成完。臣等看得，前項損壞處所，委宜及時修整，爲一勞永逸之計。但今昭陵興工，錢糧浩大，各處班軍，俱有役占，若再責之工部出銀，兵部出夫，勢難措處，又恐遲延誤事。伏乞皇上轉奏聖母，再捐施萬五千金，專發督工官，使之上緊雇工，修整完備，不惟可省該部財力，且聖母濟人利物之心，有始有終，厚德陰功，當貽之千萬世而無窮矣。"上從之。

十四日乙卯，賜文武大臣及講官鮮楊梅。

十七日戊午，萬壽聖節，上御皇極殿，受文武羣臣朝賀。

二十二日癸亥，以憲宗純皇帝忌辰，免經筵。

二十三日甲子，上視朝。

二十四日乙丑，上御文華殿講讀。

二十五日丙寅，上御文華殿講讀。

二十六日丁卯，上御皇極殿，太常寺官奏秋分祭夜明於夕

① 衝 明抄本無"衝"字。通行本有此字。

月壇。

二十七日戊辰，上御皇極殿，太常寺官奏祭歷代帝王。

萬曆二年九月壬申，朔，上御皇極殿，禮部官恭進大報等祀日册。

二日癸酉，上御經筵。

三日甲戌，上視朝。是日，南京右府掌府事安遠候柳震、五經博士孟彥璞、甘肅行太僕寺卿郭文和，各面辭，聲音低小，御史陸萬鐘糾彥璞、文和音復不明，鴻臚寺左少卿陳學曾招呼差錯。上宥震、學曾、彥璞，奪萬鐘俸一月，文和俸二月。

四日乙亥，上御文華殿講讀。

五日丙子，上御文華殿講讀。

七日戊寅，上御文華殿講讀。

十日辛己①，起原掌詹事府事、吏部左侍郎兼翰林院學士、養病回籍張四維，仍以原官掌府事，充《世宗皇帝實録》副總裁官，趣其之任。時侍郎王希烈守制回籍故也。

是歲，刑部請決囚，慈聖太②后以上冲年，宜省刑教，仍欲停刑。上以問輔臣張居正。對曰："此聖母好生之心，敢不將順？但上即位以來，停刑者再矣。天道有春生，而無秋殺，何以成歲功？君道有德惠，而無刑威，何以成治理？且稂莠不除，反害嘉穀，兇惡不去，反累良民。"上曰："然。朕當徐為聖母言之。"上入奏太后，太后③曰："吾聞語云：'半由天子，半由臣。'張先生言是，第從之耳。"乃照例行刑。

十一日壬午，上御文華殿講讀。

十二日癸未，上御經筵。命日講官左春坊左中允兼翰林院編修范應期、右春坊右贊善兼翰林院檢討許國，充武舉考試官。

① 己 "己"當作"巳"。

② 太 明抄本"太"上有"皇"字，是。通行本脱此字。

③ 后 明抄本"后"下有"太后"二字，誤。通行本删此二字，是。

十三日甲申,上視朝。

十四日乙酉,上御文華殿講讀。

十七日戊子,上御文華殿講讀。

十八日己丑,上御文華殿講讀。

十九日庚寅,上視朝。

二十日辛卯,上御文華殿講讀。

二十一日壬辰,上御文華殿講讀。

二十二日癸己[①],上御經筵。

二十四日乙未,上御文華殿講讀。

二十五日丙申,上御文華殿講讀。

二十六日丁酉,上視朝。

二十七日戊戌,上御文華殿講讀。

二十八日己亥,上御皇極殿,太常寺官奏孟冬時享太廟。

① 己 "己"當作"巳"。

萬曆二年十月壬寅，朔，上御皇極殿，欽天監進大統曆。傳制給賜百官，頒行天下。

是日，上親享太廟。

賜輔臣張居正曆日一百五十册、吕調陽一百册、講官丁士美等六員各五十册、正字官馬繼文等二員各二十册。

二日癸卯，以孝絜肅皇后忌辰，免講讀一日。

五日丙午，上御文華殿講讀。

六日丁未，上視朝。

七日戊申，上御文華殿講讀。

八日己酉，上御文華殿講讀。

十日辛亥，上御文華殿講讀。

十二日癸丑，上御文華殿講讀。

法司奏審録罪囚，請旨處決。上面諭輔臣："聖母不忍行刑，今歲暫宜停止。"輔臣張居正奏："皇上奉若天道，統治萬民。今天之德雖曰好生，然春夏與秋冬並運，而後能成歲功，雨露與霜雪互施，而後能行化育。故人君法天，以賞善罰惡，不可偏廢。若有罪不誅，縱惡不除，是有春夏而無秋冬，有雨露而無雪霜，天地之造化滯矣。且古人云：'赦者，小人之幸，君子之不幸。'今看審録揭帖，各囚所犯皆情罪深重，有以子殺父母者，有殺非死罪二三人者，有強盜行劫殺人得財者，其他違條犯禁，坑人性命，破人家產者，又不可勝數。若以犯罪之人爲可憐憫，則被其殺害、遭其毒虐者，又獨何辜而不爲償抵之乎？"上曰："朕昨看法司所進揭帖，情甚可惡，法宜誅之。但聖母崇奉佛教，慈悲不殺，故不忍動刑①耳。"居正對言：

① 刑　明抄本作"形"，誤。通行本作"刑"，是。

① 侍　明抄本作"待",是。通行本作"侍",誤。

② 審　明抄本作"覆",是。通行本作"審",誤。

③ 己　"己"當作"巳"。

"佛氏雖以慈悲爲教,然其徒常言,善惡皆有果報,爲惡之人悉墮地獄,有刀山、劍樹、碓舂、炮烙等刑,比之王法,萬分慘刻,安在其爲慈悲不殺乎?"上乃大笑。居正因奏:"祖宗舊制,常以每歲秋盡冬初,順時令誅有罪,獄中亦無久繫罪囚。遠者無論,即如嘉靖初年,每歲法司奏應決死囚不過七八十人,蓋因有決不侍①時者,審鞫無枉,即時處決,唯犯該秋後處決者,乃繫獄待決。至霜降後,詔廷臣於午門外再加審鞫,有冤枉者即與辨理,情可矜疑者減死充軍,有詞不服者調司再問,三等之中,十已免六七矣,其情真罪當者,不復繫獄,即押赴市曹行刑,間有臨決之時,批手留命者,不過一二人。故當時獄中繫囚甚少。至嘉靖中年後,世宗奉玄,又好祥瑞,每遇國家有吉祥事,即停止行刑,其犯決不待時者,一概監至秋後,故今每歲審錄重囚至四百餘人,蓋積歲免刑之故也。彼之所犯,萬無生理,淹禁牢獄,徒費關防,縱釋有罪,無以懲惡,甚非事體。臣竊以爲宜如祖宗舊制,每歲照常一行,若恐濫及無辜,則唯宜申飭法司,當鞫問之時,用心詳審,毋致冤抑。若既經三審②五奏,審錄無冤,則又不宜徒事姑息,而至於失刑也。"上深以爲然,還宮即以居正言奏之,聖母黽勉俯從。次日,居正等復題:"看得刑科三覆奏本已上。舊例該臣將奏中各犯情罪最重、應該處決者,看擬開進,請自聖裁。臣等查得,先朝每年處決罪囚,有多至六七十人者,有三四十人者。昨面奉聖諭,欲從寬宥。臣等仰體聖母與皇上好生大德,謹將情真應決人犯三百十名口內,看得常安等二十八名口,情罪尤重,相應處決,量行除惡大典,以應春生秋殺之義。其餘皆可暫免行刑,仍令法司牢固監候。臣等謹開具重犯姓名,並擬旨上請聖斷施行。"上納其言,即降旨決三十餘人。

十六日丁己③,上視朝。

十七日戊午,上御文華殿講讀。上從容與輔臣語及建文皇帝事,因問曰:"聞建文當時逃免,果否?"輔臣張居正對言:

"國史不載此事。但先朝故老相傳,言建文當靖難師入城,即削髮被緇,從間道走出,後雲遊四方,人無知者。至正統間,忽於雲南郵壁上題詩一首,有'流落江湖四十秋'之句。有一御史覺其有異,召而問之,老僧坐地不跪,曰:'吾欲歸骨故國。'乃諗知爲建文也。御史以聞,遂驛召來京,入宮驗之良是。是時年已七八十矣,後莫知其所終。"上因命居正誦其詩之全章,慨然興嘆,又命書寫進覽。居正退而錄其詩以進,因具奏言:"此亡國之事,失位之辭,但可以爲戒而已,不足觀也。臣謹恭錄聖祖《皇陵碑》及《御制文集》進覽,以見我聖祖創業之艱難,聖謨之弘遠,伏望皇上覽而仰法焉。"次日,上於文華殿又諭云:"先生所進《皇陵碑》,朕覽之數過,不勝感痛。"居正因奏言:"自古聖人受命艱辛苦楚,未有如我聖祖者也。當其困伏草澤,流離轉徙,至無以餬其口。仁祖及淳皇后去世,皆不能具棺斂,藁葬而已,其困阨一至於此。昔孟子言:'天將降大任於是人也,必先苦其心志,勞其筋骨,餓其體膚①,行拂亂其所爲,以②動心忍性,增益其所不能。'蓋元之末季,中原無主,下民塗炭,天將命我聖祖拯溺亨屯,故先使其備嘗艱苦,正孟子所謂'動心忍性,增益其所不能'者也。故我聖祖自淮右起義,即以伐暴救民爲心。既登大寶,身猶衣澣濯之衣。所得元人水晶宮漏,立命碎之。有以陳友諒所用鏤金牀進者,即投之於火。孝慈皇后嘗爲③將士補縫衣鞋。閭閻疾苦,小民情狀,靡不周知。在位三十餘年,克勤克儉,猶如一日。及將仙逝之年,猶下令勸課農桑。各處里老、糧長有以事至京者,皆親召見賜食,問以民間疾苦。事事念念,惟在於安民,未嘗有一毫受享逸豫之意。深仁厚澤,結於民心者固矣。故今二百餘年,海內晏然,泰山鞏固。又薦生我皇上聰明神志④、不世出之主,以衍億萬年無疆之祚,殆非偶然者。臣竊以爲,我聖祖以天之心爲心,故能創造洪業,傳之皇上。在皇上今以聖祖之心爲心,乃能永保洪業,傳之無窮。"上曰:"朕不敢不勉行法祖,然凡事尚賴先生輔導。"

①膚 "膚"下當有"空乏其身"四字。

②以 "以"上當有"所"字。

③爲 明抄本"爲"上有"親"字。通行本脫此字。

④志 明抄本作"智",是。通行本作"志",誤。

十八日己未，上御文華殿講讀。

二十日辛酉，上御文華殿講讀。

二十一日壬戌，上御文華殿講讀。

二十二日癸亥，上御文華殿講讀。上諭輔臣："今宮中宮女、內官，俱令讀書，別無所事。"輔臣張居正對言："讀書最是好事，人能通古今、知義理，則自然不越於規矩。但此中須有激勵之訪①。其平日肯讀書、學好者，遇有差遣，或各衙門有管事缺，即拔而用之，則人知奮勵，他日人才亦自此出矣。"上曰："然。"

二十三日甲子，上視朝。

二十四日乙丑，上御文華殿講讀。

二十五日丙寅②，

二十六日丁卯，上視朝。是日，上親臨銓選。各衙門奏事畢，侍班御史退，吏部尚書等官上御路跪奏："吏部今日引選大小官員、進士人等五百六十六員名，照例選用，請旨。"上答曰："是。"尚書等官承旨，起，入本班。鴻臚寺官奏："奏事畢。"鳴鞭。鴻臚序班引大選官過橋，至侍班處，面北立。上起，立金臺上。上命："宣吏部。"答應長隨接傳："宣吏部。"吏部官即於班上承旨，從東玉路趨至簷下，候駕至，御幄坐定，長隨奏："吏部來了。"上命曰："來。"吏部官承旨，至御前跪奏："進士、監生、吏員人等馬時可等，共三百七十六個；合無做主事、知州等官？又考過吏典並知印及納銀免考吏，共一百九十個，合無都着冠帶？請旨。"上答曰："是。"吏部官承旨。又奏："司禮監請選官印子。"上答曰："是。"司禮監同吏部官

① 方 明抄本作"訪"，誤。通行本作"方"，是。

② 寅 明抄本"寅"下有"上御文華殿講讀"七字，是。通行本脫此七字。

承旨。吏部官起，立於旁。鴻臚寺官傳："贊禮。"大選官員人等叩頭，畢，引起。上顧吏部官説："你每用使印子司禮監看着。"吏部同司禮監承旨畢，上命與酒飯，司禮監同吏部承旨。吏部官叩頭畢，上還宮，百官方退。

二十七日戊辰，上御文華殿講讀。

二十八日己己①，上御文華殿講讀。

① 己己 "己己"當作"己巳"。

萬曆二年十一月辛未，朔。

二日壬申，上御文華殿講讀。

三日癸酉，上視朝。

四日甲戌，上御文華殿講讀。

五日乙亥，上御文華殿講讀。

六日丙子，以聖母慈聖皇太后聖節，賜輔臣張居正銀五十兩、大紅紵絲蟒衣一襲、萬壽金字四副、金八寶十二個、黃符一道，呂調陽銀四十兩、大紅紵絲麒麟衣一襲、萬壽金字三副、金八寶八個、黃符一道，講官丁士美等六員及正字官徐繼申等二員，各銀兩、紵絲、金字有差。

七日丁丑，上御文華殿講讀。

九日己卯，上視朝。

十日庚辰，上御文華殿講讀。

十二日壬午，先是遼東督撫等官，奏報蕩平建州逆酋①王杲巢穴，斬首一千餘級。是日，遣英國公張溶告於太廟。上因御皇極門，鴻臚寺宣捷。輔臣張居正等題："伏蒙發下兵部覆敘遼東功次一本，臣等看得，斬獲虜級一千以上，實近年所無，該鎮文武將士勞績，委可嘉尚。但詳其力戰之功，則總兵為最，巡撫稍次之，總督又次之。其陞②之典，亦宜此③為準，不必論其官。兵部居中調度，與有勞績，亦宜量加陞賞。其遣官發銀宴犒該鎮將士一節，前已面奏。至於疏中推敘臣等，實為濫及，即皇上欲加恩賞，臣等亦決不敢當。伏望聖明垂亮，竟寢其事，

① 酋　"酉"似當為"酋"。

② 陞　明抄本"陞"下有"賞"字，是。通行本無此字，誤。

③ 此　明抄本"此"上有"以"字，是。通行本脫此字。

免致又行瀆擾也。"

十三日癸未，上御皇極門，百官以遼東大捷，致詞稱賀。

是日，上手札諭輔臣："遼東大捷非常，皆卿等運籌之功，例宜陞蔭。還擬敕來行。"於是輔臣張居正等疏言："恩綸寵被，敢不遵承？但臣等竊惟，慶賞之典，激勸攸關，必當其功，乃可服衆。茲者遼左之捷，實仰賴我皇上聖武布昭，神威震疊，一時文武將吏遵奉廟筭，同心戮力之所致，然論其力戰之功，尚當以將士爲首。故臣等昨者擬票加恩該鎮諸臣，首敍總兵，賜賚獨厚，雖總督、巡撫身在地方、親理戎務者，亦視之有差。誠以摧鋒陷堅，躬冒矢石，本諸將士之力，固非坐而指畫者所可同也。況如臣等，身不出乎禁闥，足不履乎戎行，雖曾借箸效畫，演綸授事，不過奉英主之睿謨，效閣臣之常職耳。乃欲緣此，遂攘以爲功，冒叨恩寵，則九邊之士聞之，必將曰：'我輩披堅執銳，千辛萬苦，乃得一級之賞，而彼乃掠而有之。'武夫力而獲諸原，書生坐而享其利，不惟以功蒙賞者不知所勸，而旁觀遙聽之人，亦將憤惋而不平矣，非所以昭大公、明激勸也。矧昨者皇上以大捷告廟，自引冲年涼德，而以成功歸之祖宗列聖。夫以皇上之明聖，猶不肯自以爲能，必歸之烈祖，臣等何知？乃敢貪天之功以爲己力乎？且閣臣以邊功受賞，亦自近時有之，非我祖宗朝盛德事也。臣等反覆思惟，加恩一節，斷不敢當。伏望皇上俯鑒臣等愚悃，絕無一毫矯飾，竟寢其事，因以明朝廷大公之典，作九邊將士之氣，其於聖政，亦爲有補。"次日得旨："卿等所奏，誠意懇切，准辭免。各賜銀一百兩、綵段四表裏、大紅紵絲蟒衣一襲，稍示眷酬。"上復遣文書房官劉東至輔臣張居正第，頒手敕曰："朕以幼冲嗣位，賴先生匡弼啟沃，四方治安，九邊寧靖，我祖宗列聖亦鑒知先生之功，就加顯爵，不爲過。乃屢辭恩命，惟一誠輔國，自古忠臣如先生者罕。朕今知先生實心，不復强，特賜坐蟒衣一襲、銀錢五十兩，以示優眷，用成先生美德，其欽承之。故敕。"居正因疏謝云："竊念臣山澤之賤臞也，不自意徼時厚幸，致身臺鼎，遭逢英主龍飛，又謬以章句淺陋爲帝者師，其中倚託之重，契合之深，雖在廷之臣，猶有不及知者。每自思惟，士爲知己者死，古俠客者流，急人之難，既已存亡生死矣，而猶不矜其能，不望其報，況臣之於君，有不可逃之分，受不能報之恩者乎？今以臣之遭遇如此，而不思畢忠竭力，以圖稱塞，或雖忠於所事，而有一毫計功謀利、徼福覬恩之心，則爲俠士之弗如。故自臣當事以來，夙夜兢兢，恒欲使功浮於食，事過所受，犬馬之心於是乃安。其抗違恩命，冒瀆宸嚴，至於屢控而不已者，實以愚抵此耳。仰荷聖慈，特垂俞允，又親灑宸翰，曲賜褒嘉，諒其實心，不復相強，是皇上之知臣也以心，而不在於爵祿豢縻之厚，微臣之遇主也以道，而非由於要寵竊錄①之私。此古之聖賢豪杰所爲夢想而不獲一覯者，臣何緣何幸，有此遭際？至於坐蟒，乃尊貴之服，豈臣下之所敢僭干？金錢爲玉府之珍，非貧士之所宜有，殊恩特賚，更逾分涯，臣又將何修何爲，可以稱塞？繼自今惟當益堅精白，矢竭衷丹，惟社稷之是圖，何髮膚之所②惜？更願皇上終鑒愚誠，曲成微志，凡非分之恩、逾格之賞，勿復濫及，以畢臣惓惓圖報之忱，敬遂其愚，死無所恨。臣不勝感激惶悚之至。"上報聞。

十六日丙戌，夜月食，百官赴中府救護。

十九日己丑，聖母慈聖皇太后聖節，上御皇極門，百官致詞稱賀。賜輔臣張居正膳九品、壽麪全、竹葉清酒五瓶，呂調陽膳七品、壽麪全、竹葉清酒三瓶。

二十四日甲午，上御文華殿講讀。
輔臣張居正等題："內閣兩房官及吏③館各謄錄官，每日俱該辰入申出，以敬供職事。今日臣等恭侍皇上講讀畢，退至閣中，時已己④時，查各官該班者止有四員，餘俱不到。蓋以往日臣等侍皇上講讀進字畢，始回閣中，則已正午，各官約料臣等到閣之時，始從容一至，苟應故事而已。今日不意皇上未曾

① 錄　明抄本作"祿"，是。通行本作"錄"，誤。

② 所　《張文忠公全集》奏疏三作"可"。

③ 吏　"吏"當作"史"。

④ 己　"己"當作"巳"。

進字，臣等退出稍早，遂爾遷延後至。則其因循怠玩，蓋非一日矣。夫人臣事君，夙夜在公，乃其常分。今皇上以沖妙之年，每日戴星而出，不朝即講，臣等待罪輔弼，日侍左右，雖隆寒盛暑，身嬰疾病，亦不敢一刻偷安。爲人臣者，乃高卧私家，徜徉偃仰，於心獨安乎？況各官供事內庭，常俸之外，又日食大官之饌，比之諸司庶職，又有不同，而乃受直怠事如此，不一懲之，無以示警。合候命下，將不到制敕房辦事尚寶司卿吳自成等十八員，通送法司，問擬應得罪名。或原其初犯，姑量加罰治，以後如再怠肆不悛，容臣等請旨重處。庶使人心知警，公事克辦。及查光祿寺，每遇講讀日，輪差署官二員，看辦臣等所賜酒飯，今查本日該署官許從訒、辛汝奇，亦俱不到，合當一併懲治。"得旨："吳自成等併許從訒、辛汝奇，姑各罰俸一個月。各衙門堂上官，都要照例身率所屬，精勤修職。每日清晨，俱齊赴本衙門，幹辦公事，昇散須有定時。其一應游閒交往，及夜間飲會，俱不許行。吏部、都察院訪着。"。

二十六日丙申，上御皇極殿。太常寺奏冬至大祀天於圜丘。

二十七日丁酉，上御皇極殿，以冬至大祀，傳制誓戒百官。

三十日庚子，冬至，大祀天於圜丘，命英國公張溶行禮。

① 己 "己"當作"巳"。

萬曆二年十二月辛丑，朔，上御皇極殿，以長至節，受文武羣臣朝賀。

五日乙己①，上御文華殿講讀。

六日丙午，上視朝。

七日丁未，上御文華殿講讀。

十日庚戌，上御文華殿講讀。

十一日辛亥，上御文華殿講讀。

十二日壬子，上御文華殿講讀。輔臣張居正等進職官書屏十五，合疏曰："竊以安民之要，在於知人；辨論官材，必考其素。顧人主尊居九重，坐運四海，於臣下之姓名、貫址尚不能知，又安能一一別其能否、而黜陟之乎？朝著之間，百司庶府尚不能識，又安能旁燭於四方郡國之遠乎？考之前史，唐太宗以天下刺史姓名，書於御座屏風，坐臥觀覽；唐宣宗知涇陽令李行言之賢，書其名於殿柱，不次擢用；我成祖文皇帝嘗書中外官姓名於武英殿南廊；仁宗昭皇帝亦命吏部尚書蹇義、兵部尚書李慶，具各都司、布政、按察司官履歷，揭於奉天門西序。良以輿圖遼廓，官府分維，身既難以徧歷，故託之標記，以廣其明。知既難以周知，故操其要約而運諸掌。君，心也，臣，股肱、耳目也。人之一心，雖賴股肱、耳目以為之視聽持行，而心之精神，亦必常流通於股肱、耳目之間，然後衆體有所管攝，而各效其用，此明君所以總條貫而御人羣之要道也。仰惟皇上天挺睿明，勵精圖治。今春朝覲考察，親獎廉能，頃者吏部奏除，躬臨銓選，其加意於吏治人才如此。顧今天下疆理尚未悉知，諸司職務尚未盡熟，雖欲審別，其道無由。臣等思所以推廣德意、開發聖聰者，謹屬吏部尚書張瀚、兵部尚書譚綸，備查兩京及在外文武職官、府部而下、知府以上各姓名、籍貫及出身、資格，造爲御屏一坐，中三扇繪天下疆域之圖，左六扇列文官職名，右六扇列武官職名，各爲浮帖，以便更換。每十日，該部將陞遷調改各官開送内閣，臣等令中書官寫換一徧。其屏即張設於文華殿後皇上講讀、進字之所，以便朝夕省覽。如某衙門缺某官，該部推擧某人，即知其人原係某官，今果堪此任否，某地方有事，即知某人見任此地，今能辦此事否。臣等日侍左右，皇上即可親賜詢問，細加商確，臣等若有所知，亦得面盡其愚，以俟聖斷。一指顧間，而四方道里險易、百司職務繁簡、一時官員賢否，擧莫逃於聖鑒之下。不惟提綱挈要，便於觀覽，且使居官守職者，皆知姓名常在朝廷左右，所行之事皆得達於宸聰，其賢者將兢兢爲爭自淬勵，以求見知於上，不才者亦將凜凜焉畏上之知，而不敢爲非。皇上獨運神智，坐以照之，垂拱而天下治矣。"次日，得旨："覽卿等奏進職官書屏，欲朕周覽輿圖，審察衆職，誠知人安民之要務，具見匡弼之忠，朕心深用嘉悦。圍屏着進收，設於文華後殿①，以便朝夕省覽。該衙門知道。"次日，講讀畢，上躬覽一周。居正因奏曰："天下幅員廣闊，山川地里形勝，皇上一擧目之間，可以坐照而運之掌。但今所賴以分憂宣力者，全在大小臣工。各擧其職，保國安民，則皇上端拱穆清而天下自理。但望聖明於用人名實之間，時加之意而已。"上曰："先生費心。朕知道了。"

十三日癸丑，上視朝。

十六日丙辰，上視朝。

十七日丁己②，上御文華殿講讀。
　先是，錦衣衛捕得妖犯王志學等男婦十名口，下法司，鞫讞傳造妖書妖言，傳用惑衆律，當秋後處決，法司以其情罪深重，難依常律，請決不待時，上以示輔臣張居正等。居正等奏："凡律稱造妖書，謂圖讖之類，妄推世運興衰以惑人者也，造妖

萬曆二年

七九

①後殿　"後殿"當作"殿後"。

②己　"己"當作"巳"。

言，謂妄稱某處當有刀兵，人民當有災厄之類，以惑人者也。今乃敢於聖明之世，輦轂之下，無端僞造寶印堪合，僭稱大號，封拜官爵，雖其情止於惑騙，而其事則同於反逆，蓋不止於妖書妖言而已。若依秋後常律，委爲寬縱。況各犯既有妖術，亦不宜久處監禁。但詳各犯，本謀造逆者，王志學也，受其僞號官爵相與搆煽爲非者，蔣宗智、陳鳳、劉騰、梅氏也，此五名口，宜速正典刑，如法司言。其餘若趙俊等，皆被其誑惑，相從於亂者，宜照常牢固監候，庶於情法爲當。"上從之。

十八日戊午，上御文華殿講讀。

二十日庚申，上御文華殿講讀。

二十二日壬戌，上御文華殿講讀。

二十四日甲子，上御文華殿講讀。

二十五日乙丑，上御文華殿講讀。

二十六日丙寅，兵部奏選武職官，上御皇極門，親臨銓注。

二十七日丁卯，上御文華殿講讀。

三十日庚午，上御文華殿講讀。

萬曆二年閏十二月辛未，朔。

二日壬申，上御文華殿講讀。

四日甲戌，上御文華殿講讀。

五日乙亥，上御文華殿講讀。

六日丙子，上視朝。

七日丁丑，上御文華殿講讀。

八日戊寅，上御文華殿講讀。

九日己卯，上視朝。

十日庚辰，上御文華殿講讀。

十四日甲申，上御文華殿講讀。

十六日丙戌，上御皇極殿，順天府官進春，文武羣臣稱賀。以年節，賜元輔張居正銀五十兩、大紅坐蟒胸背紵絲一襲，次輔呂調陽銀四十兩、麒麟胸背紵絲一襲，講官丁士美等二員各銀二十兩、紵絲一表裏，范應期等四員各銀十五兩、紵絲一表裏，正字官徐繼申等二員各銀十兩。

十七日丁亥，上御文華殿講讀畢，上召輔臣張居正於暖閣前，親灑宸翰，大書"弼予一人，永保天命"八字以賜。次日侍講讀，居正因奏："皇上數年以來，留心翰墨，昨仰睹賜臣大書，筆力遒勁，體格莊嚴，雖前代人主善書者，無以復逾矣。但臣愚見，竊以爲帝王之學，當務其大。自堯舜以來，至於唐宋，所稱英賢之主，皆以其修德行政、治世安民，不聞其有技藝之巧也。惟漢成帝知音律，能吹簫度曲；六朝梁元帝、陳后主、隋煬帝、宋徽宗、寧宗，皆能文章、善畫，然皆無救於亂亡。可見君德之大，不在於技藝之間也。今皇上聖聰日開，正宜及時講求治理，留心政務，以自古聖帝明主爲治①。若寫字一事，不過假此以收放心而已，雖殫精費神，直逼鍾王，亦有何益？"上曰："先生說的是。朕知道了。"

二十日庚寅，上御文華殿講讀。

是日，上從容問輔臣張居正等："元夕鰲山烟火，祖制乎？"對曰："非也。始成化間，以奉母后。然當時諫者不獨言官，即如翰林亦有三四人上疏者。嘉靖中，嘗間舉，亦以奉神，非爲游觀。隆慶以來，乃歲供元夕之娛，靡費無益。是在新政所當節省。上曰："然。夫鰲山者，聚燈爲棚耳。第懸燈殿上，亦自足觀，安用此？"太監馮保從旁言："他日治平久，或可間一舉，以彰盛事。"上曰："朕觀一度，即與千百觀同。"居正曰："明歲雖禪，繼此上大婚、潞王出閣、諸公主釐降，大事尚多，每事率費數十萬金。今天下民力殫詘，數括逋負，有司計無所出，僅得數十銖亦輸京師，其窘可知。及今無事時，加意撙節，稍稍蓄以待用。不然，臣恐瘠民脂膏不給也。"上曰："朕極知民窮，如先生言。"居正曰："即如聖節、元旦，舊例賞賜各十餘萬，無名之費太多。其他縱不得已，亦當量省。"上悉嘉納。明年元夕，罷鰲山烟火。

二十三日癸己②，上視朝。

二十六日丙申，上視朝。

二十九日己亥，上祫享太廟。

① 治 "治"當作"法"。

② 己 "己"當作"巳"。

萬曆
二年

萬曆三年正月辛丑，朔，上御皇極殿，受文武羣臣朝賀。是日，賜輔臣張居正、呂調陽上尊珍饌。

二日壬寅，賜輔臣張居正膳九品、長春酒十瓶、甜食一盒，呂調陽膳七品、長春酒五瓶、甜食一盒。

七日丁未，上親享太廟。

八日戊申，大學士張居正等題："昨日時享太廟畢，該文書房官丘得用傳旨，問：'七十二衛陪祀武官祭服，俱敝瓌①不堪，該衙門如何不給與新的？欽此。'臣等當即喚太常寺官審問其故。該本寺卿王凝等查稱：'凡遇祭祀，陪祀武官合用祭服，俱係工部成造，送寺給發穿用，祭畢仍交回收貯。自嘉靖三十二年十二月，該旗手等衛指揮凌松等，各領去祭服，未見交還，經今二十餘年，又不行領換，各官所穿用，俱先年舊祭服，年久敝壞。今合行工部另造給發。'據此，臣等看得，祭祀乃國之大事，凡在執事駿奔之列者，俱宜齊明盛服，致其誠敬，乃可以交於神明。今各官列在陪祀，而衣衫藍縷，殆類乞人，既不雅觀，又近褻瀆。但各官委因家道貧難，不能自製，該衙門又不與成造給發，其所穿用，猶是二十年前舊物，故尾瑣醜陋，一至於此。茲蒙聖慈念及，俯賜清問，臣等仰承德意，即傳示該部照例成造，發該寺收貯，每遇祭祀之時，先期令各官赴寺領用，祭畢仍交還貯庫，庶可經久不壞，而凡有事於禋典者，皆得以致其齊潔之誠矣。"得旨："是。着該衙門成造給與。"

十日庚戌，上御文華殿講讀。

十一日辛亥，上諭禮部："朕遵兩宮慈命，以今春長髮。禮部擇吉具儀來看。"

十三日癸丑，大學士張居正等題："伏蒙發下禮部一本，欽

① 瓌 "瓌"當作"壞"。

奉聖諭，以皇上長髮，令其擇日具儀。該部查累年事例，並無上位長髮儀注，不敢擅擬，欲乞聖明裁定。臣等連日備查閣中所存先年舊稿，皆不載此禮，惟嘉靖二十七年有告內殿祝文一首，則東宮皇太子之禮，與皇上不同。及恭閱《英宗皇帝實錄》，正統六年六月初六日載上以是日長髮告奉先殿一條，則與皇上今日事體正同，然亦云告內殿而已，並未開有儀注。竊詳此禮，本自行於宮中，故外衙門不得而知也。臣等又妄以爲，朝廷大禮，莫重於冠婚，皇上前在東宮已行冠禮。夫冠者，成人之道也，比時上公掌冠，輔臣陪列，三加彌尊，執爵而酳，嘉禮已告成矣。今日長髮之禮，比之加冠似爲稍小。夫既行其大，則可略於小。況先朝又無舊儀可據，則亦不必令部臣議擬矣。第容臣等先期略具儀節，及撰擬內殿告文，以俟聖明裁定，似於事體爲便。"得旨："是。"

儀注："一、先期一日，上躬詣奉先殿、弘孝殿、神霄殿，以長髮預告，俱用告文。一、是日吉時，請皇上長髮。一、請髮畢，上尚黃袍①，詣兩宮皇太后前，行五拜三叩頭禮。一、是日，行禮畢，請上御乾清宮受賀。"

十五日乙卯，上御皇極殿。賜輔臣張居正膳九品、元宵全、長春酒十瓶，呂調陽膳七品、元宵全、長春酒五瓶。

十九日己未，上視朝。

二十日庚申，以詹事府掌府事吏部左侍郎兼翰林院學士張四維、禮部右侍郎兼翰林院侍讀學士林士章，充經筵講官，翰林院修撰趙志皋、田一儁充展書官。

二十一日辛酉，上御文華殿講讀。

二十二日壬戌，上御文華殿講讀。

① 袍 《明神宗實錄》卷三四作"冠"。

二①十四日甲子，上御文華殿講讀。

先是，上欲奉安孝烈皇后及孝恪皇太后神位於奉先殿，命輔臣張居正等入視。於是居正等疏言："昨該臣等恭詣奉先殿，仰見列聖祖妣凡推尊爲后者，俱得祔享，内殿比之太廟惟一帝一后者不同。今孝烈皇后及孝恪皇太后神位，亦宜奉安於奉先殿祔享。其神主，查嘉靖年間舊例，俱奉遷於本陵。請諭禮部遵行。"從之。是日，上諭禮部："朕思弘孝、神霄二殿皇祖妣孝烈皇后及孝恪皇太后神位，宜奉安於奉先殿祔享，其神主當奉遷何處？查議來行。"

二十三②日癸亥，上視朝。

二十六日丙寅，上視朝。

二十七日丁卯，上御文華殿講讀。

二十九日己己③，仁聖皇太后聖旦，上御皇極門，文武羣臣致詞稱賀。
是日，賜輔臣張居正等酒饌。

①此日記事應移至本月二十三日癸亥記事之後。

②二十三 此日記事應移至本月二十四日記事之前。

③己己 "己己"當作"己巳"

萬曆起居注

二①月庚午，朔，上御皇極殿。

二日辛未，大學士張居正疏言："該吏部題奉欽依，六年考察在京五品以下官員，其大臣則許令自陳，以俟宸斷，誠朝廷砥礪臣工之明典也。臣待罪輔職，首當自陳。念臣本以駑劣，謬秉臺衡，明主有堯舜之資，而臣無致主之學，國運屬熙明之會，而臣非經國之才。在政府於茲九年，於職業曾無寸補，而責任最重，蒙被最隆，官品最高，行能最劣，人②臣忝竊之尤，孰有過於臣者？夫黜兇剔蠹，惟當慎簡於大臣，而不可苛求於小臣；棄短取長，独可量裁於衆職，而不可概論於要職。臣膺茲重寄，實與衆臣不同，揆之公評，當在汰除之首。伏望聖明，薄從擯斥，放歸田里，別求英俊，俾亮天工，庶賢路不至有妨，而羣心亦知所警。"得旨："卿元輔重臣，公忠端慎，德望久孚，朕心深切眷倚。豈可引例求退？宜益竭謀猷，弼成至治。所辭不允。吏部知道。"

三日壬申，大學士呂調陽自陳疏言："臣伏自念，疎遠寒賤，行能無取，誤蒙皇上拔置近列，其所遭逢，亦厚幸矣。顧臣學術空疎，性資遲拙，稟賦屢薄，疾病侵尋。雖際可爲之時，而才不③足以致用；徒抱欲爲之志，而力不足以從心。叨陪政府，已逾二年，廩祿虛糜，絲毫無補，曠職瘝官，臣實自懼。況今閣臣在列者少，參副之任，並須才俊，乃克有濟，譬之御者，駟馬齊足而利攸行，若驂以駑蹇之乘，則驊騮不能獨騁，臣之非類，何以異此？茲正舉行大察，百司庶職稍涉不稱，即從斥汰，如臣曠素首在斥列。伏望聖明，俯察臣言，特賜罷免，別選名德，共資輔理，則大臣之更置允當，而羣工之警勸一新，其於治化庶幾少裨矣。"得旨："卿內閣輔臣，純誠端亮，朕簡任方殷，豈可引例求退？宜益竭忠猷，弼成化理。不允所辭。吏部知道。"

四日癸酉，上御文華殿講讀。

① 二 "二"前當加"萬曆三年"四字。

② 人 明抄本"人"上有"是"字，是。通行本脫此字。

③ 不 明抄本無"不"字，誤。通行本補此字，是。

禮部覆上二后遷主及安神位議，得旨："三①后神主奉遷陵殿，既有我皇祖舊典，今宜遵行，便擇日具儀來看。奉先殿今見有三后神位，俱係我朝皇祖欽定，亦宜遵照祔安，不必另擬。"

六日乙亥，上視朝。

是日，上長髮禮成。賜輔臣張居正銀五十兩、紵絲四表裏，呂調陽銀四十兩、紵絲三表裏，講官丁士美等六員各銀二十兩、紵絲二表裏，正字官馬繼文等二員各銀十兩、紵絲一疋。

七日丙子，上御皇極殿，傳制遣禮部尚書萬士和祭先師孔子。

九日戊寅，上親祭大社、大稷。

十一日庚辰，上御文華殿講讀。

十二日辛巳②，上御經筵。

吏部以工部缺右侍郎，擬通政使王好問陞補。上喜其奏事周旋有儀，乃批下部疏："王好問陞工部右侍郎，仍掌通政使司事。工部員缺，另推來看。"

二十日己丑，上御文華殿講讀。

中官傳旨："奉聖母慈聖皇太后命，發宮中銀六千兩、併前造涿州二橋餘銀，共一萬二百三十五兩，修理朝宗橋。着工部發與管工官，酌量支用。"

二十二日辛卯，上御經筵。

二十三日壬辰，上視朝。

①三 《明神崇實錄》卷三五作"二"，似是。

②巳 "巳"當作"巳"。

二十四日癸己①，上御文華殿講讀。

二十五日甲午，上御文華殿講讀。

二十七日丙申，上御文華殿講讀。

先是，翰林院編修張位疏請復起居注，事下禮部覆議，裁定史職係閣臣題請。於是大學士張居正等疏言："國初設起居注官，日侍左右，紀錄言動，實古者左史記事、右史記言之制。迨後詳定官制，乃設翰林院修撰、編修、檢討等官，蓋以紀載事重，故設官加詳，原非有所罷廢。但自職名更定之後，遂失朝夕記注之規，以致累朝以來，史文闕略。昔世宗皇帝嘗諭大學士張璁曰：'古者有左史右史之官，歷代因之。我聖祖創翰林之制，亦有編修、修撰之名，但未見居此職者盡乃事云。'是紀錄之職，本自備官，曠廢之由，實在臣下。即如邇者纂修世宗皇考《實錄》，臣等祗事總裁，凡所編輯，不過總集諸司章奏，稍加刪潤，櫽括成編，至於仗前柱下之語，章疏所不及者，即有見聞，無憑增入，與夫稗官野史之書，海內所流傳者，欲事採錄，又恐失真，是以兩朝之大經大法，雖罔敢或遺，而二聖之嘉謨嘉猷，寔多所未備。凡此皆由史臣之職廢而不講之所致也。矧我皇上聰明天啟，淵哲性成，踐阼以來，善政鴻猷，班班可述，類非章疏所能盡見，若不及時紀錄，奚以章闡盛美、垂法無極？所擬申明史職，光復祖制，以備一代令典，在於今日，委不可缺。臣等祗奉明命，仰稽成憲，參酌時宜，謹將一應合行事宜，逐條詳列於後。

一、議分管責成。照得史臣之職，以紀錄起居爲重。顧宮禁邃嚴，流傳少實，堂簾遠隔，聽睹非真，則何以據事直書傳②信垂後？看得日講官邇③天顏，見聞真的，又每從閣臣之後，出入便殿，即有密勿謀議，非禁秘不可宣露者，閣臣皆告語之，合令日講官日輪一員，專記注起居，兼錄聖諭、詔敕、冊文等項，及內閣題稿。其朝廷政事見於諸司章奏者，另選年深、文學素優史官六員，專管編纂，事分六曹，以吏、戶、禮、

①己 "己"當作"巳"。

②傅 "傅"當作"傳"。

③邇 據《張文忠公全集》奏疏四，"邇"前當有"密"字。

兵、刑、工爲次，每人專纂一曹。俱常川在館供事，不許別求差遣，及託故告假等項，致妨公務。

一、議史臣侍直。謹按禮儀定式，凡遇常朝，記事官居文武第一班之後，近上，便於觀聽，即古螭頭載筆之意。洪武二十四年定召見臣下儀，以修撰、編修充侍班官，即古隨仗入直紀事之意。今宜遵照祖制，除陞殿例用史官侍班外，凡常朝御皇極門，即輪該日記注起居並史官共四員，列於東班各科給事中之上，午朝御會極門，列於御座西稍南，專一記注言動。凡郊祀、耕耤、幸學、大閱諸大典禮，亦令侍班，隨從紀錄。至於不時宣召，及大臣秘殿獨對者，恐有机密，不必用史官侍班，但令入對大臣自紀聖諭及奏對始末，封送史館詮次。其經筵、日講，則講官即記注起居，亦不必另用侍班。

一、議纂輯章奏。照得時政所寄，全在各衙門章奏。今除內閣題稿、並所藏聖諭、詔敕等項，該閣臣令兩房官錄送史館外，其各衙門章奏，該科奉有旨意發抄到部，即全抄一通，送閣轉發史館。至於欽天監天文祥異，太常寺祭祀日期，各令按月開報。其抄本不必如題奏、揭帖格式，但用常行白紙，密行楷書，不論本數多寡，併作一封送入。

一、議紀錄體例。照得今次紀錄，祇以備異日之考求，俟後人之刪述，所貴詳覈，不尚文詞，宜定著體式。凡有宣諭，直書天語。聖諭、詔敕等項，備錄本文。若諸司奏報一應事體，除瑣屑無用、文義難通者，稍加刪削潤色外，其餘事有關係，不妨盡載原本，語涉文移，不必改易他字。至於事由顛末，日月先後，務使明白，無致混淆。其間事蹟可垂勸戒者，但據事直書，美惡自見，不得別以己意，及輕信傳聞，妄爲褒貶。

一、議開設館局。照得東西十館，原係史臣編校之所，密邇朝堂，紀述爲便。今合用東館近上四所，令史臣分直其中，一起居，二吏①，三禮兵，四刑工。除典守謄錄人役隨同供事外，一應閒雜人等不許擅入。其合用紙札筆墨酒飯等項，俱照纂修例給。

一、議收藏處所。照得國史，古稱爲金匱石室之書，蓋欲

① 吏 據《張文忠公全集》奏疏四，"吏"下有"戶"字。

收①謹嚴流傳永久。今宜稍倣此意，月置一小櫃，歲置一大櫃，俱安放東閣左右房內。每月史官編完草稿，裝為七冊，一冊為起居，六冊為六曹事蹟，仍於冊面各記年月份、史官姓名，送內閣驗訖，即投入小櫃，用文淵閣印封鎖。歲終，內閣同各史官開取各月草稿，收入大櫃，用印封鎖如前，永不開視。

　　一議謄錄掌管。照得史館紀錄所用謄錄典守官吏，見今纂修實錄，即可通融選用。合將各館謄錄官，選取勤謹善書者二員，專謄秘密文字。行吏部選撥善書貼寫辦事吏十二名，專寫各衙門章牘。撥當該吏四名，專管文冊及朝夕啟閉館門，常川供事。滿日各照常送部撥補，不給恩典。

　　一議補修記注。伏睹聖明踐阼之始，即召見輔臣於平臺。二年之春，召見計吏廉能卓異者，面賜獎諭。邇者，以吏、兵二部奏除文武職官，又親臨銓選。皆古帝王之盛節。三年之間，鴻猷善政不可縷數。茲者曠典修復，亦合將二年以前事蹟追書謹錄，用傳萬世。擬令各官除每日照前供事外，兼將二年以前起居初政，亦照月分曹以次纂錄。其詔敕等項，內閣查付。各衙門章奏，行六科照月類抄一冊，送內閣轉發。"議入，得旨："史臣紀錄時政，我祖宗成憲具存。但近年任此職者，因循曠廢，遂成闕典。今宜及時修舉。卿等既議處停當，都依擬行。禮部知道。"

　　二十八日丁酉，上御文華殿講讀。
　　以翰林院修撰張一桂、編修沈一貫補經筵展書官，大理寺右評事劉叔龍補寫講章官。

　　二十九日戊戌，以奉遷孝烈皇帝②、孝恪皇后神主於永陵禮成，賜大學士張居正銀四十兩、幣二表裏、鈔三千貫，呂調陽銀三十兩、幣二表裏、鈔三千貫，中書吳自成等各銀十兩、幣一表裏、鈔一千貫。

　　三十日己亥，上御文華殿講讀。

① 收　據《張文忠公全集》奏疏四，"收"下有"藏"字。

② 帝　據《明神宗實錄》卷三五，"帝"當作"后"。

萬曆三年三月庚子，朔。

二日辛丑，上御經筵。

三日壬寅，上視朝。

四日癸卯，上御文華殿講讀。
上覽《帝鑑圖說》，至彊項令董宣事，嘉嘆久之，顧謂輔臣張居正等："彼公主也，尚不可私庇一奴，如此，外戚家何可不守法？今戚里間，朕以慈闈故，多有委曲調停處，渠寧詎知？"
大學士張居正等疏言："昨該臣等議處史職，題奉欽依。除記注起居，見有日講官丁士美等六員，合令日輪一員赴館紀錄外，其編纂諸司章奏，臣等推得翰林院修撰王家屏、徐顯卿、張位、于慎行、沈懋孝，編修沈一貫，俱文學素優，堪任編纂。見在史館書寫官鴻臚寺署丞湯應龍、崔光弼，堪充謄錄。合候命下，俱令遵照臣等題奉事理，在館供事。再照今曠典初修，事當重始，仍乞敕下禮部，行欽天監，選擇吉日，容臣等總率各官開館供事，庶得慎重大典之意。又①照修撰張位，近以給假回籍。但修復史職，原係本官建議，合行本官原籍，促令上緊復任供職。"上從之。

五日甲辰，上御文華殿講讀。

六日乙己②，上視朝。

八日丁未，上御文華殿講讀。

九日戊申，上視朝。

十日己酉，上御文華殿講讀。

① 又 明抄本作"及"，通行本作"又"。

② 己 "己"當作"巳"。

十一日庚戌，上御文華殿講讀。

十二日辛亥，上御經筵。

十三日壬子，上視朝。

十七日丙辰，上御文華殿講讀。

十九日戊午，上視朝。

二十日己未，上御文華殿講讀。

二十二日辛酉，上御經筵。

初武清伯李偉請價自造生塋，疏下工部，擬價銀二萬兩，至是中官孫斌以部疏至內閣，口傳上旨："該部折價太薄，從厚擬來。"大學士張居正等奏："看得李偉，乃皇家至親，與衆不同。皇上仰體聖母篤念外家之意，禮宜從厚。但昨工部尚書郭朝賓等見臣等，言：'先朝錫賚外戚恩典，唯玉田伯蔣輪家爲最厚，正與今聖母家事體相同，故本爵亦遂據蔣輪例以請。及查嘉靖二年蔣輪乞恩造塋，原係差官蓋造，未曾折價，該部處辦木石等料，當時估計該銀二萬兩。卷案具存。該部因本爵自比蔣輪例，故即查蔣輪例題覆。其做工班軍及護塋田土，另行撥給，原不在此數。'今奉聖諭，欲令從厚，臣等敢不仰體皇上孝心？且臣等犬馬之情，亦欲借此少效微悃於聖母之家。但該部查照舊例，止於如此，今欲從厚，惟在皇上奏知聖母，發自宸衷，特加優賚，固非臣下所敢擅專也。臣等又惟，昔玉田伯乃世宗皇帝親母家也，當時章聖皇太后母儀天下，世廟奉事母后，篤厚外家，何所不至？而其所給，乃僅止於此數。想祖宗以來，相傳恩例如此，有難以踰越耳。今皇上孝事聖母，豈能有加於世廟？而聖母之篤厚外家，亦豈能有踰於章聖皇太后乎？今以世宗皇帝之所不能加，章聖太后之所不可踰，而聖母與皇上必欲破例處之，此臣等所以悚懼而不敢擅擬者也。夫孝在無違，而必事之以禮；恩雖無窮，而必裁之以義。貴戚之家，不患不富，患不知節。富而循理，富乃可久。越分之恩，非所以厚之也；踰涯之請，非所以自保也。臣等待罪輔弼，不敢不盡其愚。"於是上批部疏，准照蔣輪例，折價銀三萬兩，自行營造。

二十三日壬戌，上視朝。

二十四日癸亥，上御文華殿講讀。

二十五日甲子，上御文華殿講讀。

二十九日戊辰，上視朝。

萬曆三年四月已巳①，朔，上時享太廟。

二日庚午，上御經筵。

三日辛未，上視朝。

四日壬申，上御文華殿講讀。
上感日食之變，於宮中製牙牌一，手書十二事鋟其上，曰："謹天戒，任賢能，親賢臣，遠嬖佞，明賞罰，慎出入，慎起居，節飲食，收放心，存敬畏，納忠言，撙節用。"所至即懸於座右以自警。是日，以示輔臣張居正、呂調陽。臣居正因奏："此數言者，皇上雖偶因天變自警，然其實人君修身治天下之道，畢具於此，雖終身行之可也。"因逐句發明其義，且曰："臣聞知之非艱，行之惟艱。願皇上允蹈之，無爲空言。即古帝王，何以加？自今上所行與所書有未合者，許令左右得執牌指事以諫。"上嘉納焉。

五日癸酉，上御文華殿講讀。

六日甲戌，上視朝。

七日乙亥，上御文華殿講讀。

八日丙子，輔臣張居正、呂調陽題："昨該臣等於文華殿面奏：'連日天氣氛霾，雨澤未布，宜行修省祈禱。'已奉俞允。謹擬傳帖，上請聖裁。伏乞御批發下禮部遵行。"是日，上諭禮部："朕見入夏以來，氛霾示異，雨澤未均，慮成暵旱，宜預行省禱。合行事宜，查擬來看。"

九日丁丑，上視朝。
司設監掌監事太監曹憲等奏："年例合用內承運等庫錢糧，

① 己巳 "己巳"當作"己巳"。

造辦宮中帷帳茵褥等物。"輔臣居正等擬旨:"令會同司禮監查議裁減,不必拘定舊例。"太監馮保因進言:"閣臣所擬,無非爲國家忠計。今百姓貧苦,錢糧缺乏,諸事誠宜減省。"上以爲然,因閱疏中合用紵絲四百疋、布萬三千餘疋,指謂憲等曰:"歲辦幾何而費若是?"憲等具言供御所需,皆不可已。上曰:"即不可已,費亦不至是。司禮監亟行查覈,可省省之。"於是保覈實以聞,視舊數有減三分之一者。上善之,有旨:"今天下民窮財匱,朕若不躬行節儉,未免多取於下,重困吾民。這年例錢糧,既查減明白,爾等爲國爲民,深可嘉尚。都依擬。其應用難省的,仍准酌量取用。各衙門造辦等項,都要仰體朕意,加意撙節,汰去無益。有動引舊例、朦朧奏討的,即便參來處治。"是日,雨。

十日戊寅,上御文華殿講讀。

輔臣張居正等題:"頃者宸翰初頒,甘雨隨降,仰見聖誠孚①格,天心眷佑,臣等不勝慶忭。昨該禮部本上,臣等已欽遵聖諭,擬票遣官。茲見雨澤已霑,沴氣漸消,似不必再行瀆禱。且時值夏初,麥苗方秀,夜來一雨,已自霑濡,過多又恐反傷,擬暫停遣命,待芒種以後大雨時行之際,若再愆期,令該部另行請禱,未爲晚也。至於修省一節,則以比來各處頻報災異,不因祈禱之故,似宜俯從部議行之。"得旨:"雨澤已霑,祈禱候旨另行。修省如例。"

十一日己卯,上御文華殿講讀。

十二日庚辰,上御經筵。

河南撫臣以鈞②州犯御名,疏請改易,禮部覆如撫臣言。是日,上以問輔臣張居正等。居正等言:"州縣取名,多因古蹟山川,按《一統志》,該州有禹山,又在春秋時爲爲櫟邑,今或名爲禹,或名爲櫟,皆不失古蹟山川之舊。"上乃親定州名爲禹州。

① 孚 明抄本作"評",誤。通行本作"孚",是。

② 鈞 "鈞"爲"鈞"字之缺筆書法,爲避萬曆皇帝之名而來。

萬曆起居注

十三日辛己①，上視朝。

十四日壬子②，上御文華殿講讀。

先是，隆慶中，有追論故掌錦衣衛事都督陸炳罪者，詔下法司窮治，籍其家，逮子繹等繫獄，追贓數十兩。繫更五年，貲財罄竭，無可追者。至是，繹等具奏乞免。是日，講讀畢，輔臣張居正等持繹疏奏請上裁。上問臣居正曰："此事先生以爲何如？"臣居正對言："陸炳功罪自不相掩。昔世祖南幸至衛輝，行宮夜火，侍衛倉卒不知乘輿所在。炳獨身負世祖，出於火，以免難，此社稷之功也。世祖因此眷任獨隆，賜之伯爵，託以心膂。而炳小人，不知道，遂憑藉寵靈，擅作威福。京師豪橫雖爲斂手，而其所夷滅，亦往往有無辜罹禍者。此炳之罪也。臣等謹按律，惟謀反、叛逆、奸黨罪乃籍沒家產，餘罪皆否，且籍沒者不更追贓，追贓者不行籍沒。此國法也。往炳死時，其子繹才十一二歲，世祖憐其幼，命已故都督朱希孝撫育之，經理其家事。希孝乃錄其資產，置立文簿，用堂印鈐蓋，付繹母收之。昨炳敗，希孝即以此簿送法司，按籍追沒，凡金寶諸物計一百六十餘箱，盡輸入內府，又用他事坐贓數十萬。是籍沒與追贓並行也。今據五城及浙江、湖廣，俱勘稱家產已變賣盡絕，墳地皆爲諸皇親奏討，丘隴俱夷，其子繹僦屋而居，藍縷貧困，殆類乞人，即欲盡法嚴追計獨有死耳。夫人臣有罪不可宥，有③功不可忘。論炳之罪，未與反逆同科，今欲行法，不啻足矣。而翊主保駕之功，乃不能庇其一孤子，此臣等所爲惻惻也。然豈獨臣等憐之？竊恐世祖在天之靈，亦必有不安於心者矣。"上瞿然曰："既如此，先生宜爲一處。"臣居正對言："斯事體重大，恩當出自朝廷，臣等豈敢擅專？"上曰："不然。國家之事，孰不賴先生輔理？何嫌之有？"臣居正等叩頭承旨而出。次日奉旨："陸炳生前功罪，及家產果否盡絕，着法司從公勘議來說。"於是法司欽奉德意，分別炳之功罪，言家產已勘明盡絕，諸所連累者亦量減贓銀分數以請。上乃釋之。

①己 "己"當作"巳"。

②子 "子"爲"午"之誤。

③有 明抄本"有"下有"有"字，誤。通行本無此字，是。

萬曆三年

十六日甲申，上視朝。

十七日乙酉，上御文華殿講讀。

十八日丙戌，上御文華殿講讀。

十九日丁亥，上視朝。

二十日戊子，雨，上御文華殿講讀如常。

二十一日己丑，上御文華殿講讀。

二十二日庚寅，上御經筵。

二十四日壬辰，上御皇極殿，行册封禮。

二十五日癸巳①，上御文華殿講讀。
　　吏部疏擬調大名兵備副使陶大順於湖廣。大順由兵部職方司郎中陞，未逾月，至是，上見其名，即識之。語輔臣曰："是數日前方見其領敕，今遽擬陞轉，何也？"輔臣張居正等對曰："大順乃故講官大臨之兄。大臨故未幾，而大順子尚寶司丞允淳又故，皆未克葬。大順因大名其②鄉遠，例不得過家，故情③告吏部，部議量改附近，以便還葬。蓋以原官調補，非陞也。"上領之。

二十六日甲午，上視朝。

二十七日乙未，上御文華殿講讀。

二十八日丙申，上御文華殿講讀。

① 巳　明抄本作"巳"，是。通行本作"已"，誤。

② 其　"其"上當有"去"字。

③ 情　據《明神宗實錄》卷三七，"情"上有"以"字。

二十九日丁酉，賜輔臣張居正金書黃符四道、金書紅符四道、金艾葉四副、黃綾符二道、紅綾符二道、艾葉四個，吕調陽金書黃符二道、金書紅符二道、艾①葉二副、黃綾符一道、紅綾符一道、艾葉二個，講官丁士美等六員各銀書黃符一道、金書紅符一道、金艾葉一副、紅綾符一道，正字官二員各金書紅符一道、銀艾葉一副、紅綾符一道。

①艾　"艾"上當有"金"字。

萬曆三年

五①月戊戌，朔，上御皇極殿，太常寺奏以是月五日祀地於方澤。

二日己亥，賜輔臣張居正圓光篦扇三把、泥金骨畫面扇四把、小式扇四把、片金扇五把，呂調陽圓光篦扇一把、泥金骨畫面扇二把、小式扇四把、片金扇三把，講官丁士美、申時行各泥金骨畫面扇一把、小式扇二把、片金扇三把，范應期、陳經邦、何洛文、許國各小式扇二把、片金扇三把，正字馬繼文、徐繼申各金鉸扇二把、銀鉸扇二把。

三日庚子，大學士張居正等題："竊惟養士之本，在於學校，貞教端範，在於督學之臣。我祖宗以來，最重此選，非經明行修、端厚方正之士，不以輕授，如有不稱，寧改授別職，不以濫充。且兩京用御史，外省用按察司風憲官爲之。則可見居此官者，不獨須學行之優，又必能執法持憲、正己肅下者，而後能稱也。《記》曰：'師嚴然後道尊，道尊然後民知敬學。'臣等幼時，猶及見提學官多海內名流，類能以道自重，不苟徇人，人亦無敢干以私者，士習儒風，猶爲近古。近年以來，視此官稍稍輕矣，而人亦罕能有以自重，既無卓行實學，以壓服多士之心，則務爲虛談賈譽，賣法養交，甚者公開幸門，明招請託。又憚於巡曆②，苦於校閱，高坐會城，計日待轉。以故士習日敝，民僞日滋，以馳騖奔趨爲良圖，以剽竊漁獵爲捷徑，居常則德業無稱，從仕則功能鮮效，祖宗專官造士之意，駸以淪失，幾具員耳。去年仰荷聖明，特敕吏部慎選提學官，有不稱者，令其奏請改黜，其所以敦崇教化，加意人才，意義甚盛。今且一年矣，臣等體訪各官，卒未能改於其故，吏部亦未見改黜一人。良以積習日久，振蠱爲艱，冷面難施，浮言可畏。奉公守法者，上未必即知，而已被傷於衆口；因循頹靡者，上未必即黜③，而且博譽於一時。故寧抗朝廷之明詔，而不敢掛流俗之謗議；寧壞公家之法紀，而不敢違私門之請託。蓋今之從政者，大抵皆然，又不獨學校一事而已。臣等頃因南直隸提學

① 五　"五"上當有"萬曆三年"四字。

② 曆　明抄本作"歷"，是。通行本作"曆"，誤。

③ 黜　明抄本作"點"，誤。通行本改"黜"，是。

① 即　明抄本作"既"，是。通行本作"即"，誤。

御史褚鈇、浙江提學僉事喬因阜赴閣會敕，因查先朝以來相傳舊稿，所載提學職任本自崇嚴，且別項官員，敕諭俱不開款，獨提學敕開款，殆如國學監規之制，中間委任責成，極其鄭重。但居此官者不能著實遵奉，自隳職守。夫敕諭者，所以命官分職、而屬之以事者也。彼即①不能遵奉上命，恪恭乃職，而責士子以率從其教，不亦難乎？臣等查得嘉靖初年，世宗皇帝嘗詔吏部，將天下提學官通行考察改黜，蓋僅有存者。又詔禮部沙汰天下生員，不許附學過於廩增之數。今之士習凋敝已極，即按先朝故事，大加洗滌，亦豈爲過？但臣等竊以爲，積廢既久，舉當以漸，驟於操急，人或不堪。且約束不明，申令不熟，不獨奉行者之罪，亦在上者之過也。臣等謹將敕諭舊稿，再加酌擬，附以近日題准事例，逐款開坐，上請聖裁，備載敕內。仍昭示天下，使居此官者，知上之所以責之者如此，則雖被怨蒙謗，而有所弗恤，人之視之，知彼之責任如此，亦將斂手息喙，而莫之敢撓，撫按以此覈其能否，部院以此定其黜陟，使人皆知敦本尚實，而不敢萌僥幸之心，則振興人才之一大機也。仍乞敕下吏、禮二部，以後務要加意此官，慎重其選。其各見任提學官，一體俱換與新敕，以便遵守。《書》曰：'作新民'。堯使契掌教，命之以勞來匡直輔翼，又從而振德之。今臣等所言，非敢過爲操切，亦不過申明舊章，以作新振德之耳。伏惟聖明裁斷施行。再照，提調學校，固憲臣之責，而羣居教習，又在儒學教官。顧近來考貢之法太疎，士之衰老貧困者，始告授教職。精力既倦於鼓舞，學行又歉於模範，優游苟祿，潦倒窮途，是朝廷以造士育才之官，爲養老濟貧之地，冗蠹甚矣。今後凡廷試歲貢生員，容臣等遵照先朝事例，嚴加考試，有不堪者，盡法黜落，提學官俱照例提問降調。其願就教職者，該部先行考閱，有年力衰憊者，即行揀退，不准送試。廷試學業荒疎、不堪師表者，發下該部，驗其年力尚壯，送監肄業，以須再試。如年力已衰，不必發監，遙授一職，回籍榮身。庶官無冗曠，士有師模，十年之後，人才當不可勝用矣。"疏中開載合行事宜凡十有八條。得旨："學校，人才所係。近來各提學官，不能飭躬端範，精勤考閱，祇虛談要譽，賣法市恩，殊失祖宗專官造士之意。卿等所奏，俱深切時弊。依擬再行申飭。所開條件，一一備載敕內，着實遵行。有仍前違怠曠職的，吏部、都察院務要指實考察奏黜，不許徇情容隱。禮部知道。"

六日癸卯，上視朝。

上敕諭兩京提學御史、並各省提學副使等官："朕惟自古帝王治天下者，率以興學育材爲首務。我國家稽古建學，特用憲臣以董督之，任至重也。邇年以來，法紀漸隳，士習寖惰，以致教化壅於上，風俗敝於下，朕甚患之。今特命爾往某處巡視、提調各府州縣儒學，爾尚端軌儀，崇經術，精其藻鑒，勤其課程，嚴飭責之條，公獎拔之典，毋眩華而遺實，毋避怨以市恩，務俾學術還淳，士有實用，以稱朝廷作新人才至意，時惟爾功。如或蹈常襲故，違命曠官，亦惟爾之罰。爾其欽哉。所有各行事宜，申明條示於後，其慎行之，毋忽。故諭。

一、聖賢以經術垂訓，國家以經術作人，若能體認經書，便是講明學問，何必又別標門戶，聚黨空談？今後各提學官督率教官生儒，務將平日所習經書義理，着實講求，躬行實踐，以需他日之用。不許別刱書院，羣聚徒黨，及號招他方遊食無行之徒，空談廢業，因而啟奔競之門，開請託之路。違者提學御史聽吏部、都察院考察奏黜，提學按察司官聽巡按御史劾奏，遊士人等各撫按衙門訪拏解發。

一、孝弟廉讓，乃士子立身大節。生員中有敦本尚實、行誼著聞者，雖文藝稍劣，亦必量加獎進，以勵頹俗。若有平日不務學業者①，囑託公事，或捏造歌謠，興滅詞訟，及敗倫傷化，過惡彰著者，體訪得實，不必品其文藝，即行革退，不許徇情姑息。亦不許輕信有司教官開送，致被挾私中傷，誤及善類。

一、我聖祖設立卧碑，天下利病諸人皆許直言，惟生員不許。今後生員務遵明禁，除本身切己事情，許家人抱告，有司從公審問，儻有冤抑，即爲昭雪。其事不干己，輒便出入衙門、

① 學業者　明抄本作"學者業"，通行本改爲"學業者"，《張文忠公全集》奏疏四作"學業"。

陳説民情、議論官員賢否者，許該管有司申呈提學官，以行止有虧革退。若糾衆扛幫，聚至十人以上，罵詈官長，肆行無禮，爲首者照例問遣，其餘不分人數多少，盡行黜退爲民。

一、國家明經取士，説書者以宋儒傳注爲宗，行文者以典實純正爲尚。今後務將頒降《四書》、《五經》、《性理大全》、《資治通鑑綱目》、《大學衍義》、《歷代名臣奏議》、《文章正宗》及當代誥律典制等書，課令生員誦習講解，俾其通曉古今，適於世用。其有剽竊異端邪説，炫奇立異者，文雖工弗錄。所出試題，亦要明白正大，不得割裂文義，以傷雅道。

一、各省提學官奉敕專督學校，各撫按二司官不許侵伊職掌行事，若有不由提學官考取，徑自行文給與生儒衣巾，及有革退生員、赴各衙門告訴復學者，即將本生問罪革黜。

一、該管地方，每年務要巡視考校一徧，不許移文代委，及於隔別府分調取生儒，以致跋涉爲害。亦不許令師生匍匐迎送。考畢即於本地方發落，明示賞罰，不許攜帶文卷，於別處發案，致令吏書乘間作弊，士子無所勸懲。亦不許招邀詩朋酒友遊山玩水，致啟幸門，妨廢公務。其水陸夫馬廩給、隨帶吏書，俱照常行。

一、提學官巡歷所屬，凡有貪汙官吏、軍民不法重情，及教官干犯行止者，原係憲司，理當拏問。但不許接受民詞，侵官喜事。其生員犯罪，或事須對理者，聽該管衙門提問，不許護短曲庇，致令有所倚恃，抗拒公法。

一、廩膳增廣，舊有定額，迨後增置附學名色，冒濫居多。今後歲考務要嚴加校閲，如有荒疎庸耄、不堪作養者，即行黜退，不許姑息。有捏造流言、思逞報復者，訪實拏問，照例問遣。童生必擇三場俱通者，始收入學，大府不得過二十人，大州縣不得過十五人，如地方乏才，即四五名亦不爲少。若鄉宦勢豪、干託不遂、暗行中傷者，許徑自奏聞處治。

一、兩京各省廩膳科貢，皆有定額。近來有等奸徒，利他處人才寡少，往往詐冒籍貫，投充入學，及有詭寫兩名，隨處告考，或假捏士夫子弟，希圖進取，或原係娼優隸卒之家，及曾經犯罪問革，變易姓名，援納粟納馬等例，僥幸出身。殊壞士習，訪出嚴行拏問革黜。若教官納賄容隱、生員扶同保結者，一體治罪革罷。

一、府州縣提調官員，宜嚴束生徒，按季考校。凡學內殿堂齋房等屋損壞，即辦料量工修理。其齋夫、膳夫、學糧、學田等項，俱要以時撥給，不許遲誤尅減。

一、生員之家，依洪武年間例，除本身外，戶內優免二丁差役。

一、生員考試不諳文理者，廩膳十年以上發附近去處充吏，六年以上發本處充吏，增廣十年以上發本處充吏，六年以上罷黜為民。

一、儒學教官，士子觀法所係。按臨之日，考其學行，俱優者，禮待獎勵。其行履無過，但學問疎淺者，一次考驗，始行戒飭，再考無進，送吏部別用。老病不堪者，准令以禮致仕。若卑汙無恥，素行不謹者，不必試其文學，即拏問革黜。

一、考貢照近日事例，每歲預將次年應貢生員，限六十以下、三十以上、屢經科舉者六人，嚴加考選，取其優者充貢。定限次年四月到部，聽候廷試。文理不通者，即行停降。年老衰憊者，姑授與冠帶榮身，不許但挨次濫貢。其有停廩、降廩者，必考居一二等，方許收復。未收復者，不許起送應貢。如有濫貢及廷試發四五名以上，提學官照例降調。

一、補貢有缺，務查人文未經到部、果在一年以裏者，將原給批咨硃卷追繳、方取年力精壯、文學優長者一人補貢。定限該貢年分，次年到部，方准收考。如有不遵舊例，將年遠貢缺濫補市恩者，起送到部，即將本生發回革廩肄業，提學官參究。

一、遇鄉試年分，應試生儒名數，各照近日題准事例。每舉人一名，取科舉三十名，此外不許過多一名。兩京監生，亦依解額，照數起送，有多送一名者，各監試官徑行裁革，不許入場。

一、名宦、鄉賢、孝子、節婦及鄉飲禮賓，皆國之重典，風教所關。近來有司忽於教化，學校是非不公，濫舉失實，激勸何有？今後提學官宜以綱常爲己任，遇有呈請，務須覈真，非年久論定者，不得舉鄉賢、名宦；非終始無議者，不得舉節婦、孝子；非鄉里推服者，不得舉鄉飲賓撰。如有妄舉、受人請求者，師生人等即以行止有虧論。其從前冒濫混雜、有玷明典者，照近例徑自查革。

一、所轄境内有衛所學校，一體提調整理。武職子弟，悉令習讀《武經七書》、《百將傳》及操習武藝，有願習舉業者聽。社學師生，一體考校。務求明師責成，量免差役。其行止有虧，及訓詁句讀音韻差謬，字畫不端，不通文理者，即行革退。"

七日甲辰，上御文華殿講讀。

八日乙己①，上御文華殿講讀。
賜輔臣張居正紫金錠藥二十封，吕調陽十封，講官丁士美等六員各五封，正字馬繼文等二員各四封。

十二日己酉，上御文華殿講讀。
是日，上方允禮部請祈雨、卜日齋戒、遣官分禱於郊廟社稷，俄而大雨，乃止。

十四日辛亥，上御文華殿講讀。

十六日癸丑，上視朝。時未辨②色，庭中猶舉燎，羣臣多失朝者。侍班御史劾奏，上命錦衣衛、鴻臚寺查黜不至者二百八十三員，各罰俸一月。

二十日丁己③，上御日講畢，顧輔臣張居正等，問曰："昨朕覽遼東撫臣所奏，具言虜寇猖獗。深以爲憂。先生度虜勢如何？"居正等跪奏曰："臣等竊料此虜，冒暑擁衆，犯非其時。近暑雨連作，弓鮮馬疲，勢不能逞。且薊鎮人馬已出關應援，

① 己 "己"當作"巳"。

② 辨 明抄本作"辨"，是。通行本作"辦"，誤。

③ 己 "己"當作"巳"。

保無他虞。可不煩聖慮也。"上曰："然。"已,戶部請發遼東年例銀兩,居正等因奏："該鎮旱甚,士卒饑罷。屬有虜警,請例外再發帑銀賑之。"上嘉納其言,詔戶部於例外即發銀二萬兩,付巡撫張學顏,給賑徵調官軍。有頃,上命中使捧聖母御書一帙以示輔臣。居正等稽首言："臣等仰觀聖母御書,體裁點畫精①工。"上因言："聖母在宮中,唯觀書史,每日寫字一幅。又課令侍女三十以下俱讀書寫字。"居正等又稽首,仰頌聖德母儀,因進言曰："夫聖母,母也,猶孜孜勤學如此。矧皇上當英妙之年,有萬幾之重,可不銳精問學、講究治理、以副祖宗付託之重乎?聖母蓋所謂愛不忘勞,端身教也。伏望皇上仰體聖母愛育之心,率循聖母躬行之教,及時典學,無怠無荒,則睿智益開,聰明愈擴,日覽萬幾,如燭照而數計矣。臣等切不勝款款之遇。"上曰："先生言是也。朕當勉焉。"

時製慈寧宮暖閣仙橋,內官監奏行工部具料,揭稱該用板片數百,木植倍之,諸襯物稱是。上曰："一仙橋所費幾何,而侈用至是耶?"命減半與之。又詔："自今各衙門凡有造辦等項,該部勿得曲徇所請,致耗財用。"

二十二日己未,上御文華殿講讀。

二十三日庚申,上視朝。

二十五日壬戌,上召兵部尚書等官譚綸等於會極門,手詔問曰："前報虜賊數十萬,欲犯遼東,前哨已到近邊,朕心日夕懸慮。今經旬日,如何又聲息杳然。不知前賊果否入犯?該鎮有無失事?你部裏如何通不以聞?着從實說來。"先是,輔臣居正等題："昨該遼東巡撫張學顏等報稱,達賊二十餘萬,謀犯遼東,前哨已到大凌。請兵請糧,急於星火。至於上廑聖慮,面諭臣等,慮冠猖獗,深以為憂。比時臣等已即面奏,暑月非虜騎狂逞之時,料無大事,請寬聖懷。今據薊鎮總兵官戚繼光揭稱,諸酋久已解散,時下正議掣兵。及臣等使人於宣府密探西

① 精 《明神宗實錄》卷三八"精"上有"字字"二字,是。

虜青把都動静，則本酋一向在巢住牧，未嘗東行。遼東所報，皆屬夷誆賞之言，絕無影響。數日以來，更不聞消息矣。臣等因此反切憂慮。夫兵家之要，必知彼己、審虛實，而後可以待敵，可以取勝。今無端聽一訛傳之言，遽爾倉皇失措，至於上動九重之憂，下駭四方之聽，則是彼己虛實，茫然不知，徒借聽於傳聞耳。其與風聲鶴唳、草木皆兵者何異？似此舉措，豈能應敵？且近日虜情狡詐，萬一彼常以虛聲恐我，使我驚惶、疲困於奔命，久之懈弛不備，然後卒然而至，措手不及，是在彼反得先聲後實、多方以誤之之策，而在我顧犯不知彼己、百戰百敗之道，他日邊臣失事，必由於此。故臣等不以虜之不來爲喜，而深以邊臣之不知虜情爲慮也。兵部以居中調度爲職，尤貴審察機宜，沉謀果斷，乃能折衝樽俎，坐而制勝。今一聞奏報，遂爾張皇，事已之後，又寂無一語，徒使君父日焦勞於上，以憂四方，而該部以題覆公牘，遂謂足以了本兵之事耳。臣等謂宜特諭該部，詰以虜情虛實之由，使之知警。且秋防在邇，薊遼之間，近日既爲虛聲所動，徵調疲苦，恐因而懈怠，或致疎虞，尤不可不一儆戒之也。臣等謹擬聖諭一道進覽，伏乞聖明裁斷施行。"上從之，故有是問。

三十日丁卯，賜輔臣及講官、正字官、並各衙門三品以上鮮笋。

六①月戊辰，朔。

三日庚午，上視朝。

四日辛未，上御文華殿講讀。

七日甲戌，上御文華殿講讀。

八日乙亥，先是都察院左都御史葛守禮屢疏乞休，事下內閣，大學士張居正等題："本官年力委的向衰，據其奏辭，實出誠悃，似應俯從所請，允其休致。但本官歷任四十餘年，素有清望，見今歷正二品俸六年已滿，例當加秩。及查先朝大臣，以年老致仕者，例有人夫、月米之賜，蓋朝廷逮下之仁也。合無俯照前例，量給恩典，以見聖慈加禮耆舊之意？"是日，上批守禮疏曰："覽卿奏。既情詞懇切，特准致仕。着馳驛去，仍加太子少保，有司月給米四石，歲撥人夫六名應用，以示優禮舊臣之意。該部知道。"

十日丁丑，上御文華殿講讀。

十二日己卯，雷擊建極殿鴟尾。

十九日丙戌，上視朝。賜輔臣及講官、正字官、並各衙門三品以上枇杷果。

二十日丁亥，上御文華殿講讀。

二十二日己丑，上御文華殿講讀。

二十四日辛卯，上御文華殿講讀。

①六 "六"上當有"萬曆三年"四字。

二十五日壬辰，夜，雷擊端門鴟尾。

二十八日乙未，保定撫臣報："是年五月二十六日，河間府景州城北劉煙村天鼓鳴三聲，有流星二，晝隕化爲石，黑色，一重三十七兩，一重二十七兩。"

萬曆三年

七①月丁酉，朔，上親享太廟。

二日戊戌，上御文華殿講讀。

三日己亥，上視朝。

五日辛丑，上御文華殿講讀。

六日壬寅，賜輔臣及講官、正字官、並各衙門三品以上鰣魚。

八日甲辰，上御文華殿講讀。

九日乙己②，上視朝。

十一日丁未，上御文華殿講讀畢，有頃，中官持《尚書》一帙，至《微子之命》篇，每四五行用黃紙乙其處，以示輔臣，言："上於宮中讀書，日夕有程，常三四覆，背須精熟，乃已。"輔臣及講官相顧嗟異，以爲上好學如此，儒生家所不及也。

十二日戊申，上御文華殿講讀。

十三日己酉，上視朝。

十四日庚戌，上御文華殿講讀。

十五日辛亥，日講官丁士美聞父喪，上遣中官賜路費銀三十兩、幣③二表裏，着馳驛去。

十七日癸丑，上御文華殿講讀。
是日，輔臣張居正入朝，偶感疾不能侍，上遣中官問疾，

① 七 "七"上當有"萬曆三年"四字。

② 己 "己"當作"巳"。

③ 幣 明抄本作"弊"，通行本改"幣"。是。

仍命太醫院使徐偉診視。又手封藥一裹，令中官守候服畢復命。

十八日甲寅，以經筵展書官翰林院修撰王家屏補日講官。

十九日乙卯，輔臣張居正病愈，赴閣辦事。有頃，中官丘得用口傳聖母及上旨，慰勞再三，賜銀八寶二十兩。居正疏謝，言："臣犬①馬賤軀，偶嬰疾患，至於上勤聖母、皇上慈憫。方病而命醫賜藥，唯恐其不愈；既痊而遣慰賚金，又喜其速瘳。仰惟聖恩隆重，雖天地之高厚，父母之鞠育，未足爲喻也。臣有何德能，冒此榮寵？感激之悃，詞不能宣。惟有矢志捐軀，冀以仰答洪造而已。臣誠不勝感戴激切之至。"

二十日丙辰，穆廟英妃魏氏薨，爲輟講三日。

二十三日己未，以英妃喪，輟朝。

二十四日庚申，上御文華殿講讀。

二十六日壬戌，賜輔臣張居正鰣魚六尾、呂調陽四尾、講官申時行等五員各二尾、正字官馬繼文等二員各一尾。

① 大　明抄本作"犬"，是。通行本誤作"大"。

八①月丙寅，朔，上御皇極殿，傳制遣官祭先師孔子。

三日戊辰，上親祭大社、大稷。

四日己己②，上御文華殿講讀。

五日庚午，上御文華殿講讀。

九日甲戌，上御皇極殿，太常寺奏祭歷代帝王。

十一日丙子，上御文華殿講讀。
以萬壽聖節，賜輔臣張居正銀五十兩、四表裏，呂調陽四十兩、二表裏，講官申時行等五員各二十兩、一表裏，正字官馬繼文等二員各十兩、一表裏。
輔臣張居正等題："竊惟圖治莫要於任賢，引重必資乎眾力。自聖明御極，三載於茲，政無大小，悉責之輔弼，臣等受茲重託，雖夙夜孜孜，不敢一時少懈。顧今閣臣之職，不但參與密勿、票擬章奏，且又辦理制敕文字，總裁纂修事務，改定經書講章，日侍內殿進字，其責至重，其事至繁。況皇上天縱聰明，國家事務日益明習，臣等自惟智識淺陋，才力綿單，誠恐辦理不前，或致曠誤，必須集眾思、賴多助，乃可仰裨聖治，共佐休明。伏望皇上博求賢哲，斷自宸衷，簡命一二員。或敕下吏部，會官推舉，上請點用。令其與臣等同辦閣務，庶忠謨益廣，庶事可康。"奏入，上曰："卿等舉堪任的來看。"即日居正等疏言："仰惟皇上天縱聰明，今在廷之臣，才品優劣，豈能逃於照臨之下？乃猶聖不自聖，俯令臣等上舉，此即帝堯疇咨四岳，大舜捨己用人之心也。臣等敢不仰體聖心，秉公推舉？欽遵就見任翰林儒臣中，推得詹事府掌府事吏部左侍郎兼翰林院學士張四維、吏部左侍郎兼翰林院侍讀學士馬自強、詹事府少詹事兼翰林院侍讀學士申時行，俱資望相應，謹開坐上請。伏乞聖明裁斷點用，令其與同臣等在閣辦事。"得旨："張四維

①八 "八"上當有"萬曆三年"四字。
②己己 "己己"當作"己巳"。

陞禮部尚書兼東閣大學士，着隨元輔等在內閣辦事。"內"隨元輔"三字，上親批注也。

十二日丁丑，上御經筵。

十三日戊寅，賜輔臣張居正萬壽金字二對、金八寶十二個、黃符二道，呂調陽萬壽金字三枝、金八寶八個、黃符一道，講官申時行等五員各萬壽金字一封、金壽字三個、紅符一道，正字官馬繼文等二員各萬壽金字一枝、金壽字二個、紅符一道。

十四日己卯，輔臣張居正等題："照得禮部尚書兼東閣大學士張四維，原係纂修《世宗皇帝實錄》副總裁官，近奉欽命內閣辦事，例應充總裁官。其經筵、日講，俱係內閣職務，合候命下，令與臣等一體供事。"報可。

十六日辛已[①]，上視朝。

十七日壬午，萬壽聖節，上御皇極殿，百官行慶賀禮。

十八日癸未，輔臣張居正等題："照得詹事府掌府事吏部左侍郎兼翰林院學士張四維，近奉欽命入閣辦事，前項印信缺官掌管。及照四維原係專管《世宗皇帝實錄》副總裁官，近奉欽命充總裁官，其副總裁事務亦缺人管理。見今編纂方殷，用人緊急，日講官及協管部事者，俱以差占，不能專精編摩之職。臣等看得國子監祭酒王錫爵，原充副總裁之官，纂修《穆宗皇帝實錄》，文學素優，年力亦壯。合無將本官量陞詹事府少詹事兼翰林院侍讀學士，署掌本府印信，仍舊侍講經筵，就充副總裁官，與同侍郎汪鏜，遵照臣等先次題奉欽依事理，悉力纂修，早完大典？似於事理兩得其便。"從之。

二十日乙酉，上御文華殿講讀。

① 巳　"巳"當作"巳"。

二十一日丙戌，上御文華殿講讀。

二十三日戊子，上視朝。
賜輔臣及講官、正字官、並各衙門三品以上官楊梅。

二十四日己丑，上御文華殿講讀。

二十五日庚寅，上御文華殿講讀。

二十六日辛卯，上視朝。

二十七日壬辰，上御文華殿講讀。

二十九日甲午，上御午門雲樓，受遼東守臣所獻逆酋王杲俘，百官致詞稱賀。先期命輔臣扈從，無入班。是日，駕至皇極門，輔臣張居正等前致詞，言："皇上聖武布昭，逆酋正法，臣等不勝欣忭。"上答曰："此皆先生運籌之功。"居正等又言："皇上聖德神功，非臣等所能仰贊。"因叩頭。駕御午門受俘畢，上起入樓中，觀成祖所持矛。復循城東行數武，憑垣俯視內閣，顧瞻良久，乃還宮。

① 九 "九"上當有"萬曆三年"四字。

九①月丙申，朔，禮部進郊廟等祀日册，上御皇極殿受之。

二日丁酉，上御經筵。

三日戊戌，上視朝。

四日己亥，上御文華殿講讀。

七日壬寅，上御文華殿講讀。

九日甲辰，上視朝。

十一日丙午，上御文華殿講讀。

十二日丁未，上御經筵。

十六日辛亥，上視朝。

十七日壬子，上御文華殿講讀。

十八日癸丑，上御文華殿講讀。

十九日甲寅，以英妃魏氏發引，輟朝。

敕諭工部右侍郎兼都察院右僉都御史徐栻："朕惟漕運，國家大計。頃年河道衝塞不常，糧運阻滯，必須海運兼行，庶幾爲利經久。近該南京工部尚書劉應節同爾題稱：'山東膠河可通海運。'該部覆言：'該州開河，自嘉靖以來屢經建議，差官覆勘，俱稱分水岭一帶難於挑濬，既作復輟，迄無成功。今議改於城南便道，工力不多，經費又省。'據爾等所議，實爲通漕便計。今即命爾前去，會同該省撫按官，親詣各該地方相度計處。其間應創開者若干，應疏濬並量濬者若干，原議軍夫果否足用，合用錢糧作何措處，並通潮、建閘、打壩、造船等項，俱一一會議停當，詳明具奏，請奪施行。所有未盡事宜，悉聽爾以便宜行事，大小官員從宜委用，有應改用者奏請改任。朝廷屢議開渠，但欲通漕以備不虞，非欲棄河而不理，且渠成之後，河海並運，亦不專行一途。今利害既審，斷在必行，有陰持私見、造言阻撓，及承委官員託故推避者，悉聽爾指實參奏，拏來重處。其治河事務，及一應錢糧、夫役，俱絕無干涉。唯事體有與漕運河道衙門相關者，亦須公同計議而行。爾爲大臣，受兹重任，且議自己出，須殫忠竭力，務底有成，爲國家建萬世之利，當有懋賞以酬爾功。如或處置乖方，勞費無益，及苟且塞責，自背前言，亦惟爾罪。爾其勉之，慎之。故諭。"

二十日乙卯，上御文華殿講讀。

二十一日丙辰，上御文華殿講讀。

二十二日丁己①，上御經筵。

二十三日戊午，上視朝。

二十四日己未，上御文華殿講讀。

二十五日庚申，上御文華殿講讀。

二十九日甲子，陞日講官吏部左侍郎兼翰林院侍讀學士馬自强，爲禮部尚書兼翰林院學士，仍充纂修副總裁、經筵講官。初上意仍欲令兼日講，輔臣居正爲言："部事煩重，恐難兼理。"乃止。

① 己 "己"當作"巳"。

① 天 "天"下當有"監"字。

② 己己 "己己"當作"己巳"。

萬曆三年十月乙丑，朔，上御皇極殿。欽天①進萬曆四年大統曆，傳制給賜百官，頒行天下。

是日，上親享太廟。

賜輔臣張居正曆日一百五十本，呂調陽、張四維各一百本，講官馬自強、申時行各五十本，陳經邦、何洛文、許國、王家屏各三十本，正字官馬繼文、何初各二十本。

二日丙寅，免經筵。

三日丁卯，以京師地震，詔百官修省三日。

四日戊辰，上御文華殿講讀。
賜輔臣及講官、正字官、並各衙門三品以上官鮮藕。

五日己己②，上御文華殿講讀。

六日庚午，以英妃魏氏下葬，免朝。

七日辛未，上御文華殿講讀。
是日，御書"一德和衷"四大字賜大學士張四維。
以經筵展書官翰林院編修沈一貫，補日講官，兼充經筵講官。

八日壬申，上御文華殿講讀。

九日癸酉，上視朝。

十二日丙子，上御文華殿講讀。

十三日丁丑，上視朝。

十四日戊寅，上御文華殿講讀。

十六日庚辰，上視朝。

十七日辛卯①，上御文華殿講讀。
是日，命中官持《論語》講章，指其中所引"南容三復白圭"一語，出問輔臣："白圭，何詩也？"輔臣張居正對："此在《大雅·抑》戒中，乃衛武公自箴儆之詞。"略為解說其義，中官領以復命。上之究心問學如此。
賜輔臣張居正貂鼠皮六張，呂調陽、張四維各四張，講官申時行、陳經邦、何洛文、許國、王家屏、沈一貫、正字官馬繼文、何初各三張。

十九日癸未，上視朝。
是日，補賜舊講官禮部尚書兼翰林院學士馬自強"正己率屬"大書一幅、"責難陳善"大書②各一幅，正字官何初"敬畏"大書一幅。
直隸巡按御史暴孟奇、張憲翔等各一本，奏報審決重囚事，乃萬曆二年十一月奏進者。上覽而怪之，曰："今北直隸巡按已非孟奇、憲翔矣，何奏本仍是二臣名？又中間月日差謬，何也？"命文書官持疏到內閣問其所以。少頃，輔臣張居正等入侍奏事，上又面詢之，曰："今年已有旨免刑，何真定巡按又報決囚？具本後稱萬曆二年十一月，何也？"居正等對言："臣等適閱所奏，乃去年差刑部主事劉體道，會同關內關外巡按御史暴孟奇、張憲翔處決囚犯，事完即具本付劉體道親齎復命，非二臣差人來奏者也。"上曰："即如是，何故至今始封進？"居正等又對言："舊時刑部司屬，多借審決差便道回籍，科臣於精微批定限率優假至一年所，乃相沿宿弊。此奏蓋去年二御史付之劉體道親齎，而體道持疏回籍，今以限滿復命，故始封進耳。"上曰："豈有北直隸地坊③去年決囚，今年始復命者？宜令該科參看。"次日，奉聖旨："北直隸地方去年決囚，今年奏報，有是

萬曆三年
一一九

① 卯　"卯"當為"巳"。

② 書　明抄本"書"下有"一幅，講官王家屏、沈一貫'責難陳善'大書"十六字。通行本脫此十六字。

③ 坊　"坊"當作"方"。

事體否？着該科參看了來說。"尋該科參上，奉聖旨："劉體道着都察院提了問。差官審決期限，着法司定擬來說。"已，都察院本上，命謫體道外任。蓋上於章奏無不親覽，其精察如此。

二十日甲申，上御文華殿講讀。

二十一日乙酉，上御文華殿講讀。

二十二日丙戌，上御文華殿講讀。

二十五日己丑，上御文華殿講讀。

二十六日庚寅，上視朝。

三十日甲午，上御文華殿講讀。

萬曆三年

十①一月乙未，朔。

二日丙申，中官傳聖母、皇上旨，頒賜輔臣張居正等鹿脯、伏薑等物四盒，又特賜居正薑蘇等物一盒。

三日丁酉，輔臣張居正等謹題："茲者恭遇皇上肇舉郊禋大典，臣等謹輯《郊禮新舊圖考》進呈睿覽。舊禮者，太祖高皇帝所定，新禮者，世宗肅皇帝所定也。按天地之祭，自周以來，或分或合，其禮不一，然大率合祭者爲多。國朝②洪武以後，一向合祭。嘉靖年間，始建分祭之制。然議者咸以合祀爲便。顧茲重典，今且未敢輕議，謹輯爲禮書二冊，首敍分合沿革之用③，次具壇壝陳設規制圖，次列儀注、樂章等項，而以臣等淺陋之見，略述其概，竊附於後，以備聖明他日裁擇，且以仰贊明禋之萬一。臣等又惟，國之大事在祀，祀之大者曰郊。茲者皇上親郊之始，正百辟具瞻之初，況郊壇高曠，霜露凝寒，登降周旋，禮文繁縟，必須寅竭誠惕，乃可孚格於重玄，必須收斂精神，乃能成全乎大禮。雖聖敬乾誠，昭格有素，然茲當行禮之期，凡起居飲膳、念慮動止之間，尤宜倍加謹慎，務期積誠致潔，真如上帝之降臨可也。臣等又無任懇切祈望之至。謹將所輯《圖考》一套二冊，隨本進上以聞。"奉聖旨："覽卿等奏進郊禮圖册，又導朕以積誠致潔，恭承大祭，具見忠敬。朕知道了。圖册留覽。禮部知道。"

《郊禮新舊圖考》："國初建圜丘於鍾山之陽，以冬至祀天，建方丘於鍾山之陰，以夏至祀地。洪武二年，始奉仁祖淳皇帝西向配享。十年春，始定合祀之制。時以天地壇、大祀殿未成，暫於奉天殿行禮。至十二年正月，乃合祀大祀殿，仍奉仁祖配享，命官分獻日、月、星辰、嶽鎮、海瀆、山川諸神，凡一十四壇。三十二年，更奉太祖④高皇帝配享。永樂十八年，北京天地壇成，每歲仍合祀如儀，南京壇有事則遣官祭告。洪熙元年，奉太祖高皇帝、太宗仁皇帝同配享。嘉靖九年，初建圜丘於大祀殿之南，每歲冬至祀天，以大明、夜明、星辰、雲雨、

①十 "十"上當有"萬曆三年"四字。

②朝 明抄本"朝"下有"自"字，是。通行本脫此字。

③用 明抄本作"由"，是。通行本改"用"，誤。

④祖 明抄本無"祖"字，誤。通行本增"祖"字，是。

風雷從祀。建方澤於安定門外，每歲夏至祭地，以五嶽、五鎮、四海、四瀆、陵寢諸山從祀。俱止奉太祖一位配享，而罷太宗之配。又建泰神殿於圜丘北，以藏上帝、太祖及從位諸神之主。其太①祀殿則以孟春上辛日行祈穀祭，奉太祖、太宗同配享。十年，又改以啟蟄日行祀②穀禮於圜丘，仍止奉太祖一位配享。十七年秋九月，詔舉明堂大享禮於大內之玄極寶殿，奉睿宗獻皇帝配享。玄極寶殿，即舊欽安殿也。是冬十一月，上皇天上帝尊號，改泰神殿曰皇穹宇。十八年春，行祈穀禮於玄極寶殿，不奉配。二十四年，拆大祀殿，改建大享殿，建皇乾殿於大享殿北，以藏神版，命禮部歲用季秋奏請卜吉行大享禮。隨又命仍暫行於玄極寶殿。隆慶元年，詔罷祈穀、大享二祭，復玄極寶殿仍名欽安殿，而天地則分祀如世宗所更定云。

　　臣等謹按：國初天地分祀，至洪武十年聖祖乃定爲合祀之制，每歲以正月上辛日行禮於南郊大祀殿。列聖遵行百六十餘年，至世宗皇帝，始按《周禮》古文，復分建南北郊，俱壇而不屋，南郊以冬至、北郊以夏至行禮，而二至之外，復有孟春祈穀、季秋大享，歲凡四郊焉。隆慶改元，詔廷臣議郊祀之禮。時議者並請罷祈穀、大享，複合祀天地於南郊。先帝深惟三年無改之義，獨以祈穀、大享在大內行禮不便，從禮官議罷之，而分祀姑仍其舊，蓋亦有待云爾。夫禮因時宜、本乎人情者也。高皇帝初制郊禮分祀者十年矣，而竟定於合祀者，良以古今異宜，適時爲順。故舉以歲首，人之始也；卜以春初，時之和也；歲惟一出，事之便也；爲屋而祭，情之安也。百六十餘年，列聖相承莫之或易者，豈非其至當允協經久而可守乎？今以冬至極寒，而祼獻於星露之下，夏至盛暑，而駿奔於炎敲③之中，一歲之間，六飛再駕，以時以義，斯爲戾矣。且成祖文皇帝再造宇宙，功同開創，配享百餘年，一朝而罷之，於人情亦有大不安者。故世宗雖分建圜、方之制，而中世以後，竟不親行，雖肇舉大享之禮，而歲時裡祀止於內殿，是斯禮之在當時，固已窒礙而難行矣，況後世乎？臣等愚昧，竊以爲宜遵高皇帝之定制，率循列聖之攸行，歲惟一舉合祀之禮，而奉二祖並配，

①太　"太"當作"大"。

②祀　明抄本作"祈"，是。通行本作"祀"，誤。

③敲　明抄本作"歊"，是。通行本作"敲"，誤。

斯於時義允協，於人情爲順。顧郊禋重典，今且未敢輕議，謹稽新舊規制禮儀，而略述其概，以俟聖明從容裁斷焉。"

五日乙①亥，賜圜丘分獻、陪祀、執事等官綵幣。又特賜輔臣張居正紅②綵織坐蟒胸背紵絲一表裏、大紅綵織蟒衣膝襴紵絲一表裏，呂調陽、張四維各大紅綵織仙鶴胸背紵絲一表裏、大紅綵織蟒衣膝襴紵絲一表裏，講官申時行大紅金織孔雀胸背紵絲一表裏，陳經邦、何洛文、許國、王家屏合大紅③織白鷴胸背紵絲一表裏，沈一貫大紅金織鷺鷥胸背紵絲一表裏，正字官馬繼文大紅金織白鷴胸背紵絲一表裏，何初大紅金織鷺鷥胸背紵絲一表裏。

六日庚子，上親視牲於南郊。幸齋宮，召輔臣張居正等入視。尋賜居正銀八寶四十兩，呂調陽、張四維各二十兩，禮官馬自強十兩，汪鏜、林士章各五兩。又賜張居正甜食三盒，呂調陽、張四維各二盒。已又賜居正御饌十品，調陽、四維各六品。

是日，錦衣、鴻臚俱有賜。

九日癸卯，先是上出郊視牲畢，微感風寒。次日，當傳制誓戒百官，以進藥免朝。旋愈。於是大學士張居正等上疏，言："今日聖躬想已萬安，臣等不勝慶慰。明日黎明之時，請皇上御皇極殿，填祝版，亦不必太早。待太常寺官捧出，皇上仍回宮進膳。於辰正二三刻，出詣郊壇。臣等先出，於照亨門外迎駕。隨侍皇上看陳設畢，至齋宮少憩。待陪祀及各執事官俱齊傳門，請皇上陞座，百官行叩頭禮。其午朝、晚朝，俱可傳免，不必屢致煩勞。又臣等前見齋宮堂子內，火氣太熱，夜間各門窗嚴閉，煖氣鬱結，亦作節宣之道。今日伏乞傳諭該衙門官，堂子內少用炭餅，微火但取溫煖，不必太熱，恐觸聖體。其正祭之日，若奠帛、獻帛等項，有可命代者，容臣明日於齋宮酌量，上請聖裁。"得旨："是。朕知道了。"至日，聖躬全安，一應禮

①乙　明抄本作"己"，是。通行本作"乙"，誤。
②紅　據《明神宗實錄》卷四四，"紅"上當有"大"字。
③紅　據《明神宗實錄》卷四四，"紅"下當有"金"字。

萬曆起居注

儀俱親行，不命代。

以郊壇鑾駕，賜輔臣張居正金嵌寶石瓢一個、蟒鸞帶二條、鬥牛篋袋一個、刀筯叉三事，呂調陽、張四維俱金嵌寶石瓢一個、鸞帶一條、篋袋一個，刀筯叉三事，日講官申時行、陳經邦、何洛文、許國、王家屏、沈一貫各金間鍍銀瓢一個、鸞帶一條，正字官馬繼文、何初各銀瓢一個、鸞帶一條。經邦等例不陪祀，以講官從駕，蓋特命云。

十日甲辰，上詣南郊視陳設，命輔臣張居正等隨侍。登壇，凡籩豆特醴之類，一一恭閱詳問，居正具以其義對。視畢，上乘輿詣齋宮，面諭居正等："先生每乘馬後隨。"居正對言："內壇不敢乘馬。"上又慰勞之，曰："先生每辛苦。"上御齋宮，陪祀、執事等官行叩頭禮，詔各賜湯飯。尋賜輔臣居正銀八寶二十兩、銀豆二十兩，呂調陽、張四維各銀八寶二十兩，禮部尚書馬自强二十兩，侍郎汪鏜、林士章各十兩，日講官申時行等、正字官馬繼文等各銀豆五兩。是日，太常、鴻臚、錦衣諸臣，賜各有差。是日薄暮微風，輔臣居正等以上體弱，又初愈，恐夜祭風寒，請預設小幄次以待，如寒甚，即於幄中行禮。會夜二鼓風止，上即命撤幄次露祭。上香、奠獻凡七次，登降周旋，敬而安，安①咸中規矩。太常禮官言："上之動容中禮，雖執事掌故日日學習者，不能及也。"

十一日乙巳②，上親行大祀皇天禮於圜丘。駕還，御皇極殿，百官行慶成禮。
是日，輔③臣張居正等上尊珍饌

十二日丙午，上御皇極殿，受冬至朝賀。
是日，以郊祀慶成，大宴文武百官。

十三日丁未，賜輔臣張居正御膳九品、酒七瓶，呂調陽、張四維各御膳七品、酒五瓶。

① 安　此"安"字殆爲衍文。

② 己　"己"當作"巳"。

③ 輔　"輔"上當有"賜"字。

十五日己酉，諭內閣："聖母聖節，賜元輔銀豆葉八寶五十兩、大紅雲鶴紵絲三疋，次輔二每四十兩、二疋，講官六每二十兩、一疋，正字官二每十兩、素一疋。又賜元輔金萬壽字四副、金篆字十二個、黃綾符二道、次輔俱金萬壽字三副、金篆字八個、黃綾符一道，講官各金萬壽字二副、金篆字三個、紅綾符一道，正字官各金萬壽字一副、金篆字二個、紅綾符一道。"

十六日庚戌，上視朝。

十九日癸丑，聖母慈聖皇太后令旦，上御皇極門，百官致詞稱賀。

是日，命婦朝慈寧宮，各賜幣有差。

賜輔臣張居正膳九品、酒四瓶，呂調陽、張四維各膳七品、酒二瓶。

二十三日丁己①，上視朝。

二十四日戊午，上御文華殿講讀。

二十六日庚申，上視朝。

二十八日壬戌，上御文華殿講讀。

三十日甲子，上御文華殿講讀。

① 己"己"當作"巳"。

①十 "十"上當有"萬曆三年"四字。

②己己 "己己"當作"己巳"。

③東 明抄本"東"下有"軍"字，是。通行本脫此字。

十①二月乙丑，朔，以刻完《大學》、《中庸》、《尚書》典謨、《通鑑》盤古至漢平帝各直解十五册，賜輔臣張居正三部，呂調陽、張四維各二部，講官申時行、陳經邦、何洛文、許國、王家屏、沈一貫各一部。

五日己己②，上御文華殿講讀。是日，輔臣張居正等侍上書畢，從容奏："昨給事中王希元疏，皇上曾細覽否？"上曰："已覽。疏中所云私帖，似指吏部，而無主名，何也？"居正對言："人臣告君，宜明白的確，豈可隱約其詞？此事固當究竟，若果有之，彼自應抵法，設無之，亦不至枉受汙衊也。凡左右言事，但如此類，上宜俱令實吐，即吐實，律有自首之條，或可亮其情而宥之，稍涉支吾，更須詰治。"上曰："然。朕御左右，每如此，一一詰問，務竟其事乃已。不令欺謾也。"

六日庚午，上視朝。

七日辛未，上御文華殿講讀。時遼東大破虜寇，斬首百二十餘級，酋首六人，溺河死者無算，獲馬駝輜重甚衆，然我兵死傷者亦略相當。上顧謂輔臣張居正等："虜今一大創，或可數年無事。第戰死者多，朕深念之。"居正對言："往時損軍之法太嚴，故將領觀望，不敢當虜，苟幸軍完無損而已。今遼東③殺傷至四五百人，斯乃血戰，臣以爲宜寬論損折，以作敢戰之心，而厚加卹錄，以酬死事之苦。"上嘉納。上又言："元夕宮中舊設鰲山，嚮已暫罷。今雖禫後，朕念一鰲山乃至千數百燈，加以例賜，爲費甚鉅，且風火不測，尤須慎防，其並煙火罷之。昨聖母亦云：'毋用此娛我，嚮者我已見之矣。'"居正因奏："皇上所以奉聖母者不在是。今主上明聖，海內太平，烽燧偃息，此天下至樂，何必宴游乃爲孝養？且上於宮中節省如此，民間亦必不敢侈肆，所省不訾。天下實受其福。"上曰："朕意欲防不測，昨所講'有備無患'當是此意。"居正對曰："誠如聖諭。《尚書》中《說命》三篇，深切君德治道，一語一藥，上所宜加意。"因歷誦"有其善，喪厥善"、"無啟寵納侮"、"黷於祭祀"諸條，一一重敷其義。上曰："朕於宮中默誦所講書，多能記憶，間亦有遺忘者，然溫習未嘗廢也。"居正等叩首退。

十二日丙子，上御文華殿講讀。

十三日丁丑，上視朝。

十六日庚辰，上視朝。遼東守臣遣官獻捷，鴻臚寺引見宣奏，給賞獻捷官鈔幣。
是日，以元旦節，賜元輔張居正銀五十兩、紵絲四表裏，次輔呂調陽、張四維各銀四十兩、紵絲二表裏，講官申時行、陳經邦、何洛文、許國、王家屏、沈一貫各銀二十兩、紵絲一表裏，正字官馬繼文、何初各銀十兩。

十七日辛己①，以遼東奏捷，上御皇極門，百官致詞稱賀。

十八日壬午，上御文華殿講讀。時兵部議上遼東賞格，上令輔臣擬票，諭旨錄輔臣運籌功，將加恩蔭。居正等控辭不受。是日講畢，上手諭曰："遼東大捷，誠為罕有，實元輔預授秘計，始能成功。既不受蔭，特賜銀一百兩、蟒衣一襲、綵段四表裏。二輔和衷共濟，各賜②銀八十兩、蟒衣一襲、綵段二表裏。卿等承之勿辭，以稍示眷酬。"居正等入謝，言："遼東大捷，皆皇上威德所致。臣等自愧無功，濫叨重賞。"因叩頭謝，上優答焉。

十九日癸未，楚府通山王薨，輟朝一日。

二十三日丁亥，上視朝。是日奏事畢，上宣鴻臚寺官面諭曰："今日朝班官少，着查點。"尋遣內臣同鴻臚寺、錦衣衛官查點，文武官失朝者武清伯趙光遠等凡二百五十員。奉旨："趙

①己 "己"當作"巳"。

②賜 明抄本無"賜"字，通行本加此字。

光遠等各罰住祿俸三月，指揮魏惟賢等各一月。近來人心頗懈，各衙門官出入禁門，擁帶多人，託病不赴朝參公座，往來宴會，職業漸墮。着吏部、都察院遵照前旨，嚴加申飭。有違犯的，參奏處治。"

二十四日戊子，賜輔臣張居正、呂調陽、張四維各大門神一副、吊屏二對、判子一對、紙葫蘆五對，講官申時行、陳經邦、何洛文、許國、王家屏、沈一貫各中門神一副、吊屏一對、判子一對、紙葫蘆一對，正字官馬繼文、何初各門神一副、判子一對、紙葫蘆一對。

二十六日庚寅，上御皇極殿，太常寺奏歲暮大祫祭祀。

二十七日辛卯，上御皇極殿，順天府進春，百官行慶賀禮。

二十九日癸己①，上視朝。

三十日甲午，上親詣太廟，行大祫禮。

① 己 "己"當作"巳"。

萬曆

四 年

萬曆四年四月六日己巳①，上諭法司："如今天氣暄熱，兩法司並錦衣衛見監罪囚，笞罪無干証的放了，徒流以下便減等擬審落，重囚情可矜疑並枷號的，都寫來看。"

十六日己卯，上視朝畢，命查點朝官不到者，襄城伯李應臣等一百七員。有旨："這朝參不到官員，姑各罰住祿俸二個月。以後如再有懶惰的，着禮部通查前後失朝次數，請旨處治。該日侍班御史不行糾奏，且不究。"

二十五日戊子，上御皇極殿，傳制遣官行冊封禮。

二十七日庚寅，上御文華殿講讀。時操江都御史王篆奏報獲盜。上覽其疏，指謂輔臣張居正等曰："是疏稱去歲十二月盜刼淮府建昌王，奪其印。而江西守臣尚匿不以聞，何也？"居正等退，因嘆上之聖明。其留心章疏如此。尋有旨："這賊情重大，該地方官如何通不以聞？吏、兵二部參看了來說。"

① 己己 "己"當作"己巳"。

萬曆起居注

① 萬曆四年 此四字明抄本脱。通行本補之，是。

②失 "失"當爲"矢"

萬曆四年①五月十六日戊申，上親祀地於方澤。賜輔臣張居正手盒二副、御膳九品、長春酒五瓶、川扇十二柄、高麗絲汗巾十二方、銀葉二十兩，吕調陽、張四維各手盒一副、御膳七品、長春酒三瓶、川扇六柄、高麗絲汗巾六方、銀葉十兩，講官申時行等六員、正字官馬繼文等二員各銀葉五兩。

十八日庚戌，上始束髮。

二十六日戊午，先是上出成祖文皇帝《四駿圖》，命輔臣張居正題詠，四駿皆靖難時所乘，龍駒戰於鄭衬壩，黄馬戰於白溝河，棗騮戰於小河，赤兔戰於靈壁，皆中流矢，抽失②復戰，遂大捷。至是，居正恭題以進。上覽嘉悦，賜銀八寶二十兩、銀豆二十兩。蓋上於祖宗創造艱難之蹟留心如此。

二十九日辛酉，上視朝。
大學士張居正等題："先該臣等面奏，以皇上聖齡日長，乞留神政務，省覽章奏，暇時間取皇祖世宗皇帝所親批舊本覽閲，以爲裁決庶務之法，已荷聖明嘉納。兹臣等恭查閣中所藏皇祖親筆聖諭六十三道、御製四十四道、聖旨並票帖共七十道，又於纂修館中揀得嘉靖十年起至二十年止親批奏題本共六十五本，進上睿覽。恭惟我世祖，天縱聰明，繼統之後，二十年間勵精圖治，孜孜問學，其英謨睿斷，誠有非前代帝王所能及者。伏望皇上萬幾之暇，特加省閱，則致理之方，不外於法祖而得之矣。臣等無任懇切願忠之至。"上留覽。

萬曆四年六月壬戌，朔。

四日乙丑，上御文華殿講讀。賜輔臣張居正新刊《洪武正韻》三部，呂調陽、張四維各二部，講官申時行等六員、正字官馬繼文等二員各一部。

九日庚午，大學士張居正等題："伏蒙發下山東魚臺縣民屈琛本，奏訐本縣鄉官僉事隨府違法事情，該文書房官孫斌口傳聖旨：'這本內説，隨府曾受業於屈琛，是他師長，乃敢非理浚①害。可擬旨拏來處治。'臣等仰見皇上留心政務，於四方民情，靡不周覽。又惡其以弟子而犯師長，欲加重治，誠振揚法紀、矯正頹薄之大機也，臣等不勝欽服。但參詳屈琛所奏，忿起於劉輳之告訟，歸咎於隨府之唆使，遂發其平日不法事情。若使其言果實，則隨府之罪當服上刑。但此項民本，其中亦多誣罔不實之辭，若徑擬旨拏問，恐因而開告訐之門，長刁訟之風，嘉靖年間，王聯、趙祖鵬等事，可監②也。似宜照常下都察院，臣等傳示聖意，令其行與山東巡按御史從公審鞫。所奏果實，即將隨府參提問罪，若有虛捏，自宜坐以誣告之條，庶四方民隱無不畢達，而無情者亦不得盡其辭矣。"上從之。

十八日己卯，大學士張居正等疏請重修《大明會典》。其略言："臣等恭照《會典》一書，於昭代之典章法度，綱目畢舉，經列聖之因革損益，美善兼該，比之《周官》、《唐典》，信為超軼矣。顧其書創修於弘治之壬戌，後乃闕如。續編於嘉靖之己酉，未經頒佈。又近年以來，好事者喜於紛更，建議者勦謀國體，條例紛紜，自相牴牾，耳目淆惑，莫知適從，我祖宗之良法美意幾於淪失矣。今幸聖明御極，百度維新，委宜及今編輯成書，以定一代章程，垂萬年之典則。先該科臣建議，該部題覆，比時委因兩朝實錄未成，勢難兼理，今《穆宗皇帝實錄》進呈已久，《世宗皇帝實錄》編纂已完，臣等刪潤，功亦將畢，催督繕寫，計歲終可以進呈，所有編纂諸臣在館稍暇，前項欽

① 浚　明抄本作"凌"，是。通行本作"浚"，誤。

② 監　"監"似當為"鑒"。

奉明旨續修《會典》一節，相應及時舉行。合候命下，查照弘治、嘉靖年間事例，擇日開館，命官纂輯。仍乞敕下禮部，照依先題事理，行催各該衙門，將見行事例，選委司屬官素有文學者，分類編輯，送館備録。其一應纂修事宜，及合用官員職名，容臣等陸續開具奏聞。"上從之。

二十一日壬午，敕諭少保①兼太子太師吏部尚書中極殿大學士張居正、少保兼太子太保禮部尚書武英殿大學士吕調陽、禮部尚書兼東閣大學士張四維："朕仰承祖宗列聖之鴻庥，獲纘丕緒，夙夜祗懼，圖惟治理，則亦惟我祖宗之舊章成憲是守是遵。仰惟皇曾伯祖孝宗皇帝命儒臣所纂《大明會典》一書，其於我祖宗列聖創業垂統、典章法度之詳，通變宜民、因革損益之蹟，固已綱目具存，足垂彝憲。第簡編浩穰，精覈實難。我皇祖世宗皇帝嘗見其一二舛誤，申命儒臣重加校輯，比及進覽，訖未頒行，似於聖心猶有未當，仰成先志，有待後人。且自嘉靖己酉而來，又歷二十餘載，中間事體亦復繁多，好事者喜於紛更，建議者觖譖國體，法令數易，條例紛紜，甲乙互乖，援附靡準，我祖宗之良法美意，幾於淪失矣。今特命卿等，查照弘治年間創修、及我皇祖敕諭重修事理，擇日開館，分局纂修，校訂差訛，補輯缺漏。其近年六部等衙門見行事例，各令選委司屬，遵照體例，分類編集，審訂折衷，開具送館。卿等督率各官，悉心考究，務令諸司一體，前後相貫，用不失我祖宗立法初意，以成一代畫一經常之典，昭示無極，庶副朕法祖圖治至意。其總裁、副總裁及纂修等官職名，并合行事宜，陸續開具來聞。欽哉。"

二十四日乙酉，大學士張居正等爲重修《大明會典》，請以禮部尚書兼翰②林院學士馬自强、禮部左侍郎兼翰林院侍讀學士汪鏜、右侍郎兼翰③林院侍讀學士林士章、詹事府少詹事兼翰④林院侍讀學士掌院事申時行、詹事府少詹事兼翰⑤林院侍讀學士掌府事王錫爵充副裁官，左春坊左中允兼翰⑥林院編修陳

①保 明抄本作"師"，是。通行本作"保"，誤。

②翰 明抄本缺"翰"字，通行本補此字。
③翰 明抄本缺"翰"字，通行本補此字。
④翰 明抄本缺"翰"字，通行本補此字。
⑤翰 明抄本缺"翰"字，通行本補此字。
⑥翰 明抄本缺"翰"字，通行本補此字。

經邦、右春坊右中允兼翰①林院編修何洛文、右春坊右贊善兼翰②林院檢討許國、陳思育、翰③林院修撰趙志皋、田一儁、徐顯卿、張位、韓世能、于慎行、朱賡、李長春、孫繼皋、編修沈淵、習孔教、范謙、黃鳳翔、劉瑊、盛訥、黃④憲、劉虞夔、劉元震、公家臣、史鈳、餘孟麟、王應選、檢討劉克正、劉楚先、王祖嫡、趙用賢充纂修官，禮部儀制清吏司郎中兼司經局正字馬繼文、光祿寺大官署署正成揖充催纂官，管典籍事大理寺右寺右評事沈有、管典籍事詹事府主簿兼司經局正字何初、翰⑤林院孔目楊士廉充收掌官，大理寺右寺右寺正劉大武、大理寺右寺右評事張德化、劉叔龍、王贊襄、鄭瑤、順天府通判陳珩、光祿寺良醞署署丞高民怡、中書舍人包漸林、試中書舍人吳果、顧祖源、吳庚、汪民敬、鴻臚寺主簿程大憲、馬繼志、署丞趙應宿、孫說、章如鋌、謝用樞、湯應龍、崔光弼、吳子像、陳晉卿、楊繼成、序班章伯輝、沈雲慶、王延年、孫承爵、王國新、叢文光、劉瑄、田畯、馬應乾、四夷館譯字官鴻臚寺序班田東作、監修館辦事主簿周大珪充謄錄官。上報可。

① 翰 明抄本缺"翰"字，通行本補此字。

② 翰 明抄本缺"翰"字，通行本補此字。

③ 翰 明抄本缺"翰"字，通行本補此字。

④ 黃 據《明神宗實錄》卷五一，"黃"下當有"洪"字。

⑤ 翰 明抄本缺"翰"字，通行本補此字。

萬曆起居注

① 翰　明抄本作"幹"，誤。通行本改"翰"，是。

② 翰　明抄本缺"翰"字，通行本補此字。

③ 翰　明抄本缺"翰"字，通行本補此字。

④ 翰　明抄本缺"翰"字，通行本補此字。

⑤ 侮　明抄本作"傷"，通行本改"侮"。

⑥ 争　明抄本作"事"，通行本改"争"。

⑦ 淬　明抄本作"淬"，通行本誤作"淬"。

萬曆四年七月三日甲午，上視朝畢，駕御文華殿，提督纂修玉牒大學士張居正等恭進玉牒畢，賜居正銀四十兩、紵絲四表裏、新鈔五千貫，大學士呂調陽、張四維各銀三十兩、紵絲三表裏、新鈔三千貫，修校官詹事府少詹事兼翰①林院侍讀學士申時行、王錫爵各銀二十兩、紵絲二表裏、新鈔二千貫，查封中書官喬承華銀十五兩、紵絲一表裏、新鈔一千貫，謄寫中書官馬繼文等十七員各銀十兩、紵絲一表裏、新鈔一千貫，並書吏人匠各賞銀兩絹布有差。

以日講官翰②林院修撰于慎行輪注起居，右春坊右贊善兼翰③林院檢討陳思育、翰④林院修撰朱賡編纂章奏。

四日乙未，初正字官繼文書寫影格，失落年月紅圈，上以問輔臣張居正等，居正等因疏參繼文執事不謹，請加降罰，並自引罪。上諭："先生不必介意，馬繼文一時忽略，雖屬過誤，也是無心之失，姑從寬處罷。"居正等疏謝，上報聞。遂批下前疏："卿等，已有諭了。馬繼文姑罰俸一個月。"

六日丁酉，大學士張居正等言："竊惟致理之道，莫要於安民。《書》曰：'民惟邦本，本固邦寧。'民安本固，即有水旱盜賊、敵國外侮⑤之虞，而人心愛戴乎上，無土崩瓦解之勢，則久安長治之術也。然欲安民，又必加意於牧民之官。方今聖明在上，一時郡邑長吏固莫不争⑥自淬⑦勵，勉修職業，以求無負於明時。但虛文矯飾，舊習尚存；削下奉上，以希聲譽；奔走趨承，以求薦舉；徵發期會，以完簿書；苟且草率，以逭罪責。其實心愛民、視官事如家事、視百姓如子弟者，實不多見。故皇上雖有安民之心，而上澤不得以下究者，職此之故也。臣等思得，明春又當外官考察之期，一舉一措，乃天下向背所係。伏望聖明特敕吏部，令其預先虛心訪覈各有司官賢否，惟以安靜宜民者為最；其沿襲舊套、虛文矯飾者，雖浮譽素隆，亦列下考。撫按以此覈屬官之賢否，吏部以此別撫按之品流，朝廷以此觀吏部之藻鑒。若撫按官不能悉心甄別，而以舊套了事，則撫按官爲不稱職矣，吏部宜秉公汰黜之。吏部不能悉心精覈，而以舊套了事，則吏部爲不稱職矣，朝廷宜秉公更置之。庶有司不敢以虛僞蒙上，而實惠旁孚，元元之大幸也。臣等又查得，隆慶六年六月詔書一款：自嘉靖四十三年、四十四年、四十五年、並隆慶元年錢糧，除金花銀不免外，其餘悉從蠲免；其二年、三年、四年，各量免十分之三；至於淮安、徐州以水患，廣東惠、潮二府以兵傷，則並隆慶二年、三年亦從蠲免。恩至渥矣，乃該地方猶不能追納。至萬曆①二年，戶部乃議於拖欠七分之中，每年止帶徵三分。而民猶以爲苦，何也？蓋緣各有司官不能約己省事，無名之徵求過多，以至民力殫竭，反不能完公家之賦，其勢豪大戶，侵欺積猾，皆畏縱而不敢問，反將下戶貧民責令包賠。近②來因行考成之法，有司官懼於降罰，遂不分緩急，一概嚴刑追併，其甚者又以資貪吏之囊橐，以致百姓嗷嗷，愁嘆盈閭，咸謂朝廷催科太急，不得安生。夫出賦稅以供上者，下之義也；憐其困窮，量行蠲免者，上之恩也。於必不可免之中，又爲之委曲調處，是又恩之恩也。今乃不知感戴，而反歸過於上，則有司官不能奉行之過也。然愚民難以戶曉，損上乃可益下。頃賴皇上力行節儉，用度漸舒，又以北虜納款，邊費稍③省，似宜④曲垂寬恤，以厚下安民。合無敕下戶部，查各項錢糧，除見年應徵者分毫不免外，其先年拖欠帶徵者，除金花銀遵詔書仍舊帶徵外，其餘七分之中，通查年月久近，地方饒瘠，再行減免分數，如果貧瘠不⑤能完者，悉與蠲除，以蘇民困？至於漕運糧米，先年亦有改折之例。今查京通倉米，足支七八年，而太倉銀庫所積尚少，合無比照先年事例，將萬曆⑥五年漕糧，量行改折十分之三，分派糧多及災傷地方徵納？夫糧重折輕，即足以寬民力，而銀庫所入又藉以少充，是足國裕民一舉而兩得矣。臣等待罪輔弼，日夜思所以佐皇上、布德元元、輯寧邦本，計無便於此者。伏望聖明采擇施行。"上報允。是日即奉聖諭吏、戶二部："朕奉天子民，注存邦本。思欲固國安民，必得良有司加意牧養。近來各地方官，雖頗知守己奉法，然虛文粉飾⑦，舊習未除。今朝觀考察在邇，

萬曆四年

一三七

① 曆 明抄本作"力"，誤。通行本改"曆"，是。

② 賠。近 明抄本作"敗"，通行本作"賠，近"。

③ 稍 明抄本無"稍"字，通行本補此字。

④ 宜 明抄本無"宜"字，通行本補此字。

⑤ 不 明抄本"不"上有"必"字，通行本脫此字。

⑥ 曆 明抄本作"力"，誤。通行本改"曆"，是。

⑦ 飾 明抄本無"飾"字，通行本補此字。

着吏部悉心訪察各官賢否，惟以牧愛宜民者爲最。其有弄虚文、事趨謁、剥下奉上、以要浮譽者，考語雖優，必寘下等，並撫按官一體論黜。近又聞各有司官催徵錢糧，不分緩急，一概嚴併，又畏縱富豪奸猾，偏累小民，致有流離失所者，朕甚憫之。今後除見年應納錢糧不免外，其以前拖欠，着户部分別年月久近、分數多少、具奏蠲免。萬曆①五年漕運糧米，暫行改折十分之三，以寬民力。各着實奉行。"

二十一日壬子，上御文華殿講讀。
是日，開館重修《大明會典》。

二十五日丙辰，欽賜新鑄萬曆②制錢，輔臣張居正二千文，吕調陽、張四維各一千文，六部尚書、都察院左都御史、五府掌印官、總督京管官、皇親駙馬各一千文，六部侍郎、都察院僉都御史、大理卿、通政使、錦衣衛掌印官、日講讀官各五百文，太常寺等衙門掌印官、正字官各三百文。

二十八日己未，太常寺奏，以八月八日祭太社稷，皇上親祭。上命文書官諭輔臣居正等："今次暫遣官代。"居正因奏言："宗廟、社稷，祭之大者，不宜遣代。若皇上以連日幸學勞苦，則請暫免朝講一二日，以敬承大祭，遣代未可也。"有頃入侍奏事，上面諭曰："適欲遣官，非憚勞也。以朕一出，則禁衛六軍便當擺門侍宿，恐勞人耳。"居正對曰："皇上敬共宗廟、社稷，臣民豈敢言勞？且以勞人之故，遂簡於大祭，是重人而輕神矣。"上曰："然，朕當親祭。"

① 曆 明抄本作"力"，誤。通行本改"曆"，是。

② 曆 明抄本作"力"，誤。通行本改"曆"，是。

萬曆四年八月辛酉，朔。

二日壬戌，上幸大學，詣先師孔子廟，行釋奠禮。御彝倫堂，值雨甚，免祭酒、司業進講。鴻臚寺官傳制宣諭師生曰①："治平之道，具載六經，體驗推行，寔資化理。爾師生其勉之。"禮畢，仍免師生送駕。特賜輔臣張居正扇六柄、銀葉二十兩，呂調陽、張四維各扇二柄、銀葉十兩，講官申時行等六員各扇一柄、銀葉五兩，正字官馬繼文等二員各銀葉五兩。

三日癸亥，上御皇極殿，文武百官以幸學禮成，致詞稱賀。衍聖公孔尚賢率三氏子孫、祭酒孫應鰲等率學官諸生，各上表謝恩。上尋御皇極門，頒賜衍聖公及顏孟博士、三氏族人冠帶襲衣，祭酒、司業等官襲衣，諸生鈔錠，各有差。

四日甲子，敕諭國子監師生："朕惟人君化民成俗，學校為先，我祖宗列聖致治之隆，率循斯執。朕以沖昧，纘承洪業，四載於茲，南北郊禋，殷禮咸秩，茲率舊典，祇謁先師孔子，肆舉釋奠之儀，進爾師生講論治理，厥禮告成。夫為治之道，貴在力行；立教之方，務求諸己。朕方責實考成，率作興事。惟爾師生，均有修己治人之責者，尚益加懋勉，懋乃教學，助宣風化之原，翊贊文明之治。欽哉，故諭。"

八日戊辰，上祭太社稷。

① 曰　明抄本作"日"，誤。通行本改"曰"，是。

十①八日丁未，以原充實錄纂修官翰林院檢討王弘誨，兼充會典纂修官。

二十一日庚戌，上御文華殿講讀。時上目疾新愈，輔臣張居正等致詞云："恭惟皇上聖體萬安，臣等不勝欣忭。"上答曰："先生每忠愛，朕知道了。"

① 十　"十"上當脫"萬曆四年九月"六字。

萬曆四年

萬①曆四年十月二日辛酉，以孝潔肅皇后忌辰，免經筵。

賜元輔張居正隆慶錢一錠、萬曆②錢二錠，次輔呂調陽、張四維各隆慶錢一錠、萬曆③錢一錠，講官申時行等六員共隆慶錢三錠、萬曆④錢三錠，正字官馬繼文等二員共隆慶錢二千、萬曆⑤錢二千。

七日丙寅，賜輔臣張居正銅爐一個、花瓶二對、白梅花瓣⑥碗四個、白磁碗四個、青花白地貼金碗四個、白磁瓶一個、回回瓦罐一個，呂調陽、張四維各銅爐一個、花瓶一對、白梅花瓣碗二個、白磁碗二個、青花白地貼金碗二個、白磁瓶一個、回回瓦罐一個。居正等疏謝，曰："伏惟舊都宗器，玉府珍藏，臣等得一仰觀，已爲厚幸，詎意聖慈特行分賚？帝寶玉珍，晶光溢目，商彝周鼎，璀璨盈庭，豈徒傳示子孫、永作鎭家之寶？尚當紀垂簡冊，昭曠世之榮。"上報聞。

十日己己⑦，上御文華殿講讀，有頃，上以成祖時《騶虞圖》示輔臣，蓋永樂四年，周王得騶虞於神后山以獻，成祖令善繪者圖之，太子少保姚廣孝、九卿大臣蹇義等、及翰林、春坊、國子監祭酒、六科諸臣，各有紀述，凡爲賦頌歌贊數十首，聯爲卷軸，巨細凡十餘本，藏之內府。至是，南京守臣以進，上出而觀之，因命以其一留貯內閣。

十五日甲戌，上御皇極殿受朝。少保兼太子太保禮部尚書武英殿大學士呂調陽三年考滿，上賜羊一隻、酒十瓶、鈔二千貫。吏部以恩例請，有旨："呂調陽贊理忠勤，勞績茂著，茲當滿考，着加兼太子太傅、吏部尚書，給與應得誥命，仍蔭一子，與做中書舍人。"於是，調陽疏辭，言："臣才識最下，遭際極隆，猥當聖明臨御之初，謬與政府贊襄之末，薦登一品，倏及三年。仰荷恩私，德實同於天地；俯慚報稱，力獨限於駑駘。頃以衰病乞休，亦知虛庸無補，伏蒙慈眷，曲賜諭留，勉就班行，逮茲課考。雖計日累月，僅能同於積資，而予告在調，竟

① 萬　明抄本"萬"前有"萬曆四年九月"六字，單獨作一行。通行本刪去此六字，是。
② 曆　明抄本作"力"，誤。通行本改正爲"曆"。
③ 曆　明抄本誤爲"力"，通行本改正爲"曆"。
④ 曆　明抄本誤爲"力"，通行本改正爲"曆"。
⑤ 曆　明抄本誤爲"力"，通行本改正爲"曆"。
⑥ 瓣　明抄本作"辨"，通行本作"瓣"。
⑦ 己己　"己己"當作"己巳"。

未免於曠業，分當黜罰，幸荷優容，屈法伸恩，矜愚略過。貤褒世賞，後先①均被其寵光；進列加銜，階序愈躋於崇峻。凡此駢蕃之數，皆爲殊特之施，即在耆碩老成，尚猶難於堪荷，如臣淺薄，豈宜冒居？若不審揣而控辭，必將自速其愆戾。敬披愚悃，仰瀆宸嚴，除誥命、蔭子不敢矯情概辭，所有兼官，委難承受。伏望皇上俯容辭免，俾臣仍以舊銜，勉圖後效，庶朝廷賚予②不濫，而臣愚分誼獲安矣。"上答曰："卿同心匡輔，茂著忠勞，茲以考績加恩，用示褒眷，宜遵成命，不允所辭。"

十六日乙亥，少師兼太子太師吏部尚書中極殿大學士張居正一品九年考滿，吏部以聞，有旨："朕元輔受命皇考，匡弼朕躬，勳德茂著。茲一品九年考績，恩禮宜隆。着加特進左柱國，陞太傅，支伯爵俸，兼官照舊，給與應得誥命，還寫敕獎勵，賜宴禮部，蔭一子做尚寶司丞，以稱朕褒答忠勞至意。"是日，遣文書官太監張廷賜銀五十兩、紵絲四表裏、茶飯五卓、羊三隻、酒三十瓶、鈔五千貫。次日，又特遣司禮監隨堂太監孫秀，齎手敕諭曰："先生親受先帝遺囑，輔朕冲年。今四海昇平，四夷賓服，實賴先生匡弼之功。先生精忠大勳，朕言不能述，官不能酬，惟我祖宗列聖必垂鑒知，陰佑先生子孫，世世與國咸休也。茲歷九年考績，特於常典外，賜銀二百兩，坐蟒、蟒衣各一襲，歲加祿米一百石，薄示褒眷，先生其欽承之勿辭。"又遣文書官孫得勝賜敕獎勵，曰："朕聞垂裳之代，喜起交孚；負扆之朝，後先夾輔。皆倚忠貞之助，以成俊偉之勳。矧惟眇躬，嗣③丕後，思祖宗艱大之業是繼是承，賴師保親賢之臣予輔予翼。卿道侔王佐，學本儒宗。以篤亮淵弘，運經邦之謨略，以肅恭正直，端率下之表儀。繩④備三才，忱恂九德。昔以代言之良弼，迪我先皇，今惟顧命之元臣，保予冲子，既宣勞於擁佑，復⑤殫力以匡襄。蓋當多譽多懼之時，獨持無黨無偏之體，挈提政要，潤色彝章，陳王道以沃朕心，俾典於學，舉官職以正邦治，屢省乃成，法無弛而不張，才有遺而必錄，公家細大之務，知無不爲，社稷安危之身，委而不有。迨夫更閱既久，

①先　明抄本作"光"，通行本改"先"。

②予　明抄本作"子"，誤。通行本改"予"，是。

③嗣　據《明神宗實錄》卷五五，"嗣"下當有"宅"字。

④繩　《明神宗實錄》卷五五作"純"。

⑤復　明抄本作"彈"，通行本作"復"。據《明神宗實錄》卷五五，當作"遂"。

建樹宏多，彌敦謙讓之懷，不替靖共之節。精誠有結於朕志，而不求人知；忠益每兼乎衆思，而不啻己出。折衝邊境，帷幄不居其功；坐論廟堂，海宇咸蒙其澤。惟茲茂烈，宣謂純臣，登三事者九年，歷兩朝如一日，最課來上，允愜朕衷。爰考舊章，特頒新渥，仍賜敕獎勵，以示眷懷。於戲，君臣相遇，古昔所難，美業貴乎克終，令聞期於不已。朕茲持盈履泰，涉淵之懼方深；卿茲負重荷艱，憑几之言猶在。惟益虔而匪懈，乃交儆以相成。尚明保予，迓熙平於有象；其介賚爾，綿休祐於無疆。欽哉，故諭。"於是居正疏謝，言："臣謬司鼎鉉，歷有歲年，親承先帝憑几之言，特荷皇上倚衡之寄，雖嘗誓捐屍質，勉竭苦心，而戴高厚者有難報之恩，肩繁重者無可厎之績，日申月飭，特祖宗已試之規；夕惕朝乾，乃臣子本然之分。論君德則聰明自天，而淺學無裨；語治功則謀猷惟后，而綿力何有？愆尤徒積，汰斥爲宜。豈意聖明，復從甄敍。穹階世賞，既按功令以宣麻；宸藻奎章，復廑睿思而賜札；嘉乃丕績，居然虞廷讓美之風；惟公德明，藹矣周室毗賢之命。重以寶臺精鏐之貺，兼之紱衣赤舄之榮。不稼不耕，久已被素飱之刺①；非勳非戚，乃冒膺詔祿之恩。睹此駢施，灼爲異數，將控辭而弗獲，欲酬報以奚由？惟當益殫疲蹇，勉效馳驅。知我者天，即違俗而遑惜；許身於國，惟盡瘁以爲期。臣無任激切感戴之至。"上優答焉。

十九日戊寅，上視朝。輔臣張居正辭免恩命，疏言："臣本以譾陋，謬秉台衡，受先帝顧託之隆，荷皇上倚毗之重，禮之以師傅，待之以腹心，異數隆施，駢至疊錫。亦欲罄其狗馬之力，用以少答高厚之恩，而學術迂疎，行能淺薄，朝夕獻納，不過口耳章句之麤，手足拮据，率皆法制品式之末，心力徒竭，績效罔聞。茲當九載課績之期，正應三考黜幽之典，豈謂既逃於顯斥？乃尤濫被乎殊恩。退自省循，若臨淵谷。聞有非常之才，然後有非常之功；有非常之功，乃可受非常之賞。五等厚祿，三公峻階，饗賜大烹，蔭承延世，皆所謂非常之賞也，雖

① 刺　明抄本作"刺"，是。通行本作"刺"，誤。

先朝名臣碩輔、耆德元勳，膺此數者，蓋亦無幾，臣有何功，可以堪承？若不揣分義之安，必自速顛隮之咎。此所以展轉思惟，不敢以爲榮，而深以爲懼也。除勳階敕獎誥命貤恩不敢瀆辭，謹已恭領，其諸特典，萬非所堪。伏望皇上俯鑒愚誠，收回成命，俾臣得安分義，勉效馳驅，則皇上施推心之愛，百朋未足爲榮，而愚臣保知足之規，九死不敢忘報。臣不勝感激惶懼之至。"上答曰："卿以碩德宏才，夙佐皇考，親承顧命，輔朕沖年，閱歷滋深，忠勞獨茂，功在社稷，澤被生民，茲循彝典加恩，猶未愜於朕志，卿宜勉遵成命，副朕眷懷。所辭不允。"

二十一日庚辰，輔臣張居正等題："伏蒙發下兩京並各省試錄，共九本，該文書官王宦口傳聖旨：'這試錄中有稱臣者，有不稱臣者，所刊文論有一篇者，有二篇者，其擡頭字樣，如天命、社稷、明詔等項，有大擡者，有二擡者。何故參差不一？令臣等看詳。欽此。'内一一俱有御筆紅點，仰見皇上留心文教，慎重明典，甚盛心也。臣等仔細看詳，舊例惟兩京試錄稱臣，以兩京考官皆出欽命、陛辭，故稱臣以致敬也。各省考官，皆彼處布政司聘取，故不稱臣者，不敢同於兩京也。所刊文論，皆取諸士子文理之佳者，量刊一二篇爲式，多則二篇，少則一篇，隨其宜也，且歷科相沿，大率如此。二項似未爲差。惟是擡頭字樣，乃章奏之體，自有定式，豈容參差？甚至一篇之中，字樣皆同，而擡頭互異者，此則各官忽略不敬之罪，臣等不能爲之強解也。伏乞敕下禮部，再加詳閱，申明體式，使將來知所遵守。其中差錯太多，或文理有紕謬、不堪爲式者，亦量行參究，用昭儆戒，以稱皇上右文重典至意。"上從之。

二十二日辛己①，上御文華殿講讀。輔臣張居正再辭恩命，疏言："臣昨以九年考滿，荷蒙聖恩，逾例陞賞，臣自揣分義不安，具疏辭免，天聽未回，永兢愈切，敢陳微悃，再控宸嚴。臣聞人之受享，各有分量，受過其量，鮮不傾危，譬之雨澤，

①己 "己"當作"巳"。

所以生物，過多或反爲災，甘臛所以養人，太飽亦能致疾。臣幸以一介庸豎，爲帝者師，紆朱拖紫，揖讓人主之前，當軸秉衡，平章軍國之重，所謂千載一時之遇也。乃自受任以來，宸綸蕃錫，異數殊恩所以加於臣者，歲無虛月，雖膏雨普潤，而臣之被澤爲獨隆，江河同飲，而臣之鼫腹①已先飽矣。及茲止足，猶懼滿盈，若復浸灌不已，貪饕無厭，其有不至於災患者乎？欲貴雖人同情，履危良亦可畏，與其貪得以速咎，何如自抑以圖存？臣雖至愚，豈不自審？且太傅之秩，古謂三公，本朝②文臣無居此者，惟嘉靖初年大學士楊廷和曾奉命特加，旋亦辭免，彼以定策元老，猶不敢當，臣何人斯，可以叨冒？至伯祿、部宴、符丞之蔭，雖先朝輔臣間有蒙被者，然或因一事而偶加，或以積久而漸及，固未有不論功閥、一朝而盡畀之者。夫以國典之所未嘗予者，而臣獨冒然以受之，昔人之所未曾備者，而臣乃兼得而有之，豈惟天道所忌？蓋亦公論不平。早夜思惟，如負芒刺，用是不避煩瀆，復陳其愚。伏望聖慈、曲垂矜允，使臣得以其未盡之力，勉效馳驅，是皇上之所以厚臣而保其終也。"上答曰："朝廷設立三公之職，用弘化理，得賢則授，自古已然。朕以卿精忠大勳，經邦論道，厥惟其人，特晉崇階，允孚公論。至於增祿、宴蔭等項，亦皆累朝優禮輔臣常典，安得以盛滿爲嫌，過執謙遜？其尚體朕至意，毋復固辭。"

二十四日癸未，上御文華殿講讀。山東撫按官劾奏昌邑知縣孫鳴鳳，平日贓私狼藉，巧取百方，比陞都察院經歷，將行猶盜庫私金六百餘兩，藏之私宅，管庫吏役守宅號哭，鳴鳳方以半夜潛納庫中，及行至道上，仍索長夫折乾，並搜吏皁所攜路費以充囊橐。上覽奏怒甚，遣中官持示輔臣張居正等，欲逮繫下吏。居正對言："鳴鳳貪汙有狀，固當盡法，但舊例俱下部覆，請行撫按提問，國有明憲，誰敢私者？"上從之。是日講畢，上語輔臣，以鳴鳳貪鄙，且惡且笑之。居正對曰："今皇上勵精，臣等仰體德意，以節儉率百僚，法度亦稍振舉，維是有司貪風猶未盡息。蓋欲天下太平，須安百姓，欲安百姓，須是

① 腹　明抄本缺"腹"字，誤。通行本補此字，是。

② 朝　明抄本作"廟"，誤。通行本改"朝"，是。

有司廉乎？俗語所謂官清民自安，正謂此也。"上復曰："昨覽疏，此人乃進士出身，何以無藉如此？"居正對曰："渠正恃進士出身，故敢放肆，若是舉人、歲貢，必有①畏忌，當不至此。以後皇上用人，唯當視其功能，不必問其資格。若肯爲國家效力、以清慎自持者，縱使人地素微，亦宜甄獎，朝廷高爵厚祿，正當付此等人，若貪贓壞法、殃及百姓者，資格雖高，亦不可宥。"上深以爲然。

二十五日甲申，輔臣張居正三辭恩命，疏言："臣捧誦溫綸，愈深踧踖，欲仰承恩眷，則分不自安，將再瀆宸嚴，又懼貽重譴，思惟展轉，寢食靡寧。然臣所以屢控而終不能已者，非矯也，緣臣前歲以遼東大捷，荷蒙聖恩，欲加陞蔭，臣具疏辭免，中間引古俠士酬報知己之義，以及人臣敬事後食之規，每欲事過所受，功浮於食，犬馬之誠，於是乃安，自今凡非分之恩，踰格之賞，無復濫及，庶大義克盡，微志獲伸等因，已荷聖明俯垂矜允，又特加綸獎，風勵臣工，是臣之微誠，既已仰孚於聖鑒，臣之愚忠，又已盟心而自許矣。乃今未有尺寸之效，以自副其功浮於食之心，而非分之恩、踰格之賞、又復濫及，則臣向之所以陳辭者，不過矯飾虛言，而皇上之所以許臣者，亦未爲相信之深至矣。臣不敢自背其言，上以欺主，外以欺人，故不避煩瀆，瀝血陳誠，必望聖慈特垂俞允，儻微志終伸，即通侯之爵未爲榮，萬鍾之祿不爲富矣。"上答曰："卿有定國安民大功，加秩賜祿，未足酬賞，乃猶固執謙遜，至於再三。朕覽所奏詞，益用懷歉，茲重違卿意，特准辭免太傅、伯祿，成卿忠志，用立臣極。其餘常典，悉宜勉承，以見君臣相體之義，慎勿又辭。該部知道。"

① 有 明抄本"有"下有"所"字，是。通行本脫此字。

萬曆四年十一月三日辛卯，以穆廟安妃楊氏發引，免朝。

十八日丙午，上御皇極門，羣臣以次日慈聖皇太后聖旦，適有誓戒之禮，乃先期稱賀。上諭鴻臚寺官曰："官人每吃壽麵。"羣臣叩頭退，宴於午門外。

十九日丁未，上御皇極殿，以圜立①大祀，誓戒百官。是日②，慈聖皇太后聖旦。

①立 明抄本作"丘"，是。通行本誤作"立"。

②立 明抄本"立"下有"以"字，誤。通行本刪此字，是。

萬曆起居注

萬曆四年十二月①二日庚申，上御文華殿講讀。上舉御袍以示輔臣居正等，曰："此袍何色？"居正對曰："青邪？"上曰："紫也。服久而渝，遂疑於青耳。"居正曰："此色既易渝，願寡製之。世宗皇帝服不尚華靡，第取其宜久者而用之，每御一袍，非敝甚不更爲，故其享國久長，未必不繇於此。竊聞先帝則不然，服一御輒易矣。伏願皇上惜福節用，惟以皇祖爲法。且御服之供，所費甚鉅，皆取之民，皇上能節一衣，則民間有數十人受其衣者，若輕用一衣，則民間即有數十人受其寒者，不可不念也。"時左右亦盛言："方今民窮，至有鬻妻子以應尚供者。"上深然之。

十七日乙亥，輔臣張居正等上言："皇上踐祚以來，日御講筵，孜孜問學，隆冬盛暑，未嘗少間，而侍講諸臣申時行等，亦夙夜在公，勤誠匪懈。在諸臣以勸講爲職，雖竭忠盡瘁，分所當然，豈敢有所希覬？但臣等竊以爲，敬事後食者，人臣靖共之心，有勞必錄者，明主激勸之典，況先朝於日講官，亦每特加優禮，所以重聖學也。今皇上聰明日開，聞見日廣，雖天挺英資，非由學習，而諸臣開導啟沃之功，亦似有不可泯者。伏望聖慈，俯軫諸臣微勞，酌其年資，量加陞級，以示激勸。夫諸臣之效勞愈深，則皇上典學之功愈進，諸臣之被恩愈渥，則朝廷崇儒之典愈光矣。"得旨："各官日侍講讀，效勞有年。申時行陞詹事府詹事，仍②兼翰林院侍讀學士，掌院事；陳經邦陞左春坊左諭德，兼翰③林院侍讀④；何洛文陞右春坊右諭德，兼翰林院侍講；許國陞司經局洗馬，兼翰林院修撰；張位陞翰⑤林院侍讀；于慎行陞侍講；馬繼文陞光祿寺少卿；何初陞大理寺左寺正⑥仍兼正字，各照舊供事。吏部知道。"上以輔臣提調講讀，勞績尤多，欲首加恩命，遣中官諭旨，居正等疏辭，曰："臣等猥以淺薄，俱蒙皇上簡任輔弼。輔弼之職，上則培養君德，翼贊廟謨；下則表率羣僚，修明庶政。其職最爲繁重，最難稱塞。若提調講讀，不過職分中之一事，寔與諸臣之專供一職者不同。雖每日輪侍講筵，改定講議⑦，不過總其大

① 萬曆四年十二月　明抄本脱此七字，誤。通行本補此七字，是。

② 仍　明抄本作"乃"，誤。通行本改"仍"，是。

③ 翰　明抄本誤作"幹"，通行本改正作"翰"。

④ 讀　明抄本作"瀆"，誤。通行本改作"讀"，是。

⑤ 翰　明抄本誤作"幹"，通行本改正作"翰"。

⑥ 正　明抄本作"付"，通行本作"正"，應作"副"。

⑦ 議　"議"當作"義"。

綱，率領諸臣以供一①事而已。又何功之可言？何勞之可錄？夫掠人之美以自爲功，謂之竊，無其實而冒其賞，謂之忝，忝與竊臣等所不敢爲也。伏望皇上俯鑒微忱，免廑聖念。所有加恩一節，萬不敢承。"上乃止。隨降札諭："卿等日侍講讀效勞，賜元輔銀一百兩、綵緞六表裏，次輔二各銀五十兩、綵緞四表裏。"

十九日丁丑，以嘉興王厚瓏等薨，靖遠伯王學詩等、大學士趙貞吉卒，輟朝一日。

三十日丁亥②，上親詣太廟行祫祭禮，與輔臣居正等共祭。

① 一 "一"字當爲衍字。

② 丁亥 據《明神宗實錄》卷五七，當作"戊子"。

萬曆

五 年

萬曆五年正月己丑，朔，上御皇極殿，受羣臣朝賀。

十二日庚子，禮部於會極門奉仁聖皇太后、慈聖皇太后誥諭："皇帝年及婚期，宜愼簡賢淑，以爲之配。爾禮部其遵祖宗舊典，榜諭在京順天等八府，及南京鳳陽、淮安、徐州、河南、山東，於大小官員民庶善良之家，預先選求，擇其父母行止端愼，家法嚴整，女子年十四、十五，容貌端莊，德性純美，動中禮度者，報名在官，差去官員，再行選驗，堪中者，有司以禮令其父母親送赴京。欽哉，故諭。"

是日，上御文華殿講讀。輔臣張居正等言："古者八歲入小學，則灑掃應對進退之節是也，十五歲入大學，則明德新民、正心誠意、修己治人之方是也。然此亦概論耳。皇上十歲登大寶，爲天下主，豈必俟十五而後從事大學？況今已及此歲，尤宜留意。向者皇上萬机之暇，間有遊戲，臣不敢一一諫阻，猶以皇上尚在冲年，若太拘束，或善其難耳，自今臣不敢復爲此語矣。向每伏睹皇上喜讀書作字，輒欣頌之，自今臣不敢復以此頌皇上矣。蓋帝王之學，與儒生異，即皇上讀書作字，事事過人，亦豈欲藉是以掇科第，如儒生家之爲？故臣之所望於皇上者，惟留意大學之道而已。今文華殿東室所祀宓犧以下數聖人者，正皇上之所當學者也。願①學數聖人當如何？惟省覽章奏，益明習國家事，日覽一二疏，將國家事務講究明白，即他年躬攬萬機無難矣。臣等荷聖明倚任，敢不盡心？但雖殫忠竭愚，不過效臣職而已，君道至大，惟皇上自圖之。"上答曰："先生忠愛，規言諄切。朕知道了。"

二十三日辛亥，上視朝。部院科道等官大班糾劾朝覲存留官員，請皆拏問，上答曰："你每說的是，且都饒他這遭，着回去用心供職。在外的，還行文與他知道。"是日，上蔡縣知縣莊鵬舉不免冠，爲鴻臚寺官所糾，有旨下錦衣衛鎮撫司拷問。次日，上講讀畢，因言："昨部院科道等官，不待招呼，先上御路，又承旨先後參錯，御史、鴻臚如何不糾？"有旨各令回話。

① 願 "願"當作"顧"。

於是各官震恐謝罪，服上之英斷云。

　　二十九日丁己①，仁聖皇太后壽旦，上御皇極門，百官致詞稱賀。上諭鴻臚寺曰："官人每吃壽麵。"百官復叩頭謝。駕由會極門詣慈慶宮上壽，百官退宴於午門外。是日，朝覲方面官俱得與宴，蓋曠典也。

① 己　"己"當作"巳"。

萬曆五年二月己未，朔，上御皇極殿受朝。

八日丙寅，上御皇極殿，傳制遣禮部尚書馬自強致祭先師孔子。

十日戊辰，上親祭社稷。

萬曆五年三月戊子，朔。

八日乙未，潞王加冠。上御皇極殿，傳制遣英國公張溶持節掌冠，大學士居正宣敕戒，各行禮。

九日丙申，上御皇極門，羣臣以潞王冠禮成致辭稱賀畢，上還宮。潞王出見百官於東廡。

十日丁酉，大學士張居正題："三月十五日殿試，禮部題請臣該充讀卷官。緣臣有男張嗣修會試中式，見預殿試，理合回避。"得旨："讀卷重典，卿為元輔，秉公進賢，不必回避。禮部知道。"

大學士呂調陽題："臣該充讀卷官。臣有男呂興周會試中式，見預殿試，理合回避。"得旨："讀卷重典，卿為輔臣，協公進賢，不必回避。禮部知道。"

十五日壬寅，廷試天下貢士馮夢禎等三百一人，是早微雨，上不御殿。制敕曰："朕惟自古帝王，撫運握圖，統一寰宇，所以綜輯庶務，調劑羣品，其道蓋多端矣。至語其治效，自《詩》《書》所述，章灼較著，則莫盛於虞、周。夫其七政齊，庶尹諧，六府修，三事治，與夫謨烈佑啟，禮樂刑政煥然也，朕甚嘉之。未審果繇何道而致然歟？或謂舜兢業萬幾，文王自朝至日中昃不遑食也，唯其精勤，故化理若是。然《書》稱庶獄慎①，文王罔兼，而孔子復謂舜無為而治，何歟？我太祖神聖乘乾，再造區夏，建立法制，博大詳密，用以躋世平康，與虞周媲盛矣，御曆三十餘年，早朝晏罷，未嘗時刻少怠，其所以畏天人而衍昌祚者，視舜、文其道同歟？朕以沖昧，獲纘丕基，慄②夙夜，圖所以順帝則，建皇極，以庶幾帝王之治者，今且五年。經費節矣，而帑庚未充；賦斂寬矣，而民生寡遂；守宰久任矣，而吏治罔宣；伍籍加覈矣，而武備靡振。豈因循之積習難驟變歟？久弛之舊章難遽舉歟？茲欲革文冒，破拘攣，使

① 慎　"慎"上當有"庶"字。

② 慄　"慄"下當有"慄"字。參《明神宗實錄》卷六〇。

人得其情，事循其理，將何如而後可？蓋盛帝顯王，人稱之必曰大有爲。乃復有謂，王者中心無爲，以守正至①。此其説安是？將各有主謂不相蒙歟？抑或其道相須也？子大夫習先聖之術，其於古今治理之原，講之豫矣，尚各據所藴，明著於篇，朕將覽而擇焉。"

十七日甲辰，上御文華殿。讀卷官大學士張居正等先擬定貢士對策優者十二卷，以次進讀畢，上親覽定，以第三人爲第一人，第四爲第二，第五爲第三。

十八日乙己②，上御皇極殿傳臚，賜貢士沈懋學、張嗣修、曾朝節等及第、出身有差，百官致詞稱賀。

二十四日辛亥，上御文華殿講讀。輔臣張居正致詞云："臣男嗣修，欽蒙聖恩賜進士及第，臣不勝感戴。"叩頭謝。上答曰："先生大功，朕説不盡，祇看先生的子孫。"居正謝曰："皇上恩同天地，非臣一身所能仰酬，惟當子孫世世效犬馬以圖報耳。"

① 正至 《明神宗實錄》卷六〇作"至正"。

② 己 "己"當作"巳"。

萬曆起居注

萬曆五年四月戊午，朔，上親享太廟。

十二日己己①，命國子監祭酒姚弘謨充經筵講官。

二十三日庚辰，上視朝。時有序班胡時雍引人遲慢，御史糾奏，上命逮問。

二十四日辛巳②，上御文華殿講讀。

大學士張居正等題："儲才待用，乃國家首務，而庶吉士之選，尤才③之最重者。今科進士例當考選作養，以備皇上他日之用。合無限年三十五以下、但願考者，俱付吏部報名，查④照舊例，按名閱審，仍加查訪，如年歲果實，及無殘疾並別項違礙者，疏名奏請，候命下，臣等題請欽定考試日期，查照隆慶二年題奉欽依條件，考試施行？"上是之。

二十五日壬午，上御皇極殿，傳制遣撫寧侯朱岡等分詣慶唐等王府，行冊封禮。

三十日丁亥，賜輔臣張居正圓光扇三把、金束黃絹套全金鉸渾金雕邊骨綵畫扇四把、金鉸畫心川扇三把、金鉸灑金川扇三把、銀鉸灑金川扇三把、金書黃綾符四道、金書紅綾符四道、金艾葉四付、黃綾符二道、紅綾符二道、艾葉四個，呂調陽、張四維各圓光扇一把、金束黃絹套全金鉸渾金雕邊骨綵畫扇二把、金鉸畫心川扇二把、金鉸灑金川扇三把、銀鉸灑金川扇二把、金書黃絹⑤符二道、金書紅綾符二道、金艾葉二付、黃綾符一道、艾葉二個，講官申時行金鉸渾金雕邊骨綵畫扇一把、金鉸畫心川扇一把、金鉸灑金川扇一把、銀鉸灑金川扇三把、銀書黃綾符一道、金⑥書紅綾符一道、金艾葉一付、紅綾符一道，陳經邦等五員各金鉸灑金川扇二把、銀鉸灑金川扇三把、銀書黃符一道、金書紅綾符一道、金艾葉一付、紅綾符一道，正字官馬繼文等二員各金鉸灑金川扇二把、銀鉸灑金川扇二把、金書紅綾符一道、銀艾葉一付、紅綾符一道。

① 己己 "己己"當作"己巳"。
② 巳 "己"當作"巳"。
③ 才 "才"上當有"儲"字。
④ 查 "查"上當有"吏部"二字。
⑤ 絹 "絹"疑當作"綾"。
⑥ 金 明抄本無"金"字，通行本補"金"字。

萬曆五年五月戊子，朔。

六日癸已①，上以久旱，率百官修省，齋三日，令順天府官致禱。

七日甲午，上御文華殿講讀，時方修省，賜輔臣及講官等素饌。

十五日甲戌②，先是，大學士張居正等言："儲才待用，乃國家首務，而庶吉士之選，尤儲才之最重者。今科進士例當考選作養，以備皇上他日之用。合無限年三十五以下、但願考者，俱赴吏部報名，吏部查照舊例，按名閱審，仍加查訪，如年歲果實，及無殘疾並別項違礙者，疏名奏請，候命下，臣等題請欽定考試日期，查照隆慶二年題奉欽依條件，考試施行？"上曰："可。"又親定考試期以十五日。時進士宋希堯等應試者一百四十五人，居正等會同吏、禮部堂上官，取沈自紳③等二十八卷進呈，詔俱改庶吉士作養，與一甲進士沈懋學、張嗣修、曾朝節俱送翰林院讀書進學。是日，上以重修乾清宮成，奉聖母慈駕還御，而閣臣即用此爲詩題。上覽之，喜甚，命以所取諸士詩，通錄一帙進覽。

十九日丙午，總督兩廣兵部侍郎凌雲翼、總兵官張元勳奏克平嶺西羅旁猺賊，斬獲共四萬二千八百有奇，地方底定，上御皇極門，鴻臚寺宣奏捷音。

二十日丁未，上御皇極門，廷臣以嶺西大捷致詞稱賀。

二十一日戊申，中官丘得用傳旨："慈慶、慈寧兩宮，着該衙門修理見新④，祇做迎面。"於是，輔臣張居正等奏："竊惟治國之道，節用爲先，耗財之原，工作爲大，然亦有不容已者。或居處未寧，規制當備，或歷歲已久，敝壞當新，此事之不容

① 己 "己"當作"巳"。

② 甲戌 "甲戌"當爲"壬寅"之誤。

③ 紳 明抄本作"紳"，是。通行本誤作"紳"。

④ 新 明抄本作"親"，誤。通行本改"新"，是。

已者也。於不容已者而已之謂之陋，於其可已而不已謂之侈，二者皆非也。恭惟慈慶、慈寧，乃兩宮聖母常御之所，若果規制有未備，敝壞所當新，則臣等仰體皇上竭情盡物之孝，不待聖諭之及，已即請旨修建矣。今查慈慶、慈寧，俱以萬曆二年興工，本年告完。當其落成之日，臣等嘗恭詣閱視，伏睹其巍崇隆固之規，綵絢輝煌之狀，以爲天宮月宇，不是過矣。今未逾三年，壯麗如故，乃欲壞其已成，更加藻飾，是豈規制有未備乎？抑亦敝壞所當新乎？此事之可已者也。況昨該部該科，屢以工役繁興、用度不給爲言，已奉明旨，以後不急工程，一切停止。今無端又具①此役，是明旨不信於人，而該部科必且紛紛執奏，徒彰朝廷之過舉，滋臣下之煩言耳。方今天下民窮財盡，國用屢空，加意撙節，猶恐不足，若浪費無已，後將何以繼之？臣等灼知兩宮聖母，欲皇上祈天永命，積福愛民，亦必不以此爲孝也。臣等備員輔導，凡可將順，豈敢違抗？但今事在可已，因此省一分，則百姓受一分之賜，使天下黎民萬口同聲，祝聖母之萬壽，亦所以成皇上之大孝也。伏望聖慈俯鑒愚忠，將前項工程暫行停止，俟數年之後稍有敝壞，然後重修未晚。臣等干冒宸嚴，無任悚慄之至。"是日得旨："先生忠言，已奏上聖母，停止了。"

二十二日己酉，上御皇極殿，太常奏祀方澤。

初，兵部以嶺西大捷，請加恩有功人員，因敍及輔臣張居正等指畫之功，上以其疏送閣擬票，居正等乃差第諸有功者，各擬陞賚，而不及閣臣。是日，上遣中官孫斌傳諭內閣："廣東大捷，全是先生每運籌，都該蔭賞，改票來行。"於是居正等疏辭，曰："茲者嶺西之役，兵不踰時，而俘獲四萬有餘，拓地千里之遠，誠爲殊常大捷。然此皆祖宗垂佑、皇上聖武布昭、下則將士用命之所致也。臣等參預密勿，適會成功，有何勞勩，敢冒恩賞？況前已奉旨，以後邊功不許敍及輔臣，等②又豈敢身自犯之？伏望聖明俯鑒臣等愚衷，所有加恩一節，特賜停寢，庶臣等犬馬微分得以少安。"上乃從之，仍賜居正銀一百兩、蟒

① "具"當作"興"。

② "等"上當有"臣"字。

衣一襲、綵段四表①裏，調陽、四維各銀八十兩、綵段四表裏。

二十三日庚戌，上視朝。

二十四日辛亥，大學士張居正等題："先該臣等會同吏、禮二部堂上官，將原蒙發下考取庶吉士正卷二十八卷，照依名次開拆，填寫名籍，上進聖覽，遵照欽依，將沈自紳②等改授庶吉士，與同一甲進士沈懋學③、張嗣修、曾朝節俱送翰林院讀書進學。所有教書官例用二員，臣等推舉得原任詹事府掌府事吏部左侍郎兼翰林院侍讀學士、今服滿奉旨起補原職王希烈，署掌府事少詹事兼翰林院侍讀學士王錫爵，俱堪任。合候命下，行令王希烈上緊復任，王錫爵不妨纂修事務，俱管理教習。每月終將所作文課，即用教書官所批改原本，類送內閣呈看，臣等仍照例每月二次出題考試，以驗進益。其有怠肆不率教者，亦聽教書官呈送臣等，以憑參請旨處治。"上從之。

二十六日癸丑，夏至，祭地於方澤，遣英國公張溶代。

①表 明抄本誤爲"端"，通行本改正爲"表"。

②紳 明抄本作"邠"，是。通行本誤爲"紳"。

③學 明抄本脫"學"字。通行本不脫此字。

萬曆五年六月丁己①,朔。

① 己 "己"當作"巳"。

萬曆五年七月丙戌，朔，上親享太廟，賜文武大臣及日講官枇杷果。

十六日辛丑，司禮監傳仁聖皇太后、慈聖皇太后懿旨："大婚選到淑女，該進宮揀選。着欽天監便擇日來看。禮部知道。"

二十二日丁未，賜輔臣張居正《擊壤集》四部，呂調陽、張四維各二部，講官申時行等六員、正字官馬繼文等二員各一部。

萬曆五年八月丙辰，朔，上御皇極殿，傳制遣大學士張四維祭先師孔子。

三日戊午，上親祭大社、大稷。

五日庚申，賜輔臣張居正金萬喜簪四枝、黃綾符二道，吕調陽、張四維各金萬喜簪二枝、銀萬喜簪二枝、黃綾符二道，講官申時行等六員各金萬喜簪一枝、銀萬喜簪一枝、紅綾符一道，正字官馬繼文等二員各金萬喜簪一枝、紅綾符一道。

六日辛酉，欽天監奏：擇大婚吉期，宜用十二月。於是輔臣張居正等奏："聖母皇太后言：該文書官送下欽天監一本，題稱皇上大婚禮，擇於十二月大利，然未定有年分。臣等恭照，祖宗列聖婚期，多在十六歲出幼之年。英宗皇帝九歲登極，正統七年正月成婚。武宗皇帝十五歲登極，正德元年八月成婚。世宗皇帝亦十五歲登極，嘉靖元年九月成婚。皆在十六之年。今皇上聖齡方在十五，中宮亦止十四歲，若待來年十二月，則過選婚之期一年有餘，於事體未便。若即用今年十二月，則又太早矣。該監又稱，一年之間，止剩①十二月，餘月皆有礙。臣等竊惟，帝王之禮，與士庶人不同。凡時日禁忌，皆民間俗尚，然亦有不盡驗者。臣素性愚昧，不信陰陽選擇之說，凡有舉動，祗據事理之當為、時勢之可為者，即為之，未嘗拘泥時日，牽合趨避，然亦往往誤蒙天幸，動獲吉利。況皇上為天地百神之主，一舉一動，百神皆將奉職而受事焉，又豈陰陽小術可得而拘禁耶？仰惟兩宮聖母，既已慎選賢淑，作配聖躬，臣等亦豈不欲及早贊成嘉禮，以為萬年嗣續之計，以慰四海仰望之心？但如該監所言，實未穩便。適聞文書官向臣等說：聖母慈意，亦欲候明年二三月萬物發生之時，舉行大禮。仰惟聖母睿見，極其允當。考之古禮，皆以仲春會男女，《桃夭》之詠，見於風人。今若定以春時，則既有合於天地交泰、萬物化醇之意，且當聖齡十六，又率遵乎累朝列聖之規，不遲不早，最為

① 剩　明抄本作"利"，是。通行本作"剩"，誤。

協中。夫婚姻大事，人道所重，然必待父母之命、媒妁之言，自天子以至於庶人，一也。今此大禮，亦惟取裁於聖母之一言耳。仰煩睿恩，再加斟酌，定以明歲，或取三月春燠之時，或用四月清和之候，諭下臣等，傳示該衙門遵行。其該監本，合無姑且留中，以俟裁定施行？"是日，文書官口傳聖母諭："先生說的是，定以明年三月。"上乃批欽天監本："朕奉聖母慈諭，着於明年三月內，擇吉行禮。"

十九日甲戌，《世宗肅皇帝寶訓》、《實錄》成，進呈。監修、總裁等官英國公張溶等上表，曰："伏以典則貽謀，式篤文孫之祐；簡編垂信，誕揚烈祖之休。成功獨盛於中興，遺訓可傳於後世，昭茲繩武，煥乎有章。洪惟世宗肅皇帝，剛健粹精，神明宣哲。河清雲見，出當上聖之符；天與人歸，入應大橫之兆。自紹庭於初服，即銳意乎太平，張化瑟以更新，妙乾轉坤旋之用，握政樞而獨運，合陽舒陰慘之宜。志在憂勤，治光明作。應天以實，善承仁愛之心；視民如傷，每厲貪殘之禁。未言而聲疾於震，有令則化行如馳，雖端居深拱之年，無旁落下移之柄。至於議①禮制度，尤多考古憲經。統嗣正名，極嚴父尊親之孝；郊丘辨位，明事天享地之儀。闡敬一之旨而注五箴，讀灝噩之書而明三要。盤銘几戒，陳《無逸》、《豳風》之詞；晉接泰交，庸賡《既醉》、《卷阿》之雅。雖禮②悉，咸出親裁，即篇翰游娛，特稱妙絕。既隆文教，載繢武功。訓旅詰戎，修復三營之制；執③獲醜，張皇九伐之威。天戈南指，而交人伏辜；月羽東馳，而島夷就殄。絡繹梯航之貢，紛綸圖牒之陳。內順外寧，邁周家之再造；民安吏稱，軼漢業以重輝。蕩乎難名，炳焉可述。屬放勳徂落，祗深遏密之恩；乃穆考亮陰，即有纂修之命。顧歲月久遠，而章牘浩繁，操觚每廢於因循，充棟或艱於讎校。方稽汗簡，遂慟遺弓，追繼照以龍飛，始粹④篇於麟獲。茲蓋伏遇皇帝陛下，躬膺曆數，念切羹牆，於赫湯孫。監先王之成憲，其承武志；觀文祖之耿光，爰需綸音。俾終緒業，於記事纂言之職，寓省成責實之規。乃申命臣溶為監

萬曆五年

一六五

① 議 《明世宗實錄》卷首《進實錄表》作"儀"。

② 禮 明抄本"禮"下有"文纖"二字，通行本脫此二字。

③ 執 明抄本"執"下有"訊"字，通行本脫此字。

④ 粹 《明世宗實錄》卷首《進實錄表》作"萃"，通"粹"。

修官，臣居正、臣調陽、臣四維爲總裁官，臣自強、臣鏜、臣時行、臣錫爵爲副總裁官，臣經邦、臣洛文、臣國、臣①洵、臣②位、臣慎行、臣思育、臣志皋、臣一儁、臣顯卿、臣世能、臣一桂、臣賡、臣③啟愚、臣孔教、臣謙、臣鳳翔、臣弘誨爲纂修官。臣溶曁臣居正等，仰體宸衷，俯殫管見。按諸司之掌故，網羅舊聞；探內府之秘藏，鋪張盛美。事務闕疑而覈實，詞皆舉要以刪煩，至大經大法之所存，則特書屢書而不一。參互考訂，三易藁而成編；潤色討論，十逾年而竣事。俾四十六載之盛治，粲如日星；將百千萬世之鴻名，亘乎天壤。恭成《實錄》五百六十六卷、《寶訓》二十四卷進呈。臣等愧乏良史之才，久竊大官之餘。殺青甫就，驚歲序之屢更；副墨雖存，知化工之莫測。非能當華袞斧鉞之任，聊以備金匱石室之儲。伏願恢闡皇猷，作求世德。庶幾風烈，衍重熙累洽之圖，尚有典刑，建長治久安之策。臣等無任瞻天仰聖激切屛營之至。"會是日大雨，上免御殿，監修、總裁等官，於會極門奏進，行五拜三叩頭禮，仍各捧《寶訓》、《實錄》詣皇極殿，置於案而退。上諭內閣："皇祖《實錄》書成，監修、總裁等官例當加恩，擬敕來行。"

二十日乙亥，尊藏《世宗肅皇帝寶訓》、《實錄》於皇史宬。
輔臣張居正奉諭撰敕，因疏言："我皇祖世宗肅皇帝，功德配天，臣等自愧學術淺陋，不足以紀述其萬一，獲免譴責，已爲榮幸，豈敢復有希覬？乃蒙皇上特渙恩綸，欲加寵錫。臣等俯躬內省，慙懼交並，即擬具辭，恐拂聖意，除臣居正官品已極、涯分久踰、不敢再叨外，謹欽遵將監修等官英國公張溶等，查照累朝恩例，撰擬敕稿上進。"上遣文書房官丘得用傳旨："皇祖四十五年《實錄》，字字句句都是先生費心看改幾次，我盡知道，先生恩該首加，却怎的不擬？着另改擬了纔行。"於是居正又疏言："追惟我皇祖世宗皇帝《實錄》，自先帝嗣統之初，已即降纂修之命，一向因循廢閣，竟未脫稿。迨臣當事，始定爲章程，嚴其期限，然後責成有據，端緒可尋，其中編摩草創，

---

①臣 明抄本無此"臣"字，通行本補之。
②臣 明抄本無此"臣"字，通行本補之。
③臣 《明世宗實錄》卷首《進實錄表》於"臣"上有"臣長春"三字。

雖皆出於諸臣之手，然實無一字不經臣刪潤，無一事不經臣討論，既更定其文義，復讎校其差訛，窮日逮夜，冒暑凌寒，蓋五年於茲，而今始克就。鞭駑策蹇，寧靡寸勞？況書成加恩，累朝彝典，皇上按故事錄微勞，臣即循例仰承，亦豈得爲溢濫？但臣有匹夫微志，硜硜欲以自遂者，向已屢控宸嚴，茲敢再陳素悃。臣以羈單寒士，致位台鼎，先帝不知臣不肖，臨終親握臣手，屬以大事。及遭遇聖明①，眷倚彌篤，寵以賓師之禮，委以心膂之託②，渥恩殊錫，豈獨本朝所無？考之前史，亦所希覯。每自思惟，古之節士，感遇知己，然諾相許，至於抉面碎首而不辭，既已存亡死生矣，而猶不矜其能，不食其報，況君臣分義，有不可逃於天地之間者乎？用是盟心自矢，雖才薄力僝，無能樹植鴻鉅，以答殊眷，惟於國家之事，不論大小，不擇閒劇，凡力所能爲、分所當爲者，咸願畢智竭力以圖之，嫌怨有所弗避，勞瘁有所弗辭，惟務程功集事，而不敢有一毫覬恩謀利之心，斯於臣子分義，庶乎少盡云爾。故自皇上臨御以來，所加於臣文武錄蔭，不啻四五矣，而臣皆未敢領。昨以九年任滿，皇上欲授臣以三公之官，給臣以五等之祿，臣亦懇疏陳辭，必得請而後已。豈敢異衆爲高以沽流俗之譽哉？蓋素所盟誓者至重，不敢自背其初心故也。近年以來，君臣之義不明，敬事之道不講，未有尺寸，即生希冀，希冀不得，輒懷觖望，若執左契而責報於上者。臣竊非之，每欲以身爲率，而未能也。今乃以楮筆供奉之役，即叨橫恩渥澤之施，則平日所以勸勉諸臣者，皆屬矯僞，人誰信之？此臣所以展轉思惟，有不能一日自安者也。臣聞人臣事君無隱情，無二辭，今臣所言，皆已直吐肺腸，辭理俱竭，藉惟皇上復申前命，臣亦不過再執此辭，而章奏屢騰，言語煩瀆，非皇上以手足腹心待臣之義也。萬望聖慈俯鑒愚衷，特賜停寢，俾臣微志獲伸，雖蔬食沒齒，有餘榮矣。所有改敕一節，萬不敢擬。謹將原稿封進，伏乞聖裁施行。"上答曰："卿社稷大功，不止纂修一事，乃屢辭恩命，遜美弗居。覽奏真忠大義，深激朕懷，特允所辭，以成卿勞謙之美，風勵百工。仍宣付史館，昭垂萬世。該部知道。"

①明　明抄本無"明"字，誤。通行本補此字，是。
②託　明抄本作"記"，誤。通行本改"託"，是。

二十一日丙子，上敕諭吏部："皇祖《實錄》書成，監修、總裁官效有勤勞，茲特加恩。元輔懇辭恩命，朕已鑒其誠忠，別行優禮。監修英國公張溶，加少傅，兼太子太傅，總裁輔臣呂調陽，加少傅，兼支大學士俸，張四維加太子太保，兼文淵閣大學士。餘官各照舊。如敕奉行。"

二十三日戊寅，大學士呂調陽疏辭，曰："吏部節奉手敕：'皇祖《實錄》書成，總裁輔臣呂調陽加少傅兼支大學士俸，餘官照舊。如敕奉行。欽此。'臣抱恙困瘁，方欲具疏請告，聞命驚惶，謹以臣之私衷所不自安、成命所不敢承者，敬爲皇上陳之。恭惟我皇祖世宗肅皇帝，享祚最爲久長，制作極稱雄偉，故《實錄》所載，篇簡浩繁，編劘匪易。開館之始，臣以諭德充纂修官，未幾晉貳吏、禮兩部，及掌詹掌禮，俱充副①總裁官，迨今謬與總裁之列。在往年雖嘗妄有評議，不意近歲弱體沉痾，每多休告，首之不能身先督率，總其綱維，次之不能手自校披，加以潤色，循省中心，祗多慚懼。仰荷聖慈，曲垂寬宥，得免曠素之誅，已爲厚幸，何敢妄冒今日之功，而希覬恩渥哉？矧少傅孤卿之亞秩，兼俸詔祿之殊榮，自非才德並隆，勳績茂著，鮮膺此典。如臣疎庸衰病，無一可稱，乃濫被顯赫之命，萬萬有所不敢當也。勞苦功多，如元輔張居正者，猶然不敢自居，臣雖未能望其萬一，而志願②肯自異耶？夫閣臣以總裁加恩，固累朝相循之舊典，臣意在覈功行賞，亦近日振飭之芳規。且率先羣僚，祗承德意，尤一念愚忠，素所汲汲而不敢自後者。若循舊典，則臣言誠爲迂闊，不能無罪；欲振芳規，則拘攣迫狹之見，似又不當終棄者。顧臣困瘁日久，勉強將事，詞弗達意，憂鬱彌③增，不得不哀鳴於君父之前，而仰祈憐允也。伏望皇上，原臣遜避，實爲大義之當然；察臣控辭，非獨常例之循舉。收④回成命，俾仍舊官，庶臣愚雖無勤勞之可錄，亦護分義之少安矣。"得旨："朕恭覽我皇祖《實錄》，紀述功德，詳實有體，卿總裁輔臣，勤勞茂著。加恩已有成命，宜欽承勿辭。吏部知道。"

① 副　明抄本作"付"，誤。通行本改"副"，是。

② 願　明抄本作"顧"，是。通行本作"願"，誤。

③ 彌　明抄本無"彌"字，誤。通行本補此字，是。

④ 收　明抄本作"特"，通行本改"收"。

大學士張四維疏辭曰："伏蒙皇上以皇祖《實錄》纂完，特降手敕，加恩監修、總裁諸臣，陞臣太子太保兼文淵閣大學士，餘官如舊。陟峻春宮，昇華秘閣，人臣極品，儒者至榮。顧臣何人？豈能勝此？臣本一介寒賤，行能薄劣，向蒙皇祖甄錄，叨侍近班，日月光華，雖幸得於親見，天地廣大，實未易以名言。迨夫末命既揚，史局紀信，臣嘗備員纂述，猶未引其緒端，尋負釁愆，跧伏田里。仰蒙皇上惠然念舊，召自僻遠，付以校裁之任，曾不浹歲，復膺簡命，參與政機。涓埃之效未輸，高厚之施薦被，力微任鉅，瘝曠寔多，朝夕兢兢，方虞罪譴，豈期聖慈曲軫，復頒渥恩？竊惟程庸而命賞者，明主馭臣之術；量能受任者，人臣自靖之義。臣自知甚明，僥冒已過。況茲大典，督勵裁成，功寔出於元輔，尚力辭恩命，以明臣節，臣尸素中書，勞莫擬其百一，顧①乃特承懋賞之典，光顯隆異，此臣所以捫心增怍，得寵若驚，屏營而不②已也。伏望皇上，鑒臣微誠，收回成命，俾臣仍以舊銜勉供職業，庶臣犬馬之心得以自安，杯盂之量，免致盈溢。"得旨："朕恭覽我皇祖《實錄》，紀述功德，詳實有體，卿先後總理，茂著勤勞。加恩已有成命，宜欽承勿辭。吏部知道。"

① 顧　明抄本作"顧"，是。通行本作"願"，誤。

② 不　明抄本"不"下有"能"字，是。通行本脫此字。

萬厲五年閏八月乙酉，朔。

三日丁亥，以淮王載珧薨，當輟朝三日，上御青素服視朝。命查文武官失朝者襄城伯李應臣等五百八十七人，奪祿俸各一月。先是，上以暑雨朝講稍間歇，輔臣張居正等奏："皇上春秋鼎盛，正日新又新之時，且今四方入賀諸臣畢集，皆注仰聖德，欲一望見天顏，觀聽所係，不可不慎。近雖爲陰雨暫輟，然恐中外不知，以爲皇上勤政務學，漸不如始。臣等一念惓惓，願皇上日慎一日，朝講非有他事相妨，及風雨所阻，不得輟罷，則聖學日懋，聖治彌光。"上深以爲然，故是日例當輟朝，上猶出視事，入賀諸臣皆得面辭以行。上之虛懷納諫如此。

五日己丑，上御文華殿講讀。日講官陳經邦給假，省親回籍，上賜路費銀二十兩、綵段二表裏，令馳驛歸。

六日庚寅，上視朝。以右春坊右中允兼翰林院編修陳思育補經筵、日講官。

萬曆五年九月甲寅，朔，上御皇極殿，禮部官恭進大報等祀日册及進士登科錄。

九日壬戌，以世廟徽妃王氏薨，輟朝二日。

十二日乙丑，上御經筵。命右春坊右諭德兼翰林院侍讀何洛文、翰林院修撰高啟愚，充武舉考試官。

十四日丁卯，輔臣張居正等題："昨該司禮監太監孫得勝，口傳聖旨：'奉聖母諭，今歲大喜，命臣等於刑科二覆奏本上，擬旨暫免行刑，欽此。'仰惟聖母慈悲不殺之仁，皇上將順好生之美，臣等敢不仰承，以廣德意？但查我祖宗舊制，凡官吏軍民人等犯該死罪，有決不待時者，有監至秋後者，鞫問既明，悉依律處決，未有淹禁累年，不行處斷者。至嘉靖末年，世宗皇帝以齋醮奉玄，始有暫免不決之令，或間從御筆所勾，量行處決。然此實近年姑息之弊，非我祖宗垂憲之典也。夫春生秋殺，天道所以運行；雨露雪霜，萬物因之發育。若一歲之間，有春生而無秋殺，有雨露而無雪霜，則歲功不成而化理或滯矣。明王奉若天道，其刑賞予奪，皆奉天意以行事。《書》曰：'天命有德，五服五章哉；天討有罪，五刑五用哉'。若棄有德而不用，釋有罪而不誅，則刑賞失中，慘舒異用，非上天所以立君治民之意矣。臣等連日詳閱法司所開重犯招情，有殺祖父母、父母者，有毆殺親兄及同居尊屬者，有殺一家非死罪三人者，有强盜刼財殺人者，有鬪毆逞兇登時打死人命者，據其所①犯，皆絕滅天理，傷敗彝綸②，仁人之所痛惡，覆載之所不容者，天欲誅之，而皇上顧欲釋之，其無乃違上天之意乎？《康誥》曰：'惟弔茲，不於我政人得罪，天惟與我民彝大泯亂，曰乃其速由文王作罰，刑茲無赦。'言彼寇攘奸宄不孝不友之人，所犯至於如此，若為政者不加之以罪，則天與我民之常道，將乃至於泯滅而壞亂，必須速依文王所作之法，刑之而無赦。此《書》乃皇上近日所講習者。夫文王，視民如傷，古所稱仁聖之主，

① 所　明抄本"所"下有"也"字，誤。通行本刪此字，是。

② 綸　明抄本作"倫"，是。通行本作"綸"，誤。

① 氣　《張文忠公全集》奏疏五作"氛"。

② 重　明抄本作"衆",是。通行本作"重",誤。

③ 重　明抄本作"衆",是。通行本作"重",誤。

④ 關　明抄本作"開",誤。通行本改"關",是。

而於此等之人,亦必刑之而無赦者,良以爲惡之人,彼自蹈於刑辟,雖欲生之而不可得也。且稂莠不鋤,嘉禾不茂,冤憤不泄,戾氣不消。今聖母獨見犯罪者身被誅戮之可憫,而不知被彼所戕害者,皆含冤蓄憤於幽冥之中,明王聖主不爲之一泄,彼以其怨恨冤苦之氣,鬱而不散,上或蒸爲妖祲氣①祲之變,下或招致凶荒疫癘之災,則其爲害,又不止一人一家受其荼毒而已。獨奈何不忍於有罪之凶惡,而反忍於無辜之良善乎?其用仁亦舛矣。況此等之人,節經法司評審,九卿大臣廷鞫,皆已重②證明白,輸服無詞。縱使今年不決,將來亦無生理,不過遲延月日,監斃牢獄耳。然與其昧斃牢獄而人不及知,何如明典刑,猶足以懲奸而伸法乎?法令不行,則犯者愈重③,年復一年,充滿囹圄,既費關④防,又虧國典,其於政體又大謬也。伏願皇上念上天之意不可違,祖宗之法不可廢,毋惑於浮屠之説,毋流於姑息之愛,奏上聖母,仍將各犯照常行刑,以順天道。若聖心不忍盡殺,或仍照去年例,容臣等揀其情罪尤重者,量決數十人,餘姑牢固監候,俟明年大婚吉典告成,然後概免一年,則春生秋殺、仁昭義肅,並行而不悖矣。臣等叨與密勿,此關係朝廷大政、祖宗舊典,不敢不盡其愚。伏惟聖明裁擇。"奏上,得旨:"先生説的是。今年照例行刑。"

大學士呂調陽奏:"閏八月二十四日,臣以病久衰甚,具本乞休,奉旨慰留。臣祗承德意,專心調理,又幾二旬,醫藥徒勤,效驗鮮睹。且臣自六月初旬以來,漸覺舊病將發,力難支持,一應事務,多從謝避,間遇暫免朝講日期,亦嘗歇息不出,服藥靜養,是臣之醫調,亦既數月,非獨近日已也。奈臣禀氣素薄,受病已深,喘嗽之疾,常年舉發,詢之醫家,皆謂鬱火久積,非勤藥不能見效,非靜養不能安全。然勤藥則臣氣體不勝,靜養則臣職業有礙,此兩言者恐終不能望濟也。臣今歲疾發之時,齁喘不住,足腫難行,時以萬壽聖節,朝賀伊邇,《實錄》進呈,典禮甚鉅,服藥微勤,覬圖速效,致傷胃氣,飲食頓減,嘔噦時作,今喘腫未能盡除,而痿軟且成廢疾,則勤藥之無望濟可知矣。夫人臣一日居乎其位,則一日業乎其官,一日不能其官，則一日不安其位，況中書政本之司，機務攸關，豈可以衰殘病廢者妨誤其間？雖聖恩優隆，每①從寬假，而臣實憂焦惶恐，不能一朝自寧。蓋臣之曠縻日深，則憂惶益甚，憂惶益甚，則疾病轉增，憂病相仍，調攝何益？此静養之無望濟可知矣。夫勤②藥、静養，治病良法，攝生要訣，而臣皆不能望濟，則臣所望再造而生全之者，惟皇上憫其衰孱，憐其廢朽，放之退閑，使得遂其便安，延此餘息耳。伏惟聖慈垂仁矜察。臣不勝籲望懇祈之至。"得旨："卿以疾辭任，前已有旨眷留。宜再加調理，痊可即出供職，以副③倚任。不允辭。吏部知道。"

十六日己巳④，輔臣張居正等題："伏蒙發下刑科三覆奏本，該凌遲斬絞犯人共二百七十七名口。臣等仔細看詳各犯招由，俱各情罪深重，節經累年多官會審情真，通應處決。但昨奉聖旨，意不忍盡殺，欲將情罪尤重者，量行處決，以示國法。臣等謹欽遵，查得萬曆四年處決重囚五十四名口，今臣等仰承德意，再加詳審，揀其情罪尤重者汪平等四十二名，比於前數少減，謹開坐上請聖裁，特旨處決。其餘皆可暫免行刑，仍令法司牢固監候，庶皇上不忍之仁與除惡之義，並行而不悖矣。臣等謹將應決重犯姓名，開具揭帖一本，併發下刑科揭帖二本封進。"疏上，御筆除去五名，止決三十七名。

十七日庚午，上御文華殿講讀。先是，上以《洪範》一篇為帝王治天下大法，講習既熟，每日作字，遂不用倣，特將《洪範》逐節手書，欲因習字，潛玩其義，務期精徹而後已。輔臣張居正等每侍書，輒又從旁稍為口說。是日，居正指上所書字句，一一仰叩，上應如响。如訪是問，"陰隲"是默定，"汩"是亂，"彝倫"是常道，及他大義，無不了徹。蓋聖資天縱，又能留意問學，故其聰明日益開發如此。

二十六日己卯，大學士呂調陽、張四維題："首臣張居正

①每 明抄本作"毋"，誤。通行本改"每"，是。
②夫勤 明抄本作"勤夫"，誤。通行本改"夫勤"，是。
③副 明抄本作"付"，誤。通行本改正作"副"。
④己巳 "己巳"當作"己巳"。

父、封少師兼太子太師吏部尚書中極殿大學士文明，於九月十三日病故，昨二十五日晚報至，例應守制。臣等聞之，不勝驚愕。竊惟內閣首臣，關係甚大。臣居正受遺先帝，輔佐聖明。材猷超卓，忠誠懇至，孜孜夙夜，專意奉公。數年以來，紀綱振興，諸司守法，萬民樂生，四夷賓服，古稱社稷之臣，臣居正足以當之。臣等凡庸，忝與同列，實不能助其毫末。聖齡方茂，萬幾至煩，馮翼贊襄，臣居正有不可一日離者。臣等考祖宗時內閣輔臣，如楊溥、金幼孜、李賢等，往往奪情起復，良以大臣身繫天下重輕，義先憂國，不遑顧其私耳。伏望皇上深惟社稷至計，遵祖宗故典，以大義諭慰居正，勉留供職。其父一應卹典，仍敕禮部查例具奏，從優頒給，以慰其考①思，俾安心輔理，庶幾中興盛治，日益昌熾，天下幸甚，臣等幸甚。"得旨："朕覽卿等所奏，痛悼良久。元輔張先生非尋常輔臣之比，親受先帝付記②，佐朕沖年，安定社稷，一身關係，委為至重，況有往例，卿等亟當為朕勸勉，毋事過慟，以朕為念，方為大孝。一應卹典，着禮部便查例具奏。該部知道。"上手札諭元輔居正："朕今覽二輔所奏，得知先生之父棄世十餘日了，痛悼良久。先生哀痛之心，當不知何如。雖然，天降先生，非尋常者比，親承先帝付託，輔朕沖幼，社稷奠安，天下太平，莫大之忠，自古罕有，先生父靈必是懽妥。今宜以朕為念，勉抑哀情，以成大孝，朕幸甚，天下幸甚。"

二十七日庚辰，上以元輔張居正聞父喪，特遣中官齎賜銀五百兩、紵絲十表裏、新鈔一萬貫、白米二十石、香油二百斤、各樣碎香二十斤、蠟燭一百對、麻布五十疋。慈慶、慈寧兩宮各賜亦如之。

吏部題大學士張居正聞父喪，奉聖旨："朕元輔受皇考付託，輔朕幼沖，安定社稷，朕深切倚賴，豈可一日離朕？父制當守，君父尤重，准過七七，不隨朝，照舊入閣辦事、侍講讀。待制滿之日隨朝。你部裏即往諭朕意，着不必具辭。"

①考 明抄本作"孝"，是。通行本作"考"，誤。
②記 "記"當作"託"。

二十九日壬午，上視朝。

大學士呂調陽奏："臣積病有年，愈發愈重，萬曆二年請告調理，四年兩疏乞休，今年閏八月、九月又兩疏乞休。臣不幸身嬰疾病，先後四疏，苦楚萬不得已之情，已在聖明洞照。至如今歲，呴喘並作，下體腫滿，脛幾如要，膝幾如斗。初意祇圖給假歇息，後見病勢不減，醫藥不效，乃求休退。荷蒙皇上兩霈溫綸，令臣慎加調理，臣亦專意醫攝，勉副德意。不意時近冬令，氣候斂藏，腫滿①之證，不由醫藥漸消，數日之間，頓成枯瘦，遂致毒氣內蓄，筋骨痿軟，行立艱難。臣懼曠廢日久，覬圖速出，家庭之間，自試步履，往返不過數舍，站立未移片時，便覺脹悶難當，刺痛莫忍，隨就停歇，纔免顛仆。儻或趨朝，不能追隨班行侍立，遲誤罪悔，復②將何及？臣受恩高厚，即捐棄此身，何能報稱？況首輔聞喪，暫有妨礙，亦自知此時，豈可言去？但病勢如此，即便勉強暫時，焉能久長？此臣義雖不敢言去，而病不能不去，心雖不忍求去，而勢不得不去也。今賢俊在列，濟濟重③盛，陛下誠一選擇任之，不啻過臣百倍遠矣。伏望聖慈，察臣出既不能有裨閣務，退猶可以無玷臣節，放之田里，聽其待盡，則不惟衰弱者得以自全，而強力者亦且自奮矣。"得旨："覽卿奏，具悉忠慎。疾勢已漸平，宜即便勉出供職，副朕委任至意。不允辭。吏部知道。"

①腫滿　明抄本作"之腫"。通行本改"腫滿"，似是。

②復　明抄本作"後"，通行本作"復"。

③重　明抄本作"衆"，是。通行本作"重"，誤。

萬曆起居注

① 列 明抄本作"烈"，誤。通行本改"列"，是。

② 省 明抄本作"有"，是。通行本誤作"省"。

③ 戌 "戌"當作"戍"。

④ 本政 明抄本作"政本"，是。通行本誤作"本政"。

　　萬曆五年十月二日乙酉，大學士呂調陽奏："本年八月內，伏蒙聖恩，以皇祖《實錄》書成，加臣少傅，兼支大學士俸，該臣再辭不允。臣恭奉綸音，宜即祇承，而揆之於心，實有未安。方欲復陳懇款，偶因患病，請假調理，且連疏乞休，未敢更為煩瀆。茲已力疾報名見朝，輒敢復控前悃，籲天而祈請焉。夫書成加恩，在彝典固從其厚，勞不稱賞，於臣節亦為可羞。竊惟皇祖《實錄》，臣雖謬與總裁之列①，然頃自抱病以來，請告每多，效勞實寡，前已兩疏具陳，無容更述。查得臣等節次原題纂修事理，大略分別效勞多寡，以為激勸，奉省②欽依，人所遵守，而共服其公當者也。若臣自犯勞微賞厚之議，則前所立法，即身背之，何以責人？在此，臣之不敢以例一辭而遽止也。臣嘗謂人臣蒙被恩賞，例該疏辭者，其辭雖同，其義則異。有功雖由己，不欲自居，志在風人，固辭不受者，謙而辭也。有勤勞既茂，資望尤宜，始以例陳，終當必受者，例而辭也。有省心弗安，審義未協，畏譏避刺，終不敢受者，懼而辭也。臣今之辭，直懼而已，非謙與例也。且臣於萬曆二年以皇考《實錄》進呈，加秩少保，於時一辭不獲而即拜命，則臣亦既曾為循例之辭。而律以今日之事，實不同也。然臣之辭，以例也，懼也，自知甚審。夫既自知之，而尤藉口彝典，冒昧混承，寧不自欺其心乎？人臣事君，不欺為本，臣所以寧甘冒瀆之罪，而不敢自陷於欺也。伏望聖慈，察臣之愚，恕臣之罪，特垂俞允，則不惟臣愚之分義獲安，而羣工亦知所奮勵矣。臣不勝惶悚待命之至。"得旨："累朝尊奉訓錄，原有加恩彝典，況成命已久，卿宜祇承，無得固執遜避。不允辭。吏部知道。"

　　三日丙戌③，大學士張居正疏乞守制，言："臣在哀苦之中，一聞眷留之命，驚惶無措。臣聞受非常之恩者，宜有非常之報，夫非常者，非常理之所能拘也。臣以一介草茅，忝司本政④，十有餘年。受先皇顧託之重，荷聖主倚毗之專，無論平日所承隆恩異數，超軼古今，即頃者聞憂之日，兩宮聖母為臣憫惻，聖心感動，為臣淒惋，慰吊之使，絡繹道途，賻賵之資，充溢筐篚。又蒙皇上親灑宸翰，特降璽書，中間慰藉之勤篤①，倚望之諄切，尚有溢於聖言之外者。臣伏而讀之，一字一淚，雖旁觀迻聽之人，亦無不傷心酸鼻者。夫自古人臣以忠結主，商則成湯之於伊尹，高宗之於傅說，周則成王②之於公旦，漢則昭烈之於諸葛亮，其隆禮渥眷，辭命誥諭之文，載在史册，至今可考，固未有謙抑下巽，親信敬禮，如皇上之於臣若是之懇篤者。此所謂非常之恩也。臣於此時，舉其草芥賤軀，摩頂放踵，粉爲微塵，猶不足以仰答於萬一，又何暇顧旁人之非議，徇匹夫之小節，而拘拘於常理之内乎？且人之大倫，各有所重。使幸而不相值，則固可各伸其重，而盡其所當爲；不幸而相值，難以並盡，則宜權其尤重者而行之。今臣處君臣父子兩倫相值、而不容並盡之時，正宜稱量而審處之者也。況奉聖諭，謂父制當守、君父尤重，臣又豈敢不思以仰體而酌其輕重乎？顧臣思之，臣今犬馬之齒，纔五十有三，古人五十始服官政，而本朝服制止於二十七個月，計臣制滿之日，亦五十六歲耳，此時自量精神③體力，尚在强健，皇上如不以臣爲不肖，外則荷戈執鋭，宣力於疆場，内則荷橐持④籌，預議於帷幄，遠邇閒劇，惟皇上之所使，雖赴湯火，死不敢避。是臣以二十七月報臣父，以終身事皇上，昔人所謂報國之日長，報劉之日短者也。如此，則君臣父子之倫雖不得以並盡，而亦不至於相妨。夫古人有啣哀赴官，墨縗從政者，有金革之事則可。方今賴皇上威德，四郊無壘，九塞清塵，故臣欲以其間少盡私情，此臣之所以籲天泣血，哀鳴而不能自已者也。伏望聖慈垂念烏鳥⑤微情，曲賜允許，不惟臣之愚衷獲安，臣父有知，亦銜感於九泉矣。臣不勝拊心瀝血、激切祈望之至。"得旨："卿篤孝至情，朕非不感動，但念朕昔當十齡，皇考見背，丁寧以朕囑卿，卿盡心輔導，迄今海内乂安，蠻貊率服，朕冲年垂拱仰成，頃刻離卿不得，安能遠待三年？且卿身係社稷安危，又豈金革之事可比？其强抑哀情，勉遵前旨，以副我皇考委託之重。勿得固辭。吏部知道。"

①篤　明抄本作"渠"，誤。通行本作"篤"，是。

②王　明抄本脱"王"字。通行本補此字，是。

③神　明抄本脱"神"字，通行本不脱。

④持　明抄本脱"持"字，通行本不脱。

⑤鳥　明抄本脱"鳥"字，通行本未脱。

萬曆起居注

五日戊子，大學士張居正奏："臣頃者以臣父病故，乞回籍守制，伏奉綸音至先帝顧託①一節，觸地號天，肝腸寸裂。夫人之相與，然諾相許，猶能捐軀赴義，死且弗背。臣於國家，糞土草芥之臣耳，先帝不知臣不肖，臨終託②臣以大事，叮嚀付囑，言猶在耳，中道而背之，雖施之於交友，然且不可，乃敢以此事吾君父，而自蹈於誅夷之罪乎？蓋臣今所乞於皇上者，非長往遠別背而去之之謂也。痛念臣父，別來十月③九年，雖《陟岵》之懷④時時在念，而以國家事重，未敢言私，竊常自擬，俟皇上大婚禮成，暫乞一假歸省。不圖一旦奄至於此，使臣抱恨終天。今日雖得歸家，亦知攀號無及，但念臣父生身恩重，今縱不得再睹其音容，猶及其未殯，憑棺一慟，身負簣土加於丘壟之上，猶得少逭違曠之咎，以慰冥漠之魂。比及禫除，臣當不俟宣召，馳赴闕庭，以聽任使。是臣未盡愚忠，尚有俟於他日也；若此願不獲，將負痛終身。雖勉強在此，而精神沮喪，心志昏迷，發慮出謀，必至乖舛。或因而鬱鬱致病，喪此殘軀，則忠孝君親兩俱有損。此臣所以輾轉恓惶，而不能已於哀鳴也。夫君臣之義，無所逃於天地之間。君之於臣，欲其生則生，欲其死則死，命之進則進，命之退則退，臣豈敢以區區螻蟻微情，仰干⑤大義之重？所以屢控而不止者，亦恃皇上平日諒臣之深，眷臣之篤，憑寵怙恩，而覬倖於一獲耳。臣連日痌⑥切窮苦，心蘊結而難紓，語荒迷而無次，惟聖慈哀憐。臣下情不勝瀝血收淚懇切⑦祈望之至。"得旨："覽奏詞益哀懇，朕惻然不寧。但卿言終是常理。今朕在沖年，國家事重，豈常時可同？連日不得面卿，朕心如有所失，七七之期，猶以為遠，矧曰三年？卿平日所言，朕無一不從，今日此事，却望卿從朕，毋得再有所陳。吏部知道。"

八日辛卯，賜百官帶煖耳。

大學士張居正奏："比者臣再疏陳乞守制，再奉恩旨眷留。又聞同官二臣言：'昨送本官將臣奏本到閣，傳奉聖意云：雖上百本，亦不能從。'嗟乎，古語云：'犬馬之誠，不能動人。'譬

①託 明抄本作"記"，誤。通行本改"託"，是。
②託 明本作"記"，誤。通行本改作"託"，是。
③月 "月"當作"有"。
④懷 明抄本作"壞"，誤。通行本作"懷"，是。
⑤干 明抄本作"于"，誤。通行本作"乾"，是。
⑥痌 《張文忠全集》奏疏六作"㾢"。
⑦切 明抄本"切"下有"所"字，誤。通行本刪此字，是。

人之誠，亦不能動天。臣始不信，今乃見之。臣前後所奏，哀苦迫切之情，非不仰觸聖心也①，然竟不能徼一二之幸於萬分之中者，仰窺皇上之心，不②過以數年以來，舉天下之重盡屬於臣，見臣鞠躬盡瘁，頗稱意指，將謂國家之事，有非臣不能辦者。此殆不然也。夫人之才職，不甚相遠，顧上用之何如。臣之不肖，豈真有卓犖超世之才，奔軼絕塵之力？惟皇上幸而用臣，故臣得盡其愚耳。今在廷之臣，自輔臣以至於百執事，孰非臣所引薦者？觀其器能，盛③極一時之選，若皇上以用臣之道而用諸臣，諸臣以臣心之忠而事皇上，將臣平日所稱聖賢道理、祖宗法度此兩言者兢兢守之，恃④而勿失，則固可以端委廟堂，而天下咸理，是臣雖去猶未去也，何必專任一人，而使天下賢者不得以各效其能乎？且臣尚有老母，年亦七十二歲，素嬰多病，昨有家人到，致臣母意，囑臣早歸。田野之人，不知朝廷禮法，將謂臣⑤父既歿，理必奔喪，屈指終朝，倚閭而望。今若知臣求歸未得，相見無期，鬱鬱懷思，因而致病，則臣之心益有不能自安者矣。皇上方以孝養兩宮，何不推此心以及臣之母乎？夫人之最難遣者，憂思之情也。臣本屠弱之軀，數目⑥之間，上戀君恩，下念父母，欲留既不可，欲去又不能，抱此沉思，寢食俱廢，若使憂能傷人，則臣之身亦有不能自保者矣。皇上誠欲用臣，何不生全之，以責他日之效乎？臣聞獸死不擇音，今臣情勢窘急，無可奈何，踞地號天，誠不自知其詞之過激而有干於嚴譴也。惟聖慈哀其愚而矜許之。臣無任拭淚抆血懇切仰干之至。"得旨："朕爲天下留卿，豈不軫卿迫切至情，忍相違拒？但今日卿實不可離朕左右。着司禮監差隨堂官一員，同卿子編修嗣修，馳驛前去營葬卿父，完日即迎卿母來京侍養，用全孝思。卿宜仰體朕委曲眷留至意。其勿再辭。該衙門知道。"

是日，上復降手敕諭居正，曰："朕以冲幼，賴先生爲師，朝夕納誨，以匡不逮。今再三陳乞守制，於常理固盡，於先帝付託大義，豈不鮮終？況朕學尚未成，志尚未定，一日二日萬幾，尚⑦未諳理，若先生一旦遠去，則數年啟沃之功，盡棄之

萬曆五年

一七九

① 也 明抄本"也"下有"悲鳴號泣之聲，非不上徹天聽也"十三字，通行本脫。

② 不 明抄本"不"下有"以"字，誤。通行本刪此字，是。

③ 盛 明抄本作"咸"，是。通行本作"盛"，誤。

④ 恃 《張文忠公全集》奏疏六作"持"。

⑤ 臣 明抄本脫"臣"字，誤。通行本補此字，是。

⑥ 目 "目"當作"日"。

⑦ 尚 明抄本作"倘"。誤。通行本改"尚"，是。

矣。先生何忍？已有旨特差司禮監官同先生子前去造塋，事完，便就迎接先生老母來京侍養，以慰先生孝思。務要勉遵前旨，入閣辦事。豈獨爲朕？實所以爲社稷，爲蒼生也。萬望先生仰體聖母與朕惓惓懇留至意，毋勞又有所陳。"

十三日丙申，上視朝。大學士張居正奏："頃者臣三疏陳情，伏奉恩旨，委曲眷留，又蒙特降敕諭。臣迫於一念微情，蠢愚不能自解，憑恃寵眷，屢瀆宸嚴，不加譴訶，已爲厚幸，乃又仰廑聖心，曲加體恤。施之以禮之所不當得，以伸其追慕之情；資之以力之所不能爲，以遂其懷歸之願。凡可以安臣之志而慰臣之私者，乃親勞聖慮，屈己下逮，爲臣圖之。無論臣心悲感唧結，凡朝士大夫見者聞者，無不惻切歡頌，皆以大義責臣，謂殊恩不可以橫干，君命不可以屢抗，既以身任國家之重，不宜復顧其私。臣連日枕塊自思，且感且懼，欲再行陳乞，恐重獲罪戾，且大婚期近，先帝之所付託，與國家之大典禮，莫此爲重，乃一旦委而去之，不思效一手一足之力，雖居田里，於心寧安？用是茹忍哀惸，不敢再申前請，謹當恪遵前旨，候七七滿日，不隨朝，赴閣辦事，日侍講讀。但乞聖慈，俯諒愚衷，容令在官守制，所有應支俸薪，准令盡數辭免，一應祭祀吉禮，俱不敢與。入侍講讀，及在閣辦事，俱容青衣角帶。出歸私第，仍以縗服居喪。凡章奏應具銜者，仍容①加守制二字。使執事不廢於公朝，下情得展於私室，臣職子道，庶幾少全。再惟人子事親，送終爲大，臣父雖蒙特恩遣官治葬，然窀穸之事，必躬必親，乃可無悔。今卜地營塋，須明年三、四月間乃可竣工。計此時大禮已成，國事稍暇，至期仰懇聖恩，仍容臣乞假一行，送父歸窆，便迎臣母一同來京。臣得了此一念，則自此之後，皆報國之日矣。臣不識進止，敢預乞俞旨，以爲他日請行之地，伏惟聖慈矜許。"得旨："卿爲朕勉出，朕心始慰。這所奏俱准。歸葬一節，還候旨行。吏部知道。"

十七日庚寅②上諭禮部："連日星變未弭，大內火警，聖母

① 容 明抄本作"用"，誤。通行本作"容"，是。

② 寅 "寅"當作"子"。

與朕心俱弗寧。着於十九日起，朝天宮修建禳解大醮三日。仍徧告各宮廟、百官修省，停刑禁屠，俱照例行。"

二十二日乙巳①，先是，翰林院編修吳中行、檢討趙用賢、刑部員外艾穆、主事沈思孝，各上疏論輔臣張居正守制事，上覽之震怒。是日降旨，命錦衣衛逮至午門前，中行、用賢各杖六十，發回原籍爲民，永不敘用，穆、思孝各杖八十，發極邊衛充軍，遇赦不宥。

二十三日丙午，上視朝。敕諭文武羣臣，曰："朕受天明命，爲天下君，進退予奪，朕實主之，豈臣下所敢自擅？元輔張居正，受皇考顧命，輔朕幼冲，攄忠殫猷，弼成化理。以其身任社稷之重，豈容一日去朕左右？茲朕體其至情，厚加恩恤，凡人子所以榮親送終之典，備極隆異，元輔孝思已無不盡，亦不在此一行。且綱常人紀，君臣爲大，元輔既受皇考付託，義不得復顧其私，爲朕倚任，義不得恝然自遂。朕爲社稷至計，懇切勉留，羣臣都助朕留賢，纔是同心爲國。叵奈羣奸小人，藐朕冲年，忌憚元輔忠正，不便己私，乃借綱常之說，肆爲擠排之計，欲使朕孤立於上，得以任意自恣，殊爲悖逆不道，傾危社稷，大傷朕心。茲已薄示處分，用懲奸罔，凡爾大小臣工，宜各明於大義，恪共職業，共成和衷之治。如或黨奸懷邪，欺君無上，必罪不宥。欽哉，故諭。"

二十四日丁未，上御文華殿講讀。

刑部辦事進士鄒元標，上疏論輔臣張居正守制事，上以其具疏在先，未聞敕諭，命姑照艾穆例廷杖八十，謫極邊衛分充軍，遇赦不宥。

二十六日己酉，大學士張居正奏："比因翰林院編修吳中行等，疏言臣當遵禮回籍守制，至有詆臣爲忘親貪位者，以至上干天怒，俱獲重譴。又蒙特降聖諭，宣示百官，該禮部刊布到

① 巳 "己"當作"巳"。

臣。臣傷痛之餘，驚魂未定，忽聞朝廷有此處分，心悚神悸，寢食靡寧。臣聞非常之元，必致惑於衆庶，經生之見，每堅守其故常。夫惟聖人在天子之位，乃能執禮義之中正，建皇極以導民，固非經生學士之所能窺也。臣雖不肖，鄒魯之教①習聞之矣。束髮修行，至於白首，雖一言一動之微，猶兢兢如執玉捧盈，罔敢失墜，況事關綱常人紀，士君子立身大節，而可苟焉以自越於名教乎？自從初訃以至於今，其叩心泣血、呼號於旻天之下者，不啻三四矣，乃臣也請之彌哀，而皇上留之愈固，留之而不得，至於親勞萬乘之重，爲臣圖慮私情，特遣心膂之臣，爲臣經理家事，則朝廷之恩至於不可復加，而臣之苦心，將顛連而無告矣。夫臣所遇之時何時也？所居之任何任也？所事之君何君也？所受之恩何恩也？皇上舉人子之力不能致者，而悉以畀臣，乃不以人臣之所當爲者而效之於上，是尚得爲人類矣乎？臣於此時，誠道盡途窮，莫知所出。故不得已而爲辭俸守制之請，又不得已而爲預訂歸葬之請，意欲暫遵諭旨，以慰皇上之心，而預陳悃誠，徐爲乞歸之計，誠萬萬不得已而爲之者也。既荷聖慈矜允，又許以歸葬一節候旨而行，臣竊以爲君親二念，庶可曲全而無害矣。乃今議者，不達皇上所以懇切留臣之意，又不白臣所以委曲順命之忠，徒見三年之喪，古人所重，奪情之事，治世非宜，舉其經文之説，紛紛瀆擾，遂致上干天怒，雷霆洊驚，杖責徧遣，曾不少貸，又特降宣諭，讓諸臣以欺藐君父、忌憚排擠。則既虧國體，又傷聖心，而臣之微衷，尤有惕然不寧者矣。夫域中三大，君居其一，臣欺其上，罪不容誅。諸臣皆素知章句者，今方責臣以不能盡子道，乃敢先自蹈於不臣之罪乎？況皇上聰明聖智，曠世間出，臣往見大小臣工，一瞻天表，輒欣慶累日，每聞朝廷行一政，出一令，輒舉手吐舌，謂明見萬里。方傾心仰戴之不暇，而敢萌欺藐之念乎？如臣之愚，凡所注措，惟知求利國家，不能取諧流俗，以此致恨，理或有之。若謂欺藐君父，則臣固知其必無也。方今聖明在上，百工濟濟②，臣每切慶幸，以爲雍熙太和之美，庶幾復見。今被二三狂童，無端生此一釁，使君父挾見欺之心

① 教　明抄本作"數"，誤。通行本改"教"，是。

② 濟　明抄本無此"濟"字，誤。通行本補此字，是。

以臨臣，而臣下蒙欺上之罪以事主，臣主之間，猜懼互起，情悃隔閡，議論滋多，則安靜和平之福①不克以終享，此臣所爲深惜也。今言者已詆臣爲不孝矣，斥臣爲貪位矣，詈臣爲禽獸矣，天下之大辱也。然臣不以爲恥也。夫聖賢之學，有遯世不見是而無悶者，人臣殺其身有益於君則爲之，況區區訾議非毀之間乎？苟有以成臣之志，而行臣之忠，雖被惡名不難受也。臣之所懼，獨恐因是而益傷皇上之心，大虧國體之重，鑿混沌未萌之竅，爲將來無窮之害耳。今諸臣已被譴斥，臣不敢又救解於事後，爲欺世盜名之事。前已奏稱遵諭暫出，今亦不敢因人有言，又行請乞，以自背其初②。但連日觸事驚心，憂深慮切，故敢陳其縷縷之愚。伏願皇上恢弘天地之量，洞開日月之明，察兆心仰戴之誠，憫迂儒拘攣之見，卓然自信，盡釋羣疑。今後凡有言者，諒其無知，勿與較計，寧使愚臣受辱，毋致有傷聖心。仍乞鑒臣初請，俟大禮既成，放臣歸葬。則紛紛之議，不俟禁諭而羣喙自息矣。臣不勝震懼隕越懇切祈望之至。"得旨："朕爲卿備加恩恤，曲全父子之情，卿爲朕抑情順命，實盡君臣之義，於綱常人紀，何有一毫虧損③？這廝每明係蔑朕沖幼，朋興訛毀，欲搖動我君臣，傾危社稷，卿雖曲爲解説，於法决是難容。所奏朕已具悉，卿亦務勉遵諭旨，用成大忠大孝，以終顧託之重，勿以浮言介懷。吏部知道。"

① 福　明抄本"福"下有"必"字，是。通行本脱此字，誤。

② 初　《張文忠公全集》奏疏六"初"下有"心"字，是。

③ 捐　明抄本作"損"，是。通行本作"捐"，誤。

萬曆起居注

萬曆五年十一月癸丑，朔，上御皇極殿。以冬至祀天於圜丘，誓戒百官。

四日丙辰，輔臣呂調陽等題："伏奉明旨，令京堂官自陳。照得近年凡遇考察，内閣首臣先行自陳，得旨然後同官諸臣自陳。今次適值臣張居正有父憂，屢奉聖旨慰留，許其辭俸守制，免朝叅①，仍舊入閣辦事、侍講讀。及照舊例，京堂官惟在位者自陳，凡有他故不在位者俱免。臣居正辭俸守制，既與居常在位者不同，而奉旨侍講幄、辦閣務，又非諸臣不在位者可比。其應自陳與否，臣等未敢定擬，伏乞聖明裁示。"次日得旨："元輔本朕再四勉留，又准辭俸守制，着不必自陳。吏部知道。"

五日丁己②，上御皇極殿，百官行慶賀冬至禮。

是日，召鴻臚寺官至後右門，命中官傳諭："元輔張先生父喪七七已盡，着鴻臚寺官催先生，明日好日子，即出入閣辦事。"

六日戊午，上御平臺。命司禮監官孫斌至輔臣張居正第，宣召入見。居正奏："比者臣父不幸，仰荷聖恩，賜吊賜賻，又遣官治葬，卹典殊常。臣於國家未有尺寸之功，叨此隆恩，感洞心膂。"叩頭謝。上曰："先生孝情已盡了。朕爲社稷屈留先生，先生祇想父皇付託的意思，成全始終，纔是大忠大孝。"居正悲感哽咽。又奏："皇上前後諭旨，委曲懇切，臣愚敢不仰體？又昔承先帝執手顧託，誓當以死圖報，今日豈敢背違？但臣賦性愚直，凡事止知一心爲國，不能曲徇人情，以致叢集怨讎，久妨賢路。今日若得早賜放歸，不惟得盡父子微情，亦可保全晚節。"上曰："先生精忠爲國的心，天地、祖宗知道，聖母與朕心知道。那羣奸小人乘機排擠的，自有祖宗的法度處治他，先生不必介懷。"因諭："今日好日子，先生可就入閣辦事。"隨命賜銀五十兩、綵段四表裏，與酒飯喫。仍命文書官孫斌送居正至閣，居正即於禁門叩謝兩宮聖母恩賚，赴閣辦事。因疏謝曰："臣哀苦衷懷，難勝重任，摧殘形狀，有玷清班，撲

① 叅 明抄本作"參"，是。通行本作"叅"，誤。

② 己 "己"當作"巳"。

一八四

諸情①禮之宜，惟以縱歸爲當。乃蒙聖慈不加厭棄，曲賜慰留，起諸苫②塊之中，還畀絲綸之寄，釋其苴仗，假以冠裳，預涓吉旦以傳宣，特御内臺而晉接，恩光下濟，藹然家人父子之親，顧答頻煩，寧止魚水君臣之契？既服訓辭之諄切，復蒙殊錫之駢蕃，至於聖念之懃惓，難以名言而頌述。臣於此際，更復何辭？惟當益竭衷丹，矢堅精白。今雖暫授而止，靖共之念不敢少懈於斯須，儻終得請而歸，啣結之忱尚欲勉圖於異日。臣下情無任激切感戴之至。"次日，得旨："覽卿奏謝，朕知道了。禮部知道。"

七日己未，上御文華殿講讀。輔臣張居正致詞云："臣昨蒙聖恩召見於平臺，臣即遵命入閣辦事，今日再侍講筵，臣不勝感戴。"叩頭謝恩。上答曰："朕昨見先生容顏消瘦，回宮奏知聖母，着先生爲國保重，不必思家。"居正伏地流涕，奏言："臣犬馬餘生，伏蒙聖慈憐憫。"仍叩頭謝。

是日，上手詔諭所司："元輔張先生俸薪都辭了，他平素清廉，恐用度不足。着光祿寺每日送酒飯一卓，各該衙門每月送米十石、香油二百斤、茶葉三十斤、鹽乙百斤、黃白蠟燭乙百枝、柴二十杠、炭三十包。服滿日止。"

八日庚申，大學士呂調陽以星變自陳，疏曰："伏惟皇上祗畏天戒，簡覈臣工，仰見去垢剔瑕，飭勵有位，以上應除舊布新之義，甚盛心也。然臣聞論治貴乎識體，明主急在好要。查得先年災變考察事例，有但及在京堂上官，或間及緊要衙門者，即所謂③識體好要之説也。今廷臣之職，責任極爲至重，關係極爲至大，誠莫有如閣臣者，則所宜精覈而慎④評之，亦莫先於此矣。臣幸際聖明，致位閣、輔，二俸冒兼，一官罔效。非不欲殫竭心力，捐委軀命，以仰酬恩造之萬一。顧識本淺劣，性復疎愚，年已衰邁，病尤沉痼。忝居重地，委寄甚殷，自愧菲才，建明實寡。政令每仰承乎宸斷，莫效臣勞；謀猷幸附列於寅僚，愻非己力。頃方抱疴而求退，尋復遵命以趨朝，力疾

①情　明抄本作"請"，誤，通行本作"諸情"，是。
②苫　"苫"當作"苦"。
③謂　明抄本脱"謂"字。通行本補此字，是。
④慎　明抄本作"慎"，是。通行本作"填"，誤。

班行，强颜士類。耳目苦於昏瞶，貌已龍鐘；步履倩於掖扶，體猶狼疾。揆之分義，引避爲宜，矧玆大察之典，年老有疾者，咸在澄汰，不職如臣，委應首加屛黜，以肅官常者也。伏望聖明俯察臣言，實孚輿論，特賜罷免，別選才賢，共襄至治。則人事既修，而天意允協，消弭災變之道，不外是矣。臣不勝惶悚待命之至。"得旨："卿輔弼重臣，醇雅端慎，聞望素著①。比者屢次引疾，已有特旨眷留，豈可又以例求退？宜盡竭忠猷，贊成化理。不允所辭。吏部知道。"

　　大學士張四維自陳疏②云："臣惟我皇上克謹天戒，將振勵臣工，修常憲以應之，乾乾惕若之誠，可謂至矣。然應天貴於以實，治道去③其泰甚。百司庶府，雖曰同代天工，而展寀錯事，各有司存，縱或不職，所關猶細。至於密勿重地，參與化幾，一人資之爲丞弼，百揆賴之以平章。一或參匪其人，其爲瘝官蠹政，有非職專一事者比，干和召變，莫鉅於此。是以周官爕理之任，漢制災異之免，咸於三公焉歸之，良有謂也。臣本草茅疵賤，行能薄劣，頃歲負纍里居，自甘終棄。荷蒙我皇上矜念舊物，不遺遐遠，録召未期，拔置政本。臣誠感激非常恩遇，不自揣量，期以塵露之微，仰裨海嶽，苟有益於國家，當無惜於頂踵，臣之願也。夫何任逾其量，才不副心，自拜命以來，於玆三年矣，上之不能矢謨抒悃，仰贊聖聰，下之不能協慮吐奇，裨乂政理。優游卒歲，越致崇階，倖冒則多，報稱何有？是臣之不稱鼎司，章章著矣。蓋舉千斤之重，然後孱懦者知不能勝也；涉萬里之途，然後蹩曳者知不能前也。臣區區受事圖效之初心，至是而自審其力之不足也已。夫陳力就列④，不能者止，臣之義也。稽勞課能，以別殿最，政之經也。故雖散局末官，苟不稱職必黜，而況具瞻之任，顧容不肖者冒焉尸之？氛象之所由興，將不在是與？伏望皇上，念輔臣關係之匪輕，察臣愚自知之不誣，將臣特賜罷免，別選才賢，以充任使，庶幾物還其分，官惟其人，應天不爲彌文，而羣工競奮矣。臣無任悚懼待罪之至。"得旨："卿輔弼重臣，忠慎端亮，練達治體，朕簡任方殷，豈可引例求退？宜益殫猷爲佐，贊成化理。

---

① 著　明抄本無"著"字，誤。通行本補此字，是。

② 疏　明抄本作"既"，誤。通行本作"疏"，是。

③ 去　明抄本無"去"字，通行本補此字。

④ 列　明抄本作"例"，誤。通行本作"列"，是。

不允所辭。吏部知道。"

九日辛酉，上視朝。大學士張居正奏："先該臣奏乞辭俸，在京守制，已蒙聖明俞允。茲復蒙聖恩，命各該衙門日給酒飯，月給米、鹽、油、燭、柴炭等項，臣仰荷恩施，愈深惶悚。竊惟比者辭俸守制之舉，正欲別於居官食祿之臣，得奉俞音，始安微分。今乃叨此大賚，所入更爲加豐，月分內府之儲，日給大官之饌，是所辭者少，而所受者多①、既博虛名而獲實利，貪饕已甚，廉節奚存？不穡②不耕，益重風人之刺；繼粟繼肉，謬叨賓禮之隆。雖聖慈不靳於鴻施，在微臣實盈於鼴腹。將聚族而共食，豈一飯之敢忘？臣下情無任激切感戴之至。"得旨："覽卿奏謝，朕知道了。禮部知道。"居正復疏言："頃以星變示警，仰蒙聖明俯納言官所陳，飭舉考察之典，令京堂官皆自陳不職，以聽汰黜。臣雖已辭俸守制，猶然奉旨入閣辦事，日侍講③讀，實與事故離任者不同。昨該同官二臣，爲臣題請，伏奉聖旨：'元輔本朕再四勉留，又准辭俸守制，着不必自陳。吏部知道。欽此。'臣聞三公爲大臣之首，策免宜先；中書乃政本之司，感召爲切。臣才品最下，學術尤疏，居台府已逾十年，總樞機又且六載，上不能燮調元化，佐明主以察璣衡，下不能振舉宏綱，率羣僚而修品式，諸所注措，每見乖違，積此釁愆，殆非朝夕，故玄緯示掃除之象，在愚臣實罪戾之尤，謂宜亟賜汰除，庶以少懲瘝曠。豈意聖慈曲④垂弘庇？既諠黜幽之典，復寬自劾之章，俾以墨縗，仍參密務。臣謬蒙恩宥，愈切凌兢。退自省循，若爲消彌，謹當澡心自勵，克己知非。洗垢刮瘢⑤，雖莫追於既往；拾遺補過，期有救於將來。臣下情無任激切感戴省悔圖報之至。"得旨："覽卿奏謝，朕知道了。禮部知道。"

是日，文書房官孫斌傳諭內閣："京城內外錢法不通，小民受困，命輔臣議處。"居正等因奏云："臣等看得京師錢法，一向通行，近來偶因外省奸商，與販私鑄新錢到京，有等勢豪之家，賤價貿收，乘時射利，遂至錢價頓減，有十餘文纔當銀一分者，小民委的受困。茲奉聖諭，仰見皇上軫恤民艱至意。乞

①多　明抄本無"多"字，誤。通行本補此字，是。
②穡　明抄本作"穰"，通行本作"穡"。《張文忠公全集》奏疏六作"穡"。
③講　明抄本作"辦"，誤。通行本改"講"，是。
④曲　明抄本作"典"，誤。通行本改"曲"，是。
⑤瘢　《張文忠公全集》奏疏六作"瘢"。

下户部施行。"尋奉旨："朕聞京城內外錢法不通,小民受困,着户部設法疏通。其稅課房號等項,都用錢上納,有違法私鑄,及勢豪人等興販射利、阻壞錢法的,廠衛並五城御史嚴行訪挐,重治不饒。"

十日壬戌,以聖母慈聖皇太后聖節,賜元輔張居正銀五十兩,紵絲四表裏、金萬壽字四付①、金篆字十二個、金書黃符二道、黃綾符二道,次輔呂調陽、張四維各銀四十兩、紵絲三表裏、金萬壽字三付②、金篆字八個、金書黃符一道、黃綾符一道,講官申時行等六員各銀二十兩、紵絲③二表裏、金萬壽字二付④、金篆字三個、銀書紅符一道、紅綾符一道,正字官馬繼文等二員各銀十兩、紵絲⑤一表裏、金萬壽字一付⑥、金篆字二個、銀書紅綾⑦符一道。

十四日丙寅,上御文華殿講讀。先是,京營軍士以給散冬衣布疋粗惡不堪傳閱,皇親武清伯李偉攬納內庫錢糧,乾沒官價,今給軍之布⑧即偉所上納者,致使貧軍不沾上惠。語藉藉聞禁內,聖母慈聖皇太后盛怒,宣諭切責偉,復使中官傳諭輔臣:"若按驗得實,即盡法處治,不⑨私外家。"後使人廉問,實非偉所爲,乃包攬奸徒通同守庫內使乾沒耳。由是偉得不坐,第窮治諸爲奸利者,革退該庫內臣三十餘人。是日講罷,上顧輔臣張居正等言及此事,居正對言:"臣響⑩者見偉,每告以安分守法,善保富貴,其貪冒應不至此。若使按驗有狀,臣等亦唯知有國家,豈敢曲爲庇護?但連日訪問,諸奸惡已有主名,實不由偉。乃聖母此舉至公無私,中外臣民莫不仰誦。"上曰:"聖母之意,無非爲社稷、爲朝廷耳。"諸臣退而竊歎,以爲聖母不私外家,即漢明德不能及也。

十六日戊辰,命翰林院修撰陳于陛充會典纂修官。

十九日辛未,聖母慈聖皇太后萬壽聖節,上御皇極門,百

---

① 付 "付"當作"副"。
② 付 "付"當作"副"。
③ 紵絲 明抄本無"紵絲"二字,通行本有此二字。
④ 付 "付"當作"副"。
⑤ 紵絲 明抄本撫"紵絲"二字,通行本有此二字。
⑥ 付 "付"當作"副"。
⑦ 綾 明抄本"綾"上有"符一道、紅"四字。通行本脫此四字。
⑧ 之布 明抄本作"布疋",是。通行本作"之布",誤。
⑨ 不 明抄本"不"上有"吾"字,是。通行本脫此字。
⑩ 響 明抄本作"嚮",通行本作"響"。

官致詞稱賀。輔臣張居正先於會極門叩頭，詔賜酒饌。

二十四日丙子，上御文華殿講讀。南京浙江道御史朱鴻謨上疏申救吳中行等，上覽之怒，謂輔臣張居正等曰："鴻謨疏引救諭，是明知故違，敢於黨護，宜照前旨重罪不宥。"居正奏："鴻謨違犯詔命，本當重治，但詳其疏意亦無觸忤，不過書生沽名耳，乞從寬宥，庶於聖德彌光。且臣前已奏皇上，今後有言者，第宜置之，勿較可也。"上怒猶未釋，厲聲曰："這廝抗阻，還當重處。"居正復爲頓首力請，上意始稍解，曰："先生既如此說，且擬旨來看。"次日得旨："朱鴻謨這廝，故違諭旨，黨護救擾，本當照例重處。但元輔等面奏力解，姑從輕，着革職爲民，永不敘用。以後再有瀆擾的，還將朱鴻謨拏來，一併照例處治，決不再饒。吏部知道。"

萬曆起居注

萬曆五年十二月癸未，朔。

十三日乙未，以穆廟恭妃李氏薨，輟朝一日。

二十二①日壬寅，上御文華殿講讀。上與輔臣從容論所講《酒誥》篇戒崇飲之説。輔臣張居正等因言："往者百官多以宴會妨廢政事，自②郭子直等之後，大小諸臣皆夙夜競競，勉修職業，直有不惟不敢，亦不假③之意。"上曰："朕比奉聖母慈訓，宮中飲宴一切省減，及元宵燈火，往時猶設，今歲悉罷之。"居正等言："此皇上遇災而儆、減膳徹樂之意。"上復言："頃者星變，占云應在吳地。聖母因念吳地數被水災，小民困苦，即如織造一事，猶恐煩費擾民，相應裁省，近彼處有司奏織造者仍令解進，其餘未造未徵者，咸令停止，以蘇民困，不但蠲所少二十萬而已。"居正等因言④："聖母與皇上盛德節儉，軫民恤艱，思固邦本，即此一念，上與天通，天心必然感格，災沴自無不可弭者。"上又言："宮中袍服尚多，不能盡御，近所解進，試之亦往往長不適體，徒久貯笥中，殊可惜耳。"居正復言："願皇上回宮奏知聖母，嘗好作佛事，蓋欲廣資功德也。然不知佛事之功德有限，至於恤民一念，勝造千層寶塔，乃無窮之功德也。但聖諭欲俟孫隆等⑤運袍服至，令臣等擬旨停免，臣愚竊以爲，聖母、皇上既軫念彼中民困，宜早發德音，庶使窮民得速霑恩惠，請不候孫隆本至，即傳諭户、工二部施行。"上欣然納之。是日，諭户、工二部："朕念東南民力困敝，蘇杭織造病民，前差太監孫隆，着查已派及在於應織的，上緊織完回京，其未派並應措處錢糧，盡停行⑥免，以蘇民困。該地方官都着仰體朕敬天恤民之意，加意節愛，不許借稱上用，橫徵苛擾。"

三十日壬子，上祫享太廟。

---

① 二　此"二"爲衍字。

② 自　據《明神宗實錄》卷七〇，"自"下當有"罪"字。

③ 假　《明神宗實錄》卷七〇作"暇"。

④ 言　明抄本作"奉"，誤。通行本作"言"，是。

⑤ 等　明抄本作"二"，通行本作"等"。

⑥ 停行　"停行"當作"行停"。

萬曆
六年

萬曆六年正月癸丑，朔。

十五日丁卯，以元宵節賜輔臣張居正膳九品、元宵全、長春酒十瓶，呂調元①、張四維各膳七品、元宵全、長春酒五瓶。

先是，上出畫册二十六幅，命輔臣分授講官申時行等各賦詩。是日恭進御覽，輔臣張居正並所藏先臣李東陽題畫詩册進呈。上命賜居正銀葉四十兩，呂調陽、張四維各十兩，申時行等六員各五兩。

十六日戊辰，上諭內閣："朕奉聖母慈諭，賜元輔張居正坐蟒胸背蟒衣各一襲，次輔呂調陽、張四維每鬥牛蟒衣各一件，講官申時行等六員、正字官馬繼文等二員，每本等衣各一件。"

十八日庚午，上手札諭輔臣張居正曰："昨李淶説大婚禮不宜命先生供事，這廝却不知出自聖母面諭朕，説先生盡忠盡不的孝，重其事，纔命上公元輔執事行禮。先生豈敢以臣下私情，違誤朝廷大事？先朝奪情起復的，未聞不朝參居官食禄，今先生都辭了，乃這大禮亦不與，可乎？看來今小人包藏禍心的還有，每遇一事，即借言離間。朕今已鑒明了，本要重處他，因時下喜事將近，姑且記着，從容處他。先生祇遵聖母慈命要緊，明日起暫從吉服，勿得因此輒事陳辭。"居正因疏言："臣捧誦恩綸，不勝感激，不勝欽仰，即宜遵奉，無事瀆辭。但其事之本末，外廷之臣或不及知，而以臣爲有所踰越，以干大禮，臣不得不一言以自明。先該禮部題，大婚納採問名，請欽命大臣二員，充正副使行禮。該文書官丘得用口傳聖旨，傳示聖母慈諭：'這大禮還着元輔一行，以重其事。'又説：'忠孝難以兩盡，先生一向青衣角帶辦事，固是盡孝，但如今吉期已近，先生還宜暫易吉服在閣辦事，以應吉典，出到私宅，任行服制。欽此。'昨日又節奉聖諭：'朕奉聖母慈諭，賜元輔坐蟒胸背蟒衣各一襲。'該文書官丘得用又口傳聖旨：'着於十九日起，俱吉服辦事。欽此。'此臣被命充使、奉諭從吉之由也。伏念臣前

① 元　明抄本作"陽"，是。通行本作"元"，誤。

者具奏遵旨暫留，原以大禮期近。圖效犬馬微勞，以終顧命之重，然亦自知服色不便，不可與執事、辱大典。乃蒙天語諄諄，傳示聖母慈諭，謂先朝舊典，凡大婚納采問名、發冊奉迎，皆用班首勳臣及由閣首臣將命，又委曲諭臣暫易吉服從事。蓋聖母與皇上以腹心手足待臣，實與羣臣不同，故凡國家大事，皆欲臣爲之管領，而臣亦妄信其愚，不敢以羣臣自處，凡可以攄忠效勞者，皆不避形迹，不拘常禮，而冒然以承之。且士民之家，其父母有大喜慶事，爲之子孫者亦不敢以己之私忌，而違父母之使令，況事關君父，而臣又臣子之最親信者乎？然此實非外臣之所能窺、衆人之所可喻也。但聞之，古禮吉凶異道，不得相干，變服從吉，委爲未妥，李淶所奏，其意雖不可知，而其言未爲不是。伏望聖慈俯從所論，以禮使臣，奏上聖母，容臣仍以初服在閣辦事，凡一應典禮所當行者，謹當夙夜匪懈，悉心措畫，以贊襄嘉禮之成，不敢辭勞，惟是遣命充使一節，懇乞聖慈別遣大臣一員將事，免令臣與，庶大典不致於溷辱，而臣之初心亦得以少安矣。"得旨："卿祇遵奉慈命，勿以小人之言自阻。禮部知道。"

二十一日癸酉，上御文華殿講讀。

先是皇上踐祚之初，即修建慈寧宮，奉慈聖皇太后居之，輔臣張居正奏言："聖齡方幼，凡飲膳起居，須聖母留心看管，庶無他虞。今西宮雖就，未可移御，請慈駕且暫居乾清，與皇上同處，俟大婚之後，然後移居未晚。"太后從之，因於暖閣中設二榻，東西相向，聖母皇上對榻而寢。凡宮人三十歲以下者，俱不許供事左右。每日朝講後，即還侍聖母，非奉慈旨，不得一出殿門。飲膳起居，咸有節度，小或違越，即面加譴訶。以是皇上臨御以來，動無過舉，聖躬瑩粹，純真未鑿，實賴聖母訓迪調護之功。至是，大婚期近，乃還御慈寧宮，因諭元輔居正曰："皇帝大婚禮在邇，我當還本宮，不得如前時常常守着看管，恐皇帝不似前向學勤政，有累聖德，爲此深慮。先生親受先帝付託，有師保之責，比別不同，今特申諭，交與先生，務要朝夕納誨，以輔其德，用終先帝付託重義，庶社稷蒼生有賴焉。先生其敬承之。"仍賜坐蟒蟒衣各一襲、綵段八表裏、銀二百兩，用示惓惓懇切至意。居正疏謝，曰："臣欽奉聖母慈聖皇太后慈諭，該司禮監隨堂太監張鯨、慈寧宮管事牌子太監謹柯，恭捧到臣私第，臣謹叩頭祗領訖。臣捧誦恩綸，悲感交集。追念壬申之夏，先帝不豫，召臣等於御榻前，該司禮監太監馮保宣讀遺囑，以皇上付託，比時臣親聞我聖母在帷中口諭云：'江山社稷要緊，先生每務盡忠為國。'臣伏地痛哭，至於失聲。自惟才微力小，不能勝此重任。又念聖齡方幼，睿質未充，臣等外臣雖欲竭駑駘，效犬馬，然燕見之時有限，開導之益蓋寡，九重天遠，高卑迥隔，臣豈能日侍左右，以調護起居，輔養德性？每念及此，心切皇皇。仰賴我聖母天篤慈仁，躬親教育，居則同宮，寢則對榻，使非禮之言不得一聞於耳，邪媟之事不敢一陳於前，凡面命耳提、諄諄教戒，不曰親近賢輔，則曰聽納忠言，不曰懷保小民，則曰節省浮費。蓋我聖母之於皇上，恩則慈母也，義則嚴師也。至於臣之孤忠直道，屢被憸邪誣詆搖撼，亦惟我聖母深加鑒亮，曲賜保全，故臣得以益堅自信，盡展其愚。自皇上臨御以來，於茲七年，以聖躬則純真未鑿，天然完固；以聖學則精勤靡懈，日就光明；以內則道泰時清，民安物阜；以外則百蠻歸款，九塞塵清。揆厥所由，繄誰之力歟？仰惟我聖母隆功至德，豈獨慰我穆考憑几之託？其二祖列聖在天之靈，實默鑒之。今海內臣民歌誦聖德，推原本始者，亦惟祝願我聖母壽康福祉，等同天地，以保我子孫黎民於億萬年也。茲奉誥諭，以慈駕還宮，慮看管之少疏，恐聖德之有累，委臣以師保之責，勉臣以匡弼之忠，寵錫駢蕃，開喻懇切，臣捧讀之餘，涕泗交集。念臣昔承先帝付託之重，既矢以為國忘家、捐軀徇主矣。其在今日，敢不益攄忠藎，圖報國恩？但內禁、外廷，地勢自隔；臣謨、母訓，聽納懸殊。自茲以後，尚冀我聖母念祖宗基業之重，天位保守之難，凡所以保護聖躬、開導聖學者，尤望時加訓迪，勿替夙恩。臣知皇上純孝性成，必能仰承慈意，服膺不懈也。至於進盡忠言，弼成聖政，則臣分義所宜自盡者，雖微慈諭，猶當思勉，況奉教督諄諄，敢不罄竭愚衷，對揚休命？"得旨："覽卿奏謝聖母，具悉忠愛。知道了。禮部知道。"居正又密奏，言："今去大婚之期尚半月有餘，聖母移御西內，皇上獨居乾清，朝夕供事左右，不過宮人、內使，萬一起居欠謹，則九仞之功，虧於一簣，殊爲可惜。臣愚伏請聖母，以初二吉日暫還慈寧，次日仍御乾清，與皇上同處，待十九日冊后之後，然後定居慈寧。"太后從之。

二十七日己卯，上御皇極殿，傳制以選都督同知王偉長女爲皇后，遣少傅兼太子太傅英國公張溶、少師兼太子太師吏部尚書中極殿大學士張居正，持節行納採問名禮。禮畢，復命賜溶銀五十兩、綵段四表裏，居正銀五十兩、坐蟒紵絲二表裏、羅二表裏。

二十九日辛己①，仁聖皇太后萬壽聖節，上御皇極門受賀。

①己 "己"當作"巳"。

萬曆六年二月壬午，朔。

二日癸未，上御皇極殿，傳制聘都督同知王偉長女爲皇后，遣定國公徐文璧、少傅兼太子太傅吏部尚書武英殿大學士呂調陽、太子太保禮部尚書兼文淵閣大學士張四維，持節行納吉納徵告期禮。禮成，復命各賜銀五十兩、紵絲二表裏、羅二表裏。

納吉制曰："皇帝制諭中軍都督府都督同知王偉：大婚之卜，龜筮卿士協從，敬循禮典，遣使持節告吉。欽哉，故諭。"

納徵制曰："卿女有貞靜之德，稱母儀之選，宜共承天地宗廟，特遣使持節以禮納徵。欽哉，故諭。"

告期制曰："歲令月良，吉日庚子，大婚維宜，特遣使持節以禮告期。欽哉，故諭。"

是日，傳奉慈聖皇太后慈諭三道，一諭皇上云："說與皇帝知道，爾婚禮將成，我當還本宮，凡爾動靜食息，俱不得如前時聞見訓教，爲此憂思。爾一身爲天地神人之主，所係非輕，爾務要萬分涵養，節飲食，慎起居，依從老成人諫劝，不可溺愛衽席，任用匪人，以貽我憂。這個便可以祈天永命。雖虞舜大孝，不過如此，爾敬承之，勿違。"一諭內夫人等云："說與夫人牌子知道，我今還宮，皇帝皇后食息起居，俱是爾輩奉侍，務要萬分小心，督率答應的並各執事宮人，勤謹答應，不可斯須違慢。如皇帝皇后少違道理，亦須從容諫勸。勿得因而阿諛，以致敗度敗禮，亦不可造捏他人是非，暗圖報復恩怨，如有所聞，罪之不恕。"一諭內臣云："說與司禮監太監馮保等知道，爾等俱以累朝耆舊老成重臣，馮保又親受先帝顧命，中外倚毗，已非一日。但念皇帝沖年，皇后新進，我今還本宮，不得如前時照管，所賴爾等重臣，萬分留心。務引君於當道，志於仁義，儻一動靜之間，不由於理，不合於義，俱要一一諫勸，務要①納之於正，勿得因而順從，致傷聖德。爾等其敬承之勿替。"於是輔臣張居正等言："伏蒙頒示聖母勸勉皇上修德保身慈諭一道，又戒諭夫人牌子及司禮監太監馮保等調護輔導慈旨二道，臣等俯而捧讀，仰而嘆曰：'大哉，我聖母之訓乎？龜鑒藥石，

①要　明抄本作"求"，通行本作"要"。

不足以喻其明切也？淵哉，我聖母之德乎？明德宣仁不足以爲之比倫也。'竊聞父母愛子，必教之以義方，弗納於邪，乃爲真愛，子於父母，必服從其教訓，不貽父母之憂，乃爲至孝。況我皇上一身，承祖宗基業之重，爲天地神人之主，比之士民之家，其所關係寧止萬倍？故我聖母諄諄教戒，皆發於天性至慈，根於心而不容自已者。蓋惟其愛之也深，故其訓之也切，惟其訓之也切，益見其愛之之深也。至於慎起居，節飲食，毋溺衽席，毋用匪人，數語者尤爲緊切，帝王所以養德養身之要，舉不外此。伏望皇上仰體慈心，服膺明訓，不徒聽從於面命，尤必允蹈於躬行。大婚禮成之後，視朝、講學，比前更宜勤敏，至於晏①息幸御，尤望萬分保愛，萬分撙節，心存兢業，常如聖母之在前，身服教言，恒若慈音之在耳，則聖壽可等於松喬，聖德可媲於堯舜，宗社億萬年無疆之慶，實在於此。此乃皇上之至孝，所以仰承聖母之真愛者也。臣等恭錄慈旨三道，宣付史館，垂示萬世。不勝欽仰祈望之至。"得旨："聖母慈訓，朕當拳拳服膺。尚賴卿等朝夕納誨，左右匡弼，庶克有成。覽奏知道了。該衙門知道。"

日②甲申，上御皇極殿，整容上中。輔臣張居正、呂調陽、張四維侍殿中，恭視禮成。賜居正銀一百兩，紵絲六表裏，調陽、四維各銀八十兩、紵絲四表裏，講官申時行等六員各銀三十兩、紵絲二表裏，正字官馬繼文等二員各銀十五兩、紵絲一表裏。於是居正等疏辭，言："伏蒙聖恩，以臣等恭視皇上整容上中，特賜銀兩表裏，並日講官等亦各賫及。臣等被命之餘，愧汗沾背。仰惟天恩寵賫，豈敢抗違？但奔走效勞，乃臣子常分。自舉行大禮以來，臣等節被恩施，不一而足，至於今次所賫，尤爲踰常，內自省循，實爲忝竊，即講讀諸臣亦每向臣等言：無勞叨賞，於心不安。伏乞聖慈俯鑒愚誠，容臣等將今次恩賫辭免，仍送該衙門交收，庶橫恩不至於屢濫，愚心亦得以少安。"得旨："朕上中始謂成吉，奉聖母慈命賜賫，即內監咸與，況輔相豈可獨後，不爲一體待視？③先生等宜欽承慈眷，併示講讀諸臣勿辭。"居正等復疏謝云："伏惟寵命再臨，聖眷愈

---

① 晏　明抄本作"英"，誤。通行本作"晏"，是。

② 日　明抄本"日"上有"三"字，是。通行本脫此字。

③ 獨後，不爲一體待視？　明抄本作"後不獨爲一侍視"，誤。通行本作"獨後，不爲一體待視"，是。

篤，臣等欲再具辭，恐瀆違抗，謹已頓首祇領，並傳示講官臣申時行等，以恩眷殊常，俾知感奮。但揆之臣子分義，終有未安。此後仍望皇上念古人愛惜噸笑之義，凡橫恩殊賚，免行濫及，不惟使臣等微分得以少安，亦所以勵廉讓之節，作敬事之忠也。除臣調陽、臣四維等廷謝外，臣居正緣奉有前旨，不敢於外廷行禮，謹具題稱謝以聞。"

十日辛卯，上諭內閣："昨見遼東捷報非常，即奏聞聖母，蒙面諭朕云：'賴天地祖宗默佑，此時正爾行嘉禮之際，有此大捷，乃國家之慶，我心甚喜。元輔運籌廟謨，二輔同心協贊，纔得建此奇功，我勉留張先生，這是明效。'朕恭對云：'聖母慈諭的是。'茲恭述以示先生等知。一應敘錄，宜從優厚，用稱朕惓惓仰體聖母至意。"輔臣居正等因言："臣等捧讀恩綸，不勝欣躍，不勝感激。看得遼東一鎮，切鄰虜巢，數年以來，無歲無警，邊民苦於侵掠，官軍疲於戰守。邇賴皇上聖明，留神邊備，軫念該鎮將士比諸邊獨苦，加賜加賞，歲無停時，增餉增兵，數破常格，以故將士感奮，咸思樹立，以報國恩。前擒王杲，斬馘一千有餘，繼戰平虜，獲級二百之上。至於今次建功，尤爲奇特，出邊二百餘里，斬獲四百三十，彼之精銳，咸就殲夷，我之損傷，止於一卒，使東胡破膽，頓消窺伺之謀，西虜驚心，益謹款關之約，誠該鎮百餘年間未有之奇勳也。且當嘉禮肇行之期，慈御移居之日，而捷音凱奏，千里飛傳，文德武功，一朝咸萃。臣等列職丞弼，恭逢盛事，欣慶踴躍，實倍恒情。然此實上帝申庥，祖宗垂佑，我皇上天威遠震，諸將士戮力用命之所致也。臣等以章句腐儒，竊祿禁近，曾靡尺寸，仰贊廟謨，乃荷宸綸，謬加獎異，又恭述聖母惓惓倚眷至意，尤踰尋常，臣等內自省循，誠不知將何爲報也。夫有非常之功者，宜受非常之賞，今該鎮捷報實爲非常，俟兵部題覆本上，臣等謹遵諭擬賞，悉從優厚。至於臣等，則先已奉旨不得侵冒邊功，臣居正又屢次奏辭，荷蒙俞允，此則萬萬不敢叨承者也。臣等不勝欣忭感切之至。所有原奉聖諭，謹尊藏閣中，以昭天眷，並稱謝以聞。"

十九日庚子，上御皇極殿，傳制遣少傅兼太子太傅英國公張溶充正使，持節，少師兼太子太師吏部尚書中極殿大學士張居正、太子少保禮部尚書兼翰林院學士馬自強，捧制敕冊寶，行奉迎禮。奉迎制曰："皇帝制諭中軍都督府都督同知王偉：茲日之吉，嘉禮宜成，特遣使持節，以金冊金寶儀物，備禮以迎。欽哉，故諭。"冊文曰："朕惟天地職覆載之常，乾元必資乎坤順，君后理陰陽之教，國治蓋本於家齊。故嬀汭嬪虞，光啟重華之運；涂山翼禹，誕開文命之基。惟宗祧之重計攸關，肆昭代之彝章具在。咨爾王氏，星軒降秀，沙麓兆祥，躬淑哲以倪天，體安貞而應地，上副慈闈之簡，下孚泰筮之占，宜表正於宮庭，用登崇其位號。茲特遣使持節，以金冊金寶立爾為皇后，主領長秋，母儀函夏。爾尚明章陰教，嗣續徽音，帥六壼以式萬方，懋端一誠莊之行，奉兩宮而承九廟，服孝慈仁敬之規，鷄鳴儆戒以相成，麟趾繁昌而益衍，用篤邦家之慶，永流圖史之光。欽哉。"禮成，溶等復命，各賜銀五十兩、紵絲四表裏。

二十日辛丑，上率皇后行朝見兩宮禮。

是日，諭內閣："朕大婚禮成，仰惟兩宮聖母鞠育教訓，恩同罔極，宜加上尊稱，以少伸孝誠，卿等擬敕，諭禮部遵行。"於是，居正等言："臣等竊聞，孝莫大於尊親，功必歸於本始。仰惟我皇上睿知有臨，明哲作則，雖天授英資，獨鐘間氣，然仰賴我聖母撫育教迪之恩，實有配天地而難名者。茲奉聖諭，欲加上徽稱，以伸酬報，誠聖朝熙隆之典，大孝尊親之實也，臣等謹欽遵。除尊稱字號另擬點用外，其敕諭於頒詔後即發下禮部遵行。所有原奉聖諭，臣等謹尊藏閣中，宣付史館，以昭示萬世。謹具題以聞。"

二十一日壬寅，上率皇后詣兩宮聖母前，行謝恩禮，皇后詣上前，行謝恩禮，畢，上出御皇極殿，以冊立中宮詔告天下，詔曰："朕惟兩儀之位，承乾以坤，萬化之原，由家而國，君聽外治，后宣內教，此天地之大義也。朕恭膺天命，嗣守祖基，夙夜兢兢，欲保茲歷服，傳之世世。睠惟大婚之禮，所以昌祚基化，人道重焉。邇者，聖母仁聖皇太后、聖母慈聖皇太后，特諭所司，簡求令淑，作配朕躬，仰遵慈命，謹詔告天地、宗廟，於萬曆六年二月十九日，冊立王氏為皇后，正位中宮，以共承宗祀，奉養兩宮，肇風化於九圍，綿本支於萬世。布告中外，咸使聞知。"

二十二日癸卯，上御皇極殿，百官上表稱賀。是日，命婦朝賀中宮。百官賀皇上表曰："伏以維聖盡倫，崇建六宮之範，自天作合，弘開萬福之原，基風教於九圍，衍本支於百世，事關宗社，歡動臣民。恭惟皇帝陛下，睿智有臨，明哲作則。受天駿命，誕承圖籙之庥；紹祖鴻基，祗奉神靈之統。屬此周道寖明之會，寔惟文王嘉止之期。乃遵教於慈闈，爰慎求乎淑德。遂膺寵冊，昇儷崇宸。祎翟珩璜，備服光增於袞玉；鼓鐘琴瑟，和《鳴聲》協於《簫韶》。揆法象而星耀軒龍，卜靈辰而月符祺燕。於以承嚴禋於九廟，於以奉孝養於兩宮。茂育羣生，允矣乾坤之合德；垂光八表，昭然日月之並明。臣等幸際熙昌，恭瞻盛美，二南風化，廣《關雎》正始之音；萬年室家，獻《既醉》太平之雅。伏願修身以基齊治，建極而享平康。以清以寧以為貞，得一茂綏乎帝祉；多壽多富多男子，祝三永迓乎天庥。臣等無任瞻天仰聖欣慶踴躍之至。"命婦賀仁聖皇太后表曰："伏以化基宮閫，治內儷治外而稱尊；禮重宗祧，長樂得長秋而衍慶。盈廷有爛，含氣胥懽。恭惟仁聖皇太后陛下，貞順夙成，肅雍允備。《雞鳴》致儆，陰毗穆穆之風；《樛木》示慈，誕發振振之瑞。聖躬允資於佑啟，母道聿顯其光華，德比珩璜，名輝圖史。屬者軫帝齡之方茂，感風人之好逑，謂萬福之原，始諸匹配，而二姓之好，象彼乾坤，慎選淑媛，俾承宸御。文王嘉止，文母之福履彌綏，太姒嬪京，太任之徽音克嗣，九有慶中闈之有主，六宮仰慈極之增輝。妾等幸際熙辰，忻逢嘉禮，祗深雀躍，莫罄嵩呼。伏願百世本支，長奉含飴之慶；萬年景命，永承恩媚之庥。"賀慈聖皇太后表曰："伏以坤維貞靜，承乾德以含光；婦順明章，纘母儀而協極。化宣閨閫，慶溢家邦。恭惟慈聖皇太后陛下，德蘊貞純，性涵溫惠，居惟循夫圖史，動悉應夫箴規。翊贊功深，類塗山之佐大禹；劬勞德茂，同慶都之誕神堯。長樂尊崇，致養方隆於萬國；洽陽嘉止，卜祥爰儷乎一人。主饋得賢，承祧有賴，襲休徵於筦簟，表令範於椒蘭，縟典告成，徽音克嗣。妾等幸叨壺教，仰戴慈恩，祗深慶忭之忱，莫罄揄揚之悃。伏願覬增視膳，祉遂含飴，蟄蟄繩繩，百世綿本支於有永，皇皇穆穆，萬年歌景命於無疆。"賀中宮箋曰："伏以紫掖昇華，肇啟二南之化；彤庭渙命，遹觀六禮之成。慶溢寰區，歡騰臣妾。恭惟皇后殿下，鍾祥令族，毓粹神都，質柔順以倪天，德安貞而應地。屬聖齡方茂，來嬪有待於塗山；乃天意攸鍾，作合已占於渭涘。肆協神謀之吉，爰徵文定之祥，褘翟光華，星軒朗潤，獻秬種而相祀春秋，奉九廟之蒸嘗，羞脯粟以承歡左右，致兩宮之孝養，聿章婦順，允稱母儀，象彼坤維，配乾元而載物，方之月綵，儷日馭以中天，永膺函夏之歸心，茂迓長秋之介祉。妾等幸際光華之旦，獲從朝謁之班，慶忭寔深，揄揚莫既，伏願化先壺政，道贊皇風。慶鍾乎《麟趾》《螽斯》，穆穆皇皇，益衍無疆之祚；和徵於《葛覃》《樛木》，雍雍肅肅，恒培有羨之祥。"

以大婚禮成，賜輔臣居正銀五十兩、紵絲羅四表裏，調陽、四維各銀四十兩、紵絲羅四表裏，中書官馬繼文等各十兩。

命修撰黃鳳翔、編修王弘誨、劉瑊管理文官誥敕。

是日，傳旨："冊劉氏爲昭妃，楊氏爲宜妃，禮部具儀擇日來聞。"

二十三日甲辰，上諭內閣："朕尊上兩宮聖母徽號，內庫缺乏銀兩，卿等傳與戶部、光祿寺，各十萬來用。"

二十六日丁未，上視朝。鴻臚寺奏宣遼東捷音，賞報捷人衣服鈔錠。

是日，以祭歷代帝王，上御文華殿致齋。

傳旨下兵部："昭妃父劉應節、宜妃父楊臣，俱與做錦衣衛正千戶帶俸。"

二十七日戊申，以遼東大捷，上御皇極門，羣臣致詞稱賀。

輔臣張居正等題："伏蒙發下兵部覆遼東禦虜功次本，敍及臣等，該文書官丘得用口傳聖旨：'前有諭，先生每運籌有功，該加恩敍錄。擬旨來行，欽此。'天恩下逮，綸旨傳溫，臣等不勝感激。但決機奮勇，執銳披堅，本諸將士之力，即該鎮督撫官親總戎行者，猶不可與之並論，況臣等官列禁近，職在論思，仰賴皇上威德遠播，屢殲醜虜，邊境輯寧，臣等因緣遭際，霈被寵榮，已為萬幸，豈敢又貪冒天功、妄希恩賚？況前已有明旨，不許敍及閣臣之功，臣等又曾屢辭恩命，今若因此復行叨冒，是明旨不信於人，而臣等前次具辭皆出於矯飾耳。內自省循，事體欠妥，所有恩命，終不敢當。謹將兵部本，遵奉前諭，俱從厚擬，賞其加恩臣等一節，必望聖慈俯鑒愚誠，特賜停寢，庶功賞不至於混濫，愚分亦得以少安。臣等抗違寵命，不勝戰慄悚懼之至，謹具題以聞。"奉聖旨："該鎮大捷，實卿等運籌之功，陞蔭非濫。既懇辭，朕勉從。賜元輔銀一百兩、綵段六表裏，次輔二各八十兩、四表裏，以示襃嘉。該衙門知道。"

是日，上諭內閣："朕大婚禮成，元輔張先生受先帝付託，殫忠竭力，左右朕躬，啟迪保護，功難名述，宜加殊恩，以表眷酬。二輔同心協贊，勞績茂著，並宜敍錄。擬敕來行。"居正因疏言："臣等伏誦恩綸，不勝感激。竊惟有勞必錄者，君父之洪恩；隨事效忠者，臣子之常分。臣等職列丞弼，恭逢盛典，雖少効犬馬之勞，曾未補萬分之一。屢叨厚賚，已為忝竊，豈敢復有所希覬？但天恩下逮，未敢遽違。除臣居正方在守制，又具疏乞歸，不敢承領外，謹將臣調陽、臣四維遵奉聖諭，擬敕稿進呈。伏乞聖明裁定施行。"

以恭視寫昭妃、宜妃金冊，賜輔臣張居正、呂調陽、張四維各銀二十兩、紵絲一表裏，制敕房辦事少卿徐繼申等十五員，各銀三兩。

二十八日己酉，敕吏部："朕大婚禮成，內閣輔臣忠勞茂著，宜加特恩。元輔張居正受先帝付託，盡忠輔導，保護啟迪，勳猷獨茂，宜加殊禮，以答元功。但元輔以守制懇辭，暫從其請，候制滿之日，該部奏請加恩。次輔呂調陽，加支尚書俸，進兼建極殿大學士。張四維，加少保，進武英殿大學士。兼官俱照舊，仍各蔭一子做中書舍人，以示酬眷。如敕奉行。"

輔臣張居正奏："臣於去年九月二十五日，聞父憂，屢疏乞請回籍守制，未蒙俞允。仰荷聖恩，特遣司禮監官為臣父造葬，降諭慰留，至再至三。臣不得已，奏乞暫遵諭旨，辭俸在京守制，仍候大婚禮成，再請歸葬。奉聖旨：'卿為朕勉出，朕心始慰。這所奏俱准。歸葬一節，還候旨行。欽此。'比時臣仰沐恩眷殊常，誠不忍一旦背而遠去，又知聖意堅定，若瀆擾不已，必獲重譴，且大婚期近，臣叨承先帝付託之重，若不於此一效微勞，即歸伏草莽，心豈能安？故暫留以順上命，預請以訂歸期，誠萬萬不得已而為之者也。既荷聖慈俞允，許以候旨而行，則又自幸烏鳥微情，亦必得遂於今日矣。茲遇皇上嘉禮備成，又值兩宮聖母大慶，臣得以淺陋之識，討論故事，贊成盛典，犬馬圖報之忱，於是少效，乃敢復申前請。今賴聖明在上，中外事體帖然底定，儻蒙天恩垂憫，慨然允臣回籍終制，固為萬幸矣。若皇上必欲留臣驅使，俾竭其①駑駘之力，則願乞數月之假，候尊上聖母徽號禮成之後，星馳回籍，送臣父骨歸土，即依限前來供職，以畢臣惓惓圖報之忠。臣得了此一念，剖心裂肝，死無所恨。臣干冒天威，不勝戰慄隕越之至。"得旨："卿受遺先帝，輔朕沖年，殫忠宣勞，勳猷茂著，茲朕嘉禮初成，復奉聖母慈諭，惓惓以朕屬卿，養德保躬，倚毗方切，豈可朝夕離朕左右？況前已遣司禮官營葬，今又何必親行？宜遵先後諭旨，勉留匡弼，用安朕與聖母之心，乃為大忠至孝。所請不允。吏部知道。"

① 具 《張文忠公全集》奏疏七作"其"，是。

二十九日庚戌，上視朝。輔臣張居正復奏："茲者以臣父歸窆有日，疏乞回籍送葬，奉恩旨慰留，臣伏誦宸綸，涕泗橫集。臣雖賦質愚昧，然君臣大義，頗知向方，耿耿孤忠，寧敢自負？但臣今日所祈，非欲長往遠引，忍於背違者也。痛念先臣生臣兄弟三人，愛臣尤篤，自違晨夕，十有九年，一旦訃聞，遂成永訣，生不得侍養焉，歿不得視含焉，每念及此，五內崩裂，一從聞訃，籲天①號泣，恨不能朝被命而夕就道也。後屢奉溫諭，慰留諄切，義不敢抗，情不忍離，又念大婚期近，欲因此一効犬馬微勞，故暫留以俟後命。此臣處君臣父子之變，不得已而委曲以求通者也。然抱此隱痛，神往形留，加以孤志不明，橫遭狂訕，內憂外侮，畢集於一身，數月以來，志意衰沮，形容憔悴，惟含慟飲泣，屈指計日，以俟嘉禮之成，冀以俯遂其初願耳。夫盡忠所以成孝，而死者不可復生，臣豈不知今日之歸無益？臣父之死，且重荷殊恩，特遣重臣為之造葬，送終之禮已為極至，臣今雖去，亦復何加？但區區烏鳥私情，唯欲一見父棺，送之歸土，以了此一念耳。若此念不遂，雖強留於此，而心懷蘊結，形神愈病，必不能專志一慮，以圖國家之事，公義私情，豈不兩失之乎？比得家信，言臣父葬期擇四月十六日，如蒙聖慈垂憐，早賜俞允，給臣數月之假，俟尊上兩宮聖母徽號禮成，即星馳回籍，一視窀穸，因而省問臣母，以慰衰顏，儻荷聖母與皇上洪庇，臣母幸而康健無病，臣即扶持同來，臣私念既遂，志意獲紓，自此以後，當一心一慮服勤終身，死無所憾。是今雖暫曠於數月，而後乃畢力於終身，皇上亦何惜此數月之假，而不以作臣終身之忠乎？此臣之所以叩心泣血，呼天乞憐，而不能自已者也。若謂臣畏流俗之非議，忘顧託之重任，孤負國恩，欲求解脫，則九廟神靈鑒臣之罪，必加誅殛，人亦將不食其餘矣。臣情出迫切，冒瀆宸嚴，自干斧鉞，誠不勝戰慄惶悚之至。"疏上，復附奏言："臣今者具本再乞天威，止是請數月之假。葬臣父畢，即星馳赴闕，不敢久留於家。且今中外事體大定，數月之間，萬無足慮者。臣仰知皇上之心，必垂憐憫，但恐聖母付託諄切，未肯俯鑒微情。伏望皇上為臣

① 天　明抄本脫"天"字。通行本補此字，是。

轉奏聖母，暫放臣回，事畢即與臣母同來，必不敢孤負國恩，自干罪譴。臣擬於三十日恭侍日講，得以面訴苦情，感動天聽。今聞免講，不得面陳，故不避煩瀆，除具奏外，附揭再乞，伏冀聖慈矜憐。臣干冒天威，不勝戰慄隕越之至。"是日，乃得旨："朕勉留卿，原爲社稷大計，倚毗深至。覽卿此奏，情詞益迫，朕不忍固違。准暫回籍襄事，還寫敕差文武官各一員護送。葬畢，就着前差太監魏朝，敦趣上道，奉卿母同來。限至五月中旬到京。往回都着馳驛。該省撫按官仍將在籍起身日期，作速差人奏報。該衙門知道。"於是居正疏謝曰："臣屢疏陳情，萬非得已，瀆擾天聽，方切悚惶，乃蒙聖慈不加譴訶，特賜俞允，又遣官衛導，預定來期。臣憂苦之悰，一朝頓解，抆淚雪涕，忽若更生，不惟臣父有知啣感於地下，因以昭示天下，使知君父有兩重之恩，忠孝有曲全之道，凡爲人臣者，孰不思委質捐軀，以盡莫逆①之分？爲人子者，孰不思竭誠致慎，以伸難解之情？聖朝懿舉，又不獨關係臣一身之進退而已。顧臣昔者急切求歸，祇欲遂烏鳥思親之念；今者違離有日，又不勝犬馬戀主之心。擬候兩宮聖母徽號禮成之後，伏乞特賜召見於便殿，一睹天顔，面陳微悃，以少伸瞻戀之忱。臣仰荷隆恩，不勝激切感戴之至。緣奉有前旨，不敢於外廷行禮，謹具本親齎奏謝以聞。"得旨："覽卿奏謝，朕知道了。待卿行有定日，朕於文華殿召卿面辭。禮部知道。"

① 逆　明抄本作"迯"，是。通行本作"逆"，誤。

萬曆六年三月壬子，朔，以恭視寫篆仁聖懿安皇太后、慈聖宣文皇太后冊寶，賜輔臣張居正銀六十兩、紵絲四表裏，呂調陽、張四維各銀五十兩、紵絲四表裏，中書官徐繼申等十五員各銀幣有差。

大學士呂調陽以加恩疏辭，云："仰惟皇上帝眷申綏，聖齡茂衍，茲者遵承慈諭，肇舉大婚，嘉禮告成，神人胥懌，爰推恩於閣輔，肆謬及於臣愚。俸級加支，食冒尚書之厚，殿班升直，名聯建極之榮。蔭敍濫膺，獲延後裔，雖遭逢之自慶，預報稱之難圖。念臣資稟甚屬，才識最劣，建明素寡，績效鮮聞，奠食每浮其勞，拜官弗稱其任，叨承延賞，實愧論功，器小而受已盈，福過而災且至。頃因衰瘁，懇疏乞休，控避莫伸，矇冒益逾，是乞辭而反受，求退而乃前，滋顛躓之憂，而增危殆之懼，臣所爲控忱瀝悃，而莫知自處，非有矯飾也。伏望皇上，察臣之言，本由衷出，收回成命，俾得仍舊供職，勉圖寸效，則朝廷恩賚庶無濫及，而臣愚分義亦可少安矣。"得旨："卿輔導朕躬，贊襄嘉禮，忠勤茂著，加恩已有成命，宜欽承勿辭。吏部知道。"

大學士張四維亦以加恩疏辭，云："臣聞命自天，感激跼躇，莫知攸措。竊惟三孤爲貳公弘化之官，殿直乃邃密高華之職，至於延世懋賞，中舍清階，在朝廷悉特異之恩，非功不授，在臣子皆希有之遇，得一爲榮。顧臣何人，而克堪此？捫躬循分，寔切悚惶。臣本章句陋儒，蓬蓽賤士，行能無取，意望甚微。頃遇皇上，睿聖膺圖，旁求俊乂，誤以埏埴末品，參列鼎司，分顧既逾，伎倆有限，糜祿且及三載，責效未有絲毫，朝夕兢兢，方懼罪尤之不免也。茲者伏遇皇上嘉禮告成，祚綿宗社，臣欣幸踴躍，寔與普天同慶。功何有焉？乃蒙聖慈猥頒異寵，震曜稠疊，超越常格，蓋在昔人臣，雖有崇德茂功，所不能備膺者，臣皆兼而有焉。賞不當功，人將安勸？享逾其量，鬼神且將瞯之。是以臣得寵若驚，魂怔營而不定也。伏望聖明，鑒臣愚悃，收回成命，俾臣仍以舊職，勉供任使。臣當夙夜孜孜，策勵駑鈍，冀輸塵露萬一，用贖瘝曠，臣之願也，臣之幸也。"得旨："卿輔導朕躬，贊襄嘉禮，忠勤茂著。加恩已有成命，宜欽承勿辭。吏部知道。"

二日癸丑，上御經筵。

上詣慈慶宮，上奏書，云："子皇帝臣（御名）謹奏：伏惟聖母仁聖皇太后陛下，德同坤厚，慈若春溫，誕保惠於冲人，用允升乎至治。尤念宗祧之重，特勤賢淑之求，肆嘉禮之告成，慶徽音之有嗣，恩莫酬夫高厚，情敢後於揄揚？祇率彝章，博稽輿議，將以三月初六日，恭率文武羣臣，奉册寶加上尊號，曰仁聖懿安皇太后。伏冀尊慈，俯從微悃，茂膺顯號，箕疇斂五福之徵，永介繁禧，軒曆衍萬年之祚。臣不勝惓惓之至，謹具奏聞。"

是日，上復詣慈寧宮，上奏書，云："子皇帝臣（御名）謹奏：仰惟聖母慈聖皇太后陛下，天授睿明，性成仁孝，蟠根仙李，配皇考而已叶貞符，入戶玄雲，誕眇質而彌彰瑞應，肆在初之貽哲，即以正而養蒙，七載於茲，萬邦其乂。茲者法二儀而定位，備六禮以升賢，睦家室之攸寧，仰庭闈之多豫。爰稽舊典，申講慶儀，將以三月初七日，恭率文武羣臣，奉册寶加上尊號，曰慈聖宣文皇太后。仰祈慈鑒，誕受崇稱，大書不一書，播徽音於有永，得名必得壽，綏繁祉於無疆。臣不勝惓惓之至，謹具奏聞。"

以撰進尊上兩宮聖母徽號奏書用寶，賜元輔張居正銀二十兩、紵絲二表裏，次輔呂調陽、張四維各銀十五兩、二表裏。

三日甲寅，上御皇極殿，傳制册劉氏爲昭妃、楊氏爲宜妃。遣公徐文璧、伯楊炳持節，大學士呂調陽、張四維捧册，行禮。昭妃册文："制曰：朕恭承慈訓，式敍彝倫，惟王化始於宜家，既肇建中宮之位，而壼政資於多助，用敷求內職之良，名號攸崇，典章具在。咨爾劉氏，柔嘉爲性，貞靜自持，禮度夙閑，動有珩璜之節，言容純備，行符圖史之規，爰副長樂之簡掄，俾翼坤寧之教範。慈特封爾爲昭妃，象應四星，麗紫垣而耀綵；

榮先九御，煒彤管以流芳。服此寵光，迪惟淑慎，尚祇勤於夙夜，用集慶於家邦。欽哉。"宜妃冊文："制曰：化先閨闥，式資協贊之良；禮重宗祧，宜廣繼承之道。爰率備官之茂典，載頒敍進之明恩，光我壼儀，亶惟邦媛。咨爾楊氏，儲祥令族，毓粹中州，端良合法相之徵，窈窕副好述之選。徽容有曄，已參景曜於軒龍；懿號所加，宜亞聲華於褕翟。慈特封爾爲宜妃，椒涂敷秀，聿昭四德之休；蘭殿承芬，用佐二南之化。尚其祇服，勿替執勤，勉遵圖史之規，丕衍本支之慶。欽哉。"諸臣行禮畢，復命賜文璧、炳、調陽、四維各銀五十兩、紵絲四表裏。

輔臣張居正等疏言："照得閣臣，列在禁近，以備顧問，代王言，其職務最爲繁重，必博求賢哲，廣集衆思，乃足以仰贊皇猷，弼成化理。今臣居正，以題奉欽依，給假回籍，止臣調陽、臣四維二人在閣，誠恐聞見有限，辦理不前，或致誤事。伏乞聖明，俯察在廷諸臣，有心術端正、才識優長者，特賜簡拔一二人，與臣等同辦閣務，共濟有賴，庶事可康。臣等又查得，先朝簡用閣臣，多出特旨，間有下部會推者。又查得萬歷①三年八月內，該臣等以閣臣員缺，題請簡用，奉聖旨：'卿等舉堪任的來看。欽此。'隨該臣等推舉詹事府掌府事吏部左侍郎兼翰林院學士張四維等三員，欽蒙御筆點用臣四維。合無今次仍請聖明特簡？或敕下吏部會推，上請點用？"得旨："卿等推堪是任的來看。"居正等復疏言："萬曆三年八月內，臣等奉旨推舉，得詹事府掌府事吏部左侍郎兼翰林院學士張四維、吏部左侍郎兼翰林院侍讀學士馬自強、詹事府少詹事兼翰林院侍讀學士申時行三員堪任，奉御筆點用臣四維，其馬自強等二員，隨蒙聖明簡擢，馬自強陞禮部尚書，加太子少保，申時行歷陞吏部右侍郎，仍日侍講讀。是二臣之才品學識，固已簡在聖心矣。今臣等公同評品堪任是職，似亦無踰於二臣者，敢仍以二臣推上。伏乞聖明再加審酌，於二臣之中，或簡用一員，或並用二員，令其與臣等同辦閣務，深爲便益。再照二臣才品雖同，年資稍異，馬自強任禮部尚書已及三年，近又恭遇大婚嘉禮，頗效勤勞，似應量加一品宮銜，仍以尚書兼閣學辦事，申時行

① 歷 "歷"當作"曆"。

年資稍淺，似應量轉左侍郎，兼閣學辦事，乃爲相應。臣等俱未敢擅便，謹題請旨。"得旨："馬自强以本官加太子太保，兼文淵閣大學士，申時行陞吏部左侍郎，兼東閣大學士，俱着隨元輔等在內閣辦事。吏部知道。"

六日丁己①，上御皇極殿，奉册寶，躬率文武羣臣，詣仁聖懿安皇太后宮，恭上尊號行禮。册文曰："子皇帝臣（御名）謹稽首再拜上言：伏以協義而禮斯興，特舉皇王之盛節，立愛自親者始，丕昭天地之常經，慶集六宮，歡騰萬國。恭惟聖母仁聖皇太后陛下，倪天鍾粹，儷聖居尊，言圖史而步珩璜，每切《雞鳴》之儆，儉《葛覃》而仁《樛木》，果符《麟趾》之徵，擁佑菲躬，纘承大寶，祉履方隆於燕喜，褒章未悉於鴻名。頃奉睿慈，簡求令淑，鐘鼓琴瑟，既諧樂得之心，稀紞紘綖，有相吉蠲之禮，式光內治，爰舉上儀，雖蕩蕩無能名，莫闕博厚，而業業致其孝，勉極形容。謹率文武羣臣，敬奉册寶，加上尊號，曰仁聖懿安皇太后。伏願受天之祐，如月之恒，謀翼子而詒孫，椒寢兆蕃多之瑞，教正家而及國，蘿圖增鞏固之庥。臣（御名）誠懽誠忭，稽首，頓首，謹言。"

輔臣張居正等題："該文書官丘得用口傳聖旨：'奉聖母慈諭，着潞王出閣讀書。欽此。'照得祖宗舊制，親王行冠禮後，即出閣讀書。五年三月初八日，潞王殿下加冠，已奉聖母慈諭，即欲舉行出閣禮。此時臣等以纂修皇祖《實錄》未完，史館供事人員混雜，恐妨殿下讀書，請俟《實錄》修完舉行。至七月間，纂修事畢，偶於文華殿侍講，語及前事，又奉皇上面諭：'俟明歲春首舉行。'臣等因是未敢題請。今皇上嘉禮、聖母慶典俱成，天氣和暖，正宜舉行此禮。況殿下睿明方開，亦宜及時講學，以涵養其德性，啟發其聰明。臣等謹欽遵慈諭、聖旨，查先朝舊典，擬傳帖上請，伏乞聖裁。其合用書籍、器物，及講讀儀注等項，容臣等次第題請施行。"次日，上諭禮部："潞王出閣讀書，禮部行欽天監擇日。合用講讀等官，吏部於進士教官內揀選學行老成的各二員，舉人監生內選寫字端楷的二員

① 己 "己"當作"巳"。

來看。"

太子少保禮部尚書兼翰林院學士馬自強，疏辭恩命，言："臣聞命自天，不勝驚悚。竊惟內閣爲清嚴之重地，閣臣係輔弼之崇階，寵榮既異乎尋常，責任尤艱於負荷，是必謀斷兼善者，方可以參調燮之化機，亦必博洽多聞者，方可以備燕閒之顧問。臣也何人，而堪居此？伏念臣草茅末品，樸樕微材，誤辱掄收，久塵侍從，僅效微忱於啟沃，屢叨異數於清華，越從卿貳之班，旋領秩宗之任，徒深歲月，無補涓埃，恭睹嘉禮之告成，祇幸遭逢之盛，猥荷匪頒之洊及，方漸①報稱之難，詎意聖明俯從推轂，新綸渙錫，俾晉列於黃扉，舊秩復膺，更加銜於青禁，睠茲一時三命之寵，寔爲千載難遇之恩。顧臣智每後人，福已逾量，不惟學非博洽，不足備顧問於燕閒，亦且才乏斷謀，莫克參化機於調燮，無能爲也，將焉用之？矧今夔龍接武之朝，謨弼同心之日，眷求碩德，曷患無人？豈可令一介芻蕘，旅進嚴廊而陪議，廿年尸素，尚隨鼎鉉以同升？此臣所以雖重於感恩，而不敢輕於拜命也。伏望皇上鑒臣自揣之真，所言非矯，收回成命，俾臣仍守舊官，勉圖末效，庶朝廷不失延登之慎，而臣愚可免顛躓之虞矣。"得旨："卿性行端亮，學識醇深，政本重地，特茲簡任。宜殫竭忠猷，協贊化理。不允所辭。吏部知道。"

太子賓客吏部右侍郎兼翰林院侍讀學士申時行疏辭恩命，言："竊念臣知識闇淺，學植空疎，自遭際聖明，周旋講讀，徒有極陋至愚之累，曾無責難陳善之功，顧乃曲荷寵私，薦加拔擢，既陪春省，復貳銓曹，於臣分涯，已爲過溢，然猶謂優閒之地，或可以藏拙而養愚，迂腐之談，儻足以獻規而納約，冀少圖於方來之效，以苟容其不肖之身。詎辱隆知，俾參密議，投之以不堪之任，被之以非分之榮。夫內閣秘嚴，職司崇重，非德器深厚，不足以樹表儀，非才識淵宏，不足與圖經濟，至如代言備問，亦須博古通今，臣蔑有微長，寧堪大受？且聖主方勤於宵旰，而忠賢不乏於股肱，集乘雁以何多？策疲駑而安用？若不自揣度，靦焉冒居，豈惟負重難勝，莫副簡掄之寄，

① 漸 "漸" 當作 "慚"。

抑恐乘高疾顛，自貽顛墜之虞。伏望皇上俯鑒微誠，收回成命，容臣仍以舊職供事講幄，則上不孤於聖恩，下獲安乎愚分。臣無任激切懇祈之至。"得旨："卿久侍講讀，啟沃弘多，政本重地，特茲簡任。宜殫竭忠猷，協贊化理。不允所辭。吏部知道。"

七日戊午，上御皇極殿，奉册寶，躬率文武羣臣，詣慈聖宣文皇太后宫，恭上徽號行禮。册文曰："子皇帝臣（御名）謹稽首再拜上言：伏以期諧鳳卜，幸嘉禮之告成，慶集燕詒，遡深思而罔極，祗揭徽稱之顯赫，於昭至德之光華。恭惟聖母慈聖皇太后陛下，明哲端莊，安和貞順。序駕鸞而奉聖，應覆雲懷月之奇；襲莞簟以鍾靈，表繞電流虹之瑞。誕慈眇質，獲嗣丕基，思先皇顧託之言，以勞愛子，念沖子凝承之重，式穀如師，壼教聿彰，母儀維則，在女中爲堯舜，躋海内於唐虞。頃廑慈念，以重宗祧，爰簡碩媛，而宜家室，考涂山暨有莘之烈，固内助之多勞，若渭涘嗣大任之音，實前徽之重賴，匪推崇於聖善，曷着順於明章？庸竭悃誠，强名高厚。謹率文武羣臣，敬奉册寶，加上尊號，曰慈聖宣文皇太后。伏願茂膺顯號，永介繁禧，壽考康寧，五福斂龜疇而咸備，子孫繩蟄，萬年綿鳳曆以彌昌。臣（御名）誠懼誠忓，稽首，頓首，謹言。"

以恭上兩宫徽號禮成，賜元輔張居正銀五十兩、綵幣四表裏，吕調陽、張四維各四十兩、四表裏。

八日己未，以恭上兩宫徽號禮成，上御皇極殿，百官上表稱賀。

是日，詔告天下，詔曰："朕惟帝王之孝，莫大尊親，稽我祖宗列聖，致隆所尊，顯號鴻名，有加無已，孝思維則，具有彝章。朕嗣統之初，屬在幼沖，罔知攸濟，惟我聖母仁聖皇太后、聖母慈聖皇太后，擁佑誨迪，備極劬勞，七載於茲，萬邦作乂，豈予寡昧能勝負荷？實賴我聖母洪仁懿訓之所致也。溯惟恩德，莫罄報酬，茲當嘉禮之成，益篤慈闈之慶，謹稽舊典，

萬曆六年

申薦徽稱，祗告於郊[①]廟社稷，率文武羣臣奉册寶，加上聖母仁聖皇太后尊號，曰仁聖懿安皇太后，聖母慈聖皇太后尊號，曰慈聖宣文皇太后。顯揭鴻名於宇宙，於昭至德之光華，爰需明恩，用罩廣愛。所有合行事宜，開列於後。

計　開

一、親郡王年七十以上者，賜羊酒幣帛，地方官存問。親王八十以上者，具奏，遣使存問。一應禮儀，有衰病不能自行者，子爲代行。將軍以下年七十以上者，各賜米十石、絹十疋。庶人量給三分之一。

一、各王府親郡王嫡母與生母並存者，詔書到日，其嫡母許奏請，准加稱爲太妃，生母准授封爲次妃，給與誥命。親王庶子受封後，其生母例封夫人。將軍、中尉受封後，其生母例封淑、恭、宜、安人者，果年踰七十，其子孝行著聞，亦許奏勘無礙，特給誥命。

一、宗室節年因事減革祿糧者，除敗倫傷化、奸盜人命重情外，其餘詔書到日，全革者准支三分，減去一分、二分者，准全支，以資養贍。

一、宗室子女，有緣過期年久未成婚配，別無情弊[②]違礙者，各該撫按官即便督令各輔導官，以詔書到日爲始，限五個月以裏，保送前來，以憑禮部覆奏，後不爲例。

一、勳臣公侯伯襲封見職者，俱給與應得誥命，未領者准補給。

一、文官二品以上致仕大臣、年及八十者，有司備綵幣羊酒問勞，九十以上者，具奏，遣使存問。五品以上以禮致仕、年七十以上者，進本品散官一階，其中有廉貧不能自存、衆所共知者，有司量與資給。

一、兩京文官未及三年考滿者，俱與應得誥敕，若考滿後又經陞轉、品同而職銜不同、未曾領給者，照見任改給。其六年再考復職、品同職異者，雖已頒領，亦准改給。署職者與實授，試御史、試中書舍人、及翰林院庶吉士，候實授、授職之日，各補給。其未應封贈、有願移封移贈者，聽，若已先移封

①　郊　明抄本作"效"，誤。通行本改"郊"，是。

②　弊　明抄本作"幣"，通行本改"弊"。

移贈，今給與本等誥敕。

一、各王府官有年老願致仕者，進散官一階。其歷俸三年以上、父母見存、該授封者，給敕封。不爲例。

一、軍職先年爲事降調兩廣等處煙瘴衛所病故，不分已未到衛，子孫爲因路遠不能赴所調衛分起文承襲者，許令原衛起送承襲，帶俸差操。

一、軍職自萬曆六年二月以前，有犯該充終身軍、已經開伍、年六十以上者，比照爲民事例，子孫准其承襲。

一、中都留守司、河南、山東都司軍職，止因班軍違誤、參奏降調立功罰班住俸、別無贓私過犯者，自萬曆六年二月以前，不分已未問結，悉從寬免。

一、大漢將軍侍衛二年半以上者，給與冠帶，又歷四年半以上者，授試百戶。其將軍年及五十歲、侍衛二十年以上者，不拘在役、退閒，俱與冠帶榮身。

一、天下儒學生員，有親老無人侍養、願告侍親者，聽。親終仍許復學。其曾經科舉、年五十以上者，許告衣巾終身。有食糧年深、挨貢不前者，准告給冠帶。俱免本身雜泛差役。

一、各衛所軍士事故、該勾補者，若丁盡戶絕、並山後等處人民挨無名籍等項，已經三次保勘、無憑勾解者，軍衛有司即與開豁。若有重役者，不問三處、五處，遇有事故，如果戶內人丁消耗，只併一處勾丁補役，其餘悉行開豁。及有丁倒戶絕、並同名同姓被人妄報、連年勾擾者，有司從實體勘得實，即爲轉達該府、兵部開豁，毋得展轉勾攝，剝削無辜。

一、順天等府州縣寄養馬匹內，有發養十年以上、年齒衰老、不堪充軍、負累小民餧養者，太僕寺督令各府州縣正官，酌量臕瘦、變價解寺收貯，湊補買馬支用。

一、軍民有年七十以上者，許一丁侍養，免其雜泛差役。八十以上者，仍給與絹一疋、綿一斤、米一石、肉十斤。若有德行著聞、爲鄉里所敬服者，給與冠帶榮身。九十以上，倍八十之賜。

一、軍民之家、五世以上同居共爨不分者，有司勘實奏聞旌表，詔書到日，先給羊酒獎勸。

一、義夫、節婦、孝子、順孫，有司即與保勘，覈實奏聞，照例旌表。但不許詭竊虛濫，致亂名實。亦不許子孫居官，自行陳乞。其已旌表年及六十者，男子冠帶榮身，婦人照年八十以上例，給賜絹帛米肉。

一、鰥寡孤獨及篤廢殘疾之人，有司依例存恤，勿令失所。見在養濟院者，各給米三斗、布一疋、肉二斤。其在京各色人匠、陰陽、醫士、厨役等項，年七十以上，悉皆放免。應僉補者，照舊僉補。內外各衛所軍人、年六十以上、果有疾病不能應役，聽其依親，仍行原籍勾丁補役。爲事發邊遠終身充軍、充吏、及充膳夫、遞運所夫，年七十以上，及有篤疾者，悉放回爲民。

一、內外問刑衙門監禁人犯，若人命無證可憑，無屍可檢，難以結正者，奏請定奪。其犯該徒流罪，行勘未報，及正犯在逃、將家屬證佐監軍①年久者，徒罪以上，悉令保候歸結。

一、內外各衙門見監追贓人犯，若還官贓銀百兩以上、追併二十年之外、正犯監故、逮及父兄族人、及雖係親男前後已經監故二命者，與入官給主贓並追陪爛延燒等項、及原無真贓、止是計費坐陪至二百兩以上、不分正犯家屬、但監追十年之外者，果曾經勘產盡絕，俱開具所犯情罪、監追年月、奏請定奪。

一、南北直隸、浙江、陝西、河南、山東、山西輪班人匠，年六十五歲以上、別無以次人丁替役者，免其辦納匠價。其有匠丁故絕者，所司查勘明實，申呈撫按衙門，類奏除豁。

一、淮鳳揚徐沿河州縣，屢年被災，民不堪命，有司官務要加意賑恤。如遇修築堤岸，挑濬②河淺，不得起派人夫，止許以官銀雇募應役。

一、河間一帶地方，水道不通，以致汎濫漙沒民田，積歲爲患。詔到，各該撫按官即便會官踏勘，計議疏濬，以除患救民，毋得坐視不恤。

一、順天、河間二府地方，坐落工部葦地，額派課銀，節年追徵不前，有名無實。該部委官丈③勘，有水漲抛荒者，即

① 軍 "軍"似爲"禁"之誤。

② 睿 明抄本作"濬"，是。通行本作"睿"，誤。

③ 丈 明抄本作"文"，誤。通行本改"丈"，是。

與開豁，不許勢豪霸佔。萬曆三年以前拖欠課銀，悉行蠲免。四年、五年拖欠者，量免三分之一。

嗚呼，禮協義而稱隆，式備尊親之典；孝因心而廣愛，洪敷錫類之仁。播告寰區，咸宜知悉。"

百官賀皇上表曰："伏以聖孝尊親，縟典光昭於百代；皇仁錫類，湛恩覃被於九圍。既益厚以增高，復推心而廣愛。懽騰寰宇，慶洽神人。恭惟皇帝陛下，憲天聰明，紹祖謨烈，熙帝載於兢兢業業，敷皇極於荡荡平平。得萬國之歡心，介福王母；備九州之職貢，奉養慈闈。美化已洽於家邦，立教尤先於愛敬。乃以六禮成竣之日，溯惟兩宮顧復之恩，顯號偕升，縟儀並舉，祎褕增耀，霞章光動乎軒龍，寶冊交輝，玉藻爛盈於襲鳳，情文備至，尊養兼隆，信大德必得壽而得名，惟聖人能盡倫而盡制。臣等恭瞻爍懿，莫罄揄揚，幸際明昌，祇深慶忭，伏願緝熙純嘏，昭受貞符，作君作師，而寵綏兆民，茂迓昊穹之眷曰壽曰康，而斂時五福，永承長樂之歡。"

命婦賀仁聖懿安皇太后表曰："伏以璇宮啟泰，誕膺純嘏之禧，寶冊登尊，載舉推崇之典，三靈胥慶，萬國均歡。恭惟仁聖懿安皇太后陛下，德備含弘，功侔持載，坤承贊化，華胥凤佐乎軒圖，離照嗣暉，文母有光於周道。茲當嘉禮告成之日，寔惟慈闈篤慶之時，乃纘曠儀，式增顯號，範金鏤玉，昭回雲漢之章，鳳輦翟褕，委蛇山河之度，珩璜比節，袞冕稱觴，德蕩蕩以難名，孝烝烝而不匱。妾等欣逢盛典，欽仰徽音，贊揚莫罄夫鴻休，拜舞祇陳於燕賀，伏願福隨德厚，壽與名齊，養以九州、視膳永綏於晨夕，備茲百順，含飴衍慶於曾玄。"

命婦賀慈聖宣文皇太后表曰："伏以吉叶鳳占，仰徽音之克嗣，美熙鴻號，慶壽祉之彌增，寰宇騰歡，神人胥懌。恭惟慈聖宣文皇太后陛下，文明內蘊，温惠性成，盈昌凤儆於《鷄鳴》，繩蟄發祥於《麟趾》，爰自慶都誕聖，茂凝帝命之隆，暨今京室得賢，光紹母儀之淑。思齊思媚，襲聖善於重闈；得壽得名，介康祺於長樂。載膺顯冊，申薦徽稱，美增彤管之輝，儀藏璇宮之盛。以天下養，既諧萬國之歡心；爲域中尊，益顯九重之達孝。妾等被休風於南國，夙仰儀刑；觀縟典於東朝，倍深抃舞。伏願蕃禧川至，渥眷天申，壽考萬年，永迓太平之景福，本支百世，行開長發之休禎。"

上諭兵部："兩宮聖母大慶加恩，外戚伯陳景行、李偉各歲加祿米一百石，原蔭伊男陳昌言、陳嘉言、李文全、李文貴各陞二級，都督李鶴也陞他二級。都給與應得誥命，照舊帶俸。兵部知道。"

以寫詔書成，賜輔臣張居正銀五十兩、綵段四表裏，呂調陽、張四維各四十兩、三表裏，中書官徐繼申等十五員各銀幣有差。

命服闋翰林院編修沈一貫，仍充日講官，吏部行取來京。

輔臣張居正奏："臣仰荷洪恩，雖身遠闕庭，而國家之事，有不能一刻暫忘於心者。辭朝去後，或於四方事情有所聞見，或於朝廷政務有所獻替，即欲不時奏聞。但路途窵遠，未能即達，伏乞敕下兵部，給與勘合數道，以便差人齎奏。"得旨："准給與。兵部知道。"

十日辛未①，上命司禮監太監王臻，捧龍箋敕諭一道，賜少師兼太子太師吏部尚書中極殿大學士張居正，敕曰："朕惟自古紹庭纘緒之君，必有宅揆保衡之佐，功每崇而勿替，治乃進於無疆。卿歷事三朝，咸有一德，受遺皇考，篤棐冲人，坐待仰恩，不敢少違於夙夜，殫心畢力，惟蘄有利於國家，茲祖宗列聖皆鑒知，實社稷蒼生所倚賴。忽煢煢而在疚，輒懇懇以求歸，朕固惻矣其靡寧，義則斷乎其不可，爰稽故典，勉抑孝思，聽辭常秩之頒，仍總繁機之斷。方贊成於嘉禮，乃疊奏②夫封章，特允暫還，渙頒異寵，導衛備官於文武，騶騑馳傳於往來，待靈輀之就封，奉板輿而共邁。是宣諭敕，用示深衷。於戲，舟楫鹽梅，朕方念倚毗之切；腹心手足，卿尚思報禮之隆。惟忘家以徇國，謂之忠；惟資父以事君，謂之孝。遄即鋒車之駕，仰紓側席之勞。欽哉，故諭。"

仍特降手諭云："朕大禮甫成，倚毗先生方切，豈可一日相

①未 "未"當作"酉"。

②奏 明抄本作"湊"，誤。通行本改"奏"，是。

①家 明抄本作"事",是。通行本作"家",誤。

②除 "除"及以下十三字(共十四字)當為衍文。

離?但先生情詞迫切,不得已暫准給假襄事,以盡先生孝情。長途保重,到家少要過慟,以朕為念,方是大孝。五月中旬,就要先生同母到京,萬勿遲延,致朕懸望。又先生此行,雖非久別,然國家①尚宜留心,今賜先生'帝賚忠良'銀記一顆,若聞朝政有闕,可即實封奏聞。外奉聖母慈命,賜先生路費銀五百兩、紵絲六表裏,朕賜亦同,先生欽承之。故諭。"

仁聖皇太后亦遣中使賜居正路費銀三百兩、紵絲四表裏。

於是居正疏謝上曰:"臣頃以微情上干高聽,仰蒙矜憫,特賜允俞,犬馬之忠,既少伸於朝寧,烏鳥之願,兼追盡於家國,戴此恩私,已難報答。茲復渙頒睿藻,曲軫微悰,憨其在道之勞,令加珍護,尤其憑棺之慟,俾順禮經,溫然家人父子之親,溢於口語文字之外,三薰三復,一涕一言,且鳳綍龍箋,輝煌暎日,精繆綵幣,炫爛充庭,至於圖章篆記之頒,雖先朝間有,若乃取義命詞之重,則往牒稀聞,昔傅說之輔商宗,是稱帝賚,若魏徵之對唐帝,曾辯忠良,豈如一介孤踪,兼備二臣盛美?遭逢若此,稱塞謂何?臣敢不俯抑哀思,仰紓慈念,望歸途之漸渺,瞻魏闕以長懸?天語春溫,時佩推心之愛,星言夙駕,日處趨命之恭,尚勉圖有謀入告之忠,庶以見在遠不忘之義。臣感戴洪恩,無任瞻戀激切之至。除②遵旨於十一日早詣文華殿候辭。"得旨:"覽卿奏謝,具見忠愛至情,朕心嘉慰。卿未行,朕已懸望,宜早襄葬事,星馳赴京。吏部知道。"

居正又疏謝兩宮聖母曰:"慈恩下逮,行色增輝,寵賜非常,鏤肌切感。念欲仰酬夫高厚,唯有俯罄其忠丹,一心永肩,九死奚惜?臣不勝激切仰戴感奮圖報之至。"得旨:"覽卿奏謝,聖母知道了。禮部知道。"

十一日壬戌,上御文華殿講讀,大學士馬自強、申時行以初侍講筵,致詞叩謝。是日講畢,上御文華殿西室,召元輔張居正面辭。居正入,致辭云:"臣仰荷天恩,准假歸葬,又特降手諭,賜路費銀兩、表裏及銀記一顆,臣仰戴恩眷非常,捐軀難報。"上云:"先生近前來些。"居正至御座前,上諭云:"聖母與朕意原不肯放先生回，祇因先生情詞懇切，恐致傷懷，特此允行。先生到家，事畢即望速來。國家事重，先生去了，朕何所倚託？"居正叩頭謝，因奏言："臣之此行，萬非得已。然臣身雖暫違，犬馬之心，實無時刻不在皇上左右。伏望皇上保愛聖躬，今大婚之後，起居食息尤宜謹慎，這一件是第一緊要事。臣爲此日夜放心不下，伏望聖明萬分撙節保愛。又數年以來，事無大小，皇上悉以委之於臣，不復勞心。今後皇上却須自家留心，莫說臣數月之別，未必便有差誤。古語說：'一日二日萬幾。'一事不謹，或貽四海之憂。自今各衙門章奏，望皇上一一省覽，親賜裁決，有關係緊要者，還召內閣諸臣，與之面相商確。諸臣亦皆平日與臣同心爲國者，諒不負皇上之委託也。"上曰："先生忠愛，朕知道了。"居正又奏："臣屢荷聖母恩慈，以服色不便，不敢到宮門前叩謝，伏望皇上爲臣轉奏。"上又曰："知道了。長途保重，到家勿過哀。"居正因感聖慈憫念，不勝感戀，伏地哭泣，不能致謝。上云："先生少要悲痛。"然天語未畢，亦哽咽流涕。居正叩頭而退。上謂左右云："我有好些話，要與先生說，見他悲傷，我亦哽咽，說不得了。"隨差內官奏知聖母。聖母亦感痛，差管事牌子李旺賜銀八寶六十兩，途中賞人。又口傳慈諭："先生既捨不得皇帝，到家事畢，早早就來，不要待人催取。"居正疏謝曰："今日伏蒙召臣於文華殿西室面辭，仰荷天語慰諭諄諄，臣犬馬之情不勝依戀，流涕被面，言不能宣，仰見聖慈垂憫，爲臣哽咽。隨蒙特遣文書官太監孫斌、暖殿牌子李忠賜臣食品八盒。又蒙聖母差慈寧宮牌子李旺賜臣銀八寶豆葉六十兩，爲途中犒賞之需，又口傳慈諭：臣行之後，皇上無所倚託，到家事畢，即宜早來，不必候人催取。臣謹俱叩頭祇領訖。臣數年供奉，一旦違離，悵望天顏，涕泗橫集。歸家竣事，即當仰遵慈諭，星夜前來，用畢臣惓惓圖報之忠，不敢迤遭以負重託。"得旨："覽卿奏謝，朕知道了。禮部知道。"

十三日甲子，上視朝。

是日，輔臣張居正出京，上遣司禮監太監張宏郊送，賜甜食、點心各一盒。

十五日丙寅，上手敕諭輔臣呂調陽等曰："朕以沖年踐祚，凡事都賴張先生公忠輔佐，卿等所知。今雖暫准給假，不久便來。一應事務，都祇照舊。若各衙門有乘機要行變亂的，卿等宜即奏知處治。大事還待先生來行。"調陽等疏奏，言："伏奉聖諭，臣等恭覽至再，仰見我皇上信任忠賢，慎守成法至意，无任悚服。首臣張居正忠義才略，委過人遠甚，我皇上自踐祚以來，虛心任之，臣居正殫竭心力，不避勞怨，孜孜夙夜，贊襄化理，於今七年，百度皆已就敍，無容變更。臣等才雖不逮居正，而奉國之心則靡有二，百司庶府奉法惟謹，當亦無敢或乘機變亂者。如果有之，臣等即遵奉明諭，奏知處治，以杜奸人窺伺之端。遇有事情重大、費處分者，亦先奏聞皇上，待臣居正至日，定議請行。所有原奉聖諭，謹尊藏在內閣，臣等朝夕省閱，異日仍示臣居正，俾益感恩圖報。臣等謹具題以聞。"

十九日庚午，上以尊上徽號禮成，恭請兩宮聖母會宴於乾清宮。

命陞原任南京國子監祭酒余有丁為詹事府少詹事兼翰林院侍讀學士，掌管本院印信。

二十六日丁丑，潞王出閣講讀。

命禮部右侍郎兼翰林院侍讀學士王錫爵，不妨部事，暫管翰林院印信。

二十九日庚辰，上親朝畢，御文華殿致齋。

是日，上諭內閣："昨見遼東塘報大捷，比前次更多，朕心深喜。今早奏聞聖母，歡悅殊甚。朕以沖年踐祚，恒念德不足格天，威不能憴虜，夙夜惕勵，而邊臣奮勇，屢立非常奇功，誠如聖母前諭，賴天地祖宗默佑，乃國①家之慶，元輔平日加

① 國　明抄本作"爾"，通行本改"國"。

意運籌，卿等同心協贊之所致也。部疏上時，卿等一①錄，封此諭內，着兵部馬上差人星夜前去，與張先生看，將一應敘錄比前再加優厚，用示朕惓惓獎酬之意。"於是，輔臣吕調陽等疏言："仰惟皇上臨御以來，純心任賢，敬天法祖，仁孝感通，信順協應，膏澤旁流，威靈遠暢。茲者遼東將士出塞擊虜，斬首至四百七十餘級，奪獲牛羊各以千計，鎧甲馬匹各以百計，而我兵鮮有亡失，功委奇特。況當我皇上嘉禮訢成之會，前後僅兩浹月，而該鎮捷②至再，其為天地祖宗眷佑，綿社稷無疆之休，厥有明驗，誠非常之大慶。聖諭欲傳示首臣張居正，一應敘錄，比前加厚，仰惟聖裁允當，臣等即當祗奉。但部疏錄功，須待該鎮奏報之日，乃與題覆，若部疏已入，方纔錄封諭內，差人傳示首臣，往返五千餘里，未免部疏留中日久。臣等擬即將該鎮塘報封置諭內，即日馬上差人星馳南去，計該鎮疏報，必查覈詳確，方敢具奏，亦須更待旬日之外，彼時居正回奏，計將先後抵京，兵部疏入，即可依所擬奏欽定施行，庶於事體便益。"上納其言。

① 一 《張文忠公全集》奏疏七作"抄"。

② 捷 明抄本"捷"前有"報"字，通行本脱此字。

萬曆六年四月壬午，朔。

五日丙戌，上御文華殿講讀。

輔臣呂調陽疏言："臣去歲秋間，肺病大發，腫滿延及肢體，艱於舉動，屢次乞休，未蒙俞允，適同官偶有妨礙，一時閣臣員少，不得已扶病勉出。自後節因典禮重大，不敢復以爲言。然數月以來，痰火壅菀，胸膈膨脹，噯氣之聲，時時不止，困瘁苦楚，實難支持。目今事體比前似覺稍緩，伏望天恩垂憫，容臣給假調理。儻獲服藥有效，病勢漸減，即當赴閣辦事。"得旨："卿疾原不妨輔政，宜慎加調理數日，即出供職。吏部知道。"

十一日壬辰，上御文華殿講讀。

輔臣調陽六疏乞歸，言："臣舊患肺病，向未脫體，遂成痼疾，不時舉發。昨具本請假調理，奉旨俞允，命數日即出供職，仰見聖慈俯憐舊物，不遽棄捐之意。念臣猥當聖明臨御之初，首蒙拔置左右，竊亦盟心自矢，少期稱塞，不意駑駘之力未效，狗馬之病已深，力不副心，撫膺飲泣，莫知攸措。兹欲勉承德意，速出供事，緣臣數年病肺，攻治頗急，脾胃久傷，去歲五疏求歸不獲，掖扶出入，人所共知。近又痰火薰蒸，視聽不審，看詳章疏苦難，字過與人交談，半未能省，至於酬酢應答，每多差錯，舉筆作字，每不成書，心神怔忡不寧，動作便覺眩暈。火病至此，即寖心絕想，猶難痊可，聖慈乃以不妨輔政爲諭，則望臣之切而不知其病之已劇也。然臣亦倦倦依戀，強忍延留，自冬徂春不急求去者，實思大婚期近，即伏在草野，尤當奔走匍匐，稱賀闕廷，故不敢徼勇退之名，避可援之刺，而恝然自遂也。今大婚禮儀既已樂成，閣臣在列足資辦理，臣衰殘朽廢之軀，亦可自全之時矣。矧兹百司考成，庶事覈實，朝廷方以明作飭羣工，臣既不能黽勉夙夜，爲之倡率，而徒苟延月日，以犯不能者止之義，則皇上之所以留臣，與臣之所以見留，皆爲無據，此其所以不避斧鉞而甘爲冒瀆也。伏望垂慈憐察，早賜放還，則不惟憂老憫病之仁可以曲全，而嚴辦勵精之治，似亦少神矣。"得旨："卿輔佐忠勤，練達政典，茲元輔暫歸，朕心正切倚任，豈可以疾遽求休致？宜慎加調理，痊可即出供職。不允所辭。吏部知道。"

是日，遣御醫蔡文亨視輔臣呂調陽疾，調陽疏謝，上報聞。

二十二日癸卯，輔臣呂調陽七疏乞休，言："臣遠方寒賤，賦性樸愚，本無片長，可以裨益熙時，仰荷聖明俯垂涵照，曲賜溫褒，不以屢疏瀆擾為罪，而以慎調痊可為期，真天地造育之恩，父母生成之德也，即捐糜此身，何能為報？臣亦知元輔暫歸，聖心方切憂勞，此時豈可言去？但臣病既不能事事，義當即求休退，不得託言冀待，尚爾遷延，況目前事體稍緩，人心安定，一時共事諸臣，才猷識見，辦理裕如，而元輔奉旨遄旋，計亦非久。且臣病已積深，年尤迫暮，血氣久衰，醫療罔效，痰火之疚，方在攻除，而足膝①濕氣，委痛難堪，諸症併增，百骸莫束，即使扶掖到閣，不過陪列僉名，具員糜祿而已，譬之頹廈漏舟，撐支補塞，顧此失彼，何濟於事？如使早遂一日之休退，則亦少省一日之罪愆，庶幾愚分獲安，官箴臣紀，不致因而玷缺。眇焉屑薄之軀，藉以苟延喘息，姑無暇論及矣。臣情迫詞蹙，不知避忌，伏惟垂仁矜察，俯賜俞允。"得旨："卿疾未平，宜遵前旨，慎加調理，以俟痊可供職，用副朕惓惓倚毗至意。不必再辭。吏部知道。"

二十五日丙午，輔臣呂調陽、張四維、馬自強、申時行題："今早文書官孫斌散本至閣，內有戶部覆內承運庫請買金珠寶石、及江西道御史李學詩等請停止各一本，口傳聖諭：'每節供進兩宮及各宮例賜，歲不可闕，內庫委是缺乏，須下部取用。'令臣等議處。仰惟皇上天植盛德，自臨御以來，躬履節儉，御服、供膳，率從省約，臣等叨侍近列，仰見聖性自然，非由勉強，私相慶讚，以為宗社萬年之福。至於上奉兩宮，備極誠孝，尤為帝王盛節，臣等敢不將順？第揆事度理，竊所未安，審勢

① 膝　明抄本誤作"漆"，通行本改正作"膝"。

察時，有必不可繼者，臣等謹爲我皇上直陳之。宮中歲節進供賞用之例，未知起於何時，原非祖宗舊制。即如嘉靖初年，奉有兩宮太后在上，徽稱尊禮，節行增加，册后建嬪，戀典疊舉，然亦未有採買珠寶之令行於外也。於時帑藏豐盈，人民樂業，庶幾太平。及十年以後，雖間有之，然亦不過數歲一行，則已帑藏漸虛，閭閻愁悴，四方遂以多事。此近事之明驗，中外諸臣所共知也。我皇上春秋方富，如日初升，將隆堯舜之業，當以世宗初政爲法。況帝王之孝，不在備物，在於畏天勤民，繼志述事，使百度修明，萬方安堵，貽親令名，奉之百順。不然，萬一四方有意外之虞，仰廑慈慮，雖日奉其金寶，恐無以承其歡也。且猫睛寶石等物，惟其希有，故爲珍奇，若堆篋積笥，實之無用，亦似無益。乃其價費浩穰，取用不已，必致上下俱詘，所損不細。今次臣等屢奉聖諭，不敢牴牾，及照該部欲行出産地方採買，又恐延緩日久，臣等擬令陸續收買進用，將該監原擬數目量爲減損，用昭我皇上恭儉實德，不得已而後取於外也。臣等又惟，兩宮聖母萬福無疆，而我皇上致孝悦親，尊養方始，願擴不匱之孝思，立爲可久之定制，及一應宮闈賞賚，酌量京庫所入，悉加撙節，務使以後歲時經用，無煩外求，此實康時垂後之永圖，在聖明一加之意而已，非臣等所敢與議也。謹將原本擬票呈覽，伏候聖裁。"上諭内閣："卿等説的是。但朕方以天下孝養兩宮聖母，豈敢儉其親？況祖宗舊制都是如此，聖母在先帝時，何等享用？朕親見的。如今一旦薄了，豈得爲孝？皇祖初年内庫豐盈，後來自用，每年進金花銀一百二十萬，還常要買辦採取，朕恐是勞民，祇着户部每一季加銀五萬兩，一應買辦及進用賞賚，都在内庫，立爲可久定制，以稱朕不匱孝思。卿等仰體此意，務如諭行。"調陽等奏："伏奉聖諭，臣等祇誦再三，仰見我皇上奉親念民，仁孝兼至。第欲歲增金花銀二十萬兩，則視昨該庫所開珠玉等費反至增倍。臣等螻蟻微誠，不能仰感天聽，不勝慚惶惴懼。臣等前次欽奉聖諭，令凡大事悉待首臣張居正來行。茲欲增加歲入，立爲定制，事體甚重，及照居正葬期已過，計當遵奉欽限來京，少待旬時，俟臣居正至日定擬，然後人心帖服，免煩聖慮。今次該監所開珠玉等項，且令戶部照數買進，不必量減。臣等謹改票呈覽，伏乞聖明裁奪。"上復諭內閣："卿等說這係大事，待張先生來才行。朕意也是如此。但目今要用，且將夏季金花銀加五萬兩，一併進來。睛磲珠石不必買了。就買，金花銀也要加進才足用。又買又加，恐非節省之道，朕再三酌量，這們行，不必又說。"調陽等回奏言："臣等祇遵，已將戶部本改票呈覽，伏候聖裁。臣等恭睹諭末念及節省之道，寔宗社無疆之福，斯世斯民大慶，伏望我皇上自今以往，常存此心，見諸行事，臣等不勝幸願。"

　　二十九日庚戌，輔臣張居正馳疏奏言："臣前乞恩給假，荷蒙俞允，於三月十三日辭行，一路感恩含痛，倍道遄征。至四月初四日抵家，拜臣父柩，一慟幾絕，孀母見臣歸來，猶訝夢中相見。臣因備誦聖母、皇上慈恩，特許歸葬本末，母子相抱痛哭失聲。當是時，鄉人父老、親戚故舊，環列柩前，靡不歔欷感嘆、仰頌恩遇者。乃以四月十六日，率子弟族人，扶臣父柩，歸窆於敕賜大暉山之原。其日欽遣營葬司禮監太監魏朝、工部主事徐應聘諭祭，禮部主事曹詰、護送臣回尚寶司少卿鄭欽、錦衣衛指揮僉事史繼書、先任湖廣巡撫都御史今陞刑部右侍郎陳瑞、撫治鄖襄等處都御史徐學謨，及地方司道等官，畢來會葬，謹已安厝成禮訖。臣於臣父菽水之養，雖有曠於生前，窀穸之禮，幸少盡於歿後，宿心獲遂，寔骨用安，斯實仰荷皇上至仁徧覆，大孝弘敷，故臣得以少釋終天之恨，曲全烏鳥之情。臣闔門百口，仰戴隆恩，無可報答，惟有竭誠盡力，為臣死忠，為子死孝，庶以少酬洪造之萬一耳。臣聞天雖高，而聽則卑，人有求，而願必遂。前者，中外臣工見聖母慈諭倚託之重、皇上溫旨勉留之懇，以為臣之所請，必不得遂矣。豈意聖慈曲軫，幡然允俞，俾臣宿願獲伸，前言終踐？於以見皇上愛臣之篤，不強其心之所弗安，於以見微臣獲上之深，得行其道之所當盡，皆有出於羣情意料之外者，誠聖明希曠之恩，教孝作忠之典也。"得旨："覽卿奏謝，朕知道了。禮部知道。"

居正復疏奏言："臣今葬事已竣，即宜遵奉諭旨，同母星馳赴闕，圖報國恩。但臣母今年七十有三，一向多疾，去年痛臣父歿，舊疾轉增，今年正月間，伏枕數日，飲食頓減，此司禮監太監魏朝所親見。比因臣歸，母子相見，乃復易悲爲歡，眠食復舊，然氣體終是羸弱，不勝勞苦。臣因誦聖母慈諭、皇上恩旨，欲令同臣赴京，臣母頂戴鴻恩，即當力疾就道。奈今天氣漸暑，道路阻修，高年多病之軀，豈能跋跋二三千里之遠？爲此進退躊躇，誠難自強。臣欲欽遵嚴限，獨身前來，又恐有違將母同行之旨。不得已，再瀝悃誠，仰干天聽，惟祈聖慈俯賜寬限，容臣暫停至八、九月間，天氣涼爽，扶侍臣母一同赴京。其先差司禮監太監魏朝，原以葬臣之父，取臣之母。今臣父既葬，臣母未行，久稽使命，臣心不安。命無俯容先回復命，免令敦促，俾臣得扶侍老母，從容赴闕？是今雖暫違數月之限，而私願既遂，母身獲寧，內顧無虞，志專報主，自兹以往，捐軀碎首，死無所憾矣。臣怙恃恩慈，屢行煩瀆，不勝惶悚隕越之至。"疏入，上遣文書官特至內閣，傳諭輔臣張四維等，曰："朕日夜望張先生早來，今葬事既完，如何又要寬限？卿等即寫敕，差錦衣衛堂上官一員齎奉，即便馳驛星夜前去，守催將來，勿再遲延。他母親既怕熱，還着先差太監魏朝，留候秋涼伴送來京。票旨上緊些。"四維等如諭擬上，即得旨："朕日夜望卿至，如何却請寬限？着留先差太監魏朝，待秋涼伴送卿母北來。卿宜作速上道，務於五月終到京，以慰朕懷，方是大忠大孝。便寫敕差錦衣衛堂上官一員，星夜前去催來，勿再遲延。該衛門知道。"尋命錦衣衛指揮僉事翟汝敬齎敕以往，賜路費銀兩表裏，促令即時上道。

敕諭少師兼太子太師吏部尚書中極殿大學士張居正曰："卿前奏請給假，爲父封少師兼太子太師吏部尚書中極殿大學士張文明營葬。朕念卿孝心懇切，不忍固違，暫准回籍襄事，限五月中旬回京，實非得已。自卿行後，朕惓惓注念，朝夕計日待旋。兹覽來奏，復請寬假，欲待秋涼奉母同來，殊乖朕望。兹特命錦衣衛指揮僉事翟汝敬，馳驛星夜前去，守催起程。卿母既高年畏熱，着先差太監魏朝，留待秋涼伴送來京。卿可即日兼程就道，務於五月末旬回閣辦事，用副先帝委託之重，以慰朕夙夜倚毗延佇至意。欽哉，故諭。"

萬曆六年五月辛亥，朔。

五日乙卯，賜輔臣呂調陽、張四維、馬自強、申時行上尊珍饌。時元輔張居正給假未回，仍賜於其第。

九日己未，總督薊遼等處都察院右都御史梁夢龍、遼東巡撫周詠、總兵官李成梁，奏斬獲土蠻共四百七十六級。上御皇極門，鴻臚寺宣奏捷音。

十日庚申，大學士呂調陽入疏乞休："言臣草芥賤臣，幸侍左右，糜祿有年，愧無寸補，徒以衰殘沉痼之疾，屢瀆宸嚴，仰荷聖慈，曲垂寬假，俾俟痊可供職，高厚之恩，誠莫知所為報矣。數日以來，臣加意調攝，求以勉副德意。但臣病已多年，景迫遲暮，精血久耗，醫藥罔功，滋補輒多痰涎，攻擊便傷脾胃，十餘年間，延醫求藥，大率初診皆稱易治，而後來收效，終鮮其人，延至今日，臣之氣體難堪藥物，而諸醫亦不敢復有專主矣。則自今以往，痊可之期，臣既未能自必目前，曠廢憿憂，實切旦夕，而不容緩圖者也。查得患病官員，滿三月日者，率開除俸給，臣因病乞休在萬曆四年三月，曠幾二旬，五年閏八月曠幾兩月，今則又已月餘，臣職任甚重，曠廢最多，總計已出三月之外，俸給不當虛冒明矣。又閣中封進本章，近猶列臣職名，臣既未曾在直，亦涉虛冒。二事雖屬煩瑣，義實未安。況法行自近，而閣臣當身先倡率。且在聖明覈實之朝，不宜苟且因循，踵習宿弊。故敢再瀝血誠，仰干天聽，儻荷聖慈憐察，憫臣曠廢嬰心，病難療治，速賜放還，以全殘喘，實切幸願。不然亦望俯納臣言，聽臣開俸調理，至於閣中一切本章，免其濫署職名，庶臣得安心醫藥，而虛名妄冒之事，亦可漸省矣。"得旨："卿引疾，已累旨諭留，如何又有此奏？署名准暫免，支俸照常。卿宜安心醫藥，以俟痊可供職。毋得再有所陳。吏部知道。"

十一日辛酉，上御皇極門，百官以遼東大捷，致詞稱賀。

二十八日戊寅，湖廣撫按官王之垣等，奏報元輔張居正於五月二十一日起程，星馳還朝。得旨："覽奏元輔已在籍起程，朕心甚慰。吏部知道。"

萬曆六年六月辛己①，朔。

七日丁亥，上御文華殿講讀。

輔臣張居正奏："五月十六日，蒙欽差錦衣衛指揮僉事翟汝敬，齎奉敕諭一道，到臣原籍，該地方官迎接至臣私第開讀。又特奉宸翰：'諭元輔張先生：自先生辭行之後，朕心日夜懸念，朝廷大政，俱暫停以待。今葬事既完，即宜遵旨早來，如何又欲寬限？茲特遣錦衣衛堂上官齎敕催取。敕到即促裝就道，以慰惓惓。先生老母畏熱難行，還着太監魏朝，將先生父墳上未盡事宜，再行經理，便候秋涼，護送先生母同來。先生宜思皇考付託之重，聖母與朕眷倚之切，早來輔佐，以成太平之治。萬勿耽延，有孤懸望。先生其欽承之。欽此。'臣謹焚香望闕叩頭祇領訖。天使臨門，雲緘啟札，聖心懸切，眷命重申。臣既迫大義之難違，又念殊恩之未報，雖有私曲，遑復為圖，謹欽遵諭旨，留臣母託之司禮監太監魏朝，候秋涼徐行，臣已於本月二十一日，更服墨縗，星馳就道。伏念臣違遠闕庭，已踰兩月，今恨不能一蹴便至，仰覲天顏。但臣原籍去京師幾三千里，加以道途霖潦，每至迍邅，哀毀餘生，難勝勞頓。今計五月終旬之限，已屬稽違，私心惶惶，不遑寧處。除候到京之日，伏藁待譴外，謹先奏知，以仰慰聖母、皇上懸念，尤冀聖慈曲垂矜憫，特寬斧鉞，少假便宜，俾孱弱之軀，獲免困仆。裂肝碎首，死不敢辭。"得旨："覽奏，知卿已在途，朕心慰悅。炎天遠道，宜慎加調攝，用副眷懷。便從容些行，不妨。吏部知道。"

十二日壬辰，上御文華殿講讀。

河南撫按官周鑑等奏報，元輔張居正，以五月二十六日，由南陽入本省，至六月初七日抵磁州，出境。得旨："覽奏，元輔來京漸近，深慰朕懷。吏部知道。"

錦衣衛管衛事指揮僉事翟汝敬，以奉敕行取元輔回京復命，得旨："覽奏，元輔亦將抵京，朕心甚慰。着司禮監太監何進出

①己 "己"當作"巳"。

城迎視。盒酒等物，尚膳監辦送。元輔到時，鴻臚寺即奏聞。各該衙門知道。"

十五日乙未，輔臣張居正奉詔還朝，將抵京，上特遣司禮監太監何進迎視，賜宴於真空寺，口傳上語慰勞勤惓。又傳奉聖旨："若午時分進城，便着張先生在朝房稍候，朕即召見於平臺。若未時分進城，着先生逕到宅安歇，次日早，免朝召見。"時居正抵京已未刻矣，聖母仁聖懿安皇太后，特遣慈慶宮管事太監馮明，於城外真空寺，口傳慈諭，慰勞勤惓，隨又遣管事太監張仲舉，頒賜熟殽四盒、果餅二盒、鮮果二盒，清酒一罈。聖母慈聖宣文皇太后，特遣慈寧宮管事太監李琦，於城外真空寺，口傳慈諭，慰勞勤惓，又特賜銀八寶二十兩、金錢川扇十柄，隨又遣管事太監李用，頒賜上用乾點心一盒、熟殽四盒、果餅二盒、鮮果二盒、清酒一罈。居正疏謝上曰："臣昔日奔歸，已沐賓筵之遣錢①，今茲趨命，又叨重使以勞迎。湛露重濡，需雲徧覆，光生俎豆，寵極章縫。顧以草野微賤之臣，辱此聖朝殊絕之典，捫心自懼，粉骨難酬。除今日遵奉恩諭，於朝房齋戒沐浴，次早恭詣文華殿朝見外②。"得旨："卿冒暑疾馳，忠勤茂著，朕心嘉悅，特遣使郊勞，用示眷酬。覽卿奏謝，知道了。禮部知道。"居正復疏謝兩宮聖母曰："臣受國厚恩，矢當捐軀以報，聞君召命，豈敢俟駕而行？起居不遑，分義宜爾。乃荷慈恩曲軫，寵命重申，諄諄慰勞之辭，奕奕珍奇之貺，顧以凡庸，沐此優眷，鏤肌切感，隕首奚辭？"得旨："覽卿奏謝聖母，知道了。禮部知道。"

十六日丙申，上以輔臣張居正初至京，特召見於文華殿西室。居正行禮畢，奏云："臣前者蒙恩准假葬父，事竣臣母老病，未能同行，又蒙聖恩，特留司禮監太監魏朝，候秋涼伴行。臣一門存歿，仰戴天恩，不勝感切。"因叩頭謝。上曰："先生此行，忠孝兩全了。"居正因奏："臣一念烏鳥私情，若非聖慈曲體，何由得遂？感恩圖報之忱，言不能宣，惟有刻之肺腑而

萬曆六年

二三一

① 錢 "錢"當作"餞"。

② 外 據《張文忠公全集》奏疏七，"外"下有"臣不勝仰戴鴻恩激切感奮之至"十三字。

已。"上曰:"暑天長路,先生遠來辛苦。"居正叩頭謝,因請違限之罪。上曰:"朕見先生來甚喜,兩宮聖母亦喜。"居正奏:"臣違遠闕廷,倏忽三月,然犬馬之心,未嘗一日不在皇上左右。不圖今日重睹天顏,又聞聖母慈躬萬福,臣不勝慶忭。"上曰:"先生忠愛,朕知道了。"又問云:"先生沿途見稼穡何如?"居正因備述往來經過畿輔、河南地方,今春二麥全收,秋禾茂盛,實豐登之慶。又問:"黎民安否?"居正奏:"各處撫按有司官來見,臣必仰誦皇上奉天保民至意,諄諄告戒,令其加意愛養百姓,凡事務實,勿事虛文。臣見各官兢兢奉法,委與先年不同,以是黎民感德,皆安生樂業,實有太平之象。"又問:"今邊事何如?"居正因奏:"昨在途中,見山西及陝西三邊督撫總兵官,俱有密報,説虜酋俺答西行,爲挨落達子所敗,損傷甚多,俺酋僅以身免。此事雖未否虛實,然以臣策之,虜酋真有取敗之道。夫夷狄相攻,中國之利,此皆皇上威德遠播,故邊境义安,四夷賓服。"因叩頭稱賀。上曰:"此先生輔佐之功。"居正又奏:"虜酋若果喪敗,胡運從此當日衰矣。但在我不可幸其敗而輕之。蓋聖王之制,夷狄惟論順逆,不論強弱。若其順也,彼勢雖弱,亦必撫之以恩,若其逆也,彼勢雖強,亦必震之以武。今後仍望皇上擴併包之量,廣覆育之仁,戒諭邊臣,益加恩信。彼既敗於西,將依中國以爲固,又恐乘其敝而圖之。若我撫之不改初意,則彼之感德益深,永爲藩籬,不敢背叛,此數百年之利也。"上聞之,天顏喜甚,再三首肯,云:"先生説的是。"又諭云:"先生沿途辛苦,今日見後,且在家休息十日了進閣。"居正奏:"臣草芥微賤,仰荷聖慈垂念。"復叩頭謝。隨命賜銀一百兩、紵絲六表裏、新鈔三千貫、羊二隻、酒二十瓶、茶飯一桌、燒割一分。居正叩頭稱謝而退。上又遣司禮監太監張宏,引至慈慶、慈寧,朝謁兩宮聖母,謝恩而出。居正因疏謝云:"竊念臣往攄懇悃,仰冒恩私,得暫解於繁機,幸克襄乎大事。遠荷聖情之懸注,特廑敕使之敦催,爰望闕以遵途,遂脂牽而戒雨。顧星馳凤駕,雖啟處之不遑,奈水遠山長,恨奮飛之莫逮,致稽程限,已逾旬朝,自知不免於嚴訶，敢望獲從乎寬政？乃蒙我皇上洪慈宥假，優眷駢蕃，盤珍特出於尚方，迎勞更煩乎中貴。禁扉宵啟，促文席以清言；天語春溫，霽宸嚴而俯慰。憂民艱而軫邊事，曲賜諮詢；修內治而計外攘，謬承鑒獎。禮隆晝日，侈三接以爲榮；澤溥雲天，擬百朋而非重。戴恩罔極，圖報奚繇？惟誓捐狗馬之餘生，庶少答乾坤之大造。"得旨："朕昨見卿喜甚。又聞歲豐民安，邊境寧謐，益用欣慰。覽奏謝，知道了。該部知道。"

二十二日壬寅，輔臣張居正奏："臣於本月十五日趨召到京，晚閱邸報，見戶部浙江司員外郎王用汲一本《爲乞察總憲大臣欺罔以重正氣以彰國是事》，奉旨切責革職爲民。臣不知所言何事，其時方急於赴命，企睹天顏，一切時事俱未暇詢問。次日朝見畢，會同官三臣，始知用汲以都察院左都御史陳炌參論湖廣巡按御史趙應元託病乞休，謂其有所詞附等情，妄行誣詆，然尚未見其全疏也。來日少暇，取其全抄讀之，始知用汲之言，陽爲論炌，實陰以攻臣也。炌邪小人，已蒙聖斷處治，臣似可置之無論也①。其②所言有朝廷政體所關、天下治亂所係者，臣若隱忍不言，將使忠邪混淆，是非倒植，卒致國是不定，政本動搖，非細故也。劉向有言：'讒邪之臣，將同心以害正臣，正臣進者，治之表也，邪臣進者，亂之機也。'方今天下，當五陽之會，處極辨之朝，一陰潛萌，其兆已見，羣邪害正，積慮日深。臣有社稷之寄，心切憂之，故不容已於言也。臣請先析其疏中所藉口者二事，而後發其機穽所在，惟聖明鑒察。臣看得，用汲疏中謂，臣前葬父事畢，謝恩疏無御史趙應元名，謂臣有所憾於應元，而炌阿附臣意，遂因其稱病而糾之。此大誣也。臣前回籍數日，即扶先人柩歸窆，比時都御史陳瑞以陞任赴京，道經臣里，其餘各官皆奉差有事及本地方住劄者，適會臣父葬期，遂吊祭於丘隴。其時應元差滿，正與新任巡按御史郭思極交代於襄陽，相去數百里，勢自難及，彼何嘗有所失禮於臣、而臣憾之耶？夫弔喪送殯，人道之常，不但臣無所憾於應元，即應元亦未嘗有持秉風裁、不爲私交之意，但偶不與

① 也 明抄本無"也"字。通行本有此字。
② 其 明抄本"其"上有"但"字。通行本無此字。

耳。彼亦何所畏避而遂以病乞休耶？若其稱病之有無虛詐，及憲職之果否修舉，在炌為堂官，訪之必真，臣不知也。前者屢奉明旨，御史託病偷安，及差滿回道，俱着都察院着實糾劾考察。然掌院之臣，竟未聞有執法奉行者。今獨炌有此舉耳，而遂為人所誣指脅制，則後之居是任者，必將以炌為戒，寧背違明旨，而不敢結怨臺臣，相與務為扶同欺蔽，以致紀綱陵替而不可收拾，豈朝廷所以屬任臺臣、振揚風紀之意耶？又謂舊歲以星變考察，其所懲抑者，半為不附宰臣之人。此又大誣也。臣按舊規，每遇京官考察時，吏部、都察院預行各衙門堂上官，開列應黜官員事迹，送部院會同考察。比時兵部尚書方逢時奉命帶管吏部事，一日持各衙門所開、及本部司屬所訪姓名事迹告臣，言：『據所開，則應黜者衆。奈何？』臣即語之曰：『人才難得，況此乃非時考察，事起倉卒，恐一時廉訪未真，或有虧枉，但取其罪狀顯著、人所共知者，量行黜降，足矣。』故比時考察人數，比之往年獨少。臣何嘗屬意部院私黜一人？今逢時見任，皇上試一問之，可知也。今曰某某被黜以某某故，則各衙門堂官所開、部官所訪者，豈盡皆臣指使之耶？即如禮部主事張程，乃今大學士馬自強原任禮部尚書時所首開者，豈自①強亦阿附臣意而黜之耶？又如禮部郎中章禮，乃臣子業師，亦在開中，臣亦不敢以私庇之，竟從降調，況其餘乎？今自強見任，皇上試一問之，可知也。夫人之善惡，各以其類，兔死狐悲，情勢自然。若被黜者一一求其所以得罪之故，捕風捉影，捏造流言，以掎齕當事之人，則將來司考察之柄者，將緘口斂臂而不敢輕動一人，祖宗考察公典幾於廢矣。又豈朝廷所以屬任銓衡、振刷吏治之意耶？然此二端皆借言也，至末後一段，謂皇上當獨攬乾綱，不宜委政於衆所阿附之元輔，此則其微意所在，乃陷臣之機穽也。唐貞觀時，有勸太宗攬權，不宜委政房玄齡等者，太宗曰：『此欲離間我君臣也。』立命徙之。今用汲之意，實類於此。然此可以惑庸闇之君，不可以欺明哲之主也。夫自古惟明王聖主，乃能擇賢而屬任之，非庸君闇主之所能也。三五之隆，不可殫舉。成湯，聖君也，其於伊尹，乃學

① 自　明抄本作"時"，誤。通行本改"自"，是。

焉而後臣之。高宗，長主也，拔傅説於胥靡，一旦命總百官而屬之曰：'汝爲舟楫，汝爲霖雨。'其倚任之重如此。然成湯、高宗不以其故貶王，而功業之隆，照耀史册，垂憲千古。蓋八柱高承，而天位始定；四時成歲，而大造乃成。明主勞於求賢，而逸於得人。故信任賢臣者，正所謂攬權也。豈必若秦始皇之衡石程書、剛愎自用，隋文帝之猜忌任察、讒害忠良，而後謂之有權耶？若夫庸君闇主，則明不足以知賢，而信不足以使下，雖奉之以大阿之柄，彼亦不能持也。以皇上之明聖，用汲乃不以成湯、高宗之所以任其臣者，而導之爲秦皇、隋帝，不亦謬哉？夫國之安危，在於所任，今但當論輔臣之賢不賢耳。使以臣爲不賢耶？則當亟賜罷黜，別求賢者而任之。如以臣爲賢也，皇上以一身居於九重之上，視聽翼爲不能獨運，不委之於臣，而誰委耶？先帝臨終，親執臣手以皇上見託，今日之事，臣不以天下之重自任，而誰任耶？羈旅微賤之臣，一旦處百僚之上，據鼎鉉之任，若不得明主親信委用，又何以能肩鉅負重、而得有所展布耶？況今各衙門章奏，無一不經聖覽而後發票，及臣等票擬上進，亦無一不請聖裁而後發行，間有特出宸斷、出於臣等智慮所不及者。今謂皇上謾不經意，一切委之於臣，何其敢於厚誣皇上耶？臣自受事以來，殫赤心以盡忠王室者，神明知之矣。賴我皇上神聖，臣得以少佐下風，數年之間，紀綱振舉，百司奉職，海内之治庶幾小康，此市人田父所共歌頌而欣慶者也。今乃曰人人盡私，事事盡私，又何顛倒是非一至此耶？然用汲之言如此也，而意不在此也。其言出於用汲也，而謀不止於用汲也。緣臣賦性愚戇，不能委曲徇人，凡所措畫，惟施一概之平，法所當加，親故不宥，才有可用，疎遠不遺，又務綜覈名實，抉剔隱奸，推轂善良，摧抑浮競，以是大不便於小人，而傾危躁進之士、遊談失志之徒，又從而鼓煽其間，相與慾恚嚘喉、冒險釣奇，以覬幸於後日，爲攫取富貴之計，蓄意積慮，有間輒發，故向者劉臺爲專擅之論，今者用汲造阿附之言。夫專擅、阿附者，人主之所深疑也，日浸月潤，鑠金銷骨，小則使臣冒大嫌而不自安，大則使臣中奇禍①而不自保，明主

① 禍　明抄本"禍"上有"福"字，誤。通行本無此字，是。

① 孔　明抄本"孔"上有"此"字，是。通行本脫此字。

② 黷　《張文忠公全集》奏疏八作"瀆"。

左右既無親信重臣，孤立於上，然後呼朋引類，藉勢乘權，恣其所欲爲，紛更變亂，不至於傾人國家不已，孔①子所以惡利口，大舜所以疾讒說也。臣日夜念之，憂心悄悄，故敢不避煩黷②，一控於聖明之前，遂以明告於天下之人。臣是顧命大臣，義當以死報國，雖赴蹈湯火，皆所不避，況於毀譽得喪之間？皇上不用臣則已，必欲用臣，臣必不能枉己以徇人，必不能違道以干譽，臺省紀綱必欲振肅，朝廷法令必欲奉行，奸宄之人，必不敢姑息以撓三尺之公，險躁之士，必不敢引進以壞國家之事，如有捏造浮言，欲以熒惑上聽，紊亂朝政者，必舉祖宗之法，請於皇上，而明正其罪，此臣之所以報先帝而忠於皇上之職分也。尤望皇上大奮乾斷，益普離明，大臣之中有執法奉公如陳炌者，悉與主持裁斷，俾得以各守其職業，而無所畏忌，則國是不移，而治安永保矣。"得旨："朕踐祚之初，方在冲幼，賴卿受遺先帝，盡忠輔佐，以至於今，紀綱振肅，中外乂寧，此寔宗社神靈所共昭鑒。惟是奸邪小人，不得遂其徇私自便之計，假公伺隙，肆爲讒譖者，累累有之。覽奏忠義奮激，朕心深切感動。今後如再有訛言謗張、撓亂國是的，朕必遵祖宗法度，置之重典不宥。卿其勿替初心，始終輔朕，俾臻於盛治，用副虛己倚毗至懷。吏部知道。"

二十六日丙午，輔臣張居正假滿，入閣視事。上特賜銀八寶一百兩，仁聖皇太后賜銀八寶五十兩，慈聖皇太后賜銀八寶一百兩。

輔臣張居正等題："該文書官孫斌口傳聖旨：皇親王偉等各給與應得房屋田地，着臣等擬旨上請。欽此。臣等查得，皇親家給賜田宅，先朝原有舊例。但比時多有見成宅第，因而給之。今查工部並未有空閒房屋，無從查給。合無敕下工部，量給工價銀兩，令其自行買造？似爲便益。其田土，合令戶部查備邊官田內，以差給與。伏乞聖裁。"上從之。次日，敕諭戶、工二部：都督同知王偉，着給與房價銀一萬五千兩，自行買造，莊田五百頃。錦衣衛千戶劉應節、楊臣，各給房屋工價五千兩，莊田一百頃。

二十九日己酉，上於文華殿致齋之三日，召輔臣張居正等入見於後殿。居正致詞云："皇上齋戒虔誠，敬承大祭，臣等不勝欽仰。"上答曰："知道了。"居正等叩頭，興。時御案有三疏，一爲戶部①請停買珠寶，二爲科道請開滹沱河。疏留中已久，及是上手授居正，曰："與先生看。今內庫珠石委的缺少，若不時買辦，不如每季進銀三十萬兩卻省事。又滹沱河不是運糧去處，開濬無益。都等先生來商量。"居正持疏起閱。上曰："先生慢慢細看。"居正奏云："今宮中用度，委與昔年不同。皇上既立中宮，又恭上兩宮聖母徽號，諸費不貲。內庫不足，勢必取辦該部。但查京庫銀兩，原止百萬，此外俱是太倉濟邊銀兩，不敢輕易動支。容與該部議處。"上又曰："開河且罷，恐虛費錢糧，又傷民力。"居正對云："近爲河間一帶，歲遭水患，故有此議。昨臣過真定，見撫按及司道官，皆以爲便民。今聖諭惓惓，無非惜財愛民，慎重大舉之意。當與工部議之。"上曰："先生再去商量。"居正等因奏："今河漕都御史潘季馴，爲修治河工誤處錢糧，不敢請發內帑，乃議將江南漕糧通行改折一年，除正糧折銀解部外，其折耗、輕齎及運軍行糧等項，俱令接濟河工。既不取之內帑，又可以寬東南民力，似亦可從。"上曰："是，這等好。"又云："與先生每飯喫。"居正等叩頭退。

① 部　明抄本作"科"，通行本作"部"。

萬曆六年七月庚戌，朔。

六日乙卯，大學士呂調陽十疏乞休，言："臣因衰病九疏乞休，仰荷聖慈垂仁曲軫，不遽捐棄，憐惜冀望之意，惓惓無已，豈惟臣一身負荷？即在位諸臣，無不仰頌聖德，共稱希覯。臣獨何心，乃敢自愛殘息，重負德意哉？緣臣沉痾有年，精血久耗，強留在職，頻起頻仆，何益於事？且前月內陰雨連綿，濕氣①更發足膝痿痛，數舍之近，不能自行，決非旦夕調治可愈。臣何敢以沉痼延纏之疾，重傷朝廷明作振勵之治？是以不避煩瀆，而屢疏哀懇也。然又竊自忖度，臣之病勢既甚狼狽，而其歸途又甚遼遠，即使得遂放還，恐沿途覓醫，亦難濟事。思有臣舊日用藥太醫院醫官朱儒，一向胗視臣疾，頗識臣之病原。妄意得遣伴送同行，途中乃有濟賴。伏望皇上憫臣久病，遽難痊可，准臣致仕回籍調理，並乞特遣醫官朱儒，伴送回還，庶臣衰殘朽質，不致顛連於道路，雖皇上生全之恩，萬分莫報，而微臣感激之念，九隕難忘矣。"得旨："卿簡任內閣，同心協贊，朕知卿忠實，委用方殷，乃以久疾未痊，乞歸懇切，茲特准回籍調理。着馳驛去，醫官准帶用，還差行人一員護送。卿宜慎加調攝，以俟痊可召用。該衙門知道。"

七日丙辰，賜文武大臣及講官鮮鰣魚。
上遣司禮監官，賜輔臣呂調陽白金一百兩、紵絲四表裏、新鈔三千貫、大紅織金胸背斗牛衣一襲，調陽疏謝曰："臣衰殘弱質，病廢朽材，方得旨而許生還，復蒙恩而頒厚賫，聲傳里閈，光動縉紳，寶繐精繆非寒儒之素有，綵絲錦服豈病骨之能勝？受領爲慚，捧持知重。徒勒銘於肺腑，寧報德於乾坤。"得旨："覽卿奏謝，朕知道了。禮部知道。"

八日丁巳②，大學士呂調陽奏："臣因衰病乞休，七月初六日伏奉俞旨，臣捧讀恩綸，不勝感激，謹於私家，扶病望闕叩頭，恭謝訖。竊念臣③荒賤士，械樸小材，誤蒙特達之知，謬參密勿之議，遭逢甚異，感激爲深。本期勉竭庸愚，用以少輸效答，顧駑駘念切，心欲報乎主人，而狗馬病深，力已達①於途路，神昏氣耗，總爲藥裹之關心，醫窘方窮，莫遣病魔之脱體。荷蒙恩造，曲賜生全，俾釋煩艱，得專調攝，既假乘郵之命，復廑護送之員。續食傳程，殊愧心於授粲；導行使職，實靦面於騑驂；療治乞醫，官許分於内殿；藥籠備物，身幸託乎長途。凡此優渥之恩，皆爲特異之數。勞能奚有？冒忝知多。仰沐恩私，並高深於河嶽；俯慚報稱，乏眇淺於涓塵。"得旨："覽卿奏謝，朕知道了。禮部知道。"

①達 "達"明抄本作"達"，是。通行本作"逹"，誤。

八①月庚辰，朔。

七日丙戌，上御皇極殿，傳制遣太子賓客吏部左侍郎兼東閣大學士申時行，祭先師孔子。禮畢，上御文華殿致齋。

十四日癸巳②，先是，上欲乘馬，行欽天監擇吉，至是，命輔臣恭擬馬名以進。時上方選御白馬，定名"玉獅"。
賜輔臣張居正等四員各羊二隻、酒十瓶。

二十五日甲辰，上御皇極殿，太常寺奏祭歷代帝王。
以聖母慈聖宣文皇太后所製《女鑒》，賜元輔張居正十部，次輔張四維、馬自強、申時行各四部。居正等疏謝，言："仰惟聖母慈訓明章，允矣宮闈之式，睿謨宏遠，燦乎琬琰之傳。臣等拜賜為榮，珍藏無斁。不勝感戴天恩之至。"

①八　"八"上當有"萬曆六年"四字。

②巳　"巳"當作"巳"。

萬曆六年

九①月己酉，朔。

十五日癸亥，先是，上命司禮監太監魏朝，伴護元輔張居正母、誥封一品夫人趙氏來京就養，至是抵京。上又特命司禮監太監李祐、勞於郊外。聖母仁聖懿安皇太后、聖母慈聖宣文皇太后，亦遣太監張仲舉、李用，同勞於郊外。俱隨送至私第。居正疏謝上曰："伏念臣嚴親見背，已興風木之悲，母氏幸存，亦逼桑榆之景。每欲就帝都而侍養，庶幾竊天祿以延齡，抱此縷情，憚於輻輳。詎意區區之悃，上軫宸衷，蒼蒼之高，俯從人願？疊荷恩綸之存注，特麋敕使以將迎，賜勞郊關，送歸里第。望慈顏而動喜，既以紓瞻雲陟屺之懷，奉甘脆以承歡，寧復憶饋鯉飲江之樂？候起居於八座，欣團聚於一家，昔李令伯之《陳情》，未嘗②膴仕；若潘安仁之奉母，徒賦《閒居》，方之今日，所遭詎可同年而語？兹蓋恭遇我皇上，孝隆錫類，愛立因親，推尊養兩宮之心，爲鞠育兆人之惠，故烏鳥獲伸其私願，螻蟻亦賴以曲成。臣不自知宿世於國家有何緣分，今生一草芥冒此寵榮。仰而戴天，俯焉省己，方寸既定，何牽繫之足虞？七尺雖微，矢捐糜而罔惜。"得旨："卿母已至京，朕心甚悅。覽奏謝。知道了。聖母即欲召卿母入見，今既稱高年，遠來勞頓，且從容頤養。禮部知道。"居正疏謝兩宮聖母曰："臣母仰沐慈恩，至隆極渥，即當匍匐入內，仰叩慈顏，以少伸頂戴之誠。奈臣母年高多病，加以長途跋涉，步履益艱，雖勉強扶行，恐不能成禮。謹令臣恭詣會極門叩頭代謝。"得旨："覽卿奏謝聖母，知道了。禮部知道。"

十七日乙丑，上御文華殿講讀。是日，元輔張居正面致辭，曰："臣母迎養至京，欽蒙聖恩，遣官郊外，恩賚匪常。臣不勝感戴。"上曰："朕知道了。"居正因叩頭謝。

十八日丙寅，上命司禮監太監張鯨，齎賜元輔張居正母金纍絲廂嵌青紅寶石珍珠長春花頭面一副、銀八寶豆葉一百兩、

① 九　"九"上當有"萬曆六年"四字。

② 嘗　明抄本作"崇"。通行本作"嘗"。

紅紵絲蟒衣一疋、青紵絲蟒衣一疋、紅羅蟒衣一疋、青羅蟒衣一疋、裏絹四表裏、甜食二盒。聖母仁聖懿安皇太后遣太監馮明，賜金頭面一副、織金閃色紵絲六表裏、盒八副。聖母慈聖宣文皇太后遣太監謹柯、陳相，賜金纍絲廂嵌青紅寶石珍珠長春花頭面一副、珍珠寶石環一雙、紅羅蟒衣一疋、青紵絲蟒衣一疋、紅紬蟒衣襖兒綠膝襴裙一套、青紵絲蟒衣襖兒綠紵絲暗花裙一套、銀八寶豆葉三包（每包二十兩）、葷素盒八副。居正疏謝上，曰："潘輿將母，方承愛日之歡，漢闕貤恩，忽拜自天之貺，賁榮先於荊布，籍景耀於桑榆，寶髻莊嚴，巧出天宮之製，金精璀璨，寵分玉府之藏，珍饈充溢於圓方，華綺煒煌於筐篚，驚傳閭巷，榮感縉紳，實臣子不敢覬之殊恩，亦載籍所未聞之盛事。欲酬高厚，惟當移孝以為忠，苟利國家，敢惜捐軀而碎首？"得旨："覽卿奏謝，知道了。禮部知道。"居正復疏謝兩宮聖母，曰："恩光下被，天賚洪敷，凡在聽聞，舉深欣躍，矧身膺異數，獨被隆施，捐糜此軀，未足言報。"得旨："覽卿奏謝聖母，知道了。禮部知道。"

二十八日丙子，上御文華殿講讀畢，仍於文華殿致齋如常。

萬曆六年

十①月戊寅，朔。

四日辛己②，以中宮千秋令節③。

五日壬午，上以輔臣馬自強患病在告，遣中官往視，賜鮮豬一口、鮮羊一羫、白米二石、酒十瓶、甜醬瓜茄一罈。自強疏謝曰："伏以積疴久滯，重叨亟問之勤，寵數過優，更荷溽加之賜，推食溢八珍之饋，投醪逾一卣之榮。仰戴楓宸，愧麴藥鹽梅之罔效；垂憐蒲質，驚需雲湛露之頻霑。力疾先嘗，春回天地，撫躬欲奮，感切君親。念福既過而災易生，恐恩彌深而報難稱，敢不恭承眷渥，勉慎攝調？儻微惠於缾罋，幸未填乎溝壑，鴻慈在抱④，長啣肉骨之仁；犬馬餘生，尚竭股肱之力。"得旨："覽卿奏謝，朕知道了。禮部知道。"

十四日辛卯，輔臣張居正、張四維、申時行題："太子太保禮部尚書兼文淵閣大學士馬自強，於本年十月十三日亥時病故。看得本官持身端慎，勵志清修，先侍東宮，繼充日講，勤勞匪懈，啟沃弘多。茲者蒙恩簡畀內閣，臣等方望其同心協力，翊贊皇猷，遽爾辰終，良可悼惜。所有應得卹典，伏乞敕下禮部，查例上請，以彰朝廷逮下之仁。"上聞悼惜，命禮部查例來看。

十六日癸己⑤，上視朝。
是日，遣司禮監太監孫隆，視已故大學士馬自強之喪。賜銀一百兩、綵段四表裏、米五十石、香油一百斤、茶葉五十斤、木炭一百包、木柴一千斤、鹽一百斤、檀降香五十柱、攢香十斤、蠟燭五十對。

二十四日辛丑，賜元輔張居正《韻府羣玉》四部，次輔張四維、申時行各二部，及講官何洛文等六員、正字官馬繼文等二員，各一部。

①十 "十"上當有"萬曆六年"四字。

②己 "己"當作"巳"。

③節 "節"下當有脫文。

④在抱 明抄本作"再造"，是。通行本作"在抱"，誤。

⑤"己"當作"巳"。

萬曆起居注

① 己　"己"當作"巳"。

② 戒　明抄本作"械"。通行本作"戒"。

二十八日乙己①，上御文華殿講讀。時兩廣總督凌雲翼奏言："梧州府岑溪縣兵變。初協總金仲恩與教官謝講聚飲官廨中，縣吏唐祐以逐鷄突入，因相與詬。仲恩及把總張之賢遣卒逐之，至縣門，大譟。知縣葉詩者，故與講有隙，欲因事中之，乃倡言兵變，具白軍門及道府。參將王德戀懼禍，乃戒②之賢、仲恩詣府城，而知府李橡輒遣人就捕諸爲變者。衆益洶洶，乃各奔竄四出。兵備副使王原相發兵邀之，或擒，或斬，死者二十七人，餘皆聽撫。"奏至，輔臣張居正等請上留神省覽。是日講畢，居正因從容言岑溪事，上曰："朕已覽疏。蓋由縣吏唐祐以細事起釁，縣官偏護一吏，遂至於此，一時殺二十七人，皆屬無辜。"居正言："此不獨縣官險躁，欲以睚眦之私，行其胸臆。乃府官倉忙收捕，又無主名，故人心驚惶，激成此變。臣等看詳奏内，並無各兵拒捕顯迹，死者委屬無辜。"上顧居正曰："這事要先生處得公平。"居正對言："疏已下部，待部覆擬請上裁。顧事起倉卒，寔賴凌總督鎮靜明決，處置得宜，故無大患。"上曰："是。凌雲翼好。"居正復言松江府越獄事。上曰："此疏朕亦覽過。强盜已奉旨即當處決，何故留之獄中？"居正因具陳越獄始末，因言："幸御史適按行該府，逐捕甚急，故無脱者。"上曰："盜知必死，故拚命欲逃耳。"居正言："自今捕獲真盜，審實奏請，即當行刑。"上曰："然。"左右或言武職太輕者，居正言："祖宗置衛，官品皆高於府，其後漸致陵夷，凡衛官有犯，撫按官即令有司提究，侵辱蹂踐，不可勝言，武官安得不輕？幸皇上聖明，時加鼓舞，武官稍有生氣，即諸邊將領，人人知自效，不苦於牽制矣。"上曰："唐陸贄有掣肘之説。人方作字，或從旁掣其臂，字安得成？武官受牽制正如此，安得展布？"蓋先日講官進講《唐鑑》，至陸贄與德宗論任將，有掣肘之喻，上已悉識之，故云然。左右復言："今京師錢法通行，商稅便利。"居正言："往者皆以歇家包攬，奸弊多端，今已盡法懲治，故此輩盡知斂戢，各衙門皆肅清。"上曰："彼懼枷號耳。"時上方援筆作書，與輔臣言政事，應答如響，其聰明天縱如此。

二十九日丙午,元輔張居正奉旨撰上壽詩碑文,賜銀一百兩、綵段四表裏。

十①一月戊申，朔。

十日丁己②，輔臣張居正、張四維、申時行題："據提督四夷館太常寺少卿蕭廩呈奉內閣：發下禮部手本《爲進貢事》，內開暹羅國王近年屢差進貢，所有金葉表文無從審譯。看得翰林院四夷館原未設有暹羅一館，已經題奉欽依，行令該國起送通曉番字人員，前來教習。今據廣東布政司，查取夷使握悶辣等三員，起送到部。隨該本部題准，將握悶辣等三員，送翰林院開館教習譯字。等因到館。竊照暹羅，遠在海南，寔古越裳之地，由周室而後，久爲正朔不加之區。惟我朝聲教遠暨，時一來王。茲者聖明治化隆浹，乃數入貢。所據專差夷使來學，懇願同文，增設譯館教習，誠爲盛典。然開館習譯，必有居業之所，則館舍當建，必有受業之人，則館生當選，必有供食之費，則館資當益。爲此，條例未議，呈乞題請施行。

一、建館舍。看得本館原設八館，分列東西。後於正德年間，增設八百一館，比因地方狹隘，遂建在本館東北大門之內。欲再開一館，更無空地。及查舊制，夷使遠人教譯，工部給與官房住坐。今來使已有三員，從人又不下數名。所有學館、住房，通合議建。緣外夷初入京師，藉以傳習，尚當不廢關防，若使館舍隔遠，竊恐關防未便。如蒙題行工部，委官勘估，就於本館之西、接連回回館地方，兌易官地，起蓋暹羅館一所，並造夷居一所，於教習、防閑，斯爲兩便。

一、備館生。查得正德八年，因八百、老撾等處譯語失傳，該內閣題請，暫留差來頭目開館教習，將各館官下世業子弟、並見在人多館分子弟，選撥傳習。今查九館見在官生，通止五十餘員名，比之舊額，僅及其半，其年少者亦既三十之上，難復責令改業。如蒙題行禮部，查酌先年節行事例，收選各館官下世業子弟、十五六歲以上、二十歲以下，資質通敏者十數名，送館教習，庶人有奮心，教爲易入，學非過時，業亦易成。再照九館官生，見數既少，衰年居多，將來衰者日老，壯者日衰，收選無期，絕學可慮。內如回回館，貢使頗繁，文字難譯，先

①十　"十"上當有"萬曆六年"四字。

②己　"己"當作"巳"。

年常令代譯暹羅諸國表文，今止見官四員。韃靼館，歲有差遣，亦止見官八員。其他如女真等館，多者或八九員，或五六員，更無後學之士，少者如八百、百夷館，各止三員，常懷絕乏之虞。如蒙酌量繁簡，各選收世業子弟數名，分館一體教習，庶足儲將來之用。

一、益館資。查得本館，每年通州並宛大二縣解紙筆等銀，約一百四十餘兩，館前小房收稅，約四十餘兩。稅收每不及數，而州縣申解亦不及期，甚至有拖欠數年不解如宛平縣者。故先年將直堂皂隸支價充用，近因各館多授官職，給散已爲不足。今增一館，師生公費更爲短少。除該館棹櫈器皿，候工部置給，師生飯食柴炭，聽光祿寺照給外，所有紙筆珠墨各項，似應議處加增，庶公費不乏。

等因到閣。臣等看得，暹羅開館，事係創始，諸凡選擇生徒、建修館舍等項，委宜酌定成規，以便遵守。今據提督四夷館太常寺少卿蕭廩所呈，條議詳悉，合無敕下禮部，查照所議，酌量上請，發付該館遵行？"得旨："禮部知道。"

十三日庚申，上詣郊壇，恭視神位，及閱籩豆。時元輔張居正守制不陪祀，以扈駕從，上特召見於齋宮內殿，問勞畢，出御齋宮，受朝。賜百官湯飯，仍傳免午、晚二朝。賜元輔張居正膳九品，次輔張四維、申時行各膳七品。尋賜三輔臣甜食三盒。又賜三輔臣青龍盤下飯一盒、芝麻果子仁燒餅一盒、攢下飯一盒、芝蔴糖薄脆一盒。又賜三輔臣下飯果品八盒、攢盒三盒。又賜元輔張居正①銀八寶二十兩、銀葉二十兩，次輔張四維、申時行各銀葉二十兩。又賜三輔臣金椰瓢各一個、茄袋各一個。又賜元輔張居正正膳二盒，次輔張四維、申時行各膳一盒，及講官何洛文等六員、正字官馬繼文等二員下飯點心四盒、銀葉五十兩。又賜禮部、太常寺、錦衣衛堂上官銀葉各有差。

十四日辛酉，冬至，上親祀皇天於圜丘。駕還，免百官行

① 正　明抄本"正"下有"下飯四盒。又賜元輔張居正"十一字。通行本脫此十一字。

慶成禮。

　　十九日丙寅，聖母慈聖宣文皇太后萬壽聖節，上御皇極門，文武百官致詞稱賀。

　　二十八日乙亥，以雪免講讀。

十二月丁丑，朔。

十八日甲午，上御文華殿講讀。有頃，輔臣張居正等入侍字，因奏言：「向者皇上御極之始，方在冲年，臣等請每日寫做一張，不獨欲學習書寫，亦欲借此收斂身心，爲講學之助。然此實小學之事，非大學之道也。今皇上聖齡已長，聖學日進，正宜及時講求治理，從事於聖賢大學之道，學書寫字，非其所急也。況今御書宸翰，已爲妙絶，若再求精工，即使書逼鍾王亦於治理無益。臣等請自來歲爲始，停罷寫字。每日早講之後，容臣等將各衙門緊要章奏，面奏數本，摘其中緊關情節，逐一講説，要見祖宗法度如何，見今事體如何，某事便益合當舉行，某事弊壞合當釐正，今當作何處分，應何批答。皇上或面賜質問，令臣等反覆開陳，或試言聖意所出，與臣等商確可否，議定然後行之。臣等亦可隨事納忠，陳其狂瞽。皇上天縱聰明，不久必能通達。自是親決萬幾，獨運宸斷，舉而措之，無難矣。又惟帝王之學，與儒生異，祇要講明義理，知古今治亂、安危之所繫，不在誦讀。且見今所講經書，皇上皆已熟讀數過，今後講官止令照常進講，不必先讀。其中或有疑義，皇上不妨面問，令講官通俗講解，務期明白，或講官一時倉卒，詞理未暢，臣等當從旁代對，罄竭其愚。皇上既講明義理，又通達政事，則於治天下何有？惟聖明留意。」上曰：「先生每説的是。朕回宮奏知聖母，待來年行。」

二十日丙申，上御文華殿講讀。
原任大學士高拱妻張氏上疏，陳乞卹典，上命文書官田義持疏至内閣，口傳聖諭：「高拱不忠，欺侮朕躬。今已死了，他妻還來乞恩，不准他。」輔臣張居正等特爲疏言：「看得高拱，賦性愚戇，舉動周章，事每任情，果於自用，雖不敢蹈欺主之大惡，然實未有事君之小心，以此誤犯天威，死有餘戮。但伊昔侍先帝於潛邸，九年有餘，犬馬微勞，似足以少贖罪戾之萬一。皇上永言孝思，簪履之遺猶蒙收録，況係先帝舊臣，必垂軫念。且當其生前，既已寬斧鉞之誅，今值殁後，豈復念宿昔之惡？其妻冒昧陳乞，實亦知皇仁天覆，聖度海涵，故敢以匹夫不獲之微情，仰干鴻造也。查得世宗肅皇帝時，原任大學士楊一清、翟鑾，俱以得罪褫職，後以大慶覃恩，及其子陳乞，俱蒙賜復原職，給與卹典。今拱之事體，實與相同。夫保全舊臣、恩禮無替者，國家之盛典也，山藏川納、記功忘過者，明主之深仁也。故臣等不揣愚昧，妄爲代請，不獨欲俯存閣臣之體，實冀以仰成聖德，覃布鴻施，又以愧死者、勸生者，使天下之爲臣子者，皆知竭忠盡力，以共戴堯舜之君也。伏惟聖慈裁察。"得旨："高拱負先帝委託，藐朕冲年，罪在不宥。卿等既說他曾侍先帝潛邸講讀，朕推念舊恩，姑准復原職，給與祭葬。禮部知道。"

二十四日庚子，上御文華殿講讀。輔臣張居正等奏言："臣等昨面奏皇上，來春停罷寫倣，省覽章疏，伏蒙俯允。未知曾奏聞聖母否？"上曰："已奏過聖母，來年行。"居正等復奏："皇上登極以來，凡遇朝講，必戴星而出。此在臨朝則可，若講書、覽本，係每日常事，似不必太早。蓋今日聖體，與先年童幼時不同，昧爽之際，風露易侵，非保養聖躬之道。今後皇上出御講筵，宜以日出爲度，庶經久可行，工夫無間。"上曰："然。"居正等又奏："今年講讀事完，臣等啟沃無功，屢蒙皇上恩賚，不勝感激。"上曰："先生每辛苦。"居正等叩頭退。

是日，輔臣張居正、張四維、申時行題："先該臣等題稱，每年終將講過經書、《通鑑》講章，類寫進呈，以備皇上溫習觀覽，仍發司禮監接續刊板，已奉欽依，節次進呈訖。今將萬曆六年《論語直解》《先進》起至《顏淵》止一本、《書經》《旅獒》起至《無逸》止三本、《通鑑》唐中宗起至代宗止二本，謹類寫裝潢進呈，伏乞皇上萬幾之暇，時加觀覽，以求溫故知新之益。仍乞發下司禮監接續刊行。"

居正等又題："適得薊遼總督梁夢龍塘報一封，報遼東大捷。等因。臣等看得，該鎮此舉，雖係出邊擣穴，其所獲皆守帳家口，與精兵入犯臨陣者稍異，然斬馘至八百餘級，使賊狼狽內顧，未及搶掠，即日出境，則其功亦奇矣。臣等謹將原報封進一覽，以慰皇上東顧之虞。"

二十五日辛丑，以正旦節，輔臣張居正、張四維、申時行題："查得本年十二月二十五日起，放除夕假，連年節、上元假，至新年正月二十日方滿。先奉欽依，於正月上旬先擇吉開講一次，仍暫輟講，至二十日以後，照常日講①。"又題："先該臣等於隆慶六年八月內題《爲講讀事》，照得舊規，每日講讀，止是閣臣提調，日講官進殿供事，今皇上講讀後，仍該寫字，則必用侍書官一員，恭侍左右，開說筆法，合無容令原在東宮侍書官二員，每日輪流一員，進殿供事，並寫講章及日講起止？等因。奉聖旨：'是。吏部知道。欽此。'各官一向欽遵供事。昨奉面諭，明春不進字。所有正字官二員，既無前項執事，合無免令入殿侍班供事，止辦理書寫講章，並按日講起止原務。"上俱報可。

二十六日壬寅，上視朝。
輔臣張居正、張四維、申時行題："伏蒙發下禮部題原任大學士高拱卹典一本，該文書官田義口傳聖旨：'高拱止與祭三壇，欽此。'臣等看得，高拱昨蒙天恩，念係先帝講讀舊臣，赦其前罪，賜復原職。查得見行事例，一品官該祭九壇。今拱既蒙恩復職，係一品文官，例該與祭九壇。且拱有不赦之罪，已荷聖度優容，賜給卹典，似不必於祭數復爲裁減也。臣等愚昧，敢再爲懇乞，伏惟聖慈垂憫。謹將部本照常票擬上進，伏乞聖裁施行。"疏入，上始曲允准與祭五壇。

---

① 講　明抄本"講"下有"臣等謹擇萬曆七年正月初六日上吉日，請皇上開講一次，至二十日以後照常日講"三十三字。通行本脫此三十三字，當補。

萬曆
七 年

萬曆七年

萬曆七年正月丁未，朔，上御皇極殿，百官行慶賀禮。

八日甲寅，上致齋文華殿，會樂安等府宗室宸涼等六百餘人，俱以擅婚被訐，例當革封，連名奏辯。輔臣張居正等以其奏封進，請上省覽。有頃，召居正等入至後殿。居正等致詞云："皇上連日齋居，聖躬萬福，臣等不勝慶忭。"居正前詣御案，展宸涼等奏讀之，上且讀且語至竟。居正奏言："舊制，宗室年至十五，各該王府始為請封、請婚，及奉旨選擇，果係家道清白、人物俊秀、年命相應者，巡按御史覈實以聞，該部題覆，乃賜給封號，許令成婚。如不候覆請授封，擅自婚配者，所生子女，許請名，不許請封，此定例也。歲久人玩，往往朦朧倖不行發覺。至嘉靖二十八年，以晉府宗室表柔事發，乃復申明禁例。近因多爌、多燉挾私互訐，並以擅婚革罷，乃併宸涼等通行舉首。若以違例論究，則六百餘人，家口不下千數，皆當削奪，情實可閔。且據宸涼等奏，皆謂授封在二十八年以前，彼時禁例未曾刊布，雖有違礙，俱在例前。合無念其年遠人眾，姑與分別，以二十八年為斷？"上曰："二十八年例，皇祖所定耶？"居正對曰："然。此本宜下禮部酌議，若例後故違者，照常革黜，例前所犯，姑免追究。庶情法得中。"上曰："先生說的是。與禮部議行。"居正又言："今國家難處之事，無如宗室。蓋國家財賦有限，宗室生齒無窮。今玉牒見存者，不下萬五千餘位，即竭天下之賦以供之，尚不能給，況又有朝廷之經費、九邊之軍餉乎？是以有司極力措置，常苦不支。宗室張口待哺，常若不贍，其間窮困窘迫，至有不忍言者矣。高皇帝衆建宗子，意存強幹，惟恐支裔之不蕃。今設防閑，嚴加裁抑①，惟恐其生息之日衆，此豈聖祖之初意乎？亦勢有所必窮耳。《易》曰：'窮則變，變則通，通則②。'自今宜斟酌變通，稍為限制，五服之外，皆令人自為生，則封爵有數，祿糧自省，而財力可少紓矣。且今仁廟、宣廟皆以親盡奉祧，況諸王子孫袒③免之外者乎？高皇帝初制，親王歲祿皆萬石，其後以民貧賦少，有止④給二千石者，有給千石者，則知聖祖法意，原有變通。但

① 抑 明抄本作"柳"，誤。通行本改"抑"，是。

② 則 明抄本"則"下有"久"字，是。通行本脫此字。

③ 袒 "袒"當作"祖"。

④ 止 明抄本作"上"，誤。通行本改"止"，是。

萬曆起居注

茲事體重大，未可輕議，待數年之後，皇上益明習政體，灼見弊源，乃特頒明詔，告諭宗室，定爲經久可行之制，庶幾人情帖服，國家可保萬世治安。若失今不圖，歲復一歲，將來大患必起於此。惟皇上深思而審處之。"上曰："當與先生每從容議處。"居正等奏事畢，上曰："先生每辛苦。"居正等復叩頭謝。

九日乙卯，上親享太廟。

十一日丁己①，先是，上因考選譯字生，命將諸國番文各寫一本進覽。至是，輔臣傳令四夷館官生，寫完《華夷譯語》共十册進呈。上留覽。

十六日壬戌，命修撰張元忭、編修余孟麟、檢討張應元，内府司禮監書堂教書。

二十一日丁卯，上御講筵，輔臣姑②面奏事。

二十二日戊辰，以遼東大捷，遣英國公張溶等祭告郊廟畢，上御皇極門，鴻臚寺宣奏捷音，賞報捷人衣鈔如例。

二十三日己己③，免百官賀捷。

二十四日庚午，輔臣張居正等題："伏聞聖體偶有違和，諒係小恙，必已萬安。臣等犬馬微衷，深切仰戀，謹此恭問起居。連日風寒，聖躬爲重，自二十五日至二十八日，請暫免朝講，以靜迓天和。其二十九日慶賀一節，候臨期請旨施行。"上納之。此時但聞聖體違和，不知其爲疹也。

二十七日癸酉，司禮監太監馮保傳奉聖旨："說與鴻臚寺，朕偶患疹，欲服藥靜攝，自本月二十八日起至二月十五日，俱暫免朝講。面恩見辭人員，緊要的具本奏來。"

① 己 "己"當作"巳"。

② 姑 明抄本作"始"，誤。通行本作"姑"，是。

③ 己己 "己己"當作"己巳"。

萬曆七年二月丙子，朔，輔臣張居正等題："先該禮部題請皇上躬耕耤田，已奉欽依，擇於二月二十五日行禮。昨奉聖諭，以聖躬出疹，欲服藥靜攝。臣等連日恭候起居，知疹已發出，寢饌康寧，不勝欣慶。但出疹之後，最忌風寒侵體及動作勞苦之事，必須靜養月餘，元氣乃得完固。今照耕耤之禮，扶犁播種，往返頗勞。三推之後，又登臺露坐，以觀三公九卿至於庶人終畝。田野空曠，春寒未消，萬一或有風露之侵，非所以迓休和而綏福履也。臣等犬馬之誠，不勝仰念，伏望聖心預自量度，果不憚勞動，則善加珍攝，以俟臨期照常行禮。如有未便，不如及今傳諭禮部，改於明歲舉行。臣子之心，當以聖躬爲重，耕耤不過禮文故事，即遲遲行之，似亦爲①不可。宜夙行傳示，亦可免各衙門預備勞費也。臣等不勝惓惓切念之誠，仰乞聖明裁奪。"上納其言。是日諭禮部："耕耤禮改於明年二月行。"

二日丁丑，上命輔臣傳諭："朕弟潞王患疹，讀改於三月。該衙門知道。"

八日癸未，輔臣張居正等題："該文書官丘得用口傳聖母慈諭：前因皇上出疹，曾口許天下僧人於戒壇說法度衆，今聖躬萬安，宜酬還口願，着臣等擬諭下禮部施行。欽此。臣等仰惟，聖母慮存宗社，保護聖躬，大慈至仁，感動天地、祖宗，默垂洪庇，故得聖體康豫，茂迓天庥，臣等連日踴躍慶戴，若使此身可捨，亦願碎爲微塵，以答神貺，況奉慈諭惓惓，敢不將順？但戒壇一事，原奉有世宗皇帝嚴旨禁革。彼時各處僧人聚集者以數萬衆，其中學好者少，爲非者多，恐有奸人乘之，致生意外之變，不獨敗壞風俗、玷辱清規而已。自奉旨禁革之後，京師內外稍覺清淨，然此等遊僧，徒衆實繁，隆慶以來，無歲不覬望此事。去年四月間，遊食之徒，街填巷溢，又奉明旨驅逐，及將妖僧如燈實之於法，然後斂戢。今若又開此端，將使奸人得以再聚，釁隙因之復萌，上背皇祖之意，下開妖妄之門，非細故也。臣等愚見，竊以爲聖躬康泰，實天地祖宗萬靈之所擁

① 爲　明抄本"爲"上有"未"字，是。通行本脫此字。

佑，今欲酬謝，宜先其大者。合無敕下禮部，遣官告謝郊、廟、社稷，及於各宮廟修建好事三晝夜，或七晝夜，用酬聖母宿願，益延皇上洪庥？斯一舉而名正言順，神人胥悅矣。何必一開戒壇而後爲福利哉？伏望聖母俯鑒臣等愚衷，非敢抗違，但爲國家計慮深遠，不敢不盡其愚。"疏入，事遂寢。

　　十日乙酉，大學士張居正等題："先該臣等題奉欽依，重修《大明會典》，節奉敕諭：'卿等督率各官，悉心講究，以成一代畫一經常之典，昭示無極。欽此。欽遵。'隨開館纂修間。臣等看得，各衙門事例惟禮曹爲繁，國家典章亦惟禮制爲重。乃屬纂修官先將禮曹纂完，送副總裁官看改，然後呈送臣等删潤。近該副總裁禮部尚書潘晟等，將各官所纂禮曹事例，參互考訂，呈稿到閣。臣等仔細參詳，國家典禮，如儀制秋①祀等項，皆出祖宗列聖睿思親定，至精極當，臣等不敢妄議，但次其年月，删其重復，分類編錄，足垂②永久。惟宗藩一事，條例最繁，前後事體，參差不一，似皆因時立法，未能悉協於中。至嘉③靖四十四年，該禮部題覆，言官建議，始定爲《宗藩條例》一書，頒布天下。比時禮官，亦自以稽考累朝典制，博采諸宗建白，斟酌損益，既殫厥心矣。照④以臣等愚見觀之，揆諸事理，尚多有未當者。推原其意，徒以天潢支派浩繁，禄糧匱乏，國家之財力已竭，宗室之冒溢滋多，不得不爲隄防，嚴加裁抑⑤。顧集議之始，未暇精詳，中間被⑥此矛盾，前後牴牾。或減削太苛，有虧敦睦；或議擬不定，靡所適從；或一事而或予或奪，或一令而旋行旋止；或事與理舛，窒礙難行；或法與情乖，輕重失當。徒使奸猾得以滋弊，有司無所持循。略舉數端，可知其概。如親王樂工二十七户，乃高皇帝所定，載在《會典》，蓋以藩王體尊，其燕饗皆得用樂，不獨迎接詔敕爲然。乃今概從裁革，此減削太苛，事例之未妥者也。又如親王故絶，既許爲之繼封，以重大宗，又云必親弟親姪，方許請⑦繼，及查例行之，後亦有不由親弟親姪而繼封者，此議擬不定，亦事例之未妥者也。又如郡王初封者，爵秩雖同，然有帝孫、王孫之異，

① 秋 《張文忠公全集》奏疏八作"秌"，是。
② 垂 明抄本作"重"，誤。通行本改"垂"，是。
③ 嘉 明抄本作"加"，誤。通行本改"嘉"，是。
④ 照 "照"當作"然"。
⑤ 抑 明抄本作"柳"，誤。通行本改"抑"，是。
⑥ 被 "被"當作"彼"。
⑦ 請 明抄本作"情"，誤。通行本作"請"，是。

亦當視其親疎以爲差等，今房屋等項一概停給，此親無隆殺，亦事例之未妥者也。又今文官三品以上，皆得給與祭葬，郡王體亞親藩，乃身後墳價概從停給，此恩恤太薄，亦事例之未妥者也。又如郡王故絶者，不准襲封，而以罪革奪者，反得襲封，將軍未有子者，許選繼室，而親郡王未有子者，乃反不許選繼①，亂婚庶人名糧，止給五十石，而罪宗庶人，乃得七十餘石，又歷世不減，此恩紀失倫，亦事例之未妥者也。又如郡王與親王同城住居，故絶者止以本等官職奉祀，而另城郡王故絶者，其子又得世授鎮國將軍，此事同例異，亦事例之未妥者也。又如擅婚子女，不定年限，概從查革，有一府而至數百位者，於法不可盡革，不革則又廢法，此釐革無序，亦事例之未妥者也。又如郡王故絶，與以罪革降者，事體原自不同，其冊印亦當分別進繳，今乃概從徵②奪，此混施無別，亦事例之未妥者也。又如濫妾及花生傳生子女，冒請名封，將保勘宗室通行革奪，長史等官俱問發邊衛充軍，及流官寄籍奏請選婚者，革退另選，將被選之人發邊衛充軍，遇赦③不宥，此立法④太嚴，亦事例之未妥者也。諸如此類，尚不可以悉數。夫令所以布信，數易則疑；法所以防奸，二三則玩。見今該⑤部處置宗藩事情，悉用此爲準，因時救弊，似亦未爲大害，但欲勒成簡册，昭示將來，則必考求國體，審察人情，上不虧展親睦族之仁，下不失酌盈濟虛之術，使情法允協，裒益適宜，乃足爲經常可久之規，垂萬世不刊之典。今觀其例議，實多未妥，臣等欲因仍紀載，則恐事理不順，有礙施行，欲徑從改易，則先皆題奉欽依，今不敢以臆見亂⑥爲更定。照得萬曆四年六月內，該禮部題《爲名封事》，奉聖旨：'這宗室濫妾所生女子，於例已不許請名、請封，乃至今改姓易籍，發爲編民，殊非情理之當。見今重修《會典》，此等條例都着議擬停當，改正行。欽此。'合無敕下禮部，遵照前旨，將前⑦項條例，再加斟酌，並累朝見行事例係關宗藩者，悉行裒集，分類編錄，仍會同多官議擬停當，上請聖裁，著爲憲令，然後開送臣等，纂入《會典》？庶法以畫一而可以守，令以堅信而不移，懸諸日月，萬世無弊矣。"得

① 繼　明抄本作"維"，誤。通行本改"繼"，是。

② 徵　明抄本作"繳"，是。通行本作"徵"，誤。

③ 赦　明抄本作"赦"，是。通行本作"赧"，誤。

④ 法　明抄本作"泣"，誤。通行本改"法"，是。

⑤ 該　明抄本"該"下衍"今該"二字，通行本不衍。

⑥ 亂　明抄本作"擅"，是。通行本作"亂"，誤。

⑦ 前　明抄本作"所"，誤。通行本改"前"，是。

旨："禮部看議來説。"

十四日己丑，輔臣張居正等題："連日伏聞聖躬康豫，茂衍宸禧，臣等不勝慶戴。但出疹之後，最忌風寒勞動。前奉聖諭，暫免朝講止於本月十五日，臣等竊慮目下春寒未解，聖躬所係甚重，必須再加珍攝，乃爲萬全。合無諭下禮部，自十六日起仍暫免朝講，俟三月初旬始擇吉臨御，用以益培壽祉，祗迓天庥?"是日，奉聖①："諭禮部：朕體雖安，尚須静攝。自本月十六日起，仍暫免朝講。候三月初旬，擇吉奏請，其面恩、見辭人員，該衙門照前旨具本奏來。"

十六日辛卯，輔臣張居正題："臣近者接得巡撫甘肅兵部右侍郎兼都察院右僉都御史侯東萊差人齎到烏思藏僧人番書一紙，譯稱：釋迦摩尼比丘鎮南堅錯賢吉祥、合掌頂禮朝廷欽封幹大國事閣下張，知道你的名顯如日月，天下知皆②有你，身體甚好，我保佑皇上，晝夜念經。有甘州二堂地方上，我到城中，爲地方事，先與朝廷進本。馬匹物件到了，我和闡化王執事賞賜，照③以前好例，快快的討與我。我與皇上和大臣晝夜④念經，祝讚天下太平，是我⑤好心。壓書禮物四臂觀世音一尊、氆氇二段、金剛結子一方。有閣下分付順義王早早回家，我就分付他回去。虎年十二月初頭寫。等因。並虜酋順義王俺答，亦有稟帖，爲本僧轉乞通貢，俱投到臣。臣看得，烏思藏僧人鎮南堅錯，即虜酋俺答所稱活佛者也。去年虜酋西行，以迎見活佛爲名，實實⑥欲西搶瓦剌。比時臣竊料虜酋此行，必致敗衂，待其既敗而後撫之，則彼之感德愈深，而款貢可以堅久，乃授策邊臣，使之隨宜操縱，因機勸誘，陰修内治，以俟其變。今聞套虜連遭喪敗，俺答部下番夷悉皆離叛，勢甚窘蹙，遂託言活佛教以作善戒殺，阻其西掠，勸之回巢，又因而連合西僧，向風慕義，交臂請貢，獻琛來王，自此虜款必當益堅，邊患可以永息，此皆天地祖宗洪庇，皇上威德所及。而臣以淺⑦薄謬當樞軸，躬逢太平有道之盛，誠不勝欣慶，不勝仰戴。除求貢

萬曆起居注

二六〇

① 聖 "聖"當作"旨"。

② 知皆 《張文忠公全集》奏疏八作"皆知"。

③ 照 《張文忠公全集》奏疏八"照"前有"乞"字。

④ 夜 明抄本作"行"，誤。通行本改"夜"，是。

⑤ 我 《張文忠公全集》奏疏八"我"下有"的"字。

⑥ 實 此"實"字爲衍字。

⑦ 淺 明抄本作"洩"，誤。通行本作"淺"，是。

一事，已奉旨下禮、兵二部議處，惟本僧所饋臣禮物，雖遠人向化之誠，難以峻拒，但臣係輔弼近臣，參預密勿，義不得與外夷相通。查得國初翰①林學士宋濂，因朝鮮國王饋禮求文，却而不受，曰："天朝之臣，豈可受小夷之禮？"高皇帝聞而深喜之。其能守義自重如此。況臣列職帷幄，與詞臣不同，而通貢大事，又非求文之比，緣是不敢私受，謹略具其事本末，仰乞聖明俯賜裁奪，敕下臣愚遵行，庶不孤遠夷歸向之誠，亦以見人臣不敢自專之義。"得旨："卿輔理勳猷，宣播遐邇，戎狄咸賓，朕得以重②拱受成，深用嘉悅。覽奏，具見忠慎。宜勉納所饋，以慰遠人向風慕義之誠。禮部知道。"

① 翰 明抄本誤作"幹"。通行本改正作"翰"。

② 重 "重"當作"垂"。

萬曆七年三月丙午，朔，輔臣張居正、張四維、申時行題："該文書房官姚秀口宣聖意：以聖躬萬安，兩宮聖母例有進奉，及内外人等合行賞賚，目今内庫缺乏，欲傳取光祿寺銀十萬兩進用，着臣等擬旨行。欽此。臣等看得，該寺積餘銀兩，本以供辦天庖膳羞用度。聖躬康豫，增福延齡，又國家大慶，因此進獻兩宮，頒行賞賚，亦事之不常有者，臣等不敢抗違，謹以欽遵，擬傳帖上請施行。但臣等葵藿之愚，竊以朝廷之費用無窮，而國家之財賦有限，若不加意撙節，即使財貨山積，譬之酌江海以實漏卮，日見其不足矣。方今内外積貯，尚屬空虛，而小民膏血剝削已盡。數年之後，潞王之國，公主下嫁，皆費用之必不可已者。又脱不幸，有四方水旱之災，邊疆意外之變，將何以支之？臣等日夜念之，無可措處。若取用不已，將來之事可爲寒心。此後惟望我皇上，上奉天道，下軫民窮，凡百①用度，痛加撙節，凡無名之賞、不急之費，可省者省之，可裁者裁之，庶倉庫得以漸實，臨事不致倉皇。俗語云：'忍得一時之費，免受百日之窮。'此言雖小，可以喻大，伏惟聖明留意。此後若再有取用，臣等亦決不敢奉詔矣。"是日奉聖諭："朕體大安，兩宮聖母禮當進獻，及賞賜等項費用，今内庫缺乏，着光祿寺將積剩取十萬兩來用。"

五日庚戌，輔臣張居正等題："伏蒙聖諭：'五府六部大小九卿並科道有名問安的，每賞綵段表裏。卿等擬來。欽此。'仰惟聖躬康豫，景福茂增，中外臣民舉深慶戴。又蒙天恩，念及問安諸臣，欲行大賚，誠非羣情意望所及。臣等謹欽遵議擬上請。其②皇親如武清伯李偉等，亦宜一體頒賞，但聖諭未及，臣等不敢③擅擬，通候聖裁。"

九日甲寅，先是，禮部以聖體大安，遵旨擇於初九日，請皇上視朝，已奉俞允。至初八日，遣文書官至内閣，諭元輔張居正："朕明日御朝，切欲與先生一見。奈先生前有旨不在朝參之列。明日未朝之時，先於平臺召見。説與先生知之。"是日黎

① 凡百　明抄本作"百凡"，通行本改"凡百"。

② 其　明抄本作"具"，誤。通行本改"其"，是。

③ 敢　明抄本作"勝"，誤。通行本改"敢"，是。

明，上親祭告奉先殿畢，出御平臺。居正入見，致詞云："恭惟聖躬康豫，福壽無疆，臣犬馬微衷，不勝欣慶。"叩頭稱賀。上曰："朕久①未視朝，國家事多，先生費心。"居正對言："臣久不睹天顏，朝夕仰念，今蒙特賜召見，下情無任懼忻。但聖體雖安，還宜保重。至於國家事務，臣當盡忠幹理，皇上免勞掛懷。"上云："先生忠愛，朕知道了。"特賜銀五十兩、綵幣②六表裏、燒割一分、酒飯一卓。居正叩頭稱謝。上又諭云："先生近前，看朕容色。"居正承旨，至御座前跪，上親執居正手。仰見天顏和粹，玉音清亮，不勝欣忭。上又諭："朕日進膳四次，每次俱兩碗，但不用葷。"居正對云："病後加餐，誠爲可喜。但元氣初復，亦宜節調，過多恐傷脾胃。然不但飲食宜節，臣前奏疹後最忌風寒與房事，尤望聖明加愼。"上云："今聖母朝夕視朕起居，未嘗暫離，三宮俱未宣召。先生忠愛，朕已悉知。"上又諭："十二日經筵。其日講且待五月初旬行。"居正承旨，叩頭而退，始鳴鐘，上出御皇極門，百官致詞稱賀。禮畢，駕詣慈慶、慈寧兩宮，朝見聖母，乃還宮。

　　是日，賜輔臣府部大小九卿皇親及科道等衙門問③安有名者，綵幣各有差。特賜元輔張居正大紅坐蟒胸背衣一襲，次輔張四維大紅斗牛胸背衣一襲，申時行大紅孔雀胸背衣一襲。又賜元輔張居正銀一百兩、綵段六表裏，次輔張四維、申時行各銀八十兩、綵段四表裏，及講官何洛文等六員、正字官馬繼文等二員各有差。

　　二十日乙丑，輔臣張居正等題："據太常寺卿溫純等手本開稱，太廟時享，原設九帝后冠服，今祀文內稱五廟皇祖考妣④太皇帝后、皇高祖考憲宗純皇帝、皇高祖妣孝貞純皇后、皇曾伯祖考孝宗敬皇帝、皇曾伯祖妣孝康敬皇后、皇曾祖考睿宗獻皇帝、皇曾祖妣慈孝獻皇后、皇伯祖考武宗毅皇帝、皇伯祖妣孝静毅皇后、皇祖考世宗肅皇帝、皇祖妣孝絜肅皇后、皇考穆宗莊皇帝、皇妣孝懿莊皇后。職等照得，憲廟而下既備列六帝后，乃又加以五廟，則不止於九矣。今查五廟內，實止太祖、

①久　明抄本作"又"，誤。通行本改"久"，是。

②幣　明抄本作"弊"，誤。通行本改"幣"，是。

③問　明抄本脫"問"字。通行本補此字。

④妣　明抄本無"妣"字，誤。通行本補此字，是。

成祖、英宗三廟設祭，而祝文則多稱二廟，於座位未合，似應改正。其歲暮大祫，東壁下配享，設壽春王以下十五位神牌①，按帝系圖，壽春王于太祖爲伯，霍丘以下七王爲兄②，寶應以下七王爲姪。自英宗以來，相沿稱壽春及霍丘以下七王，俱爲皇高伯祖，寶應以下七王爲皇曾伯祖，倫序既紊，且世次已遠，不宜仍稱高曾伯祖。查親盡帝后，止稱徽號，今諸王似應改稱本爵，庶於名義爲協。等因。到閣。據此，臣等恭照，時享之制，止於九廟，太祖、成祖百世不遷，其餘則以親序而祧廟不與焉。查得先朝祝文，弘治中自憲宗而上稱八廟太皇帝③后，嘉靖初自孝宗而上稱六廟皇祖考妣太皇帝后，至孝烈皇后升祔，仁宗奉祧，始稱五廟，隆慶年間因而不改，蓋其時世宗新升之主，即孝烈舊祔之位，世數猶未增也。至我皇上嗣統，則世次異矣。乃時享祝文自皇高祖憲宗皇帝至皇考穆宗皇帝已備六廟之數，而太祖、成祖、英宗三廟猶仍五廟之稱，揆之世數、名義，委屬未妥。臣等竊惟，孝④莫大於尊祖，禮莫嚴於祼廟，當皇上躬親對越之頃，正祖宗神靈陟降之時，帝后尊稱不宜徑從簡略，廟祧世次尤當序列分明。合無比照歲暮大祫禮，將時享祝文通列九廟帝后聖號，以致如在之誠，不必更稱五廟字樣？其大祫配享壽春等王，親屬已遠，稱謂未安，宜將諸王神牌俱止稱本爵，其皇高伯祖等稱盡行裁去，庶得情禮之當。合⑤命下，容臣等另撰祝文，進呈御覽，發下該寺，並壽春等王神牌一體遵⑥照改正施行。"得旨："是。該衙門知道。"

二十二日丁卯，輔臣張居正等題："今日該文書官丘得用口傳聖旨：'皇親都督同知王偉，着進封伯爵。擬旨來行。欽此。'並將正德二年封慶陽伯夏儒、嘉靖二年封泰和伯陳萬言、及各子男輩授官事例，傳示臣等。恭照聖祖定制，公侯伯爵非有軍功不得濫封。國初如魏、定兩公，自以佐命元勳，聯姻帝室，彭城、惠安雖託藉戚里，然亦半有軍功，胙土剖符，皆無容議。宣德中年，始有恩澤之封，弘治以來遂爲故事，然實非高皇帝之舊制也。嘉靖八年，世宗皇帝曾詔廷臣會議外戚封拜事理，

---

① 以下十五位神牌，按帝系圖，壽春王　明抄本無此十四字，誤。通行本有此十四字，基本正確，但實當爲十五字，作"以下共十五位神牌。按《帝系圖》，壽春王"。

② 兄　明抄本脱"兄"字。通行本不脱此字。

③ 帝　明抄本作"太"，誤。通行本改"帝"，是。

④ 孝　明抄本作"考"，誤。通行本改"孝"，是。

⑤ 合　"合"下當有"候"文。

⑥ 遵　明抄本作"尊"誤。通行本改"遵"，是。

該府部等衙門議稱：祖宗之制，非軍功不封。夫爵賞者，天下之爵賞，人主所持以勵世之具也。今使椒房之屬，與有大勳勞之人並享茅土，非所以昭有功、勸有德也。今除已封見任者，姑准終身外，此後凡皇親駙馬，俱要查照祖宗舊制，不許夤緣請封。其有出自特恩，一時賞賚者，亦止照祖宗朝故事，量授指揮、千百戶等官，以榮終身。敢有違例奏請，希圖恩澤，妄引洪熙以後事例比乞者，聽本部及科道官即時舉劾，實之重典，以為貪冒不知止足者之戒。等因。奉聖旨：'卿等既會議停當，外戚封爵古未有，我皇祖亦未有制典，魏、定二國公雖為戚里，實開國佐命，靖難元勳難同其功，彭城、惠安二伯亦有軍功居半，都着照舊襲封。其餘以為戚里，濫膺重爵，名器既輕，人不知勸，見任的都當查革。但其中有於先朝恩命及已封者，姑與終身，子孫不許承襲。欽此。'此我世祖超世之見，同符二祖，非近代帝王所能仿彿其萬一者。嗣後雖曾垂澤安平，許傳再世，則以孝烈皇后有剪逆保駕之功，特旨酬賞，非援例進封者也。臣竊以為，我皇上當英妙之齡，事事皆祇遵先猷，憲章列祖，則太祖定制與世祖聖諭，正宜仰稽而效法者。但既有正德以後事例，王偉係中宮至親，臣等不敢抗違，謹擬傳帖，上請聖裁，發下吏部施行。其皇親子男輩，姑且從容，俟後再有大喜慶事，然後加恩未晚也。臣等謹查嘉靖八年世宗皇帝聖旨、及廷臣會議二本，進呈御覽，用見①先朝恩封外戚始末，伏惟聖明垂覽。"是日，諭吏部："皇親都督同知王偉，着進封伯爵，給與應得誥命。吏部知道。"

二十三日戊辰，輔臣張居正等題："伏蒙發下戶部進呈御覽揭帖一本。臣等看得，該部所進，乃萬曆六年一歲錢糧出入之數，隨將副揭開送到閣。臣等仔細查閱，各項錢糧一年總計不過四百三十餘萬，六年所入，比之五年少進八十餘萬兩，而所出比之五年乃多用三十三萬餘兩。蓋由各處奏留、蠲免數多。及節年追贓人犯，財產已盡，無可完納，故入數頓少。又兩次奉旨取用，乃湊補金花拖欠銀兩，皆額外之需，故出數反多也。

①見 明抄本作"外"，誤。通行本改"見"，是。

夫古者以歲終制國用，量入以爲出，計三年所入，必積有一年之餘，而後可以無患。乃今一歲所出，反多於所入之數，若從此不加撙節，則舊積者日漸消磨，新收者日漸短少，脱一旦有水旱饑饉之災、四方意外之變，何以待之？臣等反覆查看，不勝憂慮。伏惟聖明，將該部所進揭帖留神一覽，加意撙節，務使歲入之數多於所出，以漸復祖宗之舊，庶國用可裕，而民力亦賴以少寬矣。臣等無任懇切祈望之至。"

　　日講官翰林院侍講學士于慎行，以病請告，得旨："于慎行准回籍調理，着馳驛去，仍賜銀兩表裏。"

萬曆七年四月丙子，朔。

十九日甲午，上視朝。輔臣張居正等題："昨該文書官姚秀口傳聖旨：內庫缺賞用，着臣等擬旨，傳該部鑄造進用。欽此。臣等查得萬曆四年二月奉聖旨：'萬曆通寶制錢着鑄二萬錠，與嘉靖、隆慶等錢相兼行使。戶、工二部知道。欽此。'本月又該工部題鑄造事宜，節奉聖旨：'錢式照嘉靖通寶，鑄金皆①一萬四千錠，火添②六千錠，着以一千萬文進內庫應用。欽此。'萬曆五年二月內，該戶部進新鑄制錢，又奉聖旨：'這錢錠還查原錠③二萬之數，以一半進內庫應用，一半收貯太倉。欽此。'及查工部題議，制錢二萬錠，該錢一萬萬文，用工本銀十四萬九千兩，大半取之太倉銀庫。此奉旨鑄錢之大略也。臣等看得，先朝鑄造制錢，原以通幣④便民，用存一代之制，鑄成之後，量進少許呈樣，非以進供上用者也。萬曆二年鑄造之初，亦止進樣錢一千萬文，其後以一半進用，已非通幣⑤便民之本意。今若以賞用缺錢，逕行鑄造進用，則是以外府之儲，取⑥充內庫，大失舊制矣。且京師民間，嘉靖錢最多，自鑄行萬曆制錢之後，愚民訛言，便謂止行萬曆新錢，不行嘉⑦靖舊錢，小民甚以爲苦。近該五城榜示曉諭，民情少定，今若又廣鑄新錢，則嘉⑧靖等項舊錢，必致阻滯不行，於小民甚爲不便，又與原奉聖旨'與嘉⑨靖、隆慶等錢相兼行使'之意相背。臣等揆度事體，似爲未便，伏望聖明俯鑒，暫停鑄造進用之旨，待二、三年後，如果民間錢少，再行鑄造，亦未爲晚。仍乞聖上，曲納臣等節以⑩所陳狂愚之言，敦尚儉德，撙節財用，諸凡無益之費、無名之實⑪，一切裁省，庶國用可充，民生有賴。不然，以有限之財，供無窮之用，將來必有大可憂者。臣等備員輔導，不敢不盡其愚。伏惟聖明亮察。"上嘉納之。

二十四日己亥，陞左春坊左中允兼翰⑫林院編修戴洵，爲右春坊右諭德，掌南京翰林院印。

① 皆 明抄本作"背"，是。通行本作"皆"，誤。

② 添 "添"當作"漆"。

③ 錠 "錠"當作"定"。

④ 幣 明抄本作"弊"，誤。通行本改"幣"，是。

⑤ 幣 明抄本作"弊"，誤。通行本改"幣"，是。

⑥ 取 明抄本誤作"敢"，通行本改正作"取"。

⑦ 嘉 明抄本誤作"加"。通行本改正作"嘉"。

⑧ 嘉 明抄本誤作"加"，通行本改正作"嘉"。

⑨ 嘉 明抄本誤作"加"，通行本改正作"嘉"。

⑩ 以 明抄本作"次"，是。通行本作"以"，誤。

⑪ 實 "實"當作"賞"。

⑫ 翰 明抄本誤作"幹"。通行本改正爲"翰"。

萬曆起居注

二十六日辛丑，陞右春坊右中允兼翰①林院編修陳思育，爲左春坊左諭德兼翰②林院侍講，國子監司業周子義爲經局洗馬，兼翰林院修撰，翰③林院修撰高啟愚，爲右春坊右中允兼翰林院編修，各掌坊局印信。

二十八日癸卯，輔臣張居正等題："昨該文書官姚秀口傳聖旨：雝肅殿新製圍屏一座，命臣等不拘詩詞，撰進登寫。欽此。臣等謹欽遵擬撰《雝肅殿箴》一首，用做近臣進規之義，以表因事納忠之忱。但識見迂疎，文詞荒謬，恐不足以對揚休命，藻飾御屏，伏乞聖明裁訓。"上覽而嘉之，命書於御屏。

《雝肅殿箴》：北辰紫宮，惟皇宅中，身爲民表，心與天通。斯須不知，則乖戾起，斯須不敬，則傲慢叢。念常生於所忽，禍乃基於無窮。是以聖人事心，天命是敕，欽厥止，日謹萬幾，處深宮，心周八極。不以嗜欲滑和，不以逸豫滅德。無作好，無作惡，藹藹熙熙，如春斯煦。無荒色，無荒禽，兢兢惕惕，如淵斯臨。勿謂燕閒，人莫予觀，一喜一怒，作人燠寒。紘急者絕，器④平者安，優優和衷，爲君實難。勿謂宥密，人莫予弼，一動一言，恒爲度律。危懼則存，驕泰則失，昭昭神明，相在邇⑤室。在昔成周，宇內太和，由雝雝其在宮，友⑥琴瑟而不頗。亦曰懿恭，小民懷保，由肅肅其在廟，克對揚於祖考。我皇睿哲，是謂智臨，匪高明之不足，貴育德於靜深。我皇撫運，是謂開泰，匪豐亨之末臻，懼此心之或汰。樂以平其情，雖鐘虡不設，而若聞希聲，然後心和氣和，而天下平。禮以飭其志，雖昇降未施，而若持重器，斯謂無逸乃逸，而天下治。故曰沖和者養威，澹泊者養祿，危厲⑦者養安，憂勤⑧者養樂。以古爲師，於何不儀？平平周道，惟皇建⑨之。以心爲鑒，於何不見？穆穆文王，惟不⑩可流，敬不可忘，慎終如始，萬壽無疆。

① 翰　明抄本誤作"幹"。通行本改正爲"翰"。

② 翰　明抄本誤作"幹"。通行本改正爲"翰"。

③ 翰　明抄本誤作"幹"。通行本改正爲"翰"。

④ 器　《明神宗實錄》卷八六作"氣"。

⑤ 邇　《明神宗實錄》卷八六作"爾"。

⑥ 友　《明神宗實錄》卷八六作"發"。

⑦ 厲　《明神宗實錄》卷八六作"勵"。

⑧ 勤　明抄本作"樂"。通行本作"勤"。《明神宗實錄》卷八六作"勞"，此當是。

⑨ 建　明抄本作"所"，是。通行本作"建"，誤。

⑩ 惟不　《明神宗實錄》卷八六"惟不"作"皇所憲。朽索在手，勿謂無傷。覆車在睫，奈何弗防？和不"。

萬曆七年五月乙己①，朔。

二日丙午，以撰進《雝肅殿箴》，賜元輔張居正白金五十兩、綵段四表裏，次輔張四維、申時行各白金三十兩、綵段二表裏，中書官孫說、徐繼申亦賚及有差。

十二日丙辰，輔臣張居正等題："伏蒙發下兵部議覆巡按御史安九域覈勘遼東功次一本，議將總兵官李成梁特加封爵，以勸有功。臣等看得，李成梁屢立戰功，忠勇大節爲一時諸將之冠，加以顯秩，良不爲過。況係流爵，非世襲者，而因以鼓將士敵愾之氣，作人臣任事之忠，亦振興邊事之一機也。但封爵重典，臣等不敢擅專，謹擬票上聖明裁定施行。"上允加伯爵，如擬。

十九日癸亥，上親祀方澤。是日，車駕夙發，丑刻即至壇所，上坐幄次，候質明始行禮。元輔張居正、次輔張四維俱不陪祀，以扈駕從，見於幄次。禮畢，駕即還宮。賜三輔臣珍饌四盒。

二十九日癸酉，上視朝。

① 己 "己"當作"巳"。

萬曆七年六月乙亥，朔。

二十九日癸卯，上視朝。賜三輔臣果餅肴饌①，及特賜元輔如前。時元輔張居正偶患目痛，以上連日致齋於文華殿，仍早入趨直，請假而後出，上遣醫官三人往視，仍賜銀八寶四十兩。

① 饌 明抄本作"截"，是。通行本誤作"饌"。

萬曆七年七月乙已①，朔，上親享太廟。

六日庚戌，上御皇極殿，遣太常寺樂舞生齋捧祝文香帛，詣歷代帝王陵寢，命所在有司行禮。

命右春坊右中允兼翰②林院編修高啟愚、翰③林院侍讀羅萬化，應天考試。

十四日戊午，上以京師亢旱，命順天府祈雨。是日即雨，入夜大雨，連三日乃止，遠近霑足。

十五日己未，輔臣張居正等上言："自六月以來，雨澤稀少，勢成亢旱，臣等心切憂惶。仰蒙皇上特渙綸音，躬勤露禱，乃雩壇方啟，甘澤隨敷，感通之神，捷若抒④鼓，即《易》所謂大人先天而天弗違、傳所稱黃帝欲雨則雨者也。臣等不勝欽仰欣忭之至。"上亦隨降手諭曰："朕仰荷天眷，靈雨應禱，欣悅殊甚。諒卿等心切憂民，亦同慶忭也。"居正等回奏云："仰惟聖德昭孚，昊恩響答，三農愜望，九土騰歡。臣等慶忭之誠，實倍恒品。恭誦溫綸，益切欣戴。所有聖諭一道，謹藏閣中，以彰渥眷。臣等不勝踴躍瞻仰之至。"

十九日癸亥，戶科給事中李淶，以江南水災上疏，有所條陳，上覽之怒，遣文書官韓壽持其疏至內閣，口傳聖旨：李淶屢次訕上，令輔臣擬旨處治。輔臣張居正等言："李淶狂躁寡識，屢肆妄言，誠為有罪。但臣等詳看今次疏中所論，皆為江南水災，乞行蠲恤，意在推廣上德，施惠窮民，皆言官之所當陳者。雖第四款詞語妄誕，似亦未敢有所觸冒。若因此即加重治，恐未足以服其心。臣等愚昧，伏乞聖慈姑且寬容。後若再犯，處之未晚。臣等亦素惡其為人，但恐傷皇上優容言官之意，故敢為之陳解，以俟聖裁。"疏入，上意始釋。

二十一日乙丑，上御文華殿講讀。

①己 "己"當作"巳"。

②翰 明抄本作"幹"。通行本改"翰"，是。

③翰 明抄本作"幹"。通行本改"翰"，是。

④抒 "抒"當作"桴"。

是日，工部覆禮科左給事中顧九思、工科都給事中王道成等疏，請罷蘇松及應天織造，取回原差內臣。上遣文書官傳諭內閣，云："御用袍服緊急，織造且未可罷，若如部議取回內臣，改屬撫按有司，則織造不精，誰任其責？且見有錢糧，不必加派。先生每擬票來。"輔臣張居正等言："該部爲地方災傷，故如此議覆。請得面奏，爲皇上從容開說。"有頃，居正等持工部疏並擬票入，至御座前，居正奏云："近日蘇松等處，水災重大，據撫按官奏報及臣等所聞，百姓困苦流離，朝不謀夕，有羣聚劫奪者，地方錢糧①，委難措處。且自前年星變時，親奉明旨，停止織造，着孫隆回京，至今尚未完報，是詔令不信，而德澤不宣也。臣等謂宜從該部所請，以彰皇上敬天恤民至意。民惟邦本，願少加聖心。"上曰："朕未嘗不愛惜百姓，但彼處織造，不久當完，遠不過來春耳。"居正言："皇上德意，臣民無不欣②，即孫隆在彼，亦能仰體聖心，安靜行事。但地方多一事，則有一事之擾，寬一分，則受一分之賜。今彼中織完十未四、五，物料錢糧尚有未盡徵完者，災地疲民，不堪催督。願皇上且取③回孫隆，其應天被災稍輕，許坤仍舊可也。"上乃許之，曰："近降去花樣，皆御前發出銀兩，並不加派擾民，此一件還着織完回京，其餘則停罷可也。"居正等頓首曰："幸甚。"蓋是時宮中自大婚以來，應受賜者皆藉記以待，又當供奉慈寧，歲幣益不足，盡仰東南織造，上心亦難之，乃從中發銀五千兩，畀孫隆，約用盡更請，一不以煩百姓，外廷莫得知也，故上指此爲言。居正又奏云："兹事嘗奉聖母慈諭，今當奏聞。"上曰："已奉④過。"因以部疏授居正，云："先生將去票來。"又顧居正等云："君臣一體，今有司通不奉行，百姓安得受惠？"居正對言："誠如聖諭。臣等今日亦無非推廣皇上德意而已，願皇上重惜民生，保固邦本，則百萬生靈仰戴至仁，寔社稷靈長之慶。"因叩頭出。次日，上批部疏云："蘇松地方災傷重大，孫隆着查近降花樣、御前發去銀兩，應織袍服，上緊湊織，完日即便回京。其以前織完的，照數解進，未完的都着停止。物料等項，准作歲造段疋支用，各撫按官還查數明白具奏。許坤具⑤着照舊。"

① 糧　明抄本"糧"下有"錢糧"二字，誤。通行本刪去此二字，是。

② 欣　"欣"下當有"仰"字。

③ 取　明抄本脫"取"字。通行本不脫。

④ 奉　明抄本作"奏"，是。通行本誤作"奉"。

⑤ 具　"具"當作"且"。

萬曆七年八月甲戌，朔。

三日丙子，遣大學士申時行致祭先師孔子，以雨免傳制。

十三日丙戌，賜三輔臣各楊梅一籢。以恭題御畫，賜元輔張居正白金五十兩、紵絲四表裏，次輔張四維、申時行各白金四十兩、紵絲二表裏。

二十五日戊戌，上御文華殿講讀。是日，上諭內閣："朕昨御門，見真人張國祥也隨班。他前奏稱，今年該朝覲。朕思他是方外之人，焉用朝參？又無民社之寄，何須入覲？今祇著在本府暫住，恭候聖母萬壽聖節供事畢，即辭回。以後凡遇壽旦，祇著在本山建醮祝延，具本奏知，朝覲免行。或有旨召來，不在此限。卿等傳示吏、禮二部知道。"輔臣遵旨傳示該部。次日，禮部尚書潘晟等回奏，言："臣等竊惟，真人張國祥，本以方士之裔，荷聖朝繼絕之恩，精白乃心，祝延皇上、聖母萬壽，此其職①分，當竭犬馬之忱。至於入覲隨朝，綴文僚之班，修有司之典，揆之名義，委屬有乖。臣等恭繹聖諭，仰見我皇上睿智聰明，卓越千古，存道流於方外，重體貌於班行，振刷朝儀，敦崇世教，洋洋謨訓，真大聖人之作為也。廷臣頌美，史册增光，臣等不勝雀躍瞻仰。"得旨："知道了。朕御門聽政，百官常朝，原為承旨奏事。衍聖公以萬壽入賀，朝廷用賓禮待之，不在文武職官之列。今後也不必朝參，著賀畢辭回，永為定例。"

①職　明抄本作"識"，誤。通行本改"職"，是。

萬①曆七年九月甲辰，朔。

二十八日辛未，上御文華殿致齋如常。賜三輔臣上尊珍饌。

① 萬自"萬"字起至"饌"字止，凡三十二字，即萬曆七年九月記事，明抄本和通行本皆誤置於萬曆七年十月記事之後，且誤將之記作萬曆七年十月之事，茲糾正，移於萬曆七年八月記事之後。

萬曆七年九月①七日己卯，上御文華殿講讀。

先是，薊遼總督梁夢龍塘報，虜酋土蠻大舉寇遼東，輔臣張居正以警報封奏。上遣文書官命居正等擬旨諭兵部，議驅剿之策。居正等入奏，言："九月初間，有北虜俺答部下頭目恰召②吉差人，於土蠻營中偵知，土蠻欲糾衆向遼，講求貢市，臣即馳語總督梁夢龍，令其再偵的實，多方設備，傳示遼東總兵李成梁、巡撫周詠，虜若糾大衆至，無輕與戰，但堅壁清壘，使之野無所掠，虜氣自挫。又使梁夢③親率師東行，發勁兵二枝出山海關，爲遼東聲援，今④薊鎮總兵戚繼光，選精銳乘間出塞，或搗其巢，或邀其歸，以撓之。今據報，各官具如指⑤，梁夢龍已東駐永平，遣參將許汝繼、楊栗出關截殺；戚繼光移住一片石，伺間邀擊，遼東收保已畢。虜以十月初二日至寧前，向中所地方，此中地狹人稀，虜衆無所掠，勢不能久，旦夕必已退遁。今敕本兵始議驅剿，已後事機，徒駭聽聞耳。且彼中戒備頗嚴，諒無疎失，伏惟皇上少寬聖懷。"上曰："先生費心處置，朕知道了。"乃叩頭出。

十日壬午，上御文華殿講讀。

刑科初覆奏，請旨行刑。上命文書官田義口傳聖旨："今年暫免行刑。"輔臣張居正等上言："仰惟聖德好生，天恩宥罪，臣等敢不欽遵？但慶賞刑罰，乃朝廷大政，祖宗舊制。歲一行刑，順天時而舉除惡之典，乃法度之必不可廢者。古語云：'見善不賞，見惡不誅，雖堯舜不能以治天下。'去歲因皇上肇舉大婚慶典，故暫免行刑，今歲何名，又欲停止？若以爲刑戮誅殺，在聖心有所不忍，則各犯有殺父母、殺兄弟，及兇狼⑥毒惡，劫奪歐殺，被死者含冤冥冥，不尤爲可憐乎？伏乞聖明念祖宗舊制不可廢，朝廷法度不可弛，照常行刑，以應上天秋殺之義。若於各犯不忍盡誅，容臣等照先年事例，將各犯招情再加詳看，揀其情罪尤重者，疏名上請，量⑦數十人，以存舊典，則好生之仁、懲惡之義，並行而不悖矣。伏惟聖明剛斷施行。"上納其言。

① 萬曆七年九月 "萬曆七年九月"六字，明抄本無。此六字爲通行本所加。此六字應作"萬曆七年十月"。

② 恰召 明抄本作"恰召"，通行本作"悋召"。似當作"恰台"。

③ 夢 "夢"下脫一"龍"字。

④ 今 明抄本作"令"，是。通行本作"今"，誤。

⑤ 指 明抄本"指"上有"臣"字，是。通行本脫此字。

⑥ 狼 "狼"似當作"狠"。

⑦ 量 "量"後當有"決"字。

萬曆七年十一月癸卯，朔。

十五日丁己①，輔臣張居正等題："伏蒙發下工科都給事中王道成等請酌減織造段疋一本。臣等查得，先該承運庫太監孔成等，以賞賜夷人，段疋缺乏，題請行南京蘇松浙江等處增織，於內又將上用袍服等項併請織造，共該七萬三千疋。奉聖旨：'工部知道。'今科臣王道成等，因見東南地方災傷重大，民力罷敝，恐加派擾民，故有此奏。臣等看得，歲造段疋原有定額，祖宗朝計一歲所造，賞賚諸費，尚有贏餘。至嘉②靖年間，賞賚無時，每稱缺乏，乃行文於該地方增織，謂之急缺段疋。然亦間一行之，非可爲常例者也。今查萬曆三年，該庫已稱缺乏，請於歲造之外添織九萬有餘，其時以大婚禮重，賞賜浩繁，該部不得已欽遵明旨，設法措處。然聞之各地方庫藏，搜括已盡，經今四年，方得織完。而添織之旨又下，計該庫所開數目③，度其所費，非得銀四五十萬不能辦此。索之庫藏，則庫藏已竭；加派小民，則民力已疲。況今歲南直隸、浙江一帶，皆有水災，頃蒙特恩，破格蠲賑，又取回織造太監，罷困之民方得更生，乃又重復加派，子惠之恩未洽，誅求之令即施，非聖慈所以愛養元元、培植邦本之意也。民窮財盡，賦重役繁，將來隱憂，誠有不可勝諱者。科臣所奏宜留聖心。臣等看得，該庫偶因三衛夷人賞賜段疋，缺少虎豹一樣服色，及近年比④虜俺答款貢，歲增賞賚，溢於舊數，舊題請添織。以上二項，委不可已。至於上供御用等項，則近年南京太監許坤、蘇杭太監孫隆織進御前者，已自足用，不必又取辦於歲造矣。臣等愚見，伏乞聖明再諭該庫，查北虜俺答一宗賞賜，一歲約該幾何及三衛夷人虎豹服色缺少幾何，照數行該地方添織，即作歲造之數，其餘皆可停止。惟冀⑤俯從科臣之言，一概減半織造，其支費銀兩，敕下戶、工二部酌處，免復加派小民，庶近日蠲恤之旨，不爲虛文，罷極之民，少得蘇息也。臣等職在帷幄，蒙皇上心膂之寄，豈不知國用浩繁，事在難已，敢故爲節省之言，以詁⑥違拂之譽？但事關邦本，不得不爲深長之慮，伏望聖慈，宥其愚

①己 "己"當作"巳"。

②嘉 明抄本作"加"，誤。通行本改"嘉"，是。

③目 明抄本作"日"，誤。通行本作"目"，是。

④比 "比"當作"北"。

⑤冀 明抄本作"復"，誤。通行本改"冀"，是。

⑥詁 明抄本作"沽"，是。通行本作"詁"，誤。

昧，裁酌施行。"上納其言，批部疏云："東南地方既有災傷，這段疋等項准減半織造，其支費銀兩着戶、工二部措處，毋得加派小民。"

萬曆七年十二月壬申，朔。

二日癸酉，上御文華殿講讀。以大學士申時行三年考滿，賜鈔二千貫、羊一隻、酒十瓶。吏部奏："大學士申時行三年考滿，例當加恩。"得旨："申時行簡任內閣，協贊忠勤，着陞禮部尚書，兼文淵閣大學士，蔭一子入監讀書，仍給與應得誥命。"時行疏辭曰："臣禀賦至愚，行能無取。曩因緣盛際，供奉講帷，已蒙恩四遷，濫秩三品。遂承簡命，謬玷綸扉。懼任使之難堪，矢捐糜而爲報。然聖明在上，名碩居前，無寸長何以仰佐下風，無片言可以參裨末議，徒有悠悠伴食，碌碌隨行。追茲考績之期，宜正黜幽之罰，幸蒙寬貸，已極叨逾，詎意聖慈，更加優獎？既荷遷除之渥，復兼封蔭之榮，何有忠勤，冒茲寵數？夫內閣係表率之地，不以積日累月爲勞；而春卿寔華重之官，亦必度德量能而授。若表率之地，可以虛糜祿秩，則臣庶何觀？使華重之官，可以濫畀庸愚，則名器滋褻。且蔭敘褒封之典，皆聖朝隆厚之施，苟非其人，寧容泛及？臣既以不材而膺重寄，復以無功而沐橫恩，豈惟增瘝曠之羞？抑且速顛降①之咎。所有前項恩命，萬不敢承。伏望皇上鑒臣悃誠，辭非循例，量臣材器，滿則易傾，俾仍舊御，勉圖來效，以表聖代平明之詔②，以倡臣工廉讓之風。"得旨："卿久侍講讀，啟沃弘多，簡畀密勿，忠勤茂著，考績加恩，已有成命，不准辭。吏部知道。"

十七日戊子，輔臣張居正等題："昨該日講官翰③林院侍讀學士何洛文三年考滿，該吏部引奏復職，隨該文書官韓壽送本到閣，口傳聖旨："何洛文係講官，考滿若該陞官，着臣等議擬。欽此。臣等查得舊制，凡各衙門官員，三、六年考滿稱職，俱不陞遷，俟九年通考稱職，事繁衙門陞二級，事簡衙門陞一級，此考滿官之④通例也。今何洛文係三年任滿，雖考得稱職，例未應陞。但本官日侍講幄，久效勤勞，比之別衙門辦一事效一職者不同，稍加優厚，亦不爲過。又查得萬曆四年十二月，

① 降 明抄本作"隳"，是。通行本作"降"，誤。
② 詔 明抄本作"治"，是。通行本作"詔"，誤。
③ 翰 明抄本誤作"幹"，通行本改正作"翰"。
④ 之 明抄本無"之"字。通行本有此字。

該臣等題稱，日講官臣申時行等，講讀效勞，請乞敍錄，當蒙聖恩將臣時行等，各加陞級。今又三年，諸臣夙夜在公，頗效微勞，臣等仰體聖心，似應再敍。但諸臣效勞久近不同，恩禮亦宜有等。內如何洛文，自皇上登極之初即侍講讀，供事最久，宜加優敍者也。翰①林院修撰王家屏、編修沈一貫，先後再入講筵，寔在月日未及三年。翰②林院侍講朱賡、修撰陳于陛，皆以萬曆③六年始侍講讀。此四臣者，供事雖勤，效勞日淺，宜量爲並敍者也。伏乞聖慈俯念諸臣微勞，敕下吏部，將何洛文優加升級，朱賡等量陞④服色、俸級，以彰皇上崇聖學之美，優禮儒臣之意。"得旨："各官日侍講讀，效有勤勞。何洛文陞詹事府少詹事，仍兼翰⑤林院侍讀學士掌院事，朱賡與五品服色，王家屏、陳于陛、沈一貫各陞俸一級。吏部知道。"

二十三日甲午，上諭內閣："元輔張先生幾時服滿，二先生傳與吏部上起復本。"吏部回奏："元輔張居正服制，扣至萬曆⑥七年十二月二十四日期滿，禮當從吉。"二十三日，上特降手敕："諭元輔張少師先生：在京守制，忠孝兩全，今當服滿，朕心忻慰。特賜玉帶一條、大紅坐蟒蟒衣各一襲、金執壺一把、金臺盞一付⑦，用示眷知。念五日見朝畢，候朕御平臺召見。以後朝參、經筵俱照舊行。先生欽承之。故諭。"遣文書官太監孫斌，恭捧詣居正私第。居正疏謝曰："臣猥以庸虛，特蒙眷遇。曩邁家嚴之變，將匍匐以言奔，顧⑧惟慰勉之堅，屢籲號而莫遂。繼荷聖慈之曲軫，致煩睿恩⑨以折衷，許臣謝常祿以在公，容臣襄大事而歸里。自違丘隴，趨覲闕廷。入則荷橐持籌，遵墨衰之往制；出乃寢苫⑩枕塊，守苴絰⑪之常經。既獲承聖主之倚毗，兼克盡匹夫之懇悃。斯蓋我皇上乾坤幬載，父母愛憐，酌權宜於禮典之中，垂體恤於使令之外，鏤鏤識感，啣結難酬。惟兹隙駟之易馳，儵爾祥琴之在御，先王之制不敢逾，雖勉循禫祔之文，人子之心不能忘，寔倍切居諸之感。乃荷宸衷俯記，降清問於銓曹，復蒙綸札傳宣，接威顏於中禁⑫，祇佩⑬袞辭之藹鬱，重承朋錫之駢蕃。奩出壺觴，驚麟裹黃金之

① 翰 明抄本作"幹"，誤。通行本改作"翰"，是。
② 翰 明抄本誤作"幹"，通行本改正作"翰"。
③ 曆 明抄本誤作"力"，通行本改正作"曆"。
④ 陞 明抄本作"陛"，誤。通行本改"陞"，是。
⑤ 翰 明抄本誤作"幹"。通行本改正作"翰"。
⑥ 曆 明抄本誤作"力"。通行本改正作"曆"。
⑦ 付 "付"當作"副"。
⑧ 顧 明抄本作"顧"，是。通行本作"願"，誤。
⑨ 恩 明抄本作"思"，是。通行本誤作"恩"。
⑩ 苫 明抄本誤作"苦"，通行本改正作"苫"。
⑪ 絰 明抄本誤作"經"，通行本改正作"絰"。
⑫ 禁 明抄本作"顏"，誤。通行本改"禁"，是。
⑬ 祇佩 明抄本誤作"於"。通行本改正作"祇佩"。

質；衣加鞶帶，羨虹光白璧之珍。更令既毀之殘軀，還被斯皇之寵飾，捧而心醉，服以魂搖。昔名臣若榮、溥、孜、賢之輩，際盛世在永、宣、順、化之間，固嘗變禮從時，並荷先朝之知遇，未聞殊恩異數，有如今日之遭逢者也。臣敢不益攄冊悃，仰答隆施？儻筋力之未疲，遠道寧忘於驅策？如髮膚之可效，微生何愛於捐糜？謹欽遵聖諭，於二十五日廷見後，即趨詣平臺，恭候召見。誠不勝激切感戴之至。"上優詔答之。

二十五日丙申，元輔張居正以守制服闋，欽奉敕諭，召見於平臺。致詞云："前奉欽依，在京守制，服滿朝見。"奉面諭："先生全忠全孝，萬古留名。"居正奏："臣蒙皇上天恩，委曲體悉，故得以少盡臣子之情，不勝感戴。"叩頭稱謝。又奏："昨蒙聖恩，特降手敕，恩賚殊常，尤不勝感戴。"叩頭謝畢，又奏："昨奉敕諭，着臣以後照①舊朝參。臣即當欽遵。但年前數日，尚在三年之內，餘哀未忘，仍望皇上俯容再寬數日，免令朝參、陪祀。候元旦慶賀後，照舊朝參供職。"上曰："先生元旦出來也罷。"居正叩頭承旨。上又曰："與先生酒飯喫。"居正叩頭謝。又奏："臣在制中，屢荷兩宮聖母慈恩，賜賚稠疊，今服滿，欲詣各宮門外叩頭稱謝。未敢擅便，請旨。"上答曰："是。着張宏引進。"居正叩頭退，請詣慈慶宮門外叩頭。仁聖皇太后遣中使傳諭，云："先生忠孝兩全了，宜益盡心輔佐。"賜銀五十兩、紵絲四表裏。隨詣慈寧宮門外叩頭。慈聖皇太后命引伴太監張宏傳諭，云："皇帝冲年，凡事多賴先生輔佐，天下太平。今服制已滿，忠孝都全了，宜益盡心處置國事。"特賜膳九品、金執壺一把、金臺盞一付②、金鑲牙筯一雙、銀五十兩、綵段四表裏、葷素食八盒、甜食四盒、酒十瓶。命太監張宏遞酒三杯管待。

是日，居正奏："臣於萬曆五年十月內，以在京守制，奏辭俸薪，該內府各衙門傳奉聖旨：'元輔張先生俸薪都辭了，他平素清廉，恐用度不足，着光祿寺每日送酒食一卓，各該衙門每月送米十石、香油二百斤、茶葉三十斤、鹽一百斤、黃白蠟燭一百枝、柴二十扛、炭三十包。服滿日止。欽此。'各該衙門自奉旨之後，每月支給不缺。今日服制已滿，前項錢糧例應住支。獨臣三年之內，數口之家，日①分內府之藏，日食大官之饌，雖辭常祿，猶損公儲，鼹腹奚啻於飽盈？駑乘虛叨乎豢養。素飱是懼，一飯難忘。誠不勝感戴天恩之至。"次日得旨："元輔日給酒飯卓②，着光祿寺照舊。"居正疏言："臣既復常俸，足以養廉。乃荷聖慈，仍給酒饌，益重素飱之愧，彌深飽德之忱。緣奉特恩，不敢辭控，謹具題恭謝以聞。"

二十八日己亥，吏部欽奉聖諭，以大婚禮成，追敘元輔張居正翊戴功，題請加恩。得旨："朕元輔，社稷重臣，受先帝顧託，翊戴朕躬，以及大婚，弼成治理，勳績隆茂。着加太傅，歲加祿米一百石，原蔭武職伊男，陞一級，世襲，着南鎮撫司僉書管事，用付③朕酬獎元功至意。"

①日 明抄本作"目"，誤。通行本改正作"日"，是。

②卓 《明神宗實錄》卷九四"卓"上有"一"字。

③付 "付"當作"副"。

萬曆
八 年

萬曆八年正月辛丑，朔，上御皇極殿，受羣臣朝賀。賜三輔臣上尊珍饌。

四日甲辰，輔臣張居正奏："近該吏部以臣制滿，遵奉敕諭，題請加恩，隨奉聖旨：'朕元輔，社稷重臣，受先帝顧託，翊戴朕躬，以及大婚，弼成治理，勳績隆茂。着加太傅，歲加祿米一百石，原蔭武職伊男，陞一級世襲，着南鎮撫司僉書管事，用副朕酬獎元功至意。'臣聞命驚惶，跼躬局促。仰惟皇上鴻仁下逮，駿惠旁敷。往因嘉禮之成，肆舉敘勞之典，以臣叨居首辟①，加惠獨先，念臣方在宅憂，懸賞以待。兹允部臣之請，渙頒追錄之恩，三錫殊榮，一朝並至。既已奉有成命，詎宜仰瀆宸嚴？但臣自揣疏庸，誤承眷遇，一從受事，以至於今，每自省循，諸所蒙被，豈獨近代臣人②之所稀覯？抑亦在昔載記之所罕聞。即如頃者，服制未除，預垂清問，迄於祥禫甫屆，遄降溫綸，袞辭厪十札之褒，珍貺踰百朋之重，黃金白璧，炫耀門庭，錦綺華章，充溢筐篚。臣伏思惟，盆盎之器，不啻盈矣，鼫鼠之腹，亦既飽矣。及今克自抑畏，庶幾獲免傾危。而浹旬之間，豊施薦及；越歲之後，巽命重申。注之已盈，而不虞其將覆；噉之過飽，而不慮其難容。在輿論爲未孚，尤天道之所忌。此臣所以夙夜匪寧，凌競罔措者也。伏望聖慈鑒臣素悃，俾仍舊貫，特寢新恩。庶愚分獲安，幸逭顛隮之咎；微軀未隕，得紓唧結之忠。臣誠不勝戰兢踧踖，懇切俟命之至。"得旨："卿保迪朕躬，夙夜匪懈，輔宣化理，茂著成功。眷德酬勳，宜從優典。朕體卿謙讓至情，今次所頒恩數，欲卿安受，視先朝施及元臣故事，已自不同。朕心方以爲歉，卿豈可復行遜避？宜勉遵成命，以慰朕懷。所辭不允。吏部知道。"

六日丙午，上御皇極殿。太常寺奏孟春祭享太廟。
命禮部右侍郎無翰林院侍讀學士余有丁，爲禮部左侍郎，仍兼翰林院侍讀學士，掌詹事府事，照舊充經筵講官。

①辟 "辟"當作"弼"。

②臣人 "臣人"當作"人臣"。

九日己酉，上親享太廟。

輔臣張居正又奏："昨臣以蒙恩殊常，具奏辭免，該文書官姚秀送本到閣，口傳天語，着同官二臣票擬溫旨，勉臣遵奉，不必再辭。隨奉聖旨：'保迪朕躬，夙夜匪懈，輔宣化理，茂著成功。眷德酬勳，宜從優典。朕體卿謙讓至情，今次所頒恩數，欲卿安受，視先朝施及元臣故事，已自不同。朕心方以爲歉，卿豈可復行遜避？宜勉遵成命，以慰朕懷。所辭不允。'仰惟聖眷優崇，宸綸藹郁，敢不祗若，用彰寵榮？但臣自以蒙被過隆，難於報答，涯分久溢，恐致顛危，故屢次瀆陳，非敢矯飾，誠省躬揣分，有萬萬不能自安者也。今奉聖諭諄切，又該同官二臣咸導臣以將順，戒臣以抗違。臣竊伏思惟，俯自斟酌，因憶前年恭侍皇上日講，曾奉面諭：'先生功大，朕無可爲酬，祗是看顧先生子孫便了。'臣每念及此，輒爲涕零。夫施及於己身者，其恩尤淺；施及於子孫者，其恩爲深。戴德於一時者，其報有盡；戴德於後世者，其報無窮。今蒙聖恩憐念臣男，擢之衛司，延以世賞，貌焉弱息，荷此殊榮，斯蓋前諭所謂看顧臣子孫惓惓之意也。臣不勝感激，不勝頂戴，謹拜手祗領。仍囑臣後嗣，世效犬馬，仰報生成。惟是三公崇階，以待耆碩，在本朝文職咸不敢居，萬鍾厚祿，以賜勳親，臣昔已蒙恩，豈宜重冒？惟此二項殊典，揣己終不敢當。伏望聖慈，俯鑒臣愚，准臣量受臣男陞蔭，其太傅祿米之加，俯容辭免。庶橫恩不致①於濫及，微分亦得以少安。履厚戴高，不敢忘報。'已而，文書官丘得用送本到閣，復口傳聖諭，令同官二輔臣擬票，仍不准辭。居正又上疏曰："仰惟聖意惓惓，臣愚敢不仰體？但揆之分義，實有未安。屢次瀆陳，誠非得已。茲強浼二臣謹擬二票上請，伏望聖慈俯從辭免一票，庶臣愚分獲安。臣於皇上，義爲君臣，情同一體，一念不欺之誠，仰蒙聖鑒久矣。臣若求之本心而安，何故屢爲矯辭，以煩瀆聖聽。且臣一日未去，則思效勞一日，將來叨恩尚未可量，亦不在此一時。必冀俯從，乃見聖慈真切。臣隕首碎軀，不敢忘報。"得旨："卿功在社稷，不惟朕所眷知，亦中外臣民所共聞見。進秩加恩，於禮匪過，

① 致　明抄本作"至"。通行本作"致"。

乃又固辭不已，朕心益用弗寧。今諒卿悃誠，特准辭免太傅，以成卿勞謙廉讓之美。其餘宜勉遵成命，慎毋再辭。吏部知道。"

十一日辛亥，上御文華殿講讀。元輔張居正面奏："欽蒙聖恩，以大婚禮成，歲加臣祿米一百石。原蔭武職臣男陞一級、世襲，着南鎮撫司僉書管事。臣不勝感戴。"叩頭稱謝。上優答之。

十二日壬子，立春，上御皇極殿，順天府進春，百官稱賀。賜三輔臣上尊珍饌。

十五日乙卯，上御皇極殿受朝。
賜元輔張居正膳九品、元宵全、竹葉清酒十瓶，次輔張四維、申時行各膳七品、元宵全、竹葉清酒五瓶。

十九日己未，上視朝。

二十一日辛酉，上御文華殿講讀。

二十二日壬戌，以遼東總兵官李成梁等出邊，斬獲虜首四百七十一顆，上御皇極門，鴻臚寺宣奏捷音。
以祭告郊、廟收回脯醢果酒，賜三輔臣三卓。

二十三日癸亥，上御皇極門，受百官賀捷。
命國子監祭酒陳思育，爲詹事府少詹事，兼翰林院侍讀學士，掌翰林院事，照舊充經筵講官，纂修《會典》。

二十四日甲子，上御文華殿講讀。
輔臣張居正等題："伏蒙發下吏部推陞官員一本，內有蘇松管糧參政缺，推山東按察司副使周之屏，湖廣按察司副使金學曾，堪以陞補。臣等看得，前官係近年添設，訪之彼中士民公議，皆以此官爲冗員，不必陞補。謹擬旨下部查議，伏乞聖明裁酌，將此二員姑停點用。俟該部議定，覆請聖裁。"次日，奉聖旨："蘇松管糧參政，設自何時？即今應否裁革？還查議來説。"

二十六日丙寅，上視朝。九卿科道官面糾來朝官員，上親答曰："你每說的是。且饒他這遭，着回任用心供職。在外的行文與他每知道。"

二十八日戊辰，上御文華殿講讀。

二十九日己巳①，聖母仁聖懿安皇太后萬壽聖節，上御皇極門，百官致詞稱賀。

賜三輔臣上尊珍饌。

① 巳巳 "巳巳"當作"己巳"。

萬曆八年二月辛未，朔。

三日癸酉，上視朝。

五日己亥，上御皇極殿。太常寺奏祭先師孔子。

六日丙子，上御皇極殿，傳制祭先師孔子，遣輔臣張四維行禮。

八日戊寅，輔臣張居正奏："該吏部題稱：臣於萬曆五年九月內，聞臣父憂，奏乞回籍守制，荷蒙皇上諭留，准假歸葬，旋召還內閣，至萬曆七年十二月二十四日，服滿起復，通計前後歷任年分，除給假回籍不計外，其餘月日皆實在內閣輔政，扣至萬曆七年十二月十七日止，一品九年滿後又歷三年，例應考滿給由。等因。奉聖旨："卿等說的是，元輔爲朕勉留，夙夜在公，忠勤匪懈，實與見任供職者不殊。你部裏便查考滿恩例，從厚開擬來說。欽此。"備咨到臣。臣伏誦綸音，不勝惶悚。竊惟該部所奏，乃課功常典，臣之所處，則值事之變，而酌禮之中，非可以常典概論者也。今且無論臣功之有無，與課之殿最，但以事理言之。追憶前年先臣不祿，臣聞訃之初，五內崩裂，瀝血陳情，惟乞一去而已。乃奉聖諭，懇留至於三、四。比時臣雖在昏迷中，猶念先帝之顧託未終，聖母、皇上之深恩未報，犬馬戀主，寔切依依，而烏鳥私情，又有不能自釋者。乃不得已，而爲在京守制之請，仰荷聖慈俯從，又特允歸葬，旋即召還，免其朝參，停止支俸，令以素服在閣辦事。臣出則綜理國事，盡在公之義；入則守其苴絰，執居喪之禮。是臣之不去者，報君恩也；守制者，報親恩也。士大夫有職者，咸謂皇上之所以處臣，與臣①之所以自處，於君臣父子之情，庶幾兩全而無害矣。然身雖屬於公家，事實殊於見任。今乃又計算前後月日，通作實歷，積日累勞，循例考滿，則事同見任，禮曠居喪，君臣之義雖全，父子之情則缺矣。皇上昔日之所以處臣，與臣之

① 與臣 明抄本無"與臣"二字。通行本補此二字。

所以自處者，豈不兩失之乎？臣又查得，前代典禮，與本朝律令，凡奪情起復者，皆居官食祿，與見任不殊，故先年大學士楊溥，李賢等皆從服中陞官，考滿，以事同見任故也。今皇上原未奪臣之情，臣亦未嘗於制中起復，比之諸臣，事體原自不同。況前年荷蒙聖恩，以大婚禮成敍錄，內閣諸臣晉秩蔭子，獨臣以服制未滿，特敕該部俟制滿而後題請。是皇上亦諒臣在服制之中，不可以加恩故也。夫既不可以陞官，又獨可以考滿乎？蓋事必揆諸天理之當，即乎人心之安，乃無歉恨，所謂求仁而得仁者。今臣自審，於理欠當，於心未安，故不得不仰控聖明，冀申情款，惟求協夫事理之中而已，非畏人之議己而故爲是喋喋也。伏望聖慈，俯鑒愚誠，特停恩命，敕下吏部，免臣給由。庶臣得以安心供職，而皇上曲全之仁，與微臣自處之義，終爲完善，無所虧缺矣。臣於此理，剖析已詳，皇上聖明，必垂洞鑒。萬望即賜俞允，免致再三陳控，煩瀆宸嚴。臣不勝惶恐戰慄懇切祈望之至。得旨："卿昔爲朕勉留，夙夜在公，忠勤彌篤，殊勳茂績，中外所知。該部題請考滿加恩，委係彝典。茲覽卿奏辭俸守制與奪情起復不同，朕心更覺洞然，卿之所處，實爲恩義兩盡，足以垂範萬世，特允所辭，以全忠孝大節。至於卿之勳勞，簡在朕心，當別有酬眷。吏部知道。"

十二日壬午，上御經筵。

十三日癸未，上視朝。

十五日乙酉，上御皇極殿。太常寺奏請行親祭先農禮。

十八日戊子，上親祀先農壇。畢行耕耤禮，賜陪祀執事官晏。

十九日己丑，以耕耤禮成，賜三[1]公九卿。公徐文璧，伯楊炳，大學士張居正、張四維，尚書方逢時、王國光、汪宗伊、

---

[1] 三　明抄本"三"上衍"充"字。通行本刪此字，是。

潘晟、楊兆、嚴清，都御史陳炌，侍郎吴兑，各一表裏。及末耜等項執事官員人等，表裏銀布有差。

二十一日辛卯，上御文華殿講讀。

二十三日癸巳①，上御皇極殿。太常寺奏以二十七日祀大明寺於朝日壇。

二十五日己未，命司經局洗馬兼翰林院修撰周子義，清理軍職貼黄。

① 己 "巳"當作"巳"。

萬曆八年三月庚子，朔，上諭禮部："朕謁天壽山並金山，行春祭禮。隨駕文武百官，都許騎馬。"又諭錦衣衛："三月十二日駕謁天壽山並金山，行春祭禮。着東廠、錦衣衛往回沿途收後，兩旁攔擋，沒執事閑雜人等，不許穿御路近駕走。該衙門知道。"

二日辛丑，上御經筵。
是日，諭都察院："朕躬謁山陵，行春祭禮。一應事務，俱從省約。內外隨行官員人等，不許於沿途生事，擾害百姓。違者，着廠衛訪拏，科道官指名參奏。都察院知道。"

三日壬寅，上視朝。

四日癸卯，以扈駕謁陵，賜元輔張居正大紅綵織蟒衣羅一表裏、綠羅一表裏、五色間道蟒鸞帶一條、繡蟒伽袋一個、蟒花縧一條、金釵蟒椰瓢一個、金事件五事一副，次輔張四維、申時行各大紅綵織蟒衣羅一表裏、綠羅一表裏、五色間道蟒鸞帶一條、繡蟒伽袋一個、花縧一條、金椰瓢一個、金事件五事一副。

六日乙巳①，上視朝。
賜扈從文武官大學士張居正、定國公徐文璧等，及居守官伏羌伯毛登、左都御史陳炌，大紅羅紵衣及鸞帶五事等物，各有差。

七日丙午，上御文華殿講讀。
續賜守正陽等門文武官西寧侯宋世恩、右都御史吳兌等表裏，及隨駕上林苑監、並錦衣衛、旗手衛指揮千百戶等官有差。

八日丁未，輔臣張居正等題："照得制誥兩房官，舊該三十餘員，今止十四員，所有一應文書浩繁，員數缺少，辦理不前。

① 巳 "巳"當作"巳"。

查得嘉靖四十四等年例，俱於會試下第舉人內考選送用。合無敕下吏部，於告選舉人內，考選文學頗通、字書端楷者三四名，題請授以試中書舍人職銜，送赴制敕房供事？庶於職務有所補益。"得旨："是"。

九日戊甲①，聖母慈聖皇太后以輔臣張居正等扈駕謁陵，特賜三輔臣各銀鼇一個，套全。

十日己酉，輔臣張居正等題："該南司房太監高祿口傳聖旨：欽賞隨駕並扈衛官軍人等銀六萬兩，着臣等擬旨，於部中處給。臣等查得，隆慶二年給賞官軍銀兩，皆取之內庫，今於部中處給，似非舊例。但內庫既稱缺乏，無從措處，而恩典又有不可廢者，臣等謹欽遵擬傳帖，下戶、兵二部，於太倉折草、太僕寺馬價內，各項②動支三萬兩，以濟目前緊急之用。伏乞聖裁。"隨奉聖旨："朕茲謁陵行春祭禮，賞扈衛圍宿大漢將軍及各項官軍銀三萬兩，山後守把並巡山各官軍銀二萬兩，御馬監勇士官軍、及內官監拽船、東廠錦衣衛圍宿官校旗軍銀一萬兩，着戶、兵二部各措處三萬兩支給。"

十二日辛亥，辰刻，上奉兩宮皇太后，率后妃，發京。未刻，次鞏華城。從官行禮畢，薊遼總督官梁夢龍、昌平總兵官楊四畏等，及昌平州官吏師生，朝見於行宮。
賜元輔張居正膳九品、酒二瓶，次輔張四維、申時行各膳七品、酒二瓶。

十三日壬子，駕發鞏華城，午駐蹕感恩殿。
賜元輔張居正膳九品、酒二瓶，次輔張四維、申時行各膳七品、酒二瓶。
諭戶部："朕茲躬謁山陵，經過州縣地方，百姓勞苦，本年分田糧着量與蠲免，以示優恤。戶部酌開分數來看。"
輔臣張居正等題："該文書官姚秀口傳：聖母、皇上念及邊

①甲　"甲"當作"申"。

②項　明抄本無"項"字，是。通行本衍此字。

軍防護辛苦，着户、兵二部各動支銀兩賞之，令臣等擬旨傳行。臣等隨會兵部尚書方逢時、薊遼總督梁夢龍，查調來邊軍實數，總督標下五千員名，昌鎮總兵楊四畏標下三千員名，俱係有馬官軍。若比照京軍賞格，每馬軍六錢，共該銀四千八百兩，於兵部馬價銀兩內支給，庶人人仰戴聖母、皇上天恩，當益圖報效矣。再照宣大總督鄭洛、宣府總兵馬芳，亦各領兵三千員名，頂關防護。今薊、昌二鎮官軍既蒙特賞，則宣大各軍亦與有勞，似難獨缺。臣等謹推廣德意，每軍擬量賞銀三錢，共該一千八百兩，亦令兵部於馬價銀內支給。以上四枝人馬，不過費銀六七千兩，已足頒給，不必又取之户部矣。臣等謹擬傳帖上請，伏乞聖裁。"次日，上諭兵部："薊遼總督、昌平總兵調來迎駕官軍，防護辛苦，着比照京軍一例給賞。其宣大總督、宣府總兵調來頂關防護官軍，每人亦各賞銀三錢。俱着兵部處給，以示朝廷優恤邊兵之意。"

十四日癸丑，上奉兩宮皇太后，率后妃，詣長陵、永陵、昭陵，行春祭禮。初擬本日仍駐蹕感恩殿，聖母與上聞陵所艱於得水，因念六軍難以久屯，即日駕回鞏華城。

以扈駕謁陵行禮畢，賜輔臣張居正、張四維、申時行各白金三十兩，紵絲二表裏。

十五日甲寅，駕發鞏華城，駐蹕功德寺行宮。

賜元輔張居正膳九品、酒二瓶，次輔張四維、申時行各膳七品、酒二瓶。

午刻，奉兩宮聖母御龍舟回京。文武百官及軍民耆老人等，俱於西直門外候迎。駕至，居守文武大臣毛登、陳炘，伏謁駕前致詞，行叩頭禮。上還宮。是行也，上自發京以至還宮，往來皆乘馬，諸供億悉從省約，雖六軍萬乘車從衆盛，而所過秋毫無犯，居人老幼扶攜載道，瞻仰歡頌，徹於遠近焉。

十九日戊午，上御皇極門。以躬祀山陵禮成，百官致詞稱賀。

是日，上諭禮部："朕第三妹年已長成，當擇婚配。着禮部出榜曉諭在京官員軍民人等，有子弟年十五、十六歲，容貌齊整，行止端莊，父母有家教的，許於禮部報名，赴內府選擇爲婚。"

二十二日辛酉，輔臣張居正奏《爲鴻典畢成聖德日進乞親決庶政俯賜歸休以明臣節事》，疏云："臣一介草茅，行能淺薄。不自意遭際先皇，拔之侍從之班，畀以論思之任。壬申之事，又親揚末命，以皇上爲託。臣受事以來，夙夜兢懼，恒恐付託不效，有累先帝之明。又不自意，特荷聖慈眷禮優崇，信任專篤，臣亦遂忘其愚陋，畢智竭力，圖報國恩，嫌怨有所弗避，勞瘁有所弗辭，蓋九年於茲矣。每自思惟，高位不可以久竊，大權不可久居。然不敢遽爾乞身者，以時未可耳。今賴天地、祖宗洪佑，中外安寧，大禮、大婚、耕耤、陵祀鴻儀鉅典，一一修舉，聖志已定，聖德日新，朝廷之上忠賢濟濟。以皇上之明聖，令諸臣得佐下風，以致昇平，保鴻業，無難也。臣於是乃敢拜手稽首而歸政焉。且臣禀賦素弱，比年又以任重力微，積勞過慮，形神頓憊，血氣早衰，踰五之齡，鬚髮變白，自茲以往，聰明智慮當日就昏蒙。若不早自陳力，以致折足覆餗，將使王事不終，前功盡棄，此又臣之所大恐也。伏望皇上特出睿斷，親總萬機，博簡忠賢，俾參化理，賜臣骸骨，生還故鄉，庶臣節得以終全，駑力免於中蹶。臣未竭丹衷，當令後之子孫，世世爲犬馬以①圖報效也。"上答曰："卿受遺先帝，爲朕元輔，忠勤匪懈，勳績日隆，朕垂拱受成，倚毗正切，豈得一日離朕？如何遽以歸政乞休爲請，使朕惻然不寧？卿宜仰思先帝丁寧顧託之意，以社稷爲重，永固襄贊，用慰朕懷，慎無再辭。吏部知道。"

二十三日壬戌，上視朝。賜輔臣及府部大臣、日講官鮮藕。
輔臣張居正題："得②二十五日殿試中式舉人所有策問，先

① 以 明抄本作"之"，通行本改"以"。

② 得 明抄本"得"前有"照"字，是。通行本衍此字。

萬曆起居注

年或出御製，或令閣臣代撰。查得萬曆五年，臣居正及先任大學士呂調陽俱有子應試，於文華殿面奏請旨，令臣張四維代擬。今次若皇上未肯親發睿思，必且復以命臣。但臣見有兩子應試，又具疏乞休，伏候俞旨，於讀卷、擬題等項，俱不敢干預。臣四維亦有子應試，理合迴避。所據策題，合無特命臣申時行撰擬、手寫進呈，以俟聖明裁定？"上允之。

二十四日癸亥，輔臣張居正再疏乞休，云："昨臣以大禮畢成，具疏乞休，伏奉①溫旨慰留。臣聞命自天，不勝感悚。念臣發迹寥單，賦才譾劣，仰承先帝顧託之重，祇荷皇上眷遇之隆，分當捐糜此身，庶以仰酬高厚之萬一，豈敢輕求引退，圖遂私懷？但臣葵藿之志雖殷，而犬馬之力已竭。一自壬申受事，以至於今，惴惴之心，無一日不臨於淵谷。中遭家難，南北奔馳，神敝於思慮之煩，力疲於肩負之重。以致心血耗損，筋力尫隤，外若勉強支持，中實衰憊已甚，殗茶茹蘗，苦自知之。恒恐一旦顛仆，有負重託，欲乞身於聖明之前，非一日矣。獨念國事未定，大禮未完，口嚅嚅而不忍言，心依依而未能捨。今賴皇上神聖，臣得以少效愚衷，中外乂安，國家無事，諸大典禮皆已完就，臣乃敢一言其私，蓋亦度其時可以去而後去耳。昔顏回有言：東野畢之馬將敗矣。步驟馳騁，朝禮畢矣，歷險致遠，馬力盡矣，而猶求馬不已，無何東野畢之馬果敗。今臣亦不敢違背君父，為遠舉長往之計，但乞數年之間，暫停鞭策，少休足力。儻未即填溝壑，國家卒有大事，皇上仍欲用臣，朝聞命而夕就道，雖執殳荷戈、效死疆場，亦所弗避。是臣之愛身，亦所以愛國也。伏惟聖慈矜允，臣無任悚懼俟命之至。"上答曰："連日不見卿出，朕心若有所失。如何又有此奏？今諸大典禮雖已舉行，不過禮文之數。機務繁重，賴卿輔理更切，未便是卿閒逸之時。古之元老大臣，耄耋之年在朝輔理者不少，卿方逾五十，豈得便自稱②老，忍於言去？宜遵前旨即出，永肩一德，用成始終大忠。還著鴻臚寺官往諭朕意。吏部知道。"上即日復降龍箋手敕，曰："諭元輔少師張先生，朕面奉聖母慈

①奉 明抄本作"候"，誤。通作本改作"奉"，是。

②明抄本脫"在朝輔理者不少，卿方逾五十，豈得便自稱"十七字。通行本補之，是。

諭云：'與張先生說，各大典禮雖是修舉，內外一切政務，爾尚未能裁決，邊事尤為緊要，張先生親受先帝付託，豈忍言去？待輔爾到三十歲，那時再作商量。先生今後再不必興此念。'朕恭錄以示先生，務仰體聖母與朕惓惓倚毗至意，以終先帝憑几顧命，方全臣節大義。先生其欽承之。故諭。"居正疏謝，曰："今日該司禮太監孫秀、文書房官丘得用，恭捧手敕，到臣私寓。臣叩頭捧讀，感切涕零。念臣受國厚恩，未能圖報，況身應重託，敢遂私圖？但自審體力向衰，兼之寵祿踰分，萬不獲已，仰控宸嚴。茲蒙聖恩，親灑瓊翰，恭述聖母慈諭，責臣以付託之未效，勉臣以臣節之當終。臣莊誦之餘，感懼兼抱。抑惟慈訓諄切，聖眷優隆，誠所謂義重身輕，威尊命賤，臣於此時若復固求私便，是為自冒譴誅。但臣願忠之心無窮，而任事之力難強，仍乞皇上朝夕於聖母前達臣微悃，曲賜矜涵，庶稅駕之祈雖未遂於今日，首丘之願猶有冀於將來。又該鴻臚寺官奉旨，諭臣早出，臣即宜欽遵赴閣辦事。但臣前以山陵扈駕，觸冒風寒，近又聞親弟訃音，感傷致病，伏乞聖慈垂憫，俯容調理數日，少可即出供職。臣不勝惶悚感激之至。"上答曰："覽卿奏謝，朕知道了。調理數日，宜即出輔理，以慰朕心。禮部知道。"時太子太保吏部尚書王國光同九卿堂上官，疏乞懇留元輔，以弼聖治。得旨："元輔社稷重臣，朕所倚毗，豈可一日離左右？卿等所奏，深合朕意。知道了。吏部知道。"小九卿、太常寺卿、陰武卿等，科道官秦燿、師祥等，亦各疏留元輔，俱得旨："你每說的是。已有旨了。吏部知道。"

大學士張四維疏言："有子張泰徵中試，例應迴避讀卷。"得旨："進試重典，卿為輔臣，協公進賢，不必迴避。禮部知道。"

二十五日甲子，上御皇極殿，策試天下貢士蕭良有等於廷，制曰："朕惟治，古帝王大經大法具在《周書·洪範》，其所以宰持萬化，統攝九疇，則建用皇極，備矣。而論者謂又用三德，寔為權衡。又謂皇極以體常，以立本；三德以盡變，以趨時。

則正直剛柔固與建極殊路歟？抑亦異用而同體也？三季以還，英辟代有，若躬修玄默，庶幾刑措，力行仁義，身致太平，與刑名繩下而表用循良，柔道理物而總攬權綱者，於三德亦有合歟？又有可疑者，政務嚴切，事從寬厚，異施也，胡以各適於治？優柔好儒術，威強則武宣，異尚也，胡以同歸於衰？含容姑息，見謂養亂，而仁柔有餘，剛武不足者，胡以稱慶曆之隆？猜忌刻薄，遂致播遷，而精於聽斷，無復仁恩者，胡以媲貞觀之美。至於唐虞夏殷之盛，所謂平康之世也，乃弼教以象刑，格苗以平[①]羽，戮後會，泣罪人，敷政優優，秉鉞烈烈，其治亦兼用剛柔，何歟？朕紹休鴻業，精求上理，恩建皇極爲天下先，嘗深詔執事，黜朋比，期蕩平，袪僞刬浮，敦本責實，八載於茲矣。然而教化未洽，風俗未同，吏治未盡還淳，人心未盡歸厚。豈朕之不敏不明，無能端好惡以示之極歟？抑三德之用，猶有未當歟？昔人論治，以水火喻寬猛，以陰陽配刑德，以琴瑟證緩急，與夫芒刃斧斤之説，梁肉藥石之譬，是可採而行歟？夫捨剛柔而求正直，不善用三德而猥云極建，朕不知其解也。故進爾多士于廷，爰咨爰度，其尚闡析經訓，標揭化原。若何以明教正俗，馭吏卒[②]人，俾斯世會歸皇極，用追古帝王之治？悉心敷對，稱朕意焉。毋有所諱。"

　　二十六日乙丑，上御皇極殿。太常寺以四月初一日孟夏，奏請時享太廟。

　　二十七日丙寅，大雨。上遣司禮監官傳免讀卷。命輔臣封進，上覽卷，親定第三爲第一，第一爲第二，第二爲第三。

　　二十八日丁卯，上御皇極殿，傳制賜進士張懋修等三百二名及第、出身有差。傳臚畢，百官致詞稱賀。

　　二十九日戊辰，上致齋於文華殿。元輔張居正入見，致詞云："昨臣以病乞休，未蒙俞允，復勞宸翰賜諭勉留，臣不勝感

①平 "平"當作"干"。

②卒 "卒"當作"率"。

戴。"叩頭謝恩。上答云："聖母説，國事全賴先生輔理。先生以後再不必動此念。"居正叩頭，奏："聖母與皇上戒諭諄切，臣不敢不盡死力。但此後亦望聖明留神政務，以副天下仰望之心。"上云："先生忠愛，朕知道了。"居正又奏："臣男張懋修，昨蒙聖恩特賜進士及第。臣尤不勝感戴。"上云："先生忠孝傳家，朕心甚是喜悦。"居正奏："臣子孫當世世爲犬馬，以圖報深恩。"乃叩頭而退。

萬曆八年四月庚午，朔，上親享太廟。

三日壬申，上視朝。賜狀元朝服冠帶，及諸進士寶鈔。

四日癸酉，上御皇極殿，狀元率諸進士上表謝恩。

七日丙子，上御文華殿講讀。

八日丁丑，上御文華殿講讀。

九日戊寅，上視朝。
輔臣張居正等題："伏蒙發下日講官翰林院修撰陳于陛乞恩省親本。臣等看得，舊例凡京朝官在任六年以上，方准給假省親。今陳于陛在任未及六年，例難准許。但奏稱伊父原任少傅兼太子太師吏部尚書武英殿大學士陳以勤，致仕在家，今年正七十歲，止生于陛一子，思得一見，情有可憫。合無俯容暫回原籍省親，事完之日，即令依限前來供職？臣等謹擬票上請，伏乞聖裁。再照伊父陳以勤，原係先帝講官，與臣居正先後供事裕邸，先帝登極，又與臣居正同時入閣辦事。其人端謹清正，物望素隆，後以患病乞休，蒙恩特准致仕，恩禮甚厚。今年正七十歲，雖不在存問之列，然曾效勞藩邸，又係輔弼舊臣，實與泛常致仕大臣不同。少加恩宴賚，似不爲過。但係特恩，臣等不敢擅擬，統乞聖裁施行。"得旨："陳于陛既係原任輔臣之子，特准給假歸省，着馳驛去。伊父以勤，係先帝潛邸舊學，今壽屆七旬，特賜銀五十兩、綵段四表裏，還着撫按官具禮存問，以示優禮耆舊之意。陳于陛賜路費銀二十兩、紵絲二表裏。該部知道。"

十一日庚辰，上御文華殿講讀。
命詹事府少詹事兼翰林院侍讀學士掌院事陳思育，仍充日講官。

十二日辛巳①，上御經筵。

十四日癸未，賜元輔張居正銀綵扇五把、銀釘鉸扇十把、砷碌扇二十把，次輔張四維，申時行各銀綵扇三把、銀釘鉸扇七把、砷碌扇二十把，及講官何洛文等五員，各有差。

十五日甲申，命翰林院修撰沈懋孝、張元忭、孫繼皋，編修鄧以讚，管理文官誥敕。

十八日丁亥，上御文華殿講讀。
命陞太常寺卿管國子監祭酒事許國，爲詹事府詹事兼翰林院侍讀學士，掌詹事府印。

二十日己丑，上御文華殿講讀。

二十二日辛卯，以遼東大捷，遣定國公徐文璧等祭告郊、廟畢，上御皇極門，鴻臚寺宣奏捷音，賞報捷人衣鈔如例。上以祭告郊、廟脯醢果酒，賜三輔臣各一卓。

二十三日壬辰，上御皇極門，百官賀捷。

二十四日癸巳②，輔臣張四維以偶患足疾，奏乞給假調理。得旨："卿有疾，宜慎加調理，痊可即出供職。"

二十五日甲午，上御皇極殿。遣定遠侯鄧世棟等冊封楚世子華奎爲楚王，益府孫氏等爲益王等妃。
是日，欽遣太醫院院判沈襑視輔臣張四維疾。四維奏謝，言："臣理身不慎，驟犯宿痾，步履既妨，職務遂曠，陳情請告，方虞罪愆，乃蒙聖慈曲加軫念。尫隤安用？至煩豢牧之勤，輪菌非材，過叨雨露之潤。臣誠不勝感激天恩之至。"得旨："覽卿奏謝，知道了。禮部知道。"

①巳 "已"當作"巳"。

②巳 "已"當作"巳"。

二十六日乙未，上視朝。

二十八日丁酉，上御文華殿講讀。

二十九日戊戌，上視朝。

萬曆八年閏四月己亥，朔。

二日庚子，上御經筵。

三日辛丑，命翰林院編修鄧以讚、王懋德，檢討張應元，充經筵展書官。

四日壬寅，上御文華殿講讀。
命翰林院修撰沈懋孝、編修鄧以讚，充編纂六曹章奏官，鴻臚寺署丞章伯輝充謄錄官。

五日癸卯，上御文華殿講讀。

六日甲辰，上視朝。

八日丙午，上御文華殿晨講畢，輔臣張居正等入奏："茲者皇極門修理興工，於常朝有礙。惟皇上欽定視朝處所，敕禮部遵行。"上曰："朕初意欲且免朝，以待工完。但時日太遠，暫改這裏朝參何如。"居正對云："門工修理，須二三月始完，各衙門奏事，及面恩見辭人員，不宜久曠，臣等連日計議，別無相應處所，如聖裁允當。但欲御殿內，則庭中逼窄，不便行禮。不若門外寬敞，可容百官，宜暫設寶座於文華門視事。"上曰："是。先生每擬諭來行。"居正等叩頭出。次日，奉聖諭禮部："皇極門修理興工，常朝暫改於文華門，具儀來看。"

十日戊申，上御文華殿講讀。

十三日辛亥，上視朝。

十四日壬子，上御文華殿講讀。

十五日癸丑，命右春坊右中允兼翰林院編修高啟愚清理軍職貼黃。

十六日甲寅，上視朝。

十八日丙辰，上御文華殿講讀。

二十日戊午，上御文華殿講讀。

二十二日庚申，上御經筵。

二十三日辛酉，上視朝。

二十四日壬戌，以端陽令節，賜元輔張居正象牙邊骨畫面扇三把、墜三個、紅羅織金扇袋一個、字扇三把、蟒縧二條、金梁紅伽袋一個、百索一副、小貼金艾虎一對、紙畫艾虎二對，次輔張四維、申時行，各象牙邊骨畫面扇二把、墜二個、紅羅織金扇袋一個、字扇一把、銀鍍金梁青伽袋一個、蟒縧二條、百索一副、小貼金艾虎一對、紙畫艾虎二對，及講官何洛文等六員各有差。

二十五日癸亥，上御文華殿講讀。

二十七日乙丑，上御皇極殿。太常寺奏，五月初一日夏至，當大祀地於方澤。

是日，以元輔張居正撰廬溝橋碑文，賜銀五十兩、紵絲四表裏。

二十八日丙寅，上以大祭方澤，致齋於文華殿。

二十九日丁卯，上致齋於文華殿。

三十日戊辰，上御文華殿，填祝版，遣祭方澤，至暮還宮。

萬曆八年五月已巳①，朔，夏至，祀地於方澤，遣定國公徐文璧代。

以端陽令節，賜元輔張居正金書黃符四道、金書紅符四道、金艾葉四副，次輔張四維、申時行各金書黃符二道、金艾葉二副，及講官何洛文等六員有差。

三日辛未，輔臣張居正等題："該提督四夷館太常寺少卿蔣遵箴呈，據暹羅國差官握文源等呈稱：源等萬曆三年進貢到京，蒙題准回國，行取精通番字人員赴京譯字。五年五月，本國王仍差源與握悶辣、握文鐵、握文貼等四人，由廣東布政司起送來京。七年正月初四日，考選譯字生馬應坤等十名，到館教譯。源等將本國大字母二十五個，生出雜字三千五百五十字，又生切音一萬有餘，仍將雜字類成十八門，與諸生講解。今皆能默誦，意義了然，已蒙面試，俱有成效。但源等原有正副十八員名到京，除病故三名外，尚存十五員名。見今日給口糧十一分，均食十五人，衣食不敷，饑寒困苦。伏乞俯照館則款載夷使授職，及弘治、正德等年取進緬甸、八百土夷孟香的洒、藍者奇等，先授官職，後方送館事例，授職給俸，以便供役等情。具呈內閣，蒙批該館查報。奉此，查得，先該廣東布政使司起送暹羅國通曉譯字夷官三員握悶辣、握文鐵、握文貼，通事一員握文源到京，該禮部具題，考選譯字生馬應坤等十名，令其教習。比先握悶辣等并從人共十八員名來京，前後病故三名，內握文鐵自到館之後一向患病，其握悶辣等三員，俱各在館教譯。又查得館則所載，正德八年十月初三日該禮部題《爲暫留遠人寄館教習事》內開：八百等國夷字失傳，缺人教習，暫留該國差來進貢頭目藍者奇在京，選擇子弟，教譯番字，比照弘治十七年二月內欽依，行取緬甸國教師孟香的洒來京，除授鴻臚寺序班，翰林院帶俸，給與官房住坐事例，節奉聖旨：'藍者奇准照例與做鴻臚寺序班，帶俸，給與官房住坐。欽此。'今照握文源等在館教譯一年有餘，其譯字各生已蒙內閣面試，所習本業頗有進益，所據比照藍者奇授職事例，似應俯從。等因。到閣。

① 已巳 "已巳"當作"己巳"。

據此，臣等看得，前項夷使，先經禮部題准，選取各生開館教譯，已踰一年，節該各夷訴稱，遠客貧苦，欲乞比例授職、給俸，以資衣食。臣等恐其教習無功，虛糜廩餼，隨喚集生徒李憲等到閣，就其所習出題面試，委各譯學粗通，漸有進益。據其羈旅貧困之狀，深可矜憐。今該提督四夷館太常寺少卿將遵箋查報前來，又與先年藍者奇事體相合，委應俯恤。但其中勞勤亦有不同，除握文鐵到館即病，原未效勞，難以概授，候另行外，訪得握悶辣一員，譯學精通，教習勤謹，似應優處。通事握文源，原係中國人，於彼國譯業，未能精曉，然其通達言語，誘進各生，勞亦難泯，似應與握文貼一體授職，以勵將來。合無敕下禮部，咨行吏部，查照前例，將握悶辣、握文源俱量授一官，其握悶辣仍加俸一級，以示優異，俱令照舊在館教習，俟有成效，另行題請回國，庶以彰各夷勤事之勸，亦以廣聖朝懷遠之仁？"得旨："是。禮部知道。"

五日癸酉，以端陽令節，賜三輔臣上尊珍饌。

七日乙亥，以孝宗敬皇帝忌辰，免講讀。

八日丙子，上御文華殿講讀。輔臣張四維以病痊面謝賜假，及蒙遣醫診視，兼賜酒米瓜茄等物。上優答之。

十日戊寅，以太祖高皇帝忌辰，免講讀。

十一日己卯，上御文華殿講讀。

十二日庚辰，以仁宗昭皇帝忌辰，免講讀。
賜輔臣、及府部大臣、講官鮮筍。

十三日辛己[①]，上初御文華門視朝。以廣西大捷，遣定國公徐文璧等祭告郊、廟。鴻臚寺宣奏捷音，賞報捷官衣幣鈔錠，

---

① 己 "己"當作"巳"。

百官行慶賀禮。

　　是日，以祭告郊、廟收回脯醢果酒三卓，賜三輔臣。

　　十六日甲申，命翰林院編修趙鵬程充編纂六曹章奏官。

　　十七日乙酉，上御文華殿講讀。

　　十九日丁亥，上御文華殿視朝。

　　二十一日己丑，上御文華殿講讀。

　　二十六日甲午，以穆宗莊皇帝忌辰，免朝。

　　二十七日乙未，上御文華殿講讀。

萬曆八年六月己亥，朔。

三日辛丑，上視朝。

七日乙己[①]，上御文華殿講讀。

十日戊申，上御文華殿講讀。

十二日庚戌，上御文華殿講讀。

十四日壬子，賜三輔臣、府部大臣及日講官鮮枇杷。

十五日癸丑，賜三輔臣、府部大臣及日講官鮮鰣魚。

十八日丙辰，上御文華殿講讀。

十九日丁己[②]，上視朝。

二十日戊午，賜元輔張居正鰣魚七尾，次輔張四維、申時行各五尾，及講官何洛文等六員，各二尾。

二十二日庚申，上御文華殿講讀畢，輔臣張居正奏云："今日所講益者三樂、損者三樂，與前日所講益者三友、損者三友，這兩章書甚有關於君德，伏望皇上回宮之後，將此講章仍留心省覽。"上答曰："朕知道了。"居正又奏云："昨日吏部覆科臣論河南巡撫周鑑本，原擬調南用，蒙皇上特令致仕。臣等仰服聖斷極當。近來各處撫按官祇承德意，亦頗知淬勵，但實心幹事者尚少。周鑑操守行止，亦皆可觀，但遇事躲閃，不肯實心幹理。今皇上罷此一人，則四方諸臣，從此愈知警戒矣。"奏畢叩頭而出。

①己 "己"當作"巳"。

②己 "己"當作"巳"。

二十七日乙丑，上御文華殿致齋。

賜三輔臣果餅肴饌。

二十八日丙寅，上御文華殿致齋。

以輔臣張四維從一品三年考滿，賜鈔二千貫、羊一隻、酒十瓶。四維疏謝曰："寶楮煇煌，牲醴豐苾，分天庖之上品，出玉府之珍藏。自省瘝官，何當異數？素餐是愧，重承推食之仁；覆餗爲憂，更荷分財之惠。無能稱塞，徒切捐糜。臣不勝感戴天恩之至。"得旨："覽卿奏謝，朕知道了。禮部知道。"

二十九日丁卯，上御文華門視朝，仍齋於文華殿。

賜三輔臣果餅肴饌。

吏部奏："大學士張四維三年考滿，例當加恩。"得旨："張四維簡任密勿，協贊忠勤。茲一品滿考，勞績茂著，着加少傅兼太子太傅，餘官照舊，仍蔭一子入監讀書，照新銜給與誥命。"四維疏辭曰："臣聞命自天，神鬼震越。竊自循省，無任悚慚。臣本蓬蓽賤儒，江湖遠迹，遭際聖明御曆，作新化理，洗滌瑕纇，拔置政樞。亦思少罄涓塵，仰裨高厚。顧以知識短淺，學術椊疎，蚊力負山，不任其重；螢爓向日，何有於明？荏苒歲時，靡效尺寸。茲以一品三年考滿，分當黜幽，仰蒙聖慈天覆，俾之復職，已屬過望，詎意橫恩猥及，異數薦頒，清秩穹階，同時兼進，漏澤博及先世，延賞逮於後人？此在錄忠報勞，亦爲過渥，矧臣無功有罪，豈敢冒承？仰惟皇上，方飭勵百工，循名責實，將以修舉舊典，興建太平，要在功罪不淆，賞罰齊一。故近臣不以親暱要榮，則遠方承德矣；大臣不以薄德厚享，則小吏向風矣。伏望斷自聖心，收回成命，俾臣仍以舊銜供職。臣雖伎倆有限，無所著其勞績，然不至淆我皇上綜覈之政、平明之典。庶得安心自勵，勉圖末效，冀仰副知遇之萬一於方來耳。"得旨："卿協恭輔政，茂著忠勤，考績加恩，乃國家彝典。已有成命，不允辭。吏部知道。"

萬曆八年七月戊辰，朔。

九日丙子，皇極門工完，上仍御門視朝，百官致詞稱賀。

十一日戊寅，上御文華殿講讀。
輔臣張四維以考滿加恩，致詞稱謝，上優答之。

十三日庚辰，上視朝。

十六日癸未，上視朝。

十七日甲申，以雨免講讀。

十八日乙酉，賜輔臣及府部大臣、日講官鮮楊梅。

二十日丁亥，上御文華殿講讀。

二十一日戊子，上御文華殿講讀。

二十三日庚寅，上視朝。

二十七日甲午，命定國公徐文璧充知經筵官，國子監祭酒周子義、翰林院侍讀羅萬化充經筵講官，翰林院檢討劉楚先充展書官，詹事府詹事兼翰林院侍讀學士掌府事許國仍充經筵講官。

二十八日乙未，上御文華殿講讀。

萬曆八年八月戊戌，朔，上御皇極殿。太常寺奏秋分請行夕月禮。

二日己亥，上致齋於文華殿。
賜三輔臣果餅肴戩。

三日庚子，上親祀夜明於夕月壇。

四日辛丑，以修換皇極門明梁工完，賜輔臣張居正、張四維、申時行各銀二十兩，紵絲二表裏。

五日壬寅，上御文華殿講讀。

六日癸卯，以萬壽聖節，賜元輔張居正銀八十兩、綵段六表裏，次輔張四維、申時行各銀五十兩、綵段四表裏，及講官何洛文等六員，名銀二十兩、綵段一表裏。

七日甲辰，上御皇極殿。太常寺奏請親祭太社稷。

九日丙午，上御皇極殿，遣禮部尚書潘晟祭至聖先師孔子。

十二日己酉，上御經筵。以萬壽聖節，賜元輔張居正金萬壽字四副、金篆字十二個、金書黃符二道、銀書黃符二道、金書紅符二道，次輔張四維、申時行各金萬壽字二副①、金篆字八個、金書黃符一道、銀書黃符一道、金書紅符一道，及講官何洛文等六員各有差。

十三日庚戌，上視朝。

十五日壬子，以中秋令節，賜三輔臣上尊珍饌。

① 副　明抄本"副"下有"銀萬壽字二副"六字。通行本脫此六字。

十七日甲寅，萬壽聖節，上御皇極殿，受羣臣朝賀。賜元輔張居正膳拾①一品、壽麪全、長春酒五瓶，次輔張四維、申時行各膳九品、壽麪全、長春酒三瓶。又賜三輔臣上尊珍饌。

二十三日庚申，上視朝。

二十四日辛酉，上御文華殿講讀。

二十七日甲子，上御文華殿講讀。

二十九日丙寅，上視朝。

① 拾 "拾"字疑爲誤文。

萬曆八年九月戊辰，朔，上御皇極殿。禮部進萬曆九年大報等祀日册，及進士登科錄。

二日己己①，上御經筵。

五日壬申，上御文華殿講讀。

六日癸酉，輔臣張居正等題："先該臣等題奉欽依，重修《大明會典》，節奉敕諭：'《會典》一書，我祖宗列聖典章法度，綱目具存，第簡編浩穰，精覈實難。我皇祖世宗肅皇帝嘗見其一二舛誤，申命儒臣重加校輯。比及進覽，訖未頒行，似於聖心猶有未當。今特命卿等校訂差訛，補輯缺漏，督率各官，悉心考究，務令諸司一體，前後相貫，用成一代畫一經常之典。欽此。欽遵。'已經開館纂修去後。近該副總裁等官，將所編草稿呈送臣等刪潤，止將舊《會典》併嘉靖二十九年續修進呈未奉欽依舊稿，謄寫一徧，稍續以近年事例，中間體例尚有未當，紀載頗多缺漏。良由副總裁諸臣，各有部事相妨，無暇討論講究。臣等欲另爲修削，苦閣務浩繁，力有弗給。欲因仍舊貫，聊取完事，則於愚心實有未安者。竊以《會典》所載，乃昭代致治之大經大法，我太祖高皇帝稽古定制，美善兼該，綱目畢舉，列聖相承，間有損益，歷世滋久，經畫愈詳。今既彙爲一書，固當深究本原，備詳因革，酌古準今，以定一代之章程，垂萬年之典則。況欽奉敕諭，令臣等校訂差訛，補輯缺漏，是於舊本或有未當者，亦許以愚瞽之見，上請聖裁矣。今若止將舊本謄寫，附以新例，則不過重錄續編而已，豈聖明所以屬託臣等之意乎？顧事必專任，乃可責成，力不他可，乃能就緒。往者纂修兩朝實錄，亦皆專屬副總裁二員，臣等又月有程督，歲有稽考，乃克有成。今《會典》事理，又與實錄不同，考索講求，尤費心力，非有專責，決難奏功。臣等看得，吏部左侍郎兼翰林院侍讀學士余有丁、詹事府詹事兼翰林院侍讀學士許國，文學素優，年力方富，屬以此事，似可責成。如蒙聖明俯

① 己己 "己己"當作"己巳"。

允，將余有丁暫解部事，以本官仍掌詹事府事，許國協管府事，俱充副總裁，各暫停常轉，令其專在史館，遵照敕諭事理，將《會典》新舊原本，細加考究，另具草稿，送臣等刪潤。其原題副總裁官，惟於部務有暇，相與討論，不必限以章程，致令兩誤，庶幾事有專責，而汗青可期也。"得旨："是。吏部知道。"

九日丙子，上視朝。
以重陽令節，賜三輔臣上尊珍饌。

十一日戊寅，上御文華殿講讀。
命翰林院修撰沈懋孝、范謙，編修鄧以讚、王懋德，充《會典》纂修官。

十二日己卯，上御經筵。
是日，命左春坊左諭德兼翰林院侍讀陳經邦、翰林院侍講朱賡充①武舉考試。

十四日辛己②，上御文華殿講讀。

十五日壬午，上以江西安福守禦千户所舍人謝燿奏原任遼東巡按御史今爲民劉臺惡迹本，發下內閣，命文書官丘得用口傳聖旨："劉臺這廝，先年枉害忠良，朕意本要打死他，因先生諭救饒了。今却又這等暴橫害人。本內説在遼東貪贓數萬，着拏解來京，追究下落，擬票來行。"輔臣張居正等回奏云："臣等看得，本犯先年肆爲讒説，動摇國是，其罪本不容誅。臣居正但以其父母年老之故，曲爲救解，仰蒙聖慈俯允，特宥生還。彼乃不知悛改，仍復肆惡，凌暴鄉人。據謝燿本中所奏，殘忍不義，適與素行相符。若果皆實，豈宜容於堯舜之世？至於遼東貪贓一節，人所共知，臣等亦習聞之矣。皇上赫然震怒，欲行拏問重處，誠仁人惡惡之公，國家懲奸之典，臣等敢不欽遵？但受害之家，俱在彼中，今若將本犯拏解，不免並逮干證之人，

①充 明抄本無"充"字，通行本有"充"字。此字當作"典"。
②己 "己"當作"巳"。

恐連累者衆，或傷無辜。不如祗照常敕下都察院，咨劄江西撫按官，將奏内事情及聖諭所指遼東貪賍實迹，一一鞫問明白具奏。若所犯得實，彼自難逃於憲典也。臣等謹擬票上請，伏乞聖裁施行。"上乃允之。得旨："這奏内事情，着彼處撫按官一一鞫問明白具奏。都察院知道。"

十八日乙酉，上御文華殿講讀。
命原任右春坊右諭德范應期，掌管南京翰林院印信。

十九日丙戌，上視朝。

二十二日己丑，上御經筵。

二十四日辛卯，上御文華殿講讀。

二十六日癸己①，賜三輔臣、府部大臣及日講官鮮藕。

二十七日甲午，上御皇極殿。太常寺奏孟冬請祭享太廟。

二十八日乙未，上致齋於文華殿。

二十九日丙申，上御文華殿致齋如常。
賜三輔臣上尊珍饌。

① 己 "己"當作"巳"。

萬曆八年十月丁酉，朔，上御皇極殿。欽天監進萬曆九年《大統曆》，傳制給賜百官，頒行天下。復特賜元輔張居正曆一百五十本，次輔張四維、申時行各一百本，及講官何洛文等六員各五十本。

是日，上親享太廟。

二日戊戌，以孝絜肅皇后忌辰，免經筵。

四日庚子，以中宮千秋令節，賜三輔臣上尊珍饌。

六日壬寅，上視朝。

八日甲辰，上御文華殿講讀。

十日丙午，上御文華殿講讀。

十一日丁未，上御文華殿講讀。

十三日己酉，上視朝。

輔臣張居正等題："適據薊遼總督梁夢龍、遼東總兵官李成梁，差夜不收口報：東虜以本月初三日入犯遼東錦、義地方，初八日出邊去訖。先該臣等傳奉聖諭，戒示該鎮將領，加意隄備，將各城堡歸併貼守，收斂人畜，防備甚嚴。故賊以數萬之衆，深入內地五六日，攻圍城堡，堅不可克，人畜收斂，野無所掠，竟遷延而去。在我雖無大功，而彼亦失利多矣。伏惟聖懷少寬東顧之虞。謹具題以聞。"

十六日壬子，上視朝。

二十一日丁己①，上御文華殿講讀。

① 己 "己"當作"巳"。

二十二日戊午，上御文華殿講讀。

二十五日辛酉，上御文華殿講讀。

二十六日壬戌，上視朝。

二十八日甲子，上御文華殿講讀。輔臣張居正等入奏："伏蒙皇上發下吏部一本《爲給由事》，內開禮部尚書潘晟等三員，三、六年考滿。臣等查得舊例，京堂官考滿，皆於常期之日，單引面奏。吏部堂上官奏云：後面跪的是某官某人，實歷幾品、俸幾年已滿，給由到部，查理明白，例該復職，未敢擅便，引奏請旨。皇上發旨云：着復職。吏部官承旨，乃退。自皇上視朝以來，亦屢行之矣。"上應聲曰："朕曾行過來。"居正云："今吏部尚書潘晟、侍郎趙賢、通政司參議杜其驕，通作一本，又不候三、六、九日，隨便引奏，殊非事體，合當改正。"上曰："先生每說的是。擬票來行。"居正又奏云："今吏、兵二部大選文武官員，皆失祖宗初意。先朝凡遇大選，皆於常朝面奏舉行。自世宗久不御朝，但具本對進。而先帝臨朝恭默，憚於發旨，每遇大選多傳免朝。此舉遂廢。該部亦不深考，乃不候視朝之日，隨便舉行，殊爲訛謬。前者皇上親臨大選，正係祖宗舊規。今既定以三、六、九日視朝，則該部大選自當依期行事，以復舊制。臣等擬以雙月大選，吏部定於二十六日，兵部二十九日，皆面奏取旨。或皇上朝畢還宮，命司禮監看用印子。或偶傳免朝，俱照常行，似爲妥當。伏候聖裁。"上曰："先生每照規擬旨來。"居正等叩頭退。次日，上批部疏曰："舊規，京堂官給由，該單奏面引，大選官員，該常朝面奏。近來每於免朝之日，取便奏選。及大臣考滿，不行面引單奏。俱非事體。今後選除文武官員，吏部定以雙月二十六日，兵部二十九日，如有妨礙，臨期奏請改日。其大臣考滿事例，都着遵照舊規行。"

萬曆八年十一月丁卯，朔，上御皇極殿。太常寺奏冬至請行大祀圜丘禮。

二日戊辰，上御皇極殿，傳制誓戒百官。

三日己巳①，上御文華殿致齋。
賜三輔臣上尊珍饌。

五日辛未，冬至，大祀皇天於圜丘，命定國公徐文璧恭代，免百官行慶成賀禮。
賜三輔臣上尊珍饌。

六日壬申，以雪免朝賀。

八日甲戌，以祭三皇收回祭品，賜三輔臣。

十二日戊寅，上夜飲宮中，偶爲近侍孫海、客用等誘惑，誤杖二內使，幾斃。翌日，聖母慈聖皇太后聞之，不樂，因上朝謁，訓戒甚切。上悔悟，即宣諭諸內臣曰："孫海、客用凡事引誘，無所不爲，着降做小火者，發去南京孝陵種菜。爾等司禮監並管事牌子，既受朝廷爵祿，我一時昏迷，以致有錯，爾等就該力諫方可，爾等圖我一時歡喜不言。我今奉聖母聖諭教悔我，我今改過，奸邪已去。今後但有奸邪的小人，爾等司禮監並管事牌子，一同舉名來奏。該衙門知道。"諭畢，仍命文書官丘得用傳示內閣輔臣。張居正等奏言："臣等看得，孫海、客用奸邪不忠，引誘蠱惑，以致虧損聖德，舉動差錯，上違聖母慈訓，下失臣民仰望之心。論祖宗法度，宜正典刑，罪在不赦。皇上心雖惱恨，猶不忍加刑，薄從降斥。燭奸之明，等於日月，宥罪之仁，同於天地矣。但臣等查得舊例，孝陵種菜，皆軍人爲之，二犯既發令着役，不宜止降小火者，須充做淨軍，乃爲正法。臣等謹擬票，上請聖裁施行。"得旨："乾清宮管事牌子

① 己　"己"當作"巳"。

太監孫海、客用，凡事引誘，無所不爲，降黜未盡其辜，着充淨軍，發去南京孝陵種菜。該衙門知道。"

十四日庚辰，上諭輔臣曰："朕昨者御筆帖子，先生等看來未曾？孫海、客用，朕越思越惱。這廝亂國壞法，朕今又降做小火者，發去南京孝陵種菜。先生等既爲輔臣，輔弼朕躬，宗廟、社稷所係非輕，焉忍坐視不言？先生等既知此事，就該諫朕，教朕爲堯舜之君，先生等也爲堯舜之臣。朕今奉聖母聖諭教誨，朕悔過，迸去奸邪，先生等各要盡心輔朕。"輔臣張居正等回奏曰："臣等恭誦綸音，不勝欽仰，不勝惶愧。仰惟皇上天挺聖資，幼而聰穎。自臨御以來，講學勤政，聖德日新。臣等每自慶幸，以爲親遇堯舜之主，庶幾復見唐虞之治矣。乃數月之間，仰窺聖意所向，稍不如前，微聞宮中起居，頗失常度。臣等心切憂惶。但身隔外庭，不知内事，即有所聞，未敢輕信。而朝廷庶政，未見有闕，故不敢妄有所言。然前者恭侍日講，亦曾將①孔子益者三樂、損者三樂、併益者三友損者三友兩章書，請皇上加意省覽，蓋亦陰寓諷諫之意。又數日前，曾問文書官云：'近日聞皇上夜間遊行，左右近習皆持短棍兵器。此何爲者？'該文書官回説'並無此事'，臣等亦遂以所聞爲妄，不敢復言。連日因睹御筆帖子，處治孫海、客用兩人，因而詢訪，始知此兩人者，每日引誘皇上夜間遊宴別宮，釋去法服，身着窄袖小衣，長街走馬，挾持刀杖，又數進奇巧戲玩之物，以蠱惑上心，希圖寵倖。臣等連日寢食不寧，神爽飛越，可惜天生聖主，被這幾個奸佞小人引誘蠱惑，一至於此，擬俟日講時面奏諫勸，以盡愚忠。乃蒙我聖母諄諄教戒，我皇上幡然改悔，迸去奸邪，引咎自責，又宣諭臣等盡心輔導。此蓋九廟列聖之靈，默啟我聖母之心，形之譴責，陰佑我皇上之心，自悔前非也。夫人孰無過？惟過而能改，則復於無過。自兹以往，皇上依然爲堯舜之君，臣等亦庶幾可勉爲堯舜之臣矣。宗社生靈，曷勝慶幸？"但古語云：'樹德務滋，除惡務盡。'臣等竊聞，近日引誘之人，在孫海、客用固爲尤甚，而其中諂佞希寵、放肆

① 將 明抄本無"將"字，通行本增此字。《張文忠公全集》奏疏九作"寧"。

無忌者，尚不止此二人。如司禮監太監孫德秀、溫泰，兵仗局掌印周海者，皆不良之人，其罪亦不在孫海、客用之下。今皇上既將此二人寘之於法，以示悔過自新之意，則孫德秀等亦不宜姑容在內，以爲聖德之累。伏望皇上大奮乾斷，將孫德秀等一體黜降，以彰日月之明。其司禮監管事牌子等官，平日爲忠爲佞，諒莫逃於聖鑒，合無俱令自陳，請自聖斷？老成廉謹者，照舊管事，諂佞放肆者，悉加汰黜。且近日皇穹垂象，彗芒掃宦者四星，亦①大行掃除，以應天變，以光聖德。此皇上修德改過之實政也。臣等又聞漢臣諸葛亮云：'宮中府中，俱爲一體，陟罰臧否，不宜異同。'臣等待罪輔弼，宮中之事，皆宜與聞。臣居正又親承先帝遺命，輔保聖躬，比之二臣，責任尤重。今乃徒避內外之嫌，不行直言匡救，以致皇上有此過舉，孤負先帝付託之言，萬死不足以自贖。除痛自省勵、以圖報稱外，既蒙皇上明發德音，昭示聖意，臣等此後亦不敢復以外臣自限。凡皇上起居及宮壼內事，但有所聞，即竭忠敷奏。及左右近習有邪佞不忠，如孫海、客用等者，亦不避嫌怨，必舉祖宗之法，奏請處治。仍望俯允施行。皇上亦宜痛自改悔，戒飲宴以重起居，專精神以廣胤嗣，節賞賚以省浮費，卻玩好以定心志，親萬幾以明庶政，勤講學以資治理。庶今日之悔過，不爲虛言，將來之聖德，愈爲光顯矣。臣等無任瀝血哀懇之至。伏惟聖慈鑒宥。"疏入，上持奏聖母，亟允所請，批答云："覽卿等所奏，具見忠愛，依擬行。"隨降旨："司禮監太監孫德秀、溫泰，兵仗局掌印周海，都降三級，着外私家閒住，永不敘用。其司禮監及管事牌子等，都着自陳。該衙門知道。"

十五日辛己②，以聖母慈聖宣文皇太后萬壽聖節，賜元輔張居正銀五十兩、紵絲四表裏，次輔張四維、申時行各銀四十兩、紵絲三表裏，及講官何洛文等六員，各銀二十兩、紵絲二表裏。又賜元輔張居正金萬壽字四副、金篆字十二個、金書黃符二道、銀書黃符二道、金書紅符二道，次輔張四維、申時行各金萬壽字二副、銀萬壽字二副、金篆字八個、金書黃符一道、

① 亦　明抄本"亦"下有"宜"字，是。通行本脫此字。

② 己　"己"當作"巳"。

銀書黃符一道、金書紅符一道，及講官何洛文等六員各有差。

十六日壬午，上視朝。

十七日癸未，輔臣張居正等題："十九日恭遇聖母慈聖宣文皇太后萬壽聖旦。查得舊例，臣等輔臣每遇聖母壽旦，皆進內稱賀。近年以臣居正不與朝參，並同官二臣亦皆不敢擅進。茲擬於是日，臣等同百官致詞稱賀之後，仍照舊例，恭詣隆宗門，行叩頭禮，以少伸臣子慶祝之誠。"上允之。

是日，上諭禮部："朕奉聖母慈諭，本月二十八日，朝天宮建保國安民禳災謝佑醮典之晝夜。着停刑、禁屠三日。禮部知道。"

十九日乙酉，慈聖宣文皇太后萬壽聖節，上御皇極門。百官致詞稱賀。禮畢，三輔臣仍詣隆宗門，行叩賀禮。賜三輔臣上尊珍饌。

二十二日戊子，上御文華殿講讀。

二十五日辛卯，上御文華殿講讀。

二十六日壬辰，上視朝。

萬曆八年十二月丙申，朔。

二日丁酉，上御文華殿講讀。

五日庚子，上御文華殿講讀。

六日辛丑，上視朝。

八日癸卯，諭禮部："宜妃楊氏，於十二月初六日亥時薨逝，合行事宜，都照世廟榮昭德妃張氏例行。"

九日甲辰，輔臣張居正等題："先該臣等面奏：皇上春秋鼎盛，宜省覽章奏，講究治理，於字書小學，不必求工，以後日講暫免進字，容臣等將諸司題奏緊要事情，至御前講解，面奏裁決。伏奏俞旨。臣等欽遵舉行外，但數月以來，應奏事件與日講之期多不相值。或係常行細務，又不敢煩凟聖聽。即恭侍講讀，須臾而畢，拱默而退，不得供奉燕閒，從容陳說，雖欲竭悃款之愚，效獻替之益，其道無繇。非臣等面請奏事之初意也。頃奉聖諭，責臣等以盡心輔導。臣等夙夜思惟，圖所以仰承德意，啟沃聖心者。竊以爲遠稽古訓，不若近事之可徵，上嘉先王，不如家法之易守。昔伊尹、周公矢謨作誥，撮其大指，不過兩言：曰明言烈祖之成德，曰覲揚文武之光烈而已。唐憲宗讀《貞觀政要》，竦慕不能釋卷，宋仁宗命侍臣讀《三朝寶訓》及祖宗聖政錄，前史書之，皆爲盛事。良以羹牆如見，自不忘繼述之思；耳目既真，又足爲持循之地。守成業而致盛治，莫要於此。仰惟我二①祖開創洪業，列聖纂紹丕圖，奎章睿謨，則載之寶訓；神功駿烈，則紀之實錄。其意義精深，規模弘遠，樞機周慎，品式詳明，足以邁三五之登閎，垂萬億之統緒。此正近事之可徵，家法之易守者也。夫皇上所踐者，祖宗之寶位；所臨者，祖宗之臣民；所撫馭者，祖宗之輿圖；所憑藉者，祖宗之威德。則今日之保泰持盈，興化致理，豈必他有所慕，稱

---

① 二　明抄本作"仁"，誤。通行本改"二"，是

上古久遠之事哉？惟在皇上監於成憲，能自得師而已矣。臣等謹屬儒臣，將累朝寶訓、實錄副本，逐一檢閱，分類編摩，總計四十款：曰創業艱難、曰勵精圖治、曰勸學、曰敬天、曰法祖、曰保民、曰謹祭祀、曰崇孝敬、曰端好尚、曰慎起居、曰戒遊佚、曰正宮闈、曰教儲貳、曰睦宗藩、曰視賢臣、曰去奸邪、曰納諫、曰理財、曰守法、曰警戒、曰務實、曰正紀綱、曰審官、曰久任、曰重守令、曰馭近習、曰待外戚、曰重農、曰興教化、曰明賞罰、曰信詔令、曰謹名分、曰卻貢獻、曰慎賞賚、曰敦節儉、曰慎刑獄、曰襃功德、曰屏異端、曰飭武備、曰禦夷狄。雖管窺蠡測之見，未究高深，而修德致治之方，亦已略備矣。但簡冊浩繁，遽難卒業，容臣等次第纂輯，陸續進呈，擬俟明歲開講。以後每晨講既畢，臣等恭詣文華殿後殿，講解訓錄一二條，粗述大指，如皇上偶有疑難，即望面賜諮詢，或臣等竊有見聞，亦得隨事獻納。其諸司章疏有緊要者，即於講後面奏請裁，多寡有無，不拘程限。但使工夫接續，時日從容，自可以開發聰明，亦因以練習政事。伏望皇上留神聽覽，黽勉力行。視訓錄之在前，如祖宗之在上，念念警惕，事事率由，且誦法有常，緝熙無間，即燕息深宮之日，猶出御講幄之時。則聖德愈進於高明，聖治益躋於光大，而臣等區區芹曝之忠，亦庶幾少效萬分之一矣。"得旨："覽卿等所奏，具見忠愛。朕知道了。"

十六日辛亥，以年節，賜元輔張居正白金五十兩、綵段四表裏，次輔張四維、申時行各白金四十兩、綵段二表裏，講官何洛文等六員，各白金二十兩、綵段一表裏。

十九日甲寅，上視朝。

二十一日丙辰，上御文華殿講讀。

二十二日丁己①，順天府進春，上御皇極殿受之，百官致

① 己　"己"當作"巳"。

詞稱賀。

賜三輔臣上尊珍饌。

二十三日戊午，上視朝。
是日，吏部引奏大選並給由官員，上親裁決如制。

二十六日辛酉，上視朝。
兵部引奏大選官員，上親裁決如制。
召禮部、三法司官，賜以歲終湔除敕。

二十七日壬戌，上御皇極殿。太常寺奏歲暮請行大祫禮。

二十八日癸亥，上御文華殿致齋如常。
賜三輔臣上尊珍饌。

三十日乙丑，上祫享太廟。

萬曆
九 年

萬曆九年正月丙寅，朔，上御皇極殿，受百官朝賀。賜三輔臣上尊珍饌。

三日戊辰，上御皇極殿。太常寺奏孟春請享太廟。

四日己己①，上致齋於文華殿。賜三輔臣上尊珍饌。
上命文書官田義，傳諭內閣："欲修理武英殿，以備致齋臨御。"輔臣張居正等奏言："臣等看得，祖宗宮殿如有損壞，自合修理，豈宜惜費？但查本殿自宣德、正統以後，久不臨御。迨世宗皇帝踐祚之初，即將文華殿鼎新修建，易以黃瓦，凡齋居、經筵、及召見大臣等項，俱臨御於此。今九五齋、恭默室，皆世宗皇帝親題其額，輪奐巍然，堂構具在，蓋以東方發生，喜神所向，故齋居、聽政、講學、冠讀，皆恒處於斯，其取義深矣。今武英②，乃祖宗久不臨御之所，即加修理，聖駕未必常到，而徒費十餘萬之貲，經營於不常到之地，似為無益。且臣等亦曾至本殿，觀其藻飾顏色，雖稍有剝落，而棟宇規制，未嘗少損，似亦無煩於改作也。臣等愚見，伏望皇上繹思世宗皇帝臨御東朝之意，姑仍舊貫，暫停工作，以省勞費。或待皇儲誕降之後，仍以文華為東宮講讀之所，卻請聖駕臨幸武英殿，彼時鼎新修理，未為晚也。臣等淺陋無識，仰蒙俯諭，不敢不盡其愚。懇望聖明曲垂覽納，三思而行。臣等不勝懇切願忠之至。"得旨："覽卿等所奏，朕知道了。該部知道。"

五日庚午，上遣文書官傳諭內閣："今日風氣不祥，恐有邊事。與先生等說，宜申飭邊臣，加意儆備。"輔臣張居正等回奏："當即傳示兵部及薊遼總督梁夢龍、宣大總督鄭洛，令其欽遵聖諭，加謹防備。"

六日辛未，上親享太廟。

十一日丙子，上御文華殿講讀。

① 己己 "己己"當作"己巳"。

② 英 "英"下當有"殿"字。

萬曆起居注

三二八

① 乙 明抄本作"己",是。通行本作"乙",誤。

② 三 《張文忠公全集》奏疏十作"二"。

十三日戊寅,敕禮部："今册封朕妹爲壽陽長公主,選南城兵馬指揮司副指揮侯一恭男拱辰爲駙馬都尉,擇萬曆九年三月十三日成婚。合用册誥儀仗等件,及一應禮儀,都照依舊例行。故敕。"

十四日乙①卯,輔臣張居正等題："臣等伏睹皇上近日以來,留神翰墨,一切嬉游無益之事,悉屏去不御。仰惟聖學該洽,睿志清明,臣等不勝慶忭。夫人主一心,乃萬化從出之原,亦衆欲交攻之會。必使常有所繫,弗納於邪,然後縱逸之念不萌,而引誘之奸不入。故雖筆札小技,非君德治道所關,而燕閒游息之時,藉以調適性情,收斂心志,不悖於孔氏游藝博文之指,比之珍奇玩好、馳騁放佚之娛,則相去遠甚,未必非皇上進德養心之一助也。但臣等竊見前代好文之主,皆有文學之臣載筆操觚,奉侍清燕,如唐有天策、瀛洲之選,供奉、待詔之員,宋有秘閣、待制三②館著作,或承詔登答,或應制賡酬,皆於語言文字之中,微寓風勸箴規之益,即今之翰林官是也。國朝建置翰林,於一榜進士中,拔其英儁特異者,除授此官,固欲儲養德望,以備啟沃、任樞機,然文史詞翰、撰述討論,亦其本等職務。皇上即有任使,不必他求。如日講諸臣,皆文學優贍,臣等慎選以充,見今記注起居,日逐在館供事外,其餘見任翰林各官,亦皆需次待用者。臣等擬令分番入直,每日輪該四員,與同日講官在館祇候。皇上萬幾之暇,如披閱古文,欲有所採錄,鑒賞名筆,欲有所題詠,即以屬之諸臣,令其撰具草稿,送臣等看定,然後繕寫,進呈聖覽。或不時召至御前,面賜質問,令其發攄蘊抱,各見所長,因以觀其才品之高下。他日量能擢用,自可斷於聖衷,且諸臣因此亦將自慶遭逢,益圖稱塞,争相淬勵,以求見知於上,其於聖明辨材審官之道,亦默寓於中矣。臣等不勝惓惓願忠之誠。"疏入,上嘉悦,得旨："是。該衙門知道。"隨命內閣具列翰林侍直諸臣職名以聞。

十九日甲申,上御皇極門視朝。

二十一日丙戌，命侍直翰林諸臣，不拘詩詞歌頌，每員各撰一首以進。

二十日丁亥，上御文華殿講讀。是日，上出《玄兔圖》，命輔臣及日講侍直諸臣，各詠詩一首。

二十四日己丑，上御文華殿講讀。

二十六日辛卯，上視朝。

輔臣張居正奏："該吏部題奉欽依，六年考察京官，四品以上俱令自陳，以俟宸斷，誠朝廷飭礪臣工之明典也。臣待罪輔弼，首當自陳。念臣本以竦庸，謬司鼎鉉，其曠職瘝官之狀，固已莫逃於日月之明，屢荷聖慈，曲爲矜宥。濫叨首輔，荏苒十年，非不欲勉效涓埃，用圖報稱，奈臣稟氣素弱，齒髮早衰，賦才甚庸，力量有限，加以數年以來，憂患交侵，百責攸萃，以致形神俱敝，智慮日昏，踰伍之齡倏焉毫及，譬之早凋之木，凌寒節而易摧，已竭之駑，望修途而更怯，悠尤徒征積，稱塞實難。今當剔蠹黜幽之時，正臣陳力就列之日。伏望聖明，薄從擯斥，放歸田里，博簡英俊，俾亮天工，庶賢路不至有妨，而衆心亦知所儆。臣不勝惶悚侍罪之至。"得旨："卿輔弼首臣，端方公正，忠勤匪懈，茂著勳勞。朕垂拱倚成，委任方切，豈可引例求退？宜專心謀國，贊朕臻於至理，以副眷懷。所辭不允。吏部知道。"

二十七日壬辰，上御文華殿講讀。
輔臣張四維奏："臣惟六年考察之典，所以審官辨才，簡汰不職，必小大遠近，黜陟臧否一出之以大公，然後人心可得而服也。苟徒致詳於其小且遠者，而闊略於其大且近者，則非皇極蕩平之道，而不足爲人所勸懲矣。臣以庸愚不類之材，而荷聖明特達之遇，僥冒三事，荏苒六年，恩深寵厚，雖懷欲報之心，技短力綿，終鮮可見之節。矧自近年以來，災疾糾纏，形神困憊，蒲柳之姿，已成凋廢，駑駘之足，莫可鞭策，朝夕左右，聖明因已稔見而洞察之矣。仰惟皇上，自踐祚以來，留心化理，用人行政，務協至公。方今諸臣之中，稱倖位不職，莫先於臣者。伏望聖斷，將臣特賜罷免，別選忠賢，以資輔理。大明黜陟之公，肅百工而儆有位。庶考察之典不爲徒舉耳。臣無任悚懼待罪之至。"得旨："卿輔弼重臣，勤誠端亮，茂著忠勞。朕簡任方殷，豈可引例求退？益殫猷爲，佐成化理。不允所辭。吏部知道。"

輔臣申時行奏："臣惟明主，官不及私，罰不阿近，所以示公道、服人心也。今閣臣典領樞機，論思密勿，比之百司庶府，最重最親，即有曠官，寧容佚罰？臣本以愚賤，誤被簡知，既叨拔擢不次之榮，且荷優渥非常之寵。每一念感激，誓矢①捐糜，即寸效可圖，期於罄竭。而臣質本柔暗，學最空疎，受器不踰斗筲，抱義不過咫尺。無陳善閉邪之論，可以翼贊聖修；無經國阜民之猷，可以匡裨聖治。而徒隨行出入，竊祿優游，三載於茲，一籌罔措。恩同海嶽，而臣報之於涓埃；任在棟梁，而臣力微於榱桷。是大臣中，奉職無狀，未有如臣者也。夫官不必備，而法在必行。今臣雖就列，不過備官，無益輕重之數，而臣或幸免，則爲廢法，有傷黜陟之公。皇上如欲詳汰百司，肅清仕路，請自臣始。伏望皇上將臣罷免，改屬時賢，庶以作臣工儆惕之心，昭聖世平明之治。臣不勝悚息待罪之至。"得旨："卿輔弼重臣，忠勤敏達，聞望素孚。朕簡任方殷，豈可引例求退？益殫猷爲，佐成化理。不允所辭。吏部知道。"

二十九日甲午，聖母仁聖懿安皇太后萬壽聖節，上御皇極門，百官致詞稱賀。禮畢，上朝賀於慈慶宮。賜三輔臣上尊珍饌。

輔臣張居正等題："前蒙發下《玄兔圖卷》，命臣等及各翰林官題詠。臣等謹欽遵各撰擬一首呈覽，伏候聖明裁訓發下，方敢登卷。其翰林諸臣，亦各令撰擬一首，先送臣等稍加改定，方敢進覽。"上報聞。

① 矢　明抄本作"以"，是。通行本作"矢"，誤。

萬曆九年二月乙未，朔，上御皇極殿，太常寺奏初三日祭先師孔子。

輔臣張居正等題："前該文書官宋坤口傳聖旨：'翰林侍直官二十五員，不拘詩詞①歌頌，着各撰一首來看。'臣等欽遵，當即傳示各官訖。今該右春坊右中允兼翰林院編修高啟愚等二十五員，各將所撰詩頌呈送到閣，謹類齊進覽。臣等仰窺聖意，蓋欲以此考驗各官之能否，故其所作，臣等不敢改易一字，止將原稿封進。伏惟皇上天縱聰明，一經睿覽，則諸臣學識之淺深，才華之優劣，自莫逃於聖覽矣"。上留覽。

二日丙申，上御皇極殿，傳制，命大學士申時行祭先師孔子。

是日，上致齋文華殿。

三日丁酉，上齋居，手書二對句，其一曰"静裏收心涵養吾之德性"，其一曰"閑觀圖史知邪正"。命輔臣及日講、侍直官擬對進覽。輔臣張居正等言："伏蒙發下御製對句二聯，命臣等屬對。仰惟皇上天縱睿明，日新聖學，萬幾之暇，游情文翰。如'收心養性'，'閑觀圖史'等語，又以見聖志之清明，好尚之端雅，臣等不②勝欣忭。謹各擬對二聯，呈上睿覽。但愧學疎才短，瓦礫不堪比擬珠玉也。

是日，諸常直侍③直官亦各擬以進。

四日戊戌，上親祭帝社稷。

五日己亥，輔臣張居正等題："先蒙發下《玄兔圖卷》。令臣等及翰林院諸臣題詠。該臣等三員，先已恭撰進呈，奉聖旨：'卿等自書。'除欽遵恭寫外，今將翰林諸臣所撰詩章共三十三首，臣等看詳章句有未妥者，略加改易，彙寫進呈，伏乞聖明裁訓，仍發下諸臣，揀其平日善書者，令其親寫登卷，不善書者，令中書官為之代寫，完日上進。內有掌詹事府事余有丁、

① 詞 明抄本作"辭"。通行本作"詞"。

② 不 明抄本"不"上有"不勝欽仰"四字，通行本脫此四字。

③ 侍 "侍"似當作"輪"

協管府事許國，雖不在常直輪直之數，但二臣原係翰林官，見充《會典》副總裁，每日①在館供事，與常直官無異，故臣②亦令各撰一首。以後若有詩文等項，亦宜照例與諸臣一同撰述也。臣等謹題以聞。"翌日，上覽畢發下，命各登卷以進。

六日庚子，上御皇極殿，太常寺奏初九日祀大明於朝日壇。

七日辛丑，以恭視寫壽陽長公主金册，賜元輔張居正白金十兩、紵絲一表裏，次輔張四維、申時行各白金八兩、紵絲一表裏，及中書官馬繼文等五員各銀二兩。

十日甲辰，以祭三皇於景惠殿收回祭設，賜三輔臣三卓。
是日，上命文書官丘得用傳諭內閣，欲將皇親永年伯王偉弟、男加恩授職。輔臣擬傳帖，將王偉弟王俊、男王棟，各與做錦衣衛正千戶，帶俸。頃之，丘得用又傳聖意，説："正德年間，皇親夏助等俱授錦衣衛指揮使等官，世襲，今何止授千戶，又無世襲字樣。"輔臣張居正等回奏："仰惟皇上篤眷中宮，加恩外戚，此乃情禮之至當，臣等敢不仰承？但查正德二年雖有此例，至世宗皇帝登極之後，悉已釐革，凡皇親授官，雖有大小不同，皆不許世襲。故泰和伯陳萬言，係元配孝潔皇后之父，伊男陳紹祖，原係監生出身，亦止授尚寶司丞文官，未嘗世襲也。又查得隆慶年間，今仁聖懿安皇太后之父固安伯陳景行，伊男陳昌言，初亦止授錦衣衛千戶，至皇上登極，因恭上兩宮尊號，方降敕將陳景行長男陳昌言陞錦衣衛指揮僉事，次男陳嘉言授錦衣衛副千戶。慈聖宣文皇太后父李偉，封武清伯，長男李文全授錦衣衛指揮僉事，次男李文貴授錦衣衛副千戶，俱無世襲字樣。臣等恭照，祖宗定制，武職非有軍功不得世襲。正德年間政體紊亂，至世宗皇帝以聰明至聖入繼大統，將以前弊政一切改正，以復我祖宗之舊，正今日所當遵守者。當先帝龍飛之日，與皇上嗣統之初，加恩陳、李二家事例，止於如此。今皇上雖欲優厚外戚，豈可踰於兩宮皇太后之家乎？是臣等所

①每日 明抄本作"日每"，通行本改"每日"。
②臣 明抄本"臣"下有"等"字，通行本無此字。

擬，乃三朝見行事例，非敢擅爲裁抑也。今奉聖諭，令臣等改擬，臣等謹欽遵斟酌近例，擬將王偉男王棟授錦衣衛指揮僉事，弟王俊授錦衣衛正千戶，比之兩宮皇太后之家實爲相等。至於世襲一節，則祖宗舊制決不敢違越也。臣等又惟，皇上、中宮聖壽萬年，將來皇儲兆慶，繩繩振振，推恩外戚固未可量，似亦不在此一時也。伏望聖明俯鑒臣等愚誠，特賜俞允，不勝幸甚。謹改擬傳帖上請聖裁施行。"次日，上復遣文書官宋坤傳諭內閣，令查皇親德平伯李銘加恩事例。輔臣居正等回奏："臣等謹欽遵於兵部查得，隆慶元年二月間，奉穆宗皇帝敕諭，封錦衣衛副千戶李銘爲德平伯，隨該本爵具本，爲其弟錦衣衛百戶李鈺乞恩，該兵部覆奉聖旨，李鈺陞錦衣衛指揮僉事，比時並無蔭授伊男官職事例。至隆慶六年六月內，德平伯李銘病故，伊男舍人李鶴奏襲前爵，該吏部覆稱：'皇親封爵，原不世襲，難以准行。'特奉聖旨：'李鶴准與做都督同知，不爲例。'據此，臣等看得，德平伯李銘係先帝元配孝懿皇后之父，當其授封之時，並無恩例，其弟李鈺雖蒙陞職，乃是於其祖職上加級，非蔭授也。至其子李鶴，當李銘在時，止是舍人，銘故之後，乃蒙特恩，與以今官，亦非生前蔭授也。臣等竊謂，若比前例以處永年伯，反爲太薄，不如仍用臣等昨日所擬，似爲極當。謹將前例查明上請，伏乞聖裁。"上允之。次日，諭兵部："永年伯王偉男王棟，與做錦衣衛指揮僉事，弟王俊，與做錦衣衛正千戶，俱帶俸。兵部知道。"

十一日乙巳①，上御皇極殿。太常寺奏，十三日祭歷代帝王。

十二日丙午，上御經筵。

十三日丁未，上視朝。

十六日庚戌，上視朝。

① 己 "己"當作"巳"。

賜駙馬都尉侯拱辰誥命、及冠帶、儀仗、鞍馬。

十八日壬子，上御文華殿講讀。

二十一日乙卯，輔臣張居正等題："先該臣等題請，命翰林纂修諸臣，將累朝寶訓、實錄副本逐一檢閱，摘其切於君德治道者，分為四十款，次第纂輯，陸續進呈，以後每遇日講晨講既畢，臣等恭詣文華後殿，講解一、二條，藉以啟發聖聰，練習時務。等因。奉御批：'覽卿等所奏，具見忠愛。朕知道了。'隨該日講官何洛文等，以所輯第一款'創業艱難'一卷，俱恭紀太祖高皇帝開天下①肇基之事，具稿到閣。臣等又再加恭閱，稍為更定，勒為'創業艱難'上篇一卷，僭題其名曰《訓錄類編》，謹繕寫裝潢，進呈御覽。伏乞聖明裁定，留在御前，俟日講之日，遵照前旨，於文華後殿，如先年進講《帝鑑圖說》事例，從容講解。長者一條，短者二、三條，用少效啟沃之忱。以後每纂完一卷，即次第進呈，接續入講，庶於聖學、聖政少有裨益。"上欣然留覽。

二十二日丙辰，上御經筵。

二十三日丁己②，上視朝。
以大閱扈從，賜輔臣張居正、張四維、申時行，各大紅綵織蟒衣羅一件、綠羅一疋、蟒鸞帶、蟒茄袋、蟒花縧、銀椰瓢、銀五事各一件，並賜扈從大小文武諸臣，大紅羅紵衣鸞帶等件有差。
命翰林院編修盛訥充編纂六曹章奏官。

二十七日辛酉，上御文華殿講讀。
是日，輔臣張居正等題："據提督四夷館太常寺少卿蔣遵箴呈：韃靼館教師光祿寺署丞蕭德輝、女直館教師光祿寺署丞劉維嵩、西天館教師上林苑監署丞鄭柴，各因考察去任，見今各

① 下 明抄本無"下"字，是。通行本衍此字。

② 己 "己"當作"巳"。

館缺官教習。查送韃靼館署丞馬應乾、西番館署丞田畯、回回館序班邵浚明、女直館署丞王國新、百夷館序班季本、緬甸館序班吴松、西天館序班張賓、高昌館署丞劉瑄，俱譯業頗通，年資亦久，堪充教師。等因。到院。臣等將該館呈送韃靼等館署丞等官馬應乾等八員，嚴加考試，得馬應乾、田畯、邵浚明三員，通曉本業，堪充教師，教習生徒。其王國新等五員，本業粗通，合無令其暫管各館事務，候積有年勞，照例補充教師，教習生徒，辦譯事務？"得旨："是。該衙門知道。"

二十九日癸亥，上視朝。兵部引奏大選官員，上親裁決如制。

萬曆九年三月甲子，朔。

三日丙寅，聖駕幸閱武場，親閱營陣，並校諸將佐馬步射。

四日丁卯，上御皇極殿。總協戎政官彰武伯楊炳等，以大閱率將佐等官上表謝恩，文武百官致詞稱賀。

輔臣張居正等題："照得隆慶三年大閱禮成，傳旨百官放假三日，營中軍士免①操五日。臣等看得，營中軍士，每五日輪班操演，若止免五日，似爲勞逸不均。合無歇免十日，則兩班軍士，均霑聖恩。謹擬傳帖，上請聖裁，於初五日降敕後發行。"次日，諭鴻臚寺："大閱禮成，自本月初六日起，百官朝②參放假三日，軍士免操十日。傳與各該衙門知道。"

是日，諭兵、工二部："近年兩廠所造盔甲，俱粗糙不堪，徒費錢糧，無益實用。着照昨營中式樣，另造五千副，給與官軍披戴。每一年造千副，限五年通完。或將先年未交進的。相兼改造。着兵、工二部議處來説。"

七日庚午，元輔張居正恭進《大閱圖》併詩頌，上覽嘉悦，賜白金一百兩、綵幣四表裏。

是日，諭兵部："朕昨大閱，見營中軍士辛苦，每名還各賞銀二錢。兵部知道。"又諭工部："西安門外直抵四牌樓地方，穢土湧起，輦道難行，都着修治取平，不許苟且了事。工部知道。"

九日壬申，上視朝。

十一日甲戌，上御文華殿講讀。是日，輔臣初以《訓録類編》進講。

十二日乙亥，上御經筵。

---

① 免 明抄本作"勉"，誤。通行本作"免"，是。

② 朝 明抄本"朝"上有"免"字，是。通行本脫此字。

十六日乙①卯，上視朝。以遼東大捷，遣官奏告郊、廟。鴻臚寺宣奏捷音，百官致詞稱賀。

以祭告郊、廟收回脯醢果酒，賜三輔臣各一卓。

十七日庚辰，上御文華殿講讀。

二十一日甲申，上御文華殿講讀。
賜三輔臣、府部大臣及日講官鮮藕。

二十二日乙酉，上御經筵。

二十三日丙戌，上視朝。

二十六日己丑，上視朝。

二十七日庚寅，以榮惠宜妃楊氏發引，免講讀。

二十八日辛卯，上御皇極殿。太常寺奏，孟夏請享於太廟。

二十九日壬辰，上御文華殿至齋。
賜三輔臣上尊珍饌。

三十日癸已②，上齋居。親灑宸翰，賜三輔臣。元輔張居正曰"總百官"，次輔張四維曰"德惟一"，申時行曰"同心匡辟"。

① 乙 明抄本作"己"，是，通行本誤作"乙"。

② 已 "已"當作"巳"，

萬曆九年四月甲午，朔，上親享太廟。

二日乙未，上御經筵。

六日己亥，上視朝。

七日庚子，上御文華殿講讀。
是日，賜元輔張居正銀綵扇五把、銀釘鉸扇十把、砷碌扇二十把，次輔張四維、申時行各銀綵扇三把、銀釘鉸扇七把、砷碌扇二十把，及講官何洛文等六員有差。

十一日甲辰，上御文華殿講讀。

十二日乙巳①，上御經筵。
是日，諭禮部："入夏雨澤愆期，着禮部查祈禱事例來行。"禮部覆請遣官祭告郊壇，自本月十四日始，百官素服致齋三日。得旨："是。祭告南北郊，遣公徐文璧、侯吳繼爵；社稷山川等壇，公朱應楨、侯李言恭、孫世忠，各行禮。聖母與朕共發御前銀一千兩，於朝天、顯靈二宮，修建祈禳好事，自本月十四日起，二十日止。俱停刑禁屠。"

十五日戊申，以祭告郊壇收回祭設，賜三輔臣各一卓。

十六日己酉，上視朝。

十八日辛亥，上御文華殿講讀。有頃，輔臣張居正等人至後殿，講《訓錄》畢，以南科給事中傅作舟疏進覽。居正因奏云："今江北淮鳳及江南蘇松等府，連被災傷，民多乏食，徐宿之間至以樹皮充饑，或相聚為盜，大有可憂。"上曰："淮鳳頻年告災，何也？"居正對云："此地從來多荒少熟，即如《訓錄》中所載元末之亂，亦起於此。今當大破常格，急發賑濟以安之。

① 己 "己"當作"巳"。

臣等擬令户部議處，動支各該州縣庫銀倉穀，不足則南京見貯銀未盡有贏餘，可以協濟。民惟邦本，願特加聖心。"上曰："依先生每議處。"居正言："皇上天性至仁，愛民如子，臣等每奏災傷，皇上即惻然閔念，凡請蠲請賑，未嘗不慨然賜允。而臣等愚陋，亦仰體聖衷，無日不以憂民爲心，安民爲事。四方奏乞蠲貸，擬旨允行者，無月無之。而在外諸司，往往營私背公，剥民罔上，非惟不體皇上子惠困窮之德意，且不知臣等可以仰賛皇上之愚忠，殊可恨也。且人臣居官食祿者，皆有代君養民之責，故虞舜咨十有二牧。牧者，養也。今有司坐視民瘼，痛癢不相關。如作舟疏云：'報災則曰不敢報。'此何不敢報之有？又云：'請賑則曰不敢請。'此何不敢請之有？不過推調支吾，歸怨君上，何嘗有憂民之心？即如積穀一事，屢奉旨申飭，竟成虚文。彼皆有自理贓贖，未嘗佐公家之急，則將焉往？臣等不勝憤懣，竊以爲，此輩若遇聖祖，不知當以何法。"上怒形於色，曰："有司爲民害者，當着實重處。"居正對云："今後有犯者，當如聖論。"居正復奏云："近年以來，正賦不虧，府庫充實，皆以考成法行，徵解如期之故。今大江南北，荒歉如此，河南又有風災，畿輔之地雨澤愆期，二麥將槁，將來議蠲議賑勢不容已，賦税所入必不能如往年。惟皇上量入而出，加意撙節。如宫中一切用度，及服御之類，可減者減之，賞賚可裁者裁之。至如施舍一節，尤當禁止。與其惠緇黄之流以求福利，孰若寬恤百姓，全活億兆之命，其功德爲尤大乎？"上曰："然，今宫中用度，皆從節省，賞賜亦照前例，無所增加。"居正云："皇上所謂常例者，亦近年相沿。如今年暫行，明年即據爲例，非祖宗舊例也。臣不暇遠引，如嘉靖中世宗皇帝用度最爲浩繁，然内庫銀兩尚有積餘。隆慶初年冬，庫内①尚積百餘萬。今每歲金花銀百二十萬，每按季預進，隨取隨用，常稱缺乏。有限之財，安能當無窮之費乎？臣等職在輔導，爲國家長久之慮，不敢不盡言。惟皇上留神省察。"上曰："先生每忠愛。朕知道了。"居正等叩頭退。

① 庫内　明抄本作"餘庫"。通行本作"庫内"。

二十日癸丑，上御文華殿講讀。有頃，上御文華後殿，輔臣張居正等進講《訓録》。

是日，吏部會推兵部左侍郎疏上，列工部左侍郎高文薦、巡撫宣府都察院右副都御史張佳胤二人名以請。居正因奏："總督陝西三邊員缺日久。"上曰："是郜光先。"居正曰："光先近守制，邊務重大，急須人代。文薦堪任此職。"上曰："隨材器使，正好。"居正曰："若待部推，未免更淹時日，不如即於此疏批出，令其上緊往代。嘉靖間世宗用人，間於旨内徑批，不由部推。"上曰："朕見皇祖時票帖，如此類者甚多。先生每擬票來。"居正等出。上隨令文書官趣票入，即日得旨，文薦改兵部左侍郎，兼都察院右僉都御史，總督陝西三邊軍務，而以兵部右侍郎王一鶚轉左，佳胤陞右侍郎云。

二十二日乙卯，上御經筵。

二十三日丙辰，上視朝。

二十五日戊午，上御皇極殿，傳制遣撫寧侯朱岡等，持節詣各王府，册封秦府誼㴎等爲秦王等王，衡府王氏等爲衡王等王妃。

二十八日辛酉，上御文華殿講讀。

萬曆九年五月癸亥，朔。

三日乙丑，以端陽節，賜元輔張居正金書黃符四道、紅符四道、金艾葉四副，次輔張四維、申時行各金書黃符二道、紅符二道、金艾葉二副，及講官何洛文等六員有差。

五日丁卯，賜三輔臣上尊珍饌。

六月戊辰，上視朝。

八日庚午，上御皇極殿。太常寺奏，夏至請祭地於方澤。

九日辛未，上御文華殿致齋。

十一日癸酉，上御文華殿講讀。

十二日甲戌，夏至，祭地於方澤，遣定國公徐文璧代祭。

十三日乙亥，命翰林院侍讀田一儁、修撰黃鳳翔，充編纂六曹章奏官。

十四日丙子，命翰林院編修盛納、劉虞夔，檢討王祖嫡，管理文官誥敕。編修張嗣修、馮琦，檢討餘繼登、敖文禎，內府司禮監書堂教書。

十九日辛己[①]，上視朝。

二十日壬午，上御文華殿講讀。

二十三日乙酉，上視朝。

[①] 己 "己"當作"巳"。

二十五日丁亥,上御文華殿講讀。

三十日壬辰,上御文華殿講讀。

萬曆九年六月癸巳①，朔，賜輔臣、府部大臣及日講官鮮藕。

五日丁酉，上御文華殿講讀。

十日壬寅，上御文華殿講讀。

十三日乙巳②，上視朝。

十七日己酉，上御文華殿講讀。

二十一日癸丑，上御文華殿講讀。

二十二日甲寅，賜輔臣、府部大臣及講官鮮枇杷。

二十三日乙卯，上視朝。
賜輔臣、府部大臣及講官鮮鰣魚。少頃，復特賜元輔張居正鮮鰣魚七尾，次輔張四維、申時行各五尾，及講官何洛文等六員各二尾。

二十五日丁巳③，上御皇極殿。太常寺奏，孟秋請享太廟。

二十七日己未，上御文華殿致齋。

二十八日庚申，上御文華殿致齋如常。
賜三輔臣果餅餖飣。

① 己 "己"當作"巳"。

② 己 "己"當作"巳"。

③ 己 "己"當作"巳"。

萬曆九年七月壬戌，朔，上親享太廟。

三日甲子，上視朝。

十日辛未，上御文華殿講讀。

十七日戊辰①，元輔張居正以疾不進閣數日，上遣御醫張四員診視。居正疏謝曰："臣自入夏以來，因體弱過勞，內傷氣血，外冒盛暑，以致積熱伏於腸胃，流為下部熱症，又多服涼藥，反令脾胃受傷，飲食減少，四肢無力。立秋以後，轉更增劇。自以身當重任，一向勉強支持，又恐驚動聖心，未敢具奏調理。乃宸衷曲軫，特遣御醫診視，傳奉溫綸，飲以良劑。念臣狗馬微軀，不自愛慎，以上貽君父之憂，沐此鴻恩，捐糜難報。但臣自察病原，似非藥餌能療，惟澄心息慮，謝事靜攝，庶或可痊。仍乞聖慈垂憫，特賜旬月假限，暫解閣務，俾得專意調理。儻獲就痊，臣即勉赴供職，不敢久曠。臣不勝感激懇祈之至。"得旨："覽卿奏謝，朕知道了。宜慎加調攝，不妨兼理閣務。痊可即出，副朕眷懷。該部知道。"

十九日庚辰，上視朝。

是日，上復遣文書官太監孫斌，詣元輔張居正第視疾，頒賜鮮豬一口、鮮羊一牷、甜醬瓜茄一罈、白米二石、酒十瓶。居正疏謝曰："臣柳質易摧，駑才既竭，遘茲疾疢，益覺支離。方瘝曠之是虞，懼譴訶之莫逭，乃荷乾坤覆幬，父母愛憐，綸旨溫存，遣上醫而視診，寵頒稠疊，辱中使以光監。切感難名，沉疴頓釋。九恩未報，敢退託以求安？一息尚存，矢捐糜而罔惜。臣誠不勝感激圖報之至。"得旨："覽卿奏謝，朕知道了。禮部知道。"

二十日辛巳②，上御文華殿講讀。

①辰 "辰"當作"寅"。

②巳 "巳"當作"巳"。

二十三日甲申，上視朝。

二十六日丁亥，上遣司禮監太監張鯨，恭捧御札，諭張少師："朕數日不見先生，聞調理將痊可。茲賜銀八十兩、蟒衣一襲，用示眷念。先生其欽承之。月初新涼，可進閣矣。"又頒賜甜食二盒、點心二盒。居正疏謝，曰："仰惟天光薦被，宸眷郅隆，非臣捐軀隕首所能報答，亦匪斂楮殫毫所能宣謝。惟有鏤之肺腑，傳之子孫，期世爲犬馬，圖效驅馳而已。臣自奉俞音，得從休沐，屏居謝事，息慮澄心，數日以來，始覺少減。顧患所由來已久，今祛之使去甚難。茲蒙溫諭，示以仲月之初，遂爲趨朝之候。帝星垂照，人間災祟當不禳而自除。天語定期，涼入秋中，必勿藥而有喜矣。臣誠不勝感泣頂戴之至。"得旨"覽卿奏謝，朕知道了。禮部知道。"

二十七日戊子，上御文華殿講讀。

萬曆九年八月壬辰，朔。

四日乙未，上御皇極殿，太常寺奏祭太社、太稷、先師孔子。
賜輔臣、府部大臣及日講官鮮楊梅。

五日丙申，上御皇極殿，傳制，遣吏部尚書王國光祭先師孔子。
是日，上致齋於文華殿。賜三輔臣果餅殽饡。

六日丁酉，上齋居文華殿。

七日戊戌，上親祭社稷。

九日庚子，上視朝。
以萬壽聖節，賜元輔張居正白金八十兩、綵段六表裏，次輔張四維、申時行各白金五十兩、綵段四表裏、及講官何洛文等六員有差。

十一日壬寅，上御文華殿講讀。元輔張居正疾愈入見，致詞曰："臣居正欽蒙聖恩，以臣患病，遣醫診視，又節蒙頒賜銀兩表裏等物，臣不勝感戴。"叩頭謝恩。上答曰："先生爲國事勞心。"居正對曰："不敢。伏蒙聖慈注念。"上顧左右曰："與先生酒飯喫。"居正復叩頭謝。
賜元輔張居正金萬壽字四副、金篆字十二個、金銀書黃紅綾符六道，次輔張四維、申時行各金萬壽字二副、金篆字八個、金銀書黃紅綾符三道，及講官何洛文等六員有差。

十二日癸卯，上御經筵。輔臣張居正等題："該文書官丘得用口傳聖意：今內職缺人，令臣等擬旨博選淑女，以備侍御。欽此。臣等竊聞，古者天子之后三夫人九嬪，所以廣儲嗣也。

今皇上仰承宗廟、社稷之重，遠爲萬世長久之圖，而内職未蕃，儲嗣未蕃，亦臣等日夜所爲懸切者。但選用宫女，事體太輕，亦恐名門閨秀不樂應選，非所以重萬乘，求令淑也。臣等查得，嘉靖九年，世宗皇帝有敕諭禮部慎選九嬪事例，在今日似爲相合。或止如選宫女事例，照常舉行。臣等不敢擅定，謹擬傳帖二道，伏乞皇上奏知聖母，上請慈諭施行。"次日，上諭禮部："朕大婚有年，内職未備。兹奉聖母慈諭，博選賢淑，用廣儲嗣。着禮部查嘉靖九年選九嬪例來行。"

十五日丙午，以中秋令節，賜三輔臣上尊珍饌。又賜元輔張居正膳九品、秋露白酒五瓶、月餅五圓，次輔張四維、申時行各膳七品、秋露白酒三瓶、月餅四圓。

十八日己酉，敕諭禮部："朕大婚有年，内職未備，兹承聖母慈諭，博求賢淑，用廣儲嗣。特命爾等查照嘉靖九年皇祖世宗皇帝選册九嬪事例，先於京城内外出榜曉諭爾等堂上官，督令①該司官，會同巡城御史，博訪民間女子年十四歲以上、十六歲以下、容儀端淑、禮教素閑、及父母身家無過者，慎加選擇，陸續送諸王館。其北直隸、河南、山東等處，另行選差司官，前去選取。爾等務體朕心，安静行事，毋得因而騷擾。欽哉，故諭。"

二十四日乙卯，上御文華殿講讀。

二十六日丁己②，上視朝。吏部引奏大選官員，上親裁決如制。

三十日辛酉，上御文華殿講讀。

① 令 《明神宗實錄》卷一一五作"領"。

② 己 "己"當作"巳"。

萬曆九年九月壬戌，朔，禮部進大報等祀日册，上御皇極殿受之。

是日，諭禮部："朕第四妹年已長成，當擇婚配。着禮部出榜曉諭在京官員軍民人等，有子弟年十四、十五歲、容貌齊整、行止端莊、父母有家教的，許於禮部報名，赴內府選擇為婚。"

二日癸亥，上御經筵。

五日丙寅，上御文華殿講讀。

六日丁卯，上視朝。

九日庚午，賜三輔臣上尊珍饌。

十二日癸酉，上御經筵。

十三日甲戌，上視朝。

十五日丙子，上御皇極殿視朝。

十七日戊寅，上御文華殿講讀。

十八日己卯，上敕諭禮部："朕大婚有年，內職未備，茲承聖母慈諭，博求賢淑，用廣儲嗣。特命爾等查照嘉靖九年皇祖世宗皇帝選册九嬪事例，先於京城內外出榜曉諭爾等堂上官，督令該司官，會同巡城御史，博訪民間女子年十四歲以上、十六歲以下、容儀端淑、禮教素閑、及父母身家無過者，慎加選擇，陸續送諸王館。其北直隸、河南、山東等處，另行選差司官，前去選取。爾等務體朕心，安靜行事，毋得因而騷擾，欽哉，故諭。"

二十日辛己①，上御文華殿講讀。

二十二日癸未，上御經筵。

二十三日甲申，上視朝。

二十五日丙戌，上御文華殿講讀。

二十七日戊子，上御皇極殿。太常寺奏孟冬請享太廟。

二十八日己丑，上御文華殿致齋。
賜三輔臣珍饌果品。

二十九日庚寅，上致齋於文華殿。
賜三輔臣果餅餕餴。

① 己 "己"當作"巳"。

萬曆九年十月辛卯，朔，欽天監進萬曆十年《大統曆》，上御皇極殿受之。傳制給賜百官，頒行天下。復特賜元輔張居正曆一百五十本，次輔張四維、申時行各一百本，講官何洛文等六員各五十本。

是日，上親享太廟。

二日壬辰，以孝絜肅皇后忌辰，免經筵。

四日甲午，以中宮千秋令節，賜三輔臣上尊珍饌。
是日，賜三輔臣及府部大臣、講官鮮藕。

七日丁酉，上御文華殿講讀。
命翰林院編修王懋德編充編纂六曹章奏官。

九日己亥，上視朝。
上以日講官禮部左侍郎何洛文丁繼母憂，特賜白金三十兩、紵絲二表裏。

十二日壬寅，上御文華殿講讀。

十五日乙己①，以題寫世廟皇貴妃沈氏銘旌，賜三輔臣各銀二十兩、紵絲二表裏，中書官徐繼中等二員各銀十兩、紵絲一表裏。

十六日丙午，命取原任左春坊左贊善兼翰林院檢討沈鯉，仍充日講官，敕吏部行取，馳驛前來供職。何洛文也着馳驛去，服滿之日，地方官具奏起用。

十八日戊申，上御文華殿講讀。
以恭寫世廟皇貴妃香冊文，賜三輔臣各銀二十兩、紵絲一表裏，中書官成楫等四員各銀五兩、紵絲一表裏。

① 己　"己"當作"巳"。

二十日庚戌，上御文華殿講讀。

二十三日癸丑，上視朝，賜百官戴煖耳。

二十五日乙卯，上御文華殿講讀。

二十七日丁己①，上御文華殿講讀。
命起復翰林院編修黃洪憲，仍充《大明會典》纂修官，制敕房辦事試中書舍人袁表、雀采、盧仲諤，俱充謄錄官。

二十八日戊午，陞左春坊左諭德兼翰林院侍讀陳經邦，爲侍讀學士，掌院事，照舊充經筵日講官。

二十九日己未，特賜元輔張居正新織大紅坐蟒壽字雲鶴紵絲一疋、青過肩金壽字雲鶴蟒紵絲一疋。
以寫篆世廟皇貴妃神主壙誌，賜三輔臣各銀十兩、鈔二千貫，中書官劉大武等六員各銀五兩、鈔一千貫。

三十日庚申，上御文華殿講讀。

① 己 "己"當作"巳"。

萬曆九年十一月辛酉，朔。

三日癸亥，上視朝。

四日甲子，祭三皇於景惠殿，以收回祭品賜三輔臣。

五日乙丑，上御文華殿講讀。

七日丁卯，上御文華殿講讀。

十日庚午，上御文華殿講讀。
以聖母慈聖宣文皇太后萬壽聖節，賜元輔張居正白金五十兩、綵段四表裏，次輔張四維、申時行各白金四十兩、綵段三表裏，講官陳思育等五員各白金二十兩、綵段二表裏。

十三日癸酉，以聖母萬壽聖節，賜元輔張居正金萬壽字四副、金篆字十二個、金書黃符銀書黃符金書紅符各二道，次輔張四維、申時行各金萬壽字二副、銀萬壽字二副、金篆字八個、金書黃符銀書黃符金書紅符各一道，及講官陳思育等五員有差。

十七日丁丑，冬至，大祀皇天於圜丘，命定國公徐文璧恭代，免百官行慶成禮。賜元輔張居正膳九品、竹葉酒七瓶，次輔張四維、申時行各膳七品、竹葉酒五瓶。

十八日戊寅，免朝賀，賜三輔臣上尊珍饌。

十九日己卯，慈聖宣文皇太后萬壽節，上御皇極門，百官致詞稱賀畢，三輔臣仍詣隆宗門行叩賀禮。隨賜元輔張居正膳九品、壽麪全、竹葉酒七瓶，次輔張四維、申時行各膳七品、壽麪全、竹葉酒五瓶。又賜三輔臣上尊珍饌。

萬曆九年

　　二十一日辛己①，少師兼太子太師吏部尚書中極殿大學士張居正一品十二年考滿，吏部以聞。上遣文書官吳忠賜銀一百兩、紵絲四表裏（内大紅坐蟒一表裏、蟒衣一表裏），鈔一萬貫，茶飯五卓，羊十隻，酒五十瓶。又特遣司禮監太監張誠齎手敕諭曰："卿親受先帝遺囑，輔朕十年，四海昇平，外夷賓服，實賴卿匡弼之功，精忠大勳，朕言不能述，官不能酬。兹歷十五年考績，特於常典外，賜銀二百兩，坐蟒蟒衣各一襲，歲加祿米二百石，薄示襃眷。先生其欽承之，勿辭。"於是居正疏謝曰："臣猥以凡庸，濫司鼎軸，夙荷先皇之末命，遂蒙聖主之深知，矢竭愚忠，用圖稱塞。顧涓流徒煩於注海，而寸石何望於補天？雖夜寐而夙興，自謂心力之已墼②，苟日省而月試，終爲廩餼之虛糜。碌碌瘝官，又踰一紀，兢兢在事，尚抱百憂。吏職有一之未修，皆臣表率之無狀，民生有一之弗遂，皆臣調燮之多乖。屬兹考課之辰，宜正黜幽之典。詎意獲從寬政，因而復冒殊恩？謂臣備職有年，寵襃匡弼，察臣秉心不二，謬許精忠。奎璧昭回，枉貴臣而宣播，筐篚充溢，拜珍賜之駢蕃。撫歲月以懷慙，戴榮光而增懼，敢不堅持晚節，益勵初忱？苟利國家，何髮膚之足惜？載銘肺腑，終啣結以爲期。臣不勝激切感戴之至。"上優詔答之。是日，諭吏、禮二部："元輔居正，受先帝顧命，夙夜在公，任勞任怨，雖稱十二年考滿，實在閣辦事十五年，忠勤與常不同。應得恩蔭等項，着吏、禮二部從厚會議來看。"吏部會議以恩例請，有旨："卿等説的是。元輔受先帝遺命，輔朕十年，精忠大功，冠於先後。兹實歷一品已及一十五年，恩數委當優異。着支伯爵俸③，加上柱國、太傅，兼官照舊，給與應得誥命。還寫敕獎勵，賜宴禮部，蔭一子與做尚寶司司丞。用見朕崇獎元勳至意。"

　　二十三日癸未，上視朝。

　　二十四日甲申，大學士張居正辭免恩命，疏言："臣學術迂疎，行能謭劣，夙荷先皇託顧之重，誤蒙聖主倚任之專，待罪

① 己　"己"當作"巳"。

② 墼　"墼"當作"罄"。

③ 俸　明抄本作"祿"字，是。通行本作"俸"，誤。

首弼，於兹十年，荏苒歲時，絲毫無補。今計歷俸一品，雖十有二年，自知無績可書，不敢妄干功令。特以三考黜陟，乃國家彝典，若有幽當黜，亦不得避，故不得已循例給由，以應明典。伏荷聖慈優容，准令復職，尋親灑宸翰，降敕褒嘉，增祿賜金，迥出常數，筐篚牢醴，絡繹道途，頂戴鴻恩，已不啻踰涯溢分矣。乃又特敕吏、禮二部，將臣守制之年，俱作實歷月日，穹階勳祿，一朝併加，隆禮殊榮，冠絕前後。臣捫心自愧，何功何勞，可以堪此？夫人道所最忌者，非望之福，明主所深惜者，無功之賞。臣以駑下，謬當艱①鉅，日夕兢兢，救過之不給。雖十年以來，四海乂安，百蠻賓服，皆皇上神威廣運，聖化旁敷，臣安敢貪天之功②以爲己力？而一旦獲此非望之福，冒此無功之賞，豈惟自速躋顚之咎？抑恐有累日月之明，此臣所以踧踖惶悚而不能已於辭也。除誥命藉榮先世，敕獎風勵臣工，謹已祗領，其餘非分所安者，萬不敢當。伏望皇上俯鑒下誠，收回成命，俾仍舊次，圖報將來，庶臣獲少安於陋庸，亦幸免於顚越矣。臣無任惶悚隕越之至。"疏入，上答曰："朕冲齡繼服，勳卿宏才亮節，竭誠匡輔，十年之間，政理修明，蠻夷率服，勳績顯著，簡在朕心。兹九年滿後，又經六載，方一舉疇庸之典，豈得仍執謙遜？宜勉遵成命，副朕眷懷，無復固辭。"

二十七日丁亥，大學士張居正又疏辭曰："臣聞古卓犖奇偉之士，抱經綸匡濟之才者，恒以不逢明主、無所建立爲恨，伊尹曰：'吾豈若使是君爲堯舜③，其心愧恥，若撻於市。'蓋感遇合之難也。臣閭巷韋布之士耳，非有碩德鴻才，可以庶幾古人之萬一。幸逢英主在上，臣德以譾劣佐下風，效啟沃，十年之間，志同道合，言聽計從，主德昭宣，聖化旁洽，伊尹之所願見者，臣親見之，其所愧恥者，臣幸無之，即千萬世而下，頌我皇上聖德神功，爲堯舜之主，臣亦得以竊附堯舜之佐矣。此之榮遇，雖萬鍾之享，百朋之錫，豈足以擬之哉？故臣向者每被恩命，輒控辭而不已者，良以所慶幸者大，而爵祿非其所

① 艱　明抄本作"難"，誤。通行本作"艱"，是。
② 功　明抄本作"工"。通行本改"功"，是。
③ 舜　《張文忠公全集》奏疏十一"舜"下有"之君哉？吾豈若於吾身親見之哉？君不堯舜"十七字，是。明抄本通行本皆脫此十七字，誤。

計也。乃若詔祿詔爵，雖朝廷馭臣之典，亦宜稍加節制，而不至橫溢，乃足爲勸。三公穹階，五等厚祿，上柱崇勳，在先朝名德咸不敢當，乃一朝悉舉而畀之於臣，所謂溢恩濫賞也。至於符郎世賞，部宴大烹，臣前九年考滿，皆已冒叨，茲又豈可重領？反覆思惟，如墜淵谷，故不避煩瀆，再控於君父之前。伏望聖慈，諒臣之衷素無矯飾，矜其愚而俞允焉。碎首隕軀，不敢忘報。臣無任惶悚戰慄之至。"得旨："卿以古人自期，致君安國，不計爵祿，朕所深信。然豐功偉績，社稷利賴，朝廷自當有崇報之典。卿乃固執謙遜，控辭益切，朕心殊有未安。重違卿意，特准辭免伯祿、上柱國、部宴，用成卿勞謙之美。其餘悉宜勉承，乃見我君臣相體篤誼，慎勿又辭。"

萬曆九年十二月辛卯，朔。

二日壬辰，上御文華殿講讀。

元輔張居正以十二年考滿，新加恩命，致①稱謝。上優答之。

三日癸巳②，上視朝。

四日甲午，申時，上以皇第一女生，諭禮部。

五日乙未，以皇女誕生，賜元輔張居正紅雲紵二疋、銀抹金腳花二枝，次輔張四維、申時行紅雲紵一疋、銀腳花一枝，講官陳思育等五員各有差。

七日丁酉，命誥敕房辦事大理寺右寺右評事吳果管典籍事。

是日，以皇女三朝，奉先殿收回脯醢果酒，賜三輔臣。

八日戊戌，以大學士張居正一品十二年考滿，特降龍箋敕書獎勵，曰："朕聞虞典陟明功不忘乎欽亮，周常紀績勞必答於忠貞。矧我元臣，樹茲偉烈，勳在廟、社，望繫華夷，宜有褒異之章，用示眷酬之意。卿才膺命世，運協昌時。雅望鎮浮，宸海想聞其風采；孤忠絕俗，昊天默鑒其悃誠。簡自先皇，登之政府，講明舊學，茂宣作礪之③，入告嘉謀，密贊垂衣之治。暨對揚於末命，復明保我冲人。傅說獨總百官，心每先於匡辟；畢公弼亮四世，色益正於立朝。贄贄襄哉，乾乾惕若。進而論道，帝王之謨訓日陳；敬以省成，祖宗之憲章具舉。以身任天下之責，而不為己恤安危；以心持天下之平，而不為人作輕重。大節毅然其莫奪，成功讓之而不居。用能弘濟艱難，振興懈弛，邇安遠格，四陲無赤羽之驚，大法小廉，庶位有素絲之化，俾予涼昧，坐致昇平，九載於茲，萬邦其乂。歷相兩朝之政，已

① 致 明抄本"致"下有"詞"字，是。通行本脫此字。

② 己 "己"當作"巳"。

③ 之 "之"下當有脫字。

踰四考之期，最績來聞，朕心嘉歎。粵稽舊典，思答殊勞，升上柱之勳階，畀伯封之祿食，而卿逡膚愈切，秉義不移。聿觀謙挹之風，尤見純誠之節，特申贊綍，以表休聲。於戲；不二者，蓋臣之心；可久者，賢人之業。在中書二十四考，彌彰郭令之元勳，任將相五十餘年，罔替潞公之舊德。睠惟耆哲，何忝前修？尚欽時命以有終，世選爾勞而不掩。欽哉。"

十日庚子，上御文華殿講讀。

以皇女誕生，賜元輔張居正銀五十兩、紵絲四表裏，次輔張四維、申時行各銀四十兩、紵絲二表裏，及講官陳思育等五員各有差。

十二日壬寅，上御文華殿講讀。

十三日癸卯，上視朝。

十五日乙已①。以年節賜元輔張居正銀五十兩、綵段四表裏，次輔張四維、申時行各銀四十兩、二表裏，講官陳思育等五員各銀二十兩、一表裏。

十七日丁未，上御文華殿講讀。

十八日戊申，上御文華殿講讀。

二十日庚戌，輔臣張居正等奏："今年《論語》講完，明春該講上《孟子》起②，已經面奏外，惟是《通鑑》講至宋徽宗，雖未完全，然自此以後皆徽欽北狩、宋室南遷之事，無可以進講者。查得隆慶五年先帝時，講《通鑑》亦只至宋徽宗而止，以後即將《貞觀政要》接講。臣等看得《貞觀政要》一書，乃唐太宗開創鴻業、身致太平之事，於君德治道實爲切要，擬於明春即以此書進講。伏乞敕下司禮監、先以一部進上御覽，仍

① 己 "己"當作"巳"。

② 起 "起"當爲衍字。

發一部到閣，以便撰定講章，庶來年開講不致有誤。"上曰："然。"

二十四日甲寅，輔臣張居正等奏："先該臣等題稱，每年終將講過經書、《通鑑》講章，類寫進呈，以備皇上溫習觀覽，仍發司禮監接續刊板，已奉欽依，節次進呈訖。今查萬曆九年所講經書，除《書經》係溫講，已經進完外，謹將《論語直解》'陽貨'起至'微子'止一本，'子張'起至'堯曰'止一本，《通鑑》宋太祖起至太宗止一本，宋真宗起至仁宗止一本，宋神宗起至徽宗宣和四年止一本，類寫裝潢進呈。伏望皇上萬幾之暇，時加觀覽，以求溫故知新之益。仍乞發下司禮監，接續刊行。"上允之。

是日，以正旦節，賜輔臣張居正、張四維、申時行各吊屏二對、大門神二對、判子二對、福祿獅等項四幅、箋紙葫蘆二對，及講官陳思育等五員各有差。

二十六日丙辰，上御皇極殿。太常寺奏，歲暮請行大祫禮。

二十七日丁己①，上御文華殿致齋如常。
賜三輔臣果餅。
先是，周府宗室勤鰲有本，內稱洧川縣署印照磨孫健擅行責打緣由，是日，文書官田義傳旨，令擬旨處治。輔臣張居正等疏言："臣等看得，宗室雖微，皆係皇家支葉，即有違犯，亦當參奏請旨。今孫健以首領卑官，輒敢肆行責打，若果所奏是實，豈獨皇上惡之？亦臣等所痛惡，而必欲重治之者。但細②本宗奏稱，伊在洧川縣地方，與住民路剛等賭博，並調戲伊妹，以致爭攘，告縣被責。臣等竊惟，宗室不許出城，載在令典。今勤鰲係周府宗室，乃出在洧川地方，又違例賭博，調戲人家閨女，此先自處於有罪之地，其受侮受責，乃其自取。縣官祇因其來告，遂加責打，初不辨其為宗室亦未可知，蓋洧川縣非宗室分封之地也。臣等又查得禮部見行事例，凡宗室越關來奏

① 己 "己"當作"巳"。

② 細 "細"下當有脫字。

者，不問事情虛實，一概立案不行，來①宗押解回府，仍將伴行撥置人等拏問究治。今據勤鰲所奏，乃一面之辭，其中始末緣由、有無虧枉，皆未可知。若便出特旨究治，則將來豪橫宗室，得其慣便，動行奏擾，親王不敢約束，撫按不敢誰何。況周府宗室極多，皆出在各州縣地方，頂當皂隸者有之，經商生理者有之，游蕩爲非者有之，他日一爲官府所繩治，即走赴闕下，捏情奏擾，恐皇上亦不耐其煩瀆矣，且又與見行事例相背。臣等愚見，竊以爲祇宜照常下部，臣等傳皇上之意，令該部即行該省撫按官，查勘本宗被打緣由。果罪在照磨，自當盡法重處，豈容輕宥？若在②本宗，亦當啟知周王，照例處治，以示儆戒。庶法得其平，亦足以杜將來宗室越關奏擾之釁也。仰惟皇上敦睦親親，臣等敢不仰體？但事貴當理，法貴公平，而後足以服天下之心，故敢直陳其愚，望聖明俯允施行。"上從之。

二十九日己未，上詣太廟，行祫祭禮。以祭太廟收回祭設，賜三輔臣。

① 來 "來"字疑誤。

② 在 明抄本"在"上有罪字，是。通行本脫此字。

萬曆
十年

萬曆十年四月戊子，朔，上親享太廟。

四日辛卯，以册封九嬪輔臣張居正等持節捧册，賜元輔張居正白銀四十兩、綵段、羅各二表裏、原封鈔三千貫，次輔張四維、申時行各白銀三十兩、綵段、羅各一表裏、原封鈔三千貫。

是日，以恭視寫端嬪等妃册文，賜元輔張居正白金三十兩、綵段一表裏，次輔張四維、申時行各白金二十兩、綵段一表裏，中書官馬繼文等十六員各白金三兩。

復以册封九嬪禮成，賜元輔張居正白金三十兩、綵段二表裏、羅二表裏、原封鈔三千貫，次輔張四維、申時行各白金二十兩、綵段二表裏、羅一表裏、原封鈔二千貫，中書官馬繼文等十六員各白金十兩、羅一表裏、原封鈔一千貫。

復以命皇女名，賜元輔張居正白金十五兩、綵段一表裏，次輔張四維、申時行各白金十兩、綵段一表裏，中書官馬繼文等五員各白金五兩。

賜元輔張居正銀綵扇五把、銀釘鉸扇十把、砷碌扇二十把，次輔張四維、申時行銀綵扇三把、銀釘鉸扇七把、砷碌扇二十把，講官陳思育等六員各有差。

六日癸己①，上視朝。

九日丙申，輔臣張居正等奏："爲仰乞天恩優禮耆舊以光聖治事。臣等伏睹先年恩詔一款，大臣二品以上，致仕在家，年及八十者，有司存問，九十以上者，遣官存問。此舊例也。至於輔弼重臣，齒德俱尊，勞績茂著者，又與他官不同。如嘉靖年間，致仕大學士謝遷、王鏊，皆七十以上，毛紀、賈詠皆八十，俱蒙特恩遣官存問。是先朝優崇輔弼，尊禮耆舊，亦有不拘常例者。臣等看得，原任少師大學士徐階，當世廟時，承嚴氏亂政之後，能矯枉以正，澄濁爲清，懲貪墨以安民生，定經制以覈邊費，扶植公論，獎引才賢，一時朝政修明，官常振肅，海内稱爲治平，皆其力也。是時，先帝潛居藩邸，世廟一日忽

① 己 "己"當作"巳"。

萬曆起居注

有疑於先帝，命檢成祖之於仁宗故事，階爲之從容譬解，其疑乃釋，此一事則惟臣居正一人知之，諸臣皆不得聞也。及先帝嗣登大寶，階時爲翼戴首臣，皇上正位東宮，又嘗預册立大議，先後勞績，皆不可泯。今致仕家居，年已八十，其年壽與毛紀等相同，而位望勳庸抑又過之，所有存問一節，似應特從優厚，以彰盛典。如蒙皇上俯念階爲先朝元輔，當代舊人，特敕該部查照嘉靖年間事例，差行人一員，齎敕前去存問，仍量加賞賚，用示優崇，一以昭皇上尊禮耆宿、褒敍忠賢之美，一以見巖居之下，有天壽平格之臣，皆太平之盛事也。"疏入，得旨："卿等說得是。徐階輔佐皇祖，翼戴先帝，忠勤端亮，茂著勳勞。今年及八旬，足稱榮壽。准卿等奏，寫敕、差官存問。仍賜銀五十兩、大紅紵絲蟒衣一襲、綵段四表裏，以示朕優禮耆碩之意。"

十日丁酉，上御文華殿講讀。

十二日己亥，上御經筵。

十三日庚子，以祈求雨澤，祭告天地①、社稷山川、雲雨風雷等壇，收回祭設，賜三輔臣三卓。

十六日癸卯，上視朝。
元輔張居正奏："伏蒙聖恩，特賜銀八寶四十兩、甜食二盒、乾點心二盒，該文書官太監孫斌齎捧到臣私寓，臣謹伏枕叩頭祗領訖。臣大病之後，元氣虛弱已甚，連日靜養，少覺平復。荷蒙聖慈注念，屢頒厚賞，臣誠不勝感戴激切之至。"得旨："覽卿奏謝，朕知道了。"

十八日乙己②，上御文華殿講讀。
是日，輔臣張居正等題："今日蒙發下順天府一本，該文書官李興守票進覽，又該文書官王祿，仍將前本到閣，口傳聖諭：着將房税豁免，令臣等改票。臣等看得，本內所稱畿民困累事

① 地　明抄本"地"下衍一"地"字。通行本不衍。

② 己　"己"當作"巳"。

端甚多，其廢置始末、及應合行止，俱在各經該衙門，至於疫癘盛行、人死甚衆，乃聖心所特軫者，故將施藥、賑災二件，擬行禮部查行，其餘俱該衙門知道，俟其議覆，請旨施行。其房稅一節，臣等亦聞民間頗稱煩擾。但典賣田宅，印契納稅，原係典制，天下通行，不特京師爲然。先前法紀不張，民間習於欺隱，往往漏報。近年始查復舊規，非是新增。中間有司督催嚴急，吏胥乘而侵索，或爲民擾有之。今蒙聖諭，臣等當傳令户部，酌議寬減，申嚴禁約擬覆，然後裁以聖繼①，方於政體爲妥。伏候聖裁。"

二十日丁未，特賜元輔張居正大紅五綵五毒艾葉雙纏身蟒紗一件，大紅五綵五毒艾葉胸背蟒紗一件。

二十一日戊申，上御文華殿講讀。

二十三日庚戌，上視朝。

二十四日辛亥，以端陽令節，賜元輔張居正五綵鋪絨蟒金樑篋袋一個、花縧一條、畫面扇二把（墜全）、字扇三把，次輔張四維、申時行各綵織五毒艾虎金樑篋袋一個、花縧一條、畫面扇一把（墜全）、字扇一把，講官陳思育等六員各有差。

二十五日壬子，上御皇極殿，傳制，遣陽武侯薛鋹等，持節冊封德府等府德王嫡第四子常注等爲嘉祥等王，代府等府代王鼐鉉妃郭氏等爲代王等妃。

二十七日甲寅，賜三輔臣各牙邊畫面扇一把（墜袋全）、五綵絲縧一條、五綵金綫臂索二個、金艾虎二個、畫艾虎四幅，及文武堂上官各有差。

三十日丁己②，上御文華殿講讀。

①繼　明抄本作"斷"，是。通行本作"繼"，誤。

②己　"己"當作"巳"。

萬曆起居注

萬曆十年五月戊午，朔，以端陽節，賜元輔張居正金書黃符四道、紅符四道、金艾葉四副，次輔張四維、申時行各金書黃符二道、紅符二道、金艾葉二付①，講官陳思育等六員有差。

二日己未，上御經筵。

五日壬戌，以端陽節，賜三輔臣上尊珍饌。

是日，上以元輔張居正誕日，遣司禮監太監孫隆詣第，賜銀一百兩、蟒紵四表裏、銀壽福字四十兩、甜食二盒、點心二盒、燒割一分。居正疏謝，曰："臣犬馬賤辰，仰蒙注念，曠恩隆重，榮感簪紳，殊錫駢蕃，光生里閈。臣不勝感戴激切之至。"得旨："覽卿奏謝，朕知道了。禮部知道。"

八日乙丑，上御文華殿講讀。

是日，特遣行人塗時相存問致仕少師大學士徐階。敕諭："朕聞古者，公孤在朝，則坐而論道；更老在學，則憲而乞言。惟尊言②尚齒之儀，寔褒德勸功之典。睠言耆碩，著有勳庸，世咸仰爲達尊，朕豈靳於殊數？卿才優王佐，學擅儒宗，早馳譽於清華，歷試功於盤錯。簡知皇祖，晋陟台司，履忠順以事一人，持廉靖而先百辟。當憸壬之既黜，更治化以維新，懲貪汙而仕路肅清，獎忠直而真材彙進。中明典制，多安邊裕國之籌；默運樞機，有尊主庇民之略。定邦本於危疑之際，宣上德於彌留之中。翼我先皇，嗣基圖而撫方夏；保予冲子，升儲貳以奉宗祧。方倚重於黃扉，遽乞閑於綠野。後先多績，朝廷資其典刑；終始完名，寰寓③想其風采。自天純佑，俾爾壽康，屆玆八旬，歛時五福。匪直先民之楷式，寔維盛世之禎祥。祇邇先猷，追惟舊德，粵稽功載，申錫④寵章，玆特遣行人塗時相，齎敕存問，仍賜銀五十兩、大紅紵絲蟒衣一襲、綵幣四表裏，以示朕眷。於戲！衛武雖在耄年，箴儆不忘於國；晋公已解機務，安危猶系其身。惟我宗工，不殊前哲，其茂綏蕃祉，順保修齡，尚謀黃髮之詢，用慰蒼生之望。欽哉。"

①付 明抄本作"副"，是。通行本作"付"，誤。

②言 《明神宗實錄》卷一二四作"賢"。

③寓 "寓"當作"宇"。

④功載，申錫 《明神宗實錄》卷一二四作"功勳，載錫"。

十一日戊辰，上御文華殿講讀。

十三日庚午，上視朝。
是日，户部覆雲南撫按本，乞免加金。文書官田義口傳聖旨："着擬票，仍照前旨加進。"大學士張居正等疏言："臣等前見雲南撫按官所奏，彼地原不產金，備述每年收買艱難、小民困苦、及彼中連歲不登、夷情騷動之詳。臣等竊以爲慮。蓋雲南遠在萬里，在古爲西南夷域，至我朝始入版圖。夷獠叢居，原無起運錢糧。間有不靖，往往以兵定之，中國財力爲之糜匱。今賴聖明在御，稍覺寧謐。乃隴川、木邦等處，亂蘖已萌，正煩措畫，若徵役繁興，民不安業，裔夷之地，易擾難定，異日恐煩聖慮。臣等竊顧皇上，俯聽守臣所言，如部議罷免，使遠人翕然戴德，蠻夷無所抵隙，寔治安之至計也。若以歲用偶缺，必不可已，或如撫按所言，准其解價來京，令户部如數買進，亦可不妨供用。臣等謹擬票二紙，同本封上，伏乞聖明裁擇施行。"得旨："這加進金兩准停免，年例的卻要依限作速解進，不許遲誤。"

十八日乙亥，上御皇極殿。太常寺奏，以是月二十二日祭地於方澤。

十九日丙子，上致齋於文華殿。
命翰林院侍講韓世能、編修黃洪憲充編纂六曹章奏官。

二十日丁丑，上致齋於文華殿。
賜輔臣果餅殽饌。

二十一日戊寅，上致齋如常。

二十二日己卯，夏至，祭地於方澤，遣恭順侯吳繼爵代。

① 己 "己"當作"巳"。

二十四日辛巳①，大學士張居正等題："爲教習已成乞賜送回本國以隆恩澤事。該提督四夷館太常寺少卿孫惟清呈：據暹羅館序班握悶辣等爲前事，呈稱：悶辣等於萬曆六年九月內，蒙行取到京，教譯本國番字，七年正月初四日開館，悶辣等盡將本國字母雜字來文等項，教習譯字生馬應坤等十名，至九年十二月初四日，三年已滿，於十年四月二十六日廷試各生，俱無差謬，准令食糧肄業。切思悶辣等自萬曆五年五月自本國泛海抵廣東，蒙廣東撫按起送到京，今經六載，督令各生譯習，不敢少怠。先於萬曆八年五月內，蒙念微勞，除授今職，受此殊恩，豈敢言歸？但本國距京萬里，夷使從人因水土不服，數年之間死亡將半，且又過違本國限期。有此苦情，伏望憫念遠夷，大施洪造，乞將差使轉送廣東，造船送回本國，悶辣等得以生還。等情。具呈內閣。蒙批提督官督同教師，將該館生徒嚴加考試定奪。等因到館。奉此，隨將該館譯字生督同序班握悶辣等，當堂嚴試，得李懷珍等九名，來文雜字字母俱無差訛，本業已皆通曉。原來夷使握悶辣等，似應府從所請，容令回還，其病故夷使握文鐵等，併加優卹。等因。呈覆到閣。查得先因暹羅進貢日久，未經設館教習番文，表章無從辨譯，該臣等具題，禮部議覆，咨行本國，選取精通夷字人役來京，設館教習官生，候其譯業通曉之日，仍將夷人重加賞賚，發回。隨該本國將握悶辣等起送前來，教習生徒，至萬曆八年各授以序班職銜，近蒙廷試，該館教習生徒俱准食糧。今據各夷呈乞送回本國，臣等復行本館提督官，將各生徒嚴加考試，委有成效。看得初取各夷題開，俟其教習有成，發回本國。既經提督少卿查呈前來，相應依擬。合無敕下該部，查照原題事例，將握悶辣等重加賞賚，并從人咨送廣東撫按衙門，轉送本國，其病故夷使握文鐵等，應加恩卹，一併查例議擬上請，用弘無外之仁，益堅遠人歸化之願？"

二十七日甲申，上御文華殿講讀。

是日，上遣司禮監太監張鯨，詣元輔張居正第視疾，特賜銀八寶四十兩，甜食二盒，點心二盒，燒割一分。居正疏謝曰："臣屢荷聖慈注念，誠不勝感戴激切之至。"得旨："覽卿奏謝，朕知道了。禮部知道。"

二十九日丙戌，上視朝。

萬曆十年六月丁亥，朔。

二日戊子，上御文華殿講讀。

四日庚寅，諭內閣："目今未封者一人，有娠將臨月矣。卿等可擬旨先授封，傳示內外衙門知之。"是日，諭禮部："未封王氏，冊封爲恭妃，禮部擇日其儀來行。"

六日壬辰，上視朝。

八日甲午，上御文華殿講讀。

九日乙未，上視朝。以遼左大捷，遣官祭告郊、廟。鴻臚寺宣奏捷音，羣臣稱賀。

是日，以祭告郊、廟收回脯醢果酒，賜三輔臣各一卓。

元輔張居正奏："臣患病以來，靜攝調治，日望平復。乃今已及三月，元氣愈覺虛弱，臥起皆賴人扶，肌體羸瘦，僅存皮骨，傍人見之，亦皆爲臣悲憐。及今若不早求休退，必然不得生還。且古有災異，則策免三公，今廷臣之中，無居三公之位者，獨臣叨竊此①官。頃者蒼彗出於西方，日食午陽②之旦，永思厥咎，惟在於臣，正宜罷免，以應天變。伏望聖慈垂憫，諒臣素無矯飾，知臣情非獲已，早賜骸骨，生還鄉里。儻不即填溝壑，猶可效用於將來。臣不勝哀鳴懇切戰慄隕越之至。"疏入，得旨："朕久不見卿，朝夕殊念。方計日待出，如何遽有此奏？朕覽之，惕然不寧。准仍給假調理，卿宜安心靜攝，痊可即出輔理，用慰朕懷。吏部知道。"

十一日丁酉，敕吏、兵二部："內閣輔臣，殫忠運謀，勞績茂著，兹以遼左奇功，特加恩。元輔張③居正，進太師，兼官照舊，歲加祿米一百石，原蔭錦衣伊男，着世襲指揮同知。四維加兼太子太師，餘官照舊。仍蔭一子錦衣衛世襲百户。時行

① 此　明抄本作"三"，通行本改"此"。

② 陽　明抄本無"陽"字。通行本有此字。

③ 張　明抄本無"張"字。通行本有此字。

加太子太保,餘官照舊。各給與應得誥命。如敕奉行。"

是日,元輔張居正再疏乞休,曰:"臣縷縷之衷,未回天聽,憂愁抑鬱,病勢轉增。竊謂人之欲有爲於世,全賴精神鼓舞。今日精力已竭,強留於此,不過行尸走肉①耳,將焉用之?有如一旦溘先朝露,將使臣有客死之痛,而皇上亦虧保終之仁,此臣之所以踽踽哀鳴,而不能已於言也。伏望皇上憐臣十年拮据盡瘁之苦,早賜骸骨生還鄉里,如不即死,將來效用尚有日也。"得旨:"卿受皇考顧命,夙夜勤勞,弼成治理。朕方虛己仰成,眷倚甚切,卿何忍遽欲捨朕而去,又有此奏?覽之動心,宜遵前旨,專心靜攝,以俟痊日輔理。慎勿再有所陳。"

十二日戊戌②,大學士張居正等以加恩疏辭,云:"惟我皇上,以聖神御極,銳情化理。臣等待罪密勿,職在贊襄,雖蚤夜孜孜,不敢不勉竭心力。顧技能短淺,實於聖治無能仰裨萬一。乃其忝冒寵光,沾濡恩賚,則既崇且渥矣。茲者東鎮誅勦兇酋,伸威域外,旌裘喪膽,疆場③敉寧,此皆我皇上聖武布昭,威靈震赫,而該鎮將吏協力齊心,宣忠效勇之所致也。臣等幸依日月,獲睹奇績,慶忭則多,尺寸何有?顧又特承聖眷,猥頒懋恩,異數穹④階,駢闡焜燿。夫非望之福,無功之賞,不度而受,必致顛隮。臣等誠踧踖徬徨,莫知攸措。伏望聖慈,俯鑒愚誠,收回成命,俾仍舊供職,勉圖報稱。則不惟微分護安,即朝廷賞功大典,亦不至於倖且濫矣。"得旨:"卿等忠猷嘉績,朕所簡知,特此加恩,用示優眷。宜遵成命,不允所辭。該部知道。"

十四日庚子,遣司禮監太監魏朝,詣元輔張居正第視疾,賜銀八寶四十兩、乾點心二盒、燒割一分。仍降手敕:"諭太師張太岳:朕自冲齡登極,賴先生啟沃佐理,心無所不盡,迄今十載,四海昇平,朕垂拱受成,先生真足以光先帝顧命。朕方切永賴,先生乃屢以疾辭。忍離朕耶?朕知先生竭力國事,致此勞瘁。然不妨在京調理,閣務且總大綱,着次輔等辦理。先

① 走肉 明抄本作"肉坐",通行本改"走肉"。

② 戌 明抄本作"戍",誤。通行本改"戌",是。

③ 場 明抄本作"場",是。通行本作"塲",誤。

④ 穹 明抄本作"穹",是。通行本作"窮",誤。

生專養精神，省思慮，自然康復，庶慰朕朝夕惓惓之意。"居正疏謝，曰："臣病困之餘，不能措辭，感激之衷，言不能悉。"上報聞。

是日，以恭視寫恭妃册文，賜元輔張居正銀三十兩、紵絲一表裏，次輔張四維、申時行每銀二十兩、一表裏，中書官馬繼文等六員，各銀三兩。

十六日壬寅，遣定國公徐文璧、大學士張四維，持捧節册，封王氏爲恭妃。其册文曰："六寢建官，禮特隆於妃秩；萬年錫胤，慶實始於閨門。爰資四德之良，用備三官之制。咨爾王氏，慧①質夙成，溫儀爲度。衾裯肅肅，既②魚貫之恩；弓韣雍雍，遂兆燕禖之吉。睠徽猷之茂著，迓景福於方來。宜博渥恩，特升華序。茲特遣使持節，封爾爲恭妃，錫之册命。於戲，翟茀翬衣，晉貳龍軒之寵；畫堂甲觀，早開麟趾之祥。尚遵鳴珮之芳規，永贊求衣之盛治。欽哉。"

是日，以册封恭妃，祭告奉先殿，收回祭設，賜三輔臣，各一卓。

十八日甲辰，上御文華殿講讀。輔臣張四維、申時行以大捷加恩，致詞稱謝，上優答之。

是日，遣司禮監太監張鯨齎手敕，諭太師張先生："今日聞先生病勢不粥，朕爲深慮。國家大計，當爲朕一言之。"仍賜銀八寶四十兩、甜食二盒、乾點心二盒、燒割一分。居正力疾疏謝，因具密揭封進。得旨："覽卿奏謝，朕知道了。"

十九日乙己③，上視朝。

是日，敕吏部："原任太子太保禮部尚書潘晟，着以原官加兼武英殿大學士，還差行人一員前去，馳驛取來，掌詹事府事吏部左侍郎余有丁，陞禮部尚書兼文淵閣大學士，俱令與四維等入閣辦事。如敕奉行。"

① 慧　明抄本作"惠"。通行本改"慧"。《明神宗實錄》卷一二五作"惠"。
② 既　明抄本"既"下有"承"字，通行本脱此字。
③ 己　"己"當作"巳"。

二十日丙午，太師兼太子太師吏部尚書中極殿大學士張居正病故，輔臣張四維等以聞，言："本官才猷卓越，勳代①隆著，以先帝潛邸舊學，親承末命，翼戴聖明，夙夜孜孜，勤誠匪懈。贊襄聖學，敷宣化理，於今十年，聖德日茂，聖治日熙。而本官年未六十，臣等方幸有所承藉，與之同心協力，匡輔鴻業，不意遽爾長終，良可憫悼。臣等伏見皇上眷注首臣，凡居正生前蒙被恩禮，悉超常格，茲其身後所有卹典，乞敕禮官，查例上請，從優頒給，以弘朝廷逮下之仁，用彰我皇上優禮元臣厚終之義。"得旨："朕倚任元輔甚切，遽聞奄逝，深所憫悼。恩恤難依常典，着禮部從優議擬來看。"

詹事府掌府事吏部左侍郎兼翰林院侍讀學士臣余有丁，辭免恩命，云："竊惟內閣，乃樞機之地，閣臣，為丞弼之官，非才德邁乎時流，何以贊襄化理？非文學追乎前哲，何以裨益論思？故常不備其官，以待異能之士。伏念臣章縫末品，佔畢庸儒，徒以遭逢非常，遂爾踐歷不次。皇上出閣，臣叨侍從之班，皇上覃恩，臣忝坊寮之轉，既待罪乎留院，復糜祿於南雍。尋以養疴，得蒙於告。仰荷皇上不遺簪履，忽沛綸絲，起臣於里閈，試臣以職事，今貳宮詹之秩，仍居典冑之司。旋陟銓曹，更視宮篆。屬方重修《會典》，遂令濫副總裁，惟汗青之無期，方尸素之是懼，敢期非望之福，遽加不肖之軀。閣學崇階，俾綴演綸之直，秩宗華貫，令陪曳履之班，榮渥併加，超逾更甚。此蓋皇上深惟國家之計，永保治安，過採老成之言，遽蒙拔擢，豈臣薄劣，可任使令。德不足以樹表儀，才不足以當經濟，學不足以備聖問，文不足以代王言，力莫從心，任更踰器。皇上縱憐而拂拭，臣駑亦何以驅馳？況今名碩在朝，足稱皋夔一德之佐，豈令庸臣簉列，致玷堯舜知人之明？若不控辭，靦面②從事，則力小任重，不徒負荷之難，抑福薄器盈，必致顛越之咎。伏願皇上鑒臣自揣非虛，察臣所言匪矯，收回成命，仍守舊官，俾畢意編摩，以矢忠補報，庶上不負聖恩，下得安愚分矣。"得旨："卿性行敏慎，學識宏深，政本重地，特茲簡任。宜殫竭忠猷，協贊化理。不允所辭。"

① 代 明抄本作"伐"是。通行本作"代"，誤。

② 面 明抄本作"而"，是。通行本誤作"面"。

二十一日丁未，賜輔臣張四維、申時行各齋筒二十根，府部大臣及講官陳思育等六員各有差。

是日，遣司禮監太監張誠，視故元輔太師張居正之喪，賜銀五百兩、紵絲六表裏、羅六表裏、紗六疋、白布五十疋、麻布二百疋、蠟燭二百對、檀降香二百炷、攢香五十斤、白米二百石、茶葉二百斤、香油三百斤、鈔三萬貫、木柴二千斤、本炭二百包、鹽二百斤。兩宮太后各銀五百兩、紵絲各四表裏、羅四表裏、紗四疋。中宮銀三百兩、紵絲二表裏、羅二表裏、紗二疋。又共賜鈔一萬貫、白布五十疋、麻布十三筒。

二十三日己酉，上視朝。
命禮部尚書兼文淵閣大學士余有丁充總裁、及同知經筵官，日侍講讀。

二十四日庚戌，改禮部左侍郎兼翰林院侍讀學士許國爲吏部左侍郎，掌管詹事府印信，仍充《會典》副總裁，經筵講官。

二十五日辛亥，上御皇極殿，太常寺奏，孟秋時享太廟。

二十七日癸丑，上致齋於文華殿。
賜三輔臣果餅殽饌。

二十八日甲寅，上致齋如常。

二十九日乙卯，上致齋如常。

萬曆十年七月丙辰，朔，上親享太廟。

二日丁己①，賜輔臣張四維、申時行、余有丁各鰣魚二尾。

三日戊午，上視朝。

四日己未，大學士張四維等疏言："前歲伏蒙皇上俯允臣等所奏，屬儒臣將累朝寶訓實錄分類編摩，爲四十款，每遇皇上臨御講筵晨講既畢，臣等恭詣文華後殿講解訓錄一二條，其諸司章疏有緊要者，即於講後面奏請裁，多寡有無，不拘程限。已於去歲春月舉行，至今年三月，因臣居正以疾在告，暫行停止。即今前項訓錄款目，編摩漸有次第，進講《創業艱難》一款尚未及完，時已入秋，向後天氣漸涼，伏望皇上每御經幄之日，容臣等仍前以訓錄進講，併以諸司緊要章疏面奏請裁，其或遇有緊要事情，不值講期，容臣等將章疏另作一對，或具揭，或擬票，上請裁決。臣等備員輔理，自惟才能淺劣，無能裨益高厚，職任所在，朝夕敢不殫心力以勉副任使？伏念聖齡日茂，緝熙學問以講明義理，留神省閱以練習政事，乃今日所最急務。臣等竊願效千慮一得之愚，以爲聖明一日萬幾之助，伏惟皇上鑒允施行。豈惟臣等幸甚？即臣居正效忠無已之心，亦永慰於九原也。"疏入，得旨："覽卿等所奏，朕知道了。"

六日辛酉，上御皇極殿。傳制遣太常寺樂舞生，齎祝文香帛，詣歷代帝王陵寢，命所在官司行禮。

是日，命左春坊左贊善兼翰林院檢討沈鯉、翰林院修撰沈懋孝主②應天考試。

九日甲子，以雨免朝。

是日，陞左春坊左贊善兼翰林院檢討沈鯉爲翰林院侍講學士，掌管印信。

① 己 "己"當作"巳"。

② 主 明抄本無"主"字。通行本補此字。

十日乙丑，上御文華殿講讀。

十一日丙寅，特賜輔臣張四維、申時行、余有丁各鰣魚五尾，講官陳思育等五員各二尾。

十五日庚午，陞翰林院侍講朱賡爲左春坊左諭德，翰林院侍讀羅萬化爲右春坊右諭德，俱兼翰林院侍讀；翰林院修撰王家屏爲司經局洗馬兼翰林院修撰，各掌管各坊局印。翰林院編修沈一貫爲左春坊左中允，與五品服色。

十六日辛未，上視朝。

二十日乙亥，上御文華殿講讀。

二十一日丙子，陞國子監司業王弘誨爲右春坊右諭德，掌官南京翰林院印信。

二十四日己卯，上御文華殿講讀。

二十五日庚辰，上御文華殿講讀。

二十七日壬午，大學士張四維等奏："近輔臣張居正病故，荷蒙皇上眷悼深至，恩卹優隆，迥超常典，不惟本官九原戴德，凡在朝野臣民，無不感動。今其靈柩①將回，照得本官原籍湖廣荊州，去京畿三千里，水陸修阻。舊規凡輔臣在京病故，差行人一員護柩②歸塟。及查本官前於萬曆六年給假塟父，特蒙聖恩，遣京③官錦衣衛官各一員護行。仰惟皇上優禮元臣，靡間生死，今次護柩④，或照六年本官所蒙恩禮，差京堂、錦衣衛官各一員前去，惟復照例仍差行人。緣係特恩，臣等未敢擅便，伏乞聖裁。"得旨："卿等説的是。差京堂四品官、錦衣衛堂上官各一員去。禮部知道。"

---

① 柩 明抄本作"櫃"，誤。通行本改"柩"，是。

② 柩 明抄本作"櫃"，誤。通行本改"柩"，是。

③ 京 明抄本"京"下有"堂"字，是。通行本脱此字。

④ 柩 明抄本作"櫃"，誤。通行本改"柩"，是。

二十九日甲申，原任翰林院編修今丁憂張嗣修，以父輔臣張居正病故，有祖母趙氏原奉命行取來京就養，因具疏辭謝，乞侍還鄉。得旨："朕念張先生受先帝顧命，鞠躬盡瘁，沒而後已，忠勞可憫。他還有高年之母在京，着差司禮監陳政護送還鄉，馳驛去。"

三十日乙酉，上御皇極殿。太常寺奏請祭先師孔子，並祭太社、太稷。

萬曆十年八月丙戌，朔，上御皇極殿，傳制，遣吏部尚書王國光祭先師孔子。

是日，上致齋於文華殿。

三日戊子，上親祭太社、太稷。

六日辛卯，上視朝。

是日，以萬壽聖節，賜輔臣張四維銀六十兩、綵段四表裏，申時行、余有丁各銀五十兩、綵段四表裏，講官陳思育等五員各銀二十兩、綵段一表裏。

命左春坊左諭德兼翰林院侍讀朱賡、翰林院侍讀韓世能，主順天考試。

八日癸巳①，以萬壽聖節，賜輔臣張四維金萬壽字四副、金篆字十個、金書黃符二道、金書紅符二道，申時行、余有丁各金萬壽字二副、銀萬壽字二副、金篆字八個、金書黃符一道、銀書黃符一道、金書紅符一道，講官陳思育等五員各有差。

九日甲午，上視朝。

十一日丙申，未時，皇第一子生，恭妃王氏出。

十二日丁酉，上御經筵。

是日，諭內閣：「朕皇子生，喜事賞用，宮帑缺乏，取太倉銀二十萬兩、光祿寺銀十萬兩。卿等傳示。」

以皇子生，賜輔臣張四維、申時行、余有丁各大紅雲紵絲二疋、銀抹金腳花二枝、講官陳思育等五員各有差。

十三日戊戌，以皇子生，遣成國公朱應禎等祭告郊、廟、社稷。

上御皇極殿，羣臣稱賀。

① 己 "己"當作"巳"。

十四日己亥，輔臣張四維等題："該禮部題：皇子誕生，禮儀俱照嘉靖十五年例，欽天監擇日詔告天下。臣等查得，嘉靖十五年詔書內，有頒恩條件。臣等竊惟，皇上臨御十年，綱紀修明，中外奉法，倉庫充盈，四夷賓服，足稱治安。但近歲以來，災異屢見，今年南北各處奏報水旱甚多，兼以文武各官不知朝廷勵精本意，往往務為促急煩碎，以致微歛無藝，禁令乖迕，使此治平之世，民不安業，中外嗷嗷，失其樂土之心，有可隱憂。仰惟我皇上如天之仁，惠鮮懷保，孜孜在念，宜乘此大慶，明降德音，蠲蕩煩苛，弘敷惠澤，使四方萬國翕然佩戴皇仁，鼓舞欣暢，此固結人心、培延國脉之一大端也。候各衙門開具事件到閣，臣等敬當檢照節年舊規，參酌類擬，上請聖明裁定。又查得十五年賜書各王府，俱有恩賚。於時因有近親，分為三等。其在今日，似當以親郡王止分二等為宜。臣等俱未敢擅便，謹具題以聞。"得旨："朕意正如此，依擬開具來行。"

十五日庚子，中秋令節，賜三輔臣上尊珍饌。
是日，復賜輔臣張四維膳九品、秋露白酒五瓶、月餅五個，申時行、余有丁各膳七品、秋露白酒三瓶、月餅四個。復以皇子誕生，欽賞輔臣張四維銀一百兩、紵絲四表裏，申時行、余有丁各銀八十兩、紵絲四表裏，講官陳思育等五員各銀五十兩、紵絲二表裏。

十七日壬寅，萬壽聖節，上御皇極殿，文武百官致詞，行慶賀禮。
賜輔臣張四維膳十一品、壽麪全、長春酒五瓶，申時行、余有丁各膳九品、壽麪全、長春酒三瓶。

十九日甲辰，敕諭禮部："朕寅奉宗祧，於今十禩，大婚成禮，抑已五年。仰承聖母仁聖懿安皇太后、聖母慈聖宣文皇太后洪恩，恒以胤嗣為念。茲蒙皇天眷佑，祖考垂庥，元子誕生，慈顏懷豫。永惟厚德罔極，莫罄報酬，宜加上徽稱，致隆尊養。

① 己 "己"當作"巳"。

② 愛 明抄本作"受"。通行本作"愛",是。

③ 干 明抄本誤作"千",通行本改正作"干"。

爾禮部便擇日具儀來行。"

二十日乙己①,大學士張四維等題:"今早文書官田義口傳聖諭到閣,謂臣等所加上聖母慈聖宣文皇太后徽號字樣未妥,令改擬,增爲四字。臣等仰見我皇上大孝因心,尊親至情,惓惓罔極,臣等寔所欽戴。第大義所關,反復思惟,有未敢將順者。蓋天性至愛②,雖不可以強同,而天秩大經,則不容以或紊。皇上孝奉慈闈,以天下養,百順承歡,極隆無二,此天親固然,人莫得而議也。至於兩宮典禮,則有祖宗之家法,古今之通制,少有違越,即爲盛德大孝之累,而無以服天下后世之人心。況此尊稱大典,關繫猶重,將告之郊、廟,頒示四方,皇上睿智明達,倫制兼盡,豈可以非禮奉親,自陷於過舉,以干③萬世之公議耶?臣等職在輔導,若阿諛苟容,何所逃罪?謹遵聖諭,改擬二號進覽,所有字數,未敢增加,伏希聖明鑒允,裁定施行。臣等冒犯嚴威,無任戰懼悚息之至。謹具題以聞。"

二十三日戊申,上御皇極殿。太常寺以秋分,奏請祭夜明於月壇。

二十七日壬子,上御文華殿講讀。

萬曆十年

萬曆十年①九月丙辰，朔，上御皇極殿。禮部進萬曆十一年大祀冊。

二日丁己②，上御經筵。

是日，文書官吳忠口傳聖諭："雲南解進年例金，違限該參，著閣臣擬旨。"輔臣張四維等奏：該省進金，原限八月，往年俱遲至冬後方纔到京。今歲因奉明旨，該省於六月中即行起解，撫按官俱有疏報。緣雲南去京萬里，江山隔遠，間遇陰雨，途中不無阻滯，今出八月方纔二日，金已進內，計其入京尚在八月之終。遽以嚴旨致詰，恐駭觀聽。伏望聖慈體恤遠人，原其情非違慢，特加矜宥。"得旨："金兩著進收。前有旨，如何違限？今次姑饒這遭。"

三日戊午，上視朝。

四日己未，以恭視寫篆仁聖懿安康靜皇太后、慈聖宣文明肅皇太后冊寶，賜元輔張四維白金五十兩、紵絲四表裏，次輔申時行、余有丁各白金四十兩、三表裏，及中書官馬繼文等各有差。

六日辛酉，上御皇極殿。

以皇子生，昭告天下。詔曰："朕聞自古帝王紹聖，祈天必隆胤祚，蓋以祇奉宗社，茂衍本支，邦家之慶，莫大於此。朕以眇躬嗣登大寶，於茲十年，幸方內安③，四夷賓服，庶不蕐④，祖宗丕搆，惟大婚有年，祥⑤未協，中外人心，舉深望⑥，朕用是不釋於懷。茲荷皇天錫佑，列聖垂庥，以今年八月十一日第一子生，係恭妃王氏出，上副兩宮聖母憂勤之念，下慰四海臣民仰戴之情。粵稽舊章，用覃大賚，所有恩例，開列於後。

一、自萬曆十年九月初六日昧爽以前，官吏軍民人等有犯，除謀反、叛逆、子孫謀殺祖父母父母、妻妾殺夫、奴婢殺家長、殺一家非死罪三人、採生折割人、謀殺、故殺、蠱毒魘魅毒藥

三八一

① 萬曆十年　明抄本無"萬曆十年"四字，通行本補此四字。
② 己　"己"當作"巳"。
③ 安　明抄本"安"上有"又"字，誤。通行本無此字，亦誤。《明神宗實錄》卷一二八作"乂"，是。
④ 蕐　"蕐"當作"墜"。
⑤ 祥　明抄本"祥"上有"熊"字，是。通行本脫此字。
⑥ 望　通行本"望"上有"谿"字，是。通行本脫此字。

殺人、強盜、妖言、奸黨、失機、併事干邊方夷情、及人命、十惡至死罪者、及永遠充軍人犯不赦外，其餘已發覺、未發覺、已結正，未結正，罪無大小，咸赦除之，敢有以赦前事相告言者，以其罪罪之。

一、各王府分封既久，宗枝日繁，祿未歲增，民間地畝所出有限，兼以有司怠於催徵，地方時遇荒歉，以致常祿拖欠，養贍不周，深爲可憫。詔書到日，撫按官各將境內宗祿及坐派民糧額數，通融計算，發①行設法徵給。如有不敷，仍酌議衷益通變事宜，奏聞朝廷區處，毋使貧難失所，有孤親親之意。

一、鳳陽高牆庶人已故，所遺子孫、妻妾，撫按官查明奏請釋放。其節年越關赴京，遞回間宅拘住者，如止係請乞奏辨，別無違礙，亦准釋放。

一、公侯駙馬伯併內外文武官員旗士人等，有因事革去，罰住祿米俸糧者，准照舊關支。

一、兩京三品以上文官，例該蔭子，在任未及三年考滿者，俱准蔭一子入監讀書。

一、兩京文武官員署職、試職、試御史，俱與實授。

一、內外文職官員，有養病致仕、年力未衰、才識可用、曾經科道及撫按薦舉者，吏部查奏起用。其一應因事考察去任的，永不許起用。其一應冠帶閑住者，與致仕，爲民②，與冠帶閑住。

一、近年以來，四方災報頻仍，民困日久。一應夏秋稅糧、馬草、農桑人丁絲、絹、布疋、棉花絨、户口鹽鈔、皇莊子粒、屯田牧馬新增草場子粒租銀、曆日、防夫、水夫、民壯、弓兵、機兵、蘆課、富户等項，除萬曆③七年以前帶徵拖欠者，已有旨盡數蠲免外，其諸色課程門攤、商稅、魚課、棗株、鈔貫、果品等項，已徵在官者截數起解，其未徵分數，自萬曆④八年以前悉與蠲免，一應天下稅糧，除萬曆⑤八年、九年、十年照舊徵解，及陝西、河南、山西等處災重地方，撫按官作速勘明，將本年錢糧奏請蠲恤外，其萬曆⑥十一年各項稅糧，不分起運、存留，准免十分之三，以蘇⑦民困。

一、隆慶六年以前各省直金花銀兩，查係小民拖欠、年遠難完者，准與全免，准鳳等拖欠改折漕糧，萬曆七年以前帶徵者，准免一半。

一、南直隸、江浙、湖廣節報水災。萬曆①十一年分漕糧四百萬石，除田例折銀及應免分數外，其餘十分爲卒②，地方有災者准改折五分，無災者改折三分，不分改兌正兌，俱照萬曆③七年事例，連席板楞木，每石徵銀六錢，其歲熟米賤去處，不願改折者，聽其仍運本色。

一、充軍充徒并編發口外爲民及遷徒④安置人犯，已到配所者，軍除永遠，遷徒⑤安置人除謀叛家屬不赦外，其餘悉准放回⑥原衛原籍，寧家隨住。

一、侵欠還官銀兩，雖情重數多，例不應免，或係嘉靖年間事犯，正犯已經監⑦正法，拘禁家屬年久產盡者，及各項追贓人犯，有係查盤坐侵，訪察坐入，風聞參論、原無證據，或正犯已故，監併家屬，累及親族者，户部法司備細查明，分別年月久近、贓數多寡，將應免應釋人犯，開具奏請定奪。

一、萬曆⑧九年以前，沿邊沿海倉場，官攢商人支⑨糧料草束，五年之外，查盤浥爛虧折不係正數者，不分正犯家屬，軍罪以上，開具奏請，徒罪以下，俱免追釋放。

一、浙江等總運糧官員，有因漂流掛欠、監追五年之上、產盡或身故者，子孫准其襲替，照例扣俸還官。如係侵盜正犯，奏請定奪。其違限跬⑩誤及中都等處違誤，領班各提參住俸、降級立功者，准與查復宥免。

一、天下各鹽運司、鹽課司、提舉司，萬曆⑪八年以前額課拖欠，並存積年久，風雨消折，巡鹽御史勘實，盡行蠲免。如數內已經開中商人赴場聽支者，准於辦課贏餘場分自行買補，量於割没鹽斤數內扣除。

一、天下司府州縣稅課抽分衙門，舊有定割⑫，近年各路關津貨物經由處所，擅立牙行抽稅罔利病民，詔書到日，撫按司道官查係額外私設者，盡行裁革，違者兩京科道官訪實參奏。

一、鑄錢本以利民，近因鑄造不精，私錢淆雜，不係產銅

①曆 明抄本作"力"，誤。通行本改"曆"，是。
②卒 《明神宗實錄》卷一二八作"率"。
③曆 明抄本作"力"，誤。通行本改"曆"，是。
④徒 《明神宗實錄》卷一二八作"徙"。
⑤徒 《明神宗實錄》一二八作"徙"。
⑥回 明抄作"爲"誤。通行本改"回"，是。
⑦監 《明神宗實錄》卷一二八"監"下有"故"字。
⑧曆 明抄本作"力"，誤。通行本改"曆"，是。
⑨支 《明神宗實錄》卷一二八"支"上有"守"字。
⑩跬 《明神宗實錄》卷一二八作"詿"。
⑪曆 明抄本作"力"，誤。通行本改"曆"。
⑫割 《明神宗實錄》卷一二八作"額"。

去處，買運艱難，領發行使阻滯不便，詔書到日，各該開局鑄錢地方，暫行停止。如地方錢法通行，官民相安，願仍前鼓鑄者，聽從其便。

一、各省直清丈田糧，除丈派均平、軍民稱便者，照今次造報文册坐派徵收外，如有短縮步弓、虛增地畝、及將山坡、湖蕩、屋基、墳墓、並積荒地土，升則派糧，賠累軍民者，撫按官摘查明實，准與更正，但不許概行覆丈，反增勞擾。

一、萬曆①九年以前各處府州縣官、各衛所掌印管屯官，催徵民屯錢糧完不及數，住俸者，俱准開復補支，降俸、降級立功調衛者，撫按官通查原欠分數，奏請定奪。其有司積穀不及分數住俸，俱准開俸補支，降俸者復俸不補支。其以捏報虛數在任參降者，不准開復，去任後參降者准開復。

一、各處解部贓罰銀兩，節年已有定額。近因加增②數多，致問刑官故入人罪，橫肆科罰，刑獄枉濫，傷和召災。自萬曆③十一年為始，各撫按官贓罰，俱照舊數解部濟邊，如有積餘，留貯各府備賑，司道有司敢有故入濫科等弊，撫按官不時參奏處治。

一、軍職萬曆④十年八月以前為事降調兩廣等處煙瘴衛所，病故，不分已未到衛，子孫為因路遠、不能赴所調衛分起文承襲者，許令原衛起送承襲，帶俸差操，其充終身軍，已經開伍回衛，年六十以上者，比照為民事例，子孫准其承襲。其為⑤降級，年六十以上，子孫赴部替職者，准復祖職，未及六十者，止許暫替所降職事。其為事立功者，許其復職差操，與支半俸，扣至限滿全支，有限未滿病故者，子孫襲職，免其減俸。

一、凡應襲武職，比試違限應該住俸者，免其住俸，比試不中應給半俸者，准支全俸，俟二年之後，起送再比。總小旗因誤併鎗革役者，該衛所查無別礙，不論年月久近，許令起送補併還役。

一、湖廣、四川、廣西等處宣慰等司土舍，應納銀襲替，日久不能完納者，照萬曆⑥九年兵部題准雲貴事例，免其納銀，徑⑦令冠帶管事。以後土官襲替，俱令照舊赴京。或地方有事，及貧寒不能赴京者，具告該管撫按衙門，查明代奏，就彼襲替。

一、畿内各府州縣節年寄養馬匹，有瘦弱不堪用者，負累小民餧養，詔書到日，各掌印官即便勘實，呈報該寺，照依時估①變價解寺貯庫，其節年例②死，勘無作踐情弊，准免賠補。

一、京營并在外各營騎操及苑僕孳牧馬匹，倒失被盜，應追買補樁贓等銀，除已徵在官，截數起解外，其萬曆③十年八月以前未完者，俱准蠲免。

一、南北直隸、山東、河南各府州縣，應徵萬曆④十一年牧馬草場子粒餘地租銀，俱量免十分之三。其備用馬匹，除本色外，萬曆⑤十一年徵派折色者，每匹價銀免三分之一，其十一年徵派本色者，於十二年折色內亦免三分之⑥一。

一、各邊將領，平昔謀勇出衆，累立戰功，偶因失事及詿誤，革職閒住立功充軍等項，年力未衰，尚堪任使者，詔書到日，限三個月以內，撫按官查明的實，疏名奏聞。

一、沿邊沿海緊要要⑦事重鎮，委用各營名色千總無實職者，若係旗舍，或係三科武舉，果謀勇過人，效有勞績，聽總督撫按官指實薦奏，量授署所鎮撫，俟後更有勞績，方准與實職官，一體推用。其軍民納授服色者，原不在聽用之列，不許乘機混冒。

一、內外各衙門見監應決重犯，今歲暫免行刑。兩京法司仍將情罪有可矜疑者，開具略節招內⑧，奏請定奪。其侵盜腹裏⑨錢糧四百兩已上問斬人犯，如犯在萬曆七年三月未奉新例之前者，准照舊例問遣，例後罪犯追贓限滿聽決者，仍准改限一年。

一、南北直隸、浙江、陝西、河南、山東、山西輪班匠價，除萬曆八年清查以後，如有逃亡故絕人戶，查無產業，節累各里戶包賠者，所司勘明覆實，申呈撫按衙門，類奏除免。其江西、福建、湖廣等處應解南京工部班銀，一體照例查豁。

一、浙江、福建、蘇松、常鎮、徽、寧、揚州、廣德等府州，自萬曆⑩元年起至萬曆⑪八年止，拖欠歲造段疋，除已徵收在官及起運在途者，照舊解納外，其餘查係小民拖欠，盡數

① 估 明抄本作"佑"，誤。通行本改"估"，是。
② 例 明抄本作"倒"，是。通行本作"例"，誤。
③ 曆 明抄本作"力"，誤。通行本改"曆"，是。
④ 曆 明抄本作"力"，誤。通行本改"曆"，是。
⑤ 曆 明抄本作"力"，誤。通行本改"曆"，是。
⑥ 之 《明神宗實錄》卷一二八"之"下有"一"字。
⑦ 要 《明神宗實錄》卷一二八作"多"。
⑧ 內 "內"當作"由"。
⑨ 裏 《明神宗實錄》卷一二八作"裏"。
⑩ 曆 明抄本作"力"，誤。通行本作"曆"，是。
⑪ 曆 明抄本作"力"，誤。通行本作"曆"，是。

萬曆起居注

蠲免。

一、各省直及順天、真定、保定三府、山東、山西二布政司，連年災傷，小民困苦，萬曆①十一年分額派料銀、柴夫、木柴、路費，准免十分之三，其各省直額解課錢，及戊丁二庫並廠庫軍器、民弓、箭弦、麂狐、皮②等項，應解本折，俱免十分之三。

一、兩京各衙門歷事監生及承差，各免歷事二個月，辦事官一個月，辦事吏二個月，當該吏四個月。禮部鑄印局儒士食糧候糧及納銀冠帶見在歷事者，各免三個月。

於戲，震符誕啟，綿統緒於萬年；解澤旁流，霑仁③於九有。詔告天下，咸使聞知。"

九日甲子，上詣慈慶宮，恭上仁聖懿安康靜皇太后徽號。群臣隨至徽音門行禮。冊文曰："子皇帝臣（御名）謹稽首再拜上言。伏以坤順凝麻，懋迓《螽斯》之慶；震亨錫胤，弘開《麟趾》之祥。於昭佑啟之恩，祇薦尊宗④之典。恭惟聖母仁聖懿安皇太后陛下，圓方媲德，舒曜齊明。儷皇考以表母儀，佐飛龍之景運；撫冲人而主神器，貽燕翼之嘉謀。渥慈蕃衍於本支，善慶光施於子孫。惟重闈介福，允孚弓韣之祈，即一索得男，遂叶熊羆之兆。念本原之自，誠天高地厚之⑤難名；籍積累之仁，同日升月恒而彌茂。欲罄罔極之報，宜崇莫大之稱。謹率文武群臣，敬奉冊寶，加上尊號，曰仁聖懿安康靜皇太后。伏願璇穹篤佑，寶冊增華。壽考萬年，戩穀永綏於天保；子孫千億，含飴⑥遙逮於雲仍。臣（御名）誠歡誠忭，稽首頓首謹言。"

是日，以尊上兩宮聖母徽號，祭告郊廟、社稷及奉先殿，收回脯醢果酒，賜三輔臣。

以重陽令節，賜三輔臣上尊珍饌。

十日乙丑，上詣慈寧宮，恭上慈聖宣文明肅皇太后徽號。群臣隨至思善門行禮。冊文曰："子皇帝臣（御名）謹稽首再拜上言。伏以慶集重聞，喜璇源之茂衍；謀貽後胤，占寶祚之彌

---

①曆 明抄本作"力"，誤。通行本作"曆"，是。

②皮 《明神宗實錄》卷一二八"皮"上有"羊"字。

③仁 《明神宗實錄》卷一二八"仁"下有"恩"字。

④宗 《明神宗實錄》卷一二八作"崇"。

⑤之 《明神宗實錄》卷一二八作"以"。

⑥飴 明抄本脫"飴"字。通行本不脫。

昌。祇薦鴻稱，用彰燕翼。恭惟聖母慈聖宣文皇太后陛下，欽明儷極，聖善揚徽。天命集於洽陽，佐先皇而弼成內治；虹祥應乎華渚，迪沖質而光撫太太①。每廑長樂之懷，翼蕃胤嗣；迺發畫堂之瑞，誕育元孫。蓋商則②簡狄而興，蚤叶燕禖之吉，乃周則太任為烈，實開麟趾之徵。仰惟佑啟之功，未酬高厚；爰舉推崇之典，勉極形容。謹率文武羣臣，敬奉冊寶，加上尊號，曰慈聖宣文明肅皇太后。伏願景貺郅隆，純禧駢湊。得名必得壽，萬年祝聖算以無疆，多子復多孫，百世綿本支而勿替。臣（御名）誠歡誠忭，稽首頓首謹言。"

是日，以尊上慈聖宣文明肅皇太后徽號，祭告奉先殿，收回脯醢果酒，賜三輔臣。

十一日丙寅，上御皇極殿，以加上兩宮皇太后徽號，昭告天下。詔曰："朕聞家國之祥，無逾於昌後；帝王之孝，莫大於尊親。累朝以來著於彝憲。朕以寡昧，纂承祖宗之遺業，懼弗克堪。惟我聖母仁聖懿安皇太后、聖母慈聖宣文皇太后，擁翼教誨，式臻治理，乃睠懷宗祧之重，於嗣續大計，尤惓惓焉。茲者恭荷天庥，誕生元嗣。發祥鍾慶，寔惟慈澤之所貽；永念深恩，宜登顯號。爰祇③告郊廟社稷，率文武羣臣，奉冊寶，加上聖母仁聖懿安皇太后尊號，曰仁聖懿安康靜皇太后。聖母慈聖宣文皇太后尊號，曰慈聖宣文明肅皇太后。用闡揚盛美，仰答洪慈。載考舊章，庸敷慶典，所有恩例，開示於後。

一、親王年八十以上者，具奏遣使存問。親郡王年七十以上④，賜羊酒幣帛，地方官存問。一應禮儀，有衰病不能自行者，許子為代行。將軍以下年七十以上者，各賜米十石、絹十疋。庶人量給三分之一。

一、各王府親郡王嫡母與生母並存者，其嫡母許奏請加稱為太妃，生母准受封為次妃，與敕知會。親王庶子受封後，生母例封夫人，將軍中尉受封後，生母例封夫淑恭宜人者，果年踰七十，奉勘無礙，亦准給與誥敕。

一、宗室節年因事減革祿糧者，除敗倫傷化、奸盜人命重

① 太 《明神宗實錄》卷一二八作"平"。
② 則 明抄本無此字。通行本作"則"。《明神宗實錄》卷一二八作"由"。作"由"是。
③ 祇 明抄本作"祉"，誤。通行本改"祇"，是。
④ 上 明抄本"上"下有"者"字，是。通行本脫此字。

情外，其餘全革者，准支三分之一，減一分二分者，准照舊全支。

一、宗室如有飭躬修行，孝親敬長，樂善好學，敦宗睦族，足以激勵世風者，許各撫按官具實奏聞獎勸。

一、勳臣公侯伯襲封見爵者，俱給與應得誥命，未領者准補給。

一、文官一品致仕，及養病等項家居日久者，有司月給米三石，歲撥人夫四名應用。二品以上年及八十者，備綵幣羊酒存問。九十以上，具奏，遣使存問。五品以上以禮致仕、年七十以上者，進本散品官一階，其中有廉貧不能自存、衆所共知者，有司量與資給。

一、兩京文官一品至九品未及三年考滿者，各給與應得誥敕。先已給領者，與進本品勳階。如品同而職銜不同，照見任改給。有願移封、移贈者，聽。若先已移封、移贈，今給與本等誥敕。行取到部中書、行人等官，已提①授部屬候缺者，補官之日一體給與。在外布按二司、苑僕二寺正佐官歷俸二年以上，運府正佐及州縣正官歷俸三年以上，無過者准俱給與誥敕。如父母見存，先已受封，其子官職遷轉②，服色許與子同，其前母繼嫡母，准照三母例封贈，繼母③受封已故者，見在繼妻准封。

一、武官應得誥敕已經請給，年遠未曾撰黃者，謄黃官即與查撰給散。

一、各王府官有年老願致仕者，進散官一階。其曆④俸三年無過、父母見存者，給應得誥敕。

一、軍民之家有年七十以上者，許一丁侍養，免其雜泛差徭。八十以上者，仍給與絹一疋、綿一斤、米一石、肉十斤。九十以上者倍之。其男子若有德行著聞，爲鄉里所敬服者，給與冠帶榮身。

一、軍民之家五世以上同居共爨者，有司勘實旌表，詔書到日，先給羊酒獎勵。

一、義夫節婦、孝子順孫，有司即與勘實奏聞，照例旌表。

① 提 《明神宗實錄》卷一二八作"題"是。
② 轉 《明神宗實錄》卷一二八"轉"下有"者"字。
③ 母 《明神宗實錄》卷一二八作"妻"。
④ 曆 明抄本作"歷"。通行本作"曆"誤。

但不許詭竊冒濫，及子孫自行陳乞。其以①旌表、年及六十者，男子與冠帶榮身，婦人照年八十以上例，給賜絹帛米肉。

一、鰥寡孤獨及癃疾無依者，有司②存恤，勿令失所。見在養濟院，各給米三斗、布一疋、肉二斤。

一、天下儒學士員，有親老無人侍養，願告侍者，聽，親終之后，仍許復學。其五十以上者，許各衣巾終身。有食糧年深、挨貢不前者，許告給冠帶。正貢及期、不願出仕者，提學官開送吏部，遙授儒官職銜，俱免本身雜泛差役。

一、大漢將軍侍衛二年半以上者，給與冠帶，已冠帶又歷四年半以上者，授試百戶，其年及五十、侍衛二年以上者，不拘在役退閒，俱與冠帶榮身。

於戲，敦孝治於九重，申舉縟隆之典；霈德音於萬國，弘施不匱之仁。播各③寰區，咸宜知悉。"

十二日丁卯，諭內閣："朕茲以大慶，推崇兩宮，覃恩中外；卿等輔贊忠勞，宜加陞蔭，擬旨來行。"又諭內閣："朕茲以大慶覃恩，司禮監太監馮保侍朕年久，著有勞績，張宏贊協恭勤，何進等宜俱加恩蔭。擬旨來行。"大學士張四維等奏："仰惟皇上盛德格天，誕生元嗣，致崇慈極，尊上徽稱，宗社洪庥，臣等寔與中外臣民所同慶戴。顧有何勞，堪以敘錄？且屢叨厚賚，已爲忝竊，豈宜復濫恩私。除皇親及內監各官，遵奉聖諭票擬外，所有臣等加恩，未敢擬票。"得旨："擬旨來。"大學士張四維等又奏："准奉聖諭，臣等欽遵擬進，隨蒙御筆改定發下。仰惟皇上④浩蕩，臣等敢不遵承？第中有一⑤二逾越典常，礙於施行者。如錦衣衛指揮同知王鑑，與做都督僉事、世襲。武職世襲，止於指揮使，自都指揮僉事而上，皆爲流官，無世襲之制。王鑑若陞指揮使，世襲則可，若陞都督僉事，則不得世襲，此定制不可紊也。都指揮僉事李文全、指揮使李文貴，臣等原擬陞都督同知，文全陞四級，文貴五級，不爲不隆矣。蒙御筆'都督'上添一'左'，都督同知則無此官。若即爲左都督，則武職極品，邊將帥有屢建大功、終身不得者。且武

① 以 《明神宗實錄》卷一二八作"已"。
② 司 明抄本誤作"照"，通行本改正作"司"。

③ 各 《明神宗實錄》卷一二八作"告"。

④ 上 "上"字疑誤。
⑤ 有一 明抄本作"一有"，誤。通行本改"有一"，是。

①勤 明抄本作"勸",誤,通行本作"勤",是。

②己己 "己己"當作"己巳"。

③特 "特"下當有脫文。

清伯進侯封,恩禮已非常典。文貴等似宜仍陞都督同知,乃厭物情耳。在前加恩内廷諸臣,蔭典無過千百户者。昨臣等仰體皇上優待勞臣之意,特擬馮保蔭弟侄指揮僉事,張宏蔭正千户。蒙御筆改'指揮僉事'爲'右都督','正千户'爲'都督僉事'。二臣忠勤①,簡在聖心,加厚良不爲過。但都督列衛五府,武階極崇,自來無蔭授者,典制所係,在諸臣亦必不安,不若量蔭指揮使、指揮同知,以俟他日陞授,庶於事體安順。其三宮管事牌子、答應人等,通行蔭敘,亦在前所無。但今次大慶,特施異恩,後來不得援爲故實耳。謹將原奉御批三道封進,伏乞聖明俯從臣等所言,特更定,發臣等遵行。"得旨:"覽卿等所奏。照朕改的擬旨來行。"

十四日己己②,敕吏部:"朕兹以大慶,推崇兩宫,覃恩中外,内閣輔臣弼贊忠勞,宜特加恩。四維加少師、吏部尚書、中極殿大學士,太子太師如故;時行加少保、户部尚書、武英殿大學士,太子太保如故,各蔭一子尚寶司司丞;有丁加太子太保,尚書大學士如故,給與應得誥命,蔭一子中書舍人。如敕奉行。"

諭兵部:"朕兹以大慶覃恩,皇親固安伯陳景行,着歲加禄米一百石,仍蔭二子,俱做錦衣衛百户。左都督李鶴,本俸外給食米六十石。該部知道。"

諭兵部:"朕賴聖母慈佑,誕生元子,實深感慶,兹特③恩。皇親武清伯李偉,着進封武清侯。都指揮僉事李文全、指揮使李文貴,俱陞左都督。副千户李文松,陞指揮使。都給與應得誥命。"

諭兵部:"朕兹以大慶覃恩,司禮監馮保,日侍勤誠,久著勞績,蔭弟侄一人,與做都督僉事。張宏協贊效勞,蔭弟侄一人,與指揮使。何進、張朝、李佑,各蔭弟侄一人,錦衣衛正千户。孫隆、張鯨,各蔭弟侄一人,錦衣衛指揮僉事。"

諭兵部:"佑聖夫人徐氏,與蔭錦衣衛正千户一人,恭侍夫人李氏等,各錦衣衛副千户一人,牌子李秀女等,各錦衣衛百户一人。俱給與應得誥命。"

諭兵部："慈慶宮管事牌子太監馮明等、閻進朝等，各蔭弟侄一人，與做錦衣衛百户，不爲例。"

諭兵部："乾清宮管事牌子太監穆進德等，各蔭弟侄一人，與做錦衣衛正千户。張大受等、劉忠等，各蔭弟侄一人，副千户。答應王綸等，各蔭弟侄一人，錦衣衛百户。翁海等、劉安等，各蔭弟侄一人，錦衣衛署試百户。不爲例。"

諭兵部："錦衣衛指揮同知王鑑，着陞指揮使，世襲。"

諭兵部："慈寧宮管事牌子太監陳相等、張忠等，各蔭弟侄一人，與做錦衣衛副千户。答應阮鑑等，各蔭弟侄一人，錦衣衛署試百户。王臣等、田清等，各蔭弟侄一人，錦衣衛冠帶總旗，不爲例。"

是日，大學士張四維等題："今早發下文書內，有原任少師大學士徐階爲存問謝恩一本。查得先年內閣致仕輔臣劉健、謝遷、王鏊等，蒙賜存問，各遣子孫來京謝恩，俱蒙特旨蔭授中書舍人，乃先朝優禮舊德盛典。今階感荷洪恩，特遣其孫監生徐元普齎疏來謝，適與大慶相值，似宜照劉健等事例，將伊孫錄蔭，用章示有位，以作臣忠。緣係特恩，臣等未敢擅便，請聖裁施行。"上允之。

十五日庚午，少傅兼太子太師禮部尚書武英殿大學士臣張四維等，以加恩疏辭，云："仰惟皇上昭承天眷，誕毓元祥。推崇兩宮，極尊親之大孝；覃恩中外，博逮下之弘仁。臣等自幸遭逢，實同欣躍。然而俯循職業，不免於曠瘝；仰戴寵私，猶慚於報稱。乃蒙念其弼贊，謬許忠勞。顧臣①何人，可以堪此。夫爵秩所以勸功，不容於濫及；恩澤所以馭幸，不可以妄干。臣等猥以虛庸，備員輔弼，俾恭陪密議，表率周行，其與爵秩，不啻崇矣。宮廷之燕賜，歲時之篚②頒，先後駢蕃，有隆無替，其於恩澤，不啻渥矣。茲又晉躐穹堦，橫加世蔭，賜以殊常之眷，被以不次之榮。受過其涯，處非其據，是爵秩可以濫及，而恩澤可以妄干，非特未厭于公評，抑亦有妨於治本。此臣等

① 臣 明抄本作"誠"。通行本作"臣"。
② 篚 明抄本作"匪"，是。通行本改"篚"，誤。

所以凌兢無措，跼蹐靡寧者也。伏望皇上俯察愚忱，收回成命，俾仍舊①勉竭微忠，庶幾私分護②安，而國體愈重矣。"得旨："卿等贊襄密勿，茂著忠勞，茲以大慶加恩，已有成命，宜承優眷，不允所辭。吏部知道。"

是日，敕諭禮部："朕弟潞王，年已長成，理宜婚配。爾禮部便出榜曉示，京城內外官員軍民良善之家，有女子年十四至十六，容貌端莊、德性淳厚者，許赴官報名，聽候選擇。"

十六日辛未，上視朝。
命翰林院侍讀劉元震、修撰劉楚先，管理誥敕。

十七日壬申，命翰林院侍讀劉虞夔、劉元震，充編纂六曹章奏。

十八日癸酉，諭兵部："禮儀房掌房事錦衣衛指揮使羅秀，陞都指揮僉事，賞大紅麒麟胸背；管房事指揮使曹詔，陞都指揮僉事；正千戶王春，陞指揮僉事；副千戶陳胤徵，陞正千戶；百戶陳承德，陞副千戶。俱仍舊在房供事。"

二十二日丁丑，上御經筵。

二十三日戊寅，諭吏部："大慶覃恩，講官日侍效勞，陳恩育、陳經邦各加太子賓客；沈鯉改侍讀學士，與四品服色；朱賡陞左庶子，王家屏右庶子，俱兼侍讀，照舊掌管坊局印信；沈一貫陞右諭德兼侍講③；正字官馬繼文、徐繼申各加俸一級，徐繼申仍與品④服色。"

二十五日庚辰，上御文華殿講讀。

二十七日壬午，上御皇極殿。太常寺以孟冬奏請享太廟。

① 舊 "舊"下當有脫文。

② 護 明抄本作"獲"，是。通行本作"護"誤。

③ 講 《明神宗實錄》卷一二八作"讀"。
④ 品 《明神宗實錄》卷一二八"品"上有"四"字。

二十八日癸未，上致齋於文華殿。

賜三輔臣果餅穀菽。

是日，諭内閣："朕以大慶覃恩，念及京邊軍士未得沾恩，奏蒙聖母賜銀二十萬兩犒賞，不敷着户、兵二部助給。卿等擬旨來行。"大學士張四維等題："仰惟皇上以元嗣誕祥，霈恩中外，亦既遠邇小大罔不沾被矣，乃復軫念京邊軍士，欲加犒賞。聖母洪慈博施，至出宫儲二十萬金，真如昊天雨露，必使一草一木無不受其滋溉，何其盛也？臣等不勝欽服。及照京邊軍士人衆，銀數不敷，聖諭着户、兵二部助給。臣等見户部前開歲出歲入之數，出多於入，且今歲災①傷請蠲，恩詔減免，又欽取太倉銀二十萬兩，竊慮將來財用匱乏，經費不繼，難復動支。惟兵部太僕寺馬價，頗有貯積，原係軍需，別項不得支用，今暫取犒賞軍士，似亦相應。合無將不敷之數，止於兵部前項銀兩動支助給？伏乞聖裁施行。"得旨："朕以大慶覃恩，念京邊軍士勞苦，宜普加恩賚，奏蒙聖母賜發犒賞銀二十萬兩，不敷之數，着於太僕寺馬價内湊給。兵部知道。"

二十九日甲申，上致齋如常。

① 災　明抄本"災"上有"各處"二字。通行本脱此二字

① 萬曆十年　明抄本脫"萬曆十年"四字，通行本不脫。

萬曆十年①十月乙酉，朔，欽天監進萬曆十一年《大統曆》，上御皇極殿受之。傳制給賜百官，頒行天下。復特賜輔臣張四維、申時行、余有丁各一百本，及講官陳思育等六員各五十本。

是日，上親享太廟。

二日丙戌，以孝潔肅皇后忌辰，免經筵。

四日戊子，以中宮千秋令節，賜三輔臣上尊珍饌。

五日己丑，上御文華殿講讀。

是日，以皇子誕生恭視寫詔，賜元輔張四維銀二十兩、綵段一表裏，次輔申時行、余有丁各銀十五兩、綵段一表裏，及中書官馬繼文等十四員各銀四兩。

七日辛卯，上御文華殿講讀。

十日甲午，以尊上兩宮聖母徽號黃本用寶，賜元輔張四維銀二十兩、紵絲二表裏，次輔申時行、余有丁各銀十五兩、紵絲二表裏，及中書官馬繼文等十一員各銀五兩、段一疋。

是日，以尊上兩宮聖母徽號寫詔並禮成，賜元輔張四維銀四十兩、紵絲三表裏，次輔申時行、余有丁各銀三十兩、紵絲二表裏，及中書官馬繼文等十一員，各銀三兩。

以尊上兩宮聖母徽號理辦事務，賜元輔張四維銀四十兩、紵絲四表裏，次輔申時行、余有丁各銀三十兩、紵絲二表裏，及中書官馬繼文等各銀十兩、紵絲一表裏。

十三日丁酉，上視朝。

十五日己亥，上遣文書官孫斌詣元輔張四維第："諭元輔：御史曹一夔一本，論王國光及卿，其王國光欺肆，卿亦未知，朕亦不信。卿宜安心佐理，不必介意，本留中。"四維因具疏謝，並乞罷免，云："臣昨早將進閣，忽聞御史曹一夔有疏劾臣，臣即匍匐私宅、席藁、伏乞嚴譴間，今日文書官孫斌恭捧聖諭一道，至臣私宅：'諭元輔：御史曹一夔一本，論王國光及卿，其王國光欺肆，卿亦未知，朕亦不信。卿宜安心佐理，不必介意，本留中。欽此。'臣謹望闕叩頭，沐手捧誦，恩出望外，震悚感激，莫知攸措。伏念臣賦性鈍直，學術短淺，備員①丞弼，委爲忝②竊。罪罟叢積，輔理無狀，以致言官論列，負乘致寇，理有固然。伏荷聖仁天覆，念其朝夕左右，不忍遽③加揮斥，特降溫綸，諒其樸愚，非敢恣肆，勉令安心佐理。臣感戴恩知，不覺隕涕。夫曾參殺人，慈母投杼，訛言明興，雖母子至親不能相信如此。今臣一介寒賤，微若螻蟻，乃承日月照臨，洞察讒搆，略不爲之少動。是臣荷聖明特達之知，乃孝子不能得之於慈母者。臣感荷恩遇，千載一時，義當殫竭心力，以圖報塞，摩頂放踵，豈容自怩？第臣反覆省循，有未敢冒昧承恩者。蓋皇上所以略臣往過，將以冀來功也。臣斤兩有定，伎倆已竭，即使鞭策求前，必不能加於往昔。況臣蒲柳之質，日漸衰朽，目耗耳聾，齒搖氣怯，自膺事任，寢食頓減，既深誤國之虞，兼有憂生之慮，久擬乞休，趑趣④未果，此同事諸臣所共見知，非敢飾說也。臺臣所指，臣不知其詳，若言欺肆，則臣誠不敢，若言庸曠，則臣綽有餘。苟不内自審量，久冒重任，必且上負恩私，下干公議。臣雖萬死不足恤，其如國事何？伏望聖慈，察臣言出悃誠，非由矯飾，矜其衰困，放歸田里。儻臣犬馬餘年，未即填於溝壑，尚當與鄉鄰父老歌詠太平，以共祝聖壽於萬年也。臣無任感激戰懼之至。"得旨："覽卿奏謝，朕知道了。卿輔政年久，勤誠端亮，精力未衰，朕方切倚毗，豈可遽以浮言求去？宜遵諭即出佐理，不必介懷。該部知道。"

十七日辛丑，上御文華殿講讀。

是日，元輔張四維再疏乞休，曰："臣庸劣不職，致干物

① 員 明抄本作"負"，誤。通行本改"員"，是。
② 忝 明抄本作"添"，誤。通行本改"忝"，是。
③ 遽 明抄本作"據"，誤。通行本改"遽"，是。

④ 趣 "趣"當作"趄"。

萬曆起居注

議，仰荷聖慈鑒貸，恩綸諭留，臣具疏仰謝，兼乞罷免，伏奉聖旨：'覽卿奏謝，朕知道了。卿輔政年久，勤誠端亮，精力未衰，朕方切倚毗，豈可遽以浮言求去？宜遵諭即出佐理，不必介懷。該部知道。欽此。'臣聞命自天，不勝感激，不勝惶怵①。竊伏自念，一介寒陋，行能無可比數，乃受聖明特達之知如此。即粉身糜骨，圖報萬一，不惟臣分宜然，亦臣心所安②也。第臣賦命甚薄，乘③質素弱，自幼多病，服療失宜，遂傷真氣，中年以後，日漸衰頹。伏自聖明拔至密勿，將逾八載，雖硜硜自守，罔敢踰閑，而碌碌無奇，實鮮表對，曠官縻祿，分當引退久矣。緣乾坤覆載之施，未能少酬，犬馬驅馳之力，猶可繩④勉，是以貪戀恩私，未敢求便。顧自本年夏末受事以來，任事既逾其量，福過遂生其災，精力不支，形神困憊，耳鳴重聽，目瞶生花，誑多不眠，日食頓減，不惟幾務煩重，心思困於贊襄，亦且禁庭咫尺，步履艱於進入，猶以懦夫舉鼎，拙工司斤，雖血指絕脈，其將能有濟乎？夫度材而授任者，聖主官人之哲；量力而自止者，人臣守身之義。臣前所以僥冒寵榮、依遲而不去者，猶冀其有所為，以報主恩耳。乃今樗櫟之材既不中用，而蒲柳之質又以早衰，即聖明念惜斷管，不忍據捐，使復靦顏就列，日滋日引，將益彰其虛曠，而盈其罪譽耳，又豈能有涓埃效耶？伏望聖明念國家之大計，勿徒顧恤一臣之私，特溥洪慈，將臣放歸田里。臣獲解機務，得就便⑤，溝壑餘生儻能苟延視息，則未死之年，皆皇上所賜也。臣不勝懇切仰祈之至。"得旨："卿懇疏乞休，朕已有旨慰留，如何又有此奏？勉出輔理，以副朕懷。不必再辭。吏部知道。"

十九日癸卯，上視朝。

是日，元輔張四維三疏乞休，曰："臣昨再疏乞休，具述輪菌⑥之材，既不中任使，支離之病，又日漸深痼，勢難勉留，義當知止。仰念聖明，知臣樸誠，必加矜允矣，今日伏蒙聖旨：'卿懇疏乞休，朕已有旨慰留，如何又有此奏？勉出輔理，以副朕懷。不必再辭。吏部知道。欽此。'仰惟天高聽卑，區區一

①怵 明抄本作"怍"，是。通行本作"怵"，誤。
②安 明抄本作"甘"。通行本作"安"。
③乘 "乘"似當作"稟"或"秉"。
④繩 "繩"當作"黽"。
⑤便 明抄本"便"下有"安"字，是。通行本脫此字。
⑥菌 明抄本作"菌"，通行本作"菌"。似當作"囷"。

念，螻蟻之私，無能仰達，聞命彷徨，莫知攸措。夫皇上所以眷戀遲回、不聽臣去者，蓋念臣隨侍日久，不忍遽棄之耳。第政本之地，職務重大，非器識之弘遠者，不足以任贊襄，非才力之精健者，不足以資運量。臣本以孱暗之資，而加之以綿惙之病，自任事以來雖黽①勉自效，而神竭形敝，不支甚矣。此不惟中外諸臣共知，朝夕左右，亦聖明所親見者，臣豈敢飾說也。若不及今引退，將致瘝曠日深，以致孤負恩私，妨廢國事，然後從而斥逐加焉，則亦晚矣。矧臣蒲柳之資，不禁霧露，儻先狗馬填溝壑，則求如今日生還，抑又不可得也。仰求聖慈，俯垂矜憫，察臣懇請，情②出迫切，特允休致，則臣名節性命，皆皇上所始終保全。臣歸而生，固感恩於田里，死亦感恩於重泉也。"得旨：'卿輔政忠勤，朕所倚任，前再有旨慰留，豈可固求休致？宜遵朕命，即出贊理，毋得又有所陳。吏部知道。'

　　二十一日乙巳③，山西道監察御史張問達疏論元輔張四維，請罷之。上怒，批其疏曰：'元輔懇疏乞休，已有旨慰留了。張問達如何妄言瀆擾。本當重處，姑從輕，着降三級，調外任。再有奏擾的，一併重處。該衙門知道。"

　　二十二日丙午，上御文華殿講讀。

　　是日，元輔張四維復自陳不職，並乞矜宥言官，以全國體。疏曰："以臣樸嫩無用之材，斗筲鮮容之器，其去其留，譬即乘雁飛集，豈足爲溟澥多寡。仰蒙聖慈矜憫，慰留至於再三，臣非木石，豈不感恩？臣雖犬馬，亦知戀主，即當鞭策駑駘，黽④勉職業，雖罄竭此生、瀝腎腸、塗肝腦、所不辭也。緣聞御史張問達有疏論臣，席藁私宅，仰候嚴譴，未敢即出。今日傳至邸報，伏奉聖旨：'元輔懇疏乞休，已有旨慰留了。張問達如何妄言瀆擾？本當重處，姑從輕，着降三級，調外任。再有奏擾的，一併重處。該衙門知道。'臣聞命震悚感激，踧踖無任。夫以臣之淺劣，忝⑤備鼎軸，力小任重，委爲不稱。言官，朝廷耳目，糾正官慝，乃其職掌，縱有謬誤，亦在優容。況臣

①黽　"黽"明抄本作"繩"，誤。通行本改"黽"，是。

②情　明抄本無"情"字，誤。通行本有"情"字，是。

③巳　"己"當作"巳"。

④黽　明抄本作"繩"，誤。通行本改"黽"，是。

⑤忝　明抄本作"參"，通行本改"忝"。

① 禮 明抄本"禮"下有"部"字。通行本脱此字。

② 臣 明抄本無"臣"字，通行本補此字。

③ 續 明抄本做"續"，通行本改"續"。

之不才，自知甚審，問達所言未爲不當，若因是遂加斥謫，恐阻臺臣敢言之氣，而益重臣愚之罪矣。伏望聖慈，俯加鑒察，將臣特賜罷免，以懲不職，仍將問達復其原官，以章優假言官之美，庶言路疏通，而天工不至曠廢矣。臣無任感戴戰悚之至。"得旨："覽卿奏，具見體國忠心。張問達已有旨了。卿宜即出輔理，以副朕眷。該部知道。"

二十四日戊申，上御文華殿講讀。

二十六日庚戌，上視朝。吏部引奏大選官員。

是日，敕後府、吏部、户部、禮①、兵部："朕弟潞王，年已長成，其歲支祿米一萬石，今在京，歲且支米三千石、鈔一萬貫，待之國，米全支。依先年益王例，便選學行端正者，除王府官，選誠實的當者，除儀衛司及羣牧所官。撥堪用校尉六百名，王府隨侍，於後府及在京衛分共撥精壯軍一千名，於羣牧所用。其餘合行事宜，悉依益王例。如敕奉行。"

諭工部："朕弟潞王祿米合用倉廠，着便擇地營建。工部知道。"

二十八日壬子，少師兼太子太師吏部尚書中極殿大學士張四維等乞恩比例改給誥命，疏曰："先該臣②本年六月内，以遼左奇功，欽奉敕諭，臣四維加兼太子太師，臣時行加太子太保，餘官各召故，給與應得誥命。已經吏部題給，恭候撰寫關領間，續③於本年九月十四日，伏蒙聖恩，以大慶覃恩，加臣四維少師、吏部尚書、中極殿大學士，臣時行少保、户部尚書、武英殿大學士，該臣等疏辭，未蒙俞允。伏睹本月十一日加上兩宫聖母徽號詔書内一款：'兩京文官見任未及三年考滿者，各給與應得誥命，如品同而職銜不同，見任改給。欽此。'竊念臣等本以庸劣僥冒寵私，渥分已渝，敢有他覬？但臣等蒙恩止在頒詔三日之後，而臣等見任正合品同職異之條，不勝區區之私，欲徼朝廷異恩，爲祖父光寵，用是不避煩凟，輒有懇祈。查得隆慶六年，大學士張居正先任少保，兼太子太傅、吏部尚書、武英殿大學士，准給誥命，未領間，後加少師，兼太子太師、建極殿大學士，乞恩改給，荷蒙聖慈俞允。臣等事體實與相同，如蒙敕下吏部，查照前例，將臣等未領誥命，照今官改給，則浩蕩之恩，霑被存没，誓當捐縻以圖報稱。臣等不勝激切陳懇之至。"得旨："覽卿等奏，准改給。吏部知道。"

三十日甲寅，上御文華殿講讀。

萬曆起居注

萬曆十年①十一月己卯，朔。

三日丁己②，上視朝。鴻臚寺宣奏嶺南、遼左大捷，羣臣致詞稱賀。

是日，以祭告郊、廟脯醢③果酒，賜三輔臣。

五日己未，上御文華殿講讀。

十日甲子，傳諭："皇子命名，內閣擬名來。"大學士張四維等因蒙旨擬進：

　　常字行。

洞，戶頂切，字義遠也。《詩·大雅·洞④酌篇》召⑤公告成王，言皇天親有德，饗有道也。

澔，胡老切，字義廣大貌。《韻⑥》，澔，大水貌。

漋，良中切，字義高下水也。

洴，皮慶切，字義導水使平也。

是日，以聖母慈聖宣文明肅皇太后萬壽聖節，賜元輔張四維白金五十兩、紵絲三表裏，次輔申時行、余有丁各白金四十兩、紵絲三表裏，講官陳思育等六員各白金二十兩、紵絲二表裏。

以祭三皇收回祭設，賜三輔臣。

十一日乙丑，上御文華殿講讀。

大學士張四維等題："昨該臣等恭擬皇子睿名，進呈上覽，今早該文書官傳諭到閣，令臣另擬。謹欽遵更擬四字上進，伏乞聖明裁擇點用：

　　常字行。

濬，須潤切，字義深也，通也。《書》云：'濬哲文明。'言虞舜重華之德，濬深而不測也。

沖，昌中切，字義虛也。《老子》云：'大盈若沖。'又和也，深也。《潘岳賦》：'泳之彌沖'。

---

①萬曆十年　明抄本無"萬曆十年"四字。通行本有此四字。

②己　"己"當作"巳"。

③醢　明抄本作"塩"，通行本改"醢"。

④洞　明抄本作"泂"，是。通行本作"洞"，誤。

⑤召　"召"下當有"康"字。

⑥韻　"韻"下當有"會"字。

沛，傍佩切，字義水流貌。《孟子》云：'沛然德教，溢於四海'。

沾，之廉切，字義濡也。《長揚賦》云：'仁沾而恩洽'。得旨："是名洛。"

十三日丁卯，上視朝。

十四日戊辰，以聖母慈聖宣文明肅皇太后萬壽聖節，賜元輔張四維金萬壽字三副、金篆字八個、金書黃符金書紅符各二道，次輔申時行、余有丁金萬壽字二副、金篆字六個、金書黃符二道、金書紅符一道，講官陳思育等六員有差。

十八日壬申，大學士張四維等奏："十九日恭遇聖母慈聖宣文明肅皇太后萬壽聖節①，臣等備員輔弼，仰戴隆恩，比之恆情，倍切欣忻。謹照例於是日同百官致詞稱賀之後，仍恭詣隆宗門行叩頭禮，以少伸臣子慶祝之誠。"上允之。

十九日癸酉，聖母慈聖宣文明肅皇太后萬壽聖節，上御皇極門，百官致詞稱賀。

二十日甲戌，以皇子命名，祭告奉先殿，收回果酒賜元輔張四維一卓，次輔申時行、余有丁共一卓。
諭禮部："潞王婚②，禮部行欽天監選擇。"

二十二日丙子，以命皇子名，上御皇極門。
敕諭禮部，敕曰："朕元子恭請命於皇祖皇考，名曰常洛，可登識於所司。故敕。"

二十四日戊寅，上御皇極殿。太常寺奏，冬至請行大祀圜丘禮。

① 節　明抄本作"旦"，通行本作"節"。

② 婚　明抄本"婚"後有"禮吉日"三字。通行本脫此三字。

二十七日辛巳①，以命皇子名，賜元輔張四維白金十五兩、紵絲一表裏，次輔申時行、余有丁各白金十兩、紵絲一表裏，中書官馬繼文等五員，各五兩。

大學士申時行奏："臣於本月二十三日，偶患傷寒發熱，彼因大祀屆期，未敢請假，隨於二十五日力疾赴閣，重復感冒，以致前疾愈增，目今伏枕呻吟，不能動履。伏望皇上准臣給假數日，俾臣得專意調理。臣不勝受恩感激之至。"得旨："卿有疾，准暫給假調理，痊可即出輔理。"

二十八日壬午，冬至，大祀天於圜丘。命成國公朱應禎恭代。免百官行慶成慶賀禮。

二十九日癸未，以冬至令節，賜三輔臣上尊珍饌。

三十日甲申，講官太子賓客禮部右侍郎陳經邦，先以病奏給假調理，上允之。是日，遣中使耿清臨私宅，頒賜鮮羊一羫、鮮豬一口、白米二石、酒十瓶、甜醬瓜茄一罈。經邦疏謝，曰："伏念狗馬之疾，冒徹宸聰，螻蟻之生，猥蒙天眷，既寬曠職，兼辱賜存，特勤中使之傳宣，疊賜大官之珍旨，分踰汗洽，感極身輕。稽首拜嘉，如瞻威於咫尺；矢心圖報，惟竭效於涓埃。臣不勝感戴天恩之至。"得旨："覽奏謝，知道了。"

① 己 "己"當作"巳"。

萬曆十年十二月乙酉，朔，上遣醫視大學士申時行疾。時行上疏謝，云："十一月二十九日，伏蒙聖恩，以臣患病，欽遣太醫院院使錢增等五員，到臣私寓診視臣脉。該各官看得，臣六脉浮滑，原因風寒未盡解，飲食未盡消，以致頭目不清，口乾作渴，胸膈不寬，四肢沉困，夜卧不寧。據此竊念，臣樗材難用，蒲質易凋。偶因採薪之憂，特有叩閽之請，過蒙優假，已荷洪慈，豈期渥眷之彌隆，復遣國醫而臨視？尚方珍劑入口而忘沉疴，下走微軀手額而有起色。臣有何緣分，徼此殊私？誓將啣結以爲期，永矢捐糜而圖報。除令臣男申用懋恭具香燭迎接，並臣在牀褥間扶掖叩頭外，爲此謹具奏謝以聞。"得旨："覽卿奏謝，朕知道了。禮部知道。"

二日丙戌，諭禮部："朕弟潞王出府，着欽天監擇日。合行事宜，該衙門查例來説。"

上遣中使任淮，齎賜大學士申時行鮮豬一口、鮮羊一羫、甜醬瓜茄一罈、白米二石、酒十瓶。時行疏謝，云："臣素無調攝之方，致有陰陽之患。乃蒙皇上保之若子，覆之如天，即與告以示慈，復命醫而賜問。揆之彝典，已爲超逾，遽期優渥之恩，再錫駢蕃之貺。天庖珍品，光分六膳之餘；中使溫言，降自九霄之上。雖聖恩每務乎從厚，而微軀恒懼於弗堪。披瀝之忱，鏤銘①罔既。"得旨："覽卿奏謝，朕知道了。禮部知道。"

三日丁亥，上視朝。

七日辛卯，上御文華殿講讀。

八日壬辰，諭兵部："東廠着司禮監太監張鯨置掌，寫敕與他。"

是日，諭錦衣衛："馮保並伊弟侄馮佑等家財莊宅及盜去御物等項，並張大受、周海、何忠、劉忠、劉定、楊舟、王名、李忠各家財莊宅，着劉守有等同司禮監太監張鯨，並監官田玉、

① 銘　明抄本無"銘"字。通行本有此字。

張斌、楊柱、黃勳，典簿孫政、陳矩，各帶官校、長隨，封鎖抄沒入官。"

十一日乙未，上御文華殿講讀。

十六日庚子，上視朝。
是日，以年節賜元輔張四維銀五十兩、綵段四表裏，次輔申時行、餘有丁各銀四十兩、綵段二表裏，講官陳思育等六員各銀二十兩、綵段一表裏。

十七日辛丑，大學士申時行上疏云："頃者臣以狗馬之疾請假調理，荷蒙皇上遣醫列①劑，命使授餐，仰戴隆私，捐縻難報。本謂刻期，良以不敢惕日愉安。顧自旬月以來，氣血大耗，形容枯槁，即今頭目眩暈，手足酸疼，轉側艱難，呻吟如故，即欲勉出供職，委實疲曳不支。查得在京官員，病滿三月，准開俸調理。臣病雖未踰月，但待罪輔弼，食祿最厚，與庶僚不同，若優然高臥於私家，而靦然受祿於公帑，則於臣之心，實有大不安者。伏望皇上准臣寬限調理，敕下該衙門，將臣應得俸薪，截日住支。儻視息苟延，尚可襲衣冠而在列，如沉痾難起，猶當丐溝壑之餘生。臣冒昧懇祈，不勝戰悚隕越之至。"得旨："卿疾准寬假調理，俸不必辭。禮部知道。"

二十日甲辰，上御文華殿講讀。

二十三日丁未，上視朝。吏部引奏大選官員，上親決如制。

二十四日戊申，輔臣張四維等題："先該臣等題稱，每年終將講過經書、《通鑑》講章，類寫進呈，以備皇上溫習觀覽，仍發司禮監接續刊板。已奉欽依，節次進呈訖。今查萬曆②十年所講經書，除《書經》已經進完外，謹將《孟子梁惠王章句》上一本、《貞觀政要》'君道'起至'政體'止一本，類寫裝潢

① 列　明抄本作"到"，通行本改"列"。

② 曆　明抄本作"力"，誤。通行本作"曆"，是。

進呈。伏望皇上萬機之暇，時加觀覽，以永溫故知新之益。仍乞發下司禮監接續刊行。臣等不勝惓惓效忠之①誠。"上從之。

以正旦令節，賜三輔臣每員屏②二對、大門神二對、判子二對、招財利市二對、福祿獅子二對、箋紙葫蘆二對，及講官陳經邦等六員各有差。

二十七日辛亥，上御皇極殿。太常寺奏，歲暮行大祫禮。

三十日甲寅，上詣太廟、祧廟行祫③祭禮。以收回祭設，賜三輔臣各一卓。

①忠之 明抄本作"之忠"，誤。通行本改"忠之"，是。

②屏 "屏"上當脫"吊"字

③祫 明抄本作"裕"，誤，通行本改"祫"，是。

萬曆
十一年

萬曆十一年閏二月甲寅，朔。

二日乙卯，上御經筵。

諭禮部、都察院："躬詣天壽山行春祭禮，兼擇壽宮。凡儀衛扈從等項，一遵皇祖世宗嘉靖間定制，務從省約。內外隨行官員人等，不許沿途生事，擾害百姓。有違犯的，着廠衛訪拏，科道官指名參奏。"

是日，上覽刑部錄進王大臣招情原案，遣文書官田義傳旨："此事如何止這每就了？着查原問官與馮保來質對。"大學士張四維等疏言："臣等看得，原案當時係廠、衛衙門會問，掌廠即馮保，掌衛乃朱希孝。及參詳情節，中間委有可疑。但事經今十年，罪犯已決，希孝又死，無從質對。陳希美奏稱王大臣係馮保潛引，亦無的確可據實迹。揆之情理，似未必然。若復加根究，恐駭觀聽，且開奸人告訐之端，將來未免多事。伏望聖明，不追既往，第自今申飭中外守衛人役，稽察防範，用以嚴宸居而慎法紀，則前項奸徒，自無所施其狡詭矣。臣等謹昧死以聞，伏希聖明鑒照。"上乃置不問。

三日丙辰，上視朝。

諭："朕茲謁陵，行春祭禮，賞扈衛圍宿大漢將軍及各項官軍銀三萬兩，山後守把併巡山各官軍銀二萬兩，御馬監勇士官軍及內官監拽紅、東廠錦衣衛圍宿官校旗軍銀一萬兩，着戶、兵二部各措處三萬兩支給。"

五日戊午，諭："朕詣天壽山併金山，行春祭禮，隨駕文武百官都許騎馬。"

六日己未，上御皇極門，鴻臚寺宣奏遼東捷，百官致詞稱賀。

是日，以祭告郊、廟收回脯醢果酒，賜三輔臣各一卓。

是日，大學士張四維等題："今早蒙發下文書，有河南巡撫褚鐵一本《爲遵詔酌議宗祿事》，內開：周府宗室多至四千餘位，歲祿該銀二十二萬有奇，額派開封等八府。民糧止有六萬五千餘兩，其餘俱於河南布政司各項雜派銀內湊給，常年不敷。欲將解部濟邊銀九萬兩議留充用。該文書官田義口傳聖旨，令臣等擬票出旨。臣等看得，宗室日煩，地糧有限，歲祿既不可缺，額賦又不可增，至於雜派銀兩各有合用條項，解部錢糧又係軍國所需。在地方官祇欲應辦一時，暫免喧競，然朝廷大計，須審詳輕重，圖慮長遠，務使日久可行，四方畫一，方成政體。況今宗繫①祿少，不獨河南周府爲然，陝西秦、韓，山西晉、代，皆歲供不敷，嗷嗷告病。且事體重大，未可輕易指揮。須令該部會同計議，備查前後諸臣建白條款，參量情法，酌爲經久之策，仰取聖裁施行，方爲妥便。臣等謹欽遵擬票呈覽，謹具題以聞。"

七日庚申，以扈駕謁陵，賜元輔張四維大紅綵織蟒衣紵絲一表裏、綠紵絲一表裏、五色間道蟒鸞帶一條、絲蟒伽袋一個、蟒花縧一條、金釵蟒椰瓢一個、金事件五事、刀兒一付②。次輔申時行、余有丁各大紅綵織蟒衣紵絲一表裏、綠紵絲一表裏、五色間道蟒鸞帶一條、織蟒伽袋一個、花縧一條、金椰瓢一個、金事件五事、刀兒一副。

八日辛酉，敕武清侯李偉、都察院左都御史陳炌："朕茲恭謁祖宗陵寢，特命爾等居守，統率守門守城等項文武官員，嚴督京營並巡捕官軍、五城兵馬夫甲人等，譏察奸盜，防備火燭，用保無虞。各官如有怠玩不率、應參奏者，聽爾等指名參奏，應拏問者，徑自拏送法司問理。其有緊要事務，即便差人奏聞。欽哉，故敕。"

十日癸亥，大學士張四維題："適蒙發下御史楊四知、李植各一本，俱爲聖駕謁陵在邇，風霾異常，欲乞暫行停止，或嚴敕中外，防備不虞等情。令臣等擬票。臣四維前蒙欽命赴天壽

①繫 "繫"似當爲"繁"之誤。

②付 "付"當作"副"。

山恭相壽宮，見得水泉俱涸，及訪井水亦竭，蓋因天久不雨，地方居人皆於數十里取水。彼時竊慮聖駕駐蹕陵下，萬衆雲從，何以取給？緣計期尚有二旬，冀中間或遇天澤霑足耳。不意迄今，恒暘不雨，昨又值此風異，臣等杞人之慮，不勝耿耿。恭睹高皇帝《祖訓》'謹出入'條云：'凡動止有占，乃臨時之變，且如將出，或烈風、迅雷，逆前而來，此神之根①也，國之福也。若已出在外，則詳察左右，慎防而回。未出即止。'仰惟聖謨深遠，爲聖子神孫垂戒明切如此。伏望皇上思繹明訓，恪謹天戒，俯納二臣之言，將今次春祀山陵，照常遣官行禮，姑待雨澤既降，然後卜吉相擇壽宮，躬謁諸陵。臣等恭考世宗皇帝嘉靖十五年謁陵擇兆，亦在清明時祀遣官之後。今日似當遵照舉行，庶幾典禮協宜，天人佑順。"上批答曰："卿等説的是，具見忠愛。但日期迫近，禮已將成，不敢中止。還傳示與護駕及本兵大臣，各嚴加隄備。"

是日，諭："駕駐感思殿，從衞官校並紅門以裏擺守官軍等人馬，都着分爲兩班，每日輪番就水一次。着該管官整點，肅慎出入，不許喧擾及曠誤執事。各該衙門知道。"

十二日乙丑，卯刻，上率后妃發京，潞王送了②德勝門月城內。居守大臣、文武百官於德勝門外送駕。

是日，駕次鞏華城。從官行禮畢，薊遼總督周詠、昌平總兵楊四畏等及昌平州官吏師生耆老人等，朝見於行宮。

十三日丙寅，駕發鞏華城，午駐蹕感思殿。

是日，諭户部："朕兹躬詣山陵，行春祭禮，兼擇壽宮。經過州縣地方，煩勞百姓，本年分田糧，除恩③詔蠲免外，仍查照八年則例，量與寬減，以示優恤。户部開具分數來看。"

又諭兵部："薊遼總督、昌平總兵調來迎駕官軍，防護勞苦，着照八年例，與京軍一體給賞。其宣大總督、宣府總兵調來頂關防護官軍，也着人賞銀三錢。俱兵部處給，用示優恤。"

是日，大學士張四維等題：今日蒙發下文書，該護駕官定

①根 明抄本作"報"，是。通行本作"根"，誤。

②了 "了"當作"于"。

③恩 明抄本"恩"上衍一"恩"字。通行本不衍。

萬曆起居注

① 梢 明抄本作"抄"。通行本作"梢"。

國公徐文璧一本奏稱：本月十二日夜，聖駕駐蹕鞏華城，當有飛雲輦內坐褥生煙。隨即撲滅。臣等竊見，往時天道亢暘，日久多生火災，茲自冬梢①涉春，全無雨雪，鑾輿涉，席殿木棚殊有可慮，仰惟昊穹仁愛，小小示警，足爲先事之防。伏望聖明恪謹天戒，申飭近從人等，朝夕慎防火燭，用銷未然之虞。臣等不勝犬馬惓惓至願。"

十四日丁卯，上詣長陵、永陵、獻陵、景陵，行春祭禮。長陵、永陵俱率后妃謁見。

十五日戊辰，上詣昭陵、裕陵、茂陵、泰陵、康陵行禮。昭陵率后妃謁見。

大學士張四維等題："今早該文書官宋坤傳示聖意，明日欲登長陵、永陵、昭陵主山絕頂，瞻眺畢，然後請詣前欽天監所奏堪爲壽宮三地相擇。臣等仰惟，壽宮係萬萬年凝祉垂庥之基，委當周②詳精審。但長、永二陵主山，極其崇峻，雖山居輕健之夫，不能攀緣，龍山風氣所關，又不宜開鑿道路，昭陵主山雖峻③，險阻差減，然亦仰陟艱楚，俱非萬乘所可輕涉。況各陵山川形勢，連日皇上自寶城周覽，俱已詳悉，從登主山，所睹不過如此。且聖駕駐蹕山中，歷日已久，若明日更詣三陵，方閱壽宮三地，臣等竊慮聖躬太勞，抑且盡日之力，有所不給，鑾輿若復淹留，益於事體非宜。伏望聖明祗將堪爲壽宮三地閱視，欽定吉域營建，庶爲便益。臣等區區下情，不勝懇切。謹具題以聞。"

② 周 明抄本作"用"，通行本作"周"。
③ 峻 明抄本無"峻"字，通行本加此字。

又，上命文書房官傳諭："先到祥子嶺，次到揚翠嶺，次到潭峪嶺，次到勒草窪，次到東山口聖蹟亭。長陵、昭陵不去了。"

④ 已巳 "已巳"當作"己巳"。

十六日已巳④，上親詣祥子嶺、潭峪嶺、勒草窪相擇壽宮，至東山口，登聖蹟亭。

十七日庚午，上率后妃發感思殿，詣恭讓章皇后、景皇帝陵，行禮畢，駐蹕功德寺行宫。

定國公臣徐文璧、大學士臣張四維題："今日伏蒙聖駕親歷靈山，徧閱淑勝，其堪爲壽宫吉地，仰惟聖明玄鑒，必已擇有定所。伏祈宣示所司，蠲告興建。前者臣等奉命，恭率禮部尚書臣徐學謨及諳曉地理各官南京刑部尚書臣陳道基等，相擇壽宫，徧歷諸域，據欽天監副臣張邦垣等呈稱，原奏三地，惟祥子嶺最吉。彼時臣等具奏，雖已圖畫貼説，進呈御覽，然山川形勝有非圖説所能盡述。今既徧經聖目，臣等謹令尚書臣道基、監副臣邦垣等，明白分列，聞具揭呈，隨本上進。竊惟我皇上受天成命，應運膺圖，所有壽宫，自然神相之吉地，不愛寶，有非全藉人謀成能①者，無俟過煩②，聖明速賜，鑒裁施行，臣等幸甚，中外幸甚。"

十八日辛未，駕發功德寺還京。潞王迎於西直門月城内，居守大臣率文武百官軍民耆老人等，俱於門外候駕。

十九日壬申，諭工部："功德寺駐蹕行宫，每用板席搭蓋，不惟騷擾煩費，亦且防衞難肅。着於附近相擇善地，量估經用，營建行宫一區。如用原地，其僧寺官爲移置别所。"

二十三日丙子，上御皇極門。以親祀山陵禮成，百官致詞稱賀。

二十八日辛己③，上御文華殿講讀。

① 成能 "成能"似當作"能成"。
② 煩 明抄本"煩"下有"聖慮。伏望"四字。通行本脱此四字。
③ 己 "己"當作"巳"。

萬曆起居注

① 三 "三"上當有"萬曆十一年"五字。

三①月三日乙酉，上視朝。

命右春坊右庶子兼翰林院侍讀王家屏掌左春坊印信，右春坊右諭德兼翰林院侍講沈一貫掌司經局印信，翰林院侍講于慎行、張一桂仍充《會典》纂修官。

四日丙戌，大學士張四維、申時行皆上疏乞罷。四維疏云："近該御史魏允貞條陳四事，大段追咎前任輔臣，譏切時政。除慎臺諫之選一款，今方奉旨行取，當如所議舉行，務戰守之實一款，蓋亦風聞一隅之說，該部審實議覆外，其公文武之用、嚴科舉之防二款，則干係臣之職守名節，臣不容以無辯。自成祖建置內閣，輔臣贊理機務，百司之事咸賴經畫，累朝相承，且二百年矣。當其時，用人當，行政公，則輔臣之賢也。當其時，用人不當，行政不公，則輔臣之不肖也。祖宗列聖但視輔臣之賢不肖，而任用廢斥之，未嘗因輔臣之有不肖，而遂廢其職守，亦未嘗因一人之不肖，遂盡疑賢者而不之信任也。今以臣之不肖，皇上使待罪內閣，責其輔弼之任，臣感激知遇，勉思效其庸駑，仰酬萬一。自當事以來，日夕惴惴，惟恐一廢置之失宜，一用捨之失當，得罪公評，辜負恩遇。百司之事，與之審詳訂議，靡敢少有玩忽，不特吏、兵二部為然，然亦惟關係重大、及事情緊要者爾。至於經常庶務，各有司存，則惟任其自行已爾。臣之精力有限，安能一一與之？然亦非政體也。今因前臣行私，而欲臣不與聞吏、兵之事，臣羸病之軀，方困於酬酢諸司不給，良獲優逸，其如國家之事漫無統理，將使主上日焦勞萬機，與百司相酬應乎？此臣之職守，不容不辯也。科舉之制，惟才是取，原不限於世類。宋宰臣韓億，四子皆登上第，而絳、維、縝皆繼登臺鼎，人不以為疑也，其一涉懷私，若秦檜子熺，為天下後世嗤笑至今，安可誣耶？臣有五子，而二子者向學，臣自幼教之，頗有成效，故前歲蒙天慶覃恩，臣以第三子承蔭中書舍人，今臣長子年且三十餘，攻苦半生②，始掇一第，乃復疑其行私。人亦不幸而為輔臣之子也。在前科場行私，其為術豈不奧秘？然未有不發露者，耳目既眾，掩護

② 生 明抄本作"臣"，通行本作"生"，《明神宗實錄》卷一三五作"世"。

難周，鬼神在傍，降監孔赫。臣識不才，素以不欺自勵，而今乃以無影響之事，橫爲世情所猜，陷於誣上行私，雖萬死所不辭，而不能甘受此汙衊也。此臣名節所關，不容不辯也。夫自古名臣碩①輔，所以克宣主德，弼成盛理者，非徒以其材具優也，亦以其素履、宿望爲天下所信服，故動而有效，爲而有成耳。臣之庸劣無當，無論在史局，即參密勿且十年所矣，既無赫赫可瞻之德，又無表表可見之節，即允貞爲臣門士，尚以見疑，安能取信於天下哉？是臣之不足任使，其理甚明。伏望聖慈，察臣言出悃誠，特賜骸骨，放歸田里，庶臣心迹可明，得以安其不肖之分，以銷不相信者之疑，晚節保全，不致終得罪於公議矣。臣無任懇切戰慄之至。"得旨："閣臣輔理，自當與聞大政，至若文衡公器，安所容私？卿秉公體國，茂宣勞勳，朕正切倚信，豈得遽以浮言介意？宜亟出輔治，不允辭。該部知道。"時行疏云："近該御史魏允貞條陳四事，内一款嚴科舉之防，大略詆譭前任輔臣，追論往事，而疑臣四維及臣子中式有私，欲待臣等去任之後，方准廷試。臣不勝悚愧，不勝驚愕。竊念臣本以寒賤，遭際聖明，自出入講帷②，參預密勿，先後十餘年於茲矣。惟是經術空疏，行能淺薄則有之，至於兢兢檢飭，絕不敢爲欺公玩法之事，則莫逃於皇上之洞察，臣可無辯。臣子雖愚，性頗向學，臣督課其業，頗似有成，士大夫皆知之，今鄉會試卷見在，皆可查驗，臣亦可無辯。獨以爲設科取③士者，國家之重典，背公行私者，人臣之大詬。臣備員輔弼，而干撓重典，蒙被大詬，即萬死有餘罪矣，臣安得默而已乎？國朝科舉定制，原不分孤寒之士與仕宦之家，至如輔臣之子掇取科第者，如商良④、謝丞、揚慎、費懋中、陳于陛等，皆歷歷可證，人未有疑其私者。如少涉私心，有干清議，則衆皆指而目之，誰能掩護？明有天日，幽有鬼神，何其⑤欺也？允貞謂科舉而私，何事爲公？大臣而私，何人能公？臣誠服其正論。但論事當據有實迹，難以揣摩論人，當考其生乎，難以概律。有如臣生平不肖，營私果有實迹，即伏重誅，死無所憾。今以影響無憑之説、披人以污垢難洗之名，惟竊鈇⑥之是疑，則操

①碩　明抄本作"顧"，誤。通行本作"碩"，是。

②帷　明抄本作"惟"，誤。通行本改"帷"，是。

③取　明抄本誤作"敢"，通行本改正作"取"。

④良　明抄本"良"下有"臣"字，是通行本脱此字，誤。

⑤其　"其"似當作"能"。

⑥鈇　明抄本作"鐵"，誤。通行本改"鈇"是。

萬曆起居注

① 彼　"彼"疑當作"使"。

② 服　明抄本作"服",是。通行本作"服",誤。

戈而不恤,公論何存？國是安在？若謂前此寥寥,而今日比比,以爲可疑,則事有適然,才無擇地,今固有連州跨邑而不聞科第者,有一家之中而科第接踵者,安得執彼之無而議此之有乎？凡人愛其子弟,則彼①之讀書知禮,教其子弟,則望以出身效用。今必令輔臣之子皆不識丁、不應舉,以示公道,而遠嫌疑,則亦不近於人情矣。臣受恩深重,捐糜無以報塞,萬不敢喪其良心,自干物議。允貞之言有無是非,臣一付公平,伏聽聖斷,不敢過爲曉曉,如賈孺爭言,有傷大體。但臣伴食有年,守官無狀,素履不孚於物望,庸材終玷於周行,當省愆,身在必退。伏望皇上允臣休致,放還田里,以息疑喙,以全晚節。至於臣子周懋應否准其廷試,恭候聖裁。臣無任隕越待罪之至。"得旨："茲事朕已洞悉,卿宅心至公,褆己素慎,原無可疑,不必以浮言介意。宜即出贊理,不允辭。該部知道。"

五日丁亥,上遣中官孫斌捧手諭,慰留輔臣張四維、申時行,曰："諭元輔等。朕昨覽御史魏允貞條陳四事,內言科舉之防,其間疑議卿等。允貞恣肆妄言,語多過當,已着都察院參看。卿等但事關政務,照舊安心佐理,不必介意,既出輔政,以慰朕懷。"四維等疏謝,云："竊念臣等猥以庸劣,服②在樞機,雖碌碌隨行,夙夜徒慚於曠職；然硜硜守己,步趨常戒於踰閑,惟矢志以奉公,敢營私而罔上？頃緣賤息,偏廁賢書,遂致疑猜,並加譏詆,方自虞於嚴譴,乃更冒乎洪慈。人言本過於吹毛,聖德不移於投杼,宸章渙錫,頓生豐蔀之明,敕使傳宣,共戴溫綸之重。感深鏤骨,義激捐軀,祇服聖言,敢不安心而輔政？勉修臣節,終期沒齒以酬恩。"得旨："覽卿等奏謝,朕知道了。禮部知道。"

九日辛卯,上視朝。

是日,大學士張四維等上疏,云："今早蒙發下文書,有禮部一本,內開具殿試讀卷官職名,臣等以例與在其列。舊規,凡應與讀卷、提調等官,有子弟中式,奏請迴避。臣等應候奉旨後具奏。近該御史魏允貞條議科舉，詆訐[①]前臣行私，疑臣等子中式非公，謂讀卷重典，臣等不當廻避，宜令臣等子廻避，俟臣等去位之後廷試。臣等自惟德薄[②]望輕，致招疑議，有負委任，待罪罷免。伏蒙聖明鑒察，特降綸諭，勉令即出。臣等感荷恩遇，不敢曠廢職業。合無今次讀卷，令臣等照常供事，免行廻避，臣等子張甲徵、申用懋，令其回籍肄業，依允貞奏，待臣等去位之後，候補廷試？不惟臣等得以避遠形迹，免於疑忌，而益以昭我皇上從諫弗咈之盛美矣。伏乞聖慈鑒允，敕下該部施行，臣等不勝惶怍屏管之至。謹昧死以聞。"得旨："着照常廷試。禮部知道。'

　　是日，大學士張四維等題："今日發出批紅，有都察院參看御史魏允貞一本，欽奉聖旨：'既參看明白，姑降一級，調外任。欽此。'臣等竊惟，御史以言為職，其所言是，所宜施行，縱有不當，亦宜優容之，以養直臣之氣。近者魏允貞所言，誠有過當，然第二款則疑譏臣四維、時行之子中式非公。二臣已蒙聖明昭鑒，不加罪譴，允貞狂直，亦宜在所矜貸。忽睹嚴旨，臣等相顧悚愕，竊[③]有未安。蓋朝廷設置言官，所以廣耳目而防壅蔽也。今言涉近臣，即加斥謫，以後儻有大奸大惡，將無復敢摘發之者，其於政體所關不細。伏望聖慈，少霽威怒，將允貞特從寬釋，免其降調，量加罰治，俾知省勵，則我皇上宥過之仁，從諫之美，大小臣工均切仰戴矣。"得旨："魏允貞妄言，朕已從輕處了，着照前旨行。該部知道。"

　　十一日癸己[④]，上御文華殿講讀。
　　是日，大學士張四維、申時行復上疏，云："近禮部題請臣等該充殿試讀卷官，臣等因御史魏允貞有言，即行陳奏，請令臣男會試中式舉人張甲徵、申用懋迴避回籍，待臣等去位之後，候補殿試。伏奉聖旨：'着照常廷試。欽此。'舊規，朝臣有子弟中式，例該迴避殿試執事。臣子既奉明旨，不准回籍，臣等當依例迴避。伏望聖慈曲加體鑒，今次殿試，免臣等讀卷，俾臣等得避形迹，以昭大公。未敢擅便，謹題請旨。"得旨："准

① 訐　明抄本誤作"許"。通行本改正作"訐"。
② 薄　明抄本作"薄"，是。通行本作"簿"，誤。
③ 竊　明抄本無"竊"字。通行本加"竊"字。
④ 己　"己"當作"巳"。

卿迴避。廷試重典，錄內仍照舊規列御[1]。禮部知道。"

是日，大學士張四維題："照得本月十五日殿試中式舉人。所有策問，先年或出御製，或令閣臣代撰。查得萬曆五年係臣代撰，八年係臣申時行代撰，今次伏望皇上親發睿思，降詢多士，以明曠典。茲復命閣臣代擬，臣及申時行俱有子應試，方具奏迴避，擬題、看卷等項，原不敢干預。合無照節年事例，特命臣余有丁撰擬，手寫進呈，以俟聖明裁定施行？"得旨："是。着卿有丁撰來。"

十二日甲午，上御經筵。

十五日丁酉，上御皇極殿，親策天下貢士於廷。制曰："朕聞治本於道，道本於德。古今論治者，必折衷於孔子。孔子告魯君，為政在九經，而歸本於三達德至。宋臣司馬光言，人君之大德有三，曰仁、曰明、曰武。果與孔子合歟？光歷事三朝，三以其言獻，自謂至精至要矣。然朕觀古記，可異焉。曰其仁如天，其智如神。曰明物察倫[2]，由仁義行。曰其仁可親，其言可信。皆未及武也。獨自商以下，有天錫勇智，執兢維烈之稱。豈至後王始尚武歟？近世偉略隆基之主、或寬仁愛人，知人善任，或明明廟謨，赳赳雄斷，或迹比湯武，治幾成康，或仁孝友愛，聰明豁達，則洵美矣，而三德未純，然亦足以肇造洪緒，何也？其守成績業者，似又弗如，或以仁稱，如漢文帝、宋[3]仁宗，以明稱，如漢明帝、唐明皇，以武稱，漢[4]武帝、唐武宗。獨俱[5]一德，而亦增光宗祐，何也？彼所謂兼三者則治，闕一則[6]衰，二則危，毋亦責人太備歟？又有疏六戒者，曰戒太察、戒無斷。陳九弊者，曰眩聰明、勵威強。上六事者，曰不善[7]兵刑、不用智數。其於三德，果有當否歟？朕承乾御極，十有一年於茲，夕惕晨興，永懷至理。然紀綱飭而吏滋玩，田野墾而民滋困，學校肅而士滋偷，邊鄙寧而兵滋譁，督捕嚴而盜滋起。厥咎安在？豈朕仁未博歟？明或蔽歟？當機而少斷歟？夫一旦[8]繩天下以三尺則害仁，然專務尚德緩刑，恐非仁而流

---

[1] 御 "御"似當作"銜"。

[2] 倫 明抄本作"掄"，誤。通行本作"倫"是。
[3] 宋 明抄本作"宗"，誤。通行本改"宋"，是。
[4] 漢 明抄本"漢"上有"如"是。通行本脫此字。
[5] 俱 明抄本作"具"，通行本作"俱"。
[6] 則 明抄本"則"下衍"一則"二字。通行本刪此二字。
[7] 善 明抄本作"喜"，通行本作"善"。
[8] 旦 明抄本作"切"，是。通行本做"旦"，誤。

於姑息。一切納污藏疾則害明，然專務發奸擿伏，恐非明而傷於煩苛。一切寬柔因仁①則害武，然專務用威克愛，恐非武而病於亢暴。是用詔所司，進多士，詳延於廷，諏以此道，諸士得不勉思而茂明之？其爲朕闡典謨之旨，推帝王之憲，稽當世之務，悉陳勿諱。朕眷兹洽聞，將裁覽而採行焉。"

十七日己亥，上御文華殿。輔臣余有丁等以所擬貢士上奏②進讀，上親覽批定。賜讀卷官宴。

二十二日甲辰，上御皇極殿。狀元朱國祚率諸進士上表謝恩。

二十六日戊申，上視朝。

① 仁 明抄本作"任"是。通行本改"仁"，誤。

② 奏 明抄本作"卷"，是。通行本作"奏"，誤。

四①月壬子，朔，孟夏，上親享太廟。

二日癸丑，大學士張四維等擬進《御製重刻古文真寶前序》："朕觀前代稽古好文之主，雖雍容燕閒，不發簡冊，非徒博覽洽聞，蓋亦定志養心之助也。朕自冲齡，典學緝熙有年，月御講幄，討論經史，每退居清燕，游意篇章，於《古文真寶》一編，特加批閱。其書於廟堂著述，下逮里巷歌謠，羣言雜陳，諸體略備。其稍有闕軼，見於《古文精粹》者，復取而益之，臚列②類增，篇什既富，譬開羣玉之府，光彩燁如，賞識惟人，靡不意愜③。誠哉，詞林之弘璧，藝苑之玄珠也。嗟乎，玄瓚大圭，世稱重器，懸黎結緣，衆謂奇珍。豈如瑰章瑋詞，開卷有益？朕輯是篇④，敢謂仰摹作者？庶以動息存養，不悖於游藝傳文之指云爾。舊本凡三百十有二篇，今益以三十五篇。刻久漫漶，因重授梓，以便觀覽焉。"

擬《御製古文真寶後跋》："《古文真寶》一書，朕既命工梓之成矣，時覽觀焉，皆犂然有當於心，因申數語末簡。夫觀書貴要，考藝貴精，自非總質文而分其流，離古今而共其轍，則百代文詞，洋洋灑灑，漫行無當，奚以採其微眇，究其指歸？是書也，依經以立言，推本⑤以訓俗，其詞茂而典，其義婉而章，其條貫森然炳然，臚分井列，莫不可觀，誠九流之涉津，六藝之關鍵也。夫言無論淺深，斬於近理，文無論同異，近於適用，苟有裨益，雖芻蕘工瞽且不得棄，而況體總質文、事沿今古、若是書者乎？朕一切珍玩，悉屏勿御，而獨於是書，諷諫不忘，將以發揮性靈，助登理道，不眇鮮也。夫寶得其寶若是書者，又何論珪璋琮璜之珍哉？"

擬《昭仁殿箴》："於惟天地大德日生，主宰萬化，怙冒羣形，非至仁之默運，仰孰始而孰成？人君統天，寔同斯道。土宇惟其所臨，民命惟其所造，苟終食之未仁，豈八荒之可以⑥保？余承天纘⑦序，思弘於理，丕顯夙興，惟仁是體。闢茲秘殿，命以昭仁，義取東方之木，德配生物之春，式籍⑧觀省反求性真。警於心則惺惺不昧，觸於目而炯炯常新。在昔聖言，

萬曆起居注

四二〇

① 四 "四"上當有"萬曆十一年"五字。

② 列 明抄本無"列"字。通行本增此字。

③ 愜 明抄本此字模糊不清。通行本作"愿"。似當爲"愜"。

④ 篇 明抄本作"編"是。通行本作"篇"，誤。

⑤ 推本 明抄本作"本推"，通行本改"推本"。

⑥ 以 明抄本無"以"字。通行本有此字。

⑦ 纘 明抄本無"纘"字，通行本有此字。

⑧ 籍 明抄本作"藉"。通行本作"籍"。

克己復禮，藹藹肫肫，與乾元同體。亦有王者，博施濟衆，皞皞熙熙，與乾元同用。是以《詩》謂豈弟，無忝父母，《書》贊寬仁，式彰王度。彼履位之有疚，咸依仁之爲難，由弛情於禁掖，而從慾於燕閒。勿云宥密，可恣游逸，昭哉斯仁，操存捨失，豈曰崇高，可即慆慆。昭哉斯仁，嚮背①靡淆。毋謂匹夫無能而忽其隱情，疾痛疴癢，宛惻癏之在身，毋謂湛恩注澌，可遺於庶類，蠕動肖翹、舉訢訢其茂對。夫然後和氣彌乎六合，理慾晰於纖毫，善瑞②充長，邪僻潛消，保終如始，貞固不搖。是謂元而行健，庶幾無愧於仁昭。"

擬《弘德殿箴》："汹穆宸居，仰則天樞，以游以息，罔敢馳驅。上天之載，厥德至大，丕冒羣生，徧覆無外。皇上宅中，厥德貴弘，容保四海，治化以興。庶政有記，惟德是理，苟予德未修，則政本弛。民罔常歸，惟德是依，苟予德未懋，則民心違。故神器難持，君道易感③，即沉潛與高明，亦剛克而柔克。德輶如毛，舉之在人，理非外鑠，取之於身。惟徙義德乃崇，惟有容德乃大。勿以禽色荒，勿以逸豫敗。勿謂小善無益，勿謂細行無害。勿曰隱微，德莫予知，桴操敂應，聲出響隨。勿曰奧奓，德何感召？風行草偃，形直影肖。志惟時敏，學務緝熙，九層之臺，一簣所基。其積愈厚，其施彌博。膚寸④之雲，徧澤九土。克明曰堯，斥聞曰舜，巍巍我師，奉若彝訓。進若登天，退若墜淵，理欲危微，擇守寔難。睠兹棟宇，輪輿⑤維新，締思堂構，期於潤身。爰居爰處，自求多福⑥。屋漏不愧，羹牆如睹，孫謀翼後，世德承先。未亂蘄治，未危保安，民心孔固，天眷乃延。由斯弘德，引於萬年。"

三日甲寅，上視朝。

是日，大學士張四維等題："伏蒙發下文書，有內承運庫一本，題請燒造磁器。臣等欽惟上用器皿既直⑦缺少，委應作急燒造供用。但細閱該庫所開數目，幾及十萬，比之先年太多。江西地方，連年多事，財力匱乏，百姓困瘁，一應正供⑧猶且不能完納，若額外徵派重煩，一時何能取辦？伏望聖慈加察，

① 背　明抄本"背"下有"背"字，誤。通行本刪此字，是。
② 瑞　明抄本作"端"，是。通行本作"瑞"。誤。
③ 感　明抄本作"忒"。通行本作"感"。
④ 寸　明抄本脫"寸"字。通行本補此字。
⑤ 輿　"輿"當作"奐"。
⑥ 福　明抄本作"祜"，通行本作"福"。似當作"祜"。
⑦ 直　"直"殆爲"真"之誤。
⑧ 供　明抄本作"賦"，誤。通行本作"供"，似是。

令該監將所開磁器，如碗、碟、缾、罐等項上用不可缺者，量減分數。至如燭臺、棋盤、屏風、筆管等項，從來皆用銅錫竹木製造上用，或有金玉，未聞用磁。蓋其脆薄易壞，不濟實用，而民間燒造費累不貲，似應特從停免，以節民力。俟該監酌減停當，其數另奏，然後出旨，令該部轉行燒造，地方上緊如法燒造，分運解進。臣等未敢擅便，謹擬票二紙，伏候聖裁。謹具題以聞。"

五日丙辰，諭："如今天氣暄熱，兩法司併錦衣衛見監罪囚，笞罪干證的放了，徒流以下便減等擬審發落，重囚情可矜疑併枷號的，都寫來看。"

六日丁己①，大學士申時行、余有丁題："首臣張四維父、封少師兼太子太師吏部尚書中極殿大學士張允齡，於三月二十三日在②籍病故，今月初六日早，家人報至，首臣即刻回寓，列③應守制。臣等竊惟，首臣四維，蒙皇上簡任密勿，九年於茲，啟沃贊襄，夙夜匪懈，忠誠茂著，勞績弘多。其父一應卹典，乞敕禮部，查照舊例，從優請給，以慰首臣孝思，以彰皇上優禮元臣至意。"得旨："元輔四維，佐朕年久，殫竭忠勤，勳績茂著。茲當守制，深軫朕懷。伊父卹典，禮部便查例從優議擬來看。"

七日戊午，上御文華殿講讀。
上遣太監王祿捧聖諭一道，詣元輔張四維第："朕昨覽二輔所奏，知卿父辭世十餘日了。朕心甚悼。雖人子孝情當盡，還宜節哀，以慰朕懷，以副眾望。卿宜體之。"四維奏云："伏蒙皇上軫念臣父不祿，欽遣太監王祿恭捧聖諭到④臣私宅，謹焚香望闕稽顙祗領訖。臣不忠不孝，獲罪於天，不自隕滅，禍延臣父。聞訃痛摧，恨不即死。仰蒙聖慈憫念，綸慰優隆，臣俸⑤誦涕零，犬馬餘生，死亡無日，莫知為報。仰惟我皇上神明英斷，作新庶政，天下臣民，咸訴訴仰頌聖德，非臣愚昧所

① 己 "己"當作"巳"。
② 在 明抄本作"任"，誤。通行本改"在"，是。
③ 列 "列"當作"例"
④ 到 明抄本誤作"列"。通行本改正作"到"。
⑤ 俸 "俸"當作"捧"。

能仰贊萬一。今羣正滿朝，足供任使，臣當遠離。伏望聖慈博簡才哲，俾隨在閣閣①臣之後，協同輔理，以慰中外人心。臣不祥，姓名不敢屢瀆，謹瀝血謝恩，輒陳愚悃。哀感昏迷，無任激切戰慄之至。"得旨："覽卿奏謝，朕知道了。卿弼成治化，茂著勳猷。茲以憂制遠離，請簡用閣臣協理，具見忠愛。還候旨行。該部知道。"

是日，以大學士申時行前充潞王妃納徵發册副使，賜銀十兩、紵絲二表裏、羅二表裏。

八日己未，大學士申時行等疏云："照得閣臣在列禁近，以備顧問、贊樞機，其務最繁，其職最重，必登延哲②，又廣集衆思，乃可以裨翼皇猷，弼成化理。仰惟皇上聰明天縱，躬聽萬機，一時政治聿新，百廢具舉，臣等識闇才疎，不能仰贊萬一。今首臣張四維又以憂制當去，止臣時行、臣有丁二人在閣，一應事務，竊恐辦理不前，有負任使。伏乞皇上轉求賢哲，斷自宸衷，特賜簡拔一、二員，與臣等同辦閣務。或敕下吏部，會官推舉，上請簡用。臣等未敢擅便，謹題請旨。"得旨："講官許國，着內閣辦事。卿等擬敕來行。"

九日庚申，上視朝。
敕吏部："詹事府掌府事吏部左侍郎兼翰林院侍讀學士許國，陞禮部尚書，兼東閣大學士，入內閣，同時行等辦事。如敕奉行。"

十日辛酉，詹事府掌府事吏部左侍郎兼翰林院侍讀學士許國奏："爲披擟③愚誠辭免殊常恩命事。本月初九日，准吏部傳奉：'敕吏部：詹事府掌府事吏部左侍郎兼翰林院侍讀學士許國，陞禮部尚書，兼東閣大學士，入內閣，同時行等辦事。如敕奉行。欽此。'臣聞恩命，不勝感戴，不勝驚悚。竊惟東閣崇嚴，內垣密勿，參成鼎足之象，並列春卿之御④。隆棟易傾，公餗易覆。蓋官不必備，待其人，故員亦無常，重其選。詎云

① 閣 明抄本作"二"是。通行本誤作"閣"。

② 哲 "哲"上當有"賢"字。

③ 擟 "擟"當作"瀝"。

④ 御 "御"當作"銜"。

時簡，遂及微臣？伏念臣學本迂疎，年將衰暮，姿先蒲抑，望秋而欲零，才下駑駘，駿時而不進。猥從載筆，兼理校書，幸逢震出之期，叨與泰征之彙，自茲佔畢，日侍輔帷，章句僅守乎師傳，啟沃罔裨於聖聽。游①從坊寀，出典留難，尋陟官②端，入修國典，浮沉史局，徙③碌碌以因人，左右禮曹，每悠悠而曠事。偶承人乏，借④卿，宮專視篆之間，典觼成⑤編之望。已知才力無所短長，方揭厲以自圖，寧覬覦於非分？況匪由推擠，不假先容，知遇獨出於宸衷，掄拔專裁於乾斷？此蓋皇上過念講臣之微勳，不忘潛邸之舊恩，錄其前勞，責其後效。豈臣薄劣所能仰酬？淺器已盈，深思莫稱。將以備顧問，識未通方。將以演絲綸，文非華國。朝章未習，何以決觀望之二三？時務未諳，何以佐採之萬一？不惟下失量己之智，抑且上揚知人之明。伏望皇上鑒亮鄙忱，收回成命，俾仍守舊貫督以成書，庶金鉉靡覆餗之虞，瓊構鮮撓棟之懼，聖恩無負，愚分得安矣。臣無任激切懇祈之至。"得旨："卿性行端慎，學識宏深，內閣重任，特茲簡畀。宜殫竭猷為，以襄治理。不允所辭。吏部知道。"

十二日癸亥，上御徑⑥筵。

上遣文書房官宋坤詣元輔張四維第，賜賻儀銀三百兩、紵絲六表裏、新鈔一萬貫、白米二十石、香油一百斤、各樣碎香二十斤、蠟燭五十對、麻布五十疋。四維奏謝云："伏念臣一介寒賤，遭際聖明，備員輔弼，才識短淺，愆咎叢積。荷蒙皇上涵貸，不加罪譴。乃鬼神弗祐，降之酷罰，延禍於親，痛恨欲死。重蒙聖慈軫念，寵頒恩賜，殊數優禮，在前所稀，觀聽震驚，咸以為人臣奇遇，豈臣么劣所能荷承？苫塊餘息，無能為報。誓當啣瑵⑦結草，以圖效於他生耳。臣衰絰⑧不敢詣闕。哀頓昏迷，無任激切榮感之至。謹具疏稱謝以聞。"得旨："覽卿奏謝，朕知道了。禮部知道。"

是日，聖母仁聖懿安康靜皇太后、聖母慈聖宣文明肅皇太后，各遣中使，齎賜元輔張四維，賻儀銀一百兩、紵絲四表裏、

①游 明抄本作"游"，是。通行本作"游"，誤。
②官 明抄本作"官"，通行本作"官"。
③徙 "徙"當作"徒"。
④借 明抄本"借"，下有"二天"二字。通行本脫。
⑤成 明抄本作"戌"，通行本作"成"。
⑥徑 明抄本作"經"，是。通行本作"徑"，誤。
⑦瑵 明抄本作"環"，是。通行本做"瑵"，誤。
⑧絰 明抄本作"經"誤。通行本作"絰"，是。

新鈔一萬貫、白米十石、香油一百斤、各樣碎香二十斤、蠟燭五十對、麻布三十疋。四維各奏謝云："伏念臣不忠，聖母慈念，恩賜寵頒，禮數優隆，前所稀有。臣震心駭目，靡能承戴，匍匐苫塊，惟有感激泣涕已爾。臣衰絰①不敢詣闕。無任戰慄隕越之至。謹具疏稱謝以聞。"得旨："覽卿奏謝聖母，知道了。禮部知道。"

十三日甲子，原任大學士、今丁憂張四維奏："昨該禮部題覆臣父封少師兼太子太師吏部尚書中極殿大學士允齡卹典，節奉聖旨：'是。着照例與祭葬，仍加祭四壇，各差司屬官前去致祭造葬。欽此。'仰惟天寵崇隆，頒卹特異，恩數稠疊，前所稀有，臣方跼蹐靡寧，懼難承載，豈宜復有陳乞？但臣一念烏鳥迫切至情，不能自已，輒哀鳴於君父之前。臣母累贈一品夫人王氏，鞠臣教臣，愛勞兼至。臣初授職，母即見背，不及享一日祿養，恩卹祭葬例未得請，臣有終天恨焉。今臣母榮荷明恩，三受一品夫人之贈。伏睹卹典條例一款：凡一品官父母受封至一品者，祭一②壇。又一款：品官父母曾授本等封者，各許並祭。今臣蒙被寵仁，頒卹臣父，恩數孔多，臣母例應合葬，臣不敢更乞臣母之祭，乞照近例，於臣父祭文內，並列臣母，使得均蒙綸綍之榮，則我皇上孝治不匱之施，下及於泉壤，而臣劬勞罔極之報，偕申於怙恃矣。臣憑藉恩私，極知瀆冒，無任哀感戰懼之至。"得旨："卿父母准並祭。禮部知道。"

十六日丁卯，上視朝。

命禮部尚書兼東閣大學士許國充《大明會典》總裁，及同知經筵官，日侍講讀。

命太子賓客吏部左侍郎兼翰林院侍讀學士陳邦經以原職掌詹事府事，照舊充經筵、日講官，右春坊右中允管國子監司業事黃鳳翔，陞右春坊右諭德，掌南京翰林院事。

十八日己己，③上御文華殿講讀。

① 絰 明抄本作"經"，誤。通行本作"絰"，是。

② 一 明抄本作"二"。通行本作"一"。

③ 己己 "己己"当作"己巳"。

萬曆起居注

① 諭　明抄本"諭"下有"賜賻"二字。通行本脱此二字。

② 簿　明抄本作"薄"，是。通行本誤作"簿"。

　　是日，張四維廷辭，上遣二長隨傳諭，令於文華殿西室進見。四維面辭，上曰："先生輔政有年，啟沃功多，方切倚信，偶爾憂歸，慎勿過哀，以慰朕意。"四維頓首謝，復致詞云："欽蒙聖恩，以臣聞父喪，降諭①賜臣父母祭葬，賜臣路費、馳驛，差官護送。臣不勝感戴。"叩頭謝恩。上曰："先生奏謝，朕知道了。"四維復頓首、致詞云："臣行能簿②劣，日侍左右，無所裨益。今當遠離，伏望皇上法祖、孝親、講學、勤政、清心寡慾、惜才愛民、日慎一日，保終如始。臣不勝犬馬惓惓至願。"上曰："朕知道了。"因賜銀五十兩、紵絲四表裏，復賜酒飯。四維頓首謝而出。

　　二十三日甲戌，大學士申時行等題："該給事中陳與郊題前事，禮部覆題，進士題名碑記自隆慶辛未迄今，已閱五科，未經撰文鐫石，乞命輔臣補撰等因。奉聖旨：'是。欽此。'開送到閣。臣等看得，前項進士題名記文，辛未、甲戌二科已題奉聖旨，着先臣張居正、呂調陽各撰，其丁丑、庚辰二科奉聖旨，着臣張四維、臣申時行各撰，欽此。臣等因前科未曾撰進，故未敢越次。今臣四維又以守制回籍，前項記文通應補撰，恭請聖裁，以昭盛典。所有辛未、甲戌、丁丑三科，伏乞欽命改撰。臣等未敢擅便，謹題請旨。"得旨："三科題名記文，卿等各補撰。"

③ 命　"命"當為衍文。

　　是日，大學士申時行等又題："據禮部手本開稱，萬曆十一年進士，例該國子監立石題名等因，具題，奉聖旨：'是。欽此。'開送到閣。所有題名記文，相應題請，命官撰述。伏乞欽定。臣等未敢擅便，謹題請旨。"得旨："着卿有丁撰。"

　　是日，以命③詹事府掌府事太子賓客吏部左侍郎兼翰林院侍讀學士陳經邦，充《大明會典》副總裁官。

④ 各　明抄本"各"下有"綵"字。通行本脱此字。

　　是日，以端陽令節，賜三輔臣各④織五毒艾葉金樸䈄袋一個，花絲一條、畫面扇一把（墜全）、字扇一把，及講官陳經邦等六員各有差。

二十七日戊寅，上御皇極殿，傳制，遣檢討等官沈自鄉①等，詣衡府等府，册封衡王嫡長子翊鑌爲衡世子，韓府等府韓王庶第二子璟㳨等爲咸陽等王，夫人吳氏等爲衡世子等妃。

① 鄉　明抄本作"邠"，是。通行本作"鄉"，誤。

萬曆起居註

五①月壬午，朔。

三日甲申，夏至，祭地於方澤，遣定國公徐文璧恭代。

九日庚寅，上視朝。

大學士申時行等題："准吏部手本，該本部議覆都給事中周邦傑、右給事中王鳳竹題《慎館選以育真才等事》，內稱，合無查酌節年事例，候內閣題請，事宜②量限年歲？等因。奉聖旨：'是。欽此。欽遵。'備行到閣。臣等看得，儲才待用，乃國家首務，而庶吉士之選，尤儲才之最重者。恭遇皇上開科取士，側席求賢，今科進士相應考選作養，以備皇上他日任使。合無照隆慶二年事例，限年四十以下，但願考者，俱赴吏部報名，吏部查照題准事理，按名閱審，果無違礙，疏名奏聞，恭候命下，臣等題請欽定考試日期，遵照先年題奉欽依條件施行？"得旨："是。吏部知道。"

十二日癸己③，諭禮部："諸王館選，五城續報到女子楊義女等八百七十名，內選中四十四名，併先次選中五十三名，尚少二百三名，未足欽定名數。合行禮部，查照先年事例，再行選報。"

十三日甲午，上視朝。

十七日戊戌，大學士申時行等題："照得翰林院侍讀李長春、編修吳中行、檢討趙用賢，原係《會典》纂修官，先因丁憂等項各去任。今各起復除④補原職，相應題補仍充纂修⑤官。及照《會典》編輯多年，已有次第，但事例錯雜，文籍浩繁，參訂討論，尚須詳審。合無於纂修官內另委數員，兼管參對校正？除別有差占不開外，臣等推得翰林院侍讀徐顯卿、侍講張一桂併李長春、吳中行、趙用賢，俱堪兼管參理對校正事務。合候命下，令各官欽遵赴館供事。"得旨："是。該衙門知道。"

---

① 五 "五"上當有"萬曆十一年"五字。

② 事宜 "事宜"二字疑為衍文。

③ 己 "己"當作"巳"。

④ 起復除 明抄本作"復除起"。通行本改為"起復除"。

⑤ 修 明抄本無"修"字。通行本補此字。

二十一日壬寅，大學士申時行等題請欽定考選庶吉士日期，得旨："卿等於二十七日從公考選。先擬試題來看。"

二十七日戊申，命閣臣及吏、禮二部堂上官，試進士周應賓等一百八十六人於東閣前，得季道統等二十八卷封進，得旨："准改庶吉士，同一甲進士朱國祚、李廷機、劉應秋俱送翰林院讀書、進學。"

六①月辛亥，朔。

二日壬子，大學士申時行等上疏曰："翰林之臣，雖以文學侍從爲職，然必其涵養德器，砥礪名節，不爲流俗所移，庶幾他日可以大用。顧其人品不同，有蘊籍深沉，待時而致用者，有慷慨激切②之士，則每每承嚴譴、蹈奇禍，其得出萬死而復故物者，適幸而已。故國家於此等之人，獨宜崇獎而優待之，乃可以作士氣，正人心，爲忠直之勸。臣等竊見翰林院編修吳中行、檢討趙用賢，往以綱常大義，感憤直言，摧辱禁錮，幾不自保。皇上憫其無罪，還之舊官，海內喁喁嚮風，翕然誦皇上之明聖。然此二臣者，遭挫已久，茹痛已深，不宜但敍年資，僅從常調。先該言官交章論薦，及近日御史曹一鵬又請優擢，揆之公論，與臣等所見皆同，相應酌處。查得春坊員缺數多，近又該右春坊右諭德羅萬化陞任去訖，所有印信缺官掌管。合無敕下吏部，將吳中行量陞右春坊右中允，仍兼編修，趙用賢右春坊右贊善，仍兼檢討，其右春坊印信，即令吳中行署掌，各不妨纂修事務？恭候命下，欽遵施行。"得旨："是。吏部知道。"

四日甲寅，大學士余有丁上疏曰："臣草茅賤士，遭際聖明，誤蒙皇上眷知，拔置密勿。奈臣命薄，福過災生，臣妻誥封淑人今贈一品夫人氷氏，不幸於去年七月三十日病故。竊念臣年甫十六，臣父卒於官，止存臣母一人，終鮮兄弟，且家徒四壁，孤苦無依。臣妻日則操井臼，爲臣母菽水之供，夜則治絲麻，爲臣燈火之費。勸臣力學，僥倖出身。自臣居官二十餘年，臣妻不妄衣寸帛。方臣處窮，則甘受糟糠之用③，及臣出官，未嘗受褕翟之榮。既助臣於窮時，使臣無內顧而不廢學，復助臣於官日，使臣無交謫而不廢官。今臣荷天地之恩，渥被寵光，而臣妻隕絕不祿。臣依日月之側，不敢請告，而臣妻暴露未藏。臣欲治其喪，則營葬無地，欲歸其櫬④，則道路甚遙。乃致旅魂漂泊，形影相隨，終夜彷徨，未知處所。臣查得嘉⑤

---

① 六　"六"上當有"萬曆十一年"五字。

② 切　明抄本無"切"字。通行本有此字。

③ 用　明抄本作"困"，是。通行本作"用"，誤。

④ 櫬　明抄本作"襯"，誤。通行本作"櫬"，是。

⑤ 嘉　明抄本作"加"，誤。通行本作"嘉"，是。

靖年間，南京工部尚書崔文奎妻杜氏，封淑人，病故後贈夫人，工部議覆該併造夫壙，得賜祭葬，照夫人例。隆慶年間，吏部右侍郎殷士儋妻翟氏，封淑人，病故，先帝以其爲講幄舊臣，特賜與祭葬。今臣妻封淑人，與二臣妻事體相同。然臣蒙恩入閣逾月，而臣妻即故，臣妻故逾月而即蒙恩贈一品夫人，又與二臣事體有間。臣叨竊逾涯，豈敢過有所希冀？而臣私情未盡，故不得不哀鳴於君父之前。伏望皇上察臣至情，非出得已，特賜臣妻祭葬，以全臣夫婦之情，則死者地下啣恩，而臣生者當誓死圖報矣。臣不勝悚惕籲祈之至。"得旨："覽卿奏，朕已具悉。卿妻准照今贈與祭，還加祭一壇，差官造葬。該部知道。"

八日戊午，命掌詹事府事太子賓客吏部左侍郎兼翰林院侍讀學士陳經邦、禮部左侍郎兼翰林院侍讀學士周子義，教習庶吉士。

二十五日乙亥，上御皇極殿。太常寺奏孟秋享太廟。

二十六日丙子，諭兵部："南京守備、司禮監太監丘得用，着掌管關防併本監印信，內官監太監田義，調南京司禮監太監，僉押管事，一同守備。寫敕與他。"

大學士申時行等題："巡捕提督趙崇璧，近推宣府總兵官，奉旨簡用，已於本月十九日領敕，恭候面辭。緣節遇免朝，本官雖已奉敕，尚在祗候，未敢赴任。臣等竊惟，宣府密通陵京，最爲重鎮，今雖北虜款貢，而備禦亦當戒嚴。時值秋防，邊務猶重。總兵節制全鎮，麻錦雖尚候代，恐待罪之日，其氣不揚，必須新任總兵前去整理。今照趙崇璧，雖係例該面辭官員，然有前項緊急重大事情，難拘常例，如奉特旨，令其前去，免行面辭，庶以見皇上慎重邊防至意。臣等謹擬傳帖一道進覽，伏候聖裁施行。"是日，召兵部傳旨："秋防事重，總兵官趙崇璧着上緊前去交代，不必面辭。兵部知道。"

二十七日丁丑，賜大學士申時行等各《古文真寶》二部。時行等疏謝，曰："仰惟皇上遹志典學，稽古右文，採精粹於藝林，萃真寶於册府，親裁命梓，特賜近臣。寵邁百朋，恭拜自天之貺，秘藏什襲，永爲傳世之珍。臣等不勝感戴天恩之至。"

二十九日己卯，大學士申時行等題："近該總督宣大山西右都御史鄭洛揭稱，虜酋黃台吉已襲封順義王，感激聖恩，具表文馬匹稱謝。除差官代爲恭進外，本酋仍送臣等各馬一匹。據此，仰惟皇上聖德誕敷，神威遠播，致令氊裘之長，世奉外藩，慕義感恩，推及臣等，此寔清朝之盛事，近古之稀聞。臣等翼贊無功，遭逢有幸，誠不勝仰戴，不勝欣躍。所有前項馬匹，出自夷酋向化之誠，固難峻拒，但天朝體本隆重，人臣義無私交，臣等待罪輔臣，周旋密勿，豈可與外夷交通，私受其餽？緣是具實陳奏，應否辭受，恭候聖明裁奪，敕下臣等遵行，以重國體，以明臣節。"得旨："外夷向化，乃卿等運籌贊襄，不可拒絕，宜收受以慰外夷之心。"

七①月庚辰，朔。孟秋，上親享太廟。

二日辛巳②，大學士申時行等題："昨日臣等以虜酋黃台吉餽送馬匹，未敢私受，奏請聖裁，奉聖旨：'外夷向化，乃卿等運籌贊襄，不可拒絕，宜收受以慰外夷之心。欽此。'臣等欽遵，各收受訖。竊念臣等猥緣駑蹇，未效馳驅，徒懷曳駕之慚，何取識途之智？茲者名王稽顙，異類革心，寔由仰聖德以來賓，讋皇威而率服。臣等有何籌策，可以替襄？省循祇切於震淩，蕃庶不殊於晉錫，感深鏤骨，報矢捐軀。臣等不勝仰戴天恩之至。"

十四日癸巳③，大學士申時行等上疏曰："先該兵部接出聖旨：'司禮監太監田玉調內官監太監，着太嶽太和山提督，兼分守湖廣行都司等處地方。寫敕與他。該衙門知道。欽此。'該本部備行到閣，撰寫敕書。臣等看得，先年柳朝、譚彥敕稿，俱止提督本山事務，今奉明旨，添入分守湖廣行都司等處事宜。已經撰稿，進呈御覽。昨日該文書官劉愷將稿發下，口傳聖諭：'着查先年王佐、呂祥敕書，另寫來。欽此。'臣等謹令中書官備查稿簿，除王佐稿散失無存外，止查有呂祥一稿，臣等復加參閱，委與柳朝等不同。但查柳朝奉差在隆慶元年，其敕乃皇考所定，遵行已久。在太和山提督，專奉香火，為國家祝釐祈福。在鄖陽都御史，專整飭軍務，為國家弭盜安民。事有定規，人無異議，即百世不易可也。今家聖諭，臣等敢不遵承？已於稿內增入分守事權，有會同撫治都御史，督令軍衛有司，量調官軍民快等項，皆近年稿內所未有者。蓋比於呂祥之敕，職任更簡而易遵，此④於柳朝等敕，體統已尊而不褻，既不違皇上特令分守之旨，又不失皇考所以更定之意，臣等妄謂委曲調停，不遺餘力矣。若用嘉靖年間舊稿，則官多責分，十羊九牧，將來推諉誤事，誰任其咎？臣等不敢也。且內外官員，皆皇上之臣，地方軍民，皆皇上赤子。臣等豈敢過有分別？但求事體妥當，人情相安，不致紛紛議論，費皇上處分。此則臣等一念犬

萬曆十一年

四三三

① 七 "七"上當有"萬曆十一年"五字。

② 己 "巳"當作"巳"。

③ 己 "巳"當作"巳"。

④ 此 明抄本作"比"。通行本作"此"，誤。

馬之誠，不敢不盡耳。茲謹遵聖諭，將呂祥、柳朝等敕稿，參併刪訂，另行撰寫進呈，伏乞聖明俯允裁定施行。謹具題以聞。"

二十三日壬寅，上視朝。
是日，諭禮部："朕於九月內躬詣天壽山行秋祭禮，一應事務，俱照嘉靖十五年例行。該衙門知道。"

二十六①乙己②，諭內閣："淑嬪鄭氏及未封常氏，今俱各有喜，淑嬪鄭氏冊封爲德妃，常氏冊封爲順妃。卿等可傳示禮部，擇日具儀來行。"

三十日己酉，上③御文華殿講讀。

①六 "六"下當有"日"字。
②己 "己"當作"巳"。
③上 明抄本作"旨"，誤。通行本改正作"上"。

萬曆十一年

八①月四日癸丑，諭兵部："朕躬詣山陵行秋祭禮，各邊正直秋防，着該督撫總兵官申飭各關隘口將領，嚴加隄備，毋得怠玩，致有疎虞。兵部便行文與他每知道。"

以恭視寫德妃、順妃册文，賜元輔申時行銀三十兩、紵絲一表裏，次輔余有丁、許國各銀二十兩、紵絲一表裏，中書官馬繼文等十一員各銀三兩。

五日甲寅，上御皇極殿。太常寺奏祭夕月壇、先師孔子、太社、太稷。

是日，大學士申時行等疏云："今日發下文書，内有户、工二部題覆浙江撫按官張佳胤、張文熙及都給事中蕭彦、王敬才②本，俱爲減織造、議工費等事。大意謂，東南民力既已用③竭，庫藏錢糧十分難處。至於户部銀兩，係濟邊經費，工部銀兩，皆工料急需，難以議留。欲請皇上停止織造，以蘇民困。如供用必不可已，亦乞每年減去一運，庶便於措處等因。臣等仰維皇上軫恤民艱，留意節省，非故爲是不急之費，以耗國家之財，特以供用所需，不容缺乏，前項織造委非得已。但錢糧定有定額，留一項則少一項之正數，小民誠爲艱苦，寬一分則受一分之恩澤。今每歲二運，已有定規，固難減省，但於每運之中，將原定數目酌量寬減，則工費易於措辦，財用可以少紓，而上供亦自不乏，似爲長便④。謹擬票進覽，伏乞聖明裁定施行。"

是日，部覆浙江撫按官疏得旨："國計民力，朕豈不知節愛？但袍緞係供用所需，委不容已。你部裏既這等説，准將原定歲運數目，酌量寬減，工費銀兩，依擬動支湊補。一年二運仍照舊行。"

六日乙卯，上御皇極殿。傳制遣大學士許國祭先師孔子。

是日，以萬壽聖節，賜元輔申時行銀六十兩、斗牛緞及綵緞四表裏，次輔余有丁、許國各銀五十兩、綵緞四表裏，日講官陳經邦等六員各銀二十兩、綵緞一表裏。

① 八 "八"上當有"萬曆十一年"五字。

② 才 明超本作"民"。通行本作"才"。

③ 用 明抄本作"困"，通行本作"用"。

④ 便 明抄本作"使"。通行本改"便"。

萬曆起居注

① 卿 《明神宗實錄》卷一四〇作"御"。

② 騷 明抄本作"蚤"，是。通行本作"騷"，誤。

③ 柳 明抄本作"椒"，是。通行本誤作"柳"。

④ 錢 明抄本作"鈔"。通行本誤作"錢"。

⑤ 錢 明抄本作"鈔"。通行本誤作"錢"。

⑥ 錢 明抄本作"鈔"。通行本誤作"錢"。

⑦ 俸 "俸"當作"捧"。

⑧ 五 "五"下當有"日"字。

　　七日丙辰，遣公徐文璧、朱應禎爲正使，大學士申時行、余有丁爲副使，持捧節册，封淑嬪鄭氏爲德妃、宮人常氏爲順妃。其德妃册文曰："朕觀雞鳴儆戒，思得賢妃，麟趾繁昌，應由淑女。蓋欲佐宣乎內治，亦將茂衍乎宗支，匪嗣徽音，曷孚顯命？咨爾淑嬪鄭氏，柔嘉玉質，婉嫕蘭儀。九卿①升華，恪守衾裯之度，雙環授寵，彌遵圖史之規。宜陟崇班，用彰異渥。茲特遣使持節，進封爲德妃，錫之册命。於戲，四星之象爲妃，朕即登賢於峻列，萬化之原在德，爾當思義於嘉名。祗服光榮，無忘敬慎，丕荷龍章之賁，永貽燕翼之休。欽哉。"順妃册文曰："朕惟二南成化，寔始宮閫，六寢備官，爰資女士。蓋以翼宣乎陰教，亦將綿衍乎天潢。咨爾常氏，冠族儲祥，笄年挺秀。宜下陳之騷②譽，鳴珮無違，效中壺之霄征，夢蘭有慶。既茂綏乎景祐，宜昭受乎明恩。茲特遣使持節，封爾爲順妃，錫之册命。於戲，桂殿柳③宮，進副翟楡之寵，桑弧蓬矢，冀延螽羽之祥。尚遵彤管之徽音，祗贊瑤齋之令範。欽哉。"

　　是日，諭內閣："祭太社、太稷，遣公徐文璧恭代。"

　　九日戊午，諭："德妃鄭氏父錦衣衛正千户鄭承憲，陞本衛指揮使帶俸。兵部知道。"

　　十日己未，以册封二妃禮成，賜元輔申時行銀三十兩、紵絲二表裏、羅二表裏、錢④三千貫，次輔余有丁、許国各银二十兩、紵絲一表裏、罗一表裏、錢⑤二千贯，中書官馬繼文等十六員各銀十兩、羅一表裏、錢⑥一千貫。又以時行、有丁俸⑦册，各賜銀三十兩、紵絲一表裏、羅一表裏、鈔三千貫。

　　十一日庚申，以武英殿工完，賜三輔臣各銀二十兩、綵緞一表裏。

　　十五⑧甲子，大學士申時行等疏云："今日蒙發下文書，內有薊遼總督周詠等題《爲異常火光事》，該文書官宋坤口傳聖諭：着該鎮倍加防範，在外兵馬不必往裏調，令臣等擬旨。欽此。臣等仰見皇上遇災警惕，慎重邊防至意，不勝欽服。竊惟聖駕躬祀山陵，薊遼總督官該選帶標兵，於黄花鎮防守，又該至鞏華城迎謁護送，此舊例也。但該鎮屢報虜情，前日提獲奸細，供稱王蠻潛謀内侵，又哨①得大嬖只營内，説要借兵進搶，今又有火光之異，在我邊備須當十分謹嚴。臣等以爲外防既固，則内地自保無虞，督率有人，則衆心方能齊一。今南山一帶，原有官軍把守，居庸關外，又有宣大總督護防，薊鎮之兵可以免調，誠如聖諭。且鑾輿所至，萬乘皆從，百官在列，亦不籍②總督送迎以爲輕重。合無敕下兵部，行令薊鎮，兵馬免調黄花鎮，總督官周詠免至鞏華城送迎，令其專心整理邊務，庶保萬全？臣等謹擬傳帖一道進覽，伏乞聖裁，發下施行。"

是日，傳諭兵部："薊鎮屢報夷情，秋防緊急，朕今躬詣山陵，總督官着在鎮整飭邊備，不必候駕，該鎮官軍各照信地防守，免調赴黄花鎮。其南山一帶，通着宣大總督官加意慎防。兵部便行與他每知道。"

是日，以中秋令節，賜三輔臣上尊珍饌，復賜元輔申時行膳九品、秋露白酒五瓶、月餅五個，次輔余有丁、許國各膳七品、秋露白酒三瓶、月餅四個。

十八日丁卯，諭戶、兵二部："朕兹謁陵行秋祭禮，賞扈衛團③宿大漢將軍及各項官軍銀三萬兩，山後守把併巡山各官軍銀二萬兩，御馬監勇士官軍及東廠錦衣衛團④宿官校旗軍銀一萬兩，着戶、兵二部各措處三萬兩支給。"

諭禮部、都察院："朕躬詣天壽山行秋祭禮，兼擇壽宮，凡儀衛護⑤從等項，一遵皇祖世宗嘉靖間定制，務從省約，内外隨行官員人等不許沿途生事，擾害百姓，有違犯的，着廠衛訪拏，科道官指名參奏。禮部、都察院知道。"

是日，大學士申時行等題："先該臣等推得詹事府掌府事太子賓客吏部左侍郎兼翰林院侍讀學士陳經邦、禮部左侍郎兼翰林院侍讀學士周子義，俱堪教習庶吉士，奉聖旨：'是。欽此。'

① 哨 "峭"當作"哨"。

② 籍 明抄本作"藉"。通行本作"籍"。

③ 團 "團"當作"圍"。

④ 團 明抄本作"圍"，是。通行本作"團"，誤。

⑤ 護 明抄本作"扈"，通行本作"護"。

除陳經邦原掌詹事府事不妨兼理外，照得禮部左右侍郎各有職務，周子義既在館教習，每日俱有課程，又充編修《會典》副總裁，見在供事，該部職事勢難兼理，本官相應解任，專管教習及兼管纂修。前項員缺，乞敕吏部照例推補。"得旨："是。吏部知道。"

二十一日庚午，命定國公徐文璧、大學士申時行、司禮監太監張宏，同禮、工二部堂上官，恭詣天壽山，相擇壽宮吉地。

二十四日癸酉，定國公徐文璧、大學士申時行題："臣等謹於八月二十一日恭詣天壽山，將擇過吉地逐一細加詳視，猶恐靈區奧壤伏於幽側，又將前所獻地圖，自東徂西徧行覆閱。隨據監副張邦垣等呈稱：原擇吉地三處，除石門溝山坐離朝坎，方向不宜，堂局稍隘，似難取用外，看得形龍山吉地一處，主山高聳，疊嶂層巒，金星肥員，水星落脉，取坐乙山辛向，兼卯酉二分，形如出水蓮花，案以龍樓鳳閣，內外明堂闊亮，左右輔弼森嚴，且龍虎重重包裹，水口曲曲關闌，諸山皆拱，衆水來朝，誠爲至尊至貴之地。又看得大峪山吉地一處，主勢尊嚴，重重起伏，水星行龍，金星結穴，左右四輔拱顧，周旋六秀朝宗，明堂端正，砂水有情，取坐辛山乙向，兼戌辰一分。以上二處，盡善盡美，毫無可議。又看得黃山西一嶺、西二嶺、及寶山地，龍脉頗真，結穴亦秀，但介在獻、裕、茂正陵之間，位次有妨。又看得敕草窪蔡家山、珠窩圈長嶺山、東井右邊平崗地、景陵左山等處，或地窄水緊，或穴後路交，或山傾水瀉，或虎砂竄穴，俱難取用。等因。到臣。臣等會看得，該監所呈形龍山、大峪山二處，風水形勢誠天造地設，允爲萬世聖子神孫鍾靈毓秀之區，與臣等所見相合，俱稱上吉。其餘既云位次參差，砂水傾側，委不堪用，不敢一一瀆陳。但臣等愚昧，罔所知識，恭候聖駕謁陵之日，重加睿閱，裁定施行。謹將形龍、大峪二處圖說進呈御覽。"得旨："覽卿等奏，知道了。覆視過各吉地，候朕親閱。該部知道。"

二十五日甲戌，上御文華殿講讀。大學士申時行致詞云："臣時行伏蒙欽遣，恭詣天壽山相擇壽宮吉壤，事畢回還復命。"叩頭。上答曰："朕知道了。"

是日，大學士申時行上疏云："昨該臣持奉欽命，會同諸臣，前去天壽山覆閱壽宮吉地，已經會本復命外，隨到閣，接得通政司參議梁子琦揭帖，內參論禮部尚書徐學謨，以臣爲兒女親家，因而詆及。除學謨去留請自上裁、臣不敢與聞。至於男女婚姻，在庶民之家亦必求門户相對，臣與學謨生同鄉，仕同朝，因而議親，此亦婚姻之常事，有無附勢植黨，其理甚明，臣亦不敢置辯。但子琦之發憤不平，止爲覆閱吉地不得同往，遂有此論奏，或妄疑臣亦有意擯之，因而及臣。夫相擇壽宮，乃朝廷之吉典，國家之重事，凡爲臣子皆當效犬馬之忠，況臣添備弼臣，義同休戚，其願效忠於君父，視子琦百倍。方欲竊①探歷涉，廣詢博訪，以求吉壤，以慰聖懷，豈敢嫉人之能，故棄吉壤而不用哉？但子琦之閱地，凡三往矣，其初與尚書陳道基爭，再往則與欽天監官及術士爭，三往則與學謨爭，及以石門溝山爲第二吉地，黃山一嶺爲備用，恭候命官覆閱。該部題請，不列其名，或亦畏其好剛使氣、屢爭不決之故也。今該臣等公同看閱，則石門溝山坐南向北，逼窄難用，黃山一嶺在獻、裕二陵之間，位次非宜。是子琦所擇之地，皆不堪用矣，而又不滿於形龍、大峪。則是衆所共取者，子琦獨非之，衆所共棄者，子琦獨取之。如此執拗紛爭，何時得決？今鑾輿戒行有日矣，覆視之臣凡再遣矣。書曰："三人占，則從二人之言。"子琦乃以一人之言，與十數人相持而不決，以山陵閟嚴之地，肆行忿爭，壽宮崇鉅之典，敢於溷瀆，其不敬莫大乎是，甚非所以重吉典也。且子琦以學謨締婚於臣，爲附勢植黨，其意寔有所觖望，欲併臣中之。然臣自承乏領事以來，凡用人行政、所以仰贊聖明維新之治者，皇上同照之，大小臣工共見之，何者爲擅勢？何者爲樹黨？臣雖至愚，豈不知覆轍之在前、而顧蹈之耶？乃今人情難測，士習日非，如子琦自恨學謨，亦必以臣籍②口，暗施機穽，忽起風波，使玉石不分，薰蕕莫辯，則

① 竊　明抄本作"窮"，是。通行本作"竊"，誤。

② 籍　明抄本作"藉"。通行本作"籍"。

萬曆起居注

當事之臣，無所措其手足，國是將安所定乎？臣竊有深懼矣。今聖駕恭詣山陵，前項吉地恭聽聖裁，臣不敢復瀆，但臣所被詆譏，有關臣節，伏望皇上特賜宸斷，察臣果擅勢樹黨，將臣先行罷斥，以快公論，惟復別蒙處分。臣不勝隕越俟命之至。"得旨："卿爲元輔，公正忠謹，朕所簡知。這忿爭牽蔓之語，不必介意。梁子琦挾私瀆奏，着罰俸三個月。該部知道。"

是日，以①命翰林院編修曾朝節、陸可教、馮琦充司禮監書堂教書官。

二十八日丁丑，敕武清侯李偉、太子少保刑部尚書潘季馴："朕茲躬謁祖宗陵寢，特命爾等居守，統率守門守城等項文武官員，嚴督京營并巡捕官軍、五城兵馬天甲人等，譏察奸盜，防備火燭，用保無虞。各官如有怠玩不率應參奏者，聽爾等指名參奏，應拏問者，徑自拏送法司問理，其有緊要事務，即便差人奏聞。欽哉，故敕。'

是日，大學士申時行疏謝云："近日通政司參議梁子琦，以閱視吉壤之故，肆行忿爭，又以臣爲尚書徐學謨之親，因而詆及。其②疏塵瀆，待罪恐惶，蒙③聖明曲垂矜亮，寵頒溫綍，薄罰憸人。如日月之明，微芒必照，若天地之量，小過能容。臣誤被深知，渥承洪造，誓捐糜而爲報，永啣結以無忘。臣不勝感激仰戴天恩之至。"

是日，大學士申時行等題："近日薊鎮屢報夷情，及有火光之異，臣等以聖駕謁陵有日，恐鑾輿在外，烽燧忽傳，不無震驚之虞，每語本兵傳示該鎮，以仔細哨探。連日據薊鎮督撫官報稱，東虜土蠻並無結聚消息，及屬夷大嬖只遣人入邊講事，欲送馬乞賞，青把都部落亦無東行。雖其零犯竊窺之謀，不能禁絕，而大舉深入之患可保必無矣。仰惟皇上慎重邊防，屢屢特諭，邊臣自當用心整飭，加倍謹嚴，必不致貽聖明東顧之憂也。事係邊情，臣等不敢不直陳，以慰聖懷。謹具題以聞。"

二十九日戊寅，上諭內閣："朕躬詣天壽山，行秋祭禮。前

---

① 以 "以"當爲衍文。

② 其 "其"當作"具"。

③ 蒙 明抄本"蒙"上有"荷"字。通行本脫此字。

聞邊報有警，已屢旨申飭。昨覽卿等所奏，該鎮哨探無結聚消息，朕心嘉悅，實列祖威靈、卿等贊襄。還傳示兵部，行文與各邊督撫鎮巡等官，用心整飭，遠加偵探，務保萬全，以慰朕意。"大學士申時行等疏答云："仰惟皇上聖武布昭，既足寒氈裘之瞻①，宸衷兢惕，又深嚴疆圉之防，以故醜虜畏威，邊烽息警，豈臣等庸劣所能贊襄？祗奉溫綸，不勝祈戴。臣等謹欽遵，當即傳示兵部，曉諭各邊，用心偵探，慎加防備。謹具題以聞。"

① 瞻 "瞻"似當作"膽"。

萬曆起居注

① 九　"九"上當有"萬曆十一年"五字。

② 己　明抄本作"巳"，是。通行本作"己"，誤。

③ 國　明抄本"國"上有"許"字。通行本刪此字。

九①月己卯，朔，上御皇極殿。禮部進萬曆十二年大祀日冊，上立受之。

二日庚辰，上御經筵。

諭兵部："駕駐感思殿，從衛官校並紅門以裏擺守官軍等人馬，都着分爲兩班，每日輪番就水一次，着該管官整點，肅慎出入，不許喧擾，及曠誤執事。各該衙門知道。"

三日辛己②，上視朝。

六日甲申，辰刻，上率后妃發京。居守大臣及文武百官於德勝門外送駕。

駕至清河，賜元輔時行膳九品、手盒二盒、竹葉清酒二瓶，次輔有丁、國③各膳七品、手盒一盒、竹葉清酒二瓶。

駕次鞏華城，從官行禮畢，昌鎮總兵董一元及昌平州官吏師生耆老人等朝見於行宫。賜元輔申時行膳九品、竹葉清酒二瓶，次輔余有丁、許國各膳七品、竹葉清酒二瓶，定國公徐文璧、彰武伯楊炳共甜食一盒。

諭內閣："今日偶然大風陡作，靈臺奏有驚大邊兵。卿等傳示兵部，還遵照節次明旨，馬上差人申飭各邊，十分嚴謹防禦，毋得疎怠。"大學士申時行等疏言："皇上偶因風異，特念邊防，申令再三，兢業備至。臣等不勝欽服。謹欽遵傳示兵部，馬上差人申飭各邊，嚴謹防禦。謹具題以聞。"

七日乙酉，駕發鞏華城，午駐蹕感思殿。賜元輔申時行膳九品、竹葉清酒二瓶，次輔余有丁、許國各膳七品、竹葉清酒二瓶。

諭戶部："朕茲躬詣山陵，行秋祭禮，兼閱壽宫。經過州縣地方，本年分田糧，除春祀免過外，仍量與寬減，以示優恤。戶部查明，開具分數來看。"

諭兵部："薊昌保定各鎮調來防護官軍，着照本年春祭例，與京軍一體給賞，其宣大總督宣府總兵調來頂關防護官軍，也着人賞銀三錢。俱兵部處給，用示優恤。"

八日丙戌，上率后妃詣長陵、永陵、昭陵，行秋祭禮，其六陵二寢，俱遣官代。

九日丁亥，上親詣形龍山、大峪山等處，相擇壽宮。
諭內①閣："壽宮吉地，用大峪山。卿等傳示禮部並欽天監知道。"
以扈駕謁陵並擇壽宮，賜元輔申時行銀豆葉三十兩，次輔余有丁、許國各銀豆葉二十兩。
大學士申時行等題："臣等恭侍皇上親閱壽宮吉地既畢，今日欽奉欽命，覆視得大峪山吉地，體勢尊嚴，堂局明敞②，委為億萬年鍾祥毓秀之區，竊以為最上吉壤，無踰於此者。今宸蹕親臨，聖衷獨斷，果定於此，蓋由皇上至德格天，神功配地，以故坤輿孕粹，山祇效靈，用以綿本支百世之長，衍萬壽無疆之慶。臣等不勝忻忭踴躍之至。即傳示禮部、欽天監。謹具題以聞。"
大學士申時行題："本月初八、初九日，臣等恭侍皇上周閱壽宮，仰睹聖躬登高陟峻，神氣安閑，臣等疲蹇之資，追隨不逮。伏蒙皇上屢垂睞顧，親發玉音，既命長隨掖扶，復令臣等騎馬，拊恤周至，恩數優隆。是皇上之體臣，不啻慈父之愛子，臣等自幸遭逢，倍深③天恩之至。謹具題謝恩。"
以重陽令節，賜三輔臣上尊珍饌。

十日戊子，上駐蹕感思殿行宮。
大學士申時行等題："昨日晚，該文書官李興傳：聖體連日登山勞倦，且歇息一日。臣等仰惟皇上徧觀吉壤，歷陟高岡，聖躬委已勤勞，委宜調攝。臣等一念惓惓愛君之誠，敢不仰體？但前者薊鎮傳報夷情，該科疏止聖駕，奉有閱壽宮畢次日即回之旨。今祀典已成，壽宮已定，成命具在，難以忽更。且連日

① 内　明抄本"內"上有"內"字。通行本刪除此字，是。

② 敞　明抄本作"敝"，誤。通行本作"敞"，是。

③ 深　明抄本"深"下有"欣戴，不勝感激"六字。通行本脫此六字。

以來，天氣雖偶晴明，而風雨難知。邊境雖偶無事，而黠虜叵測。且六軍久駐，露宿風餐，亦可憐憫。臣等職在扈從，心切憂虞，惟願鑾輿早回，乃可萬全無慮。竊以爲聖體暫憩半日，於午刻就道，乘輿安行至鞏華城，不爲過勞，而可以仰慰聖母懸念之懷，俯順臣工俟歸之望。臣等不勝激切懇祈之至。"

駕幸東山口，遣御司房中官蘇用等傳旨問大學士申時行等："春間曾説東山口該築牆，如何不見修築？"時行等疏答曰："先該本年閏二月内，皇上春祭山陵，駕幸東山口，該前任大學士臣四維及臣時行、臣有丁扈①從，曾蒙垂問，欲照得勝。築建牆垣。彼時曾見臣四維與該部及守備尚文等議，皆言西北諸水俱出此口，一遇春夏水發，衝沙滾石，漂木浮薪，勢甚迅激，築牆建橋，難成易壞，若欲堅固經久，非數十萬錢糧不可，故近年曾議修築，止建敵臺二座。該部遂以工程浩大，錢糧缺乏，未曾題請，因循至今。臣等適又問工部尚書楊兆②，云：先年爲總督時，亦嘗議及，曾運到磚石，竟未興工，以此口通黃花鎮，彼處自有邊牆險阻，重兵備禦，且山口既建敵臺，足堪防守，可保無虞，似不必興難成之工，以費難處之財也。臣等謹據實回奏。伏惟聖裁。"得旨："既卿等奏築不得，罷工③。"

大學士申時行等題："昨該臣等恭請皇上回鑾，隨該文書官宋坤傳：聖體勞倦，且歇一日。臣等不勝瞻戀。竊謂皇上必將静處行殿，休養天和。已而聖駕游觀至東山口，盤桓盡日，抵暮方回。回④山氣早寒，陰風可畏。臣等既奉明旨，不敢隨侍，徒懷衷赤⑤，弗獲面陳。區區犬馬之心，竊以爲皇上一身，乃二祖九宗之所憑依，兩宮聖母之所眷念，百官萬民之所仰戴，負荷至重，體統至尊。必須百倍珍調，萬分保護，豈宜於疲倦之後，更即勤勞，以游覽之娛，遂忘愛惜？昔漢文帝欲馳下峻阪⑥張釋之諫曰：'陛下縱自輕，奈高廟太后何？'然則皇上當爲祖宗聖母自愛自重，不獨爲百官萬民已也。往者既不可及，來者尚猶可追，惟皇上留神警省，節飲宴，慎出入，以保養聖躬，增光聖德，宗社臣民幸甚。臣等又惟，益之戒舜曰：罔游於逸，罔淫於樂。晏嬰戒齊景公曰：從獸無厭謂之荒，樂酒無厭謂之亡。蓋自古忠臣愛君，必進苦口之言，以期沃心之益。而其君亦從諫如流，改過不吝，故稱爲明聖，卒致治安。臣等猥以庸愚，濫叨輔弼，惟願聖躬強固，聖德清明，以少效匡救贊襄之職分而已。若輔導無狀，緘默不言，臣等雖萬死不足塞責，何顏立於堯舜之世乎？伏望聖明垂鑒，俯賜聽納，臣等不勝激切仰祈之至。"

十一日己丑，駕發感思殿還京，居守大臣及文武百官軍民耆老人等，俱於城外迎駕。

十二日庚寅，大學士申時行等題："仰惟皇上躬修陵祀，兼閱壽宮，斷自宸衷，定茲吉壤，山名大峪，既以兆昌熾之祥，地接昭①陵，又以慰瞻依之慕。且風日晴朗，邊塵不驚，神人協和，起居萬福，上以副兩宮之至念，下以洽萬國之歡心。臣等叨陪執靮之司，幸睹回鑾之喜，不勝欣忭踴躍之至。除候禮部題請慶賀日期、隨班行禮外，謹先具題補賀以聞。"

① 昭　明抄本作"照"，誤。通行本作"昭"，是。

十三日辛卯，諭內閣："朕看擇吉地禮成，相擇文武大臣，俱各加恩。內有熒的，卿等擬旨來看。"時行等疏言："今日復蒙聖諭，欲加恩諸臣，內臣等三人，俱各有點。仰惟皇上，茂承帝眷，妙幹坤維，再駕鑾輿，親裁吉壤，以致休祥畢會，靈秀特鍾，垂億年不拔之基，衍萬壽無疆之慶。此皆由宸衷獨斷，天意合符。臣等不過執靮以從，豈能仰贊萬一？乃蒙聖戀甄錄，並欲加恩。臣等竊祿有年，叨榮已過，自惟曠瘝之罪人，荷優容，敢以纖芥之勞，輒承寵渥？所有臣等加恩，不敢擅與諸臣同擬。伏望聖明，俯容臣等辭免，以全臣節，臣等不勝幸甚。其原擇吉地員役通政司參議梁子琦及陰陽術士等，乞令禮部開列職名，題請敍錄施行。"

十六日甲午，上御皇極門，以謁陵②禮成，及閱定壽宮，文武百官致詞稱賀。

② 謁陵　明抄本作"陵祀"，通行本改"謁陵"。

諭兵部："內官監太監王祿，着提督正陽等九門、永定等七門，巡城點軍。寫敕與他。"

諭："朕親閱壽宮，喜得吉地。司禮監太監張宏，相擇勤勞，蔭弟侄一人，與做錦衣衛正千户。兵部知道。"

以謁陵兼擇壽宫禮成，賜元輔申時行銀五十兩、紵絲四表裏，次輔餘有丁、許國各銀四十兩、紵絲二表裏。

十七日乙未，敕吏部："選擇吉壤禮成，元輔等效勞，宜特加恩。前任輔臣四維，着蔭一子入監讀書，還賞銀五十兩、綵段四表裏。時行加少傅，兼太子太傅，改吏部尚書、建極殿大學士，蔭一子入監讀書。有丁加少保，改户部尚書、武英殿大學士。許國加太子太保，兼文淵閣大學士，餘官照舊。各給與應得誥命。"

又諭吏部："朕閱定壽宮吉地禮成，各相擇隨侍文武大臣，均效勤勞。定國公徐文璧，加少保，兼太子太保。彰武伯楊炳，加太子太傅。禮部尚書徐學謨、工部尚書楊兆，各加太子少保。禮部侍郎高啟愚、工部侍郎何起鳴，並司屬官吕興周、葛昕、閻邦，各陞俸一級。欽天監監副張邦垣陞二級。主簿楊汝常、歐承意各一級。俱照舊管事。該部知道。"

十八日丙申，少保兼太子太保户部尚書武英殿大學士申時行等奏："爲恩命殊常披誠辭免事。本月十七日，准吏部咨：該本部奉敕：'選擇吉壤禮成，元輔等效勞，宜特加恩。時行加少傅，兼太子太傅，改吏部尚書、建極殿大學士，蔭一子入監讀書。有丁加少保，改户部尚書、武英殿大學士。許國加太子太保，兼文淵閣大學士，餘官照舊。各給與應得誥命。吏部如敕奉行。欽此。'臣等聞命自天，措躬無地。仰惟皇上，親勤法駕，閱定壽宮，億萬年王氣所鍾，千百姓歡心斯萃，蓋由宸衷獨斷，潛協神謀，豈云技術可窺，旁資人力？臣等情同忡忡，私切悚惶。左右朝夕，將納誨而未能，陟降川原，徒扈從而無補。謬承溫語，獎以效勞，特降明恩，並加異數。斯豈誠菲所能對揚？方今歲時不登，民生未逐，人心頗僻，國是混淆，庚帑空虛，寇攘竊發，瘝曠之咎，無所可逃。棄置不追，為幸已厚，豈容復蒙不次之賞，更叨非望之榮？況綵幣兼金，駢蕃三錫，乃穹階重蔭，優渥再承。夫基薄而崇者必傾，器小而盈者必覆。誠恐勞微恩重，福過災生，非惟速冒濫之譏，抑且累公平之體。伏乞收回成命，俾守舊官，庶愚分獲安，而名器亦重矣。臣等無任戰慄待命之至。"得旨："卿等贊襄密勿，茂著忠勞，茲以選擇吉壤禮成加恩，已有成命，宜承優眷，不允所辭。吏部知道。"

二十二日庚子，命右春坊右庶子兼翰林院侍讀王家屏、翰林院侍讀徐顯卿，主考會試武舉。

是日，大學士申時行等題："今日該巡撫順天右僉都御史翟繡裳差人報稱：東虜土蠻下部落糾合西虜大約二三萬騎，要犯搶寧遠前屯等處地方。臣等將原來塘報進覽，該文書官劉愷口傳聖旨：'傳與兵部，馬上差人著彼處嚴加隄備。欽此。'臣等看得，寧前係遼東地方，切近山海關，與薊鎮接壤。往時寧前有警，則薊鎮兵馬出關策應，為之聲援。今遼東尚未有報，前項虜眾犯搶地方，未知的確。若果犯寧前，李成梁必已領軍拒堵，而薊鎮巡撫今亦已移駐山海關近處調度。兩地各有兵馬，足堪備禦，必不敢有疏虞。臣等當即欽遵傳示兵部，馬上差人傳諭彼處巡撫將官，嚴加隄備訖。候再有塘報，另行進覽。謹具題以聞。"

二十七日乙巳，大學士申時行等題："今日蒙發下文書，內有禮①部推官二本，該文書官李恩傳聖旨：'鄭洛在邊鎮節省錢糧，是好官，邊上該用他，如何推他京管②，放在閒散？孫光祐在任未久，如何又推陞他？欽此。'臣等仰見皇上留心邊務，加意人才，欲久任責成，以圖治理，臣等不勝欽服。但鄭洛自山西大同巡撫至總督宣大，先後已八、九年，勞績甚多，閱歷已久。先年曾題奉欽依：'大臣出入互用，以均勞逸。'如王崇

① 禮 明抄本作"吏"，是。通行本作"禮"，誤。
② 管 明抄本作"營"，是。通行本作"管"，誤。

① 吉 明抄本作"古",是。通行本作"吉",誤。

② 已 明抄本作"以",通行本改"已"。

③ 即 明抄本作"既"。通行本作"即",誤。

④ 九 "九"後當有"日"字。

⑤ 卿 據上文,"卿"後當有"等"字。

吉①、方逢時,皆自宣大總督推陞協理京營。該部以鄭洛事體與二臣同,故會官推用,實以共在邊久勞,暫令休息,將來仍可寄以邊鎮。且推陞之後,必候新官交代,始離地方,於邊事固不誤也。孫光祐先任應天巡撫三年,後推四川,亦已②一年。近來缺官數多,挨次陞轉,多不能久任,而在巡撫之中,資俸亦無有過於光祐者,故該部因而推及。若舍俸深官員,而又推其次,則資序愈不相應矣。此皆曾與臣等酌議,然後擬請上裁。伏惟聖明洞察。臣等謹擬旨,將鄭洛照舊總督,其協理京營,令吏部另推。其孫光祐,伏乞俯從部推,庶用人各當,而臣等及該部亦得逭於不明之罪矣。"得旨:"即③卿等所奏,朕已點用。今後但凡各處要緊、事情重大的,不必以資格歷俸爲則,必須推其堪任的用。"

二十八日丙午,上御皇極殿。太常寺奏孟冬時享太廟。

二十九④丁未,大學士申時行等題:"昨該臣等爲吏部推官事,具揭擬票,上請聖裁。今日伏奉聖旨:'既卿⑤所奏,朕已點用。今後但凡各處要緊、事情重大的,不必以資格歷俸爲則,必須推其堪任的用。欽此。'臣等竊惟,量才授官,乃能稱職,循資論俸,未必得人。祖宗朝用人,原不拘泥,但近來吏部沿習舊規,不能破格,推用官員未盡妥當。兹奉聖諭,以地方緊要、事情重大爲先,不必以資格歷俸爲則,仰睹聖見高明,睿謨宏遠,深得任官圖治之要,非臣等愚昧所及。謹當傳示吏部,令其恪遵明旨,斟酌奉行。臣等不勝欽服仰戴之至。謹回奏以聞。"

十①月己酉，朔，上御皇極殿。欽天監進萬曆十二年《大統曆》，給賜百官，頒行天下。

是日，上親享太廟。

賜三輔臣日曆各一百本，日講官陳經邦等六員各五十本。

三日辛亥，上視朝。

是日，命右春坊右諭德兼翰林院侍講掌司經局事沈一貫，陞左春坊左庶子，司經局洗馬管國子監司業事范應期，陞右春坊右庶子，俱兼翰林院侍讀。翰林院侍講于慎行，陞左春坊左諭德，兼翰林院侍讀。

二十七日乙亥，大學士申時行等題：今日蒙發下文書，內有御史趙應元請考察本。該文書官宋坤口傳聖：'着臣等擬票着實舉行，欽此。'仰惟皇上勵精治理，欲甄別官材，簡汰不職，德意甚盛，臣等敢不仰承？但查得祖宗舊制，京官六年考察一次，先期，吏部、都察院及科道官，將六年以內在任去任官員，查訪賢否，會議去留，此定例也。累朝以來，或因登極，或因天變，遂有不時考察之舉。但事起倉卒，查訪不及周詳，或誤聽風聞，或扶私報復，出自一人之口，而衆人遂信以爲真，事在數年之前，而今日又舉以相證，是非淆亂，毀譽失真，被黜官員間多誣枉。近時言官，紛紛舉薦，亦有前項被黜之人。此則不時考察，易於誣枉之明驗也。近日伏蒙皇上，大奮乾斷，屏逐憸邪，一時不職②之臣，大者斥罷，小者降謫，朝廷之上既以肅清，即今水旱之災，亦非殊常變異，驟舉考察，必致驚疑。且近來科道官員，多係新進，查訪賢否，未必皆真，恐以黜陟重大之典，反爲聖朝仁明之累。伏望皇上將考察一事，暫行停止，其有不職③官員，罪過顯著者，聽吏部不時察④處，及科道官論黜，庶在位者皆知警懼，而無過者不至濫及。惟復別蒙聖裁。臣等謹擬票進覽，伏候定奪。"上從之，遂批應元疏云："京官六年考察，係祖宗舊制，近年不時舉行，多有誣枉，這考察罷。內外大小臣工，都着淬勵修省，務盡職業，有不職的，吏部不時察⑤處，並科道官指實參奏罷斥。該衙門知道。"

① 十 "十"上當有"萬曆十一年"五字。

② 職 明抄本作"識"，誤。通行本改"職"，是。

③ 職 明抄本作"識"，誤。通行本改"職"，是。

④ 察 明抄本作"劣"。通行本做"察"。

⑤ 察 明抄本作"劣"。通行本做"察"。

萬曆起居注

十①一月己卯，朔。

四日壬午，命禮部左侍郎兼翰林院侍讀學士周子義，改吏部左侍郎，掌詹事府事，仍教習庶吉士。

五日癸未，上御皇極殿。太常寺奏冬至令節大祀天於圜丘。

十八日丙申，命取原任翰林院修撰陳于陛，仍充日講官，馳驛來京。

又命右春坊右庶子兼翰林院侍讀范應期、翰林院侍講張一桂、右春坊右中允兼翰林院編修吳中行、右春坊右贊善兼翰林院檢討趙用賢，俱充經筵講官，鴻臚寺主簿湯應龍補寫講章官。

二十四日壬寅，大學士申時行等題："先該雲南總兵官沐昌祚、巡撫官劉世曾等題稱：隴川岳鳳勾引緬甸莽應裏兵衆②，一攻騰衝，一攻永昌，因夏月瘴發，潞江難過，暫將兵衆③收回，候秋復來。已經兵部將節次題奉明旨，移咨彼咨④彼處鎮巡官：嚴謹隄備，一應募兵操練，分布防守事宜，着實舉行。近日據彼中傳報不一，有云岳鳳投遞番文聽撫者，有云聚兵謀犯大小蒲窩、欲渡潞江深入者。蓋雲南去京師萬里，而緬甸去雲南省城又數千里，程途絕遠，傳報甚遲，賊情即難以詳⑤知，兵機又難於遙度，若果深入，則我兵力難支，騰永震動，臣等實切憂虞。昨巡撫題請添兵增餉，欲留起解錢糧，及於川湖就近接濟，皆當聽許。臣等已語該部，即與題覆施行。至於振作鼓舞，令鎮巡僇力，將士用命，猶必賴天語丁寧，廟謨申飭，然後人知奮勵，事有責成，不敢以地方遙遠，萌苟且偷玩之念，以取誤事之愆。謹擬傳帖一道進覽，伏乞聖裁施行。"因諭兵部："雲南緬賊猖獗，戰守機宜，鎮巡官作何處置？你部裏馬上差人傳示彼處，着沐昌祚、劉世曾務遵前旨，同心僇力，共保無虞。兵餉事宜，會同戶部，即與設處。騰永等處有無聲息，總兵官一月一報，如係緊急，半月一報。候事寧止，應給火牌

---

① 十 "十"上當有"萬曆十一年"五字。

② 衆 明抄本作"象"。通行本改"衆"。

③ 衆 明抄本作"象"。通行本改"衆"。

④ 彼咨 "彼咨"二字殆為衍文。

⑤ 即難以詳 明抄本作"既難以逆"。通行本誤作"即難以詳"。

四五〇

便查與他。"

二十七日乙巳，諭禮部："萬曆十一年十一月二十七日巳時，朕第二女生。"皇女，德妃鄭氏出也。

命吏部左侍郎兼翰林院侍讀學士沈鯉，充《會典》副總裁。

二十八日丙午，以皇女生[①]，

[①] 生　據《明神宗實錄》卷一四三，"生"下當有脫文："賜元輔申時行紅雲紵綵二疋，銀抹金腳花二枝，次輔余有丁、許國及講官沈鯉等五員各紅紵綵一疋、銀腳花一枝。"

萬曆起居注

①十 "十"上當有"萬曆十一年"五字。

②須 明抄本此字不清晰。通行本作"須",是。

③用 明抄本無"用"字。通行本有"用"字。

④故 明抄本無"故"字,通行本有此字。

⑤外 此"外"字殆爲衍文。

十①二月己酉,朔,諭鴻臚寺:"朕偶感風寒,暫須②静攝,着暫免朝請數日。"

是日,大學士申時行等題:"今日該文書官劉成口傳聖旨:'宫中喜事賞用,着取太倉銀十萬兩、光禄寺銀五萬兩來用③。欽此。'該臣等思得,太倉銀兩係京邊歲用儲餉,毫不可缺。去年已奉恩詔普免三分。又陝西、山西、河南、湖廣等處各報災傷,題奉欽依,蠲免不等。各處錢糧既多免徵,減太倉之歲入,西北軍餉又通行抵補,增太倉之歲出。昨户部尚書王遴方與臣等私相憂慮,恐明年歲用不敷,難以措處,在年終御覽揭帖可查也。今皇女誕生,宫闈燕喜,臣等亦知聖恩必有賞賚,但取之光禄,猶爲膳羞之餘,取之太倉,遂缺京邊之額,臣等不敢不據實以聞。隨該劉成回奏,又傳聖旨:'着於光禄寺取十萬兩,太倉五萬兩。欽此。'臣等兩奉聖諭,豈敢故④違?但職在奉公,義當憂國,若多損太倉之儲而誤國家之事,臣等實不敢也。謹就中調停,預備金花銀兩,以應目前之用,來歲皇上少加撙節,即有贏餘,庶爲兩便。謹擬傳帖進覽,伏惟聖裁施行。"於是上停取太倉銀兩,諭光禄寺取銀十萬兩進用。

二日庚戌,大學士申時行等題:"昨日該鴻臚寺接出聖旨:'説與鴻臚寺,朕偶感風寒,暫須静攝,着暫免朝講數日。欽此。'仰惟聖體暫爾違和,即日必當康豫,但臣等竊見,連日天氣嚴寒,甚難調攝,伏望皇上慎節起居,以凝萬福。臣等不勝惓惓願望之至。謹具題恭候萬安以聞。"

十六日甲子,上視朝。

是日,大學士申時行等題:"今日蒙發下文書,内有户部尚書王遴本。該文書官宋坤口傳聖旨:'漕糧改折了,一時要米怎能得到?不准改折,解鈔着照舊抵補,已有旨了。欽此。'臣等看得,鈔關本折輪解,原係舊規,抵補公用銀兩,已奉明旨,謹遵諭擬票外,其漕糧改折外⑤一節,蓋因近年京倉積米已足支八、九年,愈多則愈浥爛,而太倉銀庫歲入甚少,明年各邊奏計①年例支給不敷，極難措處，故該部欲以糧之有餘，補銀之不足，乃一時權宜之計，且議折三分之一，固非全折，又止議暫行，亦非常折，於理財經國之務，似在可行。但欲暫行三年，則為期太遠，本色太虧。臣等仰體聖意，欲暫准一年，以濟目前之急。謹擬票進覽。又應天巡撫郭思極自陳本，臣等知其才機可用，年力尚強，且與地方相安，若遽棄之，不無可惜。臣等謹擬二票，恭候聖明裁擇施行。謹具題以聞。"得旨："漕糧准酌量改折，暫行一年。郭思極回籍聽用。"

十七日乙丑，命翰林院徧②修曾朝節、陸可教、馮琦，檢討余繼登，充《會典》纂修官，制敕房辦事試中書舍人李傳充謄錄官。

十八日丙寅，上御文華殿講讀。

是日，大學士申時行等題："今日伏奉聖諭：'慈寧宮近侍曹祿，不行小心，遺失火沿燒本宮殿宇，以致驚恐聖母。朕已奉聖母暫居乾清宮，諭卿等知之。欽此。'竊惟慈寧宮殿邇宸居，皇上孝養慈闈，朝夕定省，備極誠慎。茲近侍不戒於火，以致震驚，時屬更深，災起倉卒，而皇上親奉聖母暫居乾清，慈御既安，承歡猶便，仰見聖孝純篤，聖慮周詳，臣等不勝欽戴。所有原奉聖諭一道，謹用進徼③。謹具題以聞。"

是日，大學士申時行等題："查得本年十二月二十四日起放除夕假，連年節、上元假、至新年正月二十日方滿。先奉欽依，於正月上旬先擇吉開④開講一次，仍暫輟講，至二十日以後照常日講。臣等謹擇萬曆十二年正月初十日上吉日，請皇上開講一次，至二十日以後照常日講。謹具題知。"

二十五日癸酉，大學士申時行等題："先該臣等題稱，每年終將講過經書、《通鑑》講章，類寫進呈，以備皇上溫習觀覽，仍發司禮監接續刊板。已奉欽依，節次進呈訖。今查萬曆十一年所講經書，除《書經》已經講⑤完外，謹將《孟子梁惠王章句》下一本、《貞觀政要·任賢》一本，類寫裝潢進呈，伏望皇

萬曆十一年

四五三

① 計 明抄本作"討"，是。通行本改"計"，誤。

② 徧 "徧"當作"編"。

③ 徼 明抄本作"繳"，是。通行本作"徼"，誤。

④ 開 明抄本無此"開"字，是。通行本有，誤。

⑤ 講 明抄本作"進"。通行本作"講"。

萬曆起居注

上萬幾之暇，時加觀覽，以求溫故知新之益。仍乞發下司禮監接續刊行。臣等不勝惓惓效忠之誠。謹具題以聞。"

是日，大學士申時行等題："竊惟出災異以譴告者，上天之仁愛，過①災變而修省者，人君之盛節。前日慈寧宮災，雖係近侍疎虞，已蒙聖斷處治，但臣等伏觀史冊所載，凡宮殿被火燒燬，皆爲災異，自昔帝王有避殿減膳側身修行者。仰惟聖德隆盛，朝政清明，豈宜有此？此實臣等奉職無狀，詞②變乖方，以致上干天威，示以火警。除臣等席藁待罪外，其中外大小臣工宜一體修省，以回天意。猶望皇上靈承帝眷，增修聖德，以副祖宗之寄託，以慰臣民之瞻仰。臣等不勝惓惓願望之至。謹擬傳帖一道進覽，伏乞聖裁施行。謹具題以聞。"是③日，諭禮部："慈寧宮災，係上天示戒。朕衷深切警惕，其中外大小臣工各宜省愆思職，共圖消弭，以承天心仁愛。合行事宜，爾禮部具奏來行。"

二十六日甲戌，大學士申時行等題："今日蒙發下文書，內有禮部議擬皇親李偉贈官一本。該文書官劉成口傳聖旨：'着贈國公，令臣等擬旨，欽此。'仰惟皇上，孝本因心，仁弘錫類，以聖母在上，椎恩外戚，故於贈卹之典，特致優隆，臣等敢不仰體聖母之至情，祇承皇上之明命？但典制所當恪守，恩澤不可濫施。先朝國戚加恩，輕重不一，自皇祖世宗皇帝釐正封典，並未有贈公者。如吏部所引泰和、安平二家，皆皇祖所眷遇，其贈官不過太保及太子太保。至如玉田伯，乃慈孝獻皇后外家，蔣輪沒後，贈亦不過太保而已。在皇上今日，惟當取法皇祖，慎守典章，如正德中壽寧侯張巒故事，不可爲訓也。且李偉生前封伯，進爵爲侯，榮亦至矣，身後祭葬及謚，皆超格頒給，厚亦至矣。是皇上所以承順聖母之志者，也④極隆而無以加，即加贈太保，亦不爲簿⑤。若聖意必欲從厚，合無加贈太傅，以仰慰聖母罔⑥極之懷？臣等謹擬票進覽，伏乞聖裁施行。謹具題以聞。"上令中官傳諭："今聖母在上，朕當從厚，豈可與蔣家比？"竟贈安國公。

① 過 "過"殆爲"遇"之誤。
② 詞 "詞"當作"調"。
③ 是 明抄本"是"上有"是"字，誤。通行本刪此字，是。
④ 也 明抄本作"已"，是，通行本誤作"也"。
⑤ 簿 明抄本作"薄"。通行本作"簿"。
⑥ 罔 明抄本誤作"固"，通行本改正作"罔"。

萬曆
十二 年

萬曆十二年正月八日丙戌，上親享太廟。

十八日丙申，大學士申時行等題："先該文書官傳旨，令鴻臚寺改宣捷祭告日期。臣等因恭問起居，始知聖體偶感風寒，暫須靜攝。仰惟天心眷佑，當即日康寧。但連日春寒正峭，氣候難調，伏望皇上順時珍護，茂膺景福。臣等犬馬微誠，不勝瞻戀之至。謹具題恭候萬安以聞。"

十九日丁酉，諭鴻臚寺："朕偶感風寒，暫須靜攝，朝講暫免數日。二十三日免捷。其奏捷人員，照常給與賞賜。祭告郊、廟，遵前旨行。領敕辭朝官員，不必候面，着具本奏來。"

二十日戊戌，大學士申時行等題："先該臣等伏聞聖體違和，具題恭候，竊意即日萬安。昨欽奉聖旨：'說與鴻臚寺，朕偶感風寒，暫須靜攝，朝講暫免數日。欽此。'仰惟皇上一身，乃上帝之所眷綏，百神之所擁護，暫時違豫，不日就康。但臣等竊惟，六氣之邪，乘虛乃入，必保養完固，則外邪不侵。猶望皇上慎節起居，導迎和氣，以茂膺康寧之福。臣等不勝企望瞻戴之至。謹具題恭候萬安以聞。"

二十四日壬寅，大學士申時行等題："伏蒙發下兵部覆遼東功次本，該文書官劉成口傳聖旨，欲加恩臣等，令臣等併擬。仰惟皇上留意邊防，軫念將吏勞苦，陞賞俱從優厚，誠激勸人心之大典。至欲敘及臣等，則臣等萬不敢當。蓋此邊鎮奇捷，皆由皇上神武布昭，威稜震聲，將士協心用命所致，臣等叨侍帷幄，適會其成，有何勞能，可以褒錄？況邊功不敘閣臣，前已奉有明旨，且臣等受恩深重，叨竊已多，不宜復分將士之功，增冒濫之罪。伏望皇上，俯容臣等辭免，以安分義。臣等實不敢擬。謹具題辭謝以聞。"

二十五日癸卯，大學士申時行等題："今日欽奉聖旨：'遼東大捷，實元輔等預授廟謀，始能成功。既不擬旨受蔭，今特賜元輔銀一百兩、蟒衣一襲、綵段四表裏，二輔和衷共濟，各銀八十兩、蟒衣一襲、綵段二表裏。卿承之勿辭，以示眷酬。欽此。'仰惟皇上神謨獨運，聖武維揚，軫念邊疆，鼓武將士，以致三軍用命，二虜伏辜，全收斬馘之功，聿奏非常之捷。臣等折衝無具，授策何能？誤蒙天語之寵襃，載荷上方之殊錫，隆匪頒以示眷，命欽承而勿辭。臣等祗奉恩綸，彌深震惕，仰酬鴻造，永矢捐糜。不勝感戴天恩之至。所有原奉聖旨一道，謹尊藏閣中，以昭皇上優寵近臣之盛典。除赴鴻臚寺報名廷謝外，謹具題謝恩。"

二十六日甲辰，命詹事府少詹事兼翰①林院侍讀學士掌院事王家屏，教習庶吉士。

是日，大學士申時行等題："先該臣等奉旨，改擬給事中鄒元標罰俸、御史范儁降調，寫票進覽，並仰乞聖恩寬宥，連日未蒙允行，臣等不勝惶懼。蓋臣子委身報國，即官職軀命不敢自愛，臣等豈故爲二臣惜哉？但臣等待罪輔弼，惟欲宣揚聖德，扶持國體，使天下萬世皆稱頌皇上能容直言、赦小過，如天地之大、日月之明，此則臣等願望之心也。前者皇上斥逐憸邪，錄用忠直，召起鄒元標於投竄之中，海內翕然頌聖。曾未數月，復以修省建言而罪之，一人之身，倏用倏捨，似非所以慎舉措而慰人心也。至於范儁之輕率狂妄，臣等所擬似爲少輕，如蒙皇上罷其官、削其籍，亦足以警戒妄言，風動有位矣。若因此一人處分過重，羣情不無驚疑，將來蹇諤之氣日微，諛佞之風漸長，即有大利害、大奸惡，誰肯輸誠盡言于②不測之威乎？今聖躬康豫，神人悅安，方當導迎至和，敷施闓澤。臣等仰知聖怒既平，天威漸霽，故敢不避煩瀆，輒陳其愚。伏惟聖明垂仁鑒察，俯賜矜從。臣等不勝激切懇祈之至。"是日，上怒稍解，左右皆環跪榻前，請從閣臣言。上領之。明日，旨下，元標降

① 翰 明抄本誤作"幹"。通行本改正作"翰"。

② 於 明抄本作"干"，通行本作"于"。

調，僑爲民，竟免廷杖。蓋聖度寬仁，即盛怒猶可轉移如此。

二十七日乙己①，上御文華殿講讀。

① 己 "己"當作"巳"。

萬曆起居注

萬曆十二年二月三日庚戌，大學士申時行等以坊局缺掌印，推翰①林院侍讀徐顯卿，爲左春坊左諭德，兼翰林院侍讀，掌本坊印，左春坊左中允管國子監司業事張位，爲司經局洗馬，兼翰②林院修撰，掌本局印。及查先朝例，議處年深翰林官，推侍講韓世能、張一桂、李長春俱爲右春坊右諭德，兼翰林院侍講，修撰陳於③陛爲司經局洗馬，兼翰④林院修撰。上俱報可。

九日丙辰，諭內閣："慈寧宮係聖母御居處所，着工部會同內官監上緊辦料，鼎新建⑤造，不許延緩。物料待有次第，奏請擇日興工。各該衙門知道。"大學士申時行第⑥題："今日欽奉聖諭，鼎建慈寧宮。皇上孝奉慈闈，致隆尊養，欲鼎新乎宮殿，命將作以經營，此寔中外之所仰瞻，而臣等之猶⑦願望者。近已與工部尚書楊兆等議，查處材料，以待興工。茲奉綸音，不勝忻躍。謹已欽遵傳示工部訖。所有原奉聖諭一道，理合進繳。謹具題以聞。"

二十五日壬申，上御文華殿講讀。

是日，大學士申時行等題："今日發下文書，內有御史徐申參論國子監祭酒范應期本，該文書官李浚口傳聖旨：范應期是何人薦他？如今人又論他。薦的該追論。令臣等擬旨，欽此。臣等查得，范應期原以乙丑進士任翰⑧林院修撰，曆⑨陞中允，充經筵日講官。又陞右諭德掌南京翰⑩林院事。丁憂，服闋起補原官。隨該科道官拾遺糾論，奉旨調南京別衙門用，吏部遵照調補南京員外郎。蓋本官原非罷斥，例當補任，不待有人薦舉方可起用也。且參訪輿論，咸謂本官出自翰林，曾侍講讀，偶被指摘，多出風聞，宜與翰⑪林官員一體挨次陞轉。前日因司經局缺官掌印，臣等亦照資序題補，又因國子監缺祭酒，吏部亦照資序會推。歷查先後原無薦舉之人。臣等欽奉聖問，謹據實回奉⑫。今徐申所論，即前時科道所論之事，別無大過。但本官既經論列，難以表率師儒，合無令其致仕，或降調南京

---

① 翰 明抄本誤作"幹"。通行本改正作"翰"。
② 翰 明抄本誤作"幹"。通行本改正作"翰"。
③ 於 明抄本作"于"，是。通行本誤作"於"。
④ 翰 明抄本誤作"幹"。通行本改正作"翰"。
⑤ 建 明抄本無"建"字。通行本有"建"字。
⑥ 第 明抄本作"等"，是。通行本誤爲"第"。
⑦ 猶 明抄本作"尤"，通行本作"猶"。
⑧ 翰 明抄本誤作"幹"。通行本改正作"翰"。
⑨ 曆 明抄本作"歷"，是。通行本作"曆"，誤。
⑩ 翰 明抄本誤作"幹"。通行本改正作"翰"。
⑪ 翰 明抄本誤作"幹"。通行本改正作"翰"。
⑫ 奉 "奉"當作"奏"。

別衙門用。臣等謹擬二票上請？伏乞聖裁施行。"得旨："即卿等所奏，准着致仕。今後各處起用薦舉，還着該部遵前旨推好的用，不必以資格品級歷俸爲説。卿等還傳示與該部知道。"

二十八日乙亥，大學士申時行等題："今日發下文書，內有御史許樂善條陳本。該文書官宋坤口傳聖旨：'許樂善灑派錢糧，變亂成法，着擬①旨重處。欽此。'臣②等仔細看詳本官所言定徭册一款，未③有東南賦煩役重，與別省不同，遇有別省災傷，須查無災省分通融酌派，非萬不得已，弗輕加於蘇松諸郡等語。其意蓋派單年年增蓋，疑是因別省有災，將蠲免拖欠之數加派於蘇松等處，故請弗輕易加派，非欲以蘇松等處錢糧灑派於別省也。但其詞意欠明，有似灑派，仰廑皇上詰問。臣等謹爲參詳，分解回奏。然其言語無緒，未足採錄。仰乞聖明寬其過誤，置之不行。謹擬票進覽。伏惟聖裁。"

二十九日丙子，上視朝。

① 擬　明抄本作"出"。通行本改"擬"。
② 臣　明抄本無"臣"字。通行本補此字，是。
③ 未　明抄本作"未"。通行本誤作"未"。

萬曆起居注

萬曆十二年三月戊寅，朔。

五日壬午，命南京國子監司業趙志皋爲右春坊右諭德，掌南京翰林院印。

六日癸未，上視朝。

二十一日戊戌，大學士申時行等題："今日發下文書，內有御史丁此呂一本，追論科場事情，令臣等擬票。臣等看得，科場取士，乃至公之典，若果徇私媚人，罪豈容於輕恕？但丙子鄉試稽應科爲經房官，則臣國爲主考，庚辰會試，陸樹、戴光啟爲經房考官，則臣①時行、臣有丁爲主考，皆與其事。竊見兩京鄉會試，與各省不同。各省巡按監臨外簾官猶看墨卷。若鄉會試內簾所看係是謄過硃卷，止有字號而無姓名，又無筆迹，鬼神莫知，難容私意。臣等亦止據其所取文理可觀，遂先②數中式。其稽應科等平日有無趨附權勢，則臣等不知，至於科場之事，則臣等皆身親目擊，並無私弊實迹可據。若諸臣以此被罪，則同事之臣，豈得諉之不知？即臣等有不能逃罪者矣。至於論高啟愚，止以應天鄉試題目爲證。然先③科場中，以堯舜禹湯文武出題，亦侮常事，萬無以題目媚人之理。若以文字影響疑人，而陷之④莫大之罪，則讒言訐害者接迹而來，清明之朝豈宜有此？昔宋臣蘇軾作詩有曰：'根到九泉無曲處，世間惟有蟄龍知。'害軾者指以爲怨望，欲罪之。神宗曰：'彼自詠檜耳，何罪？'史冊書爲美談。近年趙文華以吏部試題傾害尚書李默，至今人爲稱屈。乃御史以此論人，是爲搜求，殊失正大公平之體。臣等竊謂，此本宜下部看詳，分別各官平日賢否，以定去留，難以揣摩一面之詞，加人曖昧難明之罪。臣等謹擬票進覽，伏乞聖裁施行。謹具題以聞。"

二十二日己亥，上御經筵。

大學士臣申時行等題："今日蒙發下文書，內有御史張文熙

---

① 臣　明抄本"臣"下有"國爲主考，庚辰會試，陸樹、戴光啟爲經房考官，則臣"二十一字，衍。通行本刪此二十一字，是。

② 先　明抄本作"充"。通行本誤作"先"。

③ 先　明抄本"先"下有"年"字，是。通行本脫此字。

④ 之　明抄本"之"下有"以"字。通行本脫此字。

萬曆十二年

條陳三事。其第二款戒偏重之弊，言前此閣臣專擅自恣，內有四事乞皇上宣諭臣等，永爲禁革。該文書官宋坤口傳聖旨：'朕於天下事不得盡知，常要咨訪內閣，若各項事體都不與聞，設內閣何用？張文熙説這許多閑話，先生每也不要介意。欽此。'仰惟皇上聖德謙虛，純心委任，不以臣等之不肖，每欲咨詢，又以御史之多言，俯垂慰諭。臣等方切感激，更復何言？但國家典制及閣臣責任，言官皆不得深考，使臣等居密勿之地，昌專權①之嫌，恐難展布，不敢不爲皇上明之。其一謂部院各衙門，不當置考成簿送閣查考。查得祖宗舊制，各衙門每月關領内府精微文簿，開寫事件，月終送內閣收掌，年終類送六科廊，此係二百年來成規。今考成文簿，與精微文簿相同，但詳略稍異耳。然則各衙門事體，未嘗不使閣臣與聞也。且先年題奉欽依，凡撫按官奉到勘合、過限未完者，六科上下半年一次查參，其每月送閣文簿，止備查考，閣臣原不題參。又罰俸止及撫按等官，未嘗借以督責部院也。夫國家紀②綱法度，分掌於部院，而統歸於朝廷，閣臣則參機務、備顧問者，若於諸司之事全不與聞，即皇上有問，臣等憑何奏對？即有票擬，臣等憑何恭酌？此豈皇上委任責成之意哉？且如吏部官，不稱則當去，未聞革吏部之銓選也。户部官，不稱則當去，未聞革户部之錢糧也。使閣臣不職，即黜罷可耳，若併其責任而盡削之，不幾因噎而廢食乎？其二謂吏兵二部陞除，不當一一取裁。其三謂各處督撫巡按，不當密揭請教。夫部臣各有職掌，督撫等官各有責任，原未嘗事事取裁，事事請教。但閣臣以平章政事爲職，而用人則政事之大者，故文官自京堂，武官自參將以上，部臣亦與臣等商量，無非虛心爲國，以示慎重公平之意。今二部尚書見在，臣等何曾行一私意，用一私人？今但③其所用之人公與不公，不當問臣等知與不知也。至於各地方事情，若關係重大，督撫等官豈得不與臣等言之？如陝西等處重災，作何賑濟，遼東虜情作何防剿，雲南莽賊作何備禦，此皆朝廷大計，即各官揭問，不爲阿承，即臣等告以方略，不爲侵越。但論事體當與不當，不必論臣等知與不知也。其四謂票旨不使同列與知。則臣時行

①擅　明抄本作"擅"，通行本作"權"。

②紀　明抄本誤作"純"。通行本改正作"紀"。

③但　明抄本"但"下有"閣"字，誤，當作"問"。通行本無"閣"字，亦誤。

在閣，無一事不與二臣議擬，即文熙亦謂其同寅和衷，原無此事，何從禁革？此則臣等可無論也。蓋議者徒見前人之弊習，而並欲防後人之將來。不知專擅在人，不在於法。擇人以守法則可，因人而廢法則不可。假令臣等居位食祿，事事皆委之不知，豈不安逸？然祖宗建立閣臣之意謂何？臣等受皇上高厚之恩謂何？而推諉自便，即萬死何以塞責？臣等寔不敢避形，而有所不盡其心，故畢陳其愚如此，伏惟聖明裁察。臣等不勝惶恐待罪之至。謹具題以聞。"

二十四日辛丑，諭內閣："朕方以大政悉委卿等，勿以浮言介意，宜盡心輔理，以副眷倚。各衙門事務，豈得不與聞？卿等忠慎公勤，力挽前轍，朕所洞鑒。覽所奏，知道了。閣事照舊行，宜殫謀協恭，以副朕至意。"於是大學士申時行等具疏云："臣等猥以庸陋，豚①在樞機，雖敬畏小心，不敢蹈前人之覆轍，然優游曠職，莫能報君父之殊私。每自省循，不勝兢惕。仰荷皇上眷知特至，委任尤專。忠慎公勤②既謬承乎褒獎，盡心輔理且責效於驅馳。臣等渥被隆恩，矢殫愚悃，苟可酬乎鴻造，敢自愛乎微軀？臣等無任感激忻戴之至。所有原奉聖諭一道，謹尊藏閣中，以昭皇上優眷輔臣之美。謹具題謝恩。"

二十六日癸卯，上視朝。

① 豚　明抄本作"服"，是。通行本作"豚"，誤。
② 勤　明抄本作"觀"。通行本改"勤"。

萬曆十二年

萬曆十二年四月丁未，朔，孟夏，上親享太廟。

大學士余有丁、許國題："今日發下文書，內有給事中王士性、御史江東之、李植各一本。該文書官李浚口傳聖旨：'元輔擬出溫旨，令盡心贊理，不必介意。高啟愚着冠帶閑住。丁此吕姑留用。欽此。'獨未傳及楊巍。臣等恭閱前疏，乃專論楊巍，併及申時行。今時行既蒙溫諭，則巍似當擬留。臣等竊惟，大臣爲庶僚表率，老成乃國家典刑，而吏部尚書得以進退百官，皇上命楊巍以分別諸臣人品，巍亦據公覆請，謂何洛文當致仕，稽應科當調外，陸橃當別用，未嘗有所庇護。惟是高啟愚出題一節，謂欲以臣代君，罪犯大逆，關係不小，巍恐因此失是非之實，開告訐之門，故反覆辯論其不然。即日皇上命文書官口傳：着處丁此吕，令臣等擬票。首臣遵旨票進，蒙皇上允行。今詣臣謂楊巍阿附首臣，私庇高啟愚，誣害丁此吕。丁此吕爲首臣門生，高啟愚非首臣親厚，是首臣原無意欲庇啟愚、害此吕，巍亦何由阿附之？且巍素性剛直，褆已絜廉、至孝事親，居家十有餘載，皇上用之吏部，亦以人望所歸，臣等保其必無阿附之意。近日皇上大奮乾綱，事多獨斷，首臣奉行不給，安敢專擅行私？如馮景隆、孫繼先等，皆皇上傳旨處分，臣等具疏請寬宥，莫逃皇上洞察，又安敢故處言官、以閉塞言路？即故相託吏部以傾人，而吏部曲意以承故相，覆轍在前，鑒戒不遠，又安敢再蹈此轍，而自取大戾耶？朝廷之上，全籍①老成莫②如楊巍，皇上正當任用，以表率庶僚，安可因諸臣黨救之浮言，遂③輕棄此老臣乎？且留用丁此吕，恐無以安首臣及楊巍之心。臣等謹擬票呈覽，其此吕留④與否，伏乞聖裁施行。謹具題以聞。"

大學士申時行奏："爲庸劣招議輔導失職懇乞天恩放歸田里以全晚節事。該給事中王士性、御史江東之論劾吏部尚書楊巍，謂其參論丁此吕，爲阿媚臣意，在江東之謂臣不欲人言科場之弊，在王士性謂臣不當妄爲票擬。除楊巍銓部大臣，其人品自有公論，去留恭候聖裁，臣不敢煩瀆外，至於疑議及臣，則上關國體，下係臣節，不敢不據實陳之。今議者徒見前任閣臣之

①籍 明抄本作"藉"。通行本作"籍"。
②莫 明抄本"莫"上有"今老成"三字。通行本脱。
③遂 明抄本誤作"逐"。通行本改正作"遂"。
④留 明抄本"留"上有"應"字，通行本脱此字。

擅專，往日銓部之阿意，不論黑白，並以疑臣。不知昔年，皇上猶在冲齡，故彼得操權罔上。今皇上春秋鼎盛，總攬權綱，凡有票擬，必經御覽，凡有處分，必奉宸斷，臣何敢毫髮擅專？臣不擅專，部臣何所忌憚而曲爲阿媚？楊巍之參此呂，亦其一時意氣所激，豈肯德人使令？今楊巍見在，可問也。臣二子中科，其文字可覆試而知，士大夫自有公論。自己無弊，何以諱言科場之弊？譬如人本非盜，而惡言他人之盜，本不貪而惡言他人之貪，豈理也哉？至於票擬一節，該三月二十四日，文書官劉成將下吏部覆本，口傳聖旨：'丁此呂出旨處他。欽此。'臣與同事二臣，因見吏部參詞，謂其不宜干言路，遂擬調用，此則臣之愚昧，不能上贊皇上優容之德，下倡諸臣敢言之風，臣之罪有不得而辭者矣。至以爲沮塞言路，則近來言事之臣上干聖怒者，臣屢常力請寬宥，此呂與臣何嫌而欲處之乎？言者疑臣以懷私，則萬不敢，責臣以失職，則信有之。蓋緣才識空疏，行能薄劣，無以仰毗聖政，厭服輿情。疑謗之來，由臣自取，密勿重地，難以久居。伏望皇上將丁此呂復還原職，以全言官之體，仍准臣休致，以爲失職之戒，則人心咸服，而政本亦清。臣不勝惶恐待罪之至。爲此具本，謹具奏聞，伏候敕旨。"得旨："已有旨諭卿，令勿介浮言，何又具疏引避？卿持正奉公，朕所素信，宜遵旨亟出輔理，以副朕眷毗至意。吏部知道。"

三日己酉，大學士申時行奏："爲庸劣不堪重任再懇天恩放歸田里以全晚節事。先該給事中王士性等論劾尚書楊巍，疑及於臣節，奉聖旨：'元輔忠誠體國，敬慎無私，朕倚毗方切，這牽摭浮言，不必介意，宜盡心輔理，以副眷懷。吏部知道。欽此。'又該臣具疏乞休，奉聖旨：'已有旨諭卿，令勿介浮言，何又具疏引避？卿持正奉公，朕所素信，宜遵旨亟出輔理，以副朕眷毗至意。吏部知道。欽此。'伏念臣極陋至愚，自招疑議，方虞重譴，敢望優容？乃蒙天語褒嘉，溫綸慰諭，臣私衷感激，涕泗交流，惟當失以捐糜，豈敢復有塵瀆？但臣以爲，大臣者，必才足以用世，乃可攄匡濟之猷，必望足以服人，乃可居表率之地。臣孤單之迹，淺植易搖，固滯之資，拘方未達。既不能主持國是，歸之正真①，又不能調劑人情，納之和平。而措置乖方，贊襄失職，臣無用世之才，亦已明矣。且能簿②而位高，力小而位重，故動則罹③咎，行則招疑。本緣公論，而揣摩者謂之私，欲存大體，而吹求者謂之縱。持衡未定，救過不遑，臣無服人之望，又已明矣。兼以精神早衰，鬚髮盡白，怔忡少寐，昏瞶善忘，幾務劇繁，寔難辨理。如復因循而不去，必致誤國而負恩，臣雖萬死，猶有餘罪。伏望皇上察臣愚悃，特賜放歸，俾得優游林泉，沐浴聖化，則有生之年，皆皇上之賜也。臣不勝切④懇祈之至。爲此具本，謹具奏聞，伏候敕旨。"得旨："卿侍朕有年，忠勤匪懈，今爲元輔，茂著勳猷。朕正切倚毗，以襄治化，豈可輒疏求去？宜亟出輔理，不必再有所陳。吏部知道。"

　　大學士許國奏："爲感謝天恩自陳衰老不職乞賜休致事。先該臣奏《爲懇乞聖明審辨邪正以定國是以消黨比事》，奉聖旨：'覽卿奏，具悉忠猷讜論。朕知道了。卿爲輔臣，正當主持國是，表率庶僚，豈得遽爾求去？宜即出贊理。吏部知道。欽此。'臣伏讀感激，至於涕零，非常知遇，莫酬萬一。況承溫諭，敢復言去？但臣私念，主持國是，表率僚⑤，皇上責臣以大義，敢不夙夜勉圖，祗承德意？顧揣已量力，稱塞甚難。前所謬陳，正爲此故。論似讜而寔戇，忠欲效而寡猷，徒以犬馬啟誠，冀動天聽，臣之不職，已見於此矣。兼之年近六旬，身嬰百病，頭搖齒豁，耳瞶目眊，步趨不前，痰嗽時作，精神虛耗，恍惚健忘，密勿繁幾，何能贊理？徒妨賢路，恐負恩私。伏望皇上，鑒臣悃忱，原非矯飾，容令休致，特放歸田，別簡名流，俾參政務，主持於上，而國是定，表率於下，而庶寀從，啟衆正之門，錫和平之福，俾臣得優游畎畝，歌詠太平，自兹以往，有生之年，皆上之賜也。臣不勝懇切籲祈之至。爲此具本，謹具奏聞，伏候敕旨。"得旨："卿恪慎忠貞，朕方倚任。昨奏，朕已嘉納了，何再乞休？宜遵旨即出，贊襄化理，吏部

萬曆十二年

四六七

① 真　明抄本作"直"。通行本作"真"。

② 簿　明抄本作"薄"，是，通行本作"簿"，誤。

③ 罹　明抄本作"得"。通行本作"罹"。

④ 切　明抄本"切"上有"激"字。通行本脫此字。

⑤ 僚　明抄本"僚"上有"庶"字，是。通行本脫此字。

知道。"

四日庚戌，大學士申時行奏："爲庸病不堪重任三懇天恩放歸田里以全晚節事。昨該臣再疏乞休，奉聖旨：'卿侍朕有年，忠勤匪懈，今爲元輔，茂著勳猷。朕正切倚毗，以襄治化，豈可輒疏求去？宜亟出輔理，不必再有所陳。吏部知道。欽此。'伏念臣昔侍講帷，曾無啟沃，繼參樞務，莫克替襄，乃蒙宸衷注存，溫綸慰諭，臣誼當急趨君命，豈敢自便身圖？然臣之仰視皇上，猶天也、父也。病則呼天，疾則呼父。臣之控籲，殆有不能自已者。臣自少病目，左目向有微翳，睹物不明，比來右目亦復如是，文書字小，看即不真。兼以大病之餘，血氣未復，胸如擣杵，耳若鳴蟬。自冬徂春，每有請告乞歸之志，蓋與同事二臣言之者數矣。連日以來，又因惶恐待罪，憂患結中，瘖瘵不寧，飲食失節，以致心火上熾，咯血吐痰，胃氣愛傷，泄瀉不止，神既沮喪，精亦銷乏，豈能復躬竭蹶之勞，勝劇繁之任？夫人臣所以效職者，惟其才力與精力而已。臣之才力不逮，已嘗修①陳，至於疾疢②交侵，精力大耗，恐一旦身先朝露，有負皇上生成之恩。此臣所以瀝血叩心，再乞哀於君父之前也。伏望皇上軫臣疾苦，賜臣生還，俾得退即林丘，不至遽填溝壑，則自今以往，皆感德懷恩之日也。臣冒瀆再三，不勝戰慄隕越之至。爲此具本，謹具奏聞，伏候敕旨。"得旨："朕賴卿輔弼啟沃，致臻盛治，朕眷注方殷，且卿才力精壯，安得以疾請告？已有札慰留，宜即出佐理，慎毋固辭。吏部知道。"

大學士許國奏："爲感恩陳悃再乞休致事。先該臣以衰老不職，懇疏乞休，奉聖旨：'卿恪慎忠貞，朕方倚任。昨奏，朕已嘉納了，何再乞休？宜遵旨即出，贊襄化理。吏部知道。欽此。'臣一介豎儒，行能無狀，徒以講讀之舊，過蒙特達之知，親發綸音，拔置左右，此在皇上爲非常之恩，在古今亦非常之遇也。自分披肝瀝膽，碎首隕身，不足以仰稱恩私，圖報萬一。茲奉溫諭，獎臣以恪慎忠貞，慰臣以倚任嘉納，而責臣以即日③贊襄，臣雖至愚，敢不祇承德意？顧臣衰病，前已備陳，

① 修　明抄本作"備"，是。通行本作"修"，誤。

② 疢　明抄本作"疢"，是。通行本作"痰"，誤。

③ 日　"日"當作"出"。

萬曆十二年

其頭動目眹，痰嗽喘急，內侍所親見聞。至於怔忡健忘，則腹心之疾，臣不敢謾言，以干罔上之誅。中自省循，寔不任事，非甘媮情，求便已私。古人有言，陳力就列，不能者止。今臣求去，緣不能爲力①。即令復出，豈能襄贊。夫力所能爲，隱而不盡，以負國恩，罪也。力所不能爲，靦顏就列，以妨賢路，亦罪也。臣欲遠罪，故不憚屢陳。伏惟皇上矜憐，俯賜允從，放歸田里，臣情迫詞促，不知所裁，赤子哀號，恃有父母在上而已。干瀆宸嚴，無任戰慄惶悚之至。爲此具本，謹具奏聞，伏候敕旨。"得旨："累有旨趣卿即出，何又上疏求去？殊負朕眷懷。宜即進閣視事，慎勿再辭。吏部知道。"

　　大學士余有丁奏："爲懇乞聖明勉留宰輔以襄聖治全國體事。近該大學士申時行，爲給事中②王士性、御史江東之等論劾吏部尚書楊巍，遂波及申時行，時行因疏乞休，而大學士許國反覆辯論諸臣之非，亦欲避去，不四日間，二臣凡三上疏，通不入閣。而臣有丁，思閣中幾務繁重，不得已勉強承之，攝首臣辦事。近又接得都察院左都御史趙錦、左副都御史石星、吏部右侍郎陸光祖各一本，皆論諸臣不當排大臣，大臣不當輕棄，詞甚剴切。凡在朝大臣，皆人人自危，重足而立，側目而不敢言。若謂言官爲朝廷耳目，固不可不信，而諸大臣爲皇上股肱，其言反③不足信乎？言官不忍負皇上，諸大臣又忍負皇上之厚恩乎？因調一御史，遂使輔臣閉門思過，宰臣席藁待罪，而二三大臣許國等，莫不感慨激烈，自劾求罷。臣目擊一時氣象，非聖世所宜有。今日聖明在上，內賴輔臣贊襄治理，外賴宰臣進退官才④，其位甚尊，其職甚重。皇上既簡畀而推委之矣，必不以一小眚棄其大德，而乃倉皇急遽各欲求去若此，則以皇上未嘗特發詔旨責諸臣，而諸大臣又未嘗曉然知皇上欲留之心也。臣竊自惟，申時行才識精敏，能剖理繁劇，久參密勿，猶⑤諳熟典章。近日鑒舊臣之覆轍，益澡雪心志，撿束操履，一一遵稟皇上德意，不敢毫髮有違。而許國朴忠自與，素厭輿情，問學優長，足備顧問。皆極一時之選，臣萬不能及。若使其得請，則至愚極陋若臣，涼德不才若臣，安能任皇上之使令，

① 爲力　明抄本無"爲力"二字。通行本增此二字。

② 中　明抄本脫"中"字，通行本補此字。

③ 反　明抄本無"反"字。通行本增此字。

④ 才　明抄本作"材"。通行本作"才"。

⑤ 猶　明抄本作"尤"，通行本作"猶"。

萬曆起居注

服中外之人望？棟撓鼎覆，在所必致。即臣繼二臣而去，如國家何？臣因是日夜憂惶，莫知所措。進而入朝，恐一時閣事難辦，出而自揣，慮此身罪戾滋深。高天厚地，踢踏無任。前具題塵瀆，蒙皇上省覽。念欲再題，一則不敢數煩聖聽，一則欲以口吻附奏，冀得調和，故竊伏待命令。二臣求去益力，臣輒敢冒昧仰瀆宸嚴，伏望皇上大奮乾綱，特申巽命，切責言官，留用楊巍，以安二臣之心。猶①勉二臣以君命至重，臣義莫逃，於時行則倚任方殷，不得因浮言而懷畏，於國則寅恭爲念，不得因憤激而堅去思。或降手札，以示殷勤。或遣中使，以申慰諭。令二臣勉承明命，即出辦事，庶人心帖定，國是昭明，而天下得享和平之福。臣不勝激切懇祈之至。爲此具本，謹具奏聞。"得旨："覽卿所奏，朕知道了。卿宜贊襄治理，以副委任。"

五日辛亥，上遣文書官宋坤齎捧聖諭，詣元輔申時行第慰留，曰："朕昨覽王士性等所奏，波及於卿。無根之言，昭已洞悉。卿清慎公忠，端謹持正，朕方切倚毗，豈因小嫌介意，累疏乞休，捨朕求退？卿宜即出輔政，贊襄朕躬，共成太平之治，以副朕勉留至意。"於是，時行具疏曰："臣孤單寡與，庸劣無能，久參密勿之司，殊乏涓埃之補，循涯省分，已極叨逾，竊祿曠官，自甘廢黜。徒以聖恩未報，國事方殷，誓當殫力以馳驅，未敢偷安而引避。豈期愚陋自取疑議，方懼于②鈇鉞之誅，乃特荷絲綸之錫？人言每求其有過，聖心獨察其無他，隆以褒嘉，貴之輔贊。棄瑕含③垢，有若乾坤覆載之弘，置腹推心，不啻父母愛憐之至。臣感深流涕，報矢捐軀，當一意以奉公，雖百身其奚愛？臣不勝仰戴天恩之至。所有原奉聖諭一道，理合進繳。謹具本稱謝以聞。"得旨："覽卿奏謝，朕知道了。禮部知道。"

是日，又遣文書官李浚齎捧聖諭，詣輔臣許國第慰留，曰："朕昨覽卿疏，謇諤讜言，瑋忠爲國，已悉知矣。卿性行端亮，學識素優，朕方攸賴，豈可遽然求去。宜即出贊理，以副朕至

①猶 明抄本作"尤"。通行本作"猶"。

②于 明抄本作"干"，通行本作"于"。

③舍 "含"似當爲"舍"。

意。"於是，國亦具疏陳謝，曰："臣偶以犬馬微疾，桑榆暮年，不堪國事馳驅，致廑君命宣召。天語溫溢，宸翰親揮，敢不急趨，仰酬寵眷？顧學識寡昧，性行迂疎，豈有讜言，可當睿諤之許？徒懷忠悃，猥承端亮之襃。祇用銘心，何能報效？摩頂放踵，敢愛惜於髮膚？瀝膽披肝，矢對揚夫知遇。臣無任感恩流涕之至。所有原奉聖諭一道，理合進繳，謹具本稱謝以聞。"得旨："覽卿奏謝，朕知道了。禮部知道。"

六日壬子，以命皇第二女名，賜元輔申時行銀十五兩、紵絲一表裏，次輔余有丁、許國各銀十兩、紵絲一表裏，及中書官徐繼申等五員各銀五兩。

十日丙辰。禮①部："自春入夏，雨澤愆期，有妨農業，朕深軫念。着禮部便行與順天府，竭誠祈禱。"

十一②丁巳，上御文華殿講讀。輔臣申時行、許國致詞："臣等自陳乞休，伏蒙聖恩頒賜手札，慰諭勉留，臣等不勝感戴。"叩頭謝恩。上答曰："朕知道了。"

十四日庚申，命司經局洗馬兼翰林院修撰陳于陛、翰林院編修史鈳、楊德政，充《會典》纂修官，制敕房管典籍事大理寺右寺正兼司經局正字何初、制敕房辦事户部員外郎陳珂，充收掌官。

十七日癸亥，上御文華殿講讀。
諭："如今天氣暄熱，兩法司併錦衣衛見監罪囚，笞杖無干證的放了，徒流以下便減等擬審發落，重囚情可矜疑并枷號的都寫來看。"輔臣申時行奏："爲請覆試以明心迹事。近該御史江東之論劾尚書楊巍，波及於臣，謂有二子中科，不樂聞科場之弊。該臣引咎乞休，謂臣子文字可覆試而知。尋奉溫諭勉留。仰蒙聖心昭然洞察，臣是以不敢再請。今御史張文熙又欲行覆

① 禮 "禮"字上似脱"諭"字

② 一 "一"下當有"日"字。

實以釋羣疑，與臣原奏之意相合。臣長子用懋，先係國子監生，該監考取第一，入場中順天府鄉試，其硃墨二卷曾蒙欽取覽閱。次年會試中式，因御史魏允貞建議見任輔臣之子不許廷試，該原任輔臣張四維及臣具奏，奉聖旨：'照常廷試。欽此。'隨蒙欽賜第二甲進士，除授刑部主事，因病告假，放回原籍訖。臣次子用嘉，幼年聘原任禮部尚書董份孫女，因臣久在京師，不得回家，而臣子以及婚期，往爲贅婿，在彼置產附籍，充湖州府學生，於浙江鄉試中式，會試未中，見今隨任讀書。若謂臣牽於禽犢，不能斷其入試，避遠嫌疑，以致謗議，則愚昧之罪寔無所逃。若不分黑白，概謂私弊，則天地鬼神鑒臨有赫，祖宗憲典懸布森然，臣雖伏寸誅，何以謝天下？伏望皇上時允張文熙之奏，敕下禮部，會同科道官，將臣次子用嘉先行覆試，如果文理不通，即行黜革，並治臣之罪，以爲營私罔上之戒。其臣長子用懋，見今養病在籍，合敕吏部，候其病痊赴部之日，另行題請考試。庶使無根之談不至於橫行，而臣不白之誣亦可以自解。臣不勝冒昧懇祈之至。爲此具本，謹具奏聞，伏候敕旨。"得旨："朕素知卿忠慎守法，卿子公道中式，原無私弊，有何嫌疑？不必覆試。該部知道。"

十九日乙丑，大學士申時行等題："伏蒙聖恩，特賜臣時行金綵斗牛胸背紗三疋、暗雲紗三疋，臣有丁、臣國每金綵雲鶴胸背紗二疋、暗雲紗二疋。臣等傾①首祇領訖，及講官沈鯉等六員各照數分給訖。仰惟皇上典學右文，親賢恤下，至於服飾之微細，亦蒙顧復之周詳，特啟笥藏，寵頒紈縠，五章辨等，煥巧製於七襄，九頓承恩，韞奇珍於什襲。臣等榮生衣被，感切鏤銘，戒子不衷，冀免鵜梁之請，服之無斁，永依龍袞之光。臣等不勝感戴天恩之至。謹具題謝恩。"

二十八日甲戌，上御皇極殿。傳制遣永康侯徐文緯等，持捧節冊封瀋府等府瀋世子程堯等爲瀋王等王，繼妃和氏等進封爲瀋王繼妃等妃。

① 傾 "傾"似爲"頓"之誤。

萬曆十二年五月丙子，朔。

二日丁丑，上御經筵。

是日，大學士申時行等題："臣等竊惟，封建親藩者，國家之大典，率由舊章者，帝王之大孝。查得祖宗舊制，凡始封親王婚禮既成，即議府第，府第既建，即議之國，此萬世不易令典也。昔我宣宗皇帝時，皇弟襄憲王二十餘歲而之國，孝①宗皇帝時，皇弟益端王未二十而之國，載在玉牒與實錄，可考。今潞王殿下出府成婚已踰一年，封國地方未蒙欽定，應建府第未見題請。臣等稽之典制，揆之事體，竊以爲宜及時舉行。仰惟聖母德邁姜任，慮先宗社，豈不欲潞王殿下早膺茅土之榮，預定河山之誓哉？或以事在有司，稟於宸斷，故有待而未發也。皇上孝隆順志，愛篤因心，又仰體聖母鳲鳩之仁，而猶②切同氣孔懷之念，是以久稽令典，未渙德音。臣等職在贊襄，豈容緘默？況府第工程重大，財力浩繁，一應事宜，如差官看估，徵派錢糧，許處物料，難以倉卒舉事，歲月計功，及今料理，庶無遲悮③。如蒙皇上俯從臣等所請，或特降諭，或令臣等撰擬傳帖進覽，恭俟裁定，發下該衙門遵奉施行。臣等未敢擅便，謹題請旨。"次日，諭禮、工二部："朕弟潞王出府成婚踰年，宜遵祖制分封。茲奉聖母慈訓，預建藩府合行事宜，禮、工二部會同議擬來看。"

三日戊寅，以遼東大捷，鴻臚寺宣奏捷音，百官致詞稱賀。

八日癸未，大學士申時行等題："今日蒙發下文書，內有禮、工二部題請欽定潞王殿下封國地方本，該文書官宋坤口傳聖旨，令臣等揀好地方票擬。臣等竊惟，親王始封，事體重大，先朝俱係部院議擬，御筆點定，然後遵奉施行。看得該部開載五處地方，內河南歸德、衛輝二府，及湖廣衡州府，俱稱善地，但河南爲近，湖廣稍遠。伏乞聖明於三處地方內欽點一處，發

①孝　明抄本作"考"。通行本改"孝"，是。

②猶　明抄本作"尤"。通行本作"猶"。

③悮　明抄本誤作"悟"。通行本改"悮"，是。

下，臣等欽遵票擬、上請。謹具題以聞。"

九日甲申，大學士申時行等題："昨該臣等看詳禮、工二部覆請欽定潞王藩府地方本，內河南歸德、衛輝二府、湖廣衡州府俱稱善地，請皇上於三處地方內欽點一處。今日該文書官宋坤口傳聖旨：'着傳禮部、工部、都察院，會同議定一好地方，便擬票來。欽此。'臣等欽遵，當即傳諭禮部尚書陳經邦等、工部尚書楊兆等、都察院左都御史趙錦等，俱赴東閣公同議擬。據各官議得，三處地方惟湖廣衡州府爲上，河南衛輝府次之。蓋衡州府地當南岳，山川凝秀，物產肥饒，民俗淳美，從來未曾封建。衛輝府地當要衝，民物蕃盛，風俗淳樸，亦宜建府。蓋以計道里而論，則衛輝爲近，衡州爲遠，以地方相較，則衛輝不及衡州爲最善。昔我太祖高皇帝封建蜀王，最稱僻遠，然二百餘年蜀府之殷富甲於諸藩。今聖母、皇上欲爲潞王殿下垂百世之宗盟，享千歲之安富，正不必以遠爲嫌也。如必求近地，則惟衛輝爲宜。臣等謹擬二票進覽，伏乞皇上奏知聖母，斷自宸衷，發下該部，遵奉施行。謹具題以聞。"是日，得旨："府第着於湖廣衡州府蓋造。"已而潞王奏衡州太遠，不若衛輝近便。上從之，復改衛輝。

十一日①，命詹事府少詹事兼翰林院侍讀學士掌院事沈一貫，不妨院事、教習庶吉士。

① 日 "日"下應有"丙戌"二字。

萬曆十二年六月丙午，朔，以皇第三女生，傳諭禮部。安嬪王氏出也。

四日①，大學士申時行等題："近該刑部尚書潘季馴等奏《爲懇乞聖慈保全舊臣餘孽等事》，奉聖旨：'罪犯財產既盡法抄沒，其家屬聽審的，撫按官亦合防範保全。如何致令自盡？殊失罪人不孥之意。卿等所奏，知道了。你部裏便行文與撫按官知道。欽此。'仰惟皇上擴大舜好生之心，體文王不孥之意，雷霆既震，雨露遂濡，其於赦罰之義，恤窮之仁，真並行而不悖矣。但昨日部院大臣及科道各官，皆以居正老母爲言，近奉明旨尚未之及，諸臣咸責臣等以不能贊成德意，則臣等亦有不容已於言者。竊見故臣居正，雖以苛刻擅專，自干憲典，然天威有赫，籍没其家，則國法已正，衆憤已洩矣，若其八旬老母，舉目無親，衣食之供給不周，子孫之死亡相繼，奄奄待斃，種種可憐，行道之人皆爲隕涕。伏惟皇上孝治天下，仁育羣生，雖昆蟲草木咸獲昭蘇，乞丐孤老皆有養濟，而況忝備皇上之弼臣，譬於犬馬，猶當蒙蓋帷②之賜者乎？臣等觸事怛衷，仰窺聖心，必有惻而不忍者。伏望皇上，特敕差去内外諸臣，務將居正老母親全周恤，與之衣食，以延其命，寬伊子孫，以慰其心，毋令愁苦無聊，顛連失所，則不惟罪臣有知，亦當結草，而大小臣工靡不戴皇上之大德至仁，流光無極矣。再照攀連受寄之家，如果的確，自合嚴追，若威刑妄招，展轉搜索，則地方不無騷擾，楚地輕剽，盜賊易生，亦不可不慮也。猶③望併敕内外諸臣，更加詳慎，畚爲完結施行。"奉聖旨："覽卿等奏，朕知道了。張居正大負恩眷，遺禍及親。既伊母垂斃失所，委爲可憫，着撥與空宅一所，田地十頃，以資養贍④。便馬上差人傳與張誠等遵旨行。該部知道。"

十日乙卯，大學士申時行等題："今日蒙發下文書，内有御史陳性學論劾大學士許國本。該文書官李浚口傳聖旨，令臣等票擬温旨。臣等仰惟皇上優遇輔臣，不爲浮言所惑，臣等方切

① 日 明抄本"日"下有"己酉"二字。通行本脱此二字。

② 惟 明抄本誤作"惟"，通行本作"帷"，是。

③ 猶 明抄本作"尤"，通行本作"猶"。

④ 贍 明抄本作"瞻"，是。通行本作"瞻"，誤。

①觀 明抄本作"關",通行本作"觀"。

②皆 明抄本作"非",是。通行本作"皆",誤。

③聞 "聞"明抄本作"之間"。通行本作"聞"。当作"之聞"。

感戴,夫復何言?顧今之論者,皆不惜國家之體統,不知臣子之分義,此風不息,為患非輕,則臣等有不容已於言者。近日言官紛紛攻擊,皇上皆優容之,是皇上之至仁也,所以廣言路也。大臣紛紛求去,皇上皆慰留之,是皇上之至明也,所以重國體也。言路誠廣,則言官已伸其志,而不必於說之盡行,國體誠重,則大臣得觀①其忠,而不必於身之決去。從此皆平心易氣,奉公修職,則百官師師,而朝廷晏然無事矣。乃性學之疏何為者哉?臣國久侍講幄,晉參密勿,其人品學術,光明正大,聖明固已鑒之,非臣等敢阿私好也。止以近日一疏,激昂忼慨,頗侵言事之臣,眾口譁然,遂加譏詆。臣國以事經宸斷,義在包荒,惟務含容,不復爭辯,亦可以諒其心無他矣。胡為而又論之?夫輔臣職任親重,受股肱心膂之託,果有大惡顯過,論之可也。若以一言傷犯言官,即可以肆口而相加,是何卑也?輔臣欺公誤國,得罪君父,論之可也,若以口語得罪言官,而必欲攻去之,是何輕也?皆②非所以重國家之體統也。先該御史沈時紋一本,奉聖旨:'人臣當各秉公心,共濟國事,若因言疑阻,及挾私排擊,均非純臣之義。欽此。'又該御史蔡時鼎一本,奉聖旨:'朝廷處分已定,臣下自當遵守,況前有重治明旨,豈得故違?蔡時鼎肆意瀆擾,本當究處,且饒這遭。今後再有附和求勝的,必照前旨重治不宥。欽此。'明旨森然,所以絕朋比之私,而嚴抗違之戒者,蓋已至矣。凡為臣子,皆當敬畏而遵承,豈性學獨未聞③耶?非所以明臣子之分義也。此臣等之所以不容已於言也。若言事之臣言雖過當,理合優容,但前奉有明旨,似宜量行罰俸,以信詔令,以全國體,以安臣國之心。至於罰俸多寡,臣等不敢擅擬,伏乞聖裁施行。"是日,得旨:"陳性學姑罰俸半年。"蓋御筆親注云。

十二日丁巳,大學士許國奏:"為衰庸不職自致人言懇恩賜罷以明臣節事。本月初九日,臣出到私寓,偶聞巡按宣大御史陳性學論臣,不知其中所言何事。伏念臣一介豎儒,遭逢明聖,行能淺薄,學術迂疏,備數詞林,叨陪講幄,通籍以來垂二十年矣，薦被知遇，擢置樞機，謀猷不稱其官，寵榮已過其分。頃以國是搖奪，朝議混淆，萬不得已，一效悃忱，再乞休致。知必犯乎衆口，而志亦決於引身矣。伏惟主恩無量，臣節未酬，乃數慰以溫綸，又特勤乎中使，謂臣言去，何忍萌此心？故臣感泣，不遑恤其後，非庸庸保祿之計，寔區區戀主之情。然見幾不明，爲謀已晚，竟被口語，固亦有由，詎敢尤人？乃其自取。伏望皇上，俯從哀籲，特賜矜憐，深鑒愚衷，先行罷斥。仍將陳性學所論，宣示在廷，如果臣身別有罪狀，形迹顯著，公議不容，竊伏斧鑕，以待誅譴。臣不勝戰慄俟命之至。"奉聖旨："卿啟沃贊襄，忠勤端亮，朕眷倚方殷。妄言的已有旨了，宜安心輔理，不允辭。吏部知道。"

十三日戊午，大學士許國奏："爲感激聖恩揣量愚分再乞罷斥以謝人言事。先該御史陳性學論臣衰劣，不孚輿①望，奉旨：'輔臣國忠誠直亮，朕所簡注。近屢疏求去，已特頒諭慰留了。前有旨，不許附和求勝，陳性學如何又來奏擾？姑罰俸半年。該衙門知道。欽此。'隨該臣自陳衰庸，懇恩賜罷，奉旨：'卿啟沃贊襄，忠勤端亮，朕眷倚方殷。妄言的已有旨了，宜安心輔理，不允辭。吏部知道。欽此。'伏念臣奉職無狀，致被人言，方恐懼席藁以聽處分，敢望聖明曲加恩庇？褒逾華袞，溫溢春陽，灼知附和求勝之情，慰以安心輔理之諭。臣何功能，徼茲寵遇？伏讀流涕，百身莫酬。竊又因言警心，撫躬思過。臣頃以邪正混淆，是非倒置，而冒昧具疏，彼乃以邪正混淆、是非倒置而反責於臣。是非邪正，竟何所歸？此在人心，自有公論，臣不暇辯。既奉有明旨慰留大學士申時行、尚書楊巍，而調丁此呂於外，蓋皇上未嘗不過聽行臣之言。而臣本意，惟欲定國是，正人心，亦未嘗忌嫉諸臣，而必欲排之去，此或其疑誤，亦不足深辯。第其狀臣衰劣昏眊，頭搖齒落，體懦神疲，不顚則仆，即使臣自狀，無以易此。又謂大臣難進易退，宜懇疏求去，不俟終日，乃猶遷延顧望於兩月之間，此雖未必知臣之心，而其義則正。伏望皇上律臣以大義，而削臣，使歸田里。

① 輿　明抄本作"與"，通行本改"輿"是。

萬曆起居注

① 裭　明抄本作"復"。通行本作"裭"，是。

② 恭　明抄本作"暴"，誤。通行本改"恭"是。

③ 可　明抄本誤作"以"。通行本改正作"可"。

④ 孰　明抄本作"熟"。通行本作"孰"。

⑤ 經　明抄本作"徑"是。通行本作"經"誤。

果如陳性學之言，臣一日罷去，即可以定人心，安正人，振治化也，是臣之去，萬倍於留也。皇上又何惜一衰劣昏眊之臣，而不早爲國家計也。再照言官論列，乃其職守，縱有過當，亦在優容。皇上睿哲寬仁，求言納諫，即有犯顏觸諱，亦不深罪，今乃爲臣而重罰言官，則臣之心愈不安，而臣之罪愈不解矣。伏望聖明，併加原宥，臣雖裭①職，跧伏草野，心無所憾。"奉聖旨："卿協恭②輔政，朕方切倚毗，豈可遽以浮言，輒自引避？宜遵旨即出佐理，以副朕慰留至意。不必再辭。吏部知道。"

十五日庚申，大學士許國奏："爲大恩難酬多言可畏三乞罷斥以杜讒害事。昨該臣再疏乞身，奉旨：'卿協恭輔政，朕方切倚毗，豈可③遽以浮言，輒自引避？宜遵旨即出佐理，以副朕慰留至意。不必再辭。吏部知道。欽此。'臣以章句末流，叨備旂幨法從，自詞林坊局，涉歷清華，驟登密勿。由頂至踵，孰④非皇上生成大恩？自顧此身，雖碎爲微塵，何能仰答萬一？頃緣衰劣，橫被人言，再疏陳情，伏待黜削，過蒙溫諭，勉留再三，身非木石，能不感動？忍復言去，以負眷懷？顧臣今日有萬不得已者。皇上推赤心遇臣，真如父母，區區私情，不即披露，更復何待？頃來臺臣比黨爭勝，恣行胸臆，無論是非，一經指摘，不去不止。謹按憲綱一款，內外大小衙門官員，但有不公不法等事，須要指陳實迹，明白具奏，若係機密重事，實封御前開拆，並不許虛文泛言。若挾私搜求細事，及糾言不實者，抵罪。又一款，凡糾舉官員，生殺予奪悉聽上命，若已有旨發落，不許再劾。載在《大明會典》，昭如日星。今乃任意橫行，全不遵守。如陳性學在差，本當由通政司封進。其所論臣，掇拾舊事，以經明旨處分，又非別有不公不法等事、及機密重情也，乃經⑤遣人役，從會極門投進。縉紳傳聞，無不駭異。然則各處本章，皆得直達，而通政司可無設矣。臣雖衰劣，荷蒙皇上屢次慰留，又特遣中官手敕宣諭，不但有旨發落而已，尚敢玩視，倡言再劾，恬不爲意。彼私黨已成，氣燄漸盛，稍侵其類，則羣起交攻。或居中密圖，或揚言鼓衆。不得於此事，則籍①明口於他事。不得於此人，又假手於他人。蓋有鱗可批、顏可犯，而言官不可少指者；命可違、法可亂、而彈章不可少議者。將來大臣拱乎②聽命，重足屏息，人人自危，接迹求去，又不獨臣一人而已。故其黨公言，政不宜在宮闈，不宜在閣部，而惟在臺諫爲宜。夫政自上出，即宮闈、閣部且不可干，況臺諫乎？何肆言無忌如此？彼陳性學人役，侄③自詣闕，而所司不敢問，舉朝不敢言，誠畏之也。臣若不去，誠恐衆侮朋譏，一倡羣和，後來者紛紛，且煩瀆聖聽。雖皇上優禮大臣，能保全終始，而臣愚積被汙衊，亦何施面顏？區區一身不足惜，將内閣之體日益輕。閣體既輕，而朝廷之威重不無少損矣。伏望聖明矜允，削籍放歸，庶免醜詆，以至辱國。仍詰問通政司，是日陳性學本曾由該司封進否，然後知其横恣交通之狀，及臣愚萬不得已之情。干冒宸嚴，無任惶恐。"奉聖旨："卿忠猷直節，朕已眷知，豈人言所能讒害？宜遵屢旨，即出贊理，不必介懷。陳性學本是否由通政司封進，都察院查看了來説。"

十七日壬戌，大學士許國奏："爲給假事。先該臣奏《爲大恩難酬多言可畏三乞罷斥以杜讒害事》，伏奉聖旨：'卿忠猷直節，朕已眷知，豈人言所能讒害？宜遵屢旨，即出贊理，不必介懷。陳性學本是否由通政司封進，都察院查看了來説。欽此。'臣感激天恩，不敢再瀆，即當趨命，恭叩闕廷。緣值溽暑，偶患脾泄，冒昧暫請給假數日，以便調理。伏惟聖恩矜允。"奉聖旨："覽卿奏，准暫給假數日，痊可即出輔理。"

二十二日丁卯，大學士許國奏："爲衰病侵尋不堪輔理懇乞天恩俯賜休致事。先該臣横被人言，三請罷斥，未蒙俞允，屢奉溫綸。皇上或以帷幄舊人，章句薄伎不忍遽棄，俾圖後功。而臣才微恩重，福過災生，復蒙矜憫，賜假調理，臣因得杜門靜攝，問藥延醫。數日以來，脾泄稍止，而元氣虛憊，精力衰頹，恍惚健忘，怔忡少寐，積痰時生眩瞀，右臂幾成風痹。

① 籍 明抄本作"藉"。通行本作"籍"。
② 乎 明抄本誤作"乎"。通行本改正作"手"。
③ 侄 明抄本作"徑"，通行本誤作"侄"。

編①詢醫生徐春甫、江應宿等，皆言病在腹心，非旦夕可效。竊念政本重託②，密勿繁幾，即使臣少壯堅強，而淺中狹器，尚不能仰贊萬一，況今衰病如此，若復怙寵私便，伴食苟容，誠恐上孤聖主之恩，下妨賢俊之路，外速患得患失之謗，內傷知足知止之明。將來鄙臣者日益甚，摘臣者日益多，上雖存舊錄勞，欲保全其終始，而不可得矣。故敢不避煩瀆，昧死再陳。如蒙鑒體愚忱，特准休致，別簡名碩，共佐休明，令臣優游田里，獲保餘年，則自今以往，尺寸之膚皆皇上之賜。臣無任懇切籲祈之至。"奉聖旨："卿碩望素孚，忠勞茂著，輔理重任，朕眷倚方殷。已屢有旨慰留，如何又引疾求去？宜亟出視事，不允辭。吏部知道。"

二十五日庚午，上御皇極殿。太常寺奏孟秋時享太廟。

二十六日辛未，大學士許國奏："為受任不效隱疾可虞再疏披忱懇恩休致事。本月二十二日，該臣具奏，以疾乞休，奉旨：'卿碩望素孚，忠勞茂著，輔理重任，朕眷倚方殷。已屢有旨慰留，如何又引疾求去？宜亟出視事，不允辭。吏部知道。欽此。'臣誤蒙知遇，拔置禁帷，已踰一年，未樹分寸，有何譽望？有何勤勞？敢當慰留？敢當眷倚？伏讀流涕，寢食靡寧。安臥則疑於偃蹇倨傲，以孤上之恩，嗣陳則嫌於瑣屑煩數，以瀆上之聽。臣雖至愚，亦知分義。已起而又仆，欲出而復止，輾轉累日，神魂③若驚，前疾愈增，夙心愈苦④。竊念微臣仰負委任，蓋非一端，而言者尚未之及也。臣請遂言之。大臣之義，在定國是，今黑白混淆，紀綱紊亂，國是如此，而臣不能定，一宜去。大臣之義，在正人心，今流言廣布，讒說肆行，人心如此，而臣不能正，二宜去。大臣之義，在保安善類，今用一人，朝賢暮佞，持一議，甲是乙非，大臣數見訾排，老成皆無固志，善類如此，而臣不能保安，三宜去。其他纖細不可枚舉，則臣不堪輔理之任，而有傷皇上知人之明，亦審矣。是以思日益深，懼日益切，臥日益久，曠日益多。雖言貌食飲，亦猶夫

①編　明抄本作"徧"，是。通行本誤作"編"。
②託　明抄本作"地"，通行本作"託"。
③魂　明抄本作"禔"，誤。通行本作"魂"，是。
④苦　明抄本作"若"，誤。通行本改正作"苦"。

人，而精神志慮，盡失其故，無病之形，有病之實，日復一日，深而又深。此昔人所謂伏在膏肓，扁鵲望之而走者也。伏望皇上察臣下情，原非矯飾，憫臣餘齒，漸迫桑榆①，假臣以既衰之年，與臣以自全之路。在微臣審己而處，既遂長林豐草之思，在內閣得人而重，可免廉近堂卑之誚。且臣之去留，何足輕重？假令國是果定，人心果正，善類果能保安，則終朝三褫，臣不爲羞，衆口交功，不爲辱。不然，雖使臣終身鼎足，寵絶百僚，猶爲頑鈍②無恥，集訴無節者耳，豈不貽天下萬世之譏，爲近日言者所笑？臣冒昧呼號，無任激切戰慄之至。"奉聖旨："卿爲國忠誠，朕已洞鑒，正賴一心協贊，以匡維治理，如何又有此奏？宜體朕屢旨眷留至意，即出視事，毋得再辭。吏部知道。"

二十七日壬申。

二十八日癸酉。

二十九日甲戌，上御文華殿講讀。是日③。

① 榆 明抄本作"揄"，誤。通行本作"榆"，是。

② 鈍 明抄本作"頓"，通行本改"鈍"。

③ 日 "日"下當有脱文。

萬曆十二年七月乙亥，朔，上親享太廟。

三日丁丑，上視朝。諭內閣："今日朝儀通不整肅，多有咳嗽吐痰不敬謹的。說與鴻臚寺，傳示各衙門知道。"

五日己卯，大學士申時行等題："今日發下文書，內有張誠等一本《爲懇乞聖慈保全舊臣餘孽等事》。該文書官宋坤口傳聖旨：'張誠等本說縊死的止是二人，如何說餓死的十餘人？着出旨查問。欽此。'臣等前日因見諸大臣疏內曾有此言，亦嘗試問，云是湖廣撫按承差傳說。彼時大臣欲仰祈聖恩，寬宥罪孽，惟知模寫其可憐之狀，而未及詰問其傳言之由，一時輕信訛傳，寔無所逭①罪。但九卿大臣與庶僚不同，如蒙天語責數，已自不勝惶愧，若更加查究，則必行文撫按，提解承差，方可質對，往還旬月之間，大臣俱當待罪候處，衙門事務未免耽誤。伏乞聖慈寬貸，俯從臣等所擬，以全大臣之體，以弘赦過之仁。臣等亦非敢庇獲諸臣，但國體所關，似當如此。謹擬二票進覽，伏候聖裁。臣等不勝懇祈之至。謹具題以聞。"二票，一擬免查究，一擬回話。已而御批張誠等疏云："本內說縊死的止是二人，前日說餓死十餘人的是何衙門？着回將話來。"

六日庚辰，以皇第四女生，傳諭禮部。系恭妃王氏出也。

七日辛巳，大學士申時行等題："爲纂修事。照得《大明會典》見今編纂未完，查有翰林院侍讀田一儁、修撰孫繼皋，原係纂修官，先因給假養病回籍，今各假滿病痊，復除原職，合令仍舊在館供事。及照翰林院檢討沈自邠堪充纂修官，合候命下，令各欽遵供事。"奉聖旨："是。該衙門知道。"

是日，大學士申時行等題："爲公務事。照得制敕房辦理一應典禮文書，事務浩繁。近因本房辦事光祿寺少卿兼司經局正字馬繼文、戶部員外郎王贊襄、通政使司知事馬繼志，俱各丁憂回籍，以致缺人辦理。臣等查得誥敕房管典籍事大理寺右寺

---

① 逭　明抄本作"逃"。通行本作"道"。

右評事吳果、大理寺右寺右評事顧祖源、鴻臚寺署丞孫承爵，寫字端楷，堪補制敕房辦事。其誥敕房書寫文官誥敕、進呈揭帖，亦屬缺人，查得史館辦事大理寺右寺右評事包漸林、鴻臚寺署丞沈雲慶，堪補誥敕房辦事。合候命下，令各欽遵供事。"奉聖旨："是。該衙門知道。"

九日癸未，大學士申時行等題："爲纂修事。先該臣等欽奉敕諭，纂修《大明會典》，向因文籍繁冗，事例紛紜，歷年增益甚多，諸司參酌未定，時日既久，尚未報完，臣等職在總裁，不勝惶懼。近日通行催儹，據副總裁尚書陳經邦、侍郎周子義等，將纂過草稿陸續呈送到閣。臣等看得，纂修事體已有次第，各館謄寫人員合用數多。查得史館見在謄錄官正①有二員，目今起居館缺又應題補，前項人員委的不彀供事，相應具題考選。合無查照先年纂修事例，敕下禮部，會同吏部，於四夷館譯字官生、併坐監歷事聽選監生內，訪選精通楷書者，嚴加考取二十餘人，送館供事，庶謄寫不乏，書籍易完？緣係纂修事理，謹題請旨。"奉聖旨："是。該部知道。"

十日甲申，上御文華殿講讀。是日，輔臣許國奏言："臣近以人言，屢疏求退，伏蒙聖恩，屢旨慰留，又遣鴻臚寺官宣諭。臣不勝感戴。"叩首謝。上優答之。

十四日戊子，上御文華殿講讀。
是日，大學士余有丁奏："爲病患侵尋乞假調理事。臣自五月以來，偶患痰火②，於調攝，遂爾纏綠③，即令④醫藥多方，罔能奏效，客邪下煽，逆氣上衝，以致關格不通，閉塞成否，腸胃不能傳送，飲食極其艱難，乃至一日之間，止吞數匙饘粥。雖日出強勉供事，而勢力已不可支。醫者胗臣之脉，言非藥石能療，必須靜養，或可望痊。臣故不得已陳情，仰干天聽，乞賜給假旬日，俾就便安，得以收斂精神，專一心志，庶煩疴可卻，而平復有期矣。臣不勝懇祈懸切之至。"奉聖旨："卿有

①正　明抄本作"止"。通行本誤作"正"。

②火　明抄本作"大，失"，通行本作"火"。似應作"火，失"。
③綠　明抄本作"緣"，是。通行本誤作"綠"。
④令　明抄本作"今"。通行本誤作"令"。

萬曆起居注

①丁 明抄本作"疾"。通行本誤作"丁"。

②二十一日甲午 萬曆十二年七月甲午爲二十日，此處記作"二十一日甲午"，當有誤。

③壹 "壹"殆爲"喧"之誤。

丁①，准暫給假調攝，痊可即出輔理。"

二十一日甲午②，以皇第五女生，傳諭禮部。德妃李氏出也。

二十七日辛丑，大學士許國奏："爲冒罪陳悃引例乞休以避賢路以安愚分事。昨該臣三疏乞休，奉旨：'卿疏再救言官，具見雅量，朕知道了。大臣以君命國事爲重，卿勿堅持去志，宜即出輔理，以副眷懷。吏部知道。欽此。'臣伏讀頓首，不勝感戴驚懼。皇上之尊，天也，其威命，雷霆也。今臣屢疏煩瀆，不即譴斥，乃爲開霽，褒以雅量，戒其堅持，且謂大臣以君命國事爲重，雖父母之諭子，未有溫於此者。臣雖至愚極陋，亦有耳目心胸，顧敢負恩方命、違天而干雷霆哉？然而臣區區愚心，有萬不得已者。蓋皇上之命臣，非徒以祿位寵榮之也，欲其任事而已。大臣之任事，非必能奔走躬親之也，欲其率人而已。今臣數被詆斥，即已不能率人，縱使再列班行，又何以能任事？竊觀同事二臣，皆寬裕有容，恪勤無懈，足任國事。獨臣淺中狹植，蠢質褊心，力弱難勝，氣麤易動，每有所觸，輒任其愚，偪仄於中，跋疐於外，怔忡眩瞀，頃刻健忘，流涕大息，對人誶語，自昔所謂清狂不慧，方今之所目笑而譏者也。以爲棟則撓，以爲鼎則折，雖參千百，何足重輕？久處非據，適足以誤朝廷而速謗戾耳。故臣非不知順命爲恭，趨事爲急，但其自知甚明，自量甚審。假令有分毫裨益，臣何愛於髮膚？然而不能也。及今臣罪未著，上意方殷，不以此時披瀝悃誠，引分求退，至於力索計窮，氣壹③行蹶，辱君命，債國事，然後褫臣之官，削臣之籍，庸有及乎？況今耆碩在位，賢俊滿朝，藹藹吉人，惟上所命，使任國事者，不患乏人。如臣衰病庸劣，譬之江湖渤澥乘雁雙鳧，其飛與集，不爲之多少。是以俯揣分義，仰恃恩私，奉旨愈溫，而陳情愈切，不自知其戇且數也。查得《大明會典》內一款，自願告退官員，不分年歲，俱令致仕。隆慶中，大學士陳以勤年僅六十，疏請休致，荷蒙恩允，優詔歸田。今臣德望雖不敢妄擬前人，乃其年歲實與相類。伏惟聖明，特照前例，以穆考之遇以勤者遇臣，則國家登庸輔弼既非具數，而臣愚優游獻畝，亦有餘榮矣。臣不勝惓惓私願。"奉聖旨："卿累疏誠懇，朕非不體悉。但樞機重地，和衷共濟，倚籍正殷，豈可獨遂高尚？冊禮在邇，卿宜亟出將事。毋得又有所陳。吏部知道。"

是日，大學士申時行等題："照得起居注館，例應謄錄官二員，今照謄錄官通政司知事馬繼志、鴻臚寺署丞沈雲慶，先後各題補制、誥兩房辦事訖，見今缺官書寫，合當推補。臣等看得大理寺右寺右評事汪民敬、鴻臚寺署丞田東作，堪補謄錄，合候命下，令其赴館供事。"奉聖旨："是。該衙門知道。"

二十八日壬寅。

二十九日癸卯。

萬①曆十二年八月甲辰，朔。

七日庚戌，遣定國公徐文壁②、大學士申時行爲正使，恭順侯吳繼爵、彰武伯楊炳、大學士許國爲副使，各持捧節册，進封德妃鄭氏爲貴妃，安嬪王氏爲榮妃。貴妃册文曰："蘭殿升華，實佐二南之化，椒塗貳體，特高九御之班。惟芳徽簡在於宸闈，宜寵渥增崇於位序。咨爾德妃鄭氏，儀容淑慎，性質柔嘉，供奉下陳，肅肅謹授環之節，周旋中壼，雍雍協佩玉之和。用能效儆於雞鳴，匪獨承榮於魚貫。爰躋峻列，載示新恩。兹特遣使特節，進封爾爲貴妃，錫之册命。於戲，位因德進，芳名已冠於紫庭，貴以謙居，令範無忝於彤管，用翼軒龍之教，聿臻褘燕之祥。欽哉。"榮妃册文曰："化始閨門，崇建六宮之職，禮隆妃掖，眷求四德之良。爰舉彝章，宜敷茂渥。咨爾安嬪王氏，柔嘉維則，敬慎有儀，夤參法相之班，祗率小星之度，珩璜象美，弓韣開祥，方有譽於宮闈，肆特升於位號。兹遣使持節，封爾爲榮妃，錫之册命。於戲，榮頒褘翟，既永伊③日月之華，體亞軒龍？尚益謹夙宵之節，庶流淑問，無忝訓詞。欽哉。"

十三日丙辰，大學士申時行等題："本日該文書官劉愷口傳聖旨：'出外賞各項人等，於户部、太僕寺取銀三十萬兩。欽此。'臣等竊惟，府庫所積，莫非皇上之財，京邊所需，無④國家之用。臣等豈敢過有分別，不欲承順聖意，以爲悦哉？但治天下譬之治家，一年有一年之出入，一項有一項之經費⑤。入少而出多，則將來不繼，那彼以抵此，則正用不敷，此必然之理也。今户部太倉錢糧，節因各處災傷拖欠，及恩詔蠲免數多，一歲所入比一歲所出尚少十之三四，而各邊主客兵餉，毫不可缺，時不可緩，部臣計無所出，方以爲憂。近日如織造錢糧請留關税，皆執不可，而以南部監引銀兩充之，此皆不得已而爲，權宜之計也。至於太僕寺馬價，雖少有蓄積，近日取用已多。如陝西賑濟，山海關修城，及賞功犒軍，動支已數十萬，又各

---

①萬 此月記事明抄本誤置於萬曆十二年九月四日大學士申時行等題本記事之中，通行本將之糾正。
②壁 明抄本作"壁"。通行本誤作"璧"。
③伊 《明神宗實録》卷一五二作"依"。
④無 明抄本"無"下有"非"字。通行本脱此字。
⑤責 "責"字疑誤。

邊充給，內監取用馬匹，皆是本色，今年折色又少，將來銀兩日漸消耗，設有緩急，何以爲買馬之用乎？皇上主宰天下，猶一家之主，臣等與部臣皆管家之人，盈虛出入，皆當照管計算，不敢苟應目前，以誤大事也。且賞賜出自聖恩，亦有先年舊例，皇上度其緩急，權其輕重，可省則省，可減則減，不必損京邊之正用，耗府庫之積儲也。伏望聖明停取前項銀兩，止照節年上陵事例，於戶、兵二部取用，則國用不乏，而聖德益光。臣等不勝懇切祈望之至。"上令中官傳諭："先生每說的是。但宮中屢有喜事，賞賫未行，今上陵又應給賞，內庫委的缺乏。既先生每這等說，着減一半取用。"是日，奉聖諭："戶、兵二部：秋祭山陵，賞賜各項人等，取太倉銀五萬兩、太僕寺馬價銀十萬兩應用。"

萬曆十二年九月甲戌，朔，上御皇極殿。禮部進萬曆十三年大祀日册，上立受之。

是日，大學士余有丁奏："爲疾患纏綿職業久曠懇乞聖恩放歸調理事。竊念臣臃腫朽才，苦窳賤質，誤塵密勿，薦躋高華，矢竭捐糜，少圖報塞。詎期力小任重，福過災生，致染煩痾，疏請給假，伏蒙賜允，重荷軫存。臣感極涕零，心口自語，仰惟聖恩至重，臣命甚輕，苟一息尚存，即九死奚顧？豈忍言去，以負恩私？且謂旬日之間，可望痊復，便當勉出，不敢偷安。奈病根已深，藥力罔效，以故邪火①愈熾，痰涎愈生，胸膈判而不通，脾胃耗而失職，精神日見疲薾，肌體日就尩羸。恭遇皇上祇謁山陵，臣不能執鞭扈駕，坐是展轉牀第，踟躕靡遑，病日有加，命切不測。醫者言病犯膈噎，勢不可爲，湯液難攻，月計不足，須解職任，從容歲時。臣今給假月餘，瘵曠日甚，萬不獲已，懇疏乞身。仰望皇上，愍臣迫切至情，憐臣委頓真疾，放歸田里，俾便攝調，庶幾得瘳，不至填壑，如其不救，亦幸首丘矣。臣無任激切祈懇之至。"得旨："卿輔政忠勤，朕方切眷倚，豈可遽以疾求退？宜從容靜攝，痊可既出佐理，不允辭。吏部知道。"

是日，大學士申時行等題："今日蒙發下吏部侍郎陸光祖自陳本，該文書官劉成口傳聖旨：'准他致仕。欽此。'竊惟大臣進退予奪，出自宸斷，臣等豈敢曲爲庇護，妄有陳説。但光祖歷事先朝，有直亮名，持正寡諧，自甘恬退。近因撫按交章薦舉，起之林壑之中，而擢之銓衡之地，衆皆以爲得人。止因臣等求去之時，光祖亦曾具疏，詞涉過激，遂爲言官所排，即被論事情，亦無大過。今以一人指摘，既令去官，恐在位老成，因而解體。切諸司遷轉更易太頻，非所以倡師濟之風，成寧一之化也。宋臣有云，老成人不可不惜。伏惟聖明留意。臣等謹擬票進覽。如蒙聖慈採擇，乞准留用一票，以慰大臣惓惓願望之心。不勝幸甚。"上從之，詔光祖仍舊供職。

二日乙亥，上御午門樓，刑部以雲南俘獲緬賊岳鳳等獻。

① 火　明抄本作"大"。通行本作"火"。

詔即日磔之於市，文武百官致詞稱賀。

四日丁丑，大學士申時行等題：“今日該文書官李恩口傳聖諭：以雲南大功，欲照先年獻俘例，加恩臣等，擬旨傳行。欽此。仰惟皇上英明獨斷，威德誕敷，神謨默運於九天，雄略遠周於萬里，以故撫鎮重臣，稟成於閫外，文武將士，僇力於行間，遂使凶逆翦除，夷方震攝，復已侵之疆土，收已撤之藩籬。凡此武功，皆由聖算。臣等但知將順，莫克贊襄，無披堅執銳之勞，靡決策運籌之智，惟有因人而成事，安敢貪天以爲功？聞命兢惶，拊躬跼蹐。況受恩已厚，方報稱之未能，揣分既逾，實滿盈之是懼，豈容復冒殊常之眷，更叨非望之榮？所有前項加恩，臣等萬不敢擬。伏惟聖明垂亮，俯賜允從。不勝惶恐懇祈之至。”上不允。

五日戊寅，敕諭吏部：“獻俘禮成，內閣輔臣殫忠運謀，勞績可嘉①，茲特加恩。時行加少師，兼太子太師，進中極殿大學士，廕一子尚寶司司丞。有丁加少傅，兼太子太傅、建極殿大學士。國加少保，兼太子太保、武英殿大學士。餘官各照舊，各廕一子做中書舍人。都照新銜給與應得誥命。如敕奉行。”

七日庚辰，大學士申時行等題：“今日發下文書，內有遼東總兵官李成梁辭任本，該文書官李浚口傳聖諭，令臣等擬旨慰留，欽此。臣等看得，李成梁身經百戰，屢立奇功，夷虜憚其威名，封疆賴其保障。衝邊大將，難以輕易。皇上推心委任，獨斷不疑，深得用人之體。仰惟聖見允當，臣等不勝欽服。但臣等愚見，竊以爲功名忌於太盛，寵祿戒於滿盈。成梁身爲主師②，世授伯爵，一門父子，兩鎮總兵，功名已盛，寵祿已盈矣。在成梁之心，亦必欲少加抑損，而求免於疑忌，在國家之體，亦當稍爲限制，而後可以保全。若伊男李如松，見任山西總兵，似應准令辭免。其李成材、李如柏，止任偏裨，非有重權，仍令照舊。庶足以安成梁之心，而息讒謗之口。謹擬票進

① 勞績可嘉 明抄本作"勞績可加"，通行本改作"勞績可嘉"。

② 師 明抄本作"帥"。通行本作"師"，誤。

萬曆起居注

覽，伏乞聖裁施行。"得旨："李成梁百戰立功，忠勇素著，宜照舊安心鎮守，以副朝廷委任至意。奏內既爲弟男懇辭，李如松准回京註府管事，其餘仍舊。兵部知道。"

八日辛巳①，大學士申時行奏："爲披瀝愚誠辭免殊常恩命事。本月初五日，准吏部諮：該本部節奉敕諭：'獻俘禮成，內閣輔臣殫忠運謀，勞績可嘉，茲特加恩。時行加少師，兼太子太師，進中極殿大學士，餘官如故，還蔭一子尚寶司司丞②，照新銜給與應得誥命。如敕奉行。欽此。'臣恭誦綸音，俯循愚分，不勝感戴，不勝惶悚。竊惟明主分事而責功，故有不可侵之職，論功而行賞，故有不可濫之恩。臣才識甚庸，行能無取，皇上不以其駑下，令待罪弼丞②，則夫匡贊主德，康阜民生，表率官僚，維持國是，使內修外攘，遠至邇安，臣之職也，其不效臣之罪也。一隅之寄，一將之任，臣何與焉？比者滇雲震動，宵肝殷憂，皇上運六出之奇，嚴五申之令，推轂授鉞，假以便宜，增餉益兵，原③其資籍④，故⑤重臣得行其畫，良將得效其能。臣惟出入禁廷，周旋帷幄而已，閫外之功，師中之吉⑥，臣何知焉？乃皇上不課其職業，而謬許以忠謀，不責其過愆，而誤錄其勞績，既優以加官進殿之寵，又益以綸章世蔭之榮。夫非其官而分其功，是爲侵職，臣不敢也。無其功而冒其賞，是爲濫恩，臣不安也。且臣竊位已久，徼寵已多，乘高實易於顛隮，履滿宜安於止足，所有恩命，萬不敢承。伏望皇上察臣福量既逾，控辭非矯，容臣辭免，仍以舊銜供職，庶以昭名器之重，而益明激勸之公。臣無任激切懇祈之至。"得旨："卿爲首輔，帷幄贊襄，殫竭忠勤，指授方略，致此殊常奇捷，南服底寧，加恩酬勞，已有成命，宜欽承朕眷，不允所辭。吏部知道。"

是日，大學士余有丁奏："爲辭免殊常恩命以安愚分事。本月初五日，該吏部咨：節奉敕諭：'獻俘禮成，內閣輔臣殫忠運謀，勞績可嘉，茲特加恩。有丁加少傅，兼太子太傅、建極殿大學士，餘官照舊，蔭一子做中書舍人，照新銜給與應得誥命。

①己 "己"當作"巳"。
②丞 明抄本作"臣"。通行本改作"丞"。
③原 "原"似當作"厚"。
④籍 明抄本作"藉"。通行本作"籍"。
⑤故 明抄本"故"下有"使"字。通行本脫此字。
⑥吉 "吉"字疑誤。

如敕奉行。欽此。'傳示到臣。臣方抱痾跧伏私寓，聞命震惕，拊已悚憇。竊以非常之典，乃聖主之特恩，無妄之榮，則人臣之深愧。頃者逆賊岳鳳等，倡亂雲南，爲謀日久，而我兵計不旋踵，用不移時，無亡矢遺鏃之勞，而收獻俘執馘之績。此皆仰伏我皇上威靈震疊，聖武布照，穹昊垂庥，祖宗錫祐，是以勇士謀臣，咸奮而用命，天時人事，並會以成功也。臣偶幸遭逢，實深欣躍。顧因呻吟牀第之下，不獲拜舞闕庭之前，悵恨何言？凌兢未已。何乃誤蒙渥寵，顯被殊施，濫進崇階，橫加恩蔭？夫二①公秩峻，三殿班崇，賞重世延，榮優綸誥，臣何人者，乃堪此哉？竊惟朝廷慶賞，激動攸存，有功者尚難躐踰，非分者豈容忝竊？臣以樸樕小材，章縫末學，具員禁近，既無矢石之勞，待罪文資，又異戎行之任，雖嘗預參於帷議，實皆仰禀乎廟謨，豈敢貪冒天功，致滋物議？況臣向嬰賤疾，疏乞微身，聖慈雖優厚而尚寬，臣愚實憂惶而失序，豈宜以未可知餘數，而受不易報之洪恩？若求退而進猶未已，方辭而受且不疑，實人心之共嗤，亦天道之必忌者。此臣所以併肩側身而無敢當，跼天蹐地而不能已者也。伏望皇上俯察愚忱，特收成命，俾臣稍安分誼，苟延晷光，則鳧鵠之量庶幾可全，而犬馬之愚亦幸自遂矣。臣無任感戴懇祈之至。"得旨："平夷獻逆，捷功殊常，卿協忠運籌，茂著勞績，加恩之②眷酬，已有成命，宜欽承勿辭。吏部知道。"

是日，大學士許國奏："爲無功冒賞恩命殊常披悃懇辭以安愚分事。本月初五日，准吏部咨：節奉敕旨：'國加少保，兼太子太保、武英殿大學士，餘官照舊，蔭一子做中書舍人，照新銜給與應得誥命。如敕奉行。欽此。'仰惟皇上以雲南獻俘，加恩內閣，優敘首輔，誤及愚臣。臣戴德如天，置身無地。竊念積年逋寇，一朝蕩平，機宜本斷自宸衷，文武咸遵乎成算。即封疆力戰之士，不敢言勞，豈帷幄持議之臣，所能與力？況如臣者，才品庸劣，學識迂疏，承乏自憗，致多口之交訾，伴食無狀，方乞身而未能，僅守章縫，詎聞軍旅？分毫莫效，寵眷奚堪？孤保以兼宮銜，掖垣而躋殿直，秘書延賞，華衮錫褒，

①二 "二"字疑爲"三"之誤。

②之 明抄本無"之"字。通行本衍此字。

萃此榮名，溢乎涯分。竊恐器之小者，難以大受，福之過者，或至災生，饒倖何安？神靈所忌。且衣御府，食大官，孰非上賜？雖捐髮膚。披肝膽，莫能仰酬。報稱已難，恩施彌厚，將使戰士解體，徒令信史遺譏。伏望聖明，鑒察愚誠，收回成命，俾仍舊職，勉爲後圖，庶名器不輕於假人，而分義可安於知足。臣不勝懇切待命之至。"得旨："平夷獻逆，捷功殊常，卿協忠運籌，茂著勞績，加恩眷酬，已有成命，宜欽承勿辭。吏部知道。"

十日癸未，大學士申時行奏："爲感激天恩再辭蔭典以安愚分事。先該臣以雲南獻俘加恩，具疏辭免，奉聖旨：'卿爲首輔，惟幄贊襄，殫竭忠勤，指授方略，致此殊常奇捷，南服底寧，加恩酬勞，已有成命，宜欽承朕眷，不允所辭。吏部知道。欽此。'臣本以無功受賞，非望徼榮，歷誠控辭，未蒙俞允。仰惟宸衷眷注，天語褒嘉，臣敢不稽首對揚，矢心報稱？其官階、誥命，謹已①祗承，赴鴻臚寺報名廷謝外，惟蔭子一節，則揆之分義，參之事體，臣心寔有未安。臣以庸愚，濫竽②密勿，駑蹇之材難進，鼯鼠之技易窮，而蹋致穹階，薦承殊寵，褒封四逮其先世，錄蔭三及於後昆，是臣前此之蒙恩固已厚矣。即獻俘敘功，加恩示眷，然少師爲三孤之冠，宮師居四輔之先，殿學以中極爲崇，封典以綸言爲重，一朝並命，三錫皆承，則臣今日之受賞亦已多矣。乃又益之以蔭子，無犬馬之勞，而兼熊魚之得，前則有曠瘝之愧，後則有盈滿之虞，此臣之未安者一也。國家蔭子，著令甚嚴，大臣惟滿考得之，惟特恩有之耳。至於符承華秩，以待輔弼元臣，然非功德兼隆、名位已極、賞宜從厚、而官無可加者，不輕畀也。臣無功德可錄，而有名位可加，今既已加官，又復授蔭，在朝廷則橫恩濫賞，殊非激勸之所宜，在臣愚則多取貪得，必爲造化之所忌，此臣之未安者二也。夫辭受者，士人之大節，輔臣者，羣工之表儀。臣既不能力辭官職，以倡廉讓之風，亦豈敢遠計子孫、而忘止足之戒？用是不避煩瀆，再有懇祈。如蒙皇上察臣受多辭寡，原非矯情，

① 已 明抄本作"以"，通行本作"已"。
② 竿 "竿"當作"竽"。

憫臣福過量逾，恐罹災咎，將前項蔭子特准辭免，庶重典不致於濫及，而愚分亦可以少安。臣不勝激切待命之至。"得旨："懋賞酬功，朝廷常典，卿運籌戡亂，功在國家，特頒世賞，以示酬眷。宜勉遵成命，不必固辭。吏部知道。"

大學士余有丁謹奏："爲再瀝微誠懇回成命以重恩典以明臣分事。本月初五日，伏蒙皇上以雲南大捷，推恩諸臣，加臣少傅，兼太子太傅，進建極殿大學士，蔭一子中書舍人，給與應得誥命。臣伏枕在告，倉惶不安，隨具辭免。奉聖旨：'平夷獻逆，捷功殊常，卿協忠運籌，茂著勞績，加恩眷酬，已有成命，宜欽承勿辭。吏部知道。欽此。'天鑒未回，寵章仍錫，輒敢披瀝以整①愚忱。臣聞爵以馭功，國典最重，敬事後食，臣義當安。今未有萬一分之勞，而當不勝既之賞，即有胸無心者，皆知其不可矣。雲南之捷，寔我皇上神威聖武、諸將矢謀戮力所致，臣備員次輔，不能有所輪報，久叨厚祿，不能有所建明，何敢苟貪意外之寵榮，不顧臣子之分義乎？況臣頓久疾，跼蹐私居，方控危情以乞餘日，今位未及避，而更冒進位之榮，賞不能酬而且叨延賞之典，其②不可猶③所易知。即如聖意以爲切成廟算，恩始近臣，則首先決策、發縱授人、若大學士申時行者，固不嫌於厚敍，而臣不過因人成事，袖手④蒙成，未始運籌，詎當勞績？即皇上憐而私之，然非分而誤恩，無功而竊位，不特難逃乎尸素，且將不免於顛躋。此臣之拊臆疚心，兢兢不能已也。伏望皇上諒中誠之控，非由外飾，小盈之器，難以大期，特賜允俞，俯從微懇，俾守舊秩，遄寢蔭恩。庶分願適諧，而疵議可免，亦形魂無愧，而餘生可延，雖九遷之榮，十世之賞，不足以喻聖慈之優渥矣。臣無任感激懇祈之至。"得旨："覽奏，具見謙慎。但敍功加恩，先朝彝典。卿弼贊忠勞，宜膺殊賚。勉承朕命，毋得固辭。吏部知道。"

大學士許國奏："爲再披悃誠懇辭恩命事。先該雲南獻俘，皇上加恩閣臣，特賜秩蔭，臣具疏辭免，奉旨：'平夷獻逆，捷功殊常，卿協忠運籌，茂著勞績，加恩眷酬，已有成命，宜欽承勿辭。吏部知道。欽此。'臣接到部咨，恭誦明旨，益增感

① 整　明抄本作"罄"，是。通行本誤作"整"。

② 其　明抄本"其"下有"甚"字，通行本脫此字。

③ 猶　明抄本作"尤"，通行本作"猶"。

④ 手　明抄本作"乎"，誤。通行本改正作"手"。

① 籍 明抄本作"藉"。通行本作"籍"。

② 冒 明抄本作"胃",誤。通行本改正作"冒"。

③ 猶 明抄本作"尤",通行本作"猶"。

④ 應 明抄本作"膺"。通行本誤作"應"。

⑤ 猶 明抄本作"尤"。通行本作"猶"。

戴,益增悚惶。竊惟秩蔭,天寵也,臣敢不對揚?批答,天命也,臣敢不祗順?但莫大之福,不可以僥倖;非常之數,不可以冒叨。臣承乏閣直,僅及歲餘,事每因人,居慚伴食。滇雲之事,尚未知其顛末,帷幄之功,豈得分其勤勞?籍①九重之威靈,二臣之提挈,會逢其適,坐觀厥成。決策運籌,既不可與二臣同論功,孤卿世蔭,又豈可與二臣俱受賞?矧臣行能淺薄,衰病侵尋,樸忠自守,上心或信其無他,屢疏乞休,人言尚責其不去。時以宮闈授冊,又當聖壽之期,未幾山陵戒行,宜在扈從之列。力疾強起,初志未忘。豈以欲辭之舊秩,尚稱塞而未能,乃於非望之新恩,敢冒昧而輒就?則引疾求退,前時之數請,徒為虛文,而固位妨賢,眾口之交譏,皆有寔據。怙寵若此,貽誚謂何?且臣居家不能教子,頑蒙失學,駑穉無知,向齒冒②於成均,已為過分,今任官於秘省,猶③屬濫恩,使臣既慚負乘之招尤,又懼家門之履滿。伏望皇上察其誠懇,允其控辭,所有內閣加恩,將臣獨賜停免。庶使器量無溢,而功實不淆。臣無任激切祈禱之至。"得旨:"覽奏,具見謙慎。但敘功加恩,先朝彝典。卿弼贊忠勞,宜應④殊賚。勉承承朕命,毋得固辭。吏部知道。"

十三日丙戌,上奉兩宮聖母,率后妃,詣天壽山行秋祭禮。至清河行宮。賜輔臣申時行膳九品,許國膳七品,各竹葉清酒二瓶,珍饌一盒。

是日,大學士申時行等題:"今日該宣大總督鄭洛揭稱:'探得宣府邊外青把都及其母老酋婦,帶領部落往長昂營內祭神,欲行薊遼督撫官嚴加隄備。'據此,臣等面問兵部尚書張學顏,揭報相同。該部已經行文申飭外,但近日薊鎮報稱,長昂於哈不慎處借兵,要行入犯。夷情譎詐,不可不防。今當聖駕謁陵之時,正屬秋防戒嚴之候,猶⑤望天語傳宣,使督撫諸臣及各將領益知警惕,以保無虞。謹將總督鄭洛原揭封上,並擬傳帖一道進覽。伏乞聖明裁定施行。"得旨:"宣府邊外虜眾東行,戎心叵測,兵部便馬上差人傳與薊遼督撫等官,嚴加隄備。

如賊夷借兵入犯，務要相機堵截，制勝萬全，毋致疎虞。"

十五日戊子，上奉兩宮聖母，率后妃，恭詣長陵、永陵、昭陵致祭。獻陵等六陵，分遣公朱應禎等各行禮。

十六日己丑，上奉兩宮聖母登望大谷①山，遂定壽宮。大學士申時行等奏："恭遇皇上親奉兩宮聖母閱視大峪山壽宮，伏睹天朗氣清，風和日暖，慈顏怡豫，允諧九有之歡心，睿覽周詳，遂定萬年之吉壤。人謀畢協，神貺駢臻。臣等叨有事於達觀，幸受成於獨斷，恭逢大慶，喜倍恒情。不勝踴躍懽忭之至。"

十八日辛卯，駕還宮。

十九日壬辰，大學士申時行等題："兹者恭遇皇上展謁山陵，躬行秋祭，遵②迎聖母，閱定壽宮，永綏列聖之神靈，預卜萬年之兆域。連日以來，仰見皇上周旋對越，陟降臨觀，及鑾輿往來，程途跋涉，聖體不無勤勞，臣等犬馬私情不勝依戀。幸賴天心眷佑，風景晴和，聖母萬安，聖躬萬福，茂迓神人之祉，允孚朝野之心，臣等尤不勝欣慰踴躍之至。"得旨："覽卿等奉慰，足見忠愛。知道了。"

二十七日庚子，大學士余有丁奏："爲久病未瘳聖恩難報再疏陳乞懇賜放歸事。該臣患病，疏乞回籍調理，伏蒙溫旨慰留，不譴臣瘝曠，而謬許以忠勤，不輒賜罷免，而寬假以靜攝。近以滇南奏捷，渙錫殊恩，山陵禮成，薦頒大眷。臣既無功可錄，且有病私居，皇上猶一視同仁，數加陞賞，諭以承命，誠勿再辭。是皇上仁慈，不啻高厚真若天地之容棄物，父母之養驕兒。凡有人心，咸思奮激，即同狗馬，尚爾依依，豈忍言去？臣叨冒崇階，虛糜積歲，在天地中，未竭涓埃，在父母下，無裨毫髮，曠廢職業，罪積如山，又何敢言去？顧臣緣薄命蹇，疹逼

① 谷　明抄本作"峪"，通行本作"谷"。

② 遵　據《明神宗實錄》卷一五三，當作"導"。

① 胃　明抄本作"冒"，誤。通行本改"胃"是。

災仍。自疏告以來，又逾一月，仰遵聖諭，靜攝從容，冀得痊安，勉出供事。奈病根未拔，病勢日沉，藥餌無功，疲薾益甚。醫者言，脾胃①爲身軀之主，飲食乃血氣之源，脾氣既虛，不能進食，精血未足，何以肥身？必多假歲特，庶可望平復。臣故日夜悚仄，寢處彷惶。竊思密勿鼎司，非臥理之地，高秩厚祿，豈養痾之資？輒致冒昧天威，再陳前日悃愊。伏望皇上，特垂聖聽，俯鑒愚誠，幸乞殘骸，放歸故里，俾疲駑之力，少獲苟全，則微蟻之生，莫非再造。臣無任激切懇祈之至。"
得旨："卿疾未愈，宜專精省慮，靜俟平復，如何又有此奏？准寬假調攝，痊日即出輔理，以副眷懷。吏部知道。"

萬曆十二年十月癸卯，朔。

六日戊申，上視朝。

是日，大學士申時行等題："准禮部手本，開稱：'預建壽宮，擇有吉期，知建造事及總督工程等官，合請敕行事。'開送到閣。除總督工程內外等官，候各衙門徑自題請外，其知建造官，該用勳臣一員、輔臣一員。臣等看得，預建壽宮，事體尊崇，工程重大，例用班首勳臣。見在定國公徐文璧，相應委用。伏乞聖明裁定。其輔臣見有臣時行、臣有丁、臣國，俱各在任，伏乞欽命一員，與文璧一同供事。臣等未敢擅便，謹題請旨。"得旨："公着文璧，輔臣時行去。"

十三日乙卯，上視朝。以命皇第四女名，賜元輔申時行銀十五兩、紵絲一表裏，次輔余有丁、許國各銀十兩、紵絲一表裏，及中書官徐繼申等五員，各銀五兩。

是日，大學士申時行等題："今日蒙發下左春坊等衙門會議從祀諸臣本，該文書官宋坤口傳聖旨：'文臣有從祀，武臣如何無有①從祀？欽此。'臣等竊惟，治世以文，戡亂以武，文武並用，長久安寧之術也。皇上因議文臣之從祀，而即念武臣之勳勞，此真文武並用之意。且虛懷下問，詢及臣等。仰惟聖見高明，聖心謙抑，臣等不勝欣服。謹述所聞以對。按國初武臣，自我太祖開創鴻業之日，則有徐達、常遇春、李文忠、沐英、湯和、鄭愈等，所謂開國功臣也，我成祖肅清內難之時，則有張玉、朱能等，所謂靖難功臣也。見今諸臣皆從祀太廟，配侑二祖。又南京有功臣廟，則開國功臣咸在，不止於六王而已。我朝以武功定天下，故崇重武臣，隆以祀典者如此。然自我二祖投戈講藝，息馬論道，親近儒臣，講明聖學，故二百餘年文教茂隆，超越前代，而理學名臣得從祀孔廟者，惟薛瑄一人，故諸臣建議欲以贊成盛典，增光聖治。蓋武臣從祀於太廟，所以彰武功之盛，儒臣從祀於孔廟，所以表文治之隆。武功之盛，莫如二祖，文治之隆，莫如我皇上。兼舉並修，此典禮之不可

①無有　明抄本作"不見"。通行本作"無有"。

萬曆起居注

闕者。至于①開靖而後，非無有功之臣，然或奉敕專祠，或有司特祀，但不敢與開靖之功並論耳。臣等欽奉聖問，謹據實回奉②以聞。"

十五日丁己③，以預建壽宮於大峪山，擇吉伐木，大學士申時行奉敕恭詣看視。

二十日壬戌，大學士申時行等題："爲纂修玉牒事。先該臣等具題，乞將嘉靖四十五年以後玉牒，照例續修。已蒙敕宗人府及禮部，查取各王府宗支冊籍開報外，臣等照得，舊例纂修，該用翰林院官二員。查有南京翰林院掌院事右春坊右諭德趙志皋、司經局洗馬管國子監司業事吳中行，俱堪委用。合無將趙志皋改左春坊左諭德、兼翰林院侍讀，吳中行改右春坊右諭德、兼翰林院侍講，令其專管纂修玉牒事務？其謄錄官用制敕、誥敕兩房官。查得嘉靖十七年起至四十五年止，因宗支繁衍，用官至二十餘員，今見在兩房官共十八員，合無俱令供事？內趙應宿、孫説年資已深，效勞最久，合無各量授中書舍人職銜？並乞敕下吏部，查照施行。具題請旨。"得旨："是。禮部知道。"

是日，大學士余有丁奏："爲苦抱負④疾整⑤瀝危衰⑥懇賜放還少延餘喘事。臣以久疾未瘳，於九月二十五日再疏乞身，伏蒙聖旨：'卿疾未愈，宜專精省慮，静俟平復，如何又有此奏？准寬假調攝，痊日即出輔理，以副眷懷。欽此。'臣聞命悚惶，啣恩感激，伏枕零涕，非筆楮所能盡宣，銘心刻骨，豈捐糜所可圖報？又何敢再請，以上負恩私？奈臣禀數甚奇，受病甚怪⑦，向緣痰氣壅塞，以致脾胃耗虚，每日啜粥，不下一七，輒遇吐痰，遂有數升。即欲專精，而精光已銷，非不省慮，而慮耗⑧日甚。乃氣息奄忽，皮骨僅存，縱使静俟數旬，料必不能平復。計自給假以後，倏又三月有餘。夫病滿三月，即當請告回籍，凡厥在位，不敢有違。矧閣臣參機務之繁，爲庶僚之表，詎得偃然高卧？自秋徂冬，雖皇上眷留之恩極其至渥，即

---

① 于 明抄本作"子"，誤。通行本作"于"，是。

② 奉 明抄本作"奏"，是。通行本誤作"奉"。

③ 己 "己"當作"巳"。

④ 負 明抄本作"貞"。通行本作"負"。

⑤ 整 明抄本作"罄"，是。通行本作"整"，誤。

⑥ 衰 明抄本作"衷"，通行本作"衰"。

⑦ 怪 明抄本不清晰，似爲"怪"。通行本作"恠"，誤。似應作"怪"。

⑧ 耗 明抄本作"死"。通行本作"耗"。

臣子瘝曠之罪，夫復何辭？若再遷延歲時，重妨賢路。儻或溘先朝露，不得首丘，在臣狗馬微軀固不足惜，仰孤皇上乾坤大造，其將謂何？用是日夜憂危，身心迫仄，若無處所，不能自容。更殫苦情，仰動宸聽。伏望皇上，推天地煦育之德，回日月照臨之光，特賜允臣累疏所乞，俾得休致，退伏田間，幸獲優游，終其天命，即死之日，猶生之年矣。臣不勝懇切祈請之至。"得旨："卿疾久未平，朕深切軫念。已有旨寬假調理，宜安心靜攝，以俟痊復。不允辭。吏部知道。"

二十二日甲子，大學士申時行等題："本日蒙發下鎮撫司打問過平樂府知府周祈本，該文書官宋坤口傳聖旨：'周祈稽遲糧餉，激變軍情，苦不肯招，連武應隆、葉朝陽都差官校拏來對證。欽此。'仰惟皇上念遐方之變動。憫軍士之死傷，欲重懲稽餉之臣，以為後來之戒。德意所嚮，海內軍士無不感激，臣等敢不將順，而顧惜此一周祈，不以行法哉？但臣等私憂過計，以為國家統馭四海，全是紀綱。紀綱云者，以上臨下，以寡制衆，使軍民雖有強梁暴悍之氣，憤怨不平之事，或訴之上官，或聞之朝廷，以聽區處昭雪，不敢輒有背叛之心，然後官法可行，天下可治。未有一拂其意，輒敢羣起呼噪，殺人行劫之理。嘉靖年間，大同之變、遼東之變，叛軍漏誅，其後遂釀成振武營之變，留都根本，幾致不測，此往事之明鑒也。今周祈給餉稍遲，誠為有罪，然各官軍止應訴於撫按司道，聽候設處，豈可遽殺人行劫，叛入猺峒地方？蓋因此輩，皆召募烏合之衆，驕悍難馴，豢養之則易惰，約束則易怨，適聞廣東餉厚，遂致叛散而歸，以稽餉為名，實非有累月欠糧、逼迫無聊之情也。既已背叛，自干法紀，豈得不行誅戮？然則各軍乃自取死亡，非盡周祈之罪也。若因此一事，既拏知府，又拏守備、兵備等官，遠方軍士聞之，皆謂司府之官在其掌握，稍不如意，動輒呼噪，將來司府官員畏軍士如狼虎，不敢約束，天下自此多事矣。且非獨平樂一府、廣西一省，即今九邊軍士數十餘萬，其軍餉支放不等，有後月支前月者，有後季支前季者，若此聲一傳，各邊軍士效尤而起，督撫皆束手蹙額，恐生意外之變，必務爲姑息，苟幸無事，將有紀綱倒置之患，如唐末之將帥畏偏裨，偏裨畏士卒，豈不深可慮哉？臣等竊謂①周祈一人不足惜，而長軍士之驕氣則深可憂，驕一廣西之軍士不足憂，而生九邊軍士之狡心則大可懼。臣等受皇上重託，不敢不爲邊疆計，爲紀綱計，若有毫髮庇護周祈之心，則臣等當伏斧鑕，萬不敢出。臣等竊謂，周祈宜付法司，從重擬罪，武應隆、葉朝陽免其拏問，候法司擬罪本上，令兵部議處，乃爲妥當。謹擬票進覽，伏惟聖明裁定施行。謹具題以聞。"上覽畢，令中官傳諭云："先生每說的是。朕想不到此。"遂下鎮撫司本，令法司從重擬罪。

　　二十九日辛未，陞翰林院侍讀田一儁爲右春坊右諭德，掌南京翰林院事。

①謂　明抄本作"調"，誤。通行本作"謂"，是。

萬曆十二年十一月癸酉，朔。

十日壬午，陞國子監祭酒張位爲詹事府少詹事，兼翰林院侍讀學士，掌院事。

十八日庚寅，大學士申時行等題："十九日恭遇聖母慈聖宣文明肅皇太后萬壽聖旦，臣等備員輔弼，仰戴隆①恩，比之恒情，倍切欣忭。謹照例於是日同百官致詞稱賀之後，仍恭詣仁德門，行叩頭禮，以少伸臣子慶祝之誠。謹具題知。"

是日，大學士申時行等題："爲遵明旨折羣議以成盛典事。先該御史詹事講建白先臣王守仁、陳獻章從祀學宮，有旨下各該儒臣及九卿科道官議。讀該諸臣論奏，不能深惟德意，而雜舉多端，或又話②訾守仁，奉旨：'王守仁學術，原與宋儒朱熹互相發明，何嘗因此廢彼？'大哉，王言。亦既明示之矣，而議者紛紛，迄無定論。續又奉旨：'便會官廷議，歸一來說，不必紛紛具奏。欽此。'仰惟皇上重道崇儒，德音屢下，深切著明如此，今該部覆議，乃請獨祀布衣胡居仁，臣等竊以爲未盡也。彼話③訾守仁、獻章者，除所謂僞學霸儒，原未知守仁，不足深辨。其謂各立門户者，必離經叛聖，如老、佛、莊、列之徒而後可，若守仁言致知，出於《大學》，言良知，本於《孟子》，獻章言主靜，沿於宋儒周敦頤、程顥，皆祖述經訓，羽翼聖真，豈其自創一門户耶？事理浩繁，茫無下手④，必於其中提示切要，以啟關鑰，在宋儒已然，故其爲教曰仁、曰敬，亦各有主，獨守仁、獻章爲有門户哉？其謂禪家宗旨者，必外倫理、遺世務而後可。今孝友如獻章，出處如獻章，而謂之禪，可乎？氣節如守仁，文章如守仁，功業如守仁，而謂之禪，可乎？其謂無功聖門者，豈必著述而後爲功邪？蓋孔子嘗刪述六經矣，然又曰：'予欲無言。'曰：'吾無行而不與二三子。'門人顏淵最稱好學矣，然又曰：'於吾言無所不悅。'曰：'退而省其私，亦足以發。'夫聖賢於道，有以身發明者，比於以言發明，其功尤大也。其謂崇王則廢朱者，不知道固互相發明，並行而不悖。

① 隆 明抄本作"陸"，誤。通行本改"隆"，是。

② 話 明抄本作"詆"，是。通行本作"話"，誤。

③ 話 明抄本作"詆"，是。通行本作"話"，誤。

④ 手 明抄本作"乎"。通行本改"手"，是

① 阻　明抄本作"狙"。通行本誤改爲"阻"。

蓋在宋時，朱與陸辯，盛氣相攻，兩家弟子有如讐隙，今並祀學宮，朱氏之學昔既不以陸廢，今獨以王廢乎？大抵近世儒者，褒衣博帶以爲容，而究其實用，往往病於拘典而無所建樹，博物洽聞以爲學，而究其實得，往往阻①於見聞而無所體驗，習俗之沉錮久矣。今誠祀守仁、獻章，一以明真儒之有用，而不安於拘曲，一以明實學之自得，而不專於見聞。斯於聖化，豈不大有裨乎？若居仁之純心篤行，衆議所歸，亦宜併祀。我國家二百餘年，理學名臣先後輩出，不減宋朝。至於從祀，乃止薛瑄一人，殊爲闕典。昔人有云：衆言淆辭折諸聖。伏惟聖明裁斷主持，益此三賢，列於薛瑄之次，以昭熙代文運之隆。臣等無任惓惓願望之至。謹題請旨。"得旨："覽卿等奏，深愜朕衷。皇祖世宗嘗稱王守仁有用道學，併與陳獻章、胡居仁既衆論推許，都准從祀孔廟。朝廷重道崇儒，原尚本實，操修經濟，都是學問，亦不必別立門戶，聚講空談，反累盛典。禮部便遵旨行。"

二十三日乙未，上視朝。

大學士申時行等題："爲病故輔臣事。據少傅兼太子太傅戶部尚書建極殿大學士余有丁男余庭椿報稱，本官於本月十七日辰時病故。看得臣有丁性資明敏，學識宏深。自蒙恩簡畀內閣，憂國奉公，夙夜匪懈。臣等方賴其同心協力，翼贊皇猷，乃一疾長終，良可悼惜。所有應得卹典，伏乞敕下禮部，查例上請，以彰朝廷逮下之仁。臣等未敢擅便，謹題請旨。"得旨："禮部查例來看。"

是日，上遣文書官劉愷詣故大學士余有丁第視喪，賜銀一百兩、紵絲四表裏、米五十擔、蠟燭五十對、檀香五十炷、攢香十斤、香油一百斤、茶葉五十斤、鹽一百斤、木柴一千斤、木炭一百包。

二十四日丙申，大學士申時行等題："爲閣務繁重懇乞聖明博簡才賢以廣忠益事。照得閣臣之設，所以備顧問，贊樞機，其務至繁，其職至重，必登延哲乂，廣集衆思，乃可以裨翼皇猷，弼成治理。仰惟皇上聰明天縱，總攬權綱，萬化聿新，百廢具舉，臣等才疎識闇，莫能仰佐下風，近又該臣余有丁病故，止臣等二人在閣，一應事務，竊恐辦理不前，有負任使。今在廷諸臣人品學術，俱莫逃於聖覽，伏乞皇上斷自宸衷，簡求賢哲，以充是任。或查照舊例，敕下吏部，會同九卿科道官推舉，上請聖明簡用，以昭公道，以服輿情。臣等又惟，累朝以來，閣臣原無定員，或六、七人，或四、五人，蓋儲養之多，練習之久，則平時有交修共濟之益，倉卒無缺人廢事之虞。如蒙皇上簡用二員，與臣等供事，庶使衆賢並進，羣職交修，臣等尤不勝祈望之至。未敢擅便，謹題請旨。"得旨："着便會推堪是任的五、六員來看。吏部知道。"

萬曆十二年十二月癸卯，朔，大學士申時行等題："今日蒙發下九卿科道會推閣臣本，內御筆點用王錫爵、王家屏，令臣等擬票。臣等看得，二臣學術深淳，器識端亮，皆人望所屬，輿論咸孚。仰蒙皇上斷自聖心，拔置密勿，在國家有得賢之度，在臣等有共濟之資，不勝欣幸，不勝欽服。但二臣才品皆同，年資少異，在王錫爵則入仕二十三年，資敘已深，在王家屏則入仕十有七年，資敘較淺。先年入閣諸臣，或以尚書，或以侍郎，如臣時行與馬自強同入，自強以尚書，臣時行以侍郎，此近例也。臣等擬將王錫爵陞禮部尚書，兼文淵閣大學士，王家屏陞吏部左侍郎，兼東閣大學士。謹擬敕稿進覽，伏惟聖裁施行。謹具題以聞。"

是日，大學士申時行等題："本月初一日早，臣等進朝，望見西城內有火光，問知是無逸殿被災。臣等不勝駭悚。竊惟無逸殿，乃皇祖世宗皇帝所建，欲以省耕斂，觀稼穡，知小民之艱，而固王業之本，德意甚盛。乃今一旦被燬，雖係內侍不戒，有此疎虞，然災變之來，良亦有自。此蓋上天出譴告之異，以示仁愛之心，欲使聖志憂勤，宸衷警戒，於①側身修行，思患豫防，非偶然而已也。臣等輔導無狀，調爕乖方，致茲火②警，除席藁待罪外，其內外大小臣工，皆當一體修省，各務洗心滌慮，率職奉公，以應天變，合諭禮部，照例施行。尤望皇上祗畏天威，增修聖德，自內庭以至外庭，朝兢夕惕，務遵無逸之訓，自民事以及兵事，深思慎勤，務防不戢之災。然後和氣可回，休祥畢集。臣等不勝惓惓顒望之至。謹擬傳帖一道進覽，伏乞聖裁施行。謹具題以聞。"

二日甲辰，敕吏部："王錫爵陞禮部尚書，兼文淵閣大學士，着差官行取，馳驛來京。王家屏陞吏部左侍郎，兼東閣大學士。俱入內閣，同時行等辦事。如敕奉行。"

諭禮部："無逸殿災，係上天示戒，朕衷深切警惕，其內外大小臣工，着一體修省，以回天變。禮部便照例行。"

① 於 明抄本"於"下有"以"字，是。通行本脫此字。
② 火 明抄本作"大"。通行本作"火"。

三日乙巳①，上視朝。

是日，吏部左侍郎兼翰林院侍讀學士王家屏奏："爲披瀝悃誠辭免殊常恩命事。本月初二日，准吏部諮傳奉敕吏部：'王錫爵陞禮部尚書，兼文淵閣大學士，着差官行取，馳驛來京。王家屏陞吏部左侍郎，兼東閣大學士。俱入内閣，同時行等辦事。如敕奉行。欽此。'臣聞命自天，不勝震悚。竊惟天下治亂繫朝廷，朝廷輕重在輔相，從古得人之盛，率由度德之公，或疇咨在廷，或旁求於野，謀之於衆，必灼見而灼知，任惟其賢，故其難而其慎。方今聖明御宇，覃稱極辨之朝，俊乂在官，咸抱太平之略，豈乏良弼？何有微臣？伏念臣學術梏疎，器能窳陋，猥蒙先帝儲養，充二史於詞林，恭荷皇上甄收，備一經於講席，徒竭呻佔之技，曾微啓沃之勞，遂自官僚冒冰啣於翰署，尋遷卿貳，塵水鑑於銓司。揚秕在前，愧浮章而鮮實，積薪居上，訝枯朽以疇容，極知遇主之榮，但切妨賢之懼。正圖引退，偷憖息於清時，誤奪登延，俾參聯於内閣，睠惟重地，將以備顧問而代天言，循省非材，何免效彌綸而襄帝業？恭謨謀於密勿，領機務之殷繁，譬之不琢玉而求文，厥瑕能掩？未操刀而試割，所傷必多。劾百辟嚴膽，無踰五臣之選，而蒼生雅望，偶同一日之升，鳳鸎偕翔，誠自慙於儔匹，駑駘附駕，可立待其奔疲。若不量力所能，遽此靦顔以就，豈惟輕朝廷而羞當世之士？仰恐隳職任而累主上之明。伏望皇上，鑒亮鄙衷，非由矯飾，收還成命，別簡忠賢。儻仍守舊官，尚勉圖於報塞，即放歸里，亦永戴平生成矣。無任激切懇祈之至。爲此具本親齎，謹具奏聞，伏候敕旨。"次日得旨："卿久侍講惟，端慎宏博，内閣重任，特兹簡畀。宜殫竭猷爲，以襄治理。不允所辭。吏部知道。"

七日己酉，大學士申時行等題："本月初七日，該文書官口傳：'聖體微感風寒，暫須靜攝。'臣等竊見數日以來，天正嚴寒，忽然温煖，今日又復陰寒，此等氣候，甚難調攝。仰惟皇上萬福方來，百神胥護，康寧之祉②。計日旋臻。但臣等犬馬

①己　明抄本作"巳"，是。通行本誤作"己"。

②祉　明抄本作"趾"。通行本改"祉"。

① 申 "申"當作"戌"。
② 即 明抄本作"既",是。通行本誤作"即"。

之忱,尤望皇上慎節起居,劑調膳服,以迓萬安之慶。臣等不勝瞻戀仰祈之至。謹具題恭候以聞。"

八日庚申①,大學士申時行等題:"連日伏聞皇子出痘,屢問太醫院官錢增等,回稱喜已大安。仰惟皇上至德昭孚,玄穹篤佑,靈秀夙鍾於胤嗣,嘉祥誕集於宮闈,睹睿體之即②平,識天顔之有喜,此誠宗社無疆之大慶,而臣民共戴之洪庥也。臣等忝備爾臣,懽忭倍萬,不勝踴躍欣忭之至。謹具題恭賀以聞。"

二十三日乙丑,上視朝。
命詹事府少詹事兼翰林院侍讀學士掌院事張位、右春坊右諭德兼翰林院侍讀吳中行、翰林院編修孟麟、檢討顧紹芳,俱充《會典》纂修官。

二十五日丁卯,大學士申時行等題:"先該刑部覆擬錢若賡罪名,該文書官口傳聖旨,令臣等定擬死罪,臣等欽遵,擬以監候處決。續奉旨政票,臣等仍如前擬,伏蒙御筆改定:'着彼處便決了。欽此。'仰惟皇上,體上帝好生之心,軫下民恫瘝之念,若賡用刑過慘,害人數多,特處之大辟,以示懲創,明同日月,威若雷霆,臣等不勝欽仰,不勝戰慄,豈敢惜此狠惡之人,不以將順皇上之德意哉?故前日刑部及科臣之奏,臣等惟遵旨擬票,不敢復有陳説。但連日每見大小臣工,皆言皇上重處若賡,固爲愛民之仁,而不時處決,未免用法之過。民者,祖宗之所遺,而法者,亦祖宗之所定也。皇上用祖宗之法,以安祖宗之民,誰曰不可?惟是若賡所犯,原比故禁平人之律,法應秋後處決,非決不待時之罪。進來子殺父母、弟殺兄,皆極惡大逆,應決不待時者,俱奉旨着監候處決。則是決不待時之罪,尚且監候,而今以秋後處決之罪,反欲便決,則輕重失倫,非所以率循祖宗之成憲,示天下劃一之法也。然使殺一若賡,而百姓可安,天下可治,臣等亦何必曉曉煩瀆?顧其寔不然，請爲皇上畢陳之。四海至廣，民生異俗，若民淳事簡、錢糧輕省之處，可以不煩箠楚而治，至於地方衝繁、民俗刁惡、豪強之吞併民產、盜賊之竊掠民財、奸滑之通負國課，此等州縣，豈得不加刑罰？但不宜如若賡之酷耳。酷刑官員，自有正法，今既比律而入之死罪，則海內聞之，皆已畏法懼罪，不敢仍用嚴酷之刑矣。若又於法外加重，則以後有司惟恐邂逅致死，誰肯輒加刑罰？必至於豪強不畏，盜賊不①戢，奸猾不懲，反致良民不得安生，是皇上恤有罪致死之民，而貽害於無辜良善之民也。由前言之，則有礙於祖宗之法，由後言之，則不便於良善之民。舉朝之臣，皆謂不可。臣等職在輔導，惟願皇上憲法祖宗，安養百姓，豈可坐視不言，使萬世有遺議哉？且臣等不爲若賡求免死，祇爲國體民生求緩若賡之死，如蒙皇上俯從，將刑部六科本改票，准令監候處決，既以增光聖德，而亦使臣等稍遣②於輔導不識之罪。天下幸甚，大小臣工幸甚，臣等不勝懇切祈望之至。"得旨："前撫按官參奏錢若賡因細故逞刑，杖斃平民多命，定擬極刑，決不待時，還未盡其辜。覽卿等所奏，着彼處牢固監候，待秋後處決。"

　　二十九日辛未，大學士申時行等題："今日該禮部接出聖旨：'今年本月二十九日寅時，朕生一子，屬第二，當即亡，照穎傷亡例行。禮部知道。欽此。'臣等不勝驚愕。仰惟皇上聖齡鼎盛，胤祚蕃昌，雖種玉未成，偶動泣麟之感，而還珠有待，佇開降鳳③之祥。茲當除舊布新之期，允惟納祉迎合之日。伏望皇上順承乾祐，寬慰聖懷，臣等不勝祈望之至。謹具題恭慰以聞。"

①不　明抄本無"不"字，誤。通行本加"不"字，是。

②遣　明抄本作"遺"，是。通行本作"遣"，誤。

③鳳　明抄本作"凰"，是。通行本誤作"鳳"。

萬曆
十三年

萬曆十三年正月癸酉，朔，上御皇極殿，受文武百官朝賀。是日，賜三輔臣上尊珍饌。

四日丙子，上御皇極殿。太常寺奏孟春時享太廟。

六日戊寅，上御皇極殿。順天府進春，百官稱賀。賜三輔臣上尊珍饌。

七日己卯，上親享太廟。

十日壬午，上御文華殿講讀。

十二日甲申，以恭寫皇第二子邠哀王銘旌，賜輔臣申時行、許國、王家屏各銀十兩、紵絲一表裏，及中書官劉大武等二員有差。

十五日丁亥，以上元節，賜元輔申時行膳九品、元宵全、竹葉清酒十瓶，次輔許國、王家屏各膳七品、元宵全、竹葉清酒五瓶。

是日，以恭寫皇第二子邠哀王謚冊文，賜輔臣申時行、許國、王家屏各銀三十兩、紵絲二表裏，及中書官成楫等二員有差。

十九日辛卯，追封皇第二子常漵爲邠哀王，遣成國朱①應禎、大學士申時行持捧節冊行禮。册曰："王者支子，備位宗藩，情具屬於天親，恩奚間於存没？朕故第二子常漵，含靈孕秀，已彌震夙之期，應兆誕祥，冀睹岐嶷之狀。甫聆呱泣，猝報淪殤。嗟美玉之難完，訝慶雲之易變。倏驚慈聽，殊駭朕衷，爰舉彝章，式昭愍念。兹特追封爾爲邠王，謚曰哀。嗚呼，錫以名稱，用備成人之禮，炯如英爽，尚歆有國之封。"

① 朱 "朱"上當有"公"字。

二十四日丙申，上御文華殿講讀。

二十六日戊戌，上視朝。

二十八日庚子，大學士申時行等題："昨日該文書官劉愷口傳：聖體偶感微寒，欲於二十九日暫免朝賀。臣等仰惟聖躬強固，景福駢臻，即陰陽之和少垂，而昊穹之佑自篤，計在旦夕，必睹萬安。但臣等犬馬微忱，不勝瞻戀。伏望皇上順時崇護，加意珍調，以迓康寧之祉，臣等尤切懇祈之至。謹具題恭候以聞。"

二十九日辛丑，聖母仁聖懿安康靜皇太后萬壽聖節，免朝。賜三輔臣上尊珍饌。

萬曆十三年二月壬寅，朔。

二日癸卯，命國子監祭酒徐顯卿、右春坊右諭德兼翰林院侍講李長春、修撰劉楚先、編修黃洪憲、史鈳，俱充經筵講官。

三日甲辰，以祭三皇於景惠殿收回祭設，賜三輔臣各一卓。

五日丙午，命翰林院修撰孫繼皋、編修余孟麟、陸可教、楊德政，充經筵展書官，管典籍事，大理寺右寺右寺正兼司經局正字何初，補寫講章官。

六日丁未，遣大學士王家屏祭先師孔子。

七日戊申，祭太社稷，遣定國公徐文璧恭代。上御文華殿講讀。

是日，以冊封郊哀王命大學士申時行捧冊，賜銀五十兩、紵絲四表裏。

九日庚戌，上視朝。

十一日壬子，諭內閣："朕欽承聖母慈旨，曰：'實我之不德，以致上天震怒。今貽累百姓，糜費錢糧，心所不忍。本宮出銀三萬兩，發與工部，以濟工費之用。'卿等知之。"

大學士申時行等題："仰惟聖母祗畏天威，既虛懷而引咎，慎惜民力，復捐金以助工，仁藹春生，德符坤厚。我皇上奉揚懿訓，宣示臣鄰。敬天愛民，聖衷與慈衷而孚契，承顏順命，至仁合至孝以光昭。羣工胥說以忘勞，丕搆當成於不日。臣等恭誦綸音，不勝仰戴欣躍之至。當即欽遵傳示工部訖，所有原奉聖諭，理合進繳。謹具題以聞。"

十二日癸丑，上御經筵。

①己 "己"當作"巳"。

②兩 "兩"當爲"雨"之誤。

③巳巳 "巳巳"當爲"己巳"。

十六日丁己①，上視朝。

十七日戊午，以慈寧宮迎梁，賜三輔臣各喜花二枝、大紅雲紵絲二疋。

十九日庚申，上視朝。

二十日辛酉，諭禮部："朕第五妹年已長成，當擇婚配。着禮部出榜曉諭，在京官員軍民人等，有子弟年十五、十六歲，容貌齊整，行止端莊，父母有家教的，許於禮部報名，赴内府選擇爲婚。"

二十二日癸亥，上御經筵。

二十五日丙寅，上御皇極殿。太常寺奏請祭歷代帝王。

二十六日丁卯，諭内閣："去秋至今春，兩②雪愆期，河井乾渴，二麥未布，民無所賴，晝夜憂思，實朕不德致。卿等傳示禮部，遣官祭告天地、社稷、山川。並行順天府，應祀神廟，竭誠祈禱。内外大小臣工，洗心滌慮，務要痛加修省。該部查例行。"

大學士申時行等題："仰惟皇上欽崇天道，顧念民依，因雨雪之愆期，憂麰麥之未布，爰側身而引咎，特舉祀以祈神，兼敕臣工，共加修省。聖誠切至，明訓森嚴，即成湯之禱桑林，周宣之歌雲漢，不是過也。臣等不勝仰戴。除臣等贊襄罔效，調燮無能，應合痛加修省、席藁待罪外，謹遵宸諭，當即傳示禮部，令其查例舉行。所有原奉聖諭，理合進繳。謹具題以聞。"

二十八日巳巳③，上御文華殿講讀。

二十九日庚午，上視朝。

萬曆十三年三月壬申，朔，以祈雨祭告天、地、社稷、山川、風雲、雷雨等壇，收回祭設，賜三輔臣各一卓。

二日癸酉，以慈寧宮豎柱，賜三輔臣各銀三十兩、紵絲一表裏、斗牛麒麟孔雀胸背羅一表裏。又以上梁，賜各銀五十兩、紵絲二表裏。

四日乙亥，上御文華殿講讀。

六日丁丑，上視朝。
諭內閣："內操原有祖制。向緣扈從南北郊及皇陵恭視，以內外之分，殆無常操之理，朕豈不知？但教演稍知進退即已。而言官不知，妄引非論，亦是職分之責，姑都且不究。今以① 停止，卿等知之。"
大學士申時行等題："竊見近日言官章疏，屢有停止內操之請，臣等亦望聖明嘉納，未敢瀆陳。今蒙皇上特渙綸音，明示停止，仰見皇上虛懷受善，納諫轉圜，凡蒭蕘芹曝之愚，俱蒙採聽，雖逆耳犯顏之語，悉荷優容，即虞舜之捨己從人，成湯之從諫弗咈，不是過也。臣等不勝欣躍慶忭之至。謹恭錄聖諭，傳示各該衙門，以彰聖德，以慰人心外，所有原奉聖諭一道，理合進繳。謹具題以聞。"

七日戊寅，大學士申時行等題："昨日午後風霾大作，黃塵蔽天，臣等深切憂懼。看得近來宣大二鎮，虜方款貢，必無侵犯之虞，惟薊鎮屬夷長昂，猶肆桀驁，遼東土蠻部衆，尚在近邊，前日雖報有聲息，隨即遁去，然犬羊之羣，狡詐難測。合行督撫總兵官，整搠人馬，嚴謹隄備，庶保無虞。謹擬傳帖一道進覽，伏候聖裁施行。謹具題以聞。"
諭兵部："昨日風霾大作，邊境恐有虜驚。兵部便馬上差人傳與薊遼等處督撫總兵官，嚴加防備，毋得疏懈。"
是日，以祈雨祭告天、地、社稷、山川、風雲、雷雨等壇，

① 以 《明神宗實錄》卷一五九作 "已"。日本本作 "以"。

收回祭設，賜三輔臣各一卓。

九日庚辰，上視朝。

十二日癸未，上御經筵。

十三日甲申，以祈雨祭告天、地、社稷、山川、風雲、雷雨等壇，收回祭設，賜三輔臣各一卓。

十六日丁亥，上視朝。

十九日庚寅，大學士申時行等題："今日早間，臣等恭候朝參，伏聞聖躬偶因動火進藥，傳旨：'免朝。欽此。'臣等竊見，連日雨澤未霑，氣候不知，早晚陰寒，甚難調攝。仰惟聖齡正茂，玉體方强，雖暫違宣節之宜，遄已睹康寧之慶。但臣等犬馬微忱，瞻戀天顏，情不能已，伏望皇上倍加天和。臣等不勝祈望之至。謹具題恭候萬安以聞。"

二十六日丁酉，上視朝。

二十八日己亥，上御皇極殿。太常寺奏孟夏時享太廟。

萬曆十三年四月壬寅，朔，上親享太廟。

諭內閣："今日孟夏，朕行禮時，見太常寺卿沈人种於賜福胙並贊回宮，不行退遜，輒便轉身，是爲輕慢。着回將話來。"又諭："今日殿內行禮，太常寺官贊禮太速，着禮部查來。"

吏部推福建巡撫都御史，以太常卿沈人种、光卿嚴大紀名上，御筆已點人种，而是日上享太廟，以人种贊賜福胙及回宮，折旋之間不行退遜，有旨詰責奪俸，部疏留三日不發。遣文書官李恩持疏到閣傳旨，謂人种云："他禮儀都不知，如何做得巡撫？"欲用其次。閣臣申時行等附奏云："人才各有短長，有禮儀閑習而不達於政事，有政事疎通而不熟於禮儀者。人种任外官二十餘年，未嘗睹朝廷之禮，今又密邇天顏，矜持太過，故周旋進退少有差錯。若論其才力，使爲巡撫，綽然有餘。昨以失儀罰俸，今以廷推轉官，原不相妨。況已蒙欽點，宜仍用之，以昭皇上器使之公，待下之恕。"有頃，文書官仍傳旨云："先生每既這等說，便用他罷。"部疏仍批紅發行。

二日癸卯，賜三輔臣各鮮藕三枝。又以恭視慈寧宮工程，特賜燒割，各一分。

三日甲辰，上視朝。

四日乙巳，大學士申時行等題："爲纂修事。照得《大明會典》纂修將完，其稿俱屬副總裁官看定。今尚書沈鯉掌管部事，侍郎周子義兼管教習，前項事務辦理不前，相應添官供事。臣等推得吏部右侍郎兼翰林院侍讀學士沈一貫、禮部左侍郎兼翰林院侍讀學士朱賡、禮部右侍郎兼翰林院侍讀學士王弘誨，俱堪兼理。合候命下，令各不妨日講、部事，俱充副總裁官，到館供事。臣等未敢擅便，謹題請旨。"上從之。

五日丙午，以祈雨祭告天、地、社稷、山川等壇，收回祭設，賜三輔臣三卓。

六日丁未，上視朝。

七日戊申，大學士申時行等題："查得節年事例，遇立夏以後，則令法司及錦衣衛審錄罪囚，謂之熱審。目今雨澤未降，亢旱傷農，正宜理枉申冤，拔幽宣鬱，無使愁苦之氣上干陰陽之和，如先時舉行，不拘夏令，或亦修政弭災之一事也。臣等謹擬傳帖進覽，伏候聖裁施行。"上從之。即諭刑部："如今亢旱不雨，屢禱未應，恐刑獄冤濫，上干天和。兩法司並錦衣衛見監罪囚，笞罪無干證的邡①了，徒流以下通減二等發落，重囚情可矜疑着虛心鞫審，並枷號的都寫來看。"

十日辛亥，以恭視寫篆皇第二子邠哀王神主壙誌，賜三輔臣各銀二十五兩、紵絲二表裏、新鈔二千五百貫，及中書官徐繼申等四員各銀一十五兩、紵絲一表裏、新鈔一千五百貫。又以恭視寫篆僖居公主神主壙誌，賜元輔申時行銀二十兩、紵絲二表裏、原封鈔三千貫，次輔許國、王家屏各銀一十五兩、紵絲一表裏、原封鈔二千貫，及中書官徐繼申等六員各銀五兩、紵絲一表裏。又賜三輔臣各銀綵扇五把、銀釘鉸扇十把、碑碌扇二十把，及講官沈一貫等六員各銀釘鉸扇三把、碑碌扇三把。

十一日壬子，諭內閣："茲者三祈雨澤，天未霈施，朕心甚憂懼。朕步行親詣南郊祭禱，卿等傳示禮部，查例來行。"

大學士申時行等題："今日伏蒙聖諭，該文書官李浚恭捧到閣，臣等盥②莊誦，不勝悚服。竊見連日祈禱雖勤，雨澤未應，麥苗枯槁，人心驚惶。以皇上聖德日懋，聖改日新，豈宜有此？此皆臣等輔理無狀，上干天和，雖褫職罷官，膏斧伏質，不足以贖罪戾之萬一。乃又仰廑宸③霄旰焦勞，至欸省扈從之駕儀，撤擺列之軍士，卻去輦乘，步詣郊壇。蓋籲天之誠，既精虔而獨至，憂民之念，又懇惻而靡寧。其與商湯之衣茅露禱，我太祖之草蔬糲飯，世宗之親禱崇雲，同一遇災警懼、惻身修行之心，非特如前代減膳徹樂之文而已。夫宋公一言，熒惑退舍，

①邡 "邡"當作"放"。

②盥 "盥"下當有脫字。

③宸 "宸"下當有脫字。

齊侯暴露，甘雨應期。以皇上一念精誠，必可以感格上帝，澍雨之應，不占有孚。臣等無任瞻跂之至。當即恭錄聖諭，傳示禮部訖。所有原奉御筆一道，理合進繳。謹具題以聞。"

十二日癸丑，大學士申時行等題："昨該文書官李浚口傳聖旨：'着查兩京各省歷科舉人額數來看。'臣等已於禮部備查明白，具進呈御覽。謹具題以聞。

歷科鄉試舉人額數

洪武三年五月，詔京師及各行省鄉試通選五百名爲率，直隸府州縣貢額百名，河南、山東、山西、陝西、北平、福建、江西、浙江、湖廣各四十名，廣西、廣東各二十五名。若人才多處，或不及者，不拘額數。

洪武十七年三月，令舉人不拘額數，從實充貢。

洪熙元年定取士額，南京國子監並南直隸共八十名，北京國子監並北直隸共五十名，浙江、福建各四十五名，湖廣、廣東各四十名，河南、四川各三十五名，陝西、山西、山東各三十名，廣西二十名，雲南、交趾各十名，貴州頤試者就試湖廣。

宣德二年，令貴州就試雲南。

宣德四年，令雲南鄉試增五名。

宣德七年，令順天府鄉試額取八十名。

正統二年，令開科不拘額數。

正統五年，浚令取士額，順天府仍八十名，應天府一百名，浙江、福建皆六十名，江西六十五名，河南、廣東各五十名，湖廣五十五名，山東四十名，廣西三十名，雲南二十名。

正統六年，令順天府鄉試增二十名。

景泰四年，復定取士額，南北直隸各增三十五名，浙江、江西、福建、河南、湖廣、山東各增三十名，廣東、四川、陝西、山西、廣西各增二十五名，雲南增十名。

成化三年，令雲南鄉試復增十名。

成化十年，令雲南解額復增十名。

弘治七年，令雲貴解額共增五名。

嘉靖十六年，令雲貴分科試士，雲南四十名，貴州二十五名。

嘉靖十九年，令湖廣鄉試增五名。

嘉靖二十五年，令貴州鄉試增五名。

隆慶五年，令兩京鄉試各暫增十五名。

萬曆元年，令雲南鄉試增五名。

見今額數

順天府、應天府各一百三十五名。

江西九十五名。

浙江、福建、湖廣各九十名。

河南八十名。

山東、廣東各七十五名。

四川七十名。

山西、陝西各六十五名。

廣西五十五名。

雲南四十五名。

貴州三十名。

是日，時行等又題："今日蒙發下御史鄧鍊條陳本，該文書官劉成口傳聖旨：'燒造磁器，內有屏風、燭臺、茶盤、花瓶，已燒成的揀好的進，不堪的變賣，未燒的停止。應該供用的，照舊燒進。欽此。'臣等先曾接得江西撫按揭帖，備稱燒造繁難，如屏風等項，費過錢糧甚多，竟無堪進上用者。節該言官建議，未奉俞旨。臣等亦不敢瀆陳，然私心惓惓所望於皇上之省費恤民者，固甚切也。兹蒙皇上採納御史之言，特有停減之命，視民如傷，從諫如流，真可以媲美二祖，而起①越百代，臣等不勝仰戴，不勝踴躍。但臣等又聞燒造數內，有新降式樣大龍缸一項，亦屬難成，尤為靡費。如蒙皇上並將此項停止，其先年舊樣中等龍缸仍令燒進，則凡民間之所苦俱為蠲除，官府之所難俱得輕減，而聖仁普被，和氣可回，臣等尤不勝祈望之至。謹遵旨擬票進覽，伏惟聖裁施行。"疏入，上欣然從之，即如票批出。

① 起 "起"當作"超"。

十四日乙卯，上御文華殿講讀。

　　是日講畢，大學士申時行等致詞曰："天時亢旱，陰陽失調，皆臣等奉職無狀所致。連日聖心焦勞，欲步行祈禱，仰見皇上敬天愛民，憂勤惕勵，臣等不勝仰戴。"上答曰："朕知道了。"

　　十五日丙辰，上致齋於武英殿。

　　是日，以大學士申時行等從詣郊壇，布服未備，特賜上用布疋。時行青藍各二疋，國、家屏青藍各一疋。時行等具題陳謝云："仰惟皇上心秉精誠，躬行儉素，又體悉布韋之賤，特頒篋笥之藏，臣等奉以爲珍，即當服以拜賜。不勝感戴天恩之至。"

　　十六日丁已①，上以詣南郊禱雨，預告於奉先殿及聖母前，仍致齋於武英殿。

　　十七日戊午，昧爽，上親御布素，自武英殿步至皇極門，御煖閣，三輔臣侍。太常寺請詣郊壇致祭。上徒步出大明門，百官皆前導。上數目輔臣，使近前。至南郊，次昭亨門，賜輔臣及九卿茶。恭詣壇位，祈禱如儀。仍分遣定國公徐文璧等詣北郊、社稷、山川、雲雨風雷等壇，各行禮。上射禱畢，出御幄次。召輔臣及九卿諭曰："天時亢旱，雖由朕之不德，亦因天下有司官貪贓壞法，剥害小民，不肯愛養百姓，以致上干天和。今後還着該部加慎選用。"臣時行對曰："皇上爲民祈禱，不憚勤勞，一念精誠，天心必然感格。其屢禱未應，皆臣等奉職無狀所致。今天下有司官果然不能仰體皇上德意，着實奉行，臣等當即與該部商量申餘②。"上曰："還着都察院行文與他每知道，務令着實奉行，毋事虛文。"時行對曰："今後如有不着實奉行、虛文塞責者，容臣等請皇上重法懲泊③。"上曰："先生每説的是。"時行又奏言："皇上敬天勤民，真切懇至，臣等不勝仰戴。但聖體勤勞，宜倍加調攝。"上曰："知道了。"將還，

① 已　"已"當爲"巳"。

② 餘　"餘"當作"飭"。

③ 泊　"泊"當作"治"。

近侍請進法駕，上遽麾却，復步至皇極門御座。時行等叩頭云："皇上步行禱雨，禮成回宮，臣等不勝欣戴。"上答曰："先生每辛苦。"時行等云："聖體勤勞，臣等分當奔走。"因叩頭謝。上復詣奉先殿，謁聖母，告至。是行也往返殆二十里，羣下慮勞聖躬，而上親奉玉趾，無難色。竊窺聖容，儼然若思，穆然若深省；憂憫惻怛形於辭色者備至。百官萬姓咸喻明天子敬天勤民之意，發於誠心，不由勉強，無不舉手加額，歡呼頌聖焉。

是日，大學士臣申時行等題："茲者亢旱為災，甘霖未霈，皇上親舉玉趾，籲禱玄宇。始自殿廷，至於壇壝，皆徒行往返，不憚勤劬。虎步龍行，識人心之快睹，霄衣旰食，知天意之潛孚。且蒙召見臣僚，責成守令，謂其失愛養之道，以致干陰陽之和。天語丁寧，睿顏開霽，舉朝共慶曠世希逢。即此歡欣之交通，固宜膏澍之即應。臣等不勝欽戴，不勝瞻仰。但聖心固極誠敬，聖體不免過勞，更望留意節宣，少舒兢業，臣等尤不勝祈懇之至。"

時行等又題："今日恭遇皇上步禱郊壇，特召臣等及院部諸臣至幄次宣諭。臣等親奉玉音，已能記誦，但諸臣或有未及聞知者。臣等方欲傳示間，又蒙皇上令臣等撰擬手敕一道。茲欽遵撰完，恭進御覽，伏乞聖明裁潤施行。"

敕六部、都察院官："前者天時亢旱，雨澤愆期，朕夙夜殷憂，屢禱未應。雖由朕不德所致，亦因天下有司官多貪贓壞法，酷害百姓，不肯撫恤愛養，上干天和。該部今後宜慎加選用，都察院便移文申飭。務修實政，毋事虛文。朝廷加意小民，欲新吏治，有故違不奉行者，重罪不宥。故敕。"

十八日己未，大學士申時行等題："今日文書官李恩口傳聖旨：'天下災傷地方，着蠲免錢糧一年。欽此。'仰惟皇上欽崇天道，軫惻民艱，連日憂旱焦勞，步行祈禱。又念有司貪酷害人，特召臣等面諭，今又欲免災傷地方錢糧。聖心惓惓無非為百姓艱難，思所以撫綏安輯之計。臣等愚陋，不能仰贊德意之萬一，惟深切慶幸而已。臣等又思得，見年災傷地方幸霑恩澤，而先年災傷地方，尚貽困累，則帶徵錢糧是也。蓋往歲撫按官報災，該部以正數錢糧蠲之則損額，而民方困悴，徵之則不堪，故權擬停徵於目前，而帶徵於豐歲。如此連年①，帶徵愈多，而錢糧愈不能辦，即有豐歲止可完當年之正賦，豈復能補累年之積逋？有司畏避查參，反以見徵之額那為帶徵之數，支吾展轉，奸敝多端。而不才有司不惜百姓，上以箠笞敲扑，逼民賣男鬻女以完舊逋，正戶逃亡則累里甲，里甲盡絕則累別區。雖遇豐年，民窮如故，蓋以此也。臣等以為帶徵錢糧一節，亦當議處，以蘇民困。謹並擬傳帖一道進覽，伏惟聖明裁定施行。"

諭戶部："天時亢旱，屢禱未應。朕思民為邦本，今小民困苦，各災傷地方錢糧出辦艱難，殊可憐憫，朕心惻然。戶部便查各撫按官奏到災傷重大去處，覆勘明實，准蠲免本年分錢糧。其先年拖欠帶徵難完者，酌量具奏定奪，以副朕軫恤民窮至意。"

是日，大學士申時行奏："為奉職無狀上干天和乞賜罷斥以清政本以消災沴事。茲者天時亢旱，雨澤愆期，皇上罪己省躬，齋心籲帝，布袍蔬食，卻輦步行，其於敬天之誠可謂篤矣。邇者內操報罷，言官敘遷，減上供之袍服，止難成之磁器，又於郊壇幄次，召諭臣僚，憫念小民，責成守令，其於應天之實，可謂至矣。然而和氣未宣，甘霖未應者，何也？則由燮理非人，而輔導之臣失其職也。臣本以疏庸，誤蒙拔擢，濫竽密勿八年於茲。因人而碌碌無奇，臨事而惛惛不辦。今民生困悴，國計空虛，士風日入於澆漓，吏治罕聞於撫字，河西遼左虜情可虞，廣右蜀中兵變繼作，殞襄之災傷特甚，南北之地震同時，外有治平之名，內無安寧之實。而臣徒懷千慮，莫展一籌，無解紓經畫之猷，無救濟挽回之術，憂柔廢事，淺闇失人，力弱不任堅持，性拘不能善應。政本之地，有臣若斯，則何以寅亮天工，導迎協氣？恒旸之咎，厥罰在臣。臣寔召災，安所逃罪。且上下有體，君逸臣勞，休戚相關，主憂臣辱。今君父之憂勞如此，則臣子之分義謂何？豈得泄泄為安，容容在位？昔周以雲漢憂庶正，漢以水旱免三公，皇上方貴②有司之無良，而獨貰輔臣

① 年　"年"下應有"災傷"二字。參見本書萬曆二十七年閏四月十七日記事。

② 貴　"貴"當作"責"。

之不職，此臣之所跼蹐而不自安也。伏望皇上將臣斥免，別簡忠賢，使表率之地得人，則參贊之功畢舉，而甘澍自應，災沴可消。臣無任惶恐待罪之至。"得旨："朕實不能德，致此旱災。卿輔弼首臣，忠勤素著，正宜殫精秉誠，率先百僚，助朕昭格，豈可引咎求去？所辭不允。吏部知道。"上復遣文書官姚秀，詣時行第傳諭："旱魃爲沴，屢禱未孚，乃朕之精誠未竭，非卿之過也。卿者碩元輔，勳猷茂著，朝夕納誨，啟沃朕躬，豈可因災引咎求退？卿可即出輔政，以副朕意。"

十九日庚申，大學士申時行奏："爲恭謝天恩事。伏念臣猥從寒賤，遭際聖明，誤蒙特達之知，久玷樞機之任，一長無取，八載於茲。頃以亢旱爲災，甘霖未澍，皇上切憂民之念，嚴事帝之誠，步禱郊壇，儼若桑林之暴露，疇咨卿士，宛乎雲漢之憂勤。謂蓋高而聽卑，胡屢祈而未應？惟人所召，厥咎在臣。罪積丘山，似難逃於鈇鉞，恩覃兩①露，幸不褫其冠裳。載荷絲綸，特頒蓬蓽，訓詞爾雅，榮踰一字之褒，宸翰昭回，敬睹十行之札。臣何緣厚幸，被此殊私？'耆頭''勳猷'，是豈庸愚之敢望？'納誨''啟沃'，猶慚報稱之未能。顧茲恐懼修省之時，敢萌戲豫晏安之念？當急趨君命，仰副聖懷。苟微軀可代犧牲，不辭登薦，將沒世誓爲犬馬，永效馳驅。除赴鴻臚寺報名、候次日廷謝外，所有原奉聖諭，臣謹遵藏，以爲子孫鎮家之寶。臣無任感激欣戴之至。"得旨："覽卿奏謝，朕知道了。禮部知道。"

是日，大學士許國奏："爲因旱省躬佐理失職乞賜褫罷以銷天變事。竊見去冬不雨，至於今夏，三時亢旱，仰廑聖慮，齋居引咎，步禱郊壇，心極焦勞，身被布素。主憂如此，臣義謂何？復以守令貪殘，黔黎愁苦，前席幄次，親發德音。臣等伏睹皇上敬天勤民，真切懇至，然又躬行節愛，匪事空文，虛己聽言，轉圜從善。如停內操，減歲造，蠲租稅，錄謫遷，中外之所傒志而想望者，一朝實見諸行事，萬民鼓舞，歌誦聖明。夫人心悅，則天意得，然而膏澤尚屯，罪在臣等。漢世遇災異

①兩　"兩"疑爲"雨"之誤。

則策免三公，良以燮理所司，官不必備，應災修政，當自近始。今內閣諸臣，如大學士申時行、王家屏及新起王錫爵，皆能祗德同心，仰贊治理。獨臣以庸劣濫備樞機，每懷伴食之羞，徒貽竊位之誚，況衰病侵尋，精神恍惚，朝已忘夕，力匪從心，向嘗乞身，屢有陳請。主恩無量，欲報未能，茲當恐懼修省之時，豈是優游苟安之日？且今新輔將至，舊德在茲，寬宏精密臣不如時行，剛方正直臣不如錫爵，敦厚篤誠臣不如家屏，藉令臣在，如一羽之有無，何足爲多寡？語云和致，祥垂致異。臣本迂疎，上之不能體一人之和德，以迓天地之和，次之不能協二臣之和衷，以倡朝野之和，何以使大小相信，議論不煩，氣脈流通，形迹無間？今者垂異，意臣致之，雖伏斧鑕亦無所恨。皇上儻以備員左右，曲賜矜憐，亦乞薄示褫奪，放回田里，別簡名賢，俾參密勿，庶幾燮調有賴，災變可銷。臣不勝惶恐待命之至。"得旨："卿輔弼重臣，協恭持正，旱災修省，正宜匡朕不逮，豈可引咎乞休？所辭不允。吏部知道。"

大學士王家屏奏："爲因旱省愆虛庸不任乞賜罷斥以消災沴事。乃者二氣垂和，三時不雨，上厪聖慮，特軫民艱。既遣官徧祀於百神，復戒旦躬禱於上帝，御布素而精心祈禱，卻輿輦而徒步往來。凡在臣工，仰宸衷之懇惻，並愧分憂，感聖體之勤勞，咸知引慝。而臣謬參禁近，忝預樞機，雖拜命之維新，寔積愆之有素。向已慚其僥冒，求遜避而未能，今滋懼於曠瘝，信罷褫之已晚。夫古人比相道於霖雨，稱幾務曰天工，義取調邊陰陽，助宣造化。而臣性資凡近，學識空疎，思以贊廟謨而朝章未諳，思以裨國政而時宜未達。寅入酉出，徒更暴直之勤，陰伏陽愆，總闇調元之術。空名是質，計已誤於蒼生，竊位而居，尚可妨乎賢者？惟恒賜之徵在僭，而大旱之氣從驕，以臣自觀，實兼其咎，垂氣致異，必此之繇。夫本用臣以致災，今去臣以應罰，使臣去而可以上回天意，下紓民窮，皇上亦何惜於微臣之行、而不以慰蒸黎之望也？伏願皇上鑒臣誠懇，亟賜罷歸，別簡名賢，俾襄化理，則淑慝既嚴於黜陟，而天人自速於感通矣。臣不勝惶恐待罪之至。"得旨："卿簡任密勿，一德和衷，旱災修省，正宜匡朕不逮，豈可引咎乞休？所辭不允。吏部知道。"

二十二日癸亥，諭兵部："昨日風霾陡作，塵沙蔽日，朕心驚惕。靈臺來奏，主有邊兵。着馬上差人傳與薊遼等處督撫總兵等官，慎加防備，毋得疎懈。"

二十三日甲子，上視朝。傳旨："六科西班內咳嗽，着鴻臚寺查來。"

二十五日丙寅，上御文華殿講讀。

是日，大學士申時行等題："本月十六日，伏蒙發下《明心寶鑑》一套，令臣等撰擬御製序跋。臣等欽遵撰完，謹錄呈睿覽，恭候聖明裁訓。臣等又看得，此書所載，或據經傳，或採風謠，中間極有格言可以覺人悟世。然雅俗並見，援引失真。如云子曰，而孔子本無此言。又謂《書》云，而《尚書》本無此語。訛謬舛錯如此類甚多。若在里巷相傳，可無訂正，今經聖明省覽，難以因循。臣等擬將此書因其舊定篇目，再加參考，差譌者為之改正，鄙俚者為之芟削，未備者為搜補。纂完之日，進呈御覽，重加刊刻。庶奎章宸藻益為鄭重，而可以仰副皇上牖俗訓民之盛心矣。臣等未敢擅便，伏乞聖裁。"上使文書官傳旨："朕覽此書，見內多差訛，正欲參訂，先生每校正來。"

二十六日丁卯，大學士申時行等題："今日蒙發下文書，內有尚寶司少卿年可立乞罷斥以息爭端本。蓋因李植被論，遂有此奏。然孫愈賢等奏尚未處分，可立何由爭之？除李植已擬照舊供職，可立亦難聽其乞罷外，看得可立本內所言，一則曰奸黨，二則曰奸黨，此則朝廷火①體所關，人心觀望所係，似有不容於不問者。夫臣子告君某事為是，某事為非，某人為邪，某人為正，皆當明白直陳，不宜含糊隱諷，此告君之體也。朝廷之上，是即當行，非即當止，邪即當去，正即當留，須是正

① 火 "火"當作"大"。

大公平，不宜偏私容縱，此行政之體也。今可立既言奸黨，則必有可指之人，言報復則必有可據之迹。然皆汎指，未嘗明言。夫奸黨者，國家之大蠹，而誅戮之必及也。果奸黨耶？則不宜姑容以敗壞國事，非奸黨耶？亦不宜汎指以惑亂人心。今聖明在上，耆哲滿朝，乃橫以奸黨之名加人，惟欲聳動聖聽，而不顧傷害國體，萬一天威不測，在廷之臣人人自危，何以安其位而行其志？臣等亦竊有餘懼矣。伏望皇上俯加詳察，將此本下六科，即問可立：奸黨是誰？有何實迹？如果真正的確，請皇上即行究斥，以正國法。如原無所指，亦即明白聲說。以後章奏務要顯明，不許含糊躲閃，庶朝廷之體正，而刁訐之風息矣。臣等未敢擅便，謹擬票進覽，伏乞聖裁施行。"

　　二十七日戊辰，諭內閣："朕昨日覽卿等所奏揭帖，欲使羊可立明說奸黨是誰。但人急便胡攀亂指，使彼胡發一言，於國體何？朕今發一札子，使今後諫言之官要存國家大體，不可逞己之私意，致起紛爭，淆亂國事。諭卿等知之。"又諭："今後諫言官，存國家大體，不可逞己之私意，以公報私，致起爭端，淆亂國事。着各修職業，再不許瑣詞瀆擾。如有仍前的，重治不饒。都察院知道。"

　　是日，大學士申時行等題："昨該臣等看詳尚寶司少卿羊可立本，內稱奸黨，欲望馮保之來，出徐爵之獄，復張居正之官。其詞甚激，而又不直指何官，明言何人。臣等不勝驚怪。竊謂馮保等罪狀已著，奉旨處分已久，當時凡出其門下，與之往來，及阿附為奸者，皆已斥逐，何得至今尚有奸黨？今聖明在上，方總攬威權，亦豈容奸黨得行其計？此言一出，則凡平日之所睚眦者，皆得以此加之，必啟縉紳之禍，傷國家之體。故臣等愚昧，謂不如使之明言，果係奸黨，即當斥逐以正法，果無奸黨，亦不宜借口以傾人。以故妄有陳說，上干天聽。茲奉聖諭：'朕昨日覽卿等所奏揭帖，欲使羊可立說奸黨是誰。但人急便胡攀亂指，使彼胡發一言，於國體何？朕今發一札子，使今後諫言之臣要存國家大體，不可逞己之私意，致起紛爭，淆亂國事。

諭卿等知之。欽此。'仰見皇上洞照羣情，既以杜攀指者之口，顧惜國體，又以安危疑者之心。聖見高明，出於尋常萬萬，非臣等淺陋所及。謹將羊可立本改票，以宣揚聖意，明示在廷，伏惟聖裁。所有聖諭一道，謹尊藏閣中，以彰皇上至公至明之美政。謹具題以聞。"

二十九日庚午，上御皇極殿，遣永康侯徐文煒等持捧節冊，封晉府等府敏淳等爲王，瀋府等府效鏞等爲世子，崔氏等爲世子妃。

萬曆十三年

五①月辛未，朔，以端陽令節，賜元輔申時行金書黃符四道、金書紅符四道、金艾葉四副，次輔許國、王家屏各金書黃符二道、金書紅符二道、金艾葉二副，及講官沈一貫等六員各金書黃符一道、銀書紅符一道、金艾葉一副。

二日壬申，上御經筵。

六日丙子，上御皇極門，鴻臚寺宣奏遼東捷音，百官致詞稱賀。

是日，以遼東大捷祭告郊廟收回脯醢果酒，賜三輔臣各一卓。

八日戊寅，諭禮部："穆廟端妃董氏，於五月初七日申時薨逝。合行事宜，都照昭順英妃魏氏例行。"

九日己卯，士②學士申時行等題："今日蒙發下文書內，有戶部、戶科請停買金兩等項各一本。該文書官李浚口傳聖旨：'准減免二分，還買八分。欽此。'仰惟皇上以婚禮之資，有所取用，乃因親廣愛之至情，復以部科之言許為量減，尤納諫受言之盛德。臣等方切仰戴，敢不順承？但臣等參詳部科兩疏，一則舊例本無，而頓增不貲之費，恐經用益虧，一則謂召買已多，又加以非時之索，恐買辦不給，一則謂買辦銀二十萬，每年已如數添進，不可復加，則③謂蠲免錢糧百餘萬，見今無處抵補，難以別措。惓惓勸皇上以惜財愛民，詞極剴切。臣等狗馬微誠，亦望皇上俯加詳察，特賜允行，即婚禮在所必需，內庫不能措給，亦望大為減免，以修應天之實政，以昭厚下之至仁。臣等不勝幸甚。謹擬票進覽，伏乞聖裁施行。謹具題以聞。"上使中官傳諭云："先生每既這等說，准減三分之一。"

十日庚辰，大學士申時行等題："今日該文書官宋坤將下墨字敕稿，內以遼東奇捷加恩臣等，口傳聖旨：'着中書官便寫手

①五 "五"上應加"萬曆十三年"五字。

②士 "士"當為"大"之誤。

③則 "則"上當有"一"字。

敕來行。欽此。'竊念臣等猥以庸愚，濫叨輔弼，仰荷皇上天高地厚之恩，深愧無功，何以報稱？今此遼東之捷，乃皇上聖武布昭，神威遠播，乃大將奮勇，督撫運籌。臣等何勞之有？無分寸之勞，而冒殊常之寵，於心寔有不安。況邊功不敍閣臣，前已奉有明旨，昨年雲南敍功，乃引隆慶年間獻俘事例。今出塞之捷與獻俘之典不同，臣等既不能控辭於前時，而又濫叨於今日，則臣等皆貪冒鮮恥之人，何顏立於班行之上？此臣等所萬不敢當，而必欲辭免者。伏望皇上俯察臣等愚誠，特容辭免，則行臣等之志，勝於榮臣等之身，而臣等蒙皇上體念之恩，勝於受拔擢之恩矣。所有手敕，未敢令中書官謄寫，謹用進繳，伏惟聖明矜亮。臣等不勝懇之。謹具題以聞。"

十一日辛巳，諭內閣："遼東大捷可嘉，實卿等贊襄之績，進秩加恩亦不為過。覽卿等所奏，情詞懇切，特允所奏。賜元輔銀一百兩、蟒衣一襲，綵段四表裏，次輔二各銀八十兩、綵段四表裏。卿等承之勿辭，以示眷酬。"時行等謹題："昨日伏蒙皇上以遼東捷功欲加恩臣等，該臣等控辭，今日伏奉聖諭。仰惟皇上神武布昭，威稜震疊，使文武受成於閫外，將士戮力於行間，凡此捷功，皆由廟略。臣等惟知慶忭，莫克贊襄，豈特陞蔭殊恩難於承受，即此金綺厚賚亦已叨愈。惟是天寵之匪領，重以宸章之慰勞，分當拜賜，不敢瀆辭，謹叩首祇領訖。臣等不勝感戴天恩之至。所有原奉聖諭，謹尊藏閣中，以彰皇上優禮輔臣之美。除赴鴻臚寺報名廷謝外，謹具題謝恩。"

十四日甲申，上御文華殿講讀。

十六日丙戌，上視朝。

十七日丁亥，大學士申時行等題："先因亢旱不雨，皇上為民祈天，步行親禱，又令府部大臣輪詣各壇竭誠懇祀。比及旬日，天意感孚，霖雨既零，遠邇咸足，聞近京各州縣俱申報雨澤，歡若更生。此皆聖誠昭格、德澤誕敷之所致也。臣等竊謂，祈禱宜暫停止，仍敕下禮部，查照告謝禮儀，擇日舉行，以答天休，以慰民望。謹擬傳帖一道進覽，伏乞聖裁施行。謹具題以聞。"

是日，諭禮部："上天垂仁，雨澤大霈，朕心忻荷。祈禱着停止，告謝事宜禮部查議來行。"

以大學士申時行一品三年考滿，欽賞銀五十兩、紵絲綵段四表裏，內蟒衣一襲，鈔五千貫，茶飯五卓，酒三十瓶，羊三隻。

十九日己丑，上視朝畢，退御煖閣，召輔臣時行等至前，上手一牘，授時行，曰："這是陝西巡按御史董子行奏本，先生每看。"時行受牘，且披且奏曰："臣昨日接得董御史揭帖，曾略節看過。其一說撫鎮官當親自巡歷地方，巡撫一年一次，總兵一年兩次。其二說巡撫當久任責成。其三……"時行方檢疏中條件，未及言，上曰："是說方面官。"時行曰："是說邊方兵備官宜加優異。其四是說沿邊同知、通判等官宜慎選用，破格遷除。其所言多是。"上曰："然。邊務重大，各撫鎮官不親歷地方，專委那小官下人，多不用心整理，豈不誤事？"時行曰："聖鑒允當。邊事全賴總兵、巡撫整理。若每年巡歷地方，則凡險要修與不修，兵馬齊整與不齊整，都身親目擊，下人不敢躲閃欺蔽，自能盡心整理。"上曰："然。必須親到地方，看某處該修守，某處該設備纔好，專靠下人查看不得。"時行言："巡撫遷轉，昨蒙皇上以方弘靜任淺不准推陞，臣等深服聖斷。着令久任最是。蓋在任年久，不惟其才猷得以展布，便是地方百姓也得相安。"上曰："然。即有年久的，寧可加俸、加銜，不可輕易更動。這本先生每將去看來。"時行等叩頭，謝曰："皇上留心政務，臣等不勝欣戴。但臣等愚闇，不能仰贊聖明萬一，望乞寬恕。"上曰："今後有政事，再與先生每商量。"時行等復叩頭出。閣臣召對之典，自孝廟而後久廢不舉。是日朝罷，百官俱北向立，候上還宮，忽就煖閣召三臣，即三臣亦不知所以。比奉對出，百官聞狀，無不喜色相慶，謂："復見孝廟時盛事，翕然有太平之望矣。"

以祈雨告謝天、地、社稷、山川、風雲、雷雨等壇，收回祭設，賜三輔臣二卓。

二十一日辛卯，大學士申時行奏："爲冒寵踰涯懇乞聖明容令辭免以安愚分事。本月十八日准吏部咨，該本部題爲給由事，奉聖旨：'元輔時行，勤襄密勿，弘濟安攘，茲以滿聞，忠勳茂著，加特進光祿大夫，支正一品俸，仍蔭一子做中書舍人，以示眷酬。還着賜宴禮部，以示優禮元輔之①。欽此。'備咨到臣。伏惟聖主之恩如天如地，臣非木石，豈不知承寵爲幸、順命爲恭？然仰繹典章，俯循分義，區區犬馬心寔有不能以安受者。夫階稱特進，祿至極品，蔭子以中舍，賜宴以春曹，此曠世之殊榮，累朝之特典，自非崇勳茂德不可以妄干，非累望積資不容以倖得。而臣贊襄無狀，明試罔功，雖躐孤卿，猶當初考，乃一朝而承三錫之寵，三年而同九載之恩，是厚祿穹階不必量能而予，徽章異數不必稱物而施，其何以昭激勸之公、杜僥覬之漸？此臣之不能安受者一也。臣性質憂柔，行能淺劣，在密勿之地未效勤襄，於安攘之功何裨弘濟？即如頃者，聖心憂旱，宵旰不遑，臣而無解紓調燮之能。聖志爲民，諮詢不倦，而臣無將順對揚之實。職司久曠，罪狀既明，幸不褫其舊官，乃又被之新命，竊恐前愆未贖，後效難期，徒滋冒濫之譏，終蹈滿盈之戒。此臣之不能安受者二也。臣誠不肖，皇上誤聽而使之，方當爲國家守典章，爲臣僚明分義，己則有愧，人將何觀？臣之控辭，實非矯飾。如蒙皇上察臣之志，行臣之言，將前項恩命特准辭免，誓當捐隕以報眷知。臣無任冒昧懇祈之至。"得旨："卿舊德元臣，忠勤匪懈，雖當初考，弼亮弘多，恩禮特加，已有成命，不允辭。吏部知道。"

二十二日壬辰，以恭視慈寧宮工程，賜三輔臣各燒割一分。

二十三日癸巳，大學士申時行奏："爲懇辭賜宴以重特典事。先該臣以一品考滿，蒙恩過優，具疏辭免，奉聖旨：'卿舊

① 之 "之"下當有脫字。

德元臣，忠勤匪懈，雖當初考，弼亮弘多，恩禮特加，已有成命，不允辭。吏部知道。欽此。'仰惟聖眷優隆，恩綸褒籍，臣惟當感激圖報，豈敢再有瀆陳？除進階、加俸、蔭子臣已祗承，即赴鴻臚寺報名廷謝外，惟賜宴禮部一節，乃閣臣九年考滿特恩，在皇上固予臣以不次之榮，優臣以非常之數，而臣饕竊已久，蒙被已多，由前則數歲九遷，於今則一朝三錫，斗筲之受既盈，而鼴鼠之飲亦足矣，若以不才冒極隆之典，則後來有德有功者何以爲酬？以初考蒙九載之恩，則後來再考三考者何以相待？僥寵踰分，蒙咎速辜，臣不敢也。且頃者皇上憂旱祈天，致齋蔬食，至減常膳之供，罷節辰之宴，焦勞如此，而臣衍然享燕樂之需，於心安乎？又光祿積貯已虛，供應僅足，特舉之宴費亦甚繁，當此歲歉財匱之時，宜以節省爲務，而獨以臣故，損大官之儲，於義可乎？凡此皆臣反覆思惟而不容已於控辭者。伏望皇上察臣領受既多，特辭非矯，准免賜宴，以示國家燕賜之節，以安臣子止足之分。臣不勝懇切仰祈之至。"得旨："卿辭部宴，具見勞謙。但朕優禮元輔，本非常例可拘，還宜祗承，以彰君臣相得之美。該部知道。"

二十四日甲午，大學士申時行等題："爲纂修玉牒事。先該臣等題爲前事，推得左諭德趙志皋、右諭德吳中行專管纂修。今該吳中行題補日講官訖，前項事務難以兼理。臣等推得司經局洗馬、管國子監司業事趙用賢，資序相應，合無令本官回局管事，仍兼翰林院修撰，與同趙志皋一體供事？再照宗枝浩衍，冊籍繁多，必須專官校對。查得隆慶年間，該內閣題委中書官喬承華，今查有制敕房辦事、戶部員外郎陳珘，堪以專委。但本官歷俸八年，尚未陞轉，今留辦事，相應量陞禮部郎中職銜。合無併敕吏部施行？臣等俱未敢擅便，謹題請旨。"得旨："是。吏部知道。"

二十九日己亥，上視朝。

萬曆十三年六月庚子，朔。

二日辛丑，大學士申時行等題："今日蒙發下文書內，有內官監總督工程太監張誠題報慈寧宮工完本，該文書官劉成口傳聖旨：'先年建慈寧宮工完，至四十餘萬，今止十五萬有餘，又蓋得好，完得速，效勞人員從厚擬給恩典。欽此。'臣等查得節年舊例，凡報工完，俱該下工部題覆，然後奉旨陞賞。臣等謹照常擬上。至於該監本內敍及臣等，則臣等萬不敢當。蓋工作之事，在內則內官監，在外則工部，乃其專職，其常川在工人員實在效勞，委應優敍。臣等以輔導為職，原不當與工作之事，又未嘗效有勤勞，豈敢掠美分功、冒濫恩澤？臣等欽奉聖諭，預行辭免，伏惟聖明鑒亮。謹具題以聞。"

初六日乙巳，上視朝。

八日丁未，大學士申時行等題："今日蒙發下工部一本內，因慈寧宮工完，擬內外各官恩典。該文書官李恩口傳聖旨，以臣等曾恭視大工，併欲加恩。令臣等不勝悚惕。昨該內官監題報工完本內，敍及臣等，當即具揭帖預辭，寔出犬馬悃誠，絕不敢一毫虛矯。蓋臣等備員弼①，受恩深厚，與各官不同。至於工作，必實在效勞乃可計功加賞，與別事不同。若使臣等事事分功，處處徼賞，則不惟有越俎之慚，且必啟濫觴之漸，非所以重政本而明分義也。所有恩命，萬不敢擬。伏望皇上俯鑒臣等愚衷，實不敢沽名飾詞以欺君父，准令辭免，則臣等之心安，而感恩圖報之私益當奮勵矣。"疏入，奉聖諭："鼎建慈寧宮，大工完速，諸臣效勞，茲特加典②。輔臣閱視忠勤，籌謀週悉，元輔時行賞銀一百兩、綵段四表裏，還蔭一子與做中書舍人，次輔國、家屏，各賞銀八十兩、綵段四表裏，還蔭一子入監讀書。不必再辭，以負朕懷。欽此。"時行等復奏："仰惟聖恩隆重，溫諭勤悃，臣等敢不敬承休命？其銀兩、表裏謹以祇領，赴鴻臚寺報名廷謝。至於蔭子一節，臣等尚跼蹐不寧，伏乞聖慈容臣等另疏辭免。所有聖諭一道，謹尊藏閣中，以彰

①弼 "弼"下當有脫字。

②典 "典"似為"恩"之誤。

皇上優眷輔臣盛美。謹具題謝恩。"

時行等疏奏："爲披瀝悃誠辭免特加恩蔭事。臣等伏蒙諭①，除銀幣各照數祇領、報名廷謝外，其恩蔭一節，則萬不敢當。臣等竊惟慈寧宮大工告成，蓋由我聖母暨我皇上，誠格天而天助順，悅使民而民忘勞，中外在工諸臣仰體德意，勤督工程，慎節財用，故費倍省而美，完成不日而神速。臣等備任禁垣，分宜閱視，且句②日一往，敢謂勤勞？而珍饌屢頒，每分寵渥，至於金帛之賜，復倍在工諸臣。曾無分寸之功，濫叨自天特貺，亦已多矣，又加何③焉？重以延世之恩，彌滋負乘之懼。在臣等方虞其忝竊，而聖意愈致其優隆，且戒其再辭，申以毋負。雖恭承明命，詎敢固違？然深惟大義，有難冒受，情原非矯，心實不安。伏望皇上俯察悃誠，特准辭免，不以浮蠹加工實之上，俾臣等子孫免盈滿之災。無任激功祈望之至。"奉聖旨："卿等閱視工程，籌畫速就，恩蔭酬功，實爲至當，所辭不允。吏部知道。"

九日戊申，大學士申時行等題："今日蒙發下文書內，有大理寺少卿王用汲本，該文書官李浚口傳聖旨：這本說的是朝廷之法，即是祖宗之法，王法無親，如何說朝廷手滑？令臣等擬票。欽此。臣等看得，三法司會覆吳仕期獄情，本據彼處撫按官提審招情。原擬龍宗武徒罪，胡價候旨處分，法司以其意存阿媚，特擬邊遠充軍。據《大明律》內《官司出入人④罪》一款云：官司故入人罪，全入者以全罪論，若囚未決及囚自死，各聽減一等。吳仕期以詐旨問死罪，未曾處決，致死獄中，正與律文相合，故擬龍宗武等以故入之罪，而減一等爲充軍。夫充軍下死罪一等，非輕罪也，彼處撫按止於擬徒，今法司已加重矣，豈敢廢朝廷之法而不遵祖宗之法乎？至於朝廷手滑之說，乃宋朝范仲淹因富弼請治晁仲約賂賊之罪，乃言：'祖宗以來未嘗輕殺臣下，此盛德事，奈何輕導人主以誅戮，使他日手滑？'用汲引之以爲證，非近日之言也。臣等竊以爲，三法司所議是合衆人之公，用汲所言是出一人之見，三法司所議之罪爲平妥，

① 諭 "諭"上似脫一"聖"字。

② 句 "句"似當爲"旬"之誤。

③ 加何 "加何"似爲"何加"之誤。

④ 入 此"入"字爲"人"字之誤。

用汲所引之條爲過求。《書》曰：'三人占則從二人之言。'今豈可舍三法司之衆議，而行用汲之獨議乎？臣等忝備大臣，用汲方欲重大臣之罪，臣等亦宜避嫌，不當有所塵瀆。但聞之經傳有曰'罪疑惟輕'，曰'仁可過，義不可過'。仰見皇上大德好生，屢下寬恤刑獄之詔，臣等豈敢畏避緘默，不以將順皇上之至仁乎？且官與民一也。民不可有冤，則官亦不可使之獨冤。大臣與小臣一也。小臣不可有冤，則大臣亦不可使之獨冤。臣等謂如三法司議乃爲不冤耳，非敢有一毫庇護之私也。伏惟聖明鑒察。謹擬票進覽，伏候聖裁。"疏入，上從閣擬，仍於所擬"邊衛"下加"永遠"二字。

是日，賜三輔臣及府部大臣、日講官鮮笋。

十一日庚戌，上御文華殿講讀。

是日，大學士申時行等致詞云："慈寧宮鼎成，皆賴皇上大孝尊親，天人協助，臣等曾無毫髮效勞，伏蒙聖恩領賞賜蔭，臣等不勝感戴。"上答曰："朕知道了。"

命右春坊右諭德兼翰林院侍講張一桂補日講。

時行等題："先該吏部奏准，願告教職歲貢生員，行移翰林院考試。臣等謹欽遵，會同詹事府少詹事兼翰林院侍讀學士掌院事張位，從公出題彌封，嚴加考試。取中文理乎①通上卷六卷，文理頗通中卷三百二十四卷，俱堪授教職，文理不通下卷一卷，合發回吏部，照臣等節次題奉欽依事理施行。臣等未敢擅便，謹將試卷封進，伏乞聖裁。"

十四日癸丑，上御文華殿講讀。

十六日乙卯，大學士申時行等題："照得原任禮部右侍郎兼翰林院侍讀學士、今陞禮部尚書兼文淵閣大學士王錫爵，欽蒙差官行取來京，入閣辦事，本月十三日該本官見朝於外廷行禮訖，今日又題奉欽依免朝。本官尚未面見，不敢謝恩到任。查得近年陞任京堂官員久候未面者，吏部題請先令到任管事，後

①乎 "乎"當作"平"。

補面恩。本官係輔弼之臣，在外久候似屬未便。如蒙聖恩特令本官先行謝恩到閣，恭候皇上御門之日仍補面恩，庶於禮儀、職事兩無妨礙。臣等未敢擅便，謹題請旨。"上從之。

時行等題："伏蒙皇上以擬撰《大藏經》序跋，欽賞元輔時行銀五十兩、紵絲四表裏，次輔國、家屏每銀四十兩、紵絲二表裏。臣等頓首祗領。竊念臣等蒙恩高厚，受賞頻繁，其於語言文字之間，不過組織雕鏤之末。惟是聖母功德未盡贊揚，皇上孝誠未能宣播，方深跼蹐，更沐匪頒，慚稱塞之無階，矢捐糜而爲報。臣等不勝感戴天恩之至。"

十七日丙辰，大學士申時行等題："先該臣等題將《明心寶鑑》因其舊定篇目，再加參考，爲之改正刪補。該文書官傳旨允從。臣等謹令翰林各官，重加校訂，已將差訛者改正，鄙俚者量刪，未備者添註，另行編輯成書，並將前擬御製序跋謄入，裝潢進呈睿覽。其發下原本，一併進繳。伏惟聖明裁訓。"

十八日丁巳，命禮部尚書兼文淵閣大學士王錫爵充會典總裁、及同知經筵官，日侍講讀。

大學士申時行等題："今日伏蒙皇上以重輯《明心寶鑑》，頒賜臣元輔時行銀一百兩、綵段四表裏，次輔國、家屏各銀八十兩、綵段三表裏。仰惟皇上博綜羣籍，好察邇言，箴銘每揭於盤盂，採擇不遺於葑菲，遂使稗官所記亦勤乙夜之觀。臣等寡見淺聞，雖加芟輯，而因陋就簡，靡所發明，尚憂亥豕之訛，終愧雕蟲之技，乃蒙賜賚，特越尋常。夫茲編纂之微勞，豈謂贊襄之能事？以此受賞，是爲濫恩。況臣等近日之屢叨，已是向來所罕睹，匪頒有式，豈宜橫施？循省無能，何敢冒受？伏望皇上俯容臣等辭免，或許臣等止領綵段表裏，以彰聖德。其銀兩過於鄭重，臣等寔不敢當。謹隨本繳進，伏惟聖明裁察。"疏入，該文書官劉成口傳聖旨："不允辭免。"時行等題："仰惟聖恩隆渥，溫諭勤惓，宜以承命爲恭，不敢復有塵瀆。臣等謹叩首祗領。不勝感戴天恩之至。"

十九日戊午，上視朝。

以大學士申時行恭視壽宮治石，頒賜喜花二枝、大紅雲紵絲二疋，復賜銀五十兩、紵絲四表裏。

是日，賜四輔臣及府部大臣、日講官等枇杷果。

二十七日丙寅，上御皇極殿。太常寺奏孟秋時享太廟。

二十八日丁卯，賜四輔臣及府部大臣鮮鱘魚，各二尾，加賜輔臣各五尾，日講官各二尾。

二十九日戊辰，上視朝。

文書官宋坤口傳聖旨："今日朝班十分人少，因致齋不好始挐人。着鴻臚寺查。欽此。"該內閣回奏："朝官各已散出，難以查點。合傳與鴻臚寺申飭百官，今後如朝班人少，即請旨點閱，合行本寺遵照施行。"

萬曆十三年七月庚午，朔。

四日癸酉，命左春坊左諭德兼翰林院侍讀于慎行、右春坊右諭德兼翰林院侍講李長春，充應天府鄉試考試官。

十日己卯，大學士申時行題："昨日蒙發下文書，內有戶科給事中田大年本，該文書官劉成口傳聖諭：'建造的若任他損壞，後來越費多了。著量加修理。欽此。'臣等已欽遵擬票進覽訖。又該工科王敬民等一本，其言與田大年同。而今早工部尚書楊兆面告臣等，以工作繁多，萬分難處之狀，亦具疏上請，詞極明切。大抵事體有輕重，工程有緩急。今壽宮方興，論事體最重，其措處工料亦當稍緩。惟皇上少留聖心，一斟酌劑量，其即了然明白，不待臣等之多言也。況工部錢糧有限，若一時並舉，則人力財用俱不能堪，若分別次第，則先後從容，終歸就緒。伏望皇上俯從部科之言，將乾運殿等工暫行停止，候壽宮工程少有次第之日，另行修葺，庶可以寬恤人力，樽節費用，而於聖德亦有光矣。臣等謹擬票進覽。其田大年本如未奉御批，乞發下另擬進呈。謹具題以聞。"上報允。令於工部疏批行。得旨："卿等既稱財力不繼，乾運殿等工准暫停止，候壽宮建有次第，另議舉行。其西安門內見有損壞去處，著量加修理。"

十三日壬午，以恭視題寫世廟恭僖貞靖貴妃文氏銘旌，賜四輔臣每銀二十兩、紵絲二表裏，中書官徐維申等二員各銀十兩、紵絲一表裏。

十四日癸未，上御文華殿講讀。

十五日甲申，以恭視寫世廟恭僖貞靖貴妃文氏香冊文，賜四輔臣每銀二十兩、紵絲一表裏，中書官成楫等四員各銀五兩、紵絲一表裏。

十六日乙酉，上視朝。

命翰林院侍讀盛訥、編修蕭良有，俱充《會典》纂修官，孔目王佩充收掌管。

十九日戊子，上視朝。

二十日己丑，以恭視寫篆世廟恭僖貞靖貴妃文氏神主壙誌，賜四輔臣每銀十兩、原封鈔二千貫，中書官陳珩等六員各銀五兩、新鈔一千貫。

二十六日乙未，上遣文書官李恩，持南京察院辛自修參御史沈汝梁本至閣，傳旨云："今日本欲出朝，與先生等面議，偶因動火免朝，特降手諭。昨者南京掌院御史辛自修，參劾巡按下江御史沈汝梁貪默①事情。朕思御史出巡本為除奸去蔽，與民除害，振揚綱紀，察訪廉能，糾劾百司，今乃貪贓不下二千兩。況纍有明旨，不許公行賄賂，彼乃故違自犯若此。卿等票旨重治。辛自修到任未久，能持公守法，可票旨中獎勵。"李恩又傳旨密問："南京辛都御史到任不久，就會參論貪贓屬官。趙都御史人說他公正，這邊許多御史，如何二三年來不曾參一人？"時行等云："南京地方隔遠，向來法令廢弛，所以貪風未息，有可論之人。此中在皇上輦轂日月照臨之下，人多口眾，難以掩飾，向來御史每亦各兢兢畏法，不敢縱肆，所以未有參論。"因附文書官奏之。隨具疏云："竊惟人臣任職，以絜己奉公為賢，國家用人，以獎廉禁貪為要。未有賄賂公行而不至於害民者，亦未有貪墨不禁而顧可以善治者。仰惟皇上軫念民生，留神吏治，比者重懲貪墨，嚴禁饋遺，明旨森然，若揭日月。昨南院參論貪肆御史，復廑聖諭，令臣等擬旨重治。天威有赫，若震雷霆，固宜庶職風，翕然回心而易行矣。然臣等以為治之於已敗，不若禁止之於未發，遏其疏②，未若清其源也。今天下錢糧出入，皆有常額，而惟贓罰無定數，大抵多受詞狀，多問罪名，則贓罰之入者必多，私充饋遺，私取費用，則贓罰之

① 默 "默"殆為"墨"之誤。

② 疏 "疏"似當作"流"。

存者必少，此其大略也。聞先年府州縣庫內積有無礙錢糧，多係撫按贓罰，今朝廷既括之以濟邊，而撫按又取之以完費，非惟無復剩餘，而其勢不得不多受詞、多問罪，其爲民害淺淺哉？夫濟邊有定額，不可復減，則莫若節之於費用。或衙門有公費，不可盡裁，則莫若省之於饋遺。非必皆夤緣要結、阿媚趨承者之所爲也，其如蓋以交際爲情，以通贄爲禮，然交際不已，必廣饋遺，饋遺不節，必成賄賂。承敝襲謬者，沿故套而不知其非，假名濟貪者，入私囊而不以爲恥。上下因恬，彼此仿傚，撫按無以禁司道，司道無以禁有司，而欲使郡縣有廉平之政，閭閻無愁難之聲，胡可得也？臣等以爲欲懲貪墨，必須稽查贓罰，欲省贓罰，必須禁絕饋遺，欲止饋遺，必須減損交際之虛文，而一以絜己奉公爲務。自臣等及部院大臣始，今後撫按等官授遞公揭之外，一切繁縟禮文盡行杜革。再乞明旨申飭部院，令其着實奉行，毋容私縱奸，毋畏禍避怨，有犯必舉，有罪必懲。今朝覲在邇，諸司敢有挾貲入京、仍前饋送、違旨干禁者，盡法處治，以示創懲。然後貪風可革，而仕路可清，治道以漸而舉矣。謹擬聖諭一道進覽，伏候聖明裁定施行。"疏入，上復諭內閣："朕軫念民生，留神吏治。比者重懲貪墨，嚴禁饋遺，明旨宣布甚悉，各官通不遵守。昨者南院御史貪肆，已奉旨重處。近聞贓吏濫受詞狀，多問罪名，贓罰之入者，多半充私囊，方嚴旨切責，適聞卿等此奏，深合朕意。今後部院天①小臣工，及在外撫按司道等官，務要絜己奉公，不得仍前沿襲舊套。再有違犯的，重治不宥。卿等所擬傳帖，還改寫手敕來行。"時行等言："臣等仰睹睿謨宏遠，天語精祥②，非臣等愚昧淺陋所及。謹遵旨改擬手敕，仍恭繹聖意云入敕中，錄呈御覽，伏候聖明裁定發下，令中書官謄寫施行。所有原奉聖諭一道，謹尊藏閣中，以昭皇上勵精圖治之美。"是日，敕吏部、都察院："朕軫民生，留神吏治。比者重懲貪墨，嚴禁饋遺，前又面諭部院大臣，以有司貪贓壞法，宜申飭重治。明旨宣布甚悉，各官通不遵守。近乃有御史沈汝梁，貪肆不檢，該本院都御史指實參論，已有旨重處。朕思御史職任風紀，正欲其訪舉廉能，糾

① 天 "天"當作"大"。

② 祥 "祥"似當作"詳"。

正貪墨，却先自犯贓，何以除奸革弊，肅吏安民？各該地方贓罰銀兩，除濟邊外，專備災傷脈①恤。今撫按等官擅自動支，私相饋送，甚至假名濟貪，多半充私囊，是何法紀。今後務要設法稽查，前項銀兩分毫不許擅動。如有不遵，巡撫官聽科道糾劾。巡按御史回道，本院查其在任有無擅用贓罰，開入考察款內，分別去留。今後部院大小臣工及在外撫按司道等官，都要崇儉務實，絜己奉公，共贊清明之治，不得仍前沿襲舊套，送②禮物，再有違犯，重治不宥。朝覲在邇，各官有玩旨干禁者，着廠衛衙門緝拏，你部院照例從重參黜，不許畏徇疎縱。如敕奉行。"

① 脈　"脈"當作"賑"。

② 送　"送"上似當有"饋"字。

萬曆十三年八月己亥，朔。

四日壬寅，大學士申時行以恭視壽宮興工回還，上疏云："臣祗役天峪山回還，該同官臣國等以太僕寺少卿李植等揭帖示臣，内稱壽宮非吉，欲行再選，而謂輔臣與去任尚書徐學謨有親，故贊其成，恨尚書陳經邦之私議，遂致其去，意在傾臣。若臣為一身計，則進退予奪聽於皇上，臣可無辯。惟是壽宮重典，聖明獨斷，此廷臣所共睹，海内所共聞，而飾詞巧說，猥以罪臣。夫罪以過誤則可承，罪以欺蔽則難受，臣有不容已於言者。先於萬曆十一年四月間，欽奉聖諭，博求吉壤。該欽天監監副張邦垣率領屬官及術士人等，看得吉地數處。又該去任參議梁子琦自獻吉地八處。隨該禮部尚書徐學謨、工部尚書楊巍等，通行揀擇堪用地四處，伏蒙皇上命定國公徐文璧及臣及太監張宏，前去覆閱。臣未嘗素習地理，惟據禮、工二部，參酌張邦垣等之說，得吉地二處，首形龍，次大峪，會疏奏聞，恭候聖駕親閱，臣固未敢專定一地也。是年九月，皇上秋祀諸陵，兼閱壽宮。於時鑾輿之所陟歷，重瞳之所顧瞻，不止臣等覆閱之地，凡諸臣所擇崎嶇難到之處，無不經聖覽者。次日欽奉聖諭：'壽宮吉地用大峪山，卿等傳示禮部、欽天監知道。欽此。'當皇上臨閱時，臣亦隨從侍列，所至則睹皇上俯問張邦垣，邦垣指畫應對，於時清問未嘗及臣，臣固不敢輕贊一言也。然則壽宮之定，果出自聖斷乎？抑臣以親故而贊成乎？誣臣甚矣。及學謨去任，該禮部尚書陳經邦總擬規制，經邦與臣等會議時，絕無一言，即有後議，無告臣者，臣不知也。臣雖不肖，忝備閣臣之後①，即善擇地，於閣臣職業無加，即不善也，於職業亦無損，何為以是恨經邦？經邦自以被論求去耳，彼大臣也，嘗為日講官，皇上知其賢而留之，臣能去之乎？誣臣抑又甚矣。初聖駕親閱之前一日，李植、江東之及各差御史見臣等於直房，李植言形龍山不可用，江東之言用形龍山不如大峪。臣唯唯。同官臣國寔共聞之。明日，皇上果用大峪，遂寂無一言。今既二年矣，六飛再駕，兩宮偕行，已嘗鳩工聚材，蠲吉

① 後 "後" 字似誤。

萬曆起居注

① 之 "之"後當有脫文。
② 次 "次"當作"以"。
③ 偏 "偏"當作"徧"。

興事，而三人者乃復於興工之①，出不祥之言，欲次②干撓成命，沮壞重典，何爲其然哉？至於移杙之說，問之張邦垣等，則云："開挖玄宮，占地頗廣，寶座宜稍前，原無改動方向。異時皇上臨閱可知也。且植等所言，果素習風水，出自己見，則胡向之隱忍不言，而直至於今日也？如亦聽人言而已，則臣等固亦聽於日官術士，何以知植等之必爲是，而臣等之必爲非耶？其意寔借事以傾臣耳。然壽宮乃億萬年藏靈毓秀之區，委宜慎重。植等果看有吉地，即當上聞，以俟採擇，應否更定，恭候聖裁。若拒諸臣之言，執一己之見，自蹈於誤國之大謬，臣寔不敢也。除俟壽宮議定，臣方敢自陳乞休外，伏惟聖明詳察，敕下禮、工二部施行。臣不勝惶恐待罪之至。"得旨："吉地用大峪山，本朕親定，工作方興，不必更議，以茲煩擾。前命卿覆閱，止以首臣會同該部詳看，以示慎重，內閣職在匡贊，豈以技術爲重輕。這牽捏事情，朕已洞燭，卿宜安心佐理，用副倚毗至意，不必再陳。該部知道。"隨奉聖諭："壽宮吉地，朕躬自偏③覽，親擇大峪山，佳美毓秀，出自朕定。又奉兩宮聖母閱視，原無與卿面議。李植等彼時巡歷地方，亦列隨從，初無一言。今吉典方興，輒敢狂肆奏擾，誣搆排擠，搖惑朕心。朕意已定，不必另擇。卿忠義廉約，持正克己，宜安心輔理，不必介意。"上又謂左右曰："今外廷諸臣，爲壽宮事爭言風水。夫在德不在險。昔秦皇營葬驪山，何嘗不選求風水？乃未幾即遭掘挖。由此觀之，選擇何益？我祖宗山陵，卜於天壽山，聖子神孫千秋萬代，皆將歸葬此山，安得許多吉壤，一一選求？朕志定矣，當不爲羣言所搖惑。"

是日，時行復具疏謝云："竊念臣具材庸劣，賦性優柔，因緣明聖之知，冒濫樞機之地，疲駑下乘，但知卻步以逡巡，覆轍前車，每亦深思而鑒戒，安敢有一毫罔上竊權之事？有一念妒賢嫉能之私？即李植號爲門生，江東之誼爲卿曲，臣以其言事稱旨，邁會得名，未嘗不折節應承，虛心接引，舉朝共見，行路皆知。方有懦弱招侮之譏，絕無智巧御人之術。不謂積誠難感，卑望易凌，流謗百端，狂言四布。如壽宮之選閱，本聖意之裁成，歲歷再期，詔傳九寓，胡不言於聖駕親臨之日，而顧發於大工始作之時？意在傾臣，心非爲國。使慈母以三言而變，則微臣雖九死何詞？幸賴皇上量合乾坤，明同日月，洞燭其誣搆擠排、狂肆搖惑之隱，持聖斷而不疑，謬加臣忠義廉約、持正克己之稱，賜宸章而俯慰。臣何能可以稱塞？何緣有此遭逢？直思碎首以忘軀，豈但捫心而隕涕？臣當矢諸蒼昊，殫此赤衷，非木石無知，敢負天地高厚之造，苟犬馬可竭，當以蓋惟捐殞爲期。臣無任感激仰戴之至。謹具本稱謝以聞。"得旨："卿奉公守正，虛己容人，朕信任方殷，豈讒言能間？宜益殫心猷，用酬知遇。覽奏謝，知道了。吏部知道。"

五日癸卯，大學士王錫爵奏："爲病朽立朝不忍見驕臣挾權玩主大肆傾危懇乞聖明先賜放還以避狂鋒以明微志事。伏念臣猥以一介草茅，仰荷天私，起恭密勿。昨者連章批獎之辭，幾與舜命五官、湯求一德，輝暎千載。臣之遭遇，天下莫不聞，則其感激酬知，亦當不與在廷諸臣等。而犬馬病甚霜露，不圖恐報國之日短矣。不勝款款之忠，竊以爲聖主在上，明日月而威雷霆，必臣等大臣先自處於至清至公之地，而後庶寮自無所容其翕翕訿訿之私。臣連日在閣，時時與二三同官言之，意氣懸合，真如斷金。臣又竊自許，以爲一日未死之身，可藉乎以報皇上，端在於此。退而見人言藉藉，皆指目前御史李植、江東之、羊可立怙寵驕狂之狀。臣竊念此三臣者，在植則臣之教習門生，在東之、可立則臣山居時蒙其特疏舉薦者也。悠悠世情，誰無知己之感？臣誠痛此三臣，以謇諤敢言之名，膺特達非常之遇，而年少氣盛，不自愛惜，遂令紛紛至此。因力爲衆中分解，明其立心制行之無他，而卻於間見切磋，責其居功用才之未善。臣又竊自以爲，臣真三臣之益友，而臣亦且口噤色沮，信行臣之教矣。不意狂鋒愈熾，暗械滿胸，本月初一日，乘大學士申時行往壽宮動土行禮，驀投一疏，以大峪山風水爲名，追論前尚書徐學謨主張之不當，而語次並傷時行。臣姑不暇爲時行辯，但請皇上試觀三臣如此踪迹，如此機穽，果是光明正大之人否？夫使前地果不佳，則三臣一向安在，必待匆匆興工吉日而後言？又使三臣果別有真聞真見，則舉朝何無一人議及，而徧①此三臣一時意見之偶合如此？皇上試面問此三臣，書生少年何自知風水之說？臣竊料此三臣，情見勢窮，必且曰：傳之術師之口也。夫術師相破，自古而然，三臣既非專門，何以知前人稱善者之非、後人駁議者之是？皇上試察此情，公乎？私乎？大峪山之始定也，聞皇上親閱諸山，頤指而決。徐學謨即嘗從中贊成，亦猶植等諸臣，書生道聽之見而已。今諸臣夢中評夢，已自影響，而又以根株漫引，加人不忠不孝之名，而自處其身於獻芹食桃鄙野近幸之愛生，皇上試又以爲忠乎？佞乎？去年丁此呂之疏上也，臣偶讀邸報，有傳科場曖昧之旨，是閣臣所擬者，臣不覺失驚，嘆曰："此誤矣，何以知科場之曖昧而預爲解也？已讀吏部覆疏，至引王聯、趙文華，則又嘆曰：誤矣，奈何以鳥獸律人？已讀陸光祖疏，則又嘆曰：誤矣，奈何欲以口語盡逐言官？已讀九卿潘季馴等疏，則又嘆曰：誤矣，奈何又追爲張居正訟冤？已趨召至中途，讀孫蔡二御史疏，則又嘆曰：誤矣，奈何以小眚盡污人生平大節？凡此皆臣之私論，然始入國門，不惜一二爲同官言之。蓋真謂諸臣之可教，而大臣處之或未必盡善也。以今而觀，畢竟閣部無一毫成心，而諸臣三、五爲曹，日夜相搆，而騁蘇張押闔之談，神鬼變幻之術，正猶優人之舞於幕，公然塗面裸形，全不知恥，似此舉動，何事不爲？臣於此時，斷乎不能復爲諸臣解矣。臣聞，大臣不能師羣臣當去，師不能訓弟子當去，老成而爲惡少年所推亦當去。臣負此三當去，義無可一日立朝之理。所有愚懷耿耿，抱不平之慨，其説有八，敢盡爲皇上光陳其概，而後及臣之私。當張居正、馮保事初發時，皇上試自揣，獨聞獨見之中，果毫無端倪，盡假耳目於諸臣乎？將聖志先定，僉謀大同，而言者適投其會也？夫將順之與匡救，難易懸殊，觸忤之與受賞，利害全別，而諸臣睢睢盱盱，概自附於吳中行、趙用賢等嬰鱗拆檻之黨，此其不平一矣。皇上明燭羣奸，天旋地轉，乃千古非常舉動，然猶推功言者，陞敘加等，而諸臣顧反盡攘天功，臣主異

①徧 "徧"當作"偏"。

趨，此其不平二矣。古人默則成象，語則成文，蕭規曹隨，總之期於濟國。而諸臣近乃創爲一種風尚，以爲普天之下，除卻建言之臣，別無人品，而建言之中，除却搜括張、馮舊事，別無同志，此其不平三矣。蓋臣嘗私譬張居正之門客，如羣娼之倚市，勞來送往，取適一時耳，今冰山既泮，黃大成空，士有慟輪漬酒、不忘死生之交者鮮矣，況本非安石，誰爲章蔡？肉朽骨而噓寒燼以何爲名？天下豈更有此至愚至拙之人哉？而諸臣動稱報復，真成囈語，此其不平四矣。周公之功也，衛武之耄也，而兀兀抑抑，虞悔吝之且及也，況乎以中人之資，乘一言之會，不階不媒，起越朝右，如花之始發，正兩①欺風妒之時，而悍然遽自以其喑鳴睥睨之態，日尋矛盾，惟敵是求，此其不平五矣。人情雖甚愛不能廉盜跖，甚憎不能涊伯夷，甚變亦不能朝夷而慕跖。何則？公論定也。今在廷大臣如許國、楊巍、舒化輩，諸臣不嘗交口贊譽，以爲正人君②哉？比一言相左，則庇蘗橫生，日相謀剸刃其腹，而陰求其短，王尊一人，乍賢乍佞，令人復安所取信？此其不平六矣。大臣主持朝綱，乃一味濡忍汲汲，原非中道。今大學士申時行泊然處中，唾面不拭，以強倍諸臣之嘲笑，不過爲重國體，惜人才耳。乃諸臣見其弱，愈以爲不足畏而凌之，受其容，則愈以爲縻我而疑之。被論，則以爲嗾人攻之，求去而票允，則以爲逐之，票留，則以爲苦之，或票雖留而旨欠溫，則又以爲陽順上意而陰忌之。喘息縱橫，千荆萬棘，令人無路可趨，無門可解。皇上試觀典籍，自古及今，豈有人臣操天子之權，小臣制大臣之命，一至此極，而朝綱不亂，國是不淆者乎？此其不平七矣。又臣嘗閱諸臣前後爭辯之疏，無論惡言訐語，狼藉難聞，即其高自標榜，一則曰孤臣，一則曰善類，臣請就其言而折之。夫古以孤臣、孽子並稱，此爲臣子不得意以③君父者言也。今諸臣自謂得君乎？不得君乎？朝廷之上敢瞋目而語難者何也？臣以爲此其臣不孤。語稱舜跖之分，在善與利。今之倖倖，豈盡爲公？得無爭先於徑路，患失於鳳池者乎？又得無憑城社而盜威福者乎？即如近日皇上之用臣也，儼然出徵書於內簡，付公論於廷推，

萬曆十三年

五四七

① 兩 "兩"當作"雨"。

② 君 "君"下似脱"子"字。

③ 以 "以"當作"於"。

萬曆起居注

①天 "天"當作"大"。

而一二在外散局小臣也，已有輒處爲齒牙贊襄之助者，臣以爲此其類未善，凡此皆瞞天天①言，罔目駭耳，而諸臣居之不疑，此其不平八矣。夫此八不平者，使其説出於張居正所薦引，及與諸臣摩肩競進之人，則尚可指之曰黨，曰忌，曰素所不悦也。今臣乃居正切齒之讎，而又諸臣所嚴事推轂之友。使酸咸臭味尚可和調，國論人情不至十分顛倒，臣非異物，豈有反攻同志而快仇讎者哉？嗟乎，諸臣可以跼蹐愧，而皇上亦可以深長思矣。臣山居八年，朽株枯木，原不適廟廊之用，況值此千載難遇之時，事千載難主，天清日明，本無一事，而不幸爲驕臣苦，争無影之是非，使朝堂爲訟場，而宮府爲虛位，天臣皆重足膠手於風波偪側之中，而市井俠邪千人所指如馬應圖輩，反得藉建言之名以逃考察而希榮進，臣誠目不忍見，耳不忍聞。度言輕力駑，不能有所匡正，惟有去耳。今日之言，雖明可對君父，幽可質鬼神，然必臣之身退而後臣之志明。不然，則諸臣又以爲回護同官，苟貪伴食。臣既義不借諸臣之譽，則亦不能復受諸臣之毀。伏望皇上先將臣放歸田里，然後徐察諸臣公私忠佞之狀，盡攬威權，一新視聽，毋令天下萬世有有君無臣之嘆。臣雖伏死先臣松檟，有餘榮已。臣不勝憂危懇迫昧死待命之至。"得旨："李植等先因言事有功，不次超擢，正合奉公守職，圖報國恩。乃輒敢誣搆擠排，驕横生事。覽卿所奏，朕已洞悉。李植等已薄罰了。卿端亮讜直，正賴匡扶國是，豈可遽自乞休？宜即出輔政，不必再辭。吏部知道。"

六日甲辰，命右春坊右諭德兼翰林院侍講張一桂、司經局洗馬兼翰林院修撰陳于陛，充順天府鄉試考試官。

②己 "己"當作"巳"。

七日乙己②，上御皇極殿，傳制遣大學士王錫爵祭先師孔子。

是日，上以導駕官行次逼近，令鴻臚寺查來。

賜四輔臣各楊梅一篓。

九日丁未，上視朝。

以萬壽聖節，賜元輔申時行銀六十兩、綵段四表裏、內斗牛胸背二表裏，次輔許國、王錫爵、王家屏各銀五十兩、四表裏，講官沈一貫等六員各銀二十兩、一表裏。

是日，大學士申時行等題："比者恭遇慈宮美完，宸衷悅懌，懌①以中秋吉日奉迎聖母還御新宮，大小臣工靡不忻忻讚頌，以爲皇上孝誠純篤，尊養備隆。既合萬國之歡心以奉慈顏，復建萬年之丕搆以寧慈御，真帝王之盛德，今古之美談，宜載之簡編，昭示萬世。查得弘治十二年十一月清寧宮重建工完，孝宗皇帝奉太皇太后還御，太皇太后特製誥詞褒稱聖孝，命副藏內閣，傳之無窮，具載實錄可考。臣等竊惟太皇太后於孝宗爲聖祖母，慈聖宣文明肅皇太后於皇上爲聖母，其尊同。清寧、慈寧皆至尊視膳問安之所，其重同。至於已毀復建，革故鼎新，其事又同。孝宗皇帝以大孝立極，垂訓於先，皇上以大孝繼志，述事於後，相距百年，若合符節。此所謂先聖後聖，其揆一也。臣等竊謂聖母還御新宮，亦宜有誥詞以褒答皇上之至孝，以宣達聖母之弘德，庶幾慈孝相成，情文咸備，使萬世之下稱頌無疆。臣等謹將弘治年間太皇太后誥諭一道，錄呈御覽。如蒙聖明裁定，以爲可行，乞奏知聖母，容臣等撰擬誥諭一道進呈，恭候裁訓，以吉日舉行。臣等未敢擅便，謹題請旨。"上乃遣文書官傳諭到閣，令撰擬誥諭以進。

十一日己酉，以聖母慈聖宣文明肅皇太后還宮②慈寧宮，賜元輔申時行金萬喜簪四副、金吉慶字四副、銀萬喜簪四副、銀吉慶字四副、銀喜字二十個、黃紅符四道，次輔許國、王錫爵、王家屏各金萬喜簪二副、金吉慶字二副、銀萬喜簪四副、銀吉慶字四副、銀喜字十個、黃紅符三道，講官沈一貫等六員各金萬喜簪一副、銀萬喜簪一副、銀吉慶字六個、黃紅符二道。

十二日庚戌，上御經筵。

① 懌　此"懌"字殆爲衍文。

② 宮　"宮"當作"御"。

十四日壬子，以萬壽聖節，賜元輔申時行金萬壽字四副、金篆字十個、金書黃符二道、金書紅符二道，次輔許國、王錫爵、王家屏每金萬壽字二副、銀萬壽字二副、金篆字八個、金書黃符一道、金書紅符一道，講官沈一貫等六員每金萬壽字一副、銀萬壽字一副、金篆字三個、銀書黃符一道、金書紅符一道。

是日，以聖母慈聖宣文明肅皇太后還御慈寧宮，賜元輔申時行銀一百兩、綵段四表裏、內斗牛胸背二表裏，次輔許國、王錫爵、王家屏每銀八十兩、綵段四表裏。

十五日癸丑，聖母慈聖宣文明肅皇太后還御慈寧宮，輔臣申時行等恭詣宮門叩頭慶賀。賜四輔臣每燒割一分，又賜元輔申時行膳九品、長春酒五瓶，次輔許國、王錫爵、王家屏每膳七品、長春酒三瓶。

以中秋令節，賜四輔臣上尊珍饌。又賜元輔申時行膳九品、秋露白酒五瓶、月餅五個，次輔許國、王錫爵、王家屏每膳七品、秋露白酒三瓶、月餅四個。

十七日乙卯，萬壽聖節，上御皇極殿，文武百官致詞稱賀。
以萬壽聖節，賜元輔申時行膳十一品、壽麵全、長春酒五瓶，次輔許國、王錫爵、王家屏每膳九品、壽麵全、長春酒三瓶，復賜四輔臣上尊珍饌。

十九日丁已①，慈聖宣文明肅皇太后誥諭皇帝："古稱帝王之德，莫加於孝。予正位長樂，享皇帝之尊養十有三年於茲矣。惟皇帝自在冲齡，夙有至性，承顏順志，朝夕不違。臨御以來，祇率訓詞，進德修業，勤圖治理，慎節起居，繼述有光，予衷允懌。頃者慈寧宮災，寔予不德所致，皇帝震驚戒懼，引咎責躬。親率後宮左右趨慰，始居乾清宮，暫移養心殿，問安視膳，每極勤虔，寢食靡寧，經始是亟。遂因舊址，鼎建新宮。孝誠感孚，天為助順，德意宣佈，民用子來。不日告成，神人胥慶。

① 已 "已"當作"巳"。

乃以仲秋之望，奉予還御，望舒圖滿，輪奐輝煌，意甚適焉。予嘉皇帝之孝，特用褒揚，以示永久。其自今萬福來同，百祥咸集，壽算比岡陵之固，子孫如瓜瓞之綿。保此鴻圖，助予燕喜，使萬世稱帝王之孝，與天無極，是予願也。故諭。"

二十一日己未，皇上上表，恭謝聖母慈聖宣文明肅皇太后誥諭。其文云："子皇帝臣（御名）稽首頓首上言，伏以慈宮鼎建，依宸極以居尊，懿訓榮褒，涣天章而垂耀。懽騰中壼，典軼前徽。恭惟聖母慈聖宣文明肅皇太后陛下，至性安貞，惠心淵穆，佐先皇而撫運，慶澤深培，佑冲眇以承家，丕基孔固。純禧方茂，景命重申，肆建新宮，增崇舊貫。金輿至止，迎秋氣之澄清，寶册傳宣，表慈衷之悅豫。美哉輪奐，敢云致孝寧親？炳若册青，猥荷詒謀翼子。臣起居疏節，經始微勞，未酬九字之恩，特拜十行之札，念敢忘於誦服，情倍切於瞻依，伏願燕寢攸寧，百順集周京之履，遐齡彌衍，萬年稱漢殿之觴。臣無任欣躍感戴之至。謹奉表稱謝以聞。"

是日，該文書官劉愷口傳聖旨："大峪山開挖玄宮處所，據張邦垣進圖，西北角微有石塊，欲往前少那。着禮部帶同張邦垣等審定可否來說。"

二十三日辛酉，上視朝。

二十六日甲子，上御皇極殿。太常寺官奏秋分祭夜明於夕月壇。

二十七日乙丑，遣大學士申時行恭詣大峪山看視。

二十九日丁卯，大學士申時行恭視大峪山回還，復命。
是日，聖諭："大峪山吉地，朕親閱再三，茲已興工。該元輔等審實覆請，擇於後九月初六日，朕再行親閱。禮部具儀來行。"

萬曆十三年九月戊辰，朔，上御皇極殿。禮部奏進萬曆十四年大報等祀日册。

二日己巳①，上御經筵。

六日癸酉，上視朝。

八日乙亥，諭駕幸山陵，免潞王送迎。

九日丙子，以重陽令節，賜四輔臣上尊珍饌。

十一日戊寅，諭："朕詣大峪山親閱壽宮，隨駕文武百官都許騎馬。"

是日，文書官傳奉聖諭："切近行宮處，隨路及在山，與定國公徐文璧②、彰武伯楊炳、大學士申時行、許國、王錫爵、王家屏，各安帳房一座，鋪陳、卓凳、酒食全。"

十二日己卯，上御經筵。

十三日庚辰，上視朝。

十六日癸未，上視朝。

二十日丁亥，諭都察院："朕茲閱視大峪山壽宮，一應事務俱從省約，內外隨行官員人等，不許於沿途生事，擾害百姓，違者着廠衛妨③拏，科道官指名參奏。都察院知道。"

諭戶、兵二部："朕茲閱視大峪山壽宮，賞犒衛圍宿大漢將軍、並各項官軍、及山後守把並巡山在工各官軍，共銀五萬兩，御馬監勇士官軍、及內官監拽船、東廠錦衣衛圍宿官校旗軍，銀一萬兩。着戶、兵二部各措處三萬兩支給。"

① 已巳　"已巳"當作"己巳"。

② 壁　"壁"當作"璧"。

③ 妨　"妨"當作"訪"。

二十三日庚寅，上視朝。

二十五日壬辰，敕武清伯李文全、太子少保兵部尚書兼都察院右都御史掌院事趙錦："朕兹恭謁祖宗陵寝，閱視壽宫，特命爾等居守，統率守門守城等項文武官員，嚴督京營並巡捕官軍、五城兵馬夫甲人等，譏察盜賊，防備火燭，用保無虞。各官如有怠玩不率應參奏者，聽爾等指名參奏，應拏問者，徑自拏送法司問理。其有緊要事務，即便差人奏聞。欽哉，故敕。"

二十六①癸巳，上視朝。
是日，諭兵部："駕駐感思殿，從衛官校並紅門以裏擺守官軍人馬等，都着分爲兩班，每日輪番就水一次，着該管官整點，肅慎出入，不許喧擾及曠誤執事。各該衙門知道。"

二十七日甲午，諭内閣："大峪山吉地，朕定已期年，工興兩月，今李植、江東之等屢屢奏請，此地多石，厥不可用。朕今復閱在邇，卿等傳示禮部，公同李植等，率領欽天監並李植等各有素曉地理術數精通者，前去揀擇數處，以候朕到看閱。"

二十八日巳②未，上御文華殿講讀。

① 六 "六"字下當有"日"字。

② 巳 "巳"當作"乙"。

萬曆十三年閏九月戊戌，朔。

三日庚子，上視朝。

四日辛丑，內閣傳奉聖諭："朕惟祖宗設科取士，不爲不嚴，近年以來各省直多有冒籍無恥之人，幸得取中，提舉官通不稽察，亦有囑託倚勢，濫行收錄，好生不公。今年各省提學官姑且不究，以後務要嚴察籍貫明白，方准收取，不許循情隱弊，致傷風化。如有仍前的，許本處生員人等即時訐奏，重治不饒。禮部、都察院知道。"

是日，以扈駕閱視壽宮，補賜輔臣申時行蟒鸞一條。賜輔臣王錫爵大紅絲織蟒衣羅一表裏、綠羅一表裏、蟒鸞帶一條、綉蟒伽袋一個、蟒花縧一條、金鈒蟒椰瓢一個、金事件五事、刀兜一副，王家屏大紅練織飛魚羅一表裏、綠羅一表裏、飛魚鸞帶一條、綉飛魚伽袋一個、花縧一條、金鈒飛魚椰瓢一個、金事件五事、刀兜一副。

六日癸卯，辰刻，上率后妃發京，居守大臣及文武百官於德勝門外送駕。

駕次清河行宮，賜元輔申時行膳九品、手盒二盒、竹葉清酒二瓶，次輔許國、王錫爵、王家屏每膳七品、手盒一盒、竹葉清酒二瓶。

駕次鞏華城，從官行禮畢，昌鎮總兵官董一元及昌平州官吏師生耆老人等，朝見於行宮。

賜元輔申時行膳九品、竹葉清酒二瓶，次輔許國、王錫爵、王家屏每膳七品、竹葉清酒二瓶，定國公徐文壁①、彰武伯楊炳共甜食一盒。

諭户部："朕茲閱視大峪山壽宮，經通州縣地方，百姓勞苦，本年分田糧着量與蠲免，以示優恤。户部酌開分數來看。"

諭兵部："薊昌保定各鎮調來防護官軍，着照十一年例，與京軍一體給賞，其宣大總督、宣府總兵調來頂關防護官軍，也

① 壁 "壁"當作"璧"。

着給賞如例。俱兵部處給。以示朝廷優恤邊兵之意。"

七日甲辰，駕發鞏華城，午駐蹕感思殿。
賜元輔申時行膳九品、竹葉清酒二瓶，次輔許國、王錫爵、王家屏每膳七品、竹葉清酒二瓶。
以元輔申時行先次恭詣天峪山復閱壽宮，賜銀五十兩、紵絲二表裏。

八日乙巳①，上率后妃親詣長陵、永陵、昭陵畢，上視閱大峪山壽宮。
賜四輔臣每燒割一分。

九日丙午，上親閱黃山一嶺②寶山，復至大峪山覆閱，已至東井平岡地。閱畢，上即於幄次召四輔臣入，面諭云："朕徧閱諸山，惟寶山與大峪山相等，但寶山在二祖陵之間，朕不敢僭分，還用大峪山。說與該衙門。工程着上緊興造。"輔臣時行等對云："皇上退讓二陵，仰見尊祖敬宗之心，臣等不勝欽仰。且壽宮吉地，無如大峪山，誠如前日聖諭所謂佳美毓秀。今蒙裁定，大小臣工無不懽忻踴躍。"因叩頭。上曰："先生每辛苦。"時行等對："聖駕遠涉，臣等何敢言勞？"復叩頭出。有旨賜隨侍勳臣、輔臣及九卿茶。畢，定國公徐文壁③等入謝，因致詞稱賀而退。駕還感思殿，輔臣申時行等迎於道傍，上於馬上回顧四臣，命司禮監太監張誠召入殿門。有頃，上御東室，召四臣入。既叩頭，上面諭曰："朕親閱壽宮禮成，卿等扈從動勞。卿元輔特賜玉帶一條、羅衣一襲，次輔國玉帶一條、羅衣一襲，次輔錫爵羅衣一襲，次輔家屏羅衣一襲，以酬卿等之勞。"時行等奏："壽宮吉壤，斷自聖裁，臣等奔走無功，乃蒙皇上非常特賜，臣等不勝感戴天恩之至。"因叩頭謝。上復諭云："定國公文壁④、彰武伯炳各扈從有勞，人每賜玉帶一條、羅衣一襲，以酬之。卿等傳示。"時行對云："臣等容即傳示。"叩頭出，及門，上遽命中使止之，仍召入東室，上以部院諸疏

萬曆十三年

五五五

① 巳 "已"當作"巳"。

② 嶺 據《明神宗實錄》卷一六六，"嶺"字下有"至於"二字。

③ 壁 "壁"當作"璧"。

④ 壁 "壁"當作"璧"。

授時行等，諭曰："朕看閱壽宮，自有主張，他每原不知風水，如何紛紛來説？"時行等對云："大峪山原係吉壤，皇上聰明天縱，一經聖覽，自有定裁。但皇上此行，上自兩宮聖母，下至六軍萬姓，無不願皇上亟賜裁定。近因人言，恐聖心有所疑惑，所以九卿諸臣有所陳奏。"上曰："且待朕看定。如何這等忙迫？是甚麼意思？"時行對云："諸臣之意，不過欲仰贊聖裁，亦無他也。"

上意未擇①，復以御史柯挺疏授時行，曰："柯挺初説要向簡山，如何又不説了？着他回將話來。"時行對云："柯挺初時原有此議，因張邦垣説己亥於景命相妨，所以不敢固執前説。"上復以李植等疏授時行，見其疏內有"青白頑石"語，對云："李植等説'青白頑石'，大不是。大凡石色麻頑或帶黃黑者，方謂之頑，若其色青白滋潤，便有生氣，不得謂之頑石矣。"

上曰："李植等原擇三地，二處不堪，其寶山一地亦可，着調外任罷。"時行對云："聖裁允當。"因請將諸疏持出票擬進覽，上曰："先生每擬票來朕覽。"又諭云："朕明日還京。"四臣叩頭而出。

十日丁未，駕發感思殿，駐蹕功德寺行宮。

賜元輔申時行膳九品、竹葉清酒二瓶，次輔國、王錫爵、王家屏每膳七品、竹葉清酒二瓶。

十一日戊申，駕發功德寺行宮，還京。居守大臣及文武百官俱於城外迎駕。

十二日己酉，大學士申時行等題："等②恭扈聖駕，審閲壽宮，徧歷諸山，仍定大峪，用以綏萬年之茀祿，貽百世之鴻休。此誠九廟神靈之所顧歆，兩宮聖母之所悦懌，百官萬民之所頌戴。臣等叨陪輔弼，倍切歡忻。但連日以來，道途往返，頗涉風霜，岡阜登臨，頻煩輦輅，雖神明自然呵護，在聖體不無勤勞。臣等犬馬下情，不勝瞻戀。伏惟順乘休暇，慎節起居，茂

① 擇 "擇"當作"釋"。

② 等 "等"上當有"臣"字。

迎天地之和，俯慰臣民之望。臣等憂不勝懇祈之至，謹具題恭候萬福以聞。"

是日，大學士申時行奏："爲感激殊常恩賜恭陳謝悃事。本月初九日，恭遇皇上親閱壽宮，還感恩殿，召臣等至東室，欽奉面諭：'朕親定壽宮禮成，卿等扈從勤勞。卿元輔特賜玉帶一條、羅衣一襲，次輔國玉帶一條、羅衣一襲、次輔錫爵羅衣一襲，次輔家屏羅衣一襲，以酬卿等之勞。欽此。'臣伏荷殊恩，不勝感激。伏念臣起家韋布，竊祿樞機，叨蒙過誤之知，深切滿盈之懼。茲者皇上親紆宸躅，審閱壽宮，天作高山，陟降並經於睿覽，神輸吉壤，裁成獨斷於聖心。臣雖從羈靮之司，未識堪輿之秘，贊襄岡①效，奔走何勞？乃溫諭借褒，隆以不名之禮，且優恩示眷，濫茲非分之頒。既侈百朋，榮踰一字，英瑤特達，十圍增重於連城，文綺光華，五服分珍於在笥。詎期庸品，獲此殊私？臣謹束以立朝，服而拜賜。情深啣結，敢忘瓊玖之思？職在匡維，願補山龍之闕。銘鏤岡②既，捐殞爲期。臣無任懇切欣戴之至，謹具本奏謝以聞。"得旨："覽卿奏謝，朕知道了。禮部知道。"

大學士許國疏謝云："臣仰荷殊恩，不勝感激。伏急臣砥砆下品，韋布庸流，漸③負圭璋特達之天知，誤參絲綸密勿之地。頃陪法駕，再閱壽宮，幸叨有事之榮，敢望非常之數？恭惟皇上，神謀獨斷，睿覽旁通，折盈庭之論於片辭，定卜世之符於俄頃，詎臣愚陋所能贊襄？而虛度弘恢謙光下濟，再承晝接，備極春溫。仍軫扈從之勞，特出尚方之賚，乏一絲之助，而服被七襄，懷三褫之虞，而圍橫萬鎰。寵踰同列，優比元臣。垂則有餘，安而且吉。敢不益堅砥礪，矢竭彌縫？七尺尚存，雖捐縻而不悔，一籌可效，即頂踵其奚辭？伏願慎節起居，永綏壽祉。信主命如綸如綍，一成而不可移，審官材爲瑜爲瑕，兩形而不相掩，環四海以爲帶，所在效珍，撫萬年而垂衣，無庸補袞。臣無任激切感戴之至，謹具本奏謝以聞。"

大學士王錫爵疏謝云："臣幸荷殊恩，不勝感激。伏念臣升朝三月，未攄補袞之忠，扈蹕一行，疊荷解衣之貺。輝騰在笥，

① 岡 "岡"當作"罔"。

② 岡 "岡"當作"罔"。

③ 漸 "漸"似當作"慚"。

愧切濡梁。仰惟皇上大孝承親，沉幾照物，周原卜壤，培萬年天保之基，禹範稽謀，辯三至人言之惑，肆屬車之再駕，乃初筮之果諧。臣猥以近僚，叨倍末從，周旋大蘥，徒瞻佳氣以增歡，肅奉清游，欲贊睿謨而莫措。詎期特眷，曲軫微勞，寵渙玉音，榮頒珍綺？三英炳若，出巧製於天機，五采燁然，分奇章於雲漢。矧應授衣之候，真如挾纊之温。被服華恩，敬擬岡陵而祝壽，彌縫闕職，敢辭夙夜以宣勞？臣不勝屏營感激之至，謹具本奏謝以聞。"

大學士王家屏疏謝云："仰荷殊恩，不勝感激。竊惟天作高山，肇基既久，帝懷明德，與宅維新。聖慮豫於萬年，肆御蹕同乎羣望。初筮即吉，屢省乃成，匪藉人謀，寔彰宸斷。臣猥操羈靮，忝扈鑾輿，集謀夫於道旁，罔裨築舍，陪從官於山下，但有呼嵩。曾微奔走之勞，濫預眷酬之典，帷宮慰諭，藹三接以加親，幣篚分頒，絢七襄而增爛。矧方被綉而出，又復授衣以還，俯循韋布之軀，再徼金緋之賜，鵜濡是懼，鶉結能勝？臣敢不奉以爲珍，服之無斁？才同韍綅，雖靡贊於垂裳，念切繭絲，庸詎忘於恤緯？臣無任感戴天恩之至，謹具本稱謝以聞。"

俱得旨："覽卿奏謝，朕知道了。禮部知道。"

文書官傳奉聖諭："說與鴻臚寺，朕回鑾後，稍覺煩勞，欲静攝數日，百官稱賀免行。"

十四日辛亥，以聖駕謁告長陵等陵，親閱天峪山壽宮，賜元輔申時行銀五十兩、紵絲四表裏，次輔許國、王錫爵、王家屏每銀四十兩、紵絲二表裏。

十七日甲寅，大學士申時行等題："爲作養人材事。萬曆十一年五月內，該臣等題奉欽依，考選得進士季道統等二十八名，改翰林院庶吉士，並一甲三名，俱在院教習讀書，及每月二次考試外，經今三年，臣等驗其所學，頗有成效。照得舊例，庶吉士教習有成，應授翰林院等官。隨查萬曆七年九月內，該臣等照例題准，將庶吉士顧紹芳等考試授官訖。今次合無俯容臣等查照前例，於本月二十日，將見在庶吉士二十三名，從公考試，評品文字高下，擬開等第名次，封卷上進，恭候聖明裁定施行？緣係作養人材事理，臣等未敢擅便，謹題請旨。"得旨："是。"

二十日丁己①，文書官李恩口傳聖旨："遼東虜賊入犯，着兵部馬上差人傳與總督鎮巡官，用心防禦，相機堵截，毋得疎虞。"

是日，大學士申時行等題："臣等今日於東閣前，糊名考試，評品得庶吉士上卷文理優長十卷，中卷文理亦順十三卷。謹封進呈御覽，伏乞欽定，發下臣等折②卷填名，查例上請，銓除官職。其丁憂郭正域、楊鳳、舒弘緒，養病范醇敬，候服滿病痊之日，另行題請。謹具題以聞。"得旨："是。"

二十一日戊午，大學士申時行等題："臣等查得舊例，庶吉士授官，上卷照依原中進士甲第，銓註翰林院編修、檢討，其中卷量除科道部屬官。臣等茲謹拆卷填名上請，伏乞敕下吏部，查照施行。謹題請旨。

計開：

銓註翰林院編修、檢討十名：

鄒德溥　葛曦　王萱　葉向高　徐應聘　楊元祥　周應賓　鄧宗齡　季道統　方從哲

量授科道部屬官十三名：

姜應麟　梅國樓　邵庶　胡時麟　史孟麟　吳龍徵　沈權　王之棟　徐大化　楊紹程　梅鶤祚　甯中立　劉大武。"次日，得旨："是。吏部知道。"

二十二日己未，諭禮部："朕女未封三公主，於萬曆十三年閏九月二十一日戌時薨逝。合行事宜，都照遷居公主例行。禮部知道。

①己　"己"當作"巳"。

②折　"折"當作"拆"。

二十七日甲子，上御皇極殿。太常寺奏孟冬享太廟。

是日，大學士王錫爵奏："爲患病給假事。臣於本月十五日偶感痢疾，並寒熱身痛等證，一向勉强進閣供事，不敢上聞。至二十五日，該文書官送本會票之後，忽虛火上衝，昏暈仆地，移時方醒。見今臥病在家，有妨朝講。伏乞聖恩准臣給假調理，候痊可即出供職。謹具奏聞。"得旨："卿偶疾，准暫調攝，痊可即出輔理。吏部知道。"

二十九日丙寅，上特遣御前牌子孫朝賫賜大學士王錫爵鮮猪一口、鮮羊一羫、甜醬瓜茄一罈、白米二石、酒十瓶。錫爵疏謝云："臣謝，於臥榻叩頭祇領訖。伏念臣本以衰殘，擢自廢朽，犬馬之力，曾靡效於涓埃，蒲柳之姿，已遽嬰於疾疢。竊自憐悼，負此遭逢。惟聖主少裁高厚之恩，斯微臣庶逭陰陽之罰，豈圖餘喘，曲軫宸慈，爰勤中使之特臨，並錫尚方之諸品，精粮色塋，兼分醴醁之春，雜俎香浮，更藉牲牷之旨，用以佐刀圭而施上藥，因之扶羸瘵而制頹齡。受寵彌隆，循涯愈溢。挹金莖之湛露，勉效加餐，參玉鼎之和美，終虞覆餗。祇三肅而拜賜，期一飯以輸忠。臣不勝感激荷戴之至。緣係伏枕，不能廷謝，謹具本奏謝以聞。"得旨："覽卿奏，朕知道了。禮部知道。"

萬曆十三年十月丁卯，朔，上御皇極殿。欽天監進萬曆十四年《大統曆》傳制給賜百官，頒行天下。

是日，上親享太廟。

賜四輔臣每曆日一百本，及講官沈一貫等六員各曆臣①五十本。又賜四輔臣每鮮藕三枝。

大學士申時行等題："今日蒙發下禮部、都察院查究過冒籍舉人本，該文書官李浚口傳聖旨：'二百年來科場太濫，這冒籍的先枷號，後治罪。張一桂、史鈳豈是不知？今亦無面目在此，都著致仕。以後還著嚴行稽查。欽此。'臣等反復看詳部院所奏，舉人馮詩等委係隔省入籍未入②，其為借冒，情弊顯然，雖重然③示懲，亦不為過。皇上慎重求賢之典，欲懲一警百，以絕弊端，德意甚盛，臣等不勝欽服，豈敢復有瀆陳？但科場之弊，與冒籍之弊，當有分別。如私通關節，將文理平常之人，濫行取中，此則考官之弊也。如冒認戶籍，從府州縣考送提學，從提學考送科場，此則有司之弊，考官不得而知也。張一桂久在翰林，平日謹慎，故臣等題充日講官。其馮詩、章維寧事，臣等連日查訪，二人雖曾館於其家，不久辭去，向不往來。內簾只看硃卷，原無姓名筆跡，何從認識？且查部院疏中，並無張一桂姓名。既非科道糾參，亦非廠衛訪奏，朝廷將何憑據，突有處分？臣等竊謂張一桂未可議處。如聖心有疑，則令法司將馮詩、章維寧嚴行審究，有無關節，及查吊硃朱墨卷看驗，果有他弊，自不能掩，且可以服一桂之心。臣等非敢一毫回護一桂，但事體合當如此，伏惟聖明裁奪。其史記純的係史鈳之子，其子冒籍，其父不行禁制，委屬有罪。但因隨任讀書，與越關來京者不同，鈳亦素有文學，遽令去官，不無可惜。合無俯從寬宥，重加罰治？至於冒籍舉人，查得嘉靖二十二年、四十三年事例，止是革回充附。今奉明旨從重處分，合無通行革去舉人名色，遞解回籍，仍行彼處巡按御史，查有犯罪脫逃重情者，即枷號問罪，如無別情，照常發落，則情法允得其中，而弊端永除，人心咸服矣。臣等未敢擅便，謹擬票，上請聖裁施行。謹具題以聞。"

① 臣 "臣"當作"日"。

② 入 "入"似為"久"之誤。

③ 然 "然"當為"處"之誤。

四日庚午，以中宮千秋令節，賜四輔臣上尊珍饌。

八日甲戌，文書官口傳聖問："前日那剪銀邊的部官，已經歲個月了，還不奏來，莫不是下邊替他彌補了。又有替錢若賡保奏的，已經拏解到了不曾？"

十日丙子，大學士王錫爵奏："爲脾疾沉綿不堪補理懇乞天慈俯賜骸骨還鄉以終恩造事。昨該臣於閏九月二十八日，荷蒙聖恩，以臣患病，欽准給假調攝，仍諭以痊可即出輔理。續蒙特遣內臣，頒賜酒米蔬肉等物。臣糞土微賤之身，乃至以疾憂君父，慈旨優溫，寵數蕃渥，臣雖病也，口尚能啣造物之恩，心尚能識報主之分，豈有升朝數月，寸勞未展，而遽忍言去者乎？伏自得請在假以來，所延致醫生夏惟勤等以十數，而治療之術亦且百方，蓋消補兼施，寒溫雜進者浹旬於茲矣。臣雖病也，又豈不知欲速之無功，衆咻之難信哉？誠疾痛休迫之中，貪奉清光，坐憂曠職，而徼幸於萬有一分之效耳。豈圖外症未除，而內元已竭，宿疴方瘳，而新疾復生？連日痰涎壅盛，步履難艱，飲食滯停，瀉痢頻數，心脾項背腰膂之間，無處不痛。臣親檢方書，云是七情憂患所感，脾氣積傷漸成，鼓脹非醫藥所能即愈。臣竊自悲也，以爲犬馬怙恃之身，在國惟君，在家惟母，有如猝先朝露，進不成報君，退不成將母，與自捐溝瀆者何异？臣於此時，乃始思草疏乞骸，踟蹰未敢，而臣弟鼎爵病危之報又至矣。痛惟先臣早背，止遺此煢煢二孤，而皆朝不圖暮，兄北弟南，有生離死別之感，加以七旬衰母，兩地憂懸，風燭之命，且喘喘不保，而臣也一身憔悴之餘，耳呻吟而目涕淚，獨奈何復望策駑起蹶、踴躍功名之會哉？伏惟皇上，前者非時召臣，不次用臣，近復垂聽瞽言，特旨留臣，君父之恩，豈有終極？顧臣福薄不足以堪，力罷不足以報，以致兇神忌盈，自貽咎疾，撥①之愚分，決當知止。伏望皇上察臣垂死不欺之誠，憐臣觸藩至苦之狀，早賜骸骨，生還田里，庶臣外不憂尸祿曠官之罪，而內又得以便一門骨肉養孤扶老之私。臣疲癃殘

① 撥　"撥"當爲"撤"之誤。

息，幸不即死，異時或尚能矢唧結而償餘負，不可知也。臨疏不勝母子涕洟籲天請命之切。爲此具本，謹具奏聞，伏候敕旨。"得旨："朕以卿忠獻亮節，特召起家，茲眷倚方敦，豈可遽以微疾求去？宜善加調理，痊可即出，不允所辭。吏部知道。"

十三日己卯，上視朝。

是日，內閣傳奉聖諭："今日都察院、通政司奏事，掌印官承旨，其餘的不承旨，着鴻臚寺查。"

十四日庚辰，以輔臣王錫爵患病，上特遣太醫院院判朱儒等五員診視。錫爵疏謝云："該各官看得，臣六脈浮弦芤數，脾胃兩傷，皆心經憂鬱之氣，傳結腑臟，以致腹滿腹①秘，頭暈體虛，飲食不消，腰背作痛等證。竊念臣之得疾，本自憂生，至其致災，亦由福過。而經旬在告，已蒙優假之仁，垂死乞身，更荷眷留之渥。甫捫心而自愧，思避寵之無乃②。茲天語之親傳，更遣國醫而下視。分尚方之劑，固將收效於刀圭，發蔀屋之春，遽欲回生於沉痼。臣有何緣分，徼此曠恩？蒲柳之資易凋，深漸培植，犬馬之年未盡，但誓捐糜。除聞命恭設香案迎接，並臣在牀褥間扶掖叩頭外，爲此具本奏謝以聞。"得旨："覽卿奏謝，朕知道了。禮部知道。"

十八日甲申，大學士王錫爵奏："爲再陳疾苦真情萬不得已懇乞天恩俯容辭任回籍以全母子餘生事。昨該臣於本月初十日，以脾病具疏乞休，奉聖旨：'朕以卿忠獻亮節，特召起家，茲眷倚方殷，豈可遽以微疾求去？宜善加調理，痊可即出，不允所辭。吏部知道。欽此。'竊念臣名迹至微，身命至賤，人官之始，已分捐糜。今年齒尚③衰，遇主徼榮至此，此恩之必不可負，義之必不可逃，而亦時之必不可失者也。臣伏枕無事之中，夜氣尤清，其於私情公義之重輕，出處進退之大節，亦既及④側再三、念之至熟矣。且夫志士感知，不忘一飯，而臣乃在野

① 腹　此"腹"字疑爲誤字。

② 乃　"乃"字疑爲誤字。

③ 尚　"尚"疑爲"向"之誤。

④ 及　"及"當作"反"。

再徵，在朝三錫，口饜大官之饌，身被極品之衣，卧病軫國醫之視，乞身蒙華袞之褒，臣即欲自絕，無論此心難欺，而天地亦豈有容此不祥之人者？頃之匆匆叩閽，委非得已。蓋肺腑之病，已因劣而難支，骨肉之虞，又煩寃而並集。惟幸早解機務，免於素殞，或尚可懺積侃而徼餘福耳。今下誠未遂，天眷彌隆，而臣且一面憂身，一面憂母，又一面憂負恩曠職之懼，以致心神愈耗，脾氣轉傷，泄痢無時，昏暈加數，此醫官朱儒等望形而知其已病，切脉而爲之隱憂也者。臣聞君臣之間，真是一體，臣苟不欺其君，則不論盡忠之與補過，皆爲報稱，君苟不疑其臣，則不論栽培之與休養，皆爲恩澤。今臣幽憂難愈之內疾，羣醫既能言之，而眩暈不測之顯證，同官又莫不見之，臣之不欺皇上，其已明矣。而皇上之深知渥寵加於臣身者，其亦已無餘憾矣。若尚以三朝舊物，未忍棄捐，則賜之覬覦未盡之生，以終烏鳥一日之養，其爲恩禮，不又加於尋常萬萬哉？見今垂死病弟，息耗杳然，臣母子餘生，愈孤愈苦，母不能一日捨臣而獨歸，臣不能一日離母而獨處。以私情言之，既有俱傷兩敗之憂，且輔理重任，物望所關，臣之一身固不足惜，有如天顏咫尺之下，朝班萬衆之中，仍復如前顛仆隕越，震驚觀聽，豈不羞堂陛而玷冠裳？以國休言之，又有求榮反辱之累。臣誠情極道窮，計無所出，不得不再陳危苦至切之詞，以干終始曲成之造。皇上即幸而聽臣，不敢①下全臣身，上全臣母，而密勿儀表之地，不至久掛虛名，坐妨賢路，庶於私情、國體各獲所安。臣無任疾痛呼天哀祈叩請之至。爲此具本，謹具奏聞，伏候敕旨。"得旨："大臣之義，體國忘家。前已有旨勉留，豈可恝然遽去？卿疾未愈，宜在任調理，副朕眷懷，不必再辭。吏部知道。"

十九日乙酉，上視朝。
是日，大學士許國、王家屏題："該首臣時行於昨日說，偶發寒熱，泄瀉不止，今早困卧，不能朝參。緣係疾病陡發，下②及奏聞，且内閣首臣幾務繁重，未敢請假。如一、二日痊

① 敢 "敢"似當作"獨"。
② 下 "下"當作"不"。

可，即出赴閣辦事。謹具題知。"

　　二十日丙戌，上遣文書官李興，持御史蔡時鼎疏、下手机①諭內閣，曰："今日朕覽有御史蔡時鼎本，欲救冒籍生員，內說聽信飛語、密揭，事皆由中出。其冒籍之事，朕亦未知，乃給事中鍾羽正之奏，朕見方知。因思祖宗設科取士，嚴禁甚密，乃今無恥之徒，蔑視違犯，以故重治。古云源清流絜。未有源濁流清之理。這廝前所陳言，未得其志，故以此挾私怨。卿等出旨重治。"是日，閣臣時行、錫爵俱在告，國、家屏乃連四臣名具疏以進，曰："臣等伏奉諭札，仰見聖明獨斷，法令必行，不勝欽服。但冒籍之弊，其來已久，嘉靖中兩次，處分止是發回充附。今俱削籍爲民，行各該巡按官究問，已足示懲。馮詩、章維寧與發回六人事同一體，獨當嚴寒時月，枷號禮部門首，以儒生柔脆驟而當此，恐盡夜暴露，風雪凍裂，萬一隕命，不無可矜。且上德好生，罪至大辟，歲且停刑，豈以一冐②籍之故，而傷天地之仁？言官愚戇，偶誤風聞，實欲推廣德意，不自覺其言之過當耳。至於挾私怨上，臣等竊料其萬萬無此念也。罪固難逭，情實可原，伏望皇上廓轉圜之量，憫荷校之苦，稍減時日，以全馮詩、章維寧之生。姑從薄罰，以寬蔡時鼎之罪。則懲欺剔弊，既有不可測之威，而宥過矜愚，又有不終棄之德。臣等無任祈願之至。"乃止票擬蔡時鼎罰俸半年。上不從，次日，改定批下："這冒籍事情，原因該科糾發，如何說輕信人言？且科場積弊，禁例甚嚴，所懲非過。蔡時鼎這廝，前言未得私忠③，故以此懷怨黨救。疑君訕上，本當重治，姑着降雜職於極邊，不許朦朧推用。吏部知道。"

　　是日，以元輔申時行陡疾，上特道④太醫院院判朱儒、陸得元等五員診視。時行疏謝云："本月十九日，臣因陡患寒熱瀉痢，不能朝參，又以閣務重繁，或一、二日可愈，即出辦事，不敢請假調理。今日伏蒙聖恩，造⑤太醫院院判朱儒、陸得元等五員到臣私寓，診視臣脈。該各官看得，臣病原因外感寒邪，內傷畜血，以致頭疼發熱，去血頻數。法宜用調中湯。除臣恭

①机　"机"似當作"札"。

②冐　"冐"當作"冒"。

③忠　"忠"字疑誤。

④道　"道"當作"遣"。

⑤造　"造"當爲"遣"之誤。

設香案迎接，望闕叩頭謝恩外，伏念臣樗材難用，蒲質易凋，謬居調鼎之司，深漸覆餗。偶值采薪之恙，不能造朝，惟知分在於急公，未敢率然而請告。過蒙渥眷，特賜矜憐，輟內殿之明醫，下臨私第，分上方之珍劑，頓起危疴。豈期因憊之姿，戴荷生成之造？臣災因福過，命爲恩輕，雖六尺微軀尚自疎於康濟，乃萬幾密務，敢遂懈於匡襄？苟瞑眩之少廖①，當捐糜而圖報。臣不勝感戴天恩之至。爲此具奉②奏謝以聞。"得旨："覽卿奏謝，朕知道了。禮部知道。"

① 廖 "廖"當作"瘳"。
② 奉 "奉"當作"本"。

二十一日丁亥，上既改批御史蔡時鼎本發下，又先遣人覘得冒籍舉人董劭等解發寬縱狀，遂傳旨云："凡解發爲民的，該穿兩截衣，今董劭等如何還戴方巾、穿程子夜？既從阜城門出，又從便門入。尋常用兩人解一人，今如何着一人解三人？傳問順天府回話。"於是許國、王家屏又上疏曰："臣等竊惟，自古人君貴明不貴察，故冕旒蔽目，視於無形，黈纊塞耳，聽於無聲。充舜之聖，止是並觀公聽、明自達聽③而已，未嘗獨任一己之見，自行紡④察之術也。即一州郡之吏，閭閻細事尚難周知，況人君居九重之上，御萬幾之繁，其任愈大，其體愈尊，若必事事遣人伺訪，以此爲明，則將不勝其勞，而於體統亦甚褻矣。且使奸人得乘機設詐，中傷善類，淆亂政刑，將來之患，有不可勝言者。如漢宣帝、唐德宗猜防苛細，以察爲明，聽斷雖精，從貽譏於萬世，其何補於治哉？今聖明在上，如日月麗天，雖偶一爲之，之⑤不專恃此。然臣等愚戇，竊以爲非朝廷之大體也。近時公卿，鑒前人之覆轍，罔不洗心滌慮，誰敢復蹈壅蔽，以干天誅？今若此，是公卿皆不足信，臣等不知所可信者何在也。語曰：偏聽生奸，獨任成亂。舉朝臣庶，蓋寔有隱憂焉。昨御史蔡時鼎激發抗疏，言雖過當，亦有至理，遽加嚴譴，誠恐虧皇上優容之量，以成言官之名。臣等受上恩厚，職在輔理，區區私心，實欲奉吾君爲堯舜，使一舉一動，必循乎祖法，協於人情，天下後世無得而議焉。今此舉動，乃以至尊而下親細事，不無損於聖德。臣等既不能將順皇上之美，又

③ 明自達聽 此四字當有誤文。
④ 紡 "紡"當作"訪"。
⑤ 之 此"之"當爲衍文。

不能匡捄皇上之過，伴食竊位，分毫無補，使天下後世追臣等而數其罪，復何顏面參於幃幄之中，立於臣僚之上乎？伏望皇上少留睿思，俯從愚懇，停止查訪，以崇大體，曲宥言官，以明聖度。臣等不勝激切企望之至。"上覽疏，怒。次日，手批曰："朕嚴禁冒籍，本爲端士風以正人心，苟行同穿窬，又何取焉？卿等又何進焉？近因同類奸人，屢屢黨救訕上，故以着人覘視，問其縱法之罪。卿等職居輔理，當以正風俗、明法紀、以輔其君，乃以此故，以君爲苛察。且朝廷分職，非一人之敢專擅，但臣下秉公奉法，又何懼於嚴察？以此之說，是處①蒙昧之中，而事皆聽決於臣下，卿等其心果安耶？否耶？"

是日，上特遣答應牌子陳朝齋賜元輔申時行鮮猪一口、鮮②一羫、甜醬瓜茄一罈、酒十瓶。時行疏謝云："伏念臣稟受素弱，不任繁勞，精神早衰，多緣憂慮。頃失陰陽之節，幾逢霧露之危，方夙夜在公，未敢徼恩於予告，幸旦夕少間，即當力疾以趨朝。乃荷聖慈特垂閔念，不踰辰而奉遣醫之命，甫越宿而蒙推食之恩。珍奇並出於上方，絡繹更煩乎中使。庖廚備物，兼藥餌以扶衰，七箸加餐，儼威顏而正席。覺沉疴之頓釋，仰厚德以難名。臣感結心脾，服③期項踵。三生未盡，無非捐軀佝④國之年，一飯難忘，敢萌逸已愛身之念？臣不勝感戴天恩之至。除臣疾漸愈，容俟一、二日間，勉出赴鴻臚寺報名廷謝外，謹具本奏謝以聞。"得旨："覽卿奏謝，朕知道了。禮部知道。"

二十二日戊子，大學士許國等題："昨該文書官劉愷奉旨傳問解回冒籍事，臣等於心竊有未安，故昧死且⑤題。今御批切責，臣等不勝惶悚，不勝戰懼。伏念臣等猥以迂疎，備員幃幄，雖捐糜此身，不足以報恩厚。惟欲皇上每事盡善，同符堯舜，此臣等之心也。偶聞傳旨，臣等相與深惟，人君明並日月，光照四表，九重至尊，萬幾至繁，惟當務其大者、要者。若塗巷小民，閭閻細⑥，出入往來之迹，巾履被服之微，在有司且不暇察，察之且不能盡，今乃達之聖聽，宣⑦王言，中外傳聞，

①處 "處"下當有"朕"字。

②鮮 "鮮"下當有"羊"字。

③服 "服"當作"報"。

④佝 "佝"當作"殉"。

⑤且 "且"當作"具"。

⑥細 "細"下當有脫文。

⑦宣 "宣"下當有脫文。

① 悞 "悞"似當作"悟"。
② 柬 "柬"似爲"秉"之誤。
③ 之 此"之"字當爲衍文。

轉相驚異，不悞①皇上振肅法紀之意，而以爲勞精神、役耳目於瑣屑之務，其於聖治爲累不淺。故臣等冒昧有言，意在因事納忠，防微杜漸。非謂皇上不當用其明，以爲此不足以煩皇上之明也。非謂專擅者懼於嚴察，不便行其私，誠恐柬②公奉法之臣，或詿誤於中傷之之③計，重足屛息而不得安其位也。若謂處皇上於蒙昧之中，而事皆聽決於臣下，則是蹈專擅之罪，干欺蔽之誅，臣等雖身伏斧鑕，頭懸藁街，不足以謝皇上，不足以謝天下，天日在上，可照此心。此臣等所爲驚悸不安、而披瀝自白者也。伏望皇上少霽威嚴，留神洞察，臣等不勝隕越待罪之至。"疏入，上意稍解。次日，仍批答曰："覽奏，朕知道了。卿等可安心贊理，毋得任一己之私，以壞公平。"

二十三日己丑，上視朝。

是日，元輔時行病痊，入閣辦事，而會國等疏下，乃同上疏謝曰："先該臣國等爲傳旨事，輒進狂瞽之言，荷蒙聖恩，止於切責。隨該臣國等惶恐待罪間，今日伏奉聖旨：'覽奏，朕知道了。卿等可安心贊理，毋得任一己之私，以壞公平。欽此。'臣等不勝愧悚，不勝感激。竊念臣等並絲④微賤，遭際聖明，居股肱耳目之司，有匡救維持之責。茲者不識忌諱，妄有瀆陳，方懼譴訶，幸蒙矜貸，既俾安心贊理，赦其胃⑤昧之辜，又令毋壞公平，示以持循之則。臣等感而隕涕，昭若發矇。聞之書云：'無偏⑥無黨，王道蕩蕩'，蓋言公也；'無黨無偏⑦，王道平平'，蓋言平也。不公則徇人情而滅天理，不平則害國體而失人心。雖以臣等之昏庸，亦知聖訓之明切，敢不持以律己，奉以事君，庶幾殫竭愚忠，用以對揚休命？臣等不勝仰戴天恩之至。謨其⑧題恭謝以聞。"

④ 絲 "絲"似當作"係"。
⑤ 胃 "胃"當作"冒"。
⑥ 徧 "徧"爲"偏"之誤。
⑦ 徧 "徧"爲"偏"之誤。
⑧ 謨其 "謨其"當作"謹具"。

二十五日辛卯，命右春坊右諭德兼翰林院侍讀趙志皋、司經局洗馬兼翰林院修撰趙用賢、翰林院編修楊起元、王廷譔，俱充《大明會典》纂修官，翰林院侍讀盛訥充編纂六曹章奏官。

是日，大學士申時行等題："先該四川撫按官題稱，松潘、疊茂等處大小粟谷等寨番人，攻撲城堡，殺死職官，隨調土漢官軍議行進剿，已該兵部題覆，行令巡撫、總兵官相機行事外，經今日久，不聞消息，臣等心竊憂疑。蓋松潘、疊茂，即古維州吐蕃地方，重山復嶺，深崖密箐，自来番人出没，種類寔繁。本朝置戍①屯兵，稍示禁制羈縻之意，然山谷險遠，糧運艱難，番人聚如蟊蟻，散如鳥獸，我兵追逐，則彼深藏伏②，不可窮搜，我兵罷歸，則彼倏至突来，不可禁遏。其道在以剿爲先聲，以撫爲權術。如一種作惡，則整搠在鎮官軍，出其不意，殲厥渠魁，或毁其碉房，或燒其青稞，名曰鵰剿。其餘各種，並不搜求。庶幾番人懷德畏威，雖小有竊掠，旋即底定，此制禦番人之要術也。今該省官輕率寡謀，一聞番城之報，便欲動調大兵，使番人聞之，得以糾黨聚衆，肆行猖獗。近該總兵官李應祥揭稱，標③兵二千，皆非慣戰之卒，不敢輕進，見調土司，尚未到齊。臣等昨問兵部，亦皆以爲失策。且四川近有採木之事，有司調度無方，民間頗稱騷擾，庫銀給發將盡，軍餉又已空虛。若兵連禍結，財盡民窮，爲患非細。此臣等所惕然憂懼而不寧也。臣等已面語兵部，須馬上差人，行令新任巡撫徐元太、總兵李應祥等，相機剿撫，用心處置外，但地方遥遠，人心不齊，必得天語丁寧，廟謨申飭，然後人皆警惕，事有責成，且知聖天子明見萬里，不敢有忨愒苟且之意，以處誤事之罪也。臣等謹擬傳帖一道進覽，伏乞聖明裁定施行。謹具以聞。"

①戍　"成"當作"戍"。
②伏　"伏"上當有脱文。
③摽　"摽"當作"標"。

二十六日壬辰，諭兵部："前日四川撫按官奏稱，松潘等處番賊爲患，即今有無寧息，一應剿撫事宜，着彼處巡撫總兵相機處置，務保萬全，毋得生事貪功，及匿情養亂。兵部便馬上差人行與他每知道。"

二十八日甲午，上御皇極殿。太常寺奏冬至大祀天於圜丘。

二十九日乙未，上御皇極殿。以大祀皇天於圜丘，傳制誓戒百官。

三十日丙申，陞國子監祭酒徐顯卿爲詹事府少詹事，兼翰林院侍讀學士，充日講官。

萬曆十三年十一月丁酉，朔。

三日己亥，以冬至令節，賜四輔臣上尊珍饌。

五日辛丑，大學士王錫爵奏："爲恩深義重情迫辭窮昧死再干天慈俯從前請以竢後報事。昨該臣於十月十九日再疏乞休，奉聖旨：'大臣之義，體國忘家。前已有旨勉留，豈可恝然遽去？卿疾未愈，宜在任調理，副朕眷懷，不必再辭。吏部知道。欽此。'臣錫爵病眊怫鬱，不識進退，再以私情上干斧鉞之誅，臣之罪大矣。伏讀御批，不惟汲貸彌弘，慰留愈切，而凜然大義嚴詞，又有出於家人父子提耳教訓之外者。臣於此時，不覺一字一淚，一字一顙，已誓此身畢命鞭箠之下，而臣母亦且義激於中，誓不復以家事關臣矣。不意本月二十七日，臣男監生衡信到，內稱臣弟、厚①任河南提學副使鼎爵，已於閏九月二十五日病故。臣母聞報，晝夜哀號，寢食俱廢。見今患左脇刺痛，咽喉面目俱發腫，不能起牀。臣竊自傷家門薄祐，骨肉凋殘至此。目前止有一母一子，形影相依，而皆窮愁旅邸，宛轉牀榻之間又至此。臣宿疾新憂，外纏內迫，以致心血不復歸肝脾，土轉成下陷，腦風腸風及嘔逆洩痢等證，種種作劇，茫無瘥可之期。昨者恭遇冬至令節，謹於私家設案焚香，扶掖叩頭，遙祝聖壽，猶喘呻悸汗，不能成禮。何況咫尺威顏之近，奔走職事之煩，而尚有可望引袖班行，參裒闕者乎？臣聞人臣之義，不得有身，何況有家？然就家國之重輕而論，則私不勝公，情不掩義，臣雖不敏，數奉教於君子矣。就事勢之緩急而論，則堂堂盛朝，芋②茹彙征之時，即無臣等以百數，何虧於國？而臣母區區所恃以託命者，獨臣一身，臣之區區所恃以報母者，又獨此一日。此臣所以早夜呼天飲涕，而疾愈困請愈亟者也。且今皇上所以嚮意用臣，屢旨留臣，不過謂匹夫硜硜之諒，書生斷斷之守，求忠於孝，必無二心。而臣又竊自審，此樸邀寡過效之一卿一曲可耳，上今日用臣非一鄉一曲之任也，而加之憂病支離，精神失惑，捐糜未效，溝壑且填，臣即欲隱忍榮次，

① 厚 "厚"應作"原"。

② 芋 "芋"當作"芧"。

①具 "具"下似應有"本"字。

②三 "三"上當有"以祭"二字。

而皇上安用此無用之臣爲哉？臣新奉嚴旨，不容再辭，今日之言不惟皇上所不欲聞，而臣之初心亦豈願有此也？但以節次若情，弟卜母病，原在奉旨以後之事，尚未徹聞天聽，死有餘悲，用敢再乞其朝露之身，以終烏鳥之養。皇上儻幸哀而許之，臣雖病也，異時野人獻曝，駑馬思軒，豈遂敢自外哉？昔人有言，報國之日長，報劉之日短。臣情迫辭窮，不得不藉口斯語，庶以爲酬知補過之地云。爲此具①謹奏以聞，伏候敕旨。"得旨："覽卿奏，具悉至情。但輔弼重臣，奉公爲急，宜勉思大義，痊可即出贊理，以副朕眷，慎勿又辭。吏部知道。"

六日壬寅，上視朝。

八日甲辰，三②皇於景惠殿，收回祭設賜四輔臣三卓。

十五日辛亥，以聖母慈聖宣文明肅皇太后萬壽聖節，賜元輔申時行金萬壽字三副、金篆字八個、金書黃符二道、金書紅符二道，次輔許國、王錫爵、王家屏每金萬壽字二副、金篆字六個、金書黃符二道、金書紅符一道，及講官沈一貫等六員各金萬壽字一副、金篆字三個、黃符一道、紅符一道。

十六日壬子，上視朝。

十七日癸丑，聖母慈聖宣文明肅皇太后萬壽聖節，賜元輔申時行銀五十兩、紵絲三表裏，次輔許國、王錫爵、王家屏每銀四十兩，紵絲三表裏，及講官沈一貫等六員各銀二十兩、紵絲二表裏。

十九日乙卯，聖母慈聖宣文明肅皇太后萬壽聖節，上御皇極門，百官致詞稱賀。輔臣申時行等仍詣慈寧宮門叩頭。賜四輔臣每酒飯一卓、燒割一分，及上尊珍羞。

二十日丙辰，命右春坊右諭德兼翰林院侍講李長春清理軍職貼黃。

二十三日己未，上視朝。

二十四日庚申，賜選中子弟萬煒銀四十兩、四表裏，陪選施承宗、蔣應舉人各銀二十兩、二表裏。

二十六日壬戌，諭吏部："太醫院醫士萬汝棟，與做南城兵馬司副指揮。"
諭禮部："瑞安長公主婚禮吉日，禮部行欽天監選擇。"

二十七日癸亥，上御文華殿講讀。

二十八日甲子，大學士申時行等題："今日蒙發下文書，內有六安州民問斬罪夏鉞等一本。該文書官李浚口傳聖旨：令臣等擬票，欲將首惡拏解法司，其餘彼處監候，欽此。仰惟皇上重惜民命，俯察下情，欲使獄無留滯，民無枉抑，此即虞舜惟刑之恤之心、大禹下車泣罪之心也，臣等不勝欽服。但臣等看詳夏鉞等所奏，虛捏情節，攀捲多人，其中藏頭露尾，指東畫西，即臣等讀之三四，尚不能通曉，其為刁詆之詞可知。此必夏鉞等犯該人命強盜重情，問成死罪，欲行展脫，故不於撫按司道衙門訴告，而驀越赴京奏擾。臣等竊謂，此等事情，自有卷案、人證、及原問衙門，須行撫按官就彼審究，才見明白。如其虛詆，亦當重處，乃用法之平。如近日鎮南州民本，亦奉旨下撫按問奏。況此係斬絞重情，尤難懸度。臣等謹票擬'仍下撫按'進覽，伏乞聖裁。臣等又惟，天下刑獄，必由府州縣問明，方呈司道，司道覆審，方祥①撫按衙門。其犯該人命強盜者，必轉詳法司，請旨處決。間有冤枉，則每年有巡按官審錄，五年有欽差部寺審錄，每有減重為輕，出死入生者。前項事情，如果有冤，必當昭雪。但朝廷紀綱，國家憲典，一切

① 祥 "祥"當作"詳"。

門①斷刑獄，未有不自下而上、由卑而尊者，即使有司貪賄徇私，撫按官有臨制督察之責，亦不敢壅遏下情，輕視民命，必使撫按官審覆，然後取自上裁，揆之政體似當如此。若小民之奏，一一聽於宸斷，則四②九州之廣，億兆之衆，人情詐偽，千緒萬端，將來干瀆聖聰，有不勝其煩者矣。此紀綱、法度所在，臣等不敢不盡其愚。伏惟聖明垂察，謹具題以聞。"次日，夏鍼等本下，得旨："這奏内事情，牽蔓多端，是否虛實，着撫按官從公審明具奏。都察院知道。"上復令文書官宋坤傳諭："天下刁風也多，冤枉的也不少。先生每既這等說，照票批行。還傳與都察院，立限與他，上緊具奏。"時行等對云："皇上謂刁風多，冤獄亦多，此兩言者，真灼見人情，洞悉民隱。自後民本，果係冤枉、情可矜憐者，方與聽理，如其詞涉刁詐，亦當懲治，難以輕信。"文書官回奏，上頷之。

① 門 "門"當作"問"。
② 四 此"四"字似為衍文。

萬曆十三年十二月丁卯，朔。

三日巳己①，上視朝。

六日壬申，大學士申時行等題："臣等竊惟君民一體，休戚相關。國有營建，而民為之奔走服役者，義也。民有疾苦，而君為之捫摩憐恤者，仁也。臣等備員輔弼，察知遠方民情，事有當言，不敢隱默。先該工部題奉欽依，行四川、貴州、湖廣採木。三省之中，四川為多。節該撫按、科道等官，備言入山採取之難，商人承領之難，民間幫貼之難，夷方購求之難，錢糧設處之難。艱苦萬狀，不可枚舉。臣等亦心憐之，而不敢言。益以壽宮經始，需木甚殷，方當接濟大工，豈能顧惜勞費？以故於撫按則嘗擬旨切責，於工部則令行文督催。惟欲仰體聖心，美成吉典，而不暇顧其他也。及該監題請運料，臣等問之工部，則云：'壽宮合用木料，皆已齊足，此先年採到美材，乾燥堅實，可垂久遠者。其新採之木，類多濕潤，止可補該廠取用之數，難以應大工緊急之需。各省所解，但備將來之用耳。'臣等亦心識之而不敢言，蓋運木未到，工作方興，恐有司一聞寬緩之詞，必有耽延之弊，以故令工部仍舊督催，而未敢緩也。近該湖廣撫按官題稱：'起解木植，約已過半。'今又該四川撫按官題稱：'該省木植揀選堪運者，皆已啟行，大約以三分為率，已起運者一分，見在採辦、陸續堪運者一分。以之補廠，足轂原數，其餘一分，委難措處。緣該省庫藏空虛，閭閻蕭索，又因番賊猖獗，調兵給餉，費亦不貲，商民之疲累困窮，流亡枕籍，又有甚於初時之所言者。當搶攘繹騷之時，又值財盡民窮之日，儻生意外之變，必貽霄旰之憂。'臣等展轉思惟，不勝競惕。竊謂在廠之木，既足以濟大工，新採之木，又足以補該廠。如該省採辦已及三分之二，其餘一分，似應暫為寬恤者。人有言：寬一分，則民受一分之賜。如蒙皇上俯念該省用兵之際，商民困苦已極，將該省木植催運至三分之二，其餘量為寬減，則遠方之民歡若更生，而皇上之厚德深仁，將沾被遐陬，流光

萬曆十三年

五七五

① 巳己 "巳己"當作"己巳"。

① 省 "省"當作
"旨"。

史册矣。臣等謹擬省①'先將該省二運上緊督催，其餘許撫按具奏酌處'，寫票進覽，伏惟聖明裁察施行。"上從之，乃於四川撫臣徐元太疏批云："這木植已起解的，着該地方官沿途催儧前進，未解的上緊督催運來。該省用兵之際，採木艱難，商民疲困，候數足原派三分之二，撫按官奏量與寬恤。工部知道。"

十一日丁丑，上御文華殿講讀。

十二日戊寅，以恭視寫篆靜樂公主神主壙誌，賜元輔申時行銀二十兩、紵絲二表裏、原封鈔三千貫，次輔許國、王錫爵、王家屏銀十五兩、紵絲一表裏、原封鈔二千貫，及中書官徐繼申等六員各銀五兩、紵絲一表裏。

② 臣 "臣"當作
"勞"。

十三日己卯，大學士申時行等題："爲遵例敘錄講讀諸臣事。查得萬曆四年，臣時行等爲講官，該閣臣題請敘錄，蒙恩陞秩有差。至萬曆七年，講官何洛文等復蒙陞敘。萬曆十年，講官陳思育等因大慶覃恩，併加陞敘。及今三年，又當敘錄之期，相應題請。臣等看得，講讀諸臣效臣②先後不同，陞遷久近亦異，除少詹事徐顯卿新補日講、不應敘外，查得侍郎沈一貫、朱賡，三年之內，實在供事講筵，勤勞獨多。但二臣以諭德、庶子，歷陞吏、禮二部侍郎，亦在三年之內，難以再議加陞，似應量陞俸級者也。少詹事張位、諭德于慎行、洗馬陳于陛，雖各因轉南給假，再補講讀，未及三年，然三臣實與臣等同時供事，兩次敘錄、及前年覃慶，俱不獲霑恩，似應量加陞秩者也。如蒙皇上俯念講幄微勞，將沈一貫、朱賡各陞俸一級，張位量陞詹事，照舊兼管，仍掌本院事，于慎行陞翰林院侍讀學士，陳于陛陞翰林院侍講學士，俱各照應供事，敕下吏部，查照銓註施行，庶以見皇上緝熙聖學、崇重儒臣之美，而諸臣益思奮勵以圖稱塞矣。臣等未敢擅便，謹題請旨。"得旨："是。吏部知道。"

十六日壬午，上視朝畢，駕興，傳旨命錦衣衛、鴻臚寺查點文武官，不至者二百六十四員，各罰俸三月，註籍者姑不究。內有經三次不到者，再令鴻臚寺查奏，下法司問。

是日，以年節，賜元輔申時行銀五十兩、綵段四表裏，次輔許國、王錫爵、王家屏每銀四十兩、綵段二表裏，及講官沈一貫等六員各銀二十兩、綵段一表裏。

十七日癸未，上御皇極殿。順天府進萬曆十四年春，文武百官致詞稱賀。

以立春令節，賜四輔臣上尊珍饌。

十八日甲申，先是，寧陽侯陳應詔以掌府軍前衛事面恩，上見其幼弱，乃諭兵部："前見寧陽侯陳應詔，年幼軟弱，兵部如何便推他管事？着令①推來。今後但凡推用公侯駙馬伯，還將年申原籍通寫來。"

十九日乙酉，敕禮部："今封朕第五妹爲瑞安長公主，選南城兵馬指揮司副指揮萬汝棟男萬煒爲駙馬都尉，擇萬曆十四年二月十二日成婚。合用册誥儀仗等件，及一應禮儀，都照舊行。故敕。"

二十三日己丑，上視朝。

是日，大學士申時行等題："查得本年十二月二十四日起，放除夕假，連年節、上元假，至新年正月二十日方滿。先奉欽依，於正月上旬先擇吉開講一次，仍暫輟，至二十日日講。臣等謹擇萬曆十四年正月十一日上吉，請皇上開講一次，至二十以後照常日講。謹具題知。"得旨："是。"

二十四日庚寅，以正旦令節，賜四輔臣每員二樣吊屏二對、大門神二對、判子二對、招財利市二對、福祿獅子二對、箋紙葫蘆二對，及講官沈一貫等六員各吊屏、門神、判子、葫蘆各

①令 "令"當作"另"。

一對。

　　二十六日壬辰，上御皇極殿。太常寺奏：歲暮請祭太廟，行太祫禮。

　　二十八日甲午，以祭告太廟、祧廟收回酺醊果酒，賜四輔臣三卓。

萬曆
十四 年

萬曆十四年正月丙申，朔，上御皇極殿，百官朝賀。
是日，賜四輔臣上尊珍饌。

三日戊戌，諭吏部："孟春時享在邇，太常寺卿着吏部便推禮儀閑熟的來看。"先是，上歲暮大祫，以太常卿嚴大紀失儀，故有是命。

五日庚子，諭禮部："萬曆十四年正月初五日寅時，朕第三子生。"
大學士申時行等題："今日恭遇皇第三子誕生，仰惟皇上盛德格天，至仁昌後，熊占協吉，欣逢再索之祥，鳳曆開熙，適應三陽之候，慶延宗社，喜動寰區。臣等懽忭私忭，倍萬恒品，不勝踴躍瞻戴之至。"

六日辛丑，諭內閣："朕偶爾動火，連日服涼藥，身體軟弱。孟春在邇，恐難成禮，着暫遣公徐文璧恭代。卿等可傳示。"
大學士申時行等題："仰惟皇上聖齡鼎盛，景福方新，偶違旦夕之和，旋臻勿藥之喜。但春寒未減，氣候難調，尤望皇上慎節起居，茂綏多祉。臣等犬馬私忭，不勝瞻戀仰祈之至。"

七日壬寅，大學士申時行等題："今日該文書官劉成口傳聖旨：宮中喜事賞用，內庫銀兩缺乏，着取太倉銀二十萬兩，令臣等擬旨傳行。欽此。竊惟皇子誕生，國家大慶，臣等下情方忭踴躍，皇上欲行賞賚以溥恩澤，臣等敢不贊成？但近來京邊歲費日增，太倉積貯日少，司計之臣方以匱乏為慮。一時遽取二十萬，為數太多。伏望皇上少加裁節，止取十萬，以充賞用，則慶典不虛，而取用有節，皇上仁恩儉德並行不悖，此則臣等之愚忠也。惟聖明裁察。"於事擬傳帖，取太倉銀十萬兩，御筆添十五萬。明日，諭戶部："朕生子喜慶，宮中有賞賚，內庫銀兩缺乏，着戶部取太倉銀十五萬進來。"

① 己 "己"當作"巳"。

② 遇 明抄本作"愚",誤。通行本改"遇",是。

八日癸卯,孟春時享太廟,遣定國公徐文璧恭代。

九日甲辰,諭禮部:"世廟雍妃陳氏,於萬曆十四年正月初九日卯時薨逝。合行事宜,都照溫靜懿妃陳氏例行。"

十日乙己①,以皇子誕生,賜元輔申時行大紅雲紵絲二疋、金腳花二枝,次輔許國、王錫爵、王家屏每大紅雲紵絲二疋、銀抹金腳花二枝,講官沈一貫等六員各大紅雲紵絲一疋、銀腳花一枝。

十一日丙午,上御文華殿講讀。輔臣申時行等致詞,云:"臣等恭遇②皇上誕生皇子,胤祚繁昌,實宗社萬萬年太慶,臣等不勝欣忭。"叩頭稱賀。

十二日丁未,大學士申時行等題:"昨日該臣等於文華殿恭侍講讀,伏睹天顏晬穆,聖學緝熙,下情不勝欣慰。及臣等退後,復聞宣召太醫院官診脉取藥,此蓋皇上順時葆嗇,加意節宣,偶以起居出入之勞,尚資扶助燮調之力。但臣等犬馬思戀,殊切惓惓。竊謂聖體初安,更須崇攝,春和未暢,尤當慎防。伏望益加聖心,永綏萬福。臣等不勝仰祈之至。"

十三日戊申,以恭視寫瑞安長公主金册,賜元輔申時行銀十兩、紵絲一表裏,次輔許國、王錫爵、王家屏每銀八兩、紵絲一表裏,及中書官徐繼申等五員各銀二兩。

二十七日壬戌,賜駙馬都尉萬煒誥命及冠服儀仗鞍馬。

二十八日癸亥,大學士申時行等題:"昨該臣等票擬六科查參考成本進覽,今日該文書官劉愷口傳聖旨:以罰俸太輕,欲從重處分。欽此。臣等竊惟考成之法,所以稽查勘合,催督未完。自皇上登極,允輔臣居正之請,行之十餘年矣,初年類參常一二百件，摘參常四五十件，俱不過罰治。節年奉過明旨，歷①可查。近年以來，伏睹皇上治尚勵精，政先紏覈，在外撫按官懍懍②奉法，不敢怠遑。今次六科本內，類參不過四十件，摘參止五件，則是完報者多，未完者少，比於先年不啻倍蓰矣。其間所以不能盡完之故，則請爲皇上畢陳之。如催徵錢糧一節，若使地方安靜，年時收成，及事簡民淳，賦輕差少，州縣錢糧易完，官府易催，如此而有拖欠不完者，此有司之罪，撫按之寬縱也。至於水旱災傷去處，及差繁稅重疲敝刁頑地方，該部以起運錢糧不肯議蠲，有司以庫藏空虛無從措處，多加捶楚，則無辜就斃，有如近日方復乾以酷被論者，過於嚴急，則民多逃竄，有如近日劉審問以逼民被論者。撫按即欲爲國，則務安民，欲安民，則當斟酌緩急，以寬有司之罰，故錢糧非不徵，當以漸而徵，非不肯完，勢不能速完也。今以錢糧不完重處撫按，則撫按別無計策，惟參論有司。有司別無計策，惟敲扑百姓。百姓不安，盜賊蠭起，此臣等所大懼也。又如捕獲賊犯一節，每強盜一起，多或二十餘人，少或十數人，及事發捕獲，豈無逃脫者？亡命之徒，四散奔逸，潛踪隱迹，無人識認，即便朝廷之力，不能得之於四方，而況撫按專駐一方，豈能搜之於別省？若以此重責撫按，亦不過嚴督司道、比較州縣，甚者即加參劾。司道、州縣官亦別無計策，惟憑應捕人役將平民拷逼承認，抵數報完，無辜被冤，致傷和氣，此臣等所大慮也。又如提問官員一節，若官在地方，人證一拘而集，可以依期完報。其間有陞任遠處、黜回原籍者，行文提取，非數月不至。或人證不齊，招承不服，及例應駁問者，文移往返，又非旬月不完。若畏避參罰，急促了事，又恐有鍛鍊文致、潦草疏略之弊，此亦非治體之所宜也。以上三事，所以不能盡完之故如此。且撫按官既蒙皇上委任，付以地方之責，使罰當其罪，彼亦輸服無詞。若催抑太過，則何面目立於司道、有司之上？凡事祇務速完，苟免參罰，將來政事龐雜，法紀隳壞，非細故也。臣等之愚③，以爲皇上所以警飭臣工，肅清吏治，不過欲事治民安而已，事苟治，不必苛責；民苟安，不必欲求。若臣等姑息

① 歷　明抄本無此"歷"字。通行本增此字。

② 懍懍　明抄本作"廩廩"。通行本改"懍懍"。兩者通用。

③ 愚　明抄本作"遇"。通行本改"愚"，是。

苟且，壞朝廷之法，既死有餘辜，萬萬不敢也。竊謂今次罰治，仍照節年明旨爲當。伏乞聖明裁察，不勝幸甚。"上然之，即如票批發，仍使文書官傳諭閣臣，云："我見錢糧拖欠數多，恐是撫按官怠緩，故①重治。這等的事情，我不得盡知，先生每既這等説，照票批了。"

二十九日甲子，大學士申時行等題："今日恭遇聖母仁聖懿安康静皇太后萬壽聖節，奉旨免朝。臣等俯員輔弼，受恩深重，與外廷諸臣不同，犬馬之忱不能自已。謹赴會極門，行五拜三叩頭禮，以少伸祝願之誠②。謹具題知。"賜四輔臣上尊珍饌。

是日，命禮部右侍郎兼翰林院侍讀學士王弘誨、國子監祭酒韓世能、左春坊左諭德兼翰林院侍讀趙志皋、司經局洗馬兼翰林院修撰趙用賢，俱補充經筵講官。

① 故 明抄本"故"下有"欲"字，是。通行本脱此字。

② 誠 明抄本"誠"下有"訖"字，通行本删此字。

二①月丙寅，朔。

二日丁卯，祭先師孔子，遣大學士王家屏行禮。

三日戊辰，祭大社稷，遣定國公徐文璧恭代。

大學士申時行等題："爲懇乞宸斷册立東宫以重國本事。臣等竊惟，國本係於元良，主器莫若長子，故漢臣有云：蚤建太子，所以尊宗廟、重社稷也。仰惟皇上，受天眷命，纘祖洪圖，德澤浹於寰區，嘉祥鍾於胤嗣。自萬曆十年元子誕生昭告天下，五年於玆矣，即今麟趾螽斯方興未艾，正名定分宜在於玆。查得祖宗朝故事，宣宗以宣德三年立英宗爲皇太子，時年二歲，憲宗以成化十一年立孝宗爲皇太子，時年六歲，孝宗以弘治五年立武宗爲皇太子，尚未週歲也。蓋冢嗣升儲，所以明震器之重，冲年貽哲，所以②端蒙養之功。成憲具存，昭③然可考。今元子聰明克類，歧嶷夙成，中外臣民屬心已久。及兹睿齡漸長，陽德方亨，册立禮儀，允宜舉行。臣等職在輔弼，慮存宗社，不敢不盡其愚。伏望皇上祗率祖宗之舊章，深惟國家之大計，以今春月吉旦，敕下禮官，早建儲位，以慰億兆人之望，以固千萬世之基。至於出閣講學，及朝賀等儀，稍俟一、二年後睿體充實，此等上請。伏惟聖明裁斷施行，天下幸甚。臣等不勝冒昧懇祈之至。謹題請旨。"得旨："卿等以册立元子請，朕見嬰弱，少俟二、三年舉行。"

五日庚午，大學士申時行等題："爲再乞宸斷册立東宫以重國本事。先該臣等以元子睿齡漸長，宜蚤正儲位，具疏陳請，伏奉聖旨：'卿等以册立元子請，朕見嬰弱，少俟二、三年舉行。欽此。'竊惟册見儲宫，國家大典，皇上特以元良之重，故謙讓而未遑，又或以禮節之繁，欲從容而少待，聖謨周慎，聖見高明，非臣等愚昧所及。但臣等葵藿微忠，蒭蕘末慮，尚有欲吐而不能自已者。自古享國長久，莫若成周，善輔養太子，亦莫若成周。蓋自孩提有識，而已備師傅之官，抗世子之法矣。何者？以少成若性，貽哲自初，不可不蚤建而預教也。本朝列

①二 "二"上當有"萬曆十四年"五字。

②以 明抄本無"以"字。通行本增"以"字。
③昭 明抄本作"照"。通行本改"昭"，是。

聖建儲，多以冲年，寔取法成周遺意。臣等前疏已備言之。今元子方及五齡，雖未甚壯，然比之宣、孝兩朝，寔已過期矣。如欲修講學之故事，備朝賀之盛儀，則恐嬰弱之年，勤勞未習，臣等豈不知仰承聖意，愛惜睿體？今但舉行册立之禮，在宫中不過一受册，在文華不過一受朝，儀不甚繁，勞不甚久。而名號既正，則千萬世之統攸歸，典禮一新，則億兆人之心斯慰，臣等所以不避煩瀆而再有懇祈者也。伏望皇上念主鬯承祧之重，爲久安長治之圖，先議册立，以正儲位，其講學等儀，遵奉明旨，少俟二、三年舉行，則詒燕之謀，保愛之道，兩得之矣。惟聖明裁允施行，宗社臣民幸甚，臣等不勝激切屏營之至。謹題請旨。"得旨："朕覽卿等懇請，悉見忠君愛國。朕已知道了。還遵前旨行。"諭禮部："貴妃鄭氏，進封皇貴妃，未封許氏，册封爲德妃。爾禮部一併擇日來行。"

是日，以皇子誕生，賜元輔申時行銀一百兩、紵絲四表裏，次輔許國、王錫爵、王家屏每銀八十兩、紵絲四表裏，講官沈一貫等六員各銀四十兩、紵絲二表裏。

六日辛未，上視朝。

命禮部尚書兼文淵閣大學士王錫爵、吏部左侍郎兼翰林院侍讀學士掌詹事府事周子義，充會試考試官。

九日甲戌，以祭三皇於景惠殿收回祭設，賜四輔臣三卓。

十二日丁丑，上御經筵。

是日，諭內閣："今日朕覽科道救姜應麟，沈璟二本。前者朕之降處，非爲册封以則言官，朕惡彼疑其君立幼廢長，故先揣摩上意。朕思我朝立儲，自有成憲，朕豈敢私己意以壞公論？彼意置朕於不善之地，故以是處。卿等出票來看。"輔臣申時行等具疏云："臣等謹欽遵擬票，進呈御覽，恭候聖裁。仰惟皇上聖智如神，睿謨獨斷，慎重國家之大本，率循祖宗之舊章，睹綸音之屢頒，知聖志之堅定，敷宣德意，盡釋羣疑，不獨臣等舉手加額爲社稷稱慶，即大小臣工、薄海內外，無不翕然歌頌聖德、長樂太平矣。臣等不勝欣慰仰戴之至，謹將原奉聖諭進繳。謹具題以聞。"

大學士申時行等題："爲重修《大明會典》事。臣等欽奉敕諭，纂修前項書籍，已有次第。查得舊例，進呈書籍，正副本合用紙劄、筆墨、綾絹、殼面、硃墨、牙圈、錦帶、牙籤、合百、白蠟、包袱等項，俱於司禮監關用。合無照例行移該監，陸續關用，裝潢整理？未敢擅便，謹題請旨。"得旨："是。該衙門知道。"

十四日己卯，上御文華殿講讀。

十六日辛己[①]，上視朝。

十九日甲申，上視朝。

二十二日丁亥，上御經筵。

二十四日己丑，上御文華殿講讀。

二十六日辛卯，上視朝。

二十九日甲午，以恭視寫篆皇貴妃、德妃金册金寶，賜元輔申時行銀三十兩、紵絲一表裏，次輔許國、王錫爵、王家屏每銀二十兩、紵絲一表裏，及中書官徐繼申等十二員各銀三兩。

① 己 "己"當作"巳"。

萬曆起居注

三①月丙申，朔。

二日丁酉，上御皇極殿，傳制遣公徐文璧等、大學士申時行等，特捧節冊，封貴妃鄭氏爲皇貴妃，許氏爲德妃。皇貴妃冊文曰②："朕惟化理之基，恒資乎賢淑，褒嘉之典，必視其勞勤，位以德遷，制緣義起。咨爾貴妃鄭氏，妙膺嬪選，婉娩有儀，洊受妃封，恪共尤著。朕孳孳圖治，每未明而求衣，爾肅肅在公，輒宣勞於視夜。厥有雞鳴之助，匪徒魚貫之充。恊梦既應於熊祥，而慶克昌乎麟趾。益徵令德，宜荷渥恩。茲特以金冊金寶，遣使持節，進封爾爲皇貴妃。於戲，秩超九御，載增褕翟之光，品冠六儀，寔貳軒龍之貴。爾其居寵惟畏，弗懈益虔，茂明圖史之規，式贊宮闈之化，副茲異數，光我訓詞。欽哉。"德妃冊文曰："宸闈應四星之象，崇建婦官，妃秩高九御之班，敬襄内治，自非賢媛，曷稱寵褒？咨爾許氏，惠溫成性，貞静提身，列在下陳，克謹夙宵之節，譽孚中壺，宜承日月之華，爰渙明恩，以昭徽數。茲特遣使持節，封爾爲德妃，錫之冊命。於戲，燕至祀禖，已兆祥於弓韣，雞鳴間寢，思象美於珩璜，用流彤管之輝，永翼紫庭之教。欽哉。"

是日，以進封皇貴妃、冊封德妃，祭告奉先殿，收回脯醢果酒，賜四輔臣三卓。

三日戊戌，諭内閣："朕見連日天氣昏濁，塵霾蔽空。又覽臺官所奏，主百姓流離。朕甚憂惶驚懼。《書》云：'民惟邦本，本固邦寧。'又云：'民無③常④，懷於有仁。'古人之言，甚有裨於爲治。君民一體，憂樂相關。其害甚大⑤。惟今之政故善，亦有妨害民生者不少。着各該有司，明白條具，奏請定奪，庶以仰回天意，以遂民生，朕與卿等共亨太平之治。卿等傳示知悉。"輔臣申時行等具疏云："竊惟視民如傷者，帝王厚下之仁，遇災而懼者，帝王敬天之實。茲者風霾屢作，雨澤未沾，百姓憂惶，三農失望。皇上欽崇天道，軫念民艱⑥，以邦本爲憂，以天變爲懼，具⑦令有司，將妨害民生之事條具奏請，即此宸

---

① 三 "三"上當有"萬曆十四年"五字。

② 日 明抄本作"昌"，誤。通行本作"曰"，是。

③ 無 "無"當作"罔"。

④ 常 "常"下當有"懷"字。

⑤ 其害甚大 此四字疑爲衍文。

⑥ 艱 明抄本作"難"。通行本改"艱"。

⑦ 具 "具"當作"且"。

衷之警惕，聖慮之焦勞，固足以孚格昊穹，感召和氣矣。臣等備員輔弼，調燮無方，召災傷和，罪實難逭。伏蒙皇上不加譴責，降示德音，臣等不勝惶恐，不勝感激。當即恭錄聖諭，傳示各該衙門，期於仰體聖心，共答天戒。所有聖諭一道，謹遵①藏閣中，以彰皇上敬天勤民之盛美。謹具題以聞。"

　　五日庚子，大學士申時行等題："竊見連日以來，塵霾四塞，多風少雨，陰陽失調，臣等寔切憂惶，莫知所措。伏蒙皇上特頒宸諭，深詔有司，欲去妨害民生之政，以圖消弭天災之實，此即堯舜憂民之心，禹湯罪己之心也，舉朝臣工，無不忭忭踴躍，以爲有君如此，奚忍負之。臣等淺見寡聞，不能奉宣德意，仰贊下風，誠不勝大愧。然以爲政事屬之部院，論議付之②。言官，臣等職在贊襄，惟當因事納忠，隨時補過，空言建白無爲也。乃兹欽承聖諭，責臣等以進言，葵藿之衷，敢不馨竭？竊聞漢臣有云：'人情莫不欲壽，三王生之而不傷，人情莫不欲富，三王厚之而不困，人情莫不欲安，三王扶之而不危，人情莫不欲逸，三王節其力而不盡。'蓋言三代之所以保固邦本、享國長久者，惟在順人情之所欲，而去其害也。臣等反復思惟，方今安民之要，亦不出此。聖諭所謂妨害民生者不少，臣等請得而略數之。一曰催科急迫之害。夫賦稅有定額，輸納有成規，催科安可已也？數年以來，亦少急矣。或見徵、帶徵併督於一歲③，本色折色並徵於一時，有司畏懼查參，惟圖避免，生息休養之無術，而鞭笞箠楚之日聞，民安得不困乎？竊以爲宜令司計之臣，稍寬文法，查參以見年爲率，帶徵次之，以起運爲準，存留又次之，分別重輕，酌量緩急，庶幾催科中有撫字，而民受一分之賜也。二曰徵派加增之害。夫國費有經，民力有限，譬之負擔，力任百斤者不能任一石也。比年以來，漸有加派，有因事而增者，若戶部草料之類是也，有用不足而增者，若工部大炭之類是也。方今財詘民窮，惟正之供尚不能繼，額外之派又何以堪？竊以爲宜令各該衙門，漸次節縮，因事而增者，事已即裁之，不足而增者，稍足即罷之，嗣後更不

①遵　明抄本作"尊"，是。通行本作"遵"，誤。

②之　明抄本"之"下有"之"字，誤。通行本刪此字，是。

③歲　明抄本"歲"下有"也"字，通行本刪此字，是。

加派。如此而民力可少蘇也。三曰刑獄繁多之害。夫兩造聽訟，期於分辯曲直，理枉伸冤已耳。近來問刑及查盤官員，或濫受詞訟，或多入罪名，有一詞而破數家者，有一事而累數十人者，甚者立斃杖下，瘐死獄中，無辜之民良可矜憫。宜令法司行各該撫按、及見差恤刑官員，必使冤獄得伸，覆盆獲雪，有司受詞問罪，各務公平，無以贓罰積穀爲詞，因而鍛煉科罰，如此而民命可全也。四曰用度侈靡之害。夫一人耕織，十人聚而衣食之，欲無饑寒，不可得也。況於十人作之，一人用之，作者愈勞，用者愈賤，欲無匱乏，其將能乎？今貴臣大家，爭爲侈靡，衆庶倣效，沿習成風，服食器用踰僭凌逼，此耗財之尤者。宜令禮官申明舊制，務挽弊風，大小臣工悉尚簡約。尤望皇上以身率先，克儉如夏禹，敦樸如漢文，躬澣濯納敝垢如我二祖。諸凡用度，悉從省約，如東南織造袍服，再加量減，江西未完磁器，悉與停罷，使天下曉然知上德意，必有不令而行、不嚴而化者矣。其他妨害民生之事，不可枚舉，然皆言官所嘗敷奏，該部所嘗題覆，明旨申令不啻三五，而民生卒未能安、治效卒未能睹者，何哉？蓋其說有二：曰議論不一，曰詔令不行。斯二者非獨民生之害，害且在國家矣。夫臺省之臣，職司言路，豈得不指陳時政，條奏便宜？然或有意見稍殊而行多窒礙，及言詞甚善而業已施行者，部院即當斟酌可否，分別從違，可行則行，當止即止。今乃重拂其意，輒爲之詞，明知其見行也，而請旨申飭，明知其難行也，而下撫按再議，徒使文書旁午，郵傳紛紜，政令無常，觀聽滋惑。有司勾較簿書、酬應上官之不暇，而暇求民疾苦、修其職業乎？此議論不一之患也。人主之令，堅如金石，迅若風霆。書曰：'令出惟行弗惟反。'蓋言重也。今明旨非不森嚴，而人情猶復玩愒。嘗禁餽遺矣，而餽遺之故套尚存，嘗懲貪墨矣，而貪墨之餘風未殄。即輦轂之下，令且不行，而欲使薄海内外丕應而徯志，不亦難乎？此詔令不行之患也。竊以爲欲議論之一，則題覆不可以不慎，欲詔令之行，則查參不可以不嚴。伏望皇上敕下部院六科，自今條陳章奏，旨下部院，或事在見行及難行者，不妨停寢，毋得徇就題覆。諸凡奉旨嚴禁，或令部科查參，或令該科記着者，如有故違，即行參奏，毋得徇情容隱，則議論可免於煩多，詔令不至於壅遏，法度日舉，政事日修，由是而民生可安，天下可治矣。臣等又惟，天下之事，有害在一時、而利在百世者，始若不便於民、而終則大爲民利者，凡民可與樂成，不可與慮始，惟在較其利害之輕重而致行之，則今墾田之說是也。蓋天地生財止有此數，不思所以生之，則思所以節之。今國家歲費無涯，既不能節，而戶口逃亡日衆，田地荒蕪日多，民無餘財，地有餘利，故莫若興地之利，以助民之財，此則建議者之初意也。譬如富民之家，苟有尺寸之地，亦必使種蔬樹果，以資日用之需，況於畿輔之區，荒閒彌望，而顧棄之不耕，廢之不用，徒使勢力之家占爲己有，而不佐公家之急，利不在國，又不在民，豈不深可惜哉？但近水之處，欲建堤岸，欲疏河渠，則必少用民力耳。夫水利、田土，皆州縣有司之事，按《大明律》：荒蕪田地有罪，失時不修堤防有罪。今以荒蕪不修，謂之便民，以墾田興利，謂之害民，不亦左乎？然而爲此說者，其故有二：北方之民，游惰好閒，憚於力作，水田則有耕耨之勞，胼胝之苦，不便一也。貴勢有力之家，侵占甚多，不待耕作而坐收其蘆葦薪蒭之利，若開墾成田，必歸民間，必隸有司，使坐失已成之業，不便二也。然以國家大計較之，則不便者小而便者大矣。昔成化中議開通惠河，京師訛言，至以爲黑眚應，遂命停止。嘉靖初，始復開濬成之，至今爲利。臣等以爲，墾田之舉，但宜斟酌地勢，體察人情，其沙鹵不堪之處，不必盡開，其見種黍麥之田，不必改作，應用夫役，官爲顧募，如滹沱等河既難疏治，暫行停罷，要在不拂民情，不失地利，乃爲謀國之長策。若以爲害民之事，則臣等不敢以爲然也。伏惟聖明詳察，候各衙門條奏及會議至日，容臣等斟酌票擬，上請聖裁施行，天下幸甚，臣等幸甚。謹具題以聞。"得旨："朕覽卿等所奏，深切治理，着各該衙門着實議行。織造、燒造原非得已，卿等既這等說，准量加裁減。墾田事宜，祇着各該地方查有荒蕪的，設法開種，其地勢非宜，人情未便的，俱着即時停止，毋得害民滋擾。"

六日辛丑，上視朝畢，退御暖閣，召輔臣申時行等入，因出四臣年上疏，手授時行，諭云："昨覽卿等所奏，深切時政，着各該衙門着實議行。"時行等奏："前日天氣昏濁，塵霾蔽空，臣等不勝憂懼。仰惟皇上祇畏天戒，軫恤民難，敕諭臣等句句都是敬天憂民之誠。但臣等愚陋，不能仰承德意，偶有一得之愚，煩瀆聖聽，伏蒙皇上嘉納，不勝感激。"因叩頭謝。上復諭云："織造、燒造原非得已，既先生每說，重的再減去些。近開水田，人情甚稱不便，既百姓不願，不該強行。"時行等奏："這水田有說。前者科道官紛紛建議，說京東地方田地荒蕪，廢棄可惜，相應開墾，京南常有水患，每大水時至，漂沒民田數多，相應疏通，故有此舉。昨御史既說滹沱河難治，宜且暫停。若開墾荒田，則薊州等處開成有五六萬畝，不宜遽罷。"上復云："南方地下，北方地高，南地濕潤，北地鹹燥，且如去歲天旱，井泉都乾竭了，這水田怎能做得？"時行等對："臣等愚意也祇要開墾荒地，不是要盡開水田。"上曰："荒蕪可開，水田不必做。"時行等對："聖裁允當。祇該相地勢，察人情，不可強民。"上曰："先生每將去票來。"時行等叩頭欲起，上復云："朕居深宮，外間民情事務不得周知，還要先生每調停。有該說的，不時奏來。"時行等對云："臣等幸蒙皇上委託，不敢不盡心盡言。"乃退。

是日，以進封皇貴妃、册封德妃捧册寶，賜輔臣申時行、許國、王家屏每銀三十兩，紵絲一表裏、羅一表裏、原封鈔三千貫。又以進封、册封禮成，賜元輔申時行銀三十兩、紵絲二表裏、羅二表裏，原封鈔三千貫，次輔許國、王錫爵、王家屏每銀二十兩、紵絲一表裏、原封鈔二千貫，及中書官徐繼申等十五員各銀十兩、羅一表裏、原封鈔一千貫。

七日壬寅，大學士申時行等題："今日蒙發下文書，內有給事中唐堯欽論府尹沈思孝本，該文書官劉成口傳聖旨：'着調外任用。欽此。'臣等看詳奏內，蓋因思孝前日奉旨降俸級三等，本當待罪，而服色仍舊，故有此論列。但本官先因建言，蒙恩拔擢，近在京府，亦能盡心職業，無他訾議，遽令調外，不足以服其心。如蒙聖恩寬宥，止調南京，庶本官益知感恩圖報。臣等未敢擅便，謹擬票進覽，伏乞聖裁。"隨得旨："沈思孝著調南京別衙門用。"

八日癸卯，大學士申時行等題："昨有工部等衙門會議本，該臣等票擬'停止'進覽。今日文書官劉愷口傳聖旨：要將建議諸臣詰責，令臣等改票。欽此。除水田事宜，先該臣等具揭歷陳，隨面奉聖諭，已擬停止外，至於詰責建議之臣，則臣等心竊未安。蓋人情營私者多，奉公者少，避事者多，任事者少。方今財用匱乏，生理艱難，故奉公任事之臣，思為國家獻一籌，興一事，以佐目前之急，本是為公，本圖興利。至於輕率勞擾，或是奉行不善，求效太速之過，非建言者之罪也。皇上愛民如子，視民如傷，一聞逃竄之言，遂軫恫瘝之念，故歸咎於言事之臣。但臣等所聞，京南一帶近方舉事，未曾多費錢糧，即有逃竄之民，不過千百中之一二，非盡然也。皇上慮及擾民，則已降旨停罷矣，若以建議為罪，則將來言事之臣，皆緘默苟容，以言為諱，即國家有大利害，亦且逡巡退縮，莫有出力擔當者矣。先年議開膠萊河，皇上曾遣①濬治，後以難成報罷，亦未嘗罪及言者。今欲行追究，則該部之題覆，臣等之議擬，皆當分任其責，伏藁待罪，豈可獨罪諸臣？伏望聖慈寬宥，特免追究，俯從臣等所擬施行，不勝感戴天恩之至。緣臣等親奉皇上調停之命，事體當言，不敢不盡言，伏惟聖明覽察。"上允之，遂不追究。

九日甲辰，大學士申時行等題："頃者塵霾四塞，氣候失常，皇上敬天憂民，時降明諭，使有司條具奏請，蓋欲袪除民害，蘇息民難②，德意甚盛。以故臣等不揣愚昧，略陳其端，伏荷聖明面賜嘉納。今九卿科道官莫不思罄竭芻蕘，以應明詔，

① 遣　明抄本"遣"下有"官"字，是。通行本脫此字。

② 難　明抄本作"難"。通行本作"難"。

且將接踵而至矣，但臣等愚見以爲，部院者，政事之所出，科道者，言責之所寄。凡事體所當言，職分所宜言者，固可以各陳所見，仰候聖裁。至於各部司屬，當聽堂官約束，若其職事有當條陳者，亦必呈稟本堂，斟酌停當，類齊進覽。乃連日亦各自具疏，多有徒騁浮談，不諳政體者，皇上日有萬幾，豈能一一覽閱？且議論龐雜，意見紛紜，徒亂聽聞，無益治理。伏望皇上敕諭九卿堂上官，令其曉示司屬，但有可言事情，俱呈堂定議，然後類奏，不許各另具疏，煩瀆聖聽，庶幾議論省而心志定，體統正則朝廷尊也。臣等未敢擅便，謹擬傳帖一道進覽，伏乞聖裁施行。"

是日，諭六部都察院："朕祗畏天戒，軫恤民難，近因風霾異常，時諭所司條議政事，圖修省。但念議論煩雜，亦於政體有妨。除部院、科道外，其各部司屬，如有事關職掌、欲陳所見的，都着呈稟堂官，定議具奏，不許另疏瀆擾。各堂上官務要嚴諭司屬，安分修職，不許出位沽名。如有故違，重治不宥。"時上方憂旱，令有司條奏便宜，而部署之臣爭言皇貴妃及恭妃册封事，如劉復初、李懋檜、劉志選等疏、一日並上。上怒，欲加重譴，而言者猶未已。輔臣憂之，因擬旨禁遏後來，陰以慰解上意。居數日，上亦霽威，諸疏皆留中不下云。

十日乙己①，諭禮部："朕見入春以來，風霾屢作，雨澤未降，人心憂惶②。着禮部便行順天府竭誠祈禱。"

十二日丁未，上御經筵。

十三日戊申，上視朝。

十五日庚戌，上策天下貢士於廷，制曰："蓋聞上古無爲而治，不賞而民勸，不怒而威於鈇鉞，何其③盛也？而儒者之論治曰，有功不賞，有罪不罰，雖唐虞不能化天下。又謂夏后氏先賞而後罰，殷人先罰而後賞，周人修而兼用之。則二帝三王

① 己 "己"當作"巳"。
② 惶 明抄本"惶"上有"以"字。通行本删此字。
③ 其 明抄本作"甚"。通行本改"其"。

所繇，固與上古殊路歟？何同歸於治也？又有言賞疑從予、罰疑從去者，有言寧僭無濫者，有言仁可過、義不可過者，以爲古昔帝王，皆以君子長者之道待天下。然則先罰後賞者非歟？抑賞罰者，帝王致治之具，而非其所以治歟？我聖祖繼天立極，垂憲萬世，恩威莫測，其用賞罰，務協於中，其揭諸《祖訓》首章及載諸《聖政記》者，同符治古。可得而陳其概歟？朕以寡昧，託於臣民之上十有四年矣，夙夜兢兢，惟古訓是式，成憲是遵，不愛爵祿賜予，以待功能之士，而不法者以三尺重繩之，明示好惡，以與天下更始。然德澤雍而不究，法令尼而不行。任老成，獎恬退，以教讓也，而浮競之風益甚。革苞苴，罪貪墨，以訓廉也，而澄清之效罕聞。習俗奢侈，示之以儉，而人心猶溺於紛華。刑獄冤濫，示之以寬，而吏議多工於鍛鍊。蠲租賑窮，詔嘗數下矣，胡閭閻之困未蘇？振旅詰戎，令亦屢申矣，胡廂戶之防未密？無乃勸懲之法闕而未備歟？抑所謂修職任事者漏賞，而欺謾避課者佚罰歟？殆朕之不敏不明，所以風厲之者非其本，而督率之者非其實也。茲欲賞信罰必，以紹①明聖祖之法，而追古帝王之治，何修而可？爾多士居則稱先王，譚當世之務，其尚究析②古今，根極體要，詳著③篇，勿汎勿隱，朕將親覽焉。"

　　十七日壬子，上御文華殿。讀卷官輔臣申時行等以所擬貢士上卷進讀，上親覽批定，以第三卷爲第二，拔第十卷爲三④。賜讀卷官宴。

　　十八日癸丑，上御皇極殿，傳制賜進士唐文獻等三百五十一人及第、出身有差，百官致詞稱賀。
　　是日，文書官口傳聖旨："今日早中極殿填榜時，門外有大聲咳嗽的，是何人員？着鴻臚寺挨查。"以元輔申時行往大峪山，恭視壽宮安石，賜銀柄絨花二枝、大紅雲紵絲二疋，又特賜御前銀五十兩、紵絲二表裏。

① 紹　《明神宗實錄》卷一七二"紹"作"昭"。
② 析　《明神宗實錄》卷一七二"析"作"晰"。
③ 著　《明神宗實錄》卷一七二"著"下有"於"字。
④ 三　明抄本"三"上有"第"字。通行本脫此字。

二十三日戊午，上視朝。

陞右春坊右諭德兼翰林院侍講李長春爲左春坊左庶子、兼翰林院侍讀，司經局洗馬兼翰林院修撰趙用賢爲右春坊右庶子、兼翰林院侍讀，各掌本坊印信。

二十四日己未，以祭告南效、北郊、山川、風雲、雷雨等壇收回祭設，賜四輔臣三卓。

二十六日辛酉，上視朝。

二十七日壬戌，上御皇極殿。太常寺官奏請孟夏時享太廟。陞國子監司業劉珹爲左春坊左中允、兼翰林院編修，掌管司經局印信。

二十八日癸亥，大學士申時行等題："今日蒙發下衡王一本，爲平度王乞改書院額名。該文書官李浚口傳聖旨：'書院名重了，如何不查簿籍？中書官也該檢舉。欽此。'臣等不勝惶愧。看得各王府，凡請名封，該臣等議擬，付中書官分類謄寫，有簿籍可查，惟書院額名，係是特賜，原不分尊卑等級，向來不曾特注簿籍。臣等票擬之時，既不能記憶，又不及詳查，致有重復，此則臣等疏略之罪也。如蒙皇上寬宥，容臣等以後凡擬書院賜額，另行寫錄收貯，臨期檢查，以免重出。臣等不勝隕越待罪之至，謹回奏以聞。"

萬曆十四年

四①月乙丑，朔，上親享太廟。

三日丁卯，上視朝。

四日戊辰，諭刑部、都察院："如今天氣暄熱，兩法司並錦衣衛見監罪囚，笞罪無干②證的，放了。徒流以下，減等擬審發落。重囚情可矜疑併枷號的，都寫來看。"

五日己己③，以祈雨祭告南北郊、社稷，收回脯醢果酒，賜四輔臣一卓。

六日庚午，以命皇第三子名，賜元輔臣申時行銀十五兩、紵絲一表裏，次輔許國、王錫爵、王家屏每銀十兩、紵絲一表裏，及中書官馬繼文等五員各銀五兩。

九月癸酉，大學士申時行等題："今日丑寅時分，地震有聲，屋宇皆動，臣等不勝駭異，不勝憂惶。竊惟地道安貞，以震動為變。天心仁愛，以譴告為符。況京師，萬國所宗，四方之極，連月以來，風霾屢作，雨澤未沾，羣情惶惶，罔知攸措，乃今又有地震之災。臣等不習占書，不知事驗，然竊以為恒暘不雨，則是湯道亢而不能下濟，地震弗寧，則是陰道縱而不能收斂，人事感召，諒亦有因。今聖德方隆，聖政無闕，豈宜有此？此皆臣等贊襄無狀，調爕乖方，以致上干天和，有此變異。容臣等思職省愆，席藁待罪外，伏望皇上祗承天戒，軫恤民艱，慎起居之節以保聖躬，務聽明之實以修政事，正身正家而正國，和心和氣以和形，庶以答仁愛之心，保靈長之祚，臣等猶④不勝祈望之至。"得旨："災異疊現，乃朕之不德，非卿等之過。覽所奏，知道了。卿等也要秉公贊治，共挽天意。"時行等復具疏謝云："仰惟皇上聖德謙光，既以災異之疊見而過自抑損，聖恩寬大，又不罪臣等之失職而曲賜優容，仍命以秉公贊治，共挽天意。臣等不勝欽仰，不勝感激。竊念臣等皆以極陋至愚，

① 四 "四"上當有"萬曆十四年"五字。

② 干 明抄本作"千"。通行本改"干"，是。

③ 己己 "己己"當作"己巳"。

④ 猶 明抄本作"尤"。通行本作"猶"。

誤蒙拔擢，敢不竭犬馬之力，以仰酬高厚之恩，務各秉公心，共襄治理？但才識本下，伎倆易窮，恒恐職業曠瘝，有負任使。猶[①]望皇上矜其不能，誨其不及，俾得率循聖訓，苟免罪愆。臣等猶不勝幸願。謹具題恭謝以聞。"

十日甲戌，賜元輔申時行銀綵扇五把、銀釘鉸扇十把、硨磲扇二十把，次輔許國、王錫爵、王家屏每銀綵扇三把、銀釘鉸扇七把、硨磲扇二十把、講官沈一貫等六員各銀釘鉸扇三把、硨磲扇三把。

十一日乙亥，賜四輔臣每鮮藕三枝。

十二日丙子，大學士申時行等題："頃者天時亢旱，地道弗寧，臣等消弭無方，憂惶特甚。伏惟皇上祇承天戒，軫惻民艱，衣布茹蔬，齋心露禱，以故昊穹昭格，雷雨滿盈，百穀有播種之資，四郊有霑足之望，自此農事畢舉，人心可安。尤[②]此可見天聽雖高，降臨甚邇，皇上一心誠敬，而和氣自回，一念焦勞，而甘霖遂應，可以媲美桑林之禱，而嗣音雲漢之章。臣等不勝欽仰，不勝忭躍。伏惟皇上益修聖德，少紓聖懷。謹具題恭賀以聞。"

十四日戊寅，以皇第三子命名告奉先殿，收回脯醢果酒，賜四輔臣二卓。

十六日庚辰，上視朝畢，敕禮部："朕第三子已恭請命於皇祖、皇考，名曰常洵，可登識所司。故敕。"

十七日己卯[③]，以祭告南北郊、社稷收回脯醢果酒，賜四輔臣一卓。

十八日庚辰[④]，大學士申時行等題："該禮部開送願就教職

①猶　明抄本作"尤"。通行本作"猶"。

②尤　明抄本無"尤"字。通行本增此字。

③己卯　"己卯"當作"辛巳"。

④庚辰　"庚辰"當作"壬午"。

舉人三百六十五名，欽准廷試。除臨期不到二十四名外，臣等謹欽遵從公出題彌封，嚴加考試，取中文理平通上卷十卷，文理亦通中卷三百三十一卷，俱堪授教職。臣等謹將試卷封進，伏乞聖裁發下，開送該部，查照臣等先次題准事理施行。謹題請旨。"

十九日癸未，上視朝。

二十日甲申，大學士申時行等題："比因天時亢旱，雨澤愆期，皇上念切烝①黎，憂深宵旰。既於宮中露禱，又分遣大臣於郊壇懇祈，以故天意感孚，甘霖大霈，四郊霑足，萬姓懽呼。仰惟聖德②潛通，皇仁普洽，臣等不勝忻忭。昨聞近京地方，皆已申報雨澤，各處祈禱似應停止。其祭謝事宜，合敕禮部照例施行。臣等謹擬傳帖一道進覽，伏乞聖裁。謹具題以聞。"

是日，諭禮部："上天垂仁，雨澤大霈。朕心忻荷。祈禱着停止。祭謝事宜，禮部照例舉行。"

二十二日丙戌，上御經筵。

是日，諭禮部："朕第六妹年已長成，當擇婚配。着禮部出榜曉諭，在京官員軍民人等，有子弟年十四至十六歲、容貌端莊齊整、父母有家教的，許禮部報名，赴內府選擇婚配。"

二十三日丁亥，上視朝。

二十五日己丑，以告謝南北郊、社稷、山川風雲、雷雨等壇收回脯醢果酒，賜四輔臣二卓。

二十七日辛卯，大學士申時行等題："為盜去欽降印信事。本月二十六日，臣等出閣後，該典籍吳果照常打掃，人匠封鎖閣門訖。今日早，據本官稟稱：暮夜不知何人，將閣門三重開鎖進入，將監櫃內收藏文淵閣印一顆，連小匣盜去。臣等不勝

① 烝　明抄本作"蒸"。通行本改"烝"。
② 德　明抄本作"敬"。通行本作"德"。

驚異。看得禁城以內，原無外人直宿，此印係宣宗皇帝欽降，止用實封御前，與各衙門印信不同，例不敢將帶出外，相沿百六十餘年。一旦忽被盜竊，殊爲異常之事。臣等謹據實題請，伏乞敕下東廠、錦衣衛，嚴督官校，上緊挨尋，務在得護，以重禁地，以存典制，以杜奸萌。謹題請旨。"得旨："此印乃先祖欽降，以防奸偽。今被盜去，事有可疑。着廠衛衙門嚴行訪拏，務在得獲。"

二十八日壬辰，上御皇極殿，傳制遣隆平侯張炳等，持捧節冊，封周府等府世子肅溱等爲周王等王，賀氏等爲楚王等妃。

是日，大學士申時行等題："該禮部奏准，萬曆十四年各處歲貢生員共一千四百二十七名，開送翰林院考試。除臨期不到六名外，臣等會同詹事府詹事兼翰林院侍讀學士掌院事張位，從公出題彌封，嚴加考試，取中文理平通上卷一十四卷，文理亦通中卷一千三百九十七卷，俱應准貢。其文理不通下卷十卷，合送禮部，轉發該學肄業，仍將各該提學官，遵照先後題奉欽依事理，分別查究。謹將各試卷進呈御覽，伏望聖裁發下，臣等欽遵施行。再照發回肄業生員，例許次年再試，但其間有年力衰邁，地方遙遠，不願起送復試者，合無比照嘉靖十三年應貢到京願告冠帶之例，許各生自行陳告，該部題請給授？乞敕禮部一併查照施行。謹題請旨。"

三十日甲午，以端陽令節，賜元輔申時行金書黃符四道、金書紅符四道、金艾葉四副，次輔許國、王錫爵、王家屏每金書黃符二道、金書紅符二道、金艾葉二副，講官沈一貫等六員各黃紅符二道、金艾葉一副。

萬曆十四年

五①月乙未，朔。

二日丙申，大學士申時行題："近該內官監題稱：'壽宮工所寶城、明樓築基已完，合行選擇吉辰，安砌磚石。'奉聖旨：'是。欽此。'臣係知建造事，例應前赴工所看視。竊念大工吉典，臣子莫不惟所趨事，奔走効勞，況輔弼之臣，受恩深重，其於趨事効勞之誠，猶②不能已。照得臣國、臣錫爵、臣家屏，俱見在閣辦事，前項工程相應與臣一體恭閱。但每日文書到閣，看詳、票擬不可缺人。合無今後每遇閱工，容臣國等輪流一員同臣前去？其閣事尚有二員辦理，庶不相妨。臣等俱未敢擅便，謹題請旨。"得旨："是。着國等輪流與卿閱視。"

三日丁酉，上視朝。

五日己亥，以端陽令節，賜四輔臣上尊珍饌。

六日庚子，夏至，祭地於方澤，遣定國公徐文璧恭代。

九日癸卯，上御皇極門。鴻臚寺宣奏遼東捷音，百官稱賀。是日，以祭告郊、廟收回脯醢果酒，賜四輔臣三卓。

十一日乙己③，上御文華殿講讀。

十二日丙午，命詹事府少詹事翰林院侍讀學士徐顯卿、翰林院編修莊履豐，俱充《大明會典》纂修官，制敕房辦事光祿寺少卿司經局正字馬繼文，充催纂官，鴻臚寺主簿章如鋌充謄錄官。

是日，大學士申時行等題："今日蒙發下戶部再請停買金珠本，欽奉聖諭：'昨日朕覽有戶部一本，奏欲停買金珠之事。但節儉省費，朕豈不知？比前該庫奏請之時，朕亦怪彼每每煩請，即着該庫於寶藏庫查，有者改用，無者、少者該庫暫那處。該

①五 "五"上當有"萬曆十四年"五字。

②猶 明抄本作"尤"。通行本作"猶"。

③己 "己"當作"巳"。

庫復奏：原本庫累朝積蓄之物，每年各節進兩宮聖母，及宮分册封等項，俱那借、改毁用盡，委實百無一有，豈敢妄奏？朕思自祖宗時之所積貯者，俱在寶藏庫，今亦缺用，原不得已。亦思皇祖時該庫亦常稱乏，較之今日則可知矣。卿等還遵前旨，票擬來行。欽此。'臣等看詳，該部所奏，大要謂太倉之蓄有限，近日之費無窮，四方災傷蠲免既不容已，京邊支給歲例又不可闕，入少出多，勢必難繼。且該庫之請，出於例外，又所請之數，倍於前時，目前之耗費難支，將來之匱乏可慮，以故再三執奏，仰瀆宸嚴，其意無非爲國計也。今蒙皇上虛懷省覽，留意稽查，且諭臣等以內庫缺乏之由，買辦不得已之故，臣等仰窺聖意，非不知財用之當節省，而但迫於供用之繁多，非不知部疏之當允從，而實因於內庫之缺乏。臣等敢不將順德意，仰體聖衷，謹遵諭擬票進覽？第臣等犬馬愚誠，又以爲太倉之窘迫如此，內庫之空虛如彼，聖明既已洞鑒，宸衷必有隱憂，尤望自今以後，於供用不可已之中，常加撙節，於舊例所本無之外，悉賜減裁，庶儉德光昭，而可免於傷財害民之患矣。所有原奉聖諭，謹用進繳。謹具題以聞。"

十三日丁未，大學士申時行等題："爲作養人才事。准吏部手本，該本部議覆都給事中王三餘題《廣制科羅賢才等事》，內稱：合無凡遇科年考選吉士，率以二十餘人，儲養成才，留授翰林院編、檢官，無過七八輩，其餘酌量才品，分授科道、部屬等官。著爲定例，求遠遵守？等因。奉聖旨：'是。欽此。'欽遵備行到閣。臣等看得，儲才待用，乃國家首務，而庶吉士之選，尤儲才之最重者。恭遇皇上開科取士，側席求賢，今科進士相應考選作養，以備皇上他日任使。合無准照嘉靖四十四年事例，限年四十以下，但願考者，俱赴吏部報名，吏部查照題准事理，按名閱審，果無違礙，疏名奏聞。恭候命下，臣等題請欽定考試日期，遵照先年題奉欽依條件施行。臣等未敢擅便，謹題請旨。"得旨："是。吏部知道。"

萬曆十四年

十九日癸丑，上視朝。

二十三日丁己①，上視朝。

二十四日戊午，賜四輔臣每鮮筍二十根。

二十七日辛酉，諭內閣："卿等前奉②文淵閣印被人盜去。朕見久無下落，想投水火矣。乃命該衙門鑄造一顆，今完，賜卿等用。"輔臣申時行等疏謝云："臣等祗奉綸音，不勝惶悚，不勝感激。窮以內閣之印，先朝所頒，篆文特異於諸司，封奏獨呈於乙覽，樞機攸係，典制斯存。但以其不用於文移，似非奸偽者之所欲得，抑且久藏於秘密，亮非穿窬者之所敢窺，謂可恃此以無虞，豈意失之而不得？臣等防閑懈弛，典守疏虞，誨盜既涉於慢藏，致寇亦由於負乘。方憂譴責，敢冀恩私？伏蒙皇上體察下情，優容小過，命良工而再造，宣宸諭以重頒。裹蹄分九府之珍，蝌蚪備六書之體，式恢舊物，顯示新恩。蓋宣宗優禮儒臣，特重絲綸之地，我皇上紹承祖烈，益增典式之光。臣等稽首欽承，矢心圖報，鑒覆車之轍，益知慮患以防微，思毀櫝之愆，敢不盡忠而補過。所有原奉聖諭、及頒給文淵閣銀印一顆、銀印池一個，謹遵③藏閣中，以昭聖明優異之恩。下情不勝感戴天恩之至。除赴鴻臚寺報名廷謝外，謹具題恭謝以聞。"

二十九日癸亥，上視朝。

① 己 "己"當作"巳"。

② 奉 明抄本作"奏"，是。通行本作"奉"，誤。

③ 遵 明抄本作"尊"。通行本作"遵"。

萬曆起居注

①六 "六"上當有"萬曆十四年"五字。

②日 "日"當爲"百"之誤。

六①月甲子，朔，大學士申時行等題："爲作養人才事。准吏部手本，該本部題前事，内開：辦事進士袁宗道等一日②九十四名，俱堪考選，伏乞敕下内閣，徑自題請欽定考試日期，通行各衙門，一體欽遵等因。奉聖旨：'是。考試之日，着錦衣衛多撥官校，照殿試例看守，監試御史用心稽察，務要嚴謹。欽此。'欽遵備行到閣。除考選事理，容臣等查照嘉靖四十四年題奉欽依事例舉行外，所有考試日期，伏乞欽定批示。至日，臣等會同吏、禮二部堂上官，於東閣前公同考選，分別等第進呈，恭候聖明裁定。"得旨："着初十日卿等從公考選。先擬試題來看。"

二日乙丑，大學士申時行等題："今日蒙發下文書，内有周府中尉勤侊一本，該文書官李恩口傳聖旨：'宗室受冤，撫按官該替他分理，如何庇護鄉官，輒改原招，反將他每監禁？這等徇私不公，撫按官就該拏了。欽此。'臣等看得，勤侊所奏，其稱盡改前招，恐嚇世子，若果是實，臣等亦當深惡而痛絶之？雖請於皇上，重加懲處，亦不爲過。但先次本宗訐奏，已奉旨將卓世彦拏解來京，下鎮撫司打問，不服招承，又奉旨令撫按官行長史司，啟周世子從公審勘。今世子已封親王矣，有無虛實，惟當以周王奏報爲據。本宗係一面之詞，難以遽信也。夫親王之於宗室，本一家一體，疾痛相關，豈肯坐視其冤而不之恤？且親王專制一國，體統極尊，未有受撫按之恐嚇而默無一言者。本宗詞語激切，祇欲聳動天聽，恐非事實。且不候周王奏到，輒先陳奏，是以宗室而不服親王，尤非體也。夫國家大紀綱有四：親王管束宗儀，將官管束軍士，有司管束百姓，提學管束生員。凡有事情，皆聽其處分斷理，而朝廷統攝之於上。故大小相維，而天下治。若皆不服管束，人人蝟毛而起，此亂之道也。今天下宗室之多，無過周府，且無名無糧者極多。近聞府城之中，公行搶奪，民間爲之罷市，親王常苦不能管束。若審勘事情，又不信親王，而信一宗人膚受之愬，則將來渙散無統，争鬥攘奪，羣起而不可制，其患有不可勝言者矣。今即重處卓世彥一罷閒之官，有何足惜？惟關係親王宗室，綱紀所係，臣等職在輔遵①，不敢不言。伏惟聖明省覽。竊謂勤㸒所奏，宜下法司案候，待周王奏到之日，有即爲有，無即爲無，查照所犯罪名，依律處斷。一以全親王之體統，一以存國家之紀綱，且使虛詞刁風，不致數煩天聽。臣等謹擬票進覽，恭候聖裁施行。謹具題以聞。"次日，上遣文書官傳諭："撫按官該拏，先生每既這等說，罷了。還差司禮監官一員，錦衣衛、三法司官各一員，前去會問。"時行等口對云："差官故事，祖宗朝亦間有之。然必事關親王，罪至重辟，方纔有此舉動。今勤㸒不過一中尉，所奏之事不過爭毆，何須如此張大？使遠近驚疑，地方騷擾。且朝廷舉動，係海内觀瞻，如無事而爲有事，小事而爲大事，不惟自示輕褻，失朝廷之體，抑且②虧損聖政，貽後世之譏，臣等職在贊襄，亦難免於失職之罪。故不敢不直言，前項差官，萬萬不可。"文書官入奏，上報如擬，勤㸒本始下。

六日己己③，上視朝。

十一日甲戌，上御文華殿講讀。
大學士申時行等題："爲作養人才事。臣等會同太子少保吏部尚書楊巍、左侍郎兼翰林院侍讀學士沈一貫、右侍郎吳時來、禮部尚書兼翰林院學士沈鯉、左侍郎兼翰林院侍讀學士朱賡、右侍郎兼翰林院侍讀學士王弘誨，將吏部開送進士袁宗道等一百八十四名，遵奉聖旨考選，得文理平通、堪充正卷二十二卷，文理亦通、堪充副卷六卷，各擬名次，封進御覽。伏乞聖明裁定發下，臣等仍會臣巍等拆卷、填名、具奏。謹題請旨。""是④。正卷准改庶吉士作養。"

十二日乙亥，大學士申時行等題："臣等謹欽遵會同臣巍、臣一貫、臣時來、臣鯉、臣賡、臣弘誨，將原蒙發下正卷二十二卷，照依名次，開拆，填寫名籍，上進聖鑒。伏乞敕下吏部，

①遵 明抄本作"導"，是。通行本作"遵"，誤。

②且 明抄本作"具"，誤。通行本作"且"，是。

③己己 "己己"當作"己巳"。

④是 "是"上似脫"得旨"二字。

遵照欽依内事理，將李啟美等改授庶吉士，與同一甲進士唐文獻、楊道賓、舒弘志，俱送翰林院讀書進學。臣等仍照例行工部，將本院房屋量行修理，併各該衙門，將合用卓凳、筆硯、紙墨、酒飯、皂隸等項，各照例辦送應用。其教書官容臣等另行推舉上請。

計開：李啟美、吳應賓、王孟煦、薛三才、王圖、蕭雲舉、袁宗道、全天敘、劉弘寶、王正道、吳之望、李沂、彭烊、林祖述、黃汝良、趙標、李大武、林承芳、曾礦、胡克儉、王德完、劉爲揖。"次日，得旨："是。吏部知道。"

十三日丙子，上視朝畢，駕興，傳旨命錦衣衛、鴻臚寺，查點常朝文武官員，不至者二百三十八員，內註籍、公差者開除，餘各罰俸二月。

賜四輔臣、及俯部大臣、日講官枇杷果。

十四①丁丑，陞翰林院侍讀劉虞夔爲左春坊左諭德、兼翰林院侍讀，掌管本坊印信，劉元震爲右春坊右諭德、兼翰林院侍讀，掌管司經局印信。

十六日己卯，大學士申時行等題："本日該文書官劉愷口傳：聖體稍覺中暑，欲調理幾日，暫免朝講，特諭臣等知。欽此。竊以今當炎暑，氣甚鬱蒸，誠宜少紓宵旰之勤，用適起居之節。伏望皇上順乘時令，善養天和，益以葆固精神，茂綏福祉。臣等太②馬微忱，不勝瞻戀懇祈之至。謹具題恭候萬安以聞。"

十八日辛巳③，命禮部左侍郎兼翰林院侍讀學士朱賡，改吏部左侍郎，詹事府詹事兼翰林院侍讀學士掌院事張位，陞禮部右侍郎。俱仍兼侍讀學士，不妨日講，專管教習庶吉士。

十九日壬午，命左春坊左諭德兼翰林院侍讀劉虞夔，清理

① 四 "四"下當有"日"字。

② 太 "太"當爲"犬"字之誤。

③ 已 "巳"當作"巳"。

軍職貼黃。

二十一日甲申，大學士申時行等題："爲看詳試卷查參歲貢生員奸弊事。先該吏部題准，願就教職歲貢生員，行翰林院考試，臣等會同詹事府詹事兼翰林院侍讀學士掌院事張位，出題彌封，嚴加考試，取中上卷十四卷，中卷一千一百三十五卷，進呈御覽，奉聖旨：'是。欽此。'內上卷第一卷，御前拆開，係歲貢生員劉思恭，直隸昌黎縣人。臣等初閱此卷，見其文詞雅健，學識淹通，堪爲第一。其卷內字畫頗有差訛，意其冀望進呈，不敢輕易塗改，尚未敢疑有弊也。及蒙欽拆發下，見其草稿仍復差訛，又不似①北方文字。臣等始竊疑之。隨行吏部文選司，查調在部考試原卷參對，則字迹迥異，文理懸殊，全不係本生寫作，若非倩人代考，必是換卷傳遞，情弊顯然。臣等看得，師儒之職，教化攸關，方當始進之時，又在禁嚴之地，乃敢肆行詐僞，公犯規條，若不據實查參，無以明法警衆。合無敕下法司，將劉思恭行提到官，查究問罪，以爲作奸犯法之戒，其考試原卷，并取取②文選司試卷，通送法司查驗施行？"得旨："劉思恭着法司提了問。"

①似 明抄本作"以"。通行本作"似"。

②取 明抄本作"到"，是。通行本作"取"，誤。

二十三日丙戌，陞詹事府少詹事兼翰林院侍講學士徐顯卿，爲詹事府詹事，兼翰林院侍讀學士，掌院事，照舊經筵日講。

二十四日丁亥，諭工部："壽宮工程浩大，未有次第，應用錢糧數多。聞嘉靖年間朝殿等工，撫按官各進有助工賑罰銀兩。工部還查見在錢糧有無足用，助工事例是否可行，明白來説。"

二十六日己丑，上視朝。

二十七日庚寅，上御皇極殿。太常寺奏請孟秋時享太廟。
大學士申時行等題："先該聖諭傳示工部，隨該部臣題覆，蒙發下票擬。又該文書官劉成口傳聖諭：'朕覽張居正所進皇祖

萬曆起居注

① 籍　明抄本作"藉"。通行本作"籍"。

② 損　"損"似當作"捐"。

③ 事　明抄本作"時"。通行本作"事"。當作"時"。

世宗御札內，有各處撫按官進到助工銀兩批答聖旨。助工原是舊例。'令臣等改票。欽此。仰惟皇上深思國計，軫念民生，恐工作浩繁，財用匱乏，故欲多方設處，接濟大工，以成億萬年之吉典。臣等仰體德意，如果工費不足，亦當與部臣悉心共圖，豈敢復有塵瀆？但據該部奏內，見在錢糧未見不敷，若將來難繼，自當查例上請。則該部固已身任其責，不至仰煩德慮，初不籍①撫按助工，然後足用也。至於嘉靖年間故事，臣等頗嘗習聞，請為皇上明言之。嘉靖十五年營建壽宮，並修理七陵，彼時工費甚鉅，歷數年而後成，然未嘗搜及各處銀兩。至三十六年，三殿被災，彼時邊費橫增，帑藏虛竭，工部節年積蓄先已用盡，別無措處，遂令在京官員各損②俸助工，又不足，令撫按官搜括贓贖助工。此則勢當極困，計出無聊，故不得已而為權宜之計也。至於撫按贓贖，先年原不解京，止留各處地方，以備災傷賑濟，及抵補正供錢糧之用，解部濟邊亦自嘉靖年始，其所進助工銀兩，亦係先前未解部時所積，故雖有搜括而不擾百姓，不煩有司。及今則又與先年不同矣。解部贓贖既有定額，備賑二分又有定數，甚有拖欠不及數者。近日明旨森嚴，餽遺有禁，科罰有禁，撫按官苟有人心，亦知畏威守法，豈敢於贓贖之外，別有取用之途？若令奉旨助工，必至旁搜獵取，責辦有司，派徵百姓，百姓不得安寧，必生愁怨，此非細故也。況今各處奏報災傷，非大水則大旱，蠲免、賑濟無處無之，撫按官方欲奏留贓贖，以濟燃眉之急，非惟不當搜括，抑亦無可搜括者矣。皇上念念憂民，同符堯舜，近日明詔每下，海內父老兒童，無不謳歌聖德，豈可以工作一事煩擾四方？且壽宮吉典，方當萃萬國之懽心，以延萬年之福澤，與朝殿被災、天心警戒之事③不同。該部見在錢糧既稱不乏，又與先年公私殫竭之時不同，臣等審時度勢，竊謂該部之言似宜允從，助工之舉似宜停罷。若以後工費不支，財用不繼，則臣等當率先在京文武大小諸臣辭免俸薪，以佐公家之急，必不敢上貽宵旰之憂也。臣等前奉面諭，事體當言，不敢隱默以取誤國之罪，故敢直陳其愚。其部本擬票進覽，伏惟聖明裁察。"

二十八日辛卯，命翰林院侍講曾朝節，編修楊德政，編纂六曹章奏，修撰張應元、孫繼皋，編修陸可教，管撰文官誥敕。

諭內閣："昨覽卿等所奏，甚是體朕恤民至意。但該部來奏，說工費足用，且朝廷之費豈可量知？故欲責彼言之過。既卿等所奏，依票批發。卿等內言，用之不敷，欲照嘉靖之故事，率百官捐俸助工。朕思朝廷設官分職，專為國為民，不欲彼苛求，壞法虐民，故與之俸薪，使彼奉公守①法，不為民害，其捐俸助工②之事，朕所不取。人臣欲為國助力，此亦其本之義也。朕復思，彼既將己之俸捐助，必慮家之何倚，甚至苛求賄賂，千方百計而出。百姓何辜？朕故不忍。本欲公用不詘，民有足衣足食，此朕之本心，故諭卿等知之。"輔臣申時行等具疏云："臣等莊誦德旨③，恭繹聖訓，不勝仰戴，不勝欽服。昔孔子論治天下之常道，曰'子庶民'，曰'體羣臣。'蓋以庶民為國家出力供賦，羣臣為國家任事修職，君民相須，上下一體，此為治之要道也。臣等昨因該部之奏進狂瞽之言，無非為海內災傷，民間困苦，供輸尚且不繼，徵索其何以堪？故欲懇祈聖明，停止初諭。乃皇上念及百姓，欲使足衣足食，有發臣等之所未發者。是皇上之子庶民，即堯舜之仁也。臣等又以為臣子之義，急公則忘私，敬事則後祿，與其責辦於在外之撫按，不若取給於在朝之臣工，雖捐俸助工，亦不為過。至於設官分職之本義，臣等之過④，蓋有未及深思者矣。今蒙聖諭諄諄念其俯仰之私，慮其苛求之害，惟責以為國為民，又有發臣⑤之所未發者。是皇上之體羣臣，即堯舜之明也。臣等反復諷詠，忻忭踴躍，自幸生於堯舜之朝，敢不殫竭愚衷，以圖報稱？尚當宣之朝著，播之寰區，使百官萬姓皆知皇上愛民如赤子，視臣如手足，超出尋常萬萬也。所有聖諭一道，謹尊藏閣中，傳示該部，以彰皇上至仁至明之德。臣等不勝慶戴之至。"

二十九日壬辰，賜輔臣及府部大臣、日講官鮮鰣魚。又特賜四輔臣每鮮鰣魚五尾，及日講官沈一貫等六員。

① 守　明抄本作"執"。通行本作"守"。
② 工　明抄本無"工"字。通行本增此字，是。
③ 旨　《明神宗實錄》卷一七五作"音"。
④ 過　明抄本作"遇"，通行本"過"，皆誤。《明神宗實錄》卷一七五作"愚"，是。
⑤ 臣　明抄本"臣"下有"等"字。通行本脫此字。

七①月甲午，朔，上親享太廟。

五日戊戌，以壽宮安砌寶座，賜元輔申時行銀柄絨花二枝、大紅雲紵絲二疋，次輔許國、王錫爵、王家屏每絨花一枝、大紅雲紵絲一疋。

七日庚子，上遣文書官宋坤，恭捧慈寧宮所產蓮花，宣示四輔臣，隨奉旨題詠以進。

九日壬寅，上視朝。
以恭題《紅黃瑞蓮圖》，賜元輔申時行銀三十兩、紵絲三表裏，內本等衣服一表裏，次輔許國、王錫爵、王家屏每銀三十兩，紵絲二表裏，內本等衣服各一表裏。

是日②，大學士申時行等題："先該文書官宋坤恭捧慈寧宮所產蓮花，宣示臣等，臣等恭閱再三，見蓮房之內，抽英吐魁，絕異凡種，相與稱賞，以為奇祥。隨奉旨題詠，進呈御覽訖。第以淺俚不文，無能揄揚聖瑞，猥蒙特賜銀幣，恩賚殊常。除具題稱謝外，今日該文書官李興，復以瑞蓮一枝，頒示臣等，又與前日所見絕異。蓋房中既吐重臺，臺中復結蓮薏，此皆人間所罕見，花品之絕奇者。仰惟皇上大孝養親，至仁育物，和氣薰蒸於紫禁，嘉蓮疊產於璇宮。臣等幸睹禎祥，不勝忻忭。謹回奏以聞。"

十日癸卯，諭兵部："南京守備司禮監③田義，着掌管關防併本監印信，司禮監太監高祿，調南京司禮監太監，僉押管事，一同南京守備，寫敕與他，該衙門知道。"

十三日丙午，上視朝。
文書官李恩口傳聖旨："前日視朝，朝儀甚不整肅，傳與鴻臚寺知道。"
大學士申時行等題："臣等竊聞，國之所恃以立者，民也，

---

① 七　"七"上當有"萬曆十四年"五字。

② 日　明抄本作"是"，誤。通行本改正作"日"。

③ 監　據《明神宗實錄》卷一七六"監"下當有"太監"二字。

民之所恃以生者，食也。故饑饉薦臻，則有流離死亡之患，間閻愁苦，則有寇攘劫奪之虞。蓋財盡則民窮，民窮則盜起，自古國家危亂，恒必由之。臣等菲劣疎庸，無能以安民弭盜之方，仰贊聖政之萬一。然伏睹皇上念切民艱，慮存邦本，詔諭屢下，惓惓以本固邦寧、民有足衣足食爲言，是即堯舜博施猶病①，文王視民如傷之心也。臣等仰體宸衷，俯思職業，有不容緘默者。竊見今歲以來，水旱異常，災傷疊見。畿輔則有真、順、廣、大等府，在河南則有衛輝、彰德、懷慶、河南等府，在山西則有太原、平陽等府，在山東則有濟南、青州等府，在陝西則有延安、臨洮、慶陽、平涼、鞏昌、西安等府，俱以異常旱災報者。在江西則有吉安、贛州等處，在福建則有汀州等處，在江南則有應天、寧國、蘇、松等處，江北則有淮安等處，俱以異常水災報者。此皆國家奧區，邊腹重地，財賦所自出，供役所必資，而橫罹災傷，不幸有流離死亡之患，其勢誠亟，其情可哀，臣等仰竊聖心，必有惻然而不忍者矣。語曰："安民可與行義，而危民易與爲非。此不可不深慮也。臣等蚤夜思惟，竊以今日所急，在安撫流移、禁戢攘奪二者。蓋河南、陝西之民，流移甚矣，扶老攜幼，踵接肩摩，千里無煙，僵屍載道。前日光祿寺丞李禎具載疏中，近日大理寺卿孫丕揚面告臣等，皆扼腕蹙額，惟恐旦夕有變。昔在西晉時，李特以流民亂巴蜀，在先朝成化間，劉千斤以流民亂鄖、襄，此皆事②之可鑒者也。今有司惟以簿書期會爲急，與百姓痛癢全不相關。空邑而逃，輒委之無奈，其流民所至，但知驅逐，莫有處分，此徒令存者日逃，逃者不返，急之爲變耳。宜敕各該撫按官，督率司道、有司，凡災傷重大地方，暫緩催徵，設法賑濟，仍多張榜文，招使復業。其流民所至地方，稍爲安插，以漸解散，無得但事驅迫。即未能盡復本土，亦可以少安人心。此其一也。近聞大名③滑縣等處，有奸民窩盜，樹旗搶奪者。河南淇縣等處，有饑民結聚，公肆搶掠者。山東一路，流民所在成羣，商旅憂惶，道路幾梗。而山西平陸等處，又以礦徒數千報矣。夫搶奪不已，必至夥劫，夥劫不已，必至叛亂。而地方有司，惟務隱匿，莫

① 病　明抄本"病"下有"之心"二字。通行本刪此二字。

② 事　明抄本"事"前有"前"字，是。通行本脱此字。

③ 名　明抄本作"明"，通行本改"名"，是。

知亟圖。自山西礦徒之外，未有報者。萌芽不剪，將尋斧柯。是安得宴然而已乎？宜敕各該撫按官，督率兵備、巡捕等官，申嚴保甲，團集兵快。凡有村市搶奪、道路行劫者，必擒治正法。其要緊關隘去處，須嚴謹把守。如有嘯聚，協力驅剿，務使聚者可散，散者有歸，庶幾潢池赤子，毋敢有揭竿制挺而爲難者。此又其一也。此兩者，非有異謀奇策，而目前濟急之方，莫急於此。必籍①天語丁寧，德音宣布，然後遠近軍民，曉然知聖意之所嚮，無有咨嗟怨離之心，而該②地方官員亦知警惕奉行，不敢有玩愒坐視之意。其於政體，似亦相應。臣等謹擬聖諭一道，進呈御覽，如蒙聖明採錄，乞發下，謄寫完備，頒示該部，遵奉施行。臣等未敢輒便，伏候裁奪。謹具題以聞。"得旨："覽卿等所奏，甚見爲國爲民。敕着寫來行。朕見近年以來，窮民聚劫，流亡失所，心甚兢惕。及見卿③等奏至，意與朕同，可見君臣契合。卿等爲國重④臣，有所聞見，悉具來說，朕採行之。"

十四日丁未，大學士申時行等題："昨該臣等以四方水旱，百姓流亡，盜賊公行，心切憂慮，具揭擬敕上請。伏奉聖旨：'覽卿等所奏，甚見爲國爲民。敕着寫來行。朕見近年以來，窮民聚劫，流亡失所，心甚兢惕。及見卿等奏至，意與朕同，可見君臣契合。卿等爲國重臣，有所聞見，悉具來說，朕採行之。欽此。'又該文書官李浚口傳聖諭：'連日聞各處災傷盜賊，昨出朝正要與先生每講論，因朕體未耐，不果。先生每適有此奏，甚好。今後有該說的，盡着說來。欽此。'臣等猥以庸愚，誤蒙任使，輔導無狀，致有天災，思職省躬，不勝惶愧。昨者以狂瞽之見，仰瀆宸聰，伏荷聖明特加採納，綸音慰獎，藹若春溫，臣等敢不仰體聖心，俯殫愚悃？凡民生國計，吏治邊防，事所當言，不敢隱默，務期少效涓埃之報，以酬高厚之恩。臣等不勝感激圖報之至。謹具題恭謝以聞。"

十五日戊申，敕戶、兵二部："朕奉天子民，夙夜兢兢，以

---

① 籍　明抄本作"藉"。通行本作"籍"。
② 該　明抄本"該"前有"各"字。通行本脫此字。
③ 卿　明抄本"卿"下有"來"。通行本刪此字，是。
④ 重　明抄本"重"下有"大"字。通行本刪此字，是。

康濟民生、保固邦本爲務。近覽各處章奏，屢報災傷，河南、陝西等處尤甚，朕心惻然。朝廷設官爲民，今有司撫字無方，賑濟無備，流亡載道而不之恤，盜賊竊發而不以聞，曠職殃民，莫此爲甚。且都不查處，爾户、兵二部便行文各該撫按官，督率司道、有司，查係災傷重大州縣，除已經蠲免錢糧，酌量催徵，已准賑濟者，遵照舉行外，其陝西等處被災州縣，及沿邊地方，應蠲應賑濟①，以②一體查議施行，所在流民，着設法招撫安插。仍申嚴保甲，緝捕盜賊，無致滋蔓，務使災民得所，地方安寧，以稱朕憫災恤民至意。如有遼慢疎虞，必罪不宥。如敕奉行。"

十六日己酉，上視朝。文書官劉成口傳聖旨："今日通政司官奏事，聲音不好，着回將話來。"

二十三日丙辰，上視朝。
命翰林院編修莊履豐、蕭良有，檢討顧紹芳、沈自邠，內府司禮監書堂教書。

二十五日③，賜四輔臣、及府部大臣、日講官楊梅。

二十六日④，上視朝。

二十九日壬辰⑤，上視朝。
命右春坊右諭德掌南京翰林院事，田僭改左春坊左諭德，兼翰林院侍讀，回坊管事，充玉牒纂修官。

① 濟 《明神宗實錄》卷一七六無此"濟"字。
② 以 《明神宗實錄》卷一七六無此"以"字。
③ 日 "日"下當有"戊午"二字。
④ 日 "日"下當有"己未"二字。
⑤ 辰 "辰"當作"戌"。

萬曆起居注

八①月癸亥，朔。

四日丙寅，上御皇極殿。傳制遣禮部尚書兼翰林院學士沈鯉祭至聖先師孔子。

是日，文書官李興口傳聖旨："益府進獻花木，恐沿途擾民。着禮部傳與該府，今後再不必進。"

五日丁卯，諭兵部："連日靈臺占奏：上天垂示星異，主於兵盜。朕甚憂懼。爾兵部便申飭各邊及各省直，務要遵前明旨，加意防備捕緝，毋遺患變。"

六日戊辰，祭太社、太稷，遣定國公徐文璧恭代。

八日庚午，諭："着户部取皇祖時銀二十萬兩進來，不必又行執奏。"

以萬壽聖節，賜元輔申時行金萬壽字四副、金篆字十個、金書黃符二道、金書紅符二道，次輔許國、王錫爵、王家屏每金萬壽字二副、金篆字八個、金書黃符一道、金書紅符一道、銀書黃符一道，講官沈一貫等五員，各金萬壽字一副、金篆字四個、黃符一道、紅符一道。

是日，大學士申時行等題："今日蒙發下文書，內有江西巡撫陳有年題減磁器一本。該文書官劉成口傳聖旨：'這磁器不准減免，進②。欽此。'臣等欽遵明諭擬票，因將原本仔細看詳。看得陳有年所奏，非無故請免，原因先次奉有明旨：'燒造難成、及不係緊要的，着查明裁減。'故有此奏。今又擬旨不准，則與前奉明旨全不照應，非所以重王言、信海內也。大凡天下之事，責人以所能，則令行而人服，責人以所必不能，則令褻而人慢。今據本內鮮紅等項器皿，從來燒無一成，則雖嚴旨督責，終無完解之期，徒使明旨竟成空言耳。況今江西見報災傷，人情洶洶，燒造一事，委難督責。臣等愚見，謂宜將燒造有成者，責令解進，從來無成者，姑准停止，或照嘉靖年間事例，

① 八 "八"上當有"萬曆十四年"五字。

② 進 明抄本"進"上有"照舊燒"三字。通行本脫此三字。

改用礬紅，或用別色，然後詔令可信，人心允服。謹擬票進覽，伏乞聖裁施行。謹具題以聞。"

十日壬申，命左春坊左諭德兼翰林院侍讀劉虞夔補日講官。

是日，以萬壽聖節，賜元輔申時行銀六十兩、綵段四表裏，內斗牛胸背二表裏，次輔許國、王錫爵、王家屏每銀五十兩、綵段四表裏，講官沈一貫等五員，各銀二十兩、綵段一表裏。

十二日甲戌，上御經筵。

十五日丁丑，以中秋令節，賜四輔臣上尊珍饌。又賜元輔申時行行①膳九品、秋露白酒五瓶、月餅五個，次輔許國、王錫爵、王家屏每膳七品、秋露白酒三瓶、月餅四個。

十七日己卯，萬壽聖節。上御皇極殿，文武百官行慶賀禮。賜四輔臣上尊珍饌。復賜元輔申時行膳十一品、壽麵全、長春酒五瓶，次輔許國、王錫爵、王家屏每膳九品、壽麵全、長春酒三瓶。

二十一癸未，命國②監祭酒李長春，翰林院侍讀盛訥，修撰張應元、孫繼皋，俱補經筵講官，翰林院編修莊履豐、檢討顧銘芳、沈自邠，俱補展書官。

二十三日乙酉，上視朝。

二十五日丁亥，以大學士許國歷從一品俸三年考滿，上遣牌子郭朝齋賜原封鈔二千貫、羊一隻、酒十瓶。國疏謝云："仰惟皇上敦崇國體，寵遇儒臣，存愛禮之意而先餼牲，勤賚䘏之恩而分麯蘖，益以尚方之寶鈔，出諸內府之珍藏。顧有何功，可堪茲賞？況當明試之日，幸免黜幽，詎期優渥之頒，復叨異數？臣不勝感激天恩之至。"得旨："覽卿奏謝。朕知道了。禮

① 行　明抄本無此"行"字，通行本衍此字。

② 國　明抄本"國"下有"子"字。通行本脫此字。

部知道。"

二十七日己丑，大學士申時行等題："今日該同官吏部左侍郎兼東閣大學士王家屏報稱，有繼母景氏迎養在京，於本月二十七日卯時病故，本職例應守制。據此，臣等竊見，本官德器弘偉，學行端淳，久侍講帷，効勞啟沃，暨參密勿，殫力匡襄。方當共濟時艱，乃忽遘兹家難，臣等不勝悵惜。所有優厚特恩，出自聖裁，臣等未敢擅請，謹具題知。"得旨："輔臣家屏贊理忠慎，兹當守制，深軫朕懷。覽卿等奏，朕知道了。該衙門知道。"

二十九日辛巳①，大學士許國奉②："爲冒恩殊常披誠辭免事。本月二十八日，准吏部咨，該本部題《給由事》，奉聖旨：'許國簡任密勿，匡贊忠勤。兹一品考滿，勞績茂著，着加少傅，兼太子太傅，蔭一子入監讀書。照新銜給與誥命。欽此。'備咨到臣。不勝感激，不勝惶悚。臣聞虞廷三考，黜陟幽明，《周官》六計，旌別淑慝。故功伐不可以虛冒，寵幸不可以屢徼。伏念臣猥以豎儒，備在講幄，謬參密勿之重，叨承簡任之隆。竊自省循，實難稱塞。論功伐，則三載於兹、雖協寅恭，莫資謀斷，何者可以弼主德？何者可以佐民生？有何忠勤？有何勞績？此之謂虛冒，即殫愚誠，所效者薄矣。論寵幸，則三載於兹，致位孤卿，籍名館閣，或以宮闈之營構，或以疆場之捷音，上晉穹階，下延懋賞，此之謂屢徼，即輸微勤，所酬者奢矣。夫功簿③而厚饗，必召天殃，寵奢而儉報，必速官謗。況自保而傅，兼德義之司，由子而孫，叢齒胄之蔭，榮華益盛，保持益艱，此臣愚所以傴僂循牆、戰競集木、俛躬踧踖而籲天控辭也。語出由衷，情非矯飾。如蒙皇上鑒察悃忱，收回恩命，黜幽別慝，請自臣始。使苟安愚分，稍仍止足之常，庶警惕人心，丕振勸懲之典。臣無任屏息待命之至。"得旨："卿忠誠直亮，輔理勤勞，考績加恩，乃國家彝典。宜遵成命，不允辭。吏部知道。"

① 巳 "巳"當作"卯"。
② 奉 明抄本作"奏"。通行本誤作"奉"。
③ 簿 明抄本作"薄"。通行本誤作"簿"。

是日,以日講官吏部左侍郎兼翰林院侍讀學士朱賡三年考滿,特賜原封鈔二十①貫、羊一隻、酒十瓶。

① 十 "十"似爲"千"之誤。

萬曆起居注

① 九　"九"上當有"萬曆十四年"五字。
② 勞　明抄本作"勞"。通行本作"勞"。
③ 己　"己"當做"巳"。
④ 淪謝有年，未　明抄本作"有久未及"。通行本改作"淪謝有年，未"。
⑤ 疢　明抄本作"疢"。通行本作"疢"。
⑥ 稽　《明神宗實錄》卷一七八作"籍"。

九①月壬辰，朔，以原任大學士、今丁憂王家屏繼母景氏，在京病故，上遣文書官劉愷齎賜新鈔一千貫、銀三十兩、紵絲二表裹。家屏疏謝云："竊念臣猥以庸愚，被恩高厚，福量既滿，罪戾兼叢，不自滅亡，禍延臣母。臣、子之分，兩不克伸，終天之恨，萬死莫贖。荷蒙聖慈，憫臣勞②苦，欽賜賻儀，恩數隆施，豈臣苫塊所能承載？徒增涕淚於感激，誓啣結於他生已耳。緣衰絰不敢匍匐詣闕，無任哀頓感切之至。謹具疏差義男王賓齎奏，稱謝以聞。"得旨："覽卿奏謝，朕知道了。禮部知道。"

二月癸己③，大學士許國奏："爲辭恩請恤陳悃乞歸以畢子情以安臣分事。昨臣具疏懇辭秩蔭，奉旨：'卿忠誠直亮，輔理勤勞，考績加恩，乃國家彝典。宜遵成命，不允辭。吏部知道。欽此。'臣伏讀感泣，將言囁嚅。國典有常，君命至重，臣雖愚昧，何敢悖違？顧緣恩所由加，因念身所自出，則臣父贈少保大學士鈇、臣母贈一品夫人汪氏，淪謝有年，未④襄大事，萬不得已至情，請爲皇上陳之。臣家世貧寒，朝夕不給，生稟屢弱，疢⑤疾夙嬰，非臣母十年乳哺，無以有生，非臣父十年教訓，無以有知。乃臣父母幸及見臣之中式，而不及沾臣之祿養。辛、壬兩歲，相繼云亡。於時地無卓錐，舟鮮助麥，倉皇藁殯，依寄祖塋。至今兩喪尚在淺土。而臣淹留京國二十餘年，屢奉褒章，未遑卜兆，終天飲恨，負罪何言？惟是春秋窀穸之事，若有待於九重一命之恩者。頃歲，臣妻累封恭人贈一品夫人汪氏，早共艱難，中復損棄，向當存日，曾受誥封，若不揣講讀之備員，或亦可覬特恩之故事。然而趑趄不敢請者，正以情事未及伸耳。夫以父母之故，不敢請於妻，又豈忍以身之榮，不念及於父母？茲幸臣滿，得叩上恩，仰稽⑥彝典，既不可以固辭，竊比移封，或亦可以曲請。伏惟皇上以孝治天下，以仁體羣臣，乞回恩光，用賁泉壤，以榮臣之生者而哀死，以裕臣之後者而光前，存殁皆安，幽明並感，雖禮所未有，固可以義起，而情所欲窮，尚得以變通。臣又聞，惟送終可當大事，惟親喪自盡乃心。遠有輔臣給假之例，臣不敢妄援，近有首臣歸葬之假，臣不敢僭引。獨念臣犬馬之齒已長，馳驅之力不前，衰病相尋，精神益倦，即使立朝，君恩固難以盡報，儻容還里，子道庶免於全虧。更望皇上深憐迫切之情，特准休致之請，庶使必躬必親，子情既畢，而知足知止，臣分亦安。九原有知，當自效於啣結，七尺尚在，何敢後於捐糜？臣無任惶恐待罪之至。"得旨："卿辭恩爲親請卹，具見孝恩。卹典准給與，恩命勿辭。大臣義先憂國，家事宜令卿男代理，豈可遽自引去？所請不允。該部知道。"

三日甲午，上視朝。

四日乙未，大學士許國奏："爲再披悃誠仰瀆聰聽懇辭恩命預請假期事。昨該臣奏《爲辭恩請卹陳悃乞歸以畢子情以安臣分事》，奉旨：'卿辭恩爲親請卹，具見孝思。卹典准給與，恩命勿辭。大臣義先憂國，家事宜令卿男代理，豈可遽自引去？所請不允。該部知道。欽此。'臣席何功能，冒茲榮遇，有加無已，所請轍從？既曲體臣情，以原①臣親之葬，復容令臣子以代臣愚之行，真同父母之仁慈，備悉家事之周至。雖摩頂踵，莫報恩私。獨所懇辭，未蒙俞允，臣寵如故，臣心何安？竊惟篤於父子之親者，不可易以榮名，明於君臣之義者，不可動以罔利。臣雖愚不肖，常奉教於先君子矣。區區私心，豈不知秩蔭爲華，綸璽爲重？然必辭彼而取此者，爲父母故也。今既徼不可必得之恩，以施於不知所報之地，澤及枯骨，光照下泉，臣父母榮若更生，死且不朽，世世②子孫，皆拜皇上之賜也。而臣復濫名器，又叨世延，既遂其所妄祈，且不失其所欲避。是其始而求之也，得秦望蜀，羞可比於乞墦。繼而受之也，取熊兼魚，賤何殊於登隴？借此餌彼，兩利俱收，如握奇籌，如索羨價。始謂辭賞以博卹，今併賞而取之，是欺君也。欺君者不忠。始謂乞身以畢葬，今得葬而安之，是忘親也。忘親者不孝。非忠非孝？不可以爲人臣，何面目立於天地之間？何顏色

① 原　明抄本作"厚"。通行本作"原"，誤。

② 世　明抄本"世"下有"萬"字。通行本刪此字。

萬曆起居注

① 愧 明抄本"愧"下有"何"字，是。通行本刪此字，誤。

② 謝 《明神宗實錄》卷一七八作"諏"，是。

③ 限 明抄本"限"下有"於"字。通行本脫此字。

立於班行之上？如此心慚愧①？如天下後世訾議何？此臣所以碎肝裂肺，萬辭而萬不敢承也。伏望皇上察臣誠悃，准臣辭免，行臣之初願，以全臣所以為人臣。生當隕首，歿當結草。所有乞歸一節，已奉明諭森嚴，未敢急遽陳瀆。但臣三子，一在襁褓，見承恩蔭，實惟二人，長立德，受業冑監，次立功，守職秘書，俱屬顓蒙，尚疏閱歷，典章世故，多所未諳，相卜經營，豈能如式？固須臣一親往，庶得自盡乃心。茲承卹典，謹遵聖裁，令臣二子先行翦萊定域，鳩工聚材，預謝②合壙之期，用待躬送之請。彼時伏惟憐准，許告暫歸，庶一朝休沐之暇，可畢平生藁褌之思，九原長暝之魂，可贖累年暴露之罪矣。臣不勝懇悃哀鳴之至。"疏入，上遣文書官宋坤口傳聖旨："不允。令輔臣擬票。"大學士申時行等因題："皇上優厚閣臣，特踰常格，即在臣等，亦有光榮，豈敢代為陳情，仰虛德意？但臣子分義，以寡取為廉，國家彝典，以慎施為重。臣國前疏，意本為親，因而所辭，故有所請。今既俯從其請，而又不聽其辭，則請者涉於過求，辭者嫌於矯飾，即臣等旁觀，尚為踧踖，豈臣國身受，獨能自安？必且再疏控陳，上煩聖聽。臣等竊謂，誥命蔭子，應准辭免，加官仍令勉承，庶為允當。謹擬票進覽。"得旨："卿屢辭恩命，具見廉讓，誥命、蔭子准辭免，加官亦勉承。慎勿再辭。家事已有旨令卿男代理，亦不必預請給假。吏部知道。"

五日丙申，原任大學士今丁憂王家屏奏："為比例乞恩請給卹典以光泉壤事。頃者臣繼母景氏病故，荷蒙聖慈軫恤，頒賜鈔幣銀兩，臣感激殊恩，揆之分涯，不啻踰溢，安敢復有希覬？痛念臣生而屯蹇，數遭慜兇，甫七歲而臣母韓氏見背，賴繼母梁氏撫臣於髫齔之年。又七歲而梁氏歿，復賴今故繼母景氏撫臣於童卯之日。計臣五十歲之身，所繇成立者，蒙臣父之教，所繇長育者，更三母之慈也。臣幸遭際聖明，備員輔導，而臣父母先後見背，淺厝荒原，禮並闕於慎終，地久需於卜兆。今當扶柩還籍，合葬新阡，緣臣繼母限③明例，不敢冒請恩卹外，但臣父王憲武，累贈奉直大夫、司經局洗馬，兼翰林院修選[1]，母韓氏累贈宜人，雖叨受誥命，而秩至五品，及臣濫竽密勿，未經考滿，亦未受本等之封，不得蒙祭奠之典。臣心非槁木，身不空桑，幸叨遇主之榮，未遂顯親之願，此臣所以裂肝摧膺，仰天而泣血者也。查得嘉靖四年，禮部右侍郎李時以母邊氏病故。請卹，奉世宗皇帝聖旨：'邊氏准照例與祭葬。李時日侍講讀，多效勤勞，伊父李棨還准與應得贈官、誥命，併祭一壇。欽此。'又查得隆慶六年，禮部左侍郎馬自強以繼母張氏病故請卹，奉聖旨：'馬自強日侍講讀，效有勤勞，伊父母准給與祭葬。欽此。'臣伏自念，侍講幄者十年，直綸扉者二載，雖才微功鮮，不敢比於二臣，然孝思顯揚，人子之情，本無或異，而周旋左右，乞恩之例，偶與相同。用是昧死冒陳，上干慈造。伏望皇上憫臣哀苦，敕下該部，查例上請，庸廣特恩，庶苫塊餘生，少慰焄蒿之慕，而泉臺纍骨，均霑封樹之榮矣。臣下情無任悲號控籲之至。"得旨："禮部便查擬來看。"隨禮部覆奏，得旨："王家屏講讀年久，輔贊忠勤，着給與應得誥命。伊父母照例與祭葬。仍賜路費銀五十兩、綵段四表裏，馳驛去，還差行人一員護送，以示優禮。"

六日丁酉，上視朝。

七日戊戌，大學士申時行等題："爲閣務繁重懇乞聖明博簡才賢以隆政本事。照得閣臣之設，所以備顧問、贊樞機，其務至繁，其責至重，必博求在廷之賢，俾同心共濟，乃可以廣忠益，必兼用四方之彥，俾異地相參，乃可以示至公。仰惟皇上天縱聰明，躬親幾務，攬權綱而獨斷，弘化理以維新，臣等職闇才疎，莫能仰贊聖政之萬一。近又該臣王家屏丁憂解任，見在臣等三人雖濫吹竽，終虞覆餗，且貫皆直隸，號爲同鄉，生長既囿於一隅，識慮未周於四海，竊恐曠瘝職業，孤負恩私。所有闕員，相應請補。今在廷諸臣，才行品格俱莫逃於聖鑒，伏乞皇上察於衆望，斷自宸衷，特簡具人，以充是任。或敕下

[1] 選 明抄本作"撰"。通行本誤作"選"。

吏部，會官推舉。或命臣等疏名上請簡用。庶得各盡留芻蕘之見，且可免於桑梓之嫌。伏惟聖明裁定。臣等未敢擅便，謹題請旨。"得旨："卿等所奏，朕知道了。卿等爲國秉公，贊襄治理，朕已洞知，勿懷疑貳。輔臣不必添。"

九日庚子，以重陽令節，賜三輔臣上尊珍饌。

十日辛丑，原任大學士今丁憂王家屏奏："爲感激天恩憫恤優隆恭陳謝悃事。臣頃因繼母景氏病故，將扶柩回籍，與臣先父母合葬，具疏乞恩，伏蒙敕下禮部，查議上請，奉聖旨：'王家屏講讀年久，輔贊忠勤，着給與應得誥命。伊父母照例與祭葬。仍賜路費銀五十兩、綵段四表裏，馳驛去，還差行人一員護送，以示優禮。欽此。'臣不勝感激，不勝悲慟。竊念臣生居荒徼，家世單寒。先臣憲武，屈首伸呫，竟淹衿弁以老。先母韓氏，委身操作，早更荆布之貧，一室屢空，三釜不待，雖生前之有子，知身後者何人？伏遇皇上，官材罔擇於細微，以致卑瑣薦躋於矊①仕，曾涓埃之莫效，遽險釁之橫罹，不自省循，妄有陳乞。方虞冒昧，比例非倫，詎意慈溫，推恩越格？念其年久，褒以忠勤，予誥命而貤贈新銜，無加籩於合壙，錫銀幣而乘郵遠路，仍遣使以護行。禮意優隆，典章焜燿，豈但非分之寵，前此所無？在臣過望之私，始亦不及。昇靈舉而就道，哀且知榮，奉憖册以歸藏，吊將相慶。伊蒿餘慕，庶少酬罔極之天，傾藿微忱，奈漸遠長安之日。情倍悽於感戀，詞不盡於敷宣。伏願帝治光華，聖躬保艾。任賢勿貳，孚明良一德之交，典學有常，資理義養心之助。總萬幾而執其要，臨下簡，御衆寬、憂四海而恤其窮，徵欽省，用度節。祲歲軫雈苻之警，暇時周桑土之防。臣苦塊無任哀鳴祈望之至。謹具疏陳謝，差義男王賓抱奏以聞。"得旨："覽卿奏謝，朕知道了。禮部知道。"

十一日壬寅，原任大學士今丁憂王家屏奏："爲恭謝天恩事。昨該臣具奏請卹，伏蒙綸音渙發，典禮隆施，臣感激殊恩，已經

①矊　明抄本誤作"撫"，通行本改正作"矊"。

具疏陳謝外，隨蒙欽遣文書房官李興，恭捧路費銀五十兩、綵段四表裏，到臣私宅頒給。臣謹望闕稽顙祇領訖。竊念臣苫塊餘生，衰麻病骨，持喪在疚，特辱中使之臨，扶櫬將歸，復辱內庭之貺。捧精鏐其璀璨，拜文綺以焜煌。持薦几筵，重泉增賁，攜歸道路，六傳生輝。激涕淚以淋浪，阻趨謝於匍匐。臣無任哀號感荷之至。"得旨："覽卿奏謝，朕知道了。禮部知道。"

十二日癸卯，命右春坊右庶子兼翰林院侍讀趙用賢、翰林院侍讀盛訥，充武舉考試官。

十三日甲辰，上視朝。

十五日丙午，大學士許國奏："爲叩冒卹恩遵奉明旨容令臣男請假暫歸事。先該臣奏《爲辭恩請卹事》，節奉聖旨：'卹典准給與。家事宜令卿男代理。欽此。'續該禮部題覆前事，奉旨：'准照贈官品級給與祭葬。欽此。'臣不勝頂戴，不勝感激。除已報名廷謝外，竊念臣男立功，見承蔭恩，備員中舍，雖居文史之末局，亦列侍從之清班。在臣男固不可輒離，在愚臣亦不得輒遣，爲此展轉。仰怙恩私，雖守官方及一年，例難給假，然代理已奉明旨，事出特恩，冒昧懇祈。未敢擅便，伏乞敕下吏部，查照放回施行。爲此具本，謹具奏聞，伏候敕旨。"得旨："卿男准給驛去。該部知道。"

陞右春坊右中允管國子監司業事習孔教，爲右春坊右諭德，掌南京翰林院印信。

十七日戊申，上御文華殿講讀。

二十三日甲寅，大學士申時行等題："本日早，臣等恭候皇上視朝，該文書李興傳旨免朝。臣等因恭問起居，知聖體偶然動火，臣①犬馬愚忱，不勝瞻戀。竊見秋令方深，風寒驟起，當此氣候，調攝爲難。伏願皇上慎重興居，節調飲饍，茂迓康寧之祉，

① 臣　明抄本"臣"下有"等"字，是。通行本脫此字。

以安中外之心。臣等尤不勝懇祈之至。謹具題恭候萬安。"

二十六日丁己①，大學士申時行等題："看得起復庶吉士郭正域，文學優長，堪任翰林院官。合無敕下吏部，將郭正域照依甲第，除授本院官職?"得旨："是。吏部知道。"

二十九日庚申，文書官宋坤口傳聖諭："頒曆免陞殿。"
是日，諭內閣："朕前御門，已於卯初起矣，一時頭暈眼黑，力之不興。已諭卿等暫免朝講數日，以爲靜攝，服藥庶效。近連服藥餌，身體虛弱，頭暈未止。兹當孟冬時享太廟，暫遣公文璧恭代。其陪祀官員，慎加敬肅。卿等可傳示彼知。非朕敢偷逸，恐弗成禮。"輔臣申時行等具疏云："竊惟崇嚴廟享，固當修周旋祼獻之儀，而保養聖躬，亦當慎出入起居之節。皇上偶因玉體之違豫，暫遣代行，而又慮百官之怠遑，特加申飭。恭睹綸音之真切，仰知聖志之精處。在九廟神靈，必且默鑒皇上之誠心，而益隆眷佑，在大小臣工，亦必仰遵皇上之明命，而罔不欽承。臣等莊誦之餘，不勝欣仰，不勝瞻戀。除當即傳示鴻臚寺，知會遣官，及嚴飭陪祀官員，至期行禮，慎加敬肅外，所有原奉聖諭，理合進繳，謹具題以聞。"

三十日辛酉，大學士申時行等題："前日傳奉聖諭，以聖體違和，暫停朝講數日。臣等以爲，一時偶感，不藥自瘳。庶因廟祀之趨陪，可睹天顏於咫尺，乃昨日又奉聖諭，以藥餌未效，尚在珍調。臣等犬馬愚忱，不勝企戀。竊惟皇上一身，乃祖宗列聖之所憑依，百官萬民之所仰戴，雖春秋鼎盛，福祿駢增，方凝宇宙之和，無慮陰陽之患，然節宣宜慎，保護宜周。伏望皇上法黃帝之凝神，師宣尼之謹疾，即飲食居處之細，亦必思患而防微，在燕閒邃密之中，常若臨深而履薄，則聖躬日益強固，而聖壽永保無疆矣。臣等猶②不勝激切懇祈之至。謹具題，恭候萬安以聞。"得旨："朕偶爾動火失調，覽卿等奏慰，具見忠愛。已知道了。"

① 己 "己"當作"巳"。

② 猶 明抄本作"尤"，通行本作"猶"。

萬曆十四年

十①月壬戌，朔，孟冬時享太廟，遣定國公徐文璧恭代。

欽天監進萬曆十五年《大統曆》。欽賜百官，於皇極門頒給。又賜三輔臣每一百本，講官沈一貫等六員每五十本。

四日乙丑，以中宮千秋令節，賜三輔臣上尊珍饌。

五日丙寅，諭内閣："朕前數諭卿等，動火失調，一時頭眩，更兼連服清氣去火之劑，身體虛弱，時祭暫遣官代行，輟朝講數日，少調養旬餘，平復，庶不成患。昨禮部主事盧洪春，説朕别故託疾，不親祀事。又言不可遣官代為，不可有此之疾。夫祀事重典，遣代者，一時權宜。自身有疾，雖強心力躬行，一致蹶跌，反爲不敬。人之一身，誰保終身無疾？天且不測風雲雷雨，人豈無一時禍福？爰朕一時肝心二經之火，升於頭項，故眩，非别所致。衛生保命之事，朕豈不知？思朕此身，上承祖宗託委，聖母屬倚，一時有疾，若不服藥、靜攝自衛，必致後憂，有負祖宗、聖母，其孝乎？否乎？《書》云：'若藥弗瞑②眩，厥疾弗瘳。'今方朕靜養之時，服藥之日，卿等與百官皆且奏起居，乃此無知小人，煽惑人耳目，誣君取譽，好生悖侮狂妄，思有人心哉？卿等可票重治旨來看。"輔臣申時行等具疏云："竊惟臣③事君，猶子④事父。父偶有疾，必冀其速愈，雖有幾諫，亦必少加從容，不敢直遂。兹者聖體違豫，臣等不勝惓惓，竊謂各該部衙門，即有重大難處之事，未可輒勞宸慮，凡有違拂難受之言，未可輕瀆聖聰。而盧洪春以郎署小臣，不知敬畏，輕聽訛傳之語，輒進狂瞽之詞，觸犯威顔，干撓靜攝，誠如聖諭所謂無知狂妄者。皇上之所怒，臣等亦皆怒之，敢不遵旨重擬？除票擬革職爲民，以示懲創，録呈御覽外，臣等又惟，自古聖帝明王，每以能容戇直之臣，受逆耳之誨，故其盛德益光，萬世稱美。至於謹疾養身之道，猶⑤以平情和氣爲先。皇上聖德寬弘，海涵天覆，頃年録用直士，嘉納讜言，海内臣民罔不欣戴。今聖體初安，猶當珍攝，且係肝心二經之火，必須恬愉寧靜，使怒氣不干，乃能保合太和，茂臻康豫。伏望皇

① 十 "十"上當有"萬曆十四年"五字。

② 瞑 "瞑"當作"瞑"。

③ 臣 明抄本"臣"下有"之"字，是。通行本脱此字。

④ 子 明抄本"子"下有"之"字，是。通行本脱此字。

⑤ 猶 明抄本作"尤"。通行本作"猶"。

上置之度外，以光聖德，以保聖躬。臣等不勝仰望之至。所有原奉聖諭，理合進繳，謹具題以聞。"得旨："覽卿等奏，甚明君臣大義。愛君至慮，朕知道了。"是日，禮部祠祭清吏司主事盧洪春疏下，得旨："廟享崇重，朕每次親行，偶因動火失調，恐弗成禮，故遣官暫代。且念朕躬爲祖宗託委，聖母屬倚，若有疾不慎，或貽後憂，孝乎？否乎？盧洪春這廝肆言沽名，誣上惑衆，好生悖逆狂妄。着錦衣衛拏在午門前，着實打六十棍，革了職，爲民當差，永不敍用。該衙門知道。"

六日丁卯，上視朝。

七日戊辰，大學士申時行等題："仰惟天眷茂隆，聖躬康豫，臣等方深喜躍。昨乃有無知小臣，妄瀆宸聰，致干嚴譴，臣等寔切惓惓。竊謂玉體初安，珍調爲重，雷霆既震，宜少霽乎天威，日月何傷，幸勿留於聖度，用迓和平之福，永臻單厚之禧。臣等犬馬私衷，不勝跂望之至。謹具題恭候以聞。"

是日，大學士許國奏："爲乞恩給假事。本月初五日夜，臣因長男病故，感慟傷心，以致痰火上炎，妨廢寢食，不能朝參辦事。伏望聖恩，准臣給假，暫於私家調理，少俟痊可，即①供職。臣無任激切懇祈之至。"得旨："覽卿奏，暫准給假。閣務繁重，宜速出輔理。該部知道。"

十六②丁丑，上視朝。
以壽宮正殿安石竪柱，賜三輔臣每銀柄絨花二枝、大紅雲紵絲二疋，並九卿堂上官、在工官有差。又賜元輔申時行銀五十兩、紵絲二表裏③。

十七日戊寅，以壽宮正殿迎梁，賜三輔臣每銀柄絨花二枝、大紅雲紵絲二疋，並九卿堂上官、科道官有差。

十九日庚辰，上視朝。

① 即 明抄本"即"下有"出"字，是。通行本脫此字。

② 六 "六"下當有"日"字。

③ 裏 明抄本"裏"下有"次輔許國、王錫爵每銀三十兩、紵絲二表裏"十七字。通行本脫此十七字。

二十一日壬午，賜三輔臣及府部大臣、日講官鮮藕。

二十二日癸未，以壽宮正殿上梁，賜元輔申時行銀五十兩、紵絲二表裏，次輔許國、王錫爵每銀三十兩、紵絲二表裏。

二十五日丙戌，大學士申時行等題："恭惟皇上考卜名山，經營壽域。茲者玄宮既就，正殿方新，爰輒升棟之辰，適應小春之候，先期而風和日暖，臨時則月朗星輝，臣工抃舞以揚休，民庶懽呼而趨事。此蓋由皇上聖德格天，而天心助順，神功配地，而地軸效靈。匪惟壯麗恢宏，永保億年之固，抑將簞厚多益，式增萬壽之長。臣等叨備弼臣，躬逢吉典，私衷慶祝，倍百恒情。不勝踊躍欣戴之至。謹具題恭賀以聞。"

二十六日丁亥，上視朝。

大學士申時行等題："今日蒙發下文書，內有慶成王府閒宅庶人知烣等一本，該文書官劉愷口傳聖諭：'這事情撫按、司道官都不與伸理，還將本內有名人犯，拏解來京審問'，令臣等擬票。欽此。臣等將原本反覆參詳，看得知烣，本以中尉，先年因犯妃①母罵王，及盜財等情，奉旨革為庶人，閒宅禁住。今不服羈管，欲行辦復，故摭拾他事，捏稱極冤，欲以聳動天聽。此一面之辭，未經審實，難以遽信，一也。夫各宗俱聽親、郡王管束，乃紀綱所在，今知烣所奏，雖以慶成王左右之人為詞，然又直指本王聽信羣奸，故違《祖訓》，則是以該管之庶人，奏本管之郡王，在律所謂干名犯義者，若遂行其言，則下陵上替，綱紀倒持，二也。且今天下宗室繁多，其犯罪、犯例、革封、革祿者不可勝數，近以皇上惇族睦親，振窮周乏，各宗所奏多蒙允行，故聞風而來，捏詞陳奏，若遂行其言，則各府罪宗，駢肩接踵而至，朝廷之上，愈益多事，三也。況今山西正報災傷，皇上方遣官賑濟，而又拏解人犯，恐未免擾動一方，四也。臣等愚見，謂當止行撫按，從公審問為當。如其不實，則亦當從重治罪，不宜輕縱，以長告訐②之端。謹擬票進覽，伏乞聖

① 妃　明抄本作"扎"。通行本作"妃"，誤。

② 訐　明抄本作"奸"，誤。通行本改正作"訐"。

萬曆十四年

六二七

裁施行。謹具題以聞。"

二十七日戊子，命翰林院編修馮琦，纂六曹章奏。

二十九日庚寅，上視朝。

十①一月辛卯，朔。

四日甲午，以祭三皇於景惠殿收回祭設，賜三輔臣三卓。

六日丙午②，上視朝。

九日己亥，上御皇極殿。太常寺奏請冬至大祀天於圜丘。文書官宋坤口傳聖諭："西班導引官走得早了，着鴻臚寺查他。"

十日庚子，上御皇極殿。傳制誓戒百官。

十一日辛丑，諭兵部："朕見連日天氣嚴寒，念各處隨駕擺隊官旗校軍士寒苦，今發內帑銀一萬五千兩，你部裏可差主事一員，本科給事一員，公同給散，務使俱沾實惠，以體朕仁愛之意。"

十二日壬寅，上詣南郊齋宮，陪祀、執事等官行叩頭禮。賜三輔臣甜食三盒、青龍盤乾下飯一盒、芝麻果子仁燒餅一盒、攢下飯一盒、糖薄脆一盒。又賜三輔臣每點心一盒、爆醃雞一盒，及部院九卿講官等有差。
　是日，大學士申時行等，以發下《瑞蓮圖》六軸，命各撰二首，欽遵撰完，進呈預覽。隨賜元輔申時行銀四十兩、紵絲二表裏，內本等服色一表裏，次輔許國、王錫爵每銀三十兩、紵絲二表裏，內各本等服色一表裏。

十三日癸卯，上視祀皇天於南郊。駕還，御皇極殿，百官行慶賀冬節禮。賜三輔臣上尊珍饌。
　是日，文書官宋坤口傳聖諭："南郊大祀，各該執事人員如何通不行演習？引禮官轉動失儀，贊禮官聲音不接續。這等生疎，着禮部併太常寺回將話來。"

萬曆十四年

六二九

①十　"十"上當有"萬曆十四年"五字。

②午　"午"當作"申"。

① 己巳 "己巳"
當作"乙巳"。
② 左 明抄本作
"右"。通行本作
"左"。

十五日己巳①，命禮部左②侍郎兼翰林院侍讀學士張位、于慎行，詹事府詹事兼翰林院侍讀學士掌院事徐顯卿，俱充《會典》副總裁官。

十六日丙午，上視朝。

以聖母慈聖宣文明肅皇太后萬壽聖節，賜元輔申時行金萬壽字三副、金篆字八個、金書黃符二道、金書紅符二道、銀五十兩、紵絲三表裏，次輔許國、王錫爵每金萬壽字二副、金篆字六個、金書黃符二道、金書紅符一道、銀四十兩、紵絲三表裏，講官沈一貫等六員金萬壽字二副、金篆字三個、黃紅符二道、銀二十兩、紵絲二表裏。

十九日己酉，慈聖宣文明肅皇太后萬壽聖節，上御皇極門，百官致詞稱賀。三輔臣仍恭詣慈寧宮門，叩頭慶賀。頒賜每酒飯一卓、燒割一分，又賜上尊珍饌。

二十三日癸丑，上視朝。

二十六日丙辰，上視朝。

③ 己 "己"當作"巳"。

二十七日丁巳③，大學士許國奏："爲恭荷曠恩披瀝苦情乞身襄事以重特典事。先該本年九月內，伏蒙聖恩，賜臣父母一品祭葬，又蒙聖斷，令臣子給驛代行。眷遇優隆，體悉周至，臣非木石，寧不感激？國事爲重，家事爲輕，君命爲重，己私爲輕，臣雖犬馬，寧不通曉？緣臣長子立德，頗習詩書，稍知世務，夙耽山水，旁識堪輿，故臣安心付以家事，臣子之行，即臣之行也。不幸方在束裝，遽成永訣，幽明隔世，悲痛切心。次子立功，奉命獨歸，尚未諳歷，兆宅之吉凶，何從裁決？營卜之緩急，無所稟承。以臣親二十年越在淺土，一旦蒙恩，若

④ 抔 明抄本作
"杯"，通行本改
"抔"。

不能相一抔④之吉，仍置之不得其所，使水泉灌體，蟲蟻侵膚，則臣於親爲不孝。其苦情一也。臣父母一草野布衣，棄捐年久，

仰賴聖明，特遣近臣，啣九重之命，超越常格，視一品之喪，申敕有司，畢春秋穸窆之事。恩禮如此閎崇，事體如此重大，而臣乃輕率潦草，付之稺孺，不一親行，委君命於草莽，滯使華於原隰，則臣於君爲不恭。其苦情二也。頃臣請假，又奉明旨，以閣務繁重，令速出輔理。臣伏讀流涕，豈以一子之亡，妨廢閣務之大？即强起辦事。適遇壽宮迎梁吉典，臣竟以私戚，不及一陪元輔，恭詣工所，而虛冒重賜。即此一事，其他閣務曠廢可知。蓋臣方寸已亂，精力益衰，七尺雖存，百病交作。竊恐終無以報聖恩，適足以妨賢路。庀家之事小，誤國之罪大。其苦情三也。伏望皇上察臣樸衷，憫臣多難，放歸田里，俾躬承盛典，則丘隴之游魂既有憑依，別簡賢才，以日襄大政，庶密勿之重地可無虛曠矣。臣無任迫切哀懇之至。"得旨："前旨准卿次男代行，如何又有此奏？閣務重大，卿宜專心贊理，所請不允。吏部知道。"

二十九日己未，上視朝。

十①二月辛酉，朔。

六月②丙寅，上視朝。

九日己己③，大學士申時行等題："爲閣務繁重再乞聖明簡用忠賢以隆政事。先因閣臣王家屏守制回籍，該臣等具題請補，奉聖旨：'卿等所奏，朕知道了。卿等爲國秉公，贊襄治理，朕已洞知，勿懷疑貳。輔臣不必添。欽此。'仰惟皇上，秉哲用人，推誠待下，雖以臣等愚陋，久屬曠瘝，然猶曲賜矜容，特加獎予，委以贊襄之重，釋其疑貳之私，臣等非木石無知，寧不感激自奮？惟當奉公率職，仰報聖恩，豈敢避咎引嫌，自爲身計？是以恪遵明命，不敢瀆陳，亦既三月矣。但臣等反復思惟，竊以謂④聖人之官人，猶大匠之用木，如棟梁合抱，則得一而有餘，若樸樕小材，即⑤絫百而不足。臣等皆樸樕之材，而所處則棟樑之任也。知小⑥謀大，不能不廣集乎衆思，能薄而任艱，不能不博資乎羣力。皇上方總攬獨斷，公聽並觀，豈可以臣等二、三具員，妨賢者路？且臣等自知駑下，不任馳驅，每思揣分以乞身，亦當引賢以待用，與其臨事而輕試，孰若先事而預儲？此臣等所以不避煩瀆而復有請也。昔太祖既罷中書，即置四輔之員，成祖初建內閣，亦有七人之命。伏望皇上監於成憲，斷自宸衷，特簡一人，以補家屏之缺。其或下部會推，或命臣等疏舉，上請簡用，均乞聖裁。臣等未敢擅便，謹題請旨。"上不允。

十三日癸酉，上視朝。

十八日戊寅，大學士申時行等題："茲者時屬隆冬，風寒凜冽，臣等連日不奉天顏，私竊瞻仰。今日因文書官送本到閣，恭問起居，始知聖躬亦爲風寒，偶進湯藥，臣等犬馬微悰，不勝企戀。伏望皇上順時調護，加意節宣，以保天和，以綏福祉。臣等不勝懇祈之至。謹具題恭候萬安。"

---

①十 "十"上當有"萬曆十四年"五字。
②月 明抄本作"日"。通行本誤作"月"。
③己己 "己己"當作"己巳"。
④謂 明抄本作"爲"是。通行本改"謂"，誤。
⑤即 明抄本作"則"。通行本作"即"。
⑥小 明抄本"小"下有"而"字，通行本脱此字。

十九日己卯，以年節賜元輔申時行銀五十兩、綵段四表裏，次輔許國、王錫爵每銀四十兩、綵段二表裏，講官沈一貫等六員每銀二十兩、綵段一表裏。

二十三日癸未，命翰林院編修陸可教編纂六曹章奏。

是日，大學士申時行等題："查得本年十二月二十四日起放除夕假，連年節、上元假，至新年正月二十日方滿。先奉欽依，於正月上旬先擇吉開講一次，仍暫輟，至二十日日講。臣等謹擇萬曆十五年正月十一日上吉日，請皇上開講一次，至二十日以後照常日講。謹具題知，再照節年事例，每遇輟講之後，將一年內經書史鑑講章，類寫進呈，以備皇上溫習觀覽，及發司禮監刊刻。今通查一年之內，日講不過數次，講章甚少，不能成帙。除候來年積有講章，另寫進呈外，臣等竊惟，義理必講貫而後明，事體必講求而後熟，自古聖帝明王，未有不以講學為急者也。仰惟皇上睿資天縱，聖學日新，臣等不勝欣誦。惟是今歲日講稍稀，雖皇上於深宮燕閒之中，不忘溫故知新之益，而臣等惓惓欲效啟沃之誠，終有不能自已者。伏望皇上於春氣融和之日，勤御講筵，因與臣等咨詢政事，庶各殫其愚陋，或有補於涓埃。臣等不勝祈望之至，伏惟聖明留神採納。謹具題以聞。"得旨："是，覽奏，朕知道了。"

二十五日乙酉，以正旦令節，賜三輔臣及講官沈一貫等六員，各吊屏、門神、判子等項。

二十六日丙戌，上御皇極殿。太常寺官奉請歲暮行大祫禮於太廟。

二十七日丁亥，大學士申時行等題："先該文書官宋坤口傳聖旨：'潞府講官九年考滿了，該陞出去。著於進士內選音字端正的講讀。欽此。'臣等因吏部覆本未到，欽遵候擬間，今日該文書官李浚將下吏部本，傳旨陞級。臣等看得，先朝親王在京，講讀、侍書官員，有於進士、舉人內選用，後隨王之國，即為長史等官者，有用翰林、中書等官，後不隨王之國，臨期另選府僚者。至於親王在京、講讀各官效勞九年，則從來未有之事。在各官委應優錄，以酬其勞，但陞出另選，則一時未必得人，而同事之臣或出或留，又似參差不一。臣等查得，九年考滿陞二等，乃祖宗舊制，但以供事王府，例應請自上裁。臣等謹擬將董樾陞本院修撰，仍暫管檢討講讀事務，郭文燦主事，仍管侍書事務，通候潞王殿下之國之日，另設長史等官，其董樾等俱改別衙門敘用，庶為妥當。謹寫票進覽，伏乞聖裁。謹具題以聞。"報可。

二十八日戊子，上御皇極殿。順天府官進萬曆十五年春，百官致詞稱賀。賜百官午門外吃春餅。

以立春令節，賜三輔臣上尊珍饌。

是日，以祭告太廟、祧廟收回酺醯果酒，賜三輔臣三卓。

二十九日己丑，上親詣太廟，行大祫禮。